SOCIÉTÉ DE STATISTIQUE
des Sciences naturelles et des Arts industriels
du département de l'Isère

CATALOGUE DES ACTES

DU

DAUPHIN LOUIS II

DEVENU LE ROI DE FRANCE

LOUIS XI

RELATIFS

A L'ADMINISTRATION DU DAUPHINÉ

RECUEILLIS, ANNOTÉS ET PUBLIÉS

Par E. PILOT DE THOREY

Secrétaire de la Société

TOME DEUXIÈME

GRENOBLE
IMPRIMERIE DE MAISONVILLE, VICTOR TRUC, SUCCESSEUR
5, rue Colonel Denfert-Rochereau, 5

1899

CATALOGUE DES ACTES
DU
DAUPHIN LOUIS II
DEVENU
LE ROI LOUIS XI

SOCIÉTÉ DE STATISTIQUE
des Sciences naturelles et des Arts industriels
du département de l'Isère

CATALOGUE DES ACTES

DU

DAUPHIN LOUIS II

DEVENU LE ROI DE FRANCE

LOUIS XI

RELATIFS

A L'ADMINISTRATION DU DAUPHINÉ

RECUEILLIS, ANNOTÉS ET PUBLIÉS

Par E. PILOT DE THOREY

Secrétaire de la Société

TOME DEUXIÈME

GRENOBLE
IMPRIMERIE DE MAISONVILLE, VICTOR TRUC, SUCCESSEUR
5, rue Colonel Denfert-Rochereau, 5

1899

CATALOGUE DES ACTES
DU ROI LOUIS XI
Dauphin de Viennois
et Comte de Valentinois et Diois
RELATIFS
à l'Administration du Dauphiné
1461 — 1483

1286 *Avesnes-en-Hainaut[1], 3 août 1461.*

Lettres de Louis, roi de France, dauphin de Viennois, comte de Valentinois et de Diois, portant don en faveur de Robert de Grammont[2], écuyer, de l'office de capitaine et châtelain des château et

---

[1] C'est à Avesnes, le dimanche 3 août 1461, que le dauphin Louis, après avoir assisté au service funèbre célébré dans l'église Saint-Nicolas, à la mémoire de son père, le roi Charles VII, fut proclamé roi de France. Il repartit le lendemain dans la matinée pour Laon, accompagné jusqu'à Etrœungt par le duc de Bourgogne qui, de son côté, s'était rendu à Avesnes, le 3 août, pour y recevoir le dauphin qui venait d'apprendre la nouvelle de la mort de Charles VII. Un service fut également célébré à Grenoble par l'évêque de cette ville, à la mémoire du roi défunt, le 5 août de la même année, ainsi que cela résulte de la mention suivante : « Ista sequenti « die v ͤ mccccxi fuit solemniter in ecclesia Sancti Andree Grationopolis cele- « brata sepultura domini Karoli regis Francorum vii, cuius officium fecit dominus « episcopus Grationopolis ; qui rex ut fertur decessit die videlicet festi Beate Marie « Magdalenes proximo » *(Calendrier de la Chambre des comptes de Grenoble).*

[2] Robert de Grammont, *de Grandimonte*, écuyer, originaire de l'Auvergne, était au service du dauphin dès l'année 1447. En 1461, Louis XI lui fit don, non seulement des capitaineries et châtellenies de Châteaudouble et de Charpeys, mais encore de celles de Crest, Gigors et Montmeyran ; cette dernière avait été confisquée au profit du roi après le décès de Charles de Clermont, chevalier, seigneur de Vaulserre, frère d'Antoine de Clermont, seigneur de Montoison. Robert de Grammont devint, dans la suite, bailli du Gévaudan, et, le 22 juillet 1464, prêta hommage au roi, entre les mains du gouverneur du Dauphiné, pour les terres de Vezelle, Gimeaux, partie de celles d'Espenel et de Montclar, ainsi que pour ce qu'il possédait au Crest, Chabanne et Bonnabaud en Auvergne. En 1471, on le trouve habitant au château de Montclar, et par lettres d'août 1479, le roi érigea en sa faveur la terre de Camo en baronnie, avec concession de droit de haute justice *(Ordon. des rois de France,* t. xvii, p. 497). Il mourut le 13 décembre 1480, laissant pour héritiers ses deux fils, Jean et Antoine de Grammont (B 3232, f° 280).

châtellenie de Châteaudouble et de Charpeys, ainsi que du revenu de ces terres, pour en jouir de la même manière que Gaubert de Massues[1], précédent titulaire, qui en est déchargé.

Enregistrées le 17 novembre 1461.

Copie. B 3276, f° 352, v°.

1286 bis   *Avesnes-en-Hainaut, 3 août 1461.*

Lettres du roi nommant maréchal de France, son conseiller et premier chambellan, Jean, bâtard d'Armagnac[2].

Mention. Anselme, *Hist. général. et chronol. de la Maison de France*, t. VII, p. 94.

1287   *Avesnes-en-Hainaut, 3 août 1461.*

Lettres par lesquelles le roi fait don à son conseiller et premier chambellan, Jean, bâtard d'Armagnac, de la charge de capitaine et châtelain de Chabeuil, et mande aux gens de son Conseil et de ses Comptes du Dauphiné de le mettre en possession de cet office[3].

Copie. B 3276, f° 84.

1288   *Meaux-en-Brie, 23 août 1461.*

Lettres par lesquelles le roi nomme à la charge de capitaine et châtelain de Grenoble, Jean de Mons[4], écuyer, en remplacement d'Arnaud

---

[1] Voir, sur Gaubert de Massues, la note 1, t. Ier, p. 39.

[2] Voir, sur Jean, bâtard d'Armagnac, les notes 1, p. 315 et 512 du t. Ier.

[3] La prestation de serment du titulaire eut lieu à Paris, le 24 septembre 1461, entre les mains de Guillaume de Corbie, président delphinal. Il se fit suppléer dans l'exercice de sa charge de châtelain par Artaud de Bouqueyron.

[4] Jean de Mons ou de Monts, *de Montibus*, écuyer, fils de Pierre de Mons, dont nous aurons à parler ci-après (acte n° 1293), appartenait à une famille de commerçants fixée à Grenoble dès la fin du xive siècle. Pierre de Mons, maréchal-ferrant, était consul de Grenoble en 1398; Geoffroy de Mons exerçait le métier de changeur, dans la même ville, en 1423; Claude *de Montibus*, dit de Mons, boursier, fut aussi consul de Grenoble en 1437; Jean de Mons, dit Didarel, était vichâtelain de Saint-Etienne-de-Saint-Geoirs et d'Izeaux en 1436 et 1438; Martin de Mons fut nommé châtelain de Saou en 1405 (acte n° 1423); enfin, Hugues de Mons, bachelier en lois, fut vichâtelain de Montélimar en 1470, et juge des appellations et nullités du duché de Valentinois, pour César Borgia, en 1501. Ce dernier était fils de Sébastien de Mons, qui teste en 1471, et d'Antoinette Peyrol, de Montélimar, qui, par acte du 17 mars 1480, acquit de Claude de Clermont, seigneur de Montoison,

de Miglos[1], qui en est déchargé, et mande aux gouverneur ou son lieutenant et gens du Parlement du Dauphiné de le mettre en possession de cet office.

Copie. B 3276, f° 17.

1289 (*Meaux-en-Brie*), *23 août 1461.*

Lettres par lesquelles le roi donne commission à Guillaume de Vennac[2], bailli du Haut-Pays du Dauphiné, pour mettre sous sa main les places et terres de la vallée de Quint, Eygluy, Pontaix, Auriple, Soyans, Omblèse, Saint-Genis et généralement tout ce qui pouvait avoir appartenu à feu Guillaume, bâtard de Poitiers[3], et qui avait été

---

pour le prix de 655 écus d'or, les seigneuries de Rochebaudin et de Félines, au diocèse de Die, Antoine de Marsanne et Hugues de Mons, frères utérins et héritiers de la susdite Antoinette Peyrol, leur mère, prêtèrent hommage au roi Charles VIII, le 27 juillet 1484, pour les précédentes terres, qu'ils revendirent ensuite, le 21 mars 1496, à Philibert de Clermont (*Invent. de la Chambre des comptes, Valentinois*, t. iv, f° 1930).

Quant à Jean de Mons, qui fait l'objet de cette note, il exerça les fonctions de capitaine et châtelain de Grenoble ainsi que celles de geôlier des prisons de Porte-Traine, de la même ville, jusqu'en 1475, année où Louis XI lui donna pour successeur, par lettres des 17 juillet et 12 septembre, Guillaume Guigou (actes n°ˢ 1629 et 1632). A la date du 19 août 1475, on trouve une ordonnance de la Chambre des comptes du Dauphiné prescrivant à noble Pierre de Mons, gérant la châtellenie de Grenoble, pour son fils Jean, d'avoir à rendre ses comptes dans les huit jours, et ce, sous peine de 25 marcs d'argent (B 3232, f° 17). Par lettres du 16 septembre 1461, Louis XI avait fait don, au même Jean de Mons, des recettes des greffe et notairie de la Cour de la châtellenie de l'Oisans (acte n° 1299).

[1] Arnaud de Miglos, que l'on voit figurer, dès 1447, comme écuyer d'écurie du dauphin, et toucher de ce chef 20 l. t. de gages par mois, avait dû être nommé capitaine et châtelain de Grenoble, peu auparavant, en remplacement d'Aînard de Vourey, qui avait occupé cette charge durant l'absence du dauphin. En 1463, il était sénéchal de Carcassonne. Un Bertrand de Miglos, homme d'armes de la compagnie de Méritan, reçut en don de Louis XI, vers 1480, les châtellenies de Villers-le-Duc et de Maisey en Bourgogne.

[2] Voir, sur Guillaume de Vennac, la note 4. p. 621 du t. 1ᵉʳ.

[3] Aux renseignements que nous avons déjà donnés sur Guillaume, bâtard de Poitiers (t. 1ᵉʳ, note 1, p. 16), nous ajouterons qu'il était né à Romans, de Béatrix, domestique de son père; c'est ainsi qu'il en est parlé dans le testament de Charles de Poitiers, en date du 18 mars 1409, par lequel il laissa 100 écus à Béatrix et 1,000 écus d'or à ce bâtard, outre une pension annuelle de 40 écus, qui devait lui être

confisqué sur ce dernier, tant à cause du droit d'aubaine que du crime de félonie dont il s'était rendu coupable[1].

ANALYSE. *Invent. de la Chambre des comptes, Valentinois et Diois*, t. v, f° 2747.

1290   *Meaux-en-Brie, 24 août 1461.*

Lettres de provisions de la charge de capitaine des ville et château du Peyrins, pour Humbert de Bathernay[2], écuyer, en remplacement

---

servio jusqu'à ce qu'il ait atteint l'âge de 15 ans. Charles de Poitiers, son père, le recommanda particulièrement à son fils Jean, alors évêque de Valence, lui enjoignant de le faire étudier jusqu'à l'âge de 12 ans et de l'envoyer ensuite en Allemagne, avec un valet et deux chevaux, pour y apprendre la langue teutonique. Dès le 16 mai 1408, il lui avait donné la maison forte du Mouchet, ce qu'il confirma par le même testament. Charles VII le retint ensuite à son service avec 25 hommes d'armes et 6 hommes de traits de sa suite, durant la guerre de Languedoc et de Guienne, et par lettres données à Issoudun le 18 février 1426, n. s., lui alloua 100 livres de gages par mois. Guillaume de Poitiers, qui avait épousé Clarette, fille d'Étienne Vernayson, riche bourgeois de Die, mais de laquelle il n'eut pas d'enfant, testa le 20 février 1457, instituant pour ses héritiers sa nièce et son neveu Isabeau de Poitiers, épouse de Geoffroy Le Meingre, dit Boucicaut, et Jean de Poitiers, seigneur de Chevrières (Du Chesne, *Hist. génial. des comtes de Valentinois et de Diois.* — Anselme, t. II, p. 199).

[1] Voir, sur le même sujet, les actes nos 1337 et 1353.

[2] Imbert de Bathernay ou Ymbert de Batarnay, comme il écrivait lui-même son nom, né en Dauphiné vers 1438, était le second fils d'Artaud, seigneur de Bathernay, de Charmes et de Margès (voir, sur ce dernier, la note 3, p. 99, t. I"), et de Catherine de Gaste. Le dauphin Louis l'attacha à sa personne, vers 1455, comme valet de chambre, l'emmena avec lui lorsqu'il se retira en Flandre en 1456, et après être parvenu au trône, le nomma capitaine de Blaye et de Dax en Guienne, par lettres données à Vervins en Thiérache le 6 août 1461, et ensuite, le 24 du même mois, châtelain de Beaumont, Monteux et Peyrins en Dauphiné, charge qu'il lui confirma le 13 novembre suivant en y joignant le don des revenus des mêmes châtellenies (acte n° 1321). Il devint ensuite visiteur des Gabelles en la sénéchaussée de Lyon; écuyer d'écurie du roi, capitaine du Mont-Saint-Michel, en 1464, et de Méhun-sur-Yèvre, en 1465; conseiller et chambellan du roi, par lettres d'Amboise du 1er juin 1468 (acte n° 1613 bis); lieutenant-général en Roussillon, en 1475; gouverneur de Bourges, par lettres d'Arras, du 11 avril 1478; enfin, apparaît pour la première fois, en 1481, avec le titre de chevalier. Après avoir successivement servi avec la même fidélité les rois Louis XI, Charles VIII, Louis XII et François I"', il mourut le 12 mai 1523 dans son château de Montrésor, en Touraine, qu'il avait fait reconstruire, après avoir été l'un des personnages les plus influents de la cour de France et en laissant une fortune considérable, qu'il devait en majeure partie aux

du sieur Le Brun, qui en est déchargé.

Corr. B 3276, f° 12.

---

libéralités de Louis XI, dont il avait su capter la confiance. M. B. de Mandrot ayant retracé dans ses moindres détails la vie d'Imbert de Bathernay (*Ymbert de Batarnay, seigneur du Bouchage*, Paris, A. Picard, 1886, gr. in-8°), nous n'entreprendrons point de la résumer; cependant nous croyons utile de rappeler sommairement les principaux liens qui rattachent ce personnage à l'histoire du Dauphiné, ainsi que quelques faits qui ont échappé aux minutieuses investigations de son biographe.

Rappelons donc que Louis XI fit don à Imbert de Bathernay, en 1462, des biens confisqués sur François Portier, ancien président du Parlement de Grenoble (voir l'acte n° 1355), et de ceux qui furent également confisqués sur Gabriel de Bernes, ancien lieutenant-général en Dauphiné, compris l'un et l'autre dans les poursuites que ce roi ordonna contre ceux de ses sujets du Dauphiné qui avaient abandonné sa cause. Le 21 mars 1463, n. s., le même roi maria son favori Bathernay avec Georgette, fille de Falques de Montchenu, seigneur de Châteauneuf-de-Galaure, et à cette occasion lui fit don de tous les droits auxquels il pouvait prétendre sur les terres que possédait Gabriel de Roussillon, seigneur du Bouchage, accusé du crime de félonie, et que le Parlement de Grenoble venait de confisquer à son profit (voir, au sujet de cette union, la note 1, p. 195, t. 1er, et l'acte n° 1361). Le 14 juin 1465, on trouve Imbert de Bathernay, à Lyon, passant une procuration à Jean de Roussillon, seigneur de Sablons, pour gérer ses affaires en Dauphiné et pour y suivre notamment les procès qu'il avait avec Antoine Rostaing, dit Pingolet, seigneur de la Roche-sous-Anjou, à raison d'une donation faite à ce dernier par Jeanne de Romestaing, dame de Vaugris, contre Guillaume Gaste, dit Malnoury, seigneur de Saint-Vincent, et contre les Frères-Mineurs d'Annonay, au sujet de la succession d'Achuriel, seigneur de la Chapelle près Roussillon (B 2904, f° 225). Le 4 juin 1473, étant à Amboise, il prêta hommage à Louis XI pour la terre de Charres qui lui était échue par suite du décès de son père, ainsi que pour celles de Semons, Commelle et Lieudieu, qu'il venait d'acheter (acte n° 1585). En 1475, il acheta également la terre de Faramans, et en 1478, celle de Saint-Donat, acquisitions dont le roi lui abandonna les lods, par lettres patentes des 3 juillet 1475 et 31 juillet 1478 (actes n°° 1627 et 1719).

Imbert de Bathernay, qui s'était fait attribuer par Louis XI une part considérable des biens confisqués soit sur Jean, comte d'Armagnac, en 1470, soit sur Louis de Luxembourg, comte de Saint-Paul, en 1475, Jean, bâtard de Luxembourg, comte de Hautbourdier, et son fils bâtard Jean de Luxembourg, dit Caulus, soit encore sur Jacques d'Armagnac, comte de Nemours, en 1477, reçut encore en don du même roi, le 1er juillet 1477, une amende de 2,000 livres à laquelle avait été condamnée les habitants d'Embrun (acte n° 1683), et au mois d'octobre suivant, toutes les terres confisquées en Dauphiné, sur Jean II de Châlon, prince d'Orange (voir l'acte n° 1691). Le 28 mai 1478, étant à Bourges, Imbert de Bathernay reçut la déposition d'un nommé Jean Renou, marchand apothicaire, de Clermont en Auvergne, qui prétendait que le prince d'Orange, dont il était le prisonnier, lui

1291   *Paris, 3 septembre 1461.*

Lettres de provisions de la charge de capitaine du château de Beaufort et de ses dépendances pour Jean Aloys[1], écuyer, en rem-

---

a· ait offert sa liberté et de grands biens s'il consentait à prêter son concours à un projet d'empoisonnement de Louis XI (B 3811, f° 92). Au mois de juillet de la même année 1478, Louis XI confirma en faveur du même de Bathernay l'échange qu'il avait fait avec Béraud de Murat, dit de Lestang, de la terre de Ruines en Rouergue contre celle de Morestel en Dauphiné (acte n° 1720), et après avoir réuni cette dernière terre à celles du Bouchage et de Brangues, les érigea en baronnie, sous le nom de baronnie du Bouchage (n° 1721).

Après l'avènement de Charles VIII, Imbert de Bathernay prêta hommage et serment de fidélité au nouveau roi, le 15 octobre 1483, à Amboise, pour toutes les possessions qu'il avait en Dauphiné, et qui comprenaient notamment : la baronnie du Bouchage, composée des terres du Bouchage, Brangues, Morestel, et partie de celles de Dolomieu et des Avenières ; la baronnie d'Ornacieux ; les terres de Semons, Commelle, Lieudieu, Faramans ; la baronnie d'Auberives avec les terres de La Chapelle et de Vaugris ; la baronnie d'Anthon avec les terres de Saint-Romain, Grenay, Colombier, Saint-Laurent en Viennois ; les terres de Charmes, Margès, Saint-Donat, Falavier, Orpierre, Trescléoux, Curnier, Sahune, Montréal, Condorcet, Novelsan, Montbrison, etc. (*Invent. de la Chambre des comptes, Viennois*, t. 1er, f° 308, v°). Il renouvela le même hommage, le 21 juillet 1499, après l'avènement de Louis XII au trône (*ibid.*, f° 308, v°).

De son mariage avec Georgette de Montchenu, qui mourut en août 1511, Imbert de Bathernay eut trois enfants : 1° Jean, né vers 1474, mort avant mai 1491 ; François, né vers 1489, qui épousa, le 24 janvier 1507, Françoise de Maillé, et mourut le 9 novembre 1513 ; 3° Jeanne, mariée en août 1494 à Jean de Poitiers, seigneur de Saint-Vallier, morte en mai 1516. — Voir encore, sur Imbert de Bathernay, les notes qui accompagnent les actes n°s 1355, 1361, 1385, 1627, 1691, 1719 et 1721.

[1] Jean Aloys, coseigneur de Vassieux en Diois, écuyer d'écurie du dauphin, fut non seulement nommé châtelain de Beaufort, mais encore d'Uple, de Baix-sur-Montagnes et de Montelar, ainsi que le constatent des lettres du 3 mars 1474, n. s., par lesquelles le roi Louis XI le décharge, lui et les siens, de la production de toutes pièces comptables et lui passe quittance de toutes les sommes dont il pouvait être débiteur envers le trésor, attendu qu'ayant été continuellement occupé à la guerre il n'avait pu tenir une comptabilité régulière des recettes et dépenses des châtellenies dont il avait la charge (voir l'acte n° 1606). Jean Aloys, qui avait prêté serment pour l'exercice de ses fonctions de châtelain, à Paris, le 24 septembre 1461, entre les mains du gouverneur du Dauphiné « *in domo regia et in camera dicti domini gubernatoris* », en prit possession effective le 24 septembre suivant et fut remplacé, vers 1483, par son fils Louis Aloys, qui vivait encore en 1515.

placement de Johannin de Montereau¹.

Copie. B 3276, f° 27.

1292   *Paris, 3 septembre 1461.*

Lettres de provisions de la charge de capitaine d'Upie pour le même, aux gages accoutumés, en remplacement de Bernard « de Doms »², écuyer.

Copie. B 3276, f° 28.

1293   *Paris, 10 septembre 1461.*

Lettres de provisions de la charge de capitaine et châtelain du Champsaur et de ses dépendances pour Pierre de Mons³, écuyer, en récompense tant de ses services personnels que de ceux de son fils, Jean de Mons.

Enregistrées le 29 octobre 1461.

Copie. B 3276, f° 29.
Analyse. J. Romans, *Tabl. histor. des Hautes-Alpes*, p. 336.

---

¹ Voir, sur Jean de Montereau, la note 1, p. 254 du t. 1ᵉʳ.

² Bernard d'Olms, *de Ulmis*, écuyer, fils de Carles d'Olms, chevalier et procureur du roi d'Aragon dans les comtés de Roussillon et de Cerdagne, paraît être entré au service du roi Louis XI, en 1461, durant les premières démarches que ce prince fit pour acquérir le Roussillon. Dès l'année suivante, il était conseiller et chambellan du roi, sénéchal de Beaucaire et de Nîmes et commissaire extraordinaire en Languedoc. Le 21 mai de la même année, il fut l'un des témoins de la ratification donnée à Saragosse par le roi d'Aragon, don Juan II, du traité qu'il avait passé, le 9 du même mois, avec le roi Louis XI. Le même Louis XI le nomma, par lettres données à Toulouse le 7 juillet 1463, son viguier et lieutenant à Beaucaire, et ensuite, vers 1466, gouverneur du Roussillon. En 1465, il avait reçu un don de 1,600 livres à prendre sur divers greniers à sel, mais comme ces greniers n'avaient point produit cette somme, le roi, en 1466, lui en assigna la différence, soit 548 livres 12 sous 11 deniers, sur la recette générale du Languedoc. La même année, il toucha encore un don du roi de 300 écus valant 275 livres, qui lui furent payés par le receveur de Paris. Ayant introduit les troupes aragonaises dans plusieurs places du Roussillon, il fut décapité en 1473.

³ Pierre de Mons, écuyer, fils de François de Mons, fut mis en possession de la châtellenie du Champsaur le 3 novembre suivant, par Jean de Mercuil, mistral de la même châtellenie, commis à cet effet par le Parlement de Grenoble. Remplacé par Raimond Jean, le 20 juin 1469 (voir l'acte n° 1825), il dut être réintégré dans ses fonctions de châtelain du Champsaur peu après et les exerçait encore en 1483. Il

1294   *Paris, 12 septembre 1461.*

Lettres de provisions de l'office de capitaine et châtelain de Rovon pour Antoine de Bathernay[1], écuyer, en remplacement de Johannin Le Vicomte[2], qui en est déchargé.

Enregistrées le 3 octobre 1461.

COPIES. B 3276, f°' 14 et 124.

1295   *Paris, 13 septembre 1461.*

Lettres de provisions de l'office de président au Parlement de

---

fut également vichâtelain de Pariset pour son fils Nourry de Mons, de 1474 à 1482. Devenu écuyer d'écurie et panetier de Louis XI, ce roi le nomma, par lettres du 12 juin 1477, clerc en la Chambre des comptes de Grenoble, en remplacement de Jean Poitiers (n° 1681), et l'anoblit par lettres du 6 juillet suivant (n° 1684). Pierre de Mons, qui fut remplacé comme clerc de la Chambre des comptes, le 5 mars 1484, n. s., par son fils François de Mons, eut entre autres enfants : Jean, qui fut châtelain de Grenoble (voir la note 4, p. 2); François, qui fut valet de chambre des rois Louis XI et Charles VIII, et ensuite clerc en la Chambre des comptes de Grenoble, et Nourry, châtelain de Pariset et portier de l'hôtel du roi Louis XI (voir l'acte n° 1574).

[1] Antoine de Bathernay, écuyer, seigneur de Vaugris en Dauphiné et de Gouvis en Normandie, était fils d'Artaud de Bathernay, dont il a été question, t. 1ᵉʳ, note 3, p. 90, et de Catherine de Gasto. Il fut mis en possession de la châtellenie de Rovon, le 4 octobre 1461, par Eynier du Puy, seigneur de La Roche-sur-Grane, que le gouverneur du Dauphiné avait commis à cet effet. En 1464, son frère, Imbert de Bathernay, à qui le roi Louis XI venait d'accorder la capitainerie du Mont-Saint-Michel, lui confia de son côté la garde effective de cette place. Devenu échanson de Louis XI, ce prince le maria, en 1469, avec la fille d'un riche seigneur de la Basse-Normandie, May d'Houllefort, seigneur de Homars, bailli de Caen, conseiller et chambellan du roi. Le roi lui fit, à cette occasion, un don de 6,000 écus, et lui remit en gage la terre d'Evrecy près de Caen, pour en jouir jusqu'à parfait payement de cette somme, par lettres datées d'Amboise le 19 mars 1469. Il fut ensuite conseiller et chambellan de Louis XI qui, par lettres du 27 octobre 1478, déclara qu'il entendait qu'il jouisse de tous les revenus de la châtellenie de Rovon de la même manière que le précédent titulaire (acte n° 1726). Après le décès de son beau-père, il lui succéda dans les fonctions de bailli de Caen vers 1480. En 1482, il était également élu d'Avranches sur le fait des aides pour la guerre, et, après la mort de Louis XI, il continua à servir le roi Charles VIII comme conseiller et chambellan, mais il perdit la seigneurie d'Evrecy, dont il fut du reste récompensé par un don de 300 livres tournois de rente. Il mourut, vers 1493, laissant deux filles mineures : l'une, Marguerite, épousa Jean d'Harcourt, seigneur de Saint-Aubin ; l'autre, Catherine, se maria avec François de Montmorency-Laval, seigneur de Marcilly.

[2] Voir, sur Jean Le Vicomte, la note 2, p. 413 du t. 1ᵉʳ.

Grenoble, pour Guillaume de Corbie[1], conseiller au Parlement de Paris, en remplacement de Jean Baile[2], destitué.

MENTIONS. *Invent. somm. des arch. de l'Isère*, t. II, Introduct., p. 10. — Legeay. *Hist. de Louis XI*, t. 1ᵉʳ, p. 263 (sous la date du 15 septembre).

1296   *Paris, 13 septembre 1461.*

Lettres du roi, adressées aux gens de son Parlement de Paris, de ses Comptes et généraux des Finances, par lesquelles il autorise maître Guillaume de Corbie, qu'il envoie en Dauphiné, à posséder conjointement les offices de conseiller au Parlement de Paris et de président au Parlement de Grenoble.

COPIE. Arch. nat., *Ordinationes Barbinæ*, registre coté D, f° 209.
PUBLIÉES. *Ordonn. des rois de France*, t. XV, p. 17.

1297   *(Paris), 14 septembre 1461.*

Lettres portant don, en faveur de Louis, bâtard de Bourbon[3], des baronnie, château, terre, juridiction et péage de Roussillon.

MENTION. *Invent. de la Chambre des comptes, Viennois*, t. IV, f° 262 v°.

---

[1] Guillaume de Corbie, seigneur de Mareuil et de Jaigny, fils de Philippe, bâtard de Corbie et petit-fils d'Arnaud de Corbie, chancelier de France, était avocat au Châtelet, en 1447, et conseiller au Parlement de Paris en 1453. La *Chronique scandaleuse* rapporte qu'il fut nommé président au Parlement du Dauphiné, dans la nuit du 3 septembre 1461, à la suite d'un souper que le roi Louis XI fit en son hôtel, avec plusieurs des seigneurs et gentilshommes de sa maison. Au commencement de l'année 1463, il fut remplacé comme président du Parlement de Grenoble par Pierre Gruel et devint président à mortier au Parlement de Paris, charge dont il se démit en 1483. Il avait épousé Jeanne, fille de Jean de Longueil, seigneur de Maisons, président des requêtes de l'Hôtel du roi, et de Marie de Morvilliers, et mourut le 21 mars 1490.

[2] Voir, sur Jean Baile, la note 2, p. 32 du t. 1ᵉʳ, et l'acte n° 1370 bis.

[3] Louis, bâtard de Bourbon, fils naturel de Charles Iᵉʳ, duc de Bourbon et d'Auvergne, et de Jeanne de Bourman, fut légitimé par lettres du roi Louis XI, données à Pontoise en septembre 1463. D'abord seigneur de Chastellec, il fut nommé, en 1460, par son frère Jean, duc de Bourbon, maréchal et sénéchal du Bourbonnais, duché d'Auvergne et comtés de Clermont et de Forez; le 24 juillet 1461, capitaine châtelain de Verneuil, et le 29 septembre suivant, lieutenant-général de toutes les possessions de son frère. Par lettres du 4 septembre 1461, le roi Louis XI lui accorda 20 lances à prendre sur les 60 dont le feu duc, son père, avait la charge, et par contrat du 7 novembre 1465, le maria avec Jeanne, l'une des deux

1298 *Paris, 15 septembre 1461.*

Lettres de provisions d'un office de clerc en la Chambre des comptes du Dauphiné, pour Etienne Noir[1], en remplacement de Jean

---

filles naturelles qu'il avait eues de ses relations en Dauphiné avec Félize Reynard, et qu'il légitima par lettres du 25 février suivant (voir l'acte n° 1452). A l'occasion de ce mariage, Louis XI lui fit don, par lettres du 11 novembre 1465, de 6,000 livres de rente, ou capital de 100,000 écus, en payement desquels il lui abandonna les terres d'Usson, en Auvergne, et de Crémieu, Moras, Beaurepaire, Vizille et Cornillon, en Dauphiné (acte n° 1438); ce qu'il confirma l'année suivante par lettres du 21 avril (n° 1467). Le même roi, par lettres du 25 février 1466, n. s., érigea en sa faveur la terre de Roussillon en comté et l'autorisa à créer, pour ses possessions du Dauphiné, une ou deux cours de justice dont les appels ressortiraient directement au Parlement de Grenoble (n°˚ 1450, 1451). Le 25 juillet 1466, il prêta hommage pour toutes ses terres du Dauphiné (n° 1471) et devint, la même année, lieutenant-général en Normandie, capitaine d'Honfleur et amiral de France, après le décès de Jean de Montauban, et, en 1469, chevalier de l'ordre de Saint-Michel. Rétabli en 1471 dans l'office de sénéchal du Bourbonnais, dont il avait été dépossédé peu auparavant, il reçut, en 1473, un don de 5,000 livres et rendit hommage au roi, le 30 août de la même année, pour la baronnie de Landorre et les seigneuries de Soluseils, Armeu et autres au comté de Rodez. En 1473, il était capitaine de 85 lances des ordonnances; en août 1474, le roi l'autorisa à fortifier sa terre de la Hogue de Saint-Vast et à y établir un marché hebdomadaire, et en septembre 1481 se qualifiait de comte de Ligny en Barrois, terre qui avait été confisquée sur Louis de Luxembourg, connétable de France. Il mourut le 19 janvier 1486 ou 1487, laissant de Jeanne de France, qui lui survécut jusqu'en 1515 : 1° Charles de Bourbon, qui épousa Anne de La Tour de Montgascon et mourut sans postérité; 2° Suzanne, comtesse de Roussillon et dame de Montpensier, mariée à Jean de Chabannes, comte de Dammartin, veuf de Marguerite, fille naturelle de Nicolas d'Anjou, duc de Calabre et de Lorraine, et qui devenue veuve se remaria vers 1503 avec Claude, seigneur de Boulainvillers; 3° Anne, dame de Mirebeau, mariée à Jean, baron d'Arpajon. Le bâtard de Bourbon, avant d'épouser Jeanne de France, avait déjà conclu une première union avec Marie d'Orléans, sœur de François d'Orléans, comte de Longueville et de Dunois, qu'il avait enlevée; mais ce mariage avait été annulé par sentence de l'official d'Avignon, du 10 avril 1464 (Anselme, t. 1ᵉʳ, p. 308).

[1] Etienne Noir, *Nigri*, fils d'autre Etienne Noir, citoyen de Die, et de Marie de Ciserin, fille de noble Jean de Ciserin, de Grenoble (Guy Pape, *quæst.* n° 349), prit possession de son office de clerc des Comptes le 23 novembre 1461 et le conserva jusqu'à son décès, arrivé le 3 mai 1477. Il fut enterré dans l'église cathédrale de Grenoble, au-devant de la chapelle du Purgatoire (*Obit. de l'église N.-D. de Grenoble*). Pierre Noir, son fils, fut nommé auditeur en la Chambre des comptes, par lettres du roi Charles VIII, données à Beaugency, le 12 novembre 1483. Un Pierre Noir avait été châtelain de Quirieu en 1429.

Lagier, en faveur duquel Jean Bourré[1] avait résigné son office, mais qui n'avait pu être admis, attendu qu'il était déjà clerc de la Chambre des comptes de Paris.

Copies. B 2791, f° 42, et B 2792, f° 53.
Analyse. *Invent. somm. des arch. de l'Isère*, t. II, Introd., p. 101.

1299 — Paris, 16 septembre 1461.

Lettres par lesquelles le roi fait don à Jean de Mons, écuyer, de l'office de greffier et « notairerie » de la cour du Bourg-d'Oisans, aux droits, profits et émoluments accoutumés[2].

Copie. B 3276, f° 20.

1300 — Paris, 16 septembre 1461.

Lettres de provisions de la charge de trésorier et receveur général des Finances en Dauphiné pour Claude Coct[3], bourgeois de Grenoble, fils de Pierre Coct.

Mention dans les notes laissées par M. J.-J.-A. Pilot de Thorey.

1301 — (Paris), 18 septembre 1461.

Lettres de provisions d'un office de conseiller au Parlement de Grenoble pour Rolland Guillot, jurisconsulte[4].

Mention. *Invent. somm. des arch. de l'Isère*, t. II, Introd., p. 21.

---

[1] Aux renseignements fournis sur Jean Bourré (note 3, p. 141, t. 1er) nous ajouterons qu'il venait d'être nommé, par lettres du roi du 10 septembre 1461, conseiller maître en la Chambre des comptes de Paris, en remplacement de Pierre d'Oriol; qu'il fut ensuite secrétaire audiencier du Grand Conseil, et qu'en 1465 il fut anobli à raison des services qu'il rendit au roi pendant la guerre du Bien public. Il fut l'un des personnages que Louis XI, devenu vieux, recommanda à son fils, le dauphin Charles, par ses lettres du 21 septembre 1482 (voir l'acte n° 1813).

[2] Le père du titulaire, Pierre de Mons, fut mis en possession de cet office le 15 octobre 1461, par André Berlion, vichâtelain d'Oisans. Voir, sur Jean de Mons, la note 4, p. 2.

[3] Voir, sur Claude Coct, la note 1, p. 174, t. 1er. — Il remplaçait Nicolas Erland, tombé en disgrâce.

[4] L'ouvrage d'où nous avons extrait l'analyse de cet acte porte Jean Guillot, ce qui ne peut être que le résultat d'une erreur. Voir, sur Rolland Guillot, la note 1, p. 422 du t. 1er.

1302   (Paris), 18 septembre 1461.

Lettres de provisions de l'office d'avocat fiscal du Dauphiné pour Jean Rogier [1], docteur en lois.

MENTION. *Invent. somm. des arch. de l'Isère*, t. 11, Introd., p. 56.

1302 bis   Paris, 19 septembre 1461.

Lettres constatant l'hommage prêté, entre les mains du roi, par Jean, bâtard d'Orléans, comte de Dunois, grand chambellan de France, pour la baronnie de Valbonnais et ses dépendances, les terres du Périer, Entraigues, Rutier et Claix, situées en Dauphiné [2].

ANALYSE. *Invent. de la Chambre des comptes, Graisivaudan*, t. VIII, f° 350.

1303   (Paris), 24 septembre 1461.

Lettres de provisions d'une charge de conseiller et d'auditeur ordinaire en la Chambre des comptes de Grenoble, pour Pierre Odebert [3], en remplacement de Jean d'Origny [4], destitué.

MENTIONS. B 3238, f° 11, v°, et *Invent. somm. des arch. de l'Isère*, t. 11, Introd., p. 85.

---

[1] Jean Rogier, *Rogerii*, remplaçait comme avocat fiscal Jean de Saint-Germain, qui avait été nommé à cette charge par lettres du 28 octobre 1432 (acte n° 989). Il fut lui-même remplacé, le 20 décembre 1463, par Antoine Labiso (acte n° 1383). Il devait appartenir à la même famille que Robert Rogier, qui était maître des requêtes de l'hôtel du roi Charles VII, en 1432, et Guillaume Rogier qui fut procureur général au Parlement de Paris de 1508 à 1523.

[2] Ces diverses terres, après avoir été confisquées sur le comte de Dunois, par le dauphin Louis, en 1452, lui avaient été restituées par lettres du roi Charles VII, données à Saint-Priest le 6 mai 1457 (voir la note 5, p. 352 du t. 1er). Confisquées de nouveau sur François d'Orléans, comte de Dunois, fils du précédent, qui était entré dans la ligue du *Bien public*, elles ne lui furent rendues qu'après le traité de Conflans, par lettres du roi, en date du 14 octobre 1465 (acte n° 1432).

[3] Pierre Odebert, probablement fils d'autre Pierre Odebert, qui était clerc-juré en la Chambre des comptes du Dauphiné, en 1405, était lui-même vice-procureur fiscal de la Cour mage du Graisivaudan, en 1454, année où Antoine Vallier et Jean Guillon, baillis de la même cour, le choisirent successivement pour leur lieutenant, les 3 juillet et 20 septembre (B 2961, f° 321 et 325). Il mourut le 17 mars 1482 et fut remplacé comme auditeur ordinaire des comptes par Etienne Audry. L'une de ses filles, Jeanne, épousa Eynard Fléhard, qui fut également nommé auditeur en la Chambre des comptes de Grenoble, par lettres du roi du 23 janvier 1497, n. s.

[4] Voir, sur Jean d'Origny, la note 3, p. 48 du t. 1er.

1303 bis (Paris), 24 septembre 1461.

Lettres de provisions d'une charge de conseiller et auditeur ordinaire en la Chambre des comptes de Grenoble pour maître Baudet Meurin [1], secrétaire du roi.

Mention. B 3238, f° 11, v°.

1303 ter 28 septembre 1461.

Lettres de provisions de la charge d'huissier au Parlement de Grenoble pour Yves Lévy [2], notaire au Châtelet de Paris.

Mention. *Invent. somm. des arch. de l'Isère*, t. 11, Introd., p. 77.

1304 Paris, septembre 1461.

Lettres portant confirmation des privilèges concédés aux ouvriers et monnayeurs du serment de l'Empire, demeurant en France, par les rois Philippe VI, en avril 1337, Jean, en novembre 1350, Charles V, en juin 1364, Charles VI, en avril 1381, et Charles VII, en novembre 1437 [3].

Copies. Arch. nat., Reg. du *Trésor des chartes*, vol. n° xviii, pièce clxxi. — *Ordinationes Barbinæ*, reg. D, f° 212.

Publiées. *Ordon. des rois de France*, t. xv, p. 46.

---

[1] Baude ou Baudet Meurin fut l'un des secrétaires les plus employés par Louis XI, qui lui confia plusieurs missions diplomatiques, notamment en Italie auprès du duc de Milan, des Florentins, des Vénitiens et du pape, durant les années 1460 et 1461 (Vaesen, *Lettres de Louis XI*, t. III, p. 181). Il serait difficile de dire si Baude Meurin exerça réellement la charge d'auditeur des Comptes à laquelle le roi le nomma en 1461, car le même prince lui confia de nouveau le même emploi par lettres du 26 mai 1469 (acte n° 1524), et que d'autre part il était encore secrétaire du roi le 14 juillet 1471. Quoi qu'il en soit, il siégeait comme auditeur en 1474 et mourut à Grenoble au mois de septembre 1488, laissant pour héritier Jean Bonnet, cogreffier au Parlement du Dauphiné (B 3232, f° 291, v°).

[2] Yves Lévy, qui fut confirmé dans sa charge par lettres du 8 juillet 1469 (acte n° 1525 bis), l'occupait encore en 1492.

[3] Les mêmes privilèges furent, depuis, confirmés par lettres de Charles VIII, données à Tours, en janvier 1484, n. s. (*Ordon.*, t. xix, p. 231). — On désignait sous le nom d'ouvriers du serment de l'Empire, par opposition à ceux du serment de France, les monnayeurs des ateliers compris dans les diverses principautés démembrées du royaume de Bourgogne et qui, à la mort du roi Rodolphe III, étaient passées sous la domination de l'Empereur. Dès la fin du xiii° siècle, les ouvriers

1304 bis   Septembre 1461.

Lettres par lesquelles le roi fait don de la charge de capitaine et châtelain de Vizille, ainsi que de tous les revenus de la même châtellenie, pour en jouir sa vie durant, à Jacques de Valpergue, chevalier [1].

MENTION. De Rivoire de la Bâtie, *Armorial du Dauphiné*, p. 768.

1305   Beaugency, 4 octobre 1461.

Lettres par lesquelles le roi, à la demande de Gilles de La Porte, écuyer, lui donne de nouveau l'office de capitaine et châtelain de La Mure-Mathésine, auquel il l'avait déjà nommé avant son départ du Dauphiné, qu'il avait exercé durant quelque temps, mais dont il avait été ensuite destitué [2].

COPIE. B 3276, f° 38.

1306   Amboise, 8 octobre 1461.

Lettres aux gouverneur ou son lieutenant, gens du Parlement et des Comptes du Dauphiné, par lesquelles le roi, à la suite d'une supplique que lui avait adressée Pierre de Kerdrehennec [3], écuyer, lui

---

des monnaies avaient constitué entre eux un syndicat pour la défense et la conservation des droits, privilèges et prérogatives, que pour la plupart ils s'étaient eux-mêmes attribués. Chaque année il se tenait, à tour de rôle, dans l'une des localités où existait un atelier monétaire, une réunion appelée Parlement, et à laquelle se rendaient des délégués de chaque atelier compris dans le serment. L'un de ces parlements, qui eut lieu à Romans, en 1342, comptait des délégués de 18 ateliers, savoir : Romans, Vienne, Crémieu, La Tronche près Grenoble, Chambéry, Pont-d'Ain, Saint-Genis, Avillanne, Nyon au pays de Vaud, Martigny, Troyes en Champagne, Lyon, Anco, Avison, Avignon, Orange, Veyre et Puy-Guyon.

[1] Ce personnage, qui appartenait à la même famille que Boniface, Michel et Théolde de Valpergue, dont il a été question dans les notes 2, p. 71 et 114, et 8, p. 135 du t. 1er, ne jouit pas longtemps de la capitainerie de Vizille, car il mourut l'année suivante et fut remplacé, dès le 16 août 1462, par Jean de Bigny (voir l'acte n° 1345).

[2] Voir, sur Gilles de La Porte, la note 1, p. 75 du t. 1er.

[3] Voir, sur Pierre de Kerdrehennec, la note 1, p. 490, t. 1er. Ce châtelain géra personnellement son office pendant deux années environ, après quoi il se fit suppléer par Gonnot Pradel.

confirme la charge de châtelain de Goncelin, à laquelle il l'avait jadis nommé, mais dont il avait été destitué après son départ du Dauphiné ; lui attribue, en outre, tous les revenus de cette châtellenie et ordonne qu'on lui restitue les gages que les détenteurs de la même charge avaient touchés durant son absence.

Enregistrées le 22 octobre 1461.

Copie. B 3276, f° 39.

1307 *Tours, 12 octobre 1461.*

Lettres adressées aux gouverneur du Dauphiné ou son lieutenant, gens du Parlement, résidant à Grenoble, et à tous autres justiciers et officiers du Dauphiné, par lesquelles le roi, — à la suite d'une supplique des habitants de Valence qui se plaignaient que, depuis son départ de cette province pour se retirer en Flandre et en Brabant, l'évêque de Valence et ses officiers n'avaient cessé d'enfreindre les privilèges qu'il leur avait concédés en 1450, — leur enjoint de laisser lesdits habitants jouir paisiblement de leurs privilèges et de faire inhibitions et défenses en son nom, sous de grosses peines, au susdit évêque et à ses officiers de les troubler, en quelque manière que ce soit, dans la jouissance de leurs dits privilèges [1].

Copies. B 2987, cah. 129. — Arch. municipales de Valence.

Publiées. Ordon. des rois de France, t. xv, p. 121. — J. Olivier, Essai histor. sur la ville de Valence, p. 284.

1308 *Tours, 12 octobre 1461.*

Lettres adressées aux sénéchal de Beaucaire, baillis, juges et autres officiers de Nîmes, du Vivarais, du Vellay, et tous autres justiciers et officiers ou leurs lieutenants, par lesquelles le roi, — après avoir exposé que les consuls et habitants de Valence s'étaient plaints que, depuis son départ du Dauphiné pour la Flandre et le Brabant, divers officiers du royaume avaient ajourné des habitants de la ville de Valence en Dauphiné devant les cours de Paris, Toulouse, Nîmes, Bocieu ou autres et s'étaient même transportés à Valence où, de leur propre auto-

---

[1] Voir l'acte du mois d'octobre 1450, n° 792, et la note 13, p. 293, t. 1ᵉʳ; voir également, sur le même sujet, les actes n°ˢ 404, 641 et 950.

rité, sans avoir aucunes lettres ni réquisitoires et sans demander assistance ou congé d'exécution à la justice de cette ville, ils avaient notifié leurs ajournements, ensuite de quoi et malgré la nullité des susdits actes, certaines cours du royaume avaient fait procéder contre les suppliants, ce qui leur occasionnait de grands frais de procédure et était contraire aux privilèges du Dauphiné, — leur mande, en conséquence, qu'à l'avenir, ils ne fassent, souffrent ou permettent de faire de telles intimations ou significations aux habitants de Valence et de ses faubourgs, ni de les contraindre ou faire contraindre à comparaître devant leurs juridictions pour quelque motif que ce soit [1].

Copie. B 2987, cah. 129.
Analyse. J. Olivier, *Essais histor. sur la ville de Valence*, p. 187.
Publiées. *Ordon. des rois de France*, t. xv, p. 122.

1308 bis   *Tours, 12 octobre 1461.*

Lettres par lesquelles le roi, — à la demande des syndics et habitants de Valence, ainsi que des recteurs, écoliers et suppôts de l'Université qu'il avait fondée dans cette ville [2] et à laquelle il avait concédé les privilèges dont jouissaient les Universités d'Orléans, Montpellier et Toulouse, — entend que les écoliers et suppôts de l'Université de Valence soient exempts de tous tréhus, coutumes, passage et autres aides et subventions pour les livres, habillements, vins et toutes choses nécessaires, soit à leurs études, soit à leur nourriture ou entretien, qu'ils feraient venir du royaume à Valence, tant par eau que par terre.

Copie. Arch. nat., *Trésor des Chartes*, reg. 11ᵉˢ xviii (198), pièce 55.
Publiées. *Ordon. des rois de France*, t. xv, p. 127.

---

[1] Ces lettres furent présentées, le 1ᵉʳ mars de l'année suivante, au sénéchal de Beaucaire, qui, sous prétexte qu'elles étaient subreptices et obreptices, en différa l'enregistrement; aussi le roi, sur une nouvelle réclamation des consuls et des habitants de Valence, adressa-t-il à cet officier des lettres de jussion, le 15 juillet 1463 (voir l'acte n° 1373). — Au mois de décembre 1495, le roi Charles VIII donna de nouveau des lettres patentes portant que les habitants de Valence ne pourraient être, sous aucun prétexte, distraits de la juridiction du Parlement du Dauphiné (*Ordon. des rois de France*, t. xx, p. 492).

[2] Voir, sur la fondation de l'Université de Valence, les lettres patentes du 23 juillet 1452 (n° 950).

1309 *(Tours)*, *13 octobre 1461.*

Lettres sur la juridiction spirituelle de l'archevêque de Vienne[1].

MENTION. *Invent. des Titres de l'archevêché de Vienne, rédigé en 1774, n° 204.*

1310 *Maillé, 15 octobre 1461.*

Lettres, aux gouverneur ou son lieutenant, gens du Parlement et des Comptes du Dauphiné, par lesquelles le roi, à la suite d'une supplique que lui avait adressée Alexandre Raudel[2], archer de la garde de son corps, natif d'Ecosse, lui restitue l'office de châtelain du Queyras, dont il l'avait jadis pourvu, mais dont il avait été destitué après son départ du Dauphiné, et ordonne qu'on lui fasse restituer les gages, qu'il n'avait pu percevoir, par ceux qui avaient occupé sa charge.

Enregistrées le 28 novembre 1461.

COPIE. B 3276, f° 51.

1311 *Maillé, près Tours, 15 octobre 1461.*

Lettres, aux gouverneur ou son lieutenant, gens du Parlement et des Comptes du Dauphiné, par lesquelles le roi, à la suite d'une supplique que lui avait adressée Jacques de Poisieu[3], écuyer, lui donne de nouveau l'office de châtelain d'Avalon, dont il avait été destitué après son départ du Dauphiné, et mande, en outre, de lui faire restituer les gages touchés, durant son absence, par les détenteurs du même office.

Enregistrées le 29 novembre 1461.

COPIE. B 3276, f° 49.

1312 *Tours, 18 octobre 1461.*

Lettres de provisions de l'office de capitaine et châtelain d'Allevard pour Claude de Beaumont[4], écuyer, seigneur de La Frette, en remplacement d'Hugues de Bournazel[5], qui en est déchargé.

Enregistrées le 9 novembre 1461.

COPIE. B 3276, f° 25.

---

[1] Voir des lettres identiques datées du 29 mars 1463 (n° 1269).

[2] Voir, sur Alexandre Raudel, la note 2, p. 479, t. 1er.

[3] Voir, sur Jacques de Poisieu, la note 5, p. 47 du t. 1er. Il se fit suppléer dans son office par François Salvaing.

[4] Voir, sur Claude de Beaumont, la note 1, p. 418 du t. 1er.

[5] Voir, sur Hugues de Bournazel, la note 2, p. 237 du t. 1er.

1313 *Tours, 26 octobre 1461.*

Lettres par lesquelles le roi concède l'office de procureur fiscal en la Cour des comtés de Valentinois et Diois à Amblard Châtain, en remplacement de Gervais Guyart[1], qu'il en avait déchargé.

Copies. B 2983, f° 816, v°, et B 2985, f° 36, v°.

1314 *Tours, 26 octobre 1461.*

Lettres par lesquelles le roi mande aux gouverneur ou son lieutenant, gens du Parlement et des Comptes et trésorier du Dauphiné, que s'il ressort des privilèges, franchises et libertés qu'il avait précédemment accordés aux consuls et habitants de la ville de Montélimar[2], ils aient été exemptés de se rendre aux assemblées des Trois-États du Dauphiné et de contribuer aux dons, charges et aides imposés, ce dont les dits habitants prétendaient avoir paisiblement joui jusqu'au jour où il avait quitté le Dauphiné pour se retirer en Flandre et en Brabant, après quoi certains officiers du Parlement et de la Chambre des comptes avaient voulu, à l'instigation des Trois-États, les contraindre au paiement des impôts levés en Dauphiné, et les avaient même engagés dans un procès, — ils aient à faire jouir les dits habitants de leurs privilèges, à les mettre hors de procès et d'instance, sans dépens, et à annuler les rôles de la dernière révision qui avait été faite à Montélimar.

Enregistrées le 15 février 1462.

Copies. B 2983, f° 620, v°. — Arch. municipales de Montélimar.
Analyses. U. Chevalier, Ordon., n° 168. — Ordon. des rois de France, t. xv, p. 191 (sous la date du 22 octobre).
Publiées. U. Chevalier, Cartul. municipal de la ville de Montélimar, p. 296.

1315 *(Tours), 26 octobre 1461.*

Lettres de provisions de la charge de procureur général fiscal en

---

[1] Gervais Guyart, secrétaire du dauphin, avait été nommé secrétaire en la Chancellerie du Dauphiné en 1447 (voir la note 2, p. 142, t. 1er); il continua à remplir les fonctions de secrétaire delphinal, car il figure, en cette qualité, dans un acte du 10 novembre 1461 (B 3270, f° 26, v°).

[2] Voir les lettres du 30 mai 1447 et du 2 août 1452 (actes n°ˢ 457 et 962); voir aussi, sur le même sujet, les actes n°ˢ 1478 et 1503.

Dauphiné pour Guillaume de Sabeurois[1], docteur en les deux droits, en remplacement de Pierre Baile[2], destitué.

MENTION. *Invent. somm. des arch. de l'Isère, t. II, Introd.*, p. 58.

1316 *Amboise, 3 novembre 1461.*

Mandement du roi à son conseiller Claude Cocl, trésorier général du Dauphiné, pour payer à Martin de Salignes[3], écuyer, sur le montant des aides qui lui avaient été dernièrement octroyées par les gens des Trois-Etats du Dauphiné, la somme de 130 livres tournois, afin de compléter, pour l'année courante, les gages du dit de Salignes, qui montaient annuellement à la somme de 330 l., et ce outre celle de 200 l. t. que le même prenait comme châtelain du Pont-de-Beauvoisin.

COPIE. B 3276, f° 29.

1317 *Amboise, 3 novembre 1461.*

Mandement du roi au même trésorier pour payer, sur les deniers des aides qui lui avaient été octroyées par les gens des Trois-Etats du Dauphiné, au mois d'octobre précédent, la somme de 600 écus

---

[1] Guillaume de Sabeurois ou de Sabrevois, docteur en les deux droits, seigneur du Clos, près Bourdonné, en sa qualité de procureur général fiscal du Dauphiné eut à soutenir les diverses accusations portées contre les officiers du Dauphiné que le roi Louis XI ordonna de poursuivre comme criminels de lèse-majesté, par ses lettres données à Bordeaux le 22 avril 1462 (voir l'acte n° 1338). Sa fille, Guillemette de Sabrevois, épousa Etienne de Beaupont, écuyer, fils de Jean, bâtard de Coligny, dit le bâtard d'Andelot, qui lui succéda comme procureur général fiscal du Dauphiné, le 14 avril 1467 (Anselme, t. VII, p. 150).

[2] Pierre Baile, fils de Jean Baile, président du Parlement de Grenoble, et frère de Jean Baile archevêque d'Embrun (voir, sur ces derniers, la note 2, p. 32 du t. Ier, et l'acte n° 1500), avait été nommé procureur général fiscal du Dauphiné, par lettres du roi Charles VII, du 29 décembre 1458. Après la mort de Louis XI, Pierre Baile et deux de ses frères, Antoine et François Baile, supplièrent le roi Charles VIII de faire reviser le procès qui avait été intenté à leur père, le président Jean Baile, ce à quoi consentit ce prince par ses lettres du 8 mars 1484, n. s. Pierre Baile, alors qu'il n'était encore qu'étudiant, avait épousé Antoinette, fille de Mondon Taxil, de Saint-André-lès-Embrun (voir l'acte n° 884).

[3] Voir, sur Martin de Salignes, la note 1, p. 219, t. Ier.

d'or, dont il fait don aux religieux de l'abbaye de Saint-Sauveur de Redon¹.

Mention. Legeay, *Hist. de Louis XI*, t. 1ᵉʳ, p. 269.

1318 *Amboise, 6 novembre 1461.*

Lettres par lesquelles le roi, à la suite d'une supplique que lui avait adressée Martin de Salignes², écuyer, capitaine et châtelain du Pont-de-Beauvoisin, confirme en sa faveur le don des revenus du four du Pont-de-Beauvoisin qu'il lui avait fait jadis, et ordonne que Pierre Monet, qui s'était fait mettre en possession du même four par le Parlement de Grenoble, restitue, au susdit de Salignes, toutes les recettes qu'il en aurait perçues pendant son absence, cassant et annulant toutes conventions à ce contraires.

Enregistrées le 3 décembre 1461.

Copie. B 3276, f° 29, v°.

1319 *Tours, 11 novembre 1461.*

Lettres par lesquelles le roi enjoint au vibailli du Graisivaudan ou à son lieutenant de faire une enquête au sujet de la réclamation que lui avait faite Jean Pilat, écuyer, et que s'il en résultait que le susdit, en sa qualité de l'un des forestiers de la forêt de La Servette, située au mandement de La Buissière, ait le droit de prendre dans cette forêt le bois mort nécessaire au chauffage, constructions et usage de son hôtel, situé dans le même mandement, contrairement à quoi s'opposaient les gens du châtelain de La Buissière, il ait à faire défense de troubler le suppliant dans la jouissance de ce droit³.

Copie. B 3385.

---

¹ Abbaye bénédictine, fondée vers 831, dans le diocèse de Vannes.
² Voir, sur Martin de Salignes, la note 1, p. 219 du t. 1ᵉʳ.
³ A la suite d'une enquête ordonnée le 19 avril 1462, par Jean Mottet, vibailli du Graisivaudan, intervint une sentence de François Bousier, son successeur, du 10 mai 1463, qui maintint Jean Pilat dans l'office de forestier delphinal de la forêt de La Servette et dans le droit de prendre du bois dans cette forêt, contrairement aux prétentions du châtelain de La Buissière qui lui contestait l'un et l'autre (B 3385). Par lettres du 27 février 1479, n. s., le roi Louis XI lui confirma le même droit (acte n° 1711), mais un arrêt du Parlement de Grenoble, du 22 décembre 1481,

1320   (Tours), 11 novembre 1461.

Lettres par lesquelles le roi confirme celles qu'il avait données le 23 janvier 1449 (1450, n. s.), relativement à la juridiction de l'évêque de Grenoble¹.

Enregistrées le 23 juillet 1464.

Analyse. Invent. des Titres de l'évêché de Grenoble, de 1789, f° 155, n° 773.

---

lui fit néanmoins défense de couper aucun arbre dans la dite forêt, sous de grandes peines, et lui enjoignit de la garder et conserver avec soin pour la défense de la province, attendu qu'elle était située sur la frontière (B 3232, f° 112). Cependant, un autre arrêt de la même cour, de 1483, maintint de nouveau Jean Pilat dans ses privilèges de prendre du bois pour son chauffage et l'usage de sa maison, conformément aux concessions que lui avaient faites les dauphins (Invent. de la Chambre des comptes, Graisivaudan, t. II, f° 52, v°). Le même Jean Pilat, qui fut vichâtelain des mandements de Bellecombe et de La Buissière, de 1469 à 1475, appartenait à la famille Pilat, de La Buissière, d'où était sorti Humbert Pilat, notaire et secrétaire du dauphin Humbert II, qui devint son protonotaire et chancelier et qui mourut auditeur en la Chambre des comptes du Dauphiné et prévôt de l'Église collégiale de Saint-André de Grenoble, en 1373. Guillaume Pilat fut consul de Grenoble en 1315 et 1376; Jean Pilat, écuyer, fut aussi consul de la même ville en 1408 et 1432; enfin, noble Guigues Pilat, probablement fils de Jean Pilat, qui a motivé cette note, prêta hommage au roi, le 5 septembre 1541, pour l'office de forestier de La Servette.

¹ Le droit que prétendait avoir l'évêque de Grenoble de faire juger par la cour de son officialité tous les habitants de son diocèse, même pour des causes purement civiles et notamment les causes de ceux de ces habitants qui y avaient volontairement recours, fut pendant deux siècles environ un sujet de continuelles difficultés entre le pouvoir delphinal et le pouvoir épiscopal. L'évêque appuyait son droit non seulement sur un usage immémorial, mais encore sur une ordonnance du dauphin Humbert II, rendue à Avignon le 29 septembre 1334, et dans laquelle se trouvait entre autres le passage suivant : « Preterea quod prelati omnes in terra nostra possint « et valeant omnem jurisdictionem ad forum ecclesiasticum de jure vel consuetudine seu « privilegia speciali pertinentem, libere exercere. » (Valbonnais, Preuves de l'hist. de Dauph., p. 204). Depuis lors, chaque fois que les évêques de Grenoble crurent voir dans les actes émanés, soit des dauphins, soit des gouverneurs du Dauphiné ou du Conseil delphinal la moindre atteinte portée à leurs droits de juridiction, ils s'empressèrent de protester et de faire reconnaître leurs prérogatives. C'est ainsi qu'ils obtinrent successivement : des ordonnances du Conseil delphinal en date des 29 janvier 1381, 5 mars et 29 juillet 1388, 15 juillet 1396, des lettres des commissaires réformateurs généraux, nommés en Dauphiné par le roi Charles VI, du 25 octobre 1381, et du gouverneur du Dauphiné, des 15 mars 1394 et 25 janvier 1396, qui toutes statuèrent que par les diverses proclamations qui avaient pu être faites aux sujets delphinaux de ne s'adresser à d'autres cours qu'à celles du dauphin, pour

1321 . . . *Amboise, 13 novembre 1461.*

Lettres du roi confirmant, en faveur d'Imbert de Bathernay, écuyer, le don qu'il lui avait fait, lors de son avénement à la cou-

leurs causes purement civiles et profanes, on n'avait jamais entendu préjudicier aux transactions jadis intervenues entre les dauphins et les évêques, ni porter aucun préjudice à la juridiction de ces derniers. (U. Chevalier, *Ordon.*, n°˙ 221, 111, 211; *Invent. des titres de l'Evêché de Grenoble de 1789*, n°˙ 759, 757, 762, 765).
Durant l'administration en Dauphiné du dauphin Louis II, les difficultés devinrent encore plus nombreuses que par le passé. Voici l'indication de quelques actes qui s'y rapportent: 1° arrêt du Conseil delphinal, du 27 décembre 1443, ordonnant que les défenses faites de ne pouvoir tirer les sujets delphinaux hors de leur juridiction normale seraient observées, mais que quant à la juridiction spirituelle des évêques, elles n'y pourraient porter aucune atteinte, non plus qu'aux conventions intervenues entre les évêques et les dauphins (*Invent. précité*, f° 153, v°, n° 767); 2° lettres des commissaires délégués par le dauphin pour réformer la justice et les finances en Dauphiné, en date du 17 mai 1446, portant que par les proclamations qu'ils avaient fait faire en divers lieux ils n'avaient entendu préjudicier en rien aux conventions antérieures ni à la juridiction ecclésiastique de la Cour de l'officialité de Grenoble (B 3002, f° 680); 3° autres lettres des mêmes commissaires, du 31 du même mois de mai 1446, rendues à la requête de l'évêque Aimon de Chissé, enjoignant aux divers officiers delphinaux de faire observer leur précédente déclaration (*Invent. précité*, f° 154, n° 769); 4° lettres du dauphin, des 23 janvier 1450, n. s., et 5 août 1453 (voir les actes n°˙ 713 et 1178); 5° commission adressée par le cardinal Alanus, légat du pape en France, à l'abbé de Saint-Antoine de Viennois et à l'official du diocèse de Valence et Die, pour connaître du différend qui s'était élevé entre l'évêque de Grenoble et les officiers delphinaux au sujet de poursuites intentées par ces derniers à un clerc tonsuré (*Invent. précité*, n° 771). L'événement auquel se rapporte ce dernier acte mérite d'être signalé : au mois d'août 1457, le clerc Claude Marbod ayant assassiné Raimond Fabre à la porte du couvent des Frères Prêcheurs de Grenoble, avait été arrêté par les officiers delphinaux, mais l'évêque et les membres de son officialité s'étaient empressés de réclamer le coupable qu'ils prétendaient être justiciable de la seule juridiction ecclésiastique comme clerc, *cum unica virgine conjugatus*, et comme ayant accompli son crime dans l'enceinte d'un couvent. Le Parlement de Grenoble, saisi de la difficulté, approuva la conduite des officiers delphinaux, en suite de quoi l'official de Grenoble en appela à celui de Vienne, qui, par une sentence du 27 octobre 1457, excommunia les officiers du dauphin. Finalement gain de cause étant resté à l'évêque, ce dernier leva les excommunications par ses lettres du 13 novembre suivant.
Malgré les nouvelles lettres du roi que nous analysons ci-dessus et qui maintenaient l'évêque de Grenoble dans tous ses droits de juridiction, le lieutenant-général du Dauphiné, sur la requête du procureur général fiscal, rendit, le 10 juillet 1464, une ordonnance enjoignant de nouveau de ne citer les sujets du Dauphiné, pour les

ronne, de la capitainerie des villes et châteaux de Peyrins, Beaumont et Monteux, et y joint, en plus, celui des revenus des susdites terres, pour qu'il en jouisse, lui et ses descendants légitimes, de la même manière qu'en avaient ci-devant joui Jean Le Brun[1] et Catherine de Salenelles, son épouse, en considération desquels il révoque le don qu'il avait pu faire des mêmes terres. Le roi se réserve, en outre, la faculté de rachat de ces terres en remboursant à Imbert de Bathernay, ou à ses héritiers, la somme de 2,000 livres tournois « outre et par-« dessus les prises et levées qu'ils en auroient eues ».

Enregistrées le 8 février 1462.

COPIE. B 3049, f° 71.

---

causes profanes, que devant la juridiction delphinale ; mais l'official de Grenoble protesta par un procès-verbal du 21 du même mois (*Invent. précité*, n° 776).

L'année suivante, par un arrêt du 28 août, le Parlement de Grenoble statua que les proclamations faites par ordre du lieutenant-général ne pouvaient porter atteinte à la juridiction épiscopale ni aux lettres patentes que l'évêque avait obtenues du roi. Un autre arrêt de la même cour, du 23 mai 1470, enjoignit également au vibailli du Graisivaudan de mettre à exécution les lettres que l'évêque avait obtenues, ensuite de quoi, le 19 octobre suivant, le vibailli ordonna aux châtelains de Vizille, de l'Oisans et de La Mure de s'y conformer (*même invent.*, n° 775). De plus, l'évêque Laurent Ier Alleman fit rédiger, le 3 janvier 1491, par François du Puy, son official, une ordonnance réglant l'exercice de la juridiction spirituelle de son officialité, qu'il fit enregistrer au Parlement de Grenoble le 14 novembre suivant (B 3002 f° 606). Le 19 juin 1517, nouvel arrêt du Parlement révoquant et annulant, comme contraires au droit et à la juridiction ecclésiastique de l'évêque, les proclamations faites par le vibailli du Graisivaudan, durant les assises qu'il avait tenues dans l'Oisans, par lesquelles il avait défendu à tous sujets d'être traduits pour des causes civiles et profanes devant la cour de l'officialité de Grenoble (*Invent précité*, n° 777). Enfin, quoique le roi François Ier, par des lettres du mois d'août 1530, eût confirmé celles que le dauphin Louis avait concédées à l'évêque le 5 août 1455, de nouvelles difficultés surgirent peu après sur le même sujet entre l'évêque Laurent II Alleman, d'une part, et les habitants de Vatilieu, La Combe-de-Loucey, Saint Jean-le-Vieux, Saint-Marys et Montoymont et joint à eux le procureur général fiscal, d'autre part. Comme précédemment, l'évêque soutenait que son officialité pouvait connaître de toutes matières civiles personnelles ou autres sur les sujets de son diocèse qui y voulaient recourir. Cette difficulté, d'abord portée devant le Parlement de Grenoble, fut, à la demande de l'évêque, évoquée devant le Grand-Conseil par lettres du roi en date du 19 avril 1536 (*Invent. précité*, n° 781). Nous n'en connaissons point la solution, mais toujours est-il que finalement l'évêque dut être débouté de ses prétentions.

[1] Voir, sur Jean Le Brun, la note 2, p. 157, t. 1er.

1322 *Amboise, 17 novembre 1461.*

Lettres de provisions des offices de châtelain d'Upaix, de Césane et de Mentoules, pour Antoine de Dorgeoise, dit Roux [1], en remplacement de Guillaume de Lamarre [2] et de François Garcin, dit de La Roche [3], qui en sont déchargés, aux gages, droits, profits, revenus et émoluments accoutumés.

Enregistrées le 12 décembre 1461.

COPIE. B 3276, f° 33.

ANALYSE. J. Roman, *Tableau histor. du départ. des Hautes-Alpes*, p. 336.

1323 *Tours, 27 novembre 1461.*

Lettres du roi, adressées au pape Pio II [4], par lesquelles, à la sollicitation de son conseiller, Jean, évêque d'Arras [5], que ce pape avait

---

[1] Antoine de Dorgeoise, dit Roux, appartenait à une famille originaire du mandement de Voiron; il était fils de Guillaume de Dorgeoise, dit Roux, qui était châtelain de Rives et de Réaumont avant 1447, et qui était fils lui-même de Pierre Dorgeoise, qui occupait les mêmes fonctions en 1400. Antoine de Dorgeoise figure encore comme châtelain d'Upaix en 1474, année où il se faisait suppléer dans cette charge par Jacques Renal. Un autre Antoine de Dorgeoise fut châtelain de Rives, de 1528 à 1532.

[2] Guillaume de Lamarre, archer de la garde du corps du dauphin, avait été nommé châtelain d'Upaix, par lettres du 29 janvier 1456, n. s. (acte n° 1206).

[3] François Garcin, dit de La Roche, fils de noble Jean Garcin, surnommé de La Roche, à raison de la possession qu'il avait de la maison forte de La Roche, au mandement de Voiron, avait été nommé châtelain de Césane et de Valcluson, au mois de mars 1445 (acte n° 135). Le 14 mai de la même année, Catherin d'Orcion, bailli du Graisivaudan, l'avait choisi pour son lieutenant (B 2961), et le 25 mai 1447, son père lui donna procuration pour prêter hommage au dauphin en son nom. Il avait, enfin, été nommé gardien et défenseur des droits du dauphin et concierge de son hôtel dans la ville de Gap, par lettres de ce prince en date du 24 mai 1450 (acte n° 781). François Garcin avait deux frères : Amédée, qui était châtelain de Voreppe en 1444, et Aimar, qui figure, en 1464, parmi les nobles de la paroisse de Saint-Etienne-de-Crossey et qui, en 1474, habitait à Hautefort, près de Voiron.

[4] Pio II, élu pape le 19 août, mort le 16 août 1464.

[5] Jean Jouffroy ou Geoffroy, né à Luxeuil, vers 1412, de simple religieux de l'abbaye de Luxeuil, ordre de Cluny, en devint abbé vers 1451, puis évêque d'Arras en 1453; légat a latere du pape en France; cardinal prêtre de Saint-Sylvestre en 1461, en récompense de la part qu'il prit à l'abolition de la Pragmatique Sanction; transféré à l'évêché d'Alby, le 10 décembre 1462; abbé de Saint-Denys en 1464 ?; ambassadeur, mort à Rully, le 24 novembre 1473 (Gams. — U. Chevalier, *Répert.*

nommé son légat a *latere* en France, abolit et abroge la Pragmatique Sanction et rétablit le Souverain Pontife dans l'autorité, puissance et obéissance entière, tant en ce qui concernait les provisions et les collations des bénéfices ecclésiastiques qu'autrement [1].

Enregistrées, à Grenoble, le 29 janvier 1462.

Copies. B 3232, f° 3. — Bibl. nat., mss. de Béthune, n° 8445, f° 8, — Arch. nat., Trésor des chartes, reg. 198, pièce 73.

Analyses. Guy Pape, quæst. n° cui. — U. Chevalier, Ordon., n° 469.

Publiées. Concilior. collect. regia, t. xxxiv, p. 204. — Hardouin, Acta concilior., t. ix, col. 1640. — Labbe, Concilior. collect., t. xiv, col. 97. — Dumont, Corps diplom., t. iii, p. 272. — Ordon. des rois de France, t. xv, p. 193. — Etc.

---

des sources hist.). Au mois de décembre 1463, le roi Louis XI avait envoyé des ambassadeurs au pape, pour solliciter, entre autres choses, l'abbaye de la Chaise-Dieu, en faveur du même Jean Jouffroy *(Mél. hist., t. ii, p. 406, de la Collect. des docum. inéd. de l'hist. de France).*

[1] La Pragmatique Sanction, destinée à régler les rapports de l'Église de France avec la papauté, avait été établie, le 7 juillet 1438, à la suite d'une réunion de prélats tenue à Bourges. Le 2 septembre 1440, par lettres données en la même ville de Bourges, le roi Charles VII, après avoir ordonné aux officiers du Dauphiné de faire exécuter, dans cette province, la Pragmatique Sanction, avait statué que tous les différends au sujet des bénéfices en Dauphiné seraient jugés d'après la Pragmatique Sanction sans avoir égard aux bulles qui pourraient émaner, au contraire, soit du pape, soit des pères du Concile de Bâle (B 3252). Par d'autres lettres du 13 janvier 1450, n. s., le même roi voulut que la Pragmatique Sanction subsiste même quant aux articles qui pouvaient être contraires aux décisions du précédent concile (U. Chevalier, Ordon., n° 418). Louis XI, pour plaire au pape Pie II, abrogea la Pragmatique Sanction, mais ce ne fut point sans une vive opposition de la part du Parlement de Grenoble, auquel il adressa des lettres de jussion, le 3 janvier 1462, n. s., pour lui enjoindre de procéder à l'enregistrement de ses précédentes lettres (acte n° 1330). Cependant, devant les récriminations des États Généraux, le même roi rétablit la Pragmatique Sanction en Dauphiné, par lettres du 19 juin 1464 (acte n° 1398). Le roi Charles VIII, par lettres données à Marcoussis, le 19 juillet 1492, statua qu'en exécution de la Pragmatique Sanction aucun étranger ne pourrait posséder des bénéfices en Dauphiné s'il n'avait permission expresse du roi ou lettres de naturalité, vérifiées en la Chambre des comptes (U. Chevalier, Ordon., n° 588). Enfin, le 11 juin 1493, Jacques de Miolans, gouverneur du Dauphiné, ordonna que la Pragmatique Sanction serait, à l'avenir, exécutée en Dauphiné de la même manière qu'elle l'était en France *(Invent. de la Chambre des comptes, Généralités, t. i", f° 170).* La Pragmatique Sanction n'avait été rétablie en France qu'en 1479.

1324 *Tours, 1er décembre 1461.*

Lettres par lesquelles le roi, — à la suite d'une supplique de Bertrand de La Baume, écuyer, seigneur de Suze-La-Rousse, exposant que Louis de La Baume¹, son père, seigneur dudit lieu de Suze-La-Rousse, avait été autorisé à lever un péage au même lieu, sur les marchandises, par lettres patentes de novembre 1450, mais que depuis lors ce péage avait été réuni au domaine delphinal par le roi Charles VII, — mande aux gouverneur ou son lieutenant et gens du Parlement du Dauphiné, que s'il est exact que ledit de La Baume ait réellement joui de ce péage, il lui en fassent faire pleine et entière délivrance et l'en laisse jouir à l'avenir.

Enregistrées le 24 février 1463.

Copie. B 3276, f° 53, v°.

1325 *Tours, 7 décembre 1461.*

Lettres du roi, adressées à ses conseillers les gens du Parlement du Dauphiné, séant à Grenoble, par lesquelles il entend que Louis de Châlon, prince d'Orange², jouisse à l'avenir des terres de Theys, La Pierre, Domène et Falavier³, conformément aux lettres qu'il lui avait déjà octroyées sur ce sujet, à Grenoble, le 25 juillet 1456, et enjoint qu'incontinent et sans délai, le susdit prince soit mis en possession des dites terres et seigneuries qui avaient été mises sous sa main à la requête de son procureur général ; et attendu que le prince d'Orange ne lui avait point encore prêté hommage⁴, à raison de la débilité de sa personne, il lui accorde pour le faire un délai de deux années.

Original. B 3182.

---

¹ Voir, sur Bertrand et Louis de La Baume, les notes 2 des p. 305 et 348 du t. 1er.

² Voir, sur Louis de Châlon, prince d'Orange, la note 2, p. 149 du t. 1er.

³ Voir, sur la possession de ces terres par les princes d'Orange, la note 3, p. 149, t. 1er, et l'acte n° 1624 bis.

⁴ Le prince d'Orange avait cependant déjà prêté hommage au dauphin, à Vers, le 7 septembre 1456 (acte n° 1244 bis). — Comme conséquence des mêmes lettres royales, le prince d'Orange donna, le 5 janvier 1462, n. s., procuration à son maître d'hôtel, pour prêter hommage en son nom à l'évêque de Grenoble, pour la terre de Domène, relevant du fief de l'évêché de Grenoble (B 3801).

1326 \hfill *Tours, 8 décembre 1461.*

Lettres par lesquelles le roi ratifie et confirme le don qu'il avait fait à Louis Richard, seigneur de Saint-Priest[1], son filleul, ainsi qu'à ses successeurs, en considération de son mariage avec Jeanne de Bigny[2], des châteaux, villes, terres et seigneuries de Saint-Symphorien-d'Ozon et de Vaulx, avec tous leurs revenus et dépendances, sans s'y rien réserver, si ce n'est les foi, hommage et souveraineté ; et ce, pour lui tenir lieu de la somme de 8,000 écus d'or qu'il avait promis à la susdite Jeanne, lors de son mariage.

Enregistrées le 4 mars 1462.

Copie. B 3048, f° 302.

1327 \hfill *Tours, novembre 1461.*

Lettres confirmant les privilèges concédés antérieurement aux différentes maisons de l'ordre des Chartreux, qui se trouvaient en France, par lettres patentes des rois Charles V, données à Vincennes, le 19 janvier 1369, Charles VI, données à Paris, le 31 août 1386, Charles VII, données à Razilly, le 7 septembre 1446, et qui portaient qu'aucune maison de Chartreux ne paierait d'aides ni de décimes[3].

Plussées. *Ordon. des rois de France*, t. xv, p. 227.

---

[1] Aux renseignements que nous avons fournis sur ce personnage (note 3, p. 34, t. 1⁽ʳ⁾), nous ajouterons qu'il maria sa sœur, Louise Richard de Saint-Priest, par contrat du 28 septembre 1467, avec Gaspard de Montauban, dit Arlaud, écuyer, seigneur d'Aix et de Montmaur, et qu'il lui donna pour dot une somme de 3,000 florins de bon or.

[2] Jeanne de Bigny, dame d'honneur de la reine Charlotte, était fille de Jean, seigneur de Bigny, panetier du roi, et de Marguerite de Montespedon. Devenue veuve vers 1484, de Louis Richard, seigneur de Saint-Priest, avec lequel le roi Louis XI l'avait mariée, elle épousa en secondes noces Pierre de Chissé, comte de Chaleins, chambellan du roi Charles VIII. Comme les terres de Saint-Symphorien-d'Ozon et de Vaulx avaient été réunies au domaine, à la mort de Louis XI, le roi Charles VIII, par lettres données à Verseil, le 28 septembre 1495, assigna à Jeanne de Bigny, pour lui tenir lieu des 8,000 écus qui lui avaient été accordés par Louis XI, lors de son premier mariage, une rente annuelle de 2,000 livres à prendre, sa vie durant, sur les revenus des mêmes terres. Par d'autres lettres, données à Lyon, le 17 février 1497, ce dernier don lui fut confirmé, mais pour une durée fixe de dix années (B 2968 ; *Invent. de la Chambre des comptes, Viennois*, t. v, f° 13, v°).

[3] Voir, sur le même sujet, les lettres du 31 octobre 1465 (acte n° 1430).

1328 1461.

Lettres du roi portant prorogation, pour dix ans, du traité d'association passé entre le roi Charles VII et le roi René, pour le tirage du sel de Provence par le fleuve du Rhône, à la part de l'Empire[1].

Copie. Arch. des Bouches-du-Rhône, B 680.

Analyse. *Invent. somm. des arch. des Bouches-du-Rhône*, t. 1ᵉʳ, p. 161.

1330 *Tours, 3 janvier 1461 (1462).*

Lettres du roi, adressées à tous ses justiciers ou leurs lieutenants, par lesquelles, — après avoir exposé qu'il avait aboli et abrogé la Pragmatique Sanction et délaissé au pape l'autorité, puissance et obéissance entière, tant en provisions et collations de bénéfices qu'autrement, pour en jouir en la forme et manière dont les papes Martin et Eugène[2] en avaient usé avant l'établissement de la dite Pragmatique Sanction[3], — voulant que l'abrogation de la Pragmatique Sanction reçoive son exécution, ordonne qu'à l'avenir, ses gens des chancelleries de Paris, de Toulouse et du Dauphiné, ainsi que ses baillis, sénéchaux ou autres officiers ne scellent, donnent ou expédient à quiconque aucunes lettres ou mandements touchant à la Pragmatique Sanction, et si, par importunité, quelques lettres semblables étaient scellées et délivrées, il les déclare nulles et de nul effet.

Enregistrées le 29 janvier 1462.

Copie. B 3232, f° 3.

Analyse. U. Chevalier, *Ordon.*, n° 490, sous la date fautive de 1468.

---

[1] Le plus ancien accord, passé entre la France et la Provence, relatif à l'exportation, par le fleuve du Rhône, du sel de Provence, destiné à être vendu dans les terres de l'Empire, fut conclu, à Béziers, le 29 décembre 1398, entre Marie, reine de Sicile et de Jérusalem, et les généraux conseillers du roi de France sur le fait des aides, levées pour la guerre, en Languedoc et Guienne. Ce traité stipulait que l'on prélèverait sur le sel transporté dans les greniers de Tarascon, du Pont-Saint-Esprit et autres, pour être vendu dans les terres de l'Empire, une gabelle de 10 francs par muid, et que les mesures de tous les salins seraient uniformément de 60 quintaux par muid. Par lettres patentes, données à Paris le 16 février 1401, n. s., le roi Charles VI prorogea le précédent accord pour une nouvelle durée de deux années (B 2904, f° 284). — Voir, sur le tirage du sel de Provence, les actes n°ˢ 1402 et 1415.

[2] Martin V, élu pape le 11 novembre 1417, au concile de Constance, mort le 20 février 1431. — Eugène IV, élu le 3 mars 1431, mort le 23 février 1447.

[3] La Pragmatique Sanction avait été établie le 7 juillet 1438 (voir, à ce sujet, la note 1, p. 25.)

1332 *Tours, 12 janvier 1461 (1462).*

Mandement du roi à François Royer[1], son conseiller et chambellan, et à Hector Josselin, vidame de Genève, pour payer à Philippe Royer, écuyer, la somme de 1,000 écus d'or « tant pour son ordon-
« nance et entretenement en sa compagnie et service pour une année,
« comme pour lui aider à soy acquicter envers aucuns esquels il est
« tenu et obligé en plusieurs sommes de deniers par lui empruntées
« pour soy entretenir en son dit service avant nostre advenement à la
« couronne ».

Même source que l'acte n° 1268.

1333 *Saint-Jean-d'Angély, 7 février 1461 (1462).*

Lettres portant création d'un office de conseiller-clerc au Parlement de Grenoble, en faveur de Claude de Châteauneuf, religieux de l'ordre de Saint-Antoine de Viennois[2].

Enregistrées le 16 mars 1462.

ANALYSE. U. Chevalier, *Ordon.*, n° 471.

1334 *Blanquefort, 1ᵉʳ mars 1461 (1462).*

Lettres du roi ordonnant aux gouverneur ou son lieutenant, gens du Parlement et des Comptes du Dauphiné de faire procéder à une revision des bornes-limites, plantées entre les mandements d'Alixan et de Pisançon qui, depuis son absence du Dauphiné, avaient été enlevées ou reculées par suite d'une sentence du Conseil delphinal, à l'effet de favoriser l'évêque de Valence[3], frère du seigneur de Chevrières, seigneur de Pisançon[4], qui avait eu une grande influence dans les délibérations de ce conseil.

Enregistrées, à Grenoble, le 29 mars 1462.

COPIE. B 3509.

---

[1] Voir, sur François Royer, la note 1, p. 517, t. 1ᵉʳ.

[2] C'est à tort que l'*Invent. som. des arch. de l'Isère*, t. II, Introd., p. 21, mentionne Claude de Châteauneuf comme étant déjà conseiller au Parlement de Grenoble en 1456. Il fut remplacé dans cette charge, le 23 mars 1464, n. s., par Antoine Coct, prieur de Saint-Laurent de Grenoble, frère de Claude Coct, trésorier général du Dauphiné (acte n° 1392).

[3] Louis de Poitiers, évêque de Valence et Die ; voir les notes 1, p. 283, et 5, p. 464, t. 1ᵉʳ.

[4] Jean de Poitiers, seigneur de Chevrières ; voir la note 1, p. 206, t. 1ᵉʳ.

1335 *Bordeaux, 15 mars 1461 (1462).*

Lettres par lesquelles le roi, en considération des grands et louables services que lui avait rendus son écuyer de cuisine, Jean Bachelier, dit Rousselet[1], lui confirme l'office de capitaine, châtelain et garde des châtellenie et mandement de Pariset, Seyssins et Seyssinet, qu'il lui avait concédé par ses lettres données à Montélimar, le 8 décembre 1452, et en plus lui abandonne tous les revenus des mêmes terres à partir de la fête de saint Jean-Baptiste prochaine.

Enregistrées le 5 mars 1463.

COPIE. B 3276, f° 46, v°.

1336 *3 avril 1461 (1462).*

Lettres par lesquelles le roi rétablit Raoul de Commiers[2], seigneur de La Bâtie, ancien bailli du Haut-Pays du Dauphiné, dans la possession de ses biens, nonobstant la confiscation qui en avait été faite à la suite des crimes qu'il avait commis.

ANALYSE. Invent. de la Chambre des comptes, Généralités, t. 11, f° 472.

1337 *Saint-Macaire, 11 avril 1461 (1462).*

Lettres, adressées aux gouverneur du Dauphiné ou son lieutenant, par lesquelles le roi, — après avoir relaté que François d'Urre[3],

---

[1] Voir, sur ce personnage, la note 3, p. 385 du t. 1er. — Un Jean Bachelier était huissier au Parlement de Paris en 1497.

[2] Voir, sur Raoul de Commiers, les notes 2, p. 92, et 1, p. 449 du t. 1er.

[3] François, seigneur d'Urre, écuyer, valet de chambre de Louis XI, avait été chargé par lettres de ce roi, du 23 août 1461, de régir et administrer la succession de Guillaume, bâtard de Poitiers, confisquée au profit de ce roi (voir l'acte n° 1289). Par d'autres lettres, en date du 1er décembre 1462, le même roi ordonna aux gens de la Chambre des comptes de Grenoble de vérifier et clore les comptes de la gestion du même François d'Urre (n° 1354). Après l'arrêt prononcé, le 24 avril 1464, par le Parlement de Grenoble, contre la mémoire et les héritiers de Guillaume, bâtard de Poitiers, Louis XI, par lettres du 27 juin suivant, fit don à François d'Urre et à son épouse Catherine de Blou, en récompense des services qu'ils avaient rendus, tant à lui qu'à la reine, soit en Dauphiné, soit en Flandre et en Brabant ou ailleurs, de tous les fiefs qui avaient appartenu au susdit bâtard (acte n° 1399). En conséquence de ces lettres, dès le 18 juillet suivant, François d'Urre se faisait mettre en possession des nombreuses terres, seigneuries et juridictions de

écuyer, qu'il avait commis, par ses lettres du 23 août précédent, à la régie et administration des biens confisqués à son profit sur Guillaume, bâtard de Poitiers¹, lui avait exposé que quoiqu'il ait fait faire sommation, à plusieurs reprises, aux personnes qui détenaient quelques-uns des biens du dit bâtard de les lui remettre, divers détenteurs de ces biens, cependant, refusaient de les lui livrer, ce qui le mettait dans l'impossibilité d'exécuter sa commission, — leur enjoint de faire saisir et mettre sous sa main, de suite et sans aucun délai, tous les biens meubles ou immeubles quelconques qui pouvaient appartenir à la succession du susdit bâtard de Poitiers, et d'en confier l'administration au dit exposant, jusqu'à ce qu'il en soit autrement ordonné, et ce nonobstant tous empêchements ou oppositions.

Enregistrées le 5 mai 1462.

Copie. B 2984, f° 790.

1338 — Bordeaux, 22 avril 1462.

Lettres par lesquelles le roi charge ses conseillers, le sire de Châteauneuf², son maître d'hôtel, et Pierre Gruel³, président de la Chambre des comptes à Grenoble, d'instruire le procès de ceux de ses sujets du Dauphiné qu'il avait fait emprisonner pour avoir commis de grands crimes à l'encontre de sa personne, de procéder à la confiscation de leurs biens et de les traduire devant le Parlement de

---

Guillaume, bâtard de Poitiers, et le 17 septembre 1464, il en prêtait hommage au roi, entre les mains du gouverneur du Dauphiné. Cette donation, cependant, dut soulever de vives protestations, car elle ne fut enregistrée par la Chambre des comptes de Grenoble qu'à la suite de lettres de jussion du roi, du 23 novembre 1474 (acte n° 1017). François d'Urre était le frère de Jourdan d'Urre qui fut nommé président de la Chambre des comptes de Grenoble vers 1484, et mourut le 27 juillet 1497.

¹ Sur Guillaume, bâtard de Poitiers, voir les notes 1, p. 16 du t. 1ᵉʳ, et 3, p. 3 de ce volume.

² Soffrey Alleman, seigneur de Châteauneuf et d'Uriage; voir, sur ce personnage, la note 1, p. 40 du t. 1ᵉʳ, et l'acte n° 1366.

³ Voir, sur Pierre Gruel, les notes 1, p. 86, et 2, p. 103 du t. 1ᵉʳ.

Grenoble, auquel il enjoint, par les mêmes lettres, de les condamner sans aucun retard[1].

ORIGINAL. B 3182.
COPIES. B 2948, cah. 271 ; B 2983, f° 798, v° ; B 2985, f° 2, et B 3277.
ANALYSES. U. Chevalier, Ordon., n° 472. — Legeay, *Hist. de Louis XI*, t. 1er, p. 322.

---

[1] En exécution de ces lettres, tous les principaux personnages du Dauphiné qui, après avoir reçu un bienfait ou une faveur du dauphin, avaient ensuite abandonné son parti, après sa retraite en Flandre, et s'étaient soumis à l'autorité du roi Charles VII, furent poursuivis, emprisonnés et condamnés pour crime de lèse-majesté. Par un même arrêt du Parlement de Grenoble, du 30 juin 1463, furent condamnés au bannissement perpétuel, à la restitution de toutes les sommes qu'ils avaient pu toucher sur les finances delphinales et à la confiscation de leurs biens : Charles Adhémar, écuyer, seigneur de La Garde ; François de Beauvoir, chevalier, seigneur de La Palud ; Aimé de Beauvoir, écuyer, seigneur de Varaciens, frère du précédent ; Claude de Clermont, écuyer, seigneur de Montoison ; Charles de Grolée, chevalier, seigneur de Châteauvilain ; Philippe de Grolée, écuyer, seigneur d'Illins, tous conseillers et chambellans du dauphin. D'autres arrêts condamnèrent Jean Baile, président du Parlement ; Humbert Bérenger, écuyer, seigneur de Morges ; Gabriel de Bernes, ancien lieutenant du gouverneur du Dauphiné ; Antoine Bolomier, général des finances ; Jean Copier, écuyer, lieutenant du gouverneur ; Jean Guillon et Etienne Guillon, fils d'Etienne Guillon, ancien président du Conseil delphinal ; Jean de Marcuil, président de la Chambre des comptes ; Guy Pape, conseiller au Parlement ; François Portier, ancien président du même Parlement ; Pierre de Lyonne, châtelain de Beaurepaire ; Louis de Poitiers, évêque de Valence et Die ; Jean de Poitiers, seigneur de Chevrières, frère du précédent ; Guillaume, bâtard de Poitiers, chevalier, conseiller et chambellan du dauphin ; Gabriel de Roussillon, chevalier, aussi conseiller et chambellan du dauphin ; Jacques, seigneur de Taix, etc. Un grand nombre d'autres fonctionnaires, en outre, furent simplement destitués de leurs charges et privés des libéralités qu'ils tenaient de Louis XI ; de leur nombre, nous mentionnerons : Louis de Laval, gouverneur du Dauphiné ; Mathieu Thomassin, conseiller au Parlement ; Nicolas Erland, trésorier général ; Jean d'Origny, auditeur en la Chambre des comptes ; Pierre Bailo, procureur général fiscal ; Gaubert des Massues, châtelain de Châteaudouble et de Charpey, etc.

Il faut cependant reconnaître que presque tous ces condamnés furent ultérieurement graciés par Louis XI et rentrèrent plus ou moins en faveur auprès de ce prince. D'autre part, après le décès de Louis XI, son successeur, Charles VIII, à la sollicitation des gens des Trois-États du Dauphiné, chargea, par lettres données à Tours le 8 mars 1484, n. s., le gouverneur du Dauphiné et le Parlement de Grenoble, ainsi que Gratien Fauro, président, Louis Blosset, Pierre Courtard, Pierre Odin et Etienne Pascal, conseillers au Parlement de Toulouse, et à l'exclusion tou-

1340 *18 mai 1462.*

Mandement du roi à Claude Coct, trésorier et receveur général des finances en Dauphiné, pour le paiement de Claux de Lyre et d'Oste Dystro « esparveteurs de sa faulconnerie ».

Original. Bibl. nat., mss. Fr. 20496, f° 5.

1341 *Amboise, 21 juin 1462.*

Lettres par lesquelles le roi fait don à son conseiller, maître Charles des Astars[1], connétable de Bordeaux et bailli du Vivarais, de la seigneurie de Pierrelatte, qu'il avait jadis acquise de divers possesseurs, qu'il avait ensuite cédée à Gabriel de Bernes[2], son conseiller et maître de son hôtel, mais qui depuis avait été réunie au domaine, après confiscation faite sur le dit de Bernes, pour cause d'ingratitude, car malgré toutes les sommes importantes qu'il lui avait assignées sur la gabelle de Nice, il l'avait abandonné alors qu'il était dans le besoin et avait délaissé son service. Le roi stipule qu'il fait le présent don à Charles des Astars, tant en considération du mariage qu'il lui avait fait contracter avec Isabeau, fille de Bertrand Gassiès, écuyer de Bordeaux, que « pour le recompenser de plusieurs grans mises et
« despenses qu'il luy a convenu faire en plusieurs voyaiges et amba-
« xades qu'il a eues de nous pour aler tant ès parties de Roume,
« Ytallie que ailleurs, nous estans au pays du Daulphiné et aussi ès
« pays de Flandres et de Brabant, où il nous a tousiours servy et
« continuellement demouré avec nous pendant le temps que y avons
« esté; pour lesquelz voyaiges et ambaxades et aussi pour deux cour-
« siers ceciliens que autreffois avons eus de luy, l'ung de poil bay et
« l'autre grison, et argent qu'il nous a royaulment presté à nostre

---

tefois des officiers du Parlement de Grenoble qui pouvaient être suspects, de revoir, examiner soigneusement et juger de nouveau tous les procès qui avaient été intentés contre les officiers ou sujets du Dauphiné, sous prétexte de crime de félonie ou d'ingratitude envers le roi Louis XI, de mettre les condamnés, leurs héritiers ou ayants droit en possession des biens qui ne leur avaient point encore été restitués, et de leur faire rembourser les amendes ou autres sommes qu'ils auraient payées (B 2918, coh. 271).

[1] Voir, sur Charles des Astars, la note 1, p. 401 du t. 1er.
[2] Voir, sur Gabriel de Bernes, la note 4, p. 2 du t. 1er.

« besoing au dit pais de Flandres, luy estions et sommes tenuz en
« grans sommes de deniers montans la somme de quatre mil escus
« et plus ».

Enregistrées le 30 avril 1464.

Copie. B 3048, f° 396.
Publiées. *Revue des Sociétés savantes*, t. 1ᵉʳ, 1875, p. 529.

1342 (Amboise), 26 juin 1462.

Lettres portant confirmation de la nomination que Jean, bâtard d'Armagnac, gouverneur du Dauphiné, avait faite le 30 janvier précédent, de la lieutenance générale du Dauphiné en faveur d'Aimon Alleman, seigneur de Champ [1].

Mentions. *Invent. de la Chambre des comptes, Généralités*, t. 1ᵉʳ, f° 400. — Anselme, *Hist. généal. et chronol. de la Maison de France*, t. vii, p. 91 (sous la date du 16 juin).

1343 (Amboise), 26 juin 1462.

Lettres portant confirmation des privilèges de la foire franche de Briançon, qui se tenait le 1ᵉʳ mai de chaque année [2].

Mention. Fauché-Prunelle, *Essai sur les anciennes Institutions des Alpes Cottiennes-Briançonnaises*, t. 11, p. 180.

---

[1] Voir, sur Aimon Alleman, la note 2, p. 89. Les lettres de Jean, bâtard d'Armagnac, le nommant lieutenant-général, avaient été données à Andilly-en-Aunis le 30 janvier 1462, n. s.

[2] Quoique ces lettres du roi Louis XI ne fassent mention que d'une foire tenue à Briançon le 1ᵉʳ mai de chaque année, il est incontestable que plusieurs autres foires se tenaient dans cette ville. L'existence de foires importantes à Briançon est attestée dès le milieu du xiiiᵉ siècle, mais elles devaient remonter à une époque beaucoup plus reculée; celle qui avait lieu notamment durant quinze jours à partir du lendemain de la fête de Notre-Dame de septembre, attirait de nombreux marchands étrangers et avait pris une importance si considérable que le roi Charles VI, par lettres patentes données à Paris le 13 novembre 1408, y avait établi, pendant sa durée, un atelier monétaire, afin de faciliter les transactions commerciales (B 2817 et 2820). Les foires de Briançon ne cessèrent de prospérer jusqu'au jour où le roi François 1ᵉʳ établit une imposition foraine de 6 % sur la valeur de toutes les marchandises et denrées qui sortaient du royaume. Les habitants de Briançon s'étant plaints du grand préjudice que leur occasionnait ce nouvel impôt, le même roi, par lettres patentes données à Paris le 14 avril 1543, fit droit à cette réclamation et ordonna que les habitants du Briançonnais, ainsi que les marchands tant français qu'étrangers, con-

1344
Amboise, 27 juin 1462.

Lettres par lesquelles le roi, après avoir relaté que pour le bien de la justice il avait chargé des Commissaires spéciaux de poursuivre en Dauphiné divers malfaiteurs et de les faire condamner selon leur culpabilité[1], nomme François Gautier, secrétaire delphinal, receveur des amendes, confiscations et forfaitures auxquelles seraient condamnés les coupables par le Parlement de Grenoble[2].

Enregistrées le 7 octobre 1462.

ANALYSE insérée dans l'arrêt de condamnation prononcé contre Antoine Bolomier (B 3182).

1345
Rouen, 16 août 1462.

Lettres portant don de l'office de capitaine et châtelain de Vizille, ainsi que des revenus de cette terre, jusqu'à concurrence de la somme de 600 livres tournois par an, en faveur de Jean de Bigny[3], écuyer, en

---

tinueraient à jouir de tous les privilèges, franchises, libertés, coutumes, usages et exemptions dont ils avaient joui précédemment, et seraient à l'avenir exempts, eux et leurs marchandises, de toutes impositions, durant la durée des trois foires franches de Briançon, qui se tenaient : la première, durant quinze jours, au mois de septembre ; la seconde appelée *Le Retour*, qui durait cinq jours, à partir du 13 octobre, et la troisième, dénommée *Le Grand Jeudi*, qui avait lieu pendant trois jours à dater du Jeudi qui précédait la fête de la Pentecôte (B 2991, cah. 55). Cette confirmation des foires franches de Briançon ne ramena point leur prospérité passée ; les marchands se contentèrent de fréquenter les grandes foires de Genève et de Lyon et finirent par délaisser complètement celles de Briançon.

[1] Voir, à ce sujet, les lettres du 22 avril 1462 (acte n° 1338).

[2] François Gautier prêta serment entre les mains des Commissaires du roi le 5 octobre 1462. Ce personnage, qui avait été argentier de la dauphine Charlotte de Savoie (voir, à ce sujet, la note 3, p. 500 du t. 1er), siégeait au Conseil du Dauphiné avec la qualité de conseiller du roi, en 1465 (B 3048, f° 319), était, en 1471, secrétaire du roi et receveur du duché de Bourges (voir l'acte n° 1469 bis), et enfin figure comme auditeur en la Chambre des comptes du Dauphiné, en 1475 (B 3032, f° 16, v°).

[3] Jean de Bigny, écuyer, était fils de Jean, seigneur de Bigny, panetier du roi Charles VII, marié, le 20 juillet 1432, avec Marguerite, fille de Jean de Montespedon, valet de chambre du roi et maître des Eaux et Forêts en Berry. Il devint échanson de Louis XI et capitaine de Mehun. Louis XI lui reprit la terre de Vizille pour en faire don, le 11 novembre 1465, à Louis, bâtard de Bourbon, qui épousait Jeanne de France, fille naturelle de ce prince (voir l'acte n° 1438) ; mais, en compensation, il

remplacement de Jacques de Valpergue[1], chevalier, décédé.

Enregistrées le 29 octobre 1462.

Copie. B 3276, f° 43.

1346 *Moulihernè, 30 septembre 1462.*

Lettres par lesquelles le roi nomme capitaine et châtelain de Chabons, Jeannet de La Batut, écuyer, en remplacement de Bertrand de Lemps, qu'il décharge de cet office.

Enregistrées le 11 octobre 1462.

Copie. B 3276, f° 45.

1347 *Mouliherne-en-Anjou, 19 octobre 1462.*

Lettres du roi accordant, à Thibaut[2], seigneur de Neufchâtel et de Châtel-sur-Moselle, maréchal de Bourgogne, une pension annuelle de 4,000 livres tournois, à prélever sur l'aide du Dauphiné.

Mention insérée dans une lettre missive que l'intéressé adresse d'Ax en Guyenne, le 25 février 1463, n. s., aux gens de la Chambre des comptes de Grenoble, pour leur demander l'enregistrement des précédentes lettres (B 3182).

1348 *Saint-Michaud-sur-Loire[3], 20 octobre 1462.*

Lettres du roi portant défense à tous les marchands français d'aller, d'envoyer rien ou de rien acheter aux foires de Genève ; et aux marchands étrangers de passer ou de faire passer leurs marchandises par

---

lui conféra les revenus de la terre d'Oisans par lettres du 27 novembre suivant (acte n° 1412). Jean de Bigny était frère de Charles, seigneur de Bigny, de Valenai et de Crésincai, écuyer d'écurie du roi en 1464, grand écuyer de France en 1466, et qui fut capitaine châtelain des châtellenies de Voiron et de Moirans de 1461 à 1470, et de Jeanne de Bigny, dame d'honneur de la reine Charlotte, que Louis XI avait mariée avec son filleul Louis Richard, seigneur de Saint-Priest (voir l'acte n° 1328).

[1] Jacques de Valpergue, chevalier, avait été nommé capitaine de Vizille au mois de septembre 1461 (voir l'acte n° 1305 bis).

[2] Thibaut, comte de Neufchâtel et de Châtel-sur-Moselle, maréchal de Bourgogne, bailli du comté de Bourgogne, seigneur de Blamont, mort en 1469. En 1461, Louis XI l'avait gratifié de la seigneurie d'Épinal, mais les habitants de cette ville lui fermèrent leurs portes, et firent auprès du roi de si actives démarches qu'ils obtinrent que ce don serait transporté à Jean de Calabre, duc de Lorraine.

[3] Aujourd'hui Saint-Michel, arrondissement de Segré (Maine-et-Loire).

le royaume en allant à ces foires ou en revenant. Dispositions contraires pour les foires établies dans la ville de Lyon¹.

Copie. Arch. nat., *Trésor des chartes*, registre 198, pièce 454.

Publiées. Blanchard, *Compilat. chronol.*, p. 286 (sous la date du 25 octobre). — *Recueil des priviléges des foires de Lyon*, p. 38. — Fontanon, *Edits et ordon.*, t. 1ᵉʳ, p. 1080. — *Ordon. des rois de France*, t. xv, p. 571.

1360 — Amboise, 18 novembre 1462.

Lettres constatant l'hommage prêté par Benoît de Montferrand², abbé de Saint-Antoine en Viennois, pour les châteaux et seigneuries de Saint-Antoine et de Montagne et leurs dépendances.

Analyse. *Invent. de la Chambre des comptes*, Saint-Marcellin, t. ix, f° 81.

---

¹ Voir également, sur les foires de Lyon, les actes n°ˢ 1359 et 1360.

² Benoît de Montferrand, fils de Pierre, seigneur de Montferrand en Bugey, et de Marie Pélerin, religieux Antonin, était commandeur de Morges, lorsqu'il fut nommé, en 1459, par le pape Pie II, sur les instances du dauphin, abbé de Saint-Antoine en Viennois; mais ce ne fut qu'après de longues négociations qu'il fut reconnu pour abbé, en 1460, par les religieux de son abbaye (voir, à ce sujet, les lettres missives qu'écrivit le dauphin, datées de Genappe, au mois d'août 1459 et le 24 juin 1460. Charavay, *Lettres de Louis XI*, t. 1ᵉʳ, p. 114, 118, 122 et 123). Il s'aliéna dans la suite l'amitié de Louis XI qui le tint en suspicion, ainsi que cela résulte du passage suivant inséré dans des lettres de ce roi, du 6 mars 1466, n. s., adressées à Soffrey Alleman et Jean Heybert, commissaires spéciaux, qu'il envoyait en Dauphiné : « et par ce que frère Benoist de Montferra, abbé de l'abbaye de
« monseigneur Saint-Anthoine de Viennois a esté chargé par aulcuns des religieulx
« et commandeur de la dite abbaye d'avoir feit certains sorts et aulcuns maléfices
« et sorcelleries à l'encontre de nostre personne, de quoy nous désirons savoir sin-
« guliérement la vérité, nous voulons et vous mandons bien expressément que vous
« vous en informés bien et diligemment, ensemble de ses justifications et inoscen-
« ces au contraire, se aulcunes en a et par luy vous en estes requis, et les dites infor-
« mations feites et redigées par escript, ensemble tout ce que trouverez servant à
« la matière, envoyez diligemment, feablement clos et scelé par devers nous et les
« gens de nostre Grand Conseil pour en estre ordonné ainsi qu'il appartiendra par
« raison. Et pour ce que ung nommé frère Anthoyne Soucy, religieulx de la dite
« abbaye, scait, comme l'on dit, ce qui peult avoir esté feit en ceste matière, lequel
« est détenu par George, seigneur du Gua, nous voulons et vous mandons que
« incontinent et sans délay il vous baille et délivre le dit religieulx pour estre par
« vous interrogé, examiné sur les choses dessus dites et au surplus en estre ordonné
« ainsi qu'il appartiendra et que verrez estre à faire ». (Acte n° 1453).

Benoît de Montferrand, qui ne cessa de s'attirer la haine de ses religieux par la violence de son caractère, gouverna l'abbaye de Saint-Antoine jusqu'en 1470, année où il fut sacré évêque de Coutances. Il fut ensuite transféré au siége de Lausanne, le 23 juillet 1476, où il mourut le 8 mai 1491.

1353
1ᵉʳ décembre 1462.

Lettres par lesquelles le roi ordonne aux divers officiers du Dauphiné de réduire sous sa main tous les châteaux, terres et seigneuries qui avaient appartenu à feu Guillaume, bâtard de Poitiers[1].

ANALYSE. *Invent. de la Chambre des comptes, Valentinois*, t. v, f° 2751.

1354
1ᵉʳ décembre 1462.

Commission donnée par le roi aux gens de la Chambre des comptes, à Grenoble, pour vérifier, arrêter et clore les comptes de François, seigneur d'Urre, qu'il avait précédemment commis à la régie et administration des biens confisqués sur Guillaume, bâtard de Poitiers[2].

ANALYSE. *Invent. de la Chambre des comptes, Valentinois*, t. v, f° 2751.

1355
1462.

Lettres du roi portant don en faveur d'Imbert de Bathernay[3], seigneur du Bouchage, des biens qui lui étaient advenus par suite de confiscation faite sur François Portier[4].

MENTION dans une lettre missive du même roi, datée de Nogent-le-Roi, le 23 mars 1464[5] (E *Titres de la famille de Bathernay*).

---

[1] Le roi Louis XI avait déjà, par lettres du 23 août 1461 (acte n° 1289), ordonné de mettre sous sa main tous les biens de Guillaume, bâtard de Poitiers, accusé du crime de félonie. Voir, sur ce personnage, les notes 1, p. 16, t. Iᵉʳ, et 3, p. 3 de ce volume.

[2] François d'Urre avait été commis à l'administration des biens confisqués sur le bâtard de Poitiers par lettres du roi du 23 août 1461 (acte n° 1289). Voir, sur ce personnage, la note 3, p. 30.

[3] Voir, sur Imbert de Bathernay, la note 2, p. 4.

[4] Voir, sur François Portier, ancien président du Parlement de Grenoble, la note 1, p. 83, t. Iᵉʳ.

[5] Voici du reste la reproduction de cette lettre : « De par le roy Daulphin.

« Chers et bien amez, nous tenons que savez assez le don que avons fait à nostre
« amé et féal le seigneur du Boschage des biens qui nous estoient advenuz et escheus
« par la confiscation de feu François Portier. Et pour ce que nous avons entendu
« que Jehan Portier a prins furtivement la plus part des dits biens, meubles,
« comme or, argent, livres et autres choses, lequel, pour toujours en demourer
« saisi et en frustrer ledit seigneur du Boschage, s'est mis en franchise, et à ceste
« cause le dit Portier a esté par plusieurs foiz adjourné à comparoir en personne sur
« certaines et grans peines à nous à appliquer pardevant nos amés et féaulx con-

1357 *22 février 1462 (1463).*

Lettres de provisions d'une charge de conseiller au Parlement de Grenoble pour Geoffroy de l'Eglise[1], docteur en les deux droits.

MENTION. *Invent. som. des arch. de l'Isère*, t. II, Introd., p. 21.

1358 *Bordeaux, février 1462 (1463).*

Lettres faisant grâce et remise à Jean Guillon[2], docteur en droit civil et canon, détenu dans les prisons de Grenoble, de toutes les peines auxquelles il avait été condamné par le Parlement de Grenoble, à l'exception toutefois de celle du bannissement. Ce personnage, accusé de crimes de lèse-majesté et notamment d'avoir contrefait le seing de sa majesté, alors qu'il n'était encore que dauphin et retiré en Brabant, et celui de son secrétaire Jean Bourré, afin de mettre ce prince dans l'indignation de Charles VII, son père, et de faire pourvoir Guillaume Guillon, son frère, de l'abbaye de Saint-Antoine, avait été condamné à faire amende honorable de ses crimes, à être fouetté dans les rues de Grenoble, être marqué au front, avec un fer rouge, de l'empreinte d'un dauphin, au bannissement perpétuel hors du Dauphiné et à avoir tous ses biens confisqués.

Enregistrées le 10 mars 1463.

COPIE. B 2918, f° 188.

« seillers les gens tenant nostre parlement à Grenoble, pour illec ester en droit.
« Mais il ne s'est aucunement voulu comparoir, par quoy a esté condempné en
« la somme de cinq marcs d'or pour lesdites peines encourues. Si voulons et vous
« mandons que la dite somme de cinq marcs d'or et tout ce en quoy le dit Portier
« seroit ou pourroit estre condempné, tant en restitution de biens que autrement,
« pour permectez, souffrez et laissez prendre, lever et recevoir par le dit seigneur
« du Boschage ou son commis, sans en ce lui faire, mectre ou donner aucun empes-
« chement. Et en ce ne faictes faute, autrement nous ne serions pas content de
« vous. Donné à Nogent le Roy, le xxiii° jour de mars.

« LOYS ». « BOURRÉ ».

[1] Geoffroy de l'Eglise mourut en 1467, et fut remplacé dans sa charge, le 2 juillet de la même année, par autre Geoffroy de l'Eglise, son fils (voir l'acte n° 1487).

[2] Jean Guillon, fils d'Etienne Guillon, président du Conseil delphinal, était juge mage du Graisivaudan en 1454. Poursuivi, après l'avènement de Louis XI au trône, il fut arrêté et mis en prison. Un acte du 5 novembre 1462 apprend qu'il consentit, ainsi que son frère Etienne Guillon, à ce que 2,059 pièces d'or, pesant

1359 *Acqs en Gascogne¹, mars 1462 (1463).*

Ordonnance par laquelle le roi établit à Lyon une quatrième foire, confirme celles qui existaient déjà dans cette ville et énumère les privilèges des marchands qui les fréquentaient.

PUBLIÉE. *Recueil des privilèges des foires de Lyon*, p. 11. — P. Rebuffi, *Edits et ordon. des rois de France*, t. III, p. 110. — Fontanon, *Edits et ordon.*, t. Ier, p. 1061. — *Ordon. des rois de France*, t. xv, p. 644.

1359 bis *Acqs, 8 mars 1462 (1463).*

Lettres du roi ordonnant au bailli de Mâcon et sénéchal de Lyon de procéder à l'exécution de la précédente ordonnance, sans attendre son enregistrement par la Chambre des comptes de Paris².

PUBLIÉE. *Ordon. des rois de France*, t. xv, p. 647.

1360 *Acqs, 8 mars 1462 (1463).*

Lettres du roi portant commission à Jean de Langlée, maître des requêtes de son hôtel, de faire, en Bourgogne, Mâconnais et Dauphiné, la publication de son ordonnance faisant défense d'aller aux foires de Genève³.

COPIE. Arch. municip. de Lyon, HHH.
MENTION. Vaesen, *Lettres de Louis XI*, t. II, p. 134.

---

31 marcs 2 onces, qui avaient été trouvées dans sa demeure, soient remises à Simon Belin, que le roi avait chargé de les recevoir (B 2904, f° 232, v°). Après avoir obtenu des lettres de grâce, il fut encore arrêté pour avoir proféré des paroles injurieuses contre le roi et emprisonné dans la tour de Bourges. Louis XI, par lettres du 6 octobre 1467, ordonna de nouveau de lui rendre la liberté, de lui restituer ses biens, en lui accordant un délai de cinq semaines pour quitter le royaume d'où il le bannit (n° 1497); mais le Parlement ayant refusé de les entériner, de nouvelles lettres royales, du 2 avril 1468, n. s. (n° 1510), enjoigniront de procéder à cette formalité, nonobstant l'absence de l'intéressé.

Quant au frère de Jean Guillon, Etienne Guillon, dit de Saint-Maurice-en-Trièves, il vivait encore en 1500, année où, par testament du 29 décembre, il légua au Chapitre de Saint-André de Grenoble une somme de 300 florins pour fondation de messes *(Titres de ce Chapitre)*.

¹ Ax, chef-lieu de canton, arrondissement de Foix (Ariège).
² Les lettres du roi sur les foires de Lyon ne furent enregistrées par la Chambre des comptes de Paris que le 26 juillet suivant. Voir également, sur les foires de Lyon, les actes n°ˢ 1348, 1359 et 1360.
³ Voir l'acte du 25 octobre 1462, n° 1348.

1361
24 mars 1462 (1463).

Contrat de mariage passé entre Imbert de Bathernay [1], seigneur du Bouchage, et Georgette de Montchenu, fille de Falques de Montchenu.

---

[1] Imbert de Bathernay, qui prêta hommage à Louis XI, dans la ville de Rouen, le 3 novembre 1464 (acte n° 1405), pour les terres que ce roi lui avait concédées à l'occasion de son mariage avec Georgette de Montchenu, jouit paisiblement de ces mêmes terres jusqu'au jour où Jacques de Miolans, seigneur d'Anjou, ayant été nommé gouverneur du Dauphiné, par lettres du roi Charles VIII, du 30 octobre 1491 (voir, sur ce personnage, l'acte n° 1806), trouva l'occasion propice pour faire valoir les droits qu'il prétendait avoir sur les terres d'Ornacieux et de Commelle, et intenta un procès, devant le Parlement de Grenoble, à Imbert de Bathernay, en restitution de ces terres. Pour mettre fin à cette difficulté, Charles VIII, par lettres patentes, données à Montils lès-Tours, au mois d'octobre 1496, ordonna le partage par parts égales, entre les seigneurs de Miolans et du Bouchage, de la terre d'Ornacieux et de la moitié de celle de Commelle, objet du litige ; mais en même temps, pour dédommager le seigneur du Bouchage de la portion qu'il perdait, il lui fit don des seigneuries de Dolomieu et des Avenières (B 3049, f° 283). Le Parlement de Grenoble fit de suite procéder au partage ordonné par le roi, mais prétextant que les terres de Dolomieu et des Avenières représentaient une valeur bien supérieure à la part qu'Imbert de Bathernay perdait sur celles d'Ornacieux et de Commelle, refusa de sanctionner, sur ce point, les lettres du roi, ce qui n'empêcha point le seigneur du Bouchage d'en vouloir prendre possession de vive force, à la suite de quoi le procureur général du Dauphiné, le 6 septembre 1499, fit ouvrir une information contre ce dernier. Le roi Louis XII, alors de passage à Grenoble, pour mettre fin à cette nouvelle difficulté, confirma, par lettres patentes du mois de septembre 1499, celles de son prédécesseur, le roi Charles VIII, après quoi, sur l'exprès commandement du roi, le procureur fondé de Bathernay fut mis en possession des terres de Dolomieu et des Avenières le 27 du même mois, par André Rolin, secrétaire delphinal. Cependant le procureur général du Dauphiné se pourvut contre les dernières lettres royales et il fallut que Louis XII, par de nouvelles lettres données à Milan, le 24 octobre suivant, enjoignît au Parlement de Grenoble de procéder sur-le-champ au jugement de recours intenté par le procureur général, ainsi qu'au procès pendant entre ce dernier et Bathernay, voulant en outre que le même Bathernay jouisse des terres qui lui avaient été données, alors même que leur valeur serait supérieure à celle de la part d'Ornacieux et de Commelle qu'il avait perdue. Ces lettres furent entérinées par le Parlement, le 9 juillet 1505 seulement, sur une injonction du roi (B 3049, f° 749 et ss.).

Quelques années plus tard, en vertu de l'édit du 30 janvier 1517, n. s., révoquant les aliénations des terres du domaine, celles de Dolomieu et des Avenières furent réunies au domaine par procès-verbal du 13 mars 1517 ; mais, sur les sollicitations d'Imbert de Bathernay, le roi François Ier lui en confirma la possession par lettres données à Paris, le 2 mai 1517. Ces lettres ne furent enregistrées par le Par-

seigneur de Châteauneuf-de-Galaure. Par l'une des clauses de ce contrat, le roi Louis XI fait don aux futurs époux des châteaux, terres, seigneuries et baronnies du Bouchage, Brangues, Ornacieux, partie de Commelle, maison forte de Morestel et autres terres, qui avaient été confisqués à son profit sur feu Gabriel de Roussillon, accusé de crime de lèse-majesté, et ce du consentement et par suite de la cession et du transport que lui en avait fait le susdit Falques de Montchenu, neveu dudit Gabriel[1], comme fils de sa sœur et plus habile à lui succéder.

Mention insérée dans des lettres patentes du roi Charles VIII, données au Montils-lès-Tours, en octobre 1496 (B 3049, f° 283).

___

lement de Grenoble que sur une déclaration d'Antoine Palmier, conseiller, et de Jean Matheron, procureur général au même Parlement, contenant que l'intention formelle du roi était, qu'après le décès de Bathernay, les susdites terres fussent retour au domaine. L'année suivante, le procureur général, se fondant sur un nouvel édit, ordonnant la réunion au domaine des terres aliénées en Dauphiné, fit assigner Imbert de Bathernay en délaissement des terres de Dolomieu et des Avenières, mais nouvelles lettres royales du 14 décembre 1518, confirmatives du don fait à Bathernay, pour en jouir, cette fois, lui et ses successeurs, à perpétuité (*Invent. de la Chambre des comptes, Viennois*, t. 1er, f° 89, v°). Après le décès d'Imbert de Bathernay, survenu le 12 mai 1523, nouvelle réunion des précédentes terres opérée le 2 juin suivant (*Liber reductionis*, cah. 12). Nous n'énumérerons point les nouvelles et nombreuses contestations qui surgirent ensuite entre les officiers delphinaux et les héritiers d'Imbert de Bathernay, au sujet de la possession des terres de Dolomieu et des Avenières, qui en fin de compte restèrent la propriété de ces derniers; contentons-nous d'apprendre, qu'à la suite d'un partage opéré le 4 juin 1602, entre les héritiers de René de Bathernay, petit-fils d'Imbert, elles échurent, savoir : celle de Dolomieu, à Henriette-Catherine de Joyeuse, fille d'Henri de Joyeuse, pair et maréchal de France, arrière-petite-fille du susdit René de Bathernay et épouse d'Henri de Bourbon, duc de Montpensier, qui la vendit le 29 mars 1605, et celle des Avenières, à Gabrielle de Bathernay, veuve de Gaspard de La Châtre, chevalier de l'ordre du roi, capitaine de la garde française, et à son fils Henri de La Châtre, chevalier, seigneur de Nançay, Neuville et Cigogne, qui les vendirent le 8 octobre 1609. Les acquéreurs de l'une et l'autre de ces terres furent : François de Gratet, seigneur de Granieu et de Faverges, trésorier général de France en Dauphiné, et son frère Pierre de Gratet, seigneur de Dorgeoise (*Titres de la Chambre des comptes du Dauphiné*).

[1] Falques de Montchenu était en effet fils de Hugues de Montchenu et de Claudine de Roussillon, sœur de Gabriel de Roussillon, seigneur du Bouchage, fils lui-même de Guillaume de Roussillon et de Marie de Grolée (voir, sur Gabriel de Roussillon, la note 1, p. 96 du t. 1er).

1362 29 mars 1462 (1463).

Lettres relatives à la juridiction spirituelle de l'archevêque de Vienne[1].

MENTION. *Invent. des Titres de l'archevêché de Vienne*, de 1774.

1362 bis Avril 1463.

Lettres par lesquelles le roi nomme à l'office de capitaine et châtelain de Mévouillon et de Sainte-Euphémie, Jean de Saint-Benoît[2].

MENTION dans des lettres du 15 juillet 1464, par lesquelles le gouverneur du Dauphiné donne un remplaçant au susdit Jean de Saint-Benoît (B 3276, f° 69).

1363 Saint-Jean-de-Luz, 7 mai 1463.

Lettres adressées aux gouverneur du Dauphiné, gens du Parlement de Grenoble et Commissaires chargés de connaître des abus commis par ceux qui avaient indûment perçu les finances du Domaine, pendant son absence du Dauphiné, par lesquelles le roi les informe, qu'en considération des services que lui avait rendus son échanson Raimond Jean[3], écuyer d'écurie, il lui fait don de toutes les sommes

---

[1] Voir des lettres identiques du 13 octobre 1461, acte n° 1226.

[2] Jean de Saint-Benoît prit possession de sa charge le 29 avril 1463, et fournit comme caution Guillaume de Corbie, ancien président du Parlement de Grenoble (B 3276, f° 58, v°). Par lettres données à Grenoble, le 15 juillet de l'année suivante, Jean, comte de Comminges, gouverneur du Dauphiné et du duché de Guyenne, le remplaça par Astorge de Beaumont, écuyer, attendu que « pour ce qu'il a trouvé « ledit office estre de petite valeur, ne l'a voulu exercer, ne faire aucune résidence, « ains s'en est allé et a habandonné ledit office ».

[3] Raimond Jean, seigneur de Saint-Muris, près Montchenu, écuyer d'écurie et échanson de Louis XI, avoit déjà reçu en don de ce roi, peu auparavant, la terre de Chevrières et la parerie de Saint-Nazaire-en-Royans, confisquées sur le même Jean de Poitiers. Il prêta hommage au roi pour les susdites terres, entre les mains du gouverneur du Dauphiné, le 8 juin 1464. Par lettres du 20 juin 1469, il reçut encore en don la châtellenie du Champsaur, comme dédommagement de la terre de Chevrières que le roi avait restituée à Aimar de Poitiers, seigneur de Saint-Vallier, neveu de Jean de Poitiers (voir l'acte n° 1525). En 1470 et 1488, Raimond Jean, qui possédait encore la parerie de Saint-Nazaire, était lieutenant de Berton de Bocsozel, châtelain delphinal du même lieu de Saint-Nazaire-en-Royans. Le 12 octobre 1471, noble Pierre Odebert, auditeur des comptes, en vertu d'une commis-

que Jean de Poitiers, seigneur de Chevrières¹, avait reçues sur les deniers imposés en Dauphiné, pendant son absence, et qu'il avait ordonné lui être restituées jusqu'à concurrence de 1,000 livres tournois.

Enregistrées le 1ᵉʳ juin 1463.

Copie. B 3048, f° 369.

1363 bis   *Muret, 26 mai 1463.*

Lettres portant légitimation en faveur de Jean de Lescun, bâtard d'Armagnac².

Mention. Anselme, *Hist. général. et chronol. de la Maison de France*, t. VII, p. 94.

1364   *(Muret), 26 mai 1463.*

Lettres chargeant Jean de Ventes³, docteur en les deux droits,

---

sion du roi dauphin, lui enjoignit d'employer la 3ᵉ partie des revenus de la terre de Saint-Nazaire-en-Royans, dont il était vichâtelain, aux réparations de ce château, prescrites par le vinatier des œuvres du Dauphiné (f° 202, v°). Il était lui-même châtelain de cette dernière terre en 1490 et 1492. Raimond Jean avait épousé Claudine de Bathernay, sœur d'Imbert de Bathernay, dont il eut, entre autres enfants, un fils nommé Antoine. Sa femme était veuve en 1497. Nous ne saurions dire si Raimond Jean, dont nous nous occupons, est le même que Jean Reimond, panetier du dauphin, qui avait accompagné ce prince dans ses diverses expéditions, avait assisté au siège de Dieppe, en 1443, à la campagne contre les Ligues Suisses, qui avait été banni du royaume par Charles VII, le 24 janvier 1442, pour participation à la Praguerie, mais avait obtenu des lettres de rémission en avril 1446 (Tuetey, *les Écorcheurs sous Charles VII*).

¹ Voir, sur Jean de Poitiers, seigneur de Chevrières, la note 1, p. 206 du t. 1ᵉʳ.

² Voir, sur Jean, bâtard d'Armagnac, les notes 1, p. 313 et 512 du t. 1ᵉʳ.

³ Jean de Ventes, docteur en droit civil et canon, originaire du diocèse d'Évreux, en Normandie, fut définitivement nommé conseiller au Parlement de Grenoble, par lettres du 27 juin 1463 (acte n° 1371). La même année, il exerça, par commission, les fonctions de trésorier et de receveur général en Dauphiné, pendant une absence de Claude Coct, qui avait été appelé auprès du roi. Il fut l'un des commissaires chargés d'instruire le procès de Jacques de Canlers, accusé d'avoir voulu empoisonner Louis XI, mais ce criminel s'étant échappé de la prison où il avait été enfermé, Jean de Ventes fut, à son tour, accusé de s'être laissé corrompre à prix d'argent et d'avoir favorisé cette évasion; aussi le roi Louis XI, par ses

d'exercer par commission l'office de conseiller au Parlement de Grenoble, qu'avait Jean Marcoux¹, jurisconsulte.

Mention. *Invent. som. des arch. de l'Isère*, t. 11, Introd., p. 21.

1365 — Toulouse, 30 mai 1463.

Lettres du roi ordonnant aux gens du Parlement et à tous autres officiers du Dauphiné de reconnaître et faire reconnaître, dans l'éten-

---

lettres du 7 mars 1466, n. s., chargea-t-il ses conseillers, Soffroy Alleman, seigneur de Châteauneuf, et Jean Hébert, d'ouvrir une information contre lui (voir l'acte n° 1453). Au commencement de l'année 1471, Jean de Ventes accompagna le comte de Comminges, gouverneur du Dauphiné, durant l'expédition qu'il fit en Bourgogne, assista aux sièges de Cluny et de Saint-Gengoux, ainsi qu'à la bataille de Buxy. Au sujet de cette expédition, on possède une longue lettre de Jean de Ventes, datée de Saint-Gengoux, le 16 mars 1471, par laquelle il annonce à ses collègues du Parlement de Grenoble les succès remportés par le comte de Comminges et les troupes dauphinoises (*Bullet. de l'Académie delphinale*, 1" sér., t. 11, p. 643). Au mois de juillet de la même année 1471, il suivit encore le même gouverneur dans son expédition de Savoie, et fut présent, les 8 août et 5 septembre 1471, aux deux traités conclus, dans les châteaux de Montmélian et de Chambéry, entre Yolande de France, duchesse de Savoie, et les comtes de Bresse et de Romont, ses beaux-frères (Guichenon, *Hist. généal. de la maison de Savoie, Preuves*, p. 412 et 414). Il prit ensuite une part des plus actives dans les poursuites dirigées contre les Vaudois (voir les actes n" 1744 *bis* et *ter*). Après le décès de Louis XI, il fut commis, par arrêt du Parlement de Grenoble, en date du 10 octobre 1483, pour procéder à la réunion au Domaine delphinal des diverses terres des comtés de Valentinois et Diois, qui, l'année précédente, en suite des ordres du roi Louis XI, avaient été mises entre les mains du pape Sixte IV (voir l'acte n° 1331). Peu après, le même Parlement lui confia la délicate mission d'entrer en négociations avec le duc de Savoie, relativement à la restitution, à l'église de Grenoble, du doyenné de Chambéry, dont ce duc avait sollicité du pape l'érection en évêché, et avait, en conséquence, fait mettre sous sa main. De son mariage avec Françoise de Villars, Jean de Ventes eut un fils, également nommé Jean, qui lui succéda dans sa charge de conseiller, vers 1496, et acheta, par acte du 3 août 1509, la maison forte de Mont-Paussard sur Goncelin.

¹ Jean Marcoux, *de Marcollis*, licencié en lois, tout en étant conseiller au Parlement de Grenoble, exerçait, en 1462, les fonctions de juge des comtés de Valentinois et Diois. Un Jean Marcoux, aussi licencié en lois, juge royal du Vivarais et Valentinois, fut condamné par arrêt du Parlement de Grenoble, du 20 décembre 1476, pour crime de faux, à une amende de 25 marcs d'argent, et comme il ne la paya point, une maison et divers autres immeubles qu'il avait à Tain furent saisis et adjugés à François du Mollard (B 2987, f° 180, v°).

dué de leur ressort, le cardinal de Foix [1], pour légat du Saint-Siége. Les bulles de cette légation, insérées dans les précédentes lettres, sont datées de Rome, le 19 janvier 1458.

ANALYSES. U. Chevalier, Ordon., n° 474. — Ordon. des rois de France, t. xv. p. 672, d'après la Table des ordon. enregistrées en la Chambre des comptes du Dauphiné, p. 7.

1366 *Toulouse, 2 juin 1463.*

Lettres par lesquelles le roi, — après avoir rappelé qu'il avait fait don à Soffrey Alleman, seigneur de Châteauneuf et d'Uriage [2], son conseiller et maître de son hôtel, des château, terre et seigneurie de Tullins, qu'il avait fait confisquer sur Antoine Bolomier [3], général des finances du Dauphiné, — tant en considération des services que lui avait rendus le dit Soffrey Alleman, que pour le dédommager de la

---

[1] Voir, sur le cardinal Pierre de Foix, les notes 3, p. 162, et 2, p. 384 du t. 1ᵉʳ.

[2] Aux renseignements que nous avons donnés sur Soffrey Alleman, seigneur de Châteauneuf et d'Uriage (note 1, p. 40 du t. 1ᵉʳ), nous ajoutons que plusieurs députés des Trois-Etats du Dauphiné, notamment le seigneur de Bellegarde, Claude Rolland, Jacques Bompars et Raimond Ruiboux, s'étant plaints au roi et au gouverneur du Dauphiné des exactions, violences, « pillerie et mangerie » que ledit Soffrey Alleman aurait commises dans l'exercice des fonctions que lui avait confiées le roi, lors de la réunion des Trois-Etats du Dauphiné qui eut lieu à Grenoble, le 19 juillet 1464, il adressa à ces Etats la « cédule » suivante qui y fut lue par ordre de l'évêque de Grenoble, Laurent Alleman, son parent :

« Soit mémoire au Procureur des Estas de dire et notifier publiquement aux gens
« desdits Estas que s'il y a aucune personne qui sache que aucune exaction ou
« estorcion ait esté faicte souba umbre ne au moyen du seigneur de Chasteauneuf
« ou des charges que le Roy lui a données par deça, tant au fait de la commission
« des prisonniers que de l'armée de Roussillon et du logeys des gens d'armes, qu'il
« les viegne dire et reveler publiquement en la présence des gens des dits Estas et
« dudit seigneur de Chasteauneuf, sans crainte ou doubte de personne et le dit
« seigneur de Chasteauneuf en fera ou fera faire telle reparation, restitution et
« justice qu'il en sera memoire d'icy à longtemps et que chascun aura cause d'en
« estre content. »

Aucun représentant des Trois-Etats n'ayant protesté, comme on le pense bien, Soffrey Alleman se fit donner acte de sa déclaration et de celle des Trois-Etats, que, dès le 21 du même mois de juillet, il remit au comte de Comminges, gouverneur du Dauphiné, avec prière de la soumettre au roi (B 2904, f° 249).

[3] Voir, sur Antoine Bolomier, la note 4, p. 280 du t. 1ᵉʳ.

somme de 10,000 écus d'or qu'il lui avait prêtée, en diverses fois, depuis l'année 1457 qu'il était parti du Dauphiné pour se retirer en Flandre et en Brabant, lui confirme le susdit don « pour oster toute
« double et ambiguité qui pourroit naistre de ce que lesdis don, ces-
« sion et transport eussent esté par nous faiz par avant que ladicte
« confiscation feust déclarée par justice ». Le prince se réserve toutefois la faculté de racheter la dite terre de Tullins en remboursant la somme de 10,000 écus.

Enregistrées le 17 juin 1463.

Copie. B 3048, f° 308.

1367 *Toulouse, 11 juin 1463.*

Lettres adressées aux gouverneur et bailli du Bas-Pays et des Montagnes du Dauphiné, par lesquelles le roi, informé par les gens des Trois-Etats, que les gens de guerre, qui traversaient le Dauphiné, pour se rendre à Asti ou autres localités de Lombardie, y occasionnaient de grands maux et dommages aux habitants, parce qu'ils séjournaient quatre, cinq, six jours et même plus dans les mêmes habitations et prenaient toutes leurs provisions sans rien payer, ordonne qu'à l'avenir, l'on contraigne les gens de guerre qui passeront en Dauphiné de payer comptant tous les vivres dont ils auront besoin et de ne séjourner plus d'un ou deux jours au plus dans chaque localité.

Enregistrées le 19 septembre 1463.

Publiées. *Statuta Delphinalia*, Grenoble, 1619, 1re partie, f° 105, et 2e partie, f° 20.

1368 *Toulouse, 11 juin 1463.*

Lettres adressées au gouverneur et gens du Parlement du Dauphiné, par lesquelles le roi, à la demande des gens des Trois-Etats, leur ordonne de faire défense, sous de grandes peines, à tous officiers et fermiers des juridictions subalternes et ordinaires de faire ajourner les sujets de leurs ressorts, au moins en premières instances, ailleurs que devant les juges ordinaires des lieux où ils habitent.

Enregistrées le 19 septembre 1463.

Publiées. *Statuta Delphinalia*, éd. 1619, 1re partie, f°s 108 et 127. — *Ordon. des rois de France*, t. XVI, p. 3.

1369 *Toulouse, 11 juin 1463.*

Lettres adressées au gouverneur et gens du Parlement du Dauphiné, par lesquelles le roi leur mande que s'il est exact que les nobles de cette province aient eu permission de chasser et de pêcher de tout temps, moyennant certaines redevances, ils les fassent jouir de ce droit, nonobstant une récente ordonnance du maître des Eaux et Forêts du Dauphiné, portant défense à toutes personnes de chasser et de pêcher [1].

Enregistrées le 21 septembre 1463.

Copie. B 3232, f° 11.

Publiées. Denis de Salvaing, *De l'usage des fiefs et autres droits seigneuriaux*, éd. 1731, 1re partie, p. 220. — *Ordon. des rois de France*, t. XVI, p. 1.

1370 *Toulouse, 11 juin 1463.*

Lettres de commission données par le roi, en sa qualité de « *saluagardiarius* » de la ville de Gap, à Guillaume de Vennac [2], bailli des Montagnes du Dauphiné, pour informer sur les attentats commis par les officiers de l'évêque de Gap contre les droits des sujets delphinaux, en faisant fermer les portes de la ville sans juste motif et dresser des potences sur les places de Gap ou hors des murs, près des portes de la même ville [3].

Copie. Arch. des Bouches-du-Rhône, B 1215.

Analyse. *Invent. som. des arch. des Bouches-du-Rhône*, t. Ier, p. 343. — J. Roman, *Tabl. histor. des Hautes-Alpes*, p. 338.

---

[1] La liberté de la chasse et de la pêche pour les nobles était édictée dans les statuts delphinaux rédigés par le dauphin Humbert II, le 14 mars 1349 : « Item volait et concessit ipse dominus dalphinus, quod omnes et singuli barones et nobiles Dalphinatus et aliorum terrarum suarum possint impune venari in Dalphinatu et aliis terris dicti domini dalphini et in ipsius domini dalphini nemoribus et forestis, exceptis forestis de Clay et de Plancysie et garenis cuniculorum et leporum quibuscumque ». — Le dauphin Louis avait déjà rendu plusieurs ordonnances concernant la chasse et la pêche (voir les actes n°s 312, 609 et 1001 bis).

[2] Voir, sur Guillaume de Vennac, la note 4, p. 521, t. Ier.

[3] Sur les démêlés du dauphin avec Gaucher de Forcalquier, évêque de Gap, voir les actes n°s 130, 471, 711, 725, 725 bis, 764 et 766.

1370 bis   Figeac, 25 juin 1463.

Lettres du roi portant don en faveur d'Aimar de Poisieu¹, dit Capdorat, chevalier, seigneur de Pusignan, son conseiller et maître de son hôtel, des revenus des terre et seigneurie de Pellafol, confisquées sur Jean Baile².

ANALYSES. B 3385 et *Invent. som. des arch. de l'Isère*, t. III, p. 3.

1371   27 juin 1463.

Lettres de provisions d'une charge de conseiller au Parlement de Grenoble, pour Jean de Ventes, docteur en les deux droits³.

MENTION. *Invent. som. des arch. de l'Isère*, t. II, Introd., p. 21.

1372   (Avant juillet) 1463.

Projet d'échange conclu entre le roi Louis XI, dauphin, et le comte de Provence⁴, par lequel le roi cède tous les droits qu'il avait dans la ville de Gap et le mandement de Montalquier, et devait recevoir en compensation la châtellenie de Cornillon et le mandement de la Val-d'Oulle⁵.

ORIGINAL. Bibl. nat., mss. Fr., 20493, p. 31.
MENTION. J. Roman, *Tabl. hist. des Hautes-Alpes*, p. 338.

---

¹ Voir, sur Aimar de Poisieu, dit Capdorat, la note 2, p. 45 du t. 1ᵉʳ.

² Voir, sur Jean Baile, président du Parlement de Grenoble, la note 2, p. 32 du t. 1ᵉʳ. Il venait d'être condamné par arrêt du Parlement de Grenoble, du 11 du même mois de juin, comme criminel de lèse-majesté. Jean Baile avait hérité de la terre de Pellafol et de diverses autres possessions dans les mandements de Saint-Julien, du Buissard, de Montorcier et de Freyssinières, d'Ainard de Rame (*Invent. de la Chambre des comptes, Graisivaudan*, t. II, f°150). Ses fils ne rentrèrent en possession de la terre de Pellafol qu'après avoir obtenu du roi Charles VIII la revision du procès intenté à leur père (voir l'acte n° 1503).

³ Jean de Ventes avait déjà été chargé, par lettres du 26 mai précédent, d'exercer provisoirement l'office de conseiller au même Parlement. Voir, sur ce personnage, la note 3, p. 44.

⁴ René d'Anjou, roi de Sicile et comte de Provence; voir, sur ce personnage, la note 1, p. 304 du t. 1ᵉʳ.

⁵ A la suite de cet échange, par lequel le roi Louis XI cédait à son oncle, René d'Anjou, roi de Sicile et comte de Provence, les droits qu'il avait sur la ville de Gap et quelques localités voisines, contre la châtellenie de Cornillon et autres terres

1373 *Tours, 15 juillet 1463.*

Lettres par lesquelles le roi, à la requête des consuls et habitants de la ville de Valence, enjoint au sénéchal de Beaucaire ou son lieutenant d'avoir à procéder, sans difficulté ni consultation, à l'entérinement de ses lettres du 12 octobre 1461[1].

Enregistrées, à Nîmes, le 13 octobre 1463, par le sénéchal de Beaucaire et de Nîmes.

Copie. B 2987, cahier 129.
Publiées. *Ordon. des rois de France*, t. xv, p. 125, et t. xvi, p. 29.

1374 *Paris, 21 août 1463.*

Lettres adressées aux gouverneur ou son lieutenant et gens du

---

de la vallée de l'Oulle, les officiers du comte de Provence furent mis en possession de Gap le 16 juillet 1463, sans que le Parlement de Grenoble en eût été informé. Les lettres du roi qui sanctionnèrent cet échange ne furent expédiées qu'au mois d'avril 1464 (acte n° 1393), et le Parlement et la Chambre des comptes du Dauphiné y formèrent opposition le 21 juin suivant, en se fondant sur ce qu'elles étaient contraires aux stipulations du transport du Dauphiné à la France, sur ce que le suzerain ne pouvait aliéner ses vassaux sans leur consentement et aussi sur ce que la Chambre des comptes de Paris n'avait pas été consultée. Le 1er juillet 1465, le roi enjoignit au Parlement et à la Chambre des comptes de passer outre à toute opposition et à faire procéder sans retard à l'échange (acte n° 1420); dès le 27 du même mois, Jean Cossa, grand sénéchal de Provence, déliait les nobles de la vallée de l'Oulle de leurs devoirs de vassaux envers le comte de Provence et leur enjoignait de prêter serment de fidélité et hommage au dauphin (Arch. des Bouches-du-Rhône, B 684). Cependant, le 12 août, le Parlement refusa de nouveau d'enregistrer les lettres du roi. Les choses, depuis lors, restèrent en suspend. Le 3 décembre 1470, le grand sénéchal de Provence ordonna bien de nouveau à Guillaume Chassegros et à Honoré de Berre, seigneur d'Entrevennes, de mettre les officiers delphinaux en possession effective de la châtellenie de Cornillon et de faire prêter hommage au comte de Provence par les habitants de Gap, mais cet ordre ne reçut aucune exécution (voir, sur le même sujet : J. Roman, *Hist. de la ville de Gap*, p. 92).

[1] Voir, à ce sujet, l'acte n° 1308. — Les lettres du roi furent signifiées : le 13 septembre 1464, à Jean de Naves, dit de Mérindol, écuyer, lieutenant de Charles des Astars, seigneur de Mérindol, conseiller du roi, bailli du Vivarais et Valentinois, ainsi qu'à maîtres Jean Chalmalroux et François de Laye, procureurs royaux au siège de Bucieu; le 16 du même mois, à Jean Bergomas, lieutenant des juge et châtelain de Saint-Péray; et le 22, à maître Antoine Boisson, lieutenant de maître Raimond Boisson, son frère, lieutenant lui-même du visiteur de la gabelle du sel de Tournon.

Parlement et des Comptes du Dauphiné, par lesquelles le roi, — à la suite d'une supplique de maître Guy Pape, docteur en lois [1], contenant que « pour certaines charges à lui imposées touchant aucun cas qu'il « avoit commis ou préjudice de nous et de nos droiz, auctorité et « seigneurie, il a esté depièça mis en procès par devant aucuns de « nous conseillers et commissaires par nous sur ce ordonnéz ; par « lesquelx a esté tellement procédé à l'encontre de lui que, par leur « sentence déffinitive naguères prononcée, ledit suppliant a esté « condempné à nous restituer tous les gaiges qu'il avoit pris en notre « dit païs du Daulphiné, durant le temps que avons esté absent « d'icellui et que nous sommes tenuz ès païs de Flandres et de Bra-« bant ; et aussi tous les fiefz nobles qu'il avait en nostre dit païs « du Daulphiné ont esté par icelle sentence déclairéz à nous acquiz et « confisquéz avecques autres choses plus à plain déclairées en ladite « sentence, par le moyen de laquelle ledit suppliant doubte qu'on le « vueille rigoureusement contraindre à nous restituer ce qu'il a pris « desditz gaiges, et aussi le priver et débouter de jamais de ses dits « fiefz nobles, qui seroit sa totalle destruction, ainsi qu'il nous a fait « dire et remontrer », — l'absout de toutes les condamnations qui ont pu être prononcées contre lui [2].

Enregistrées, à Grenoble, le 15 septembre 1463.

---

[1] Guy Pape, l'un des plus illustres conseillers du Parlement de Grenoble, avait été condamné par ce même Parlement comme criminel de lèse-majesté, pour avoir pris contre le dauphin le parti du roi Charles VII. C'est donc à tort que Chorier, Hist. du Dauphiné, t. II, p. 468, Rochas, Biographie du Dauphiné, t. II, p. 207, et M. A. Prudhomme, Hist. de Grenoble, p. 271, relate que le jurisconsulte Guy Pape fut épargné lors des persécutions ordonnées par Louis XI contre les officiers et les sujets du Dauphiné qui avaient abandonné son parti, alors qu'il n'était encore que dauphin (voir l'acte n° 1338). Rentré en possession de ses biens, Guy Pape prêta hommage au roi pour la terre de Saint-Auban aux Baronnies et la parerie de Montclar au diocèse de Die, avec toute juridiction, ainsi que pour diverses rentes qu'il prenait à Beaufort et dans les paroisses de Fontaine, au mandement de Sassenage, et de Corenc, au mandement de Montfleury, qu'il avait acquises d'Antoine de Sassenage, seigneur d'Izeron, et de Jean Grindo, seigneur du Molard. Il avait acquis la terre de Saint-Auban, au prix de 300 florins d'or, par acte du 29 avril 1439, de Lancelot, bâtard de Poitiers, et de son épouse Delphine, qui eux-mêmes avait fait saisir cette terre contre le seigneur de Grignan (Invent. de la Chambre des comptes, passim.). Voir, sur Guy Pape, la note 1, p. 35 du t. 1er.

[2] A la suite de la transcription des précédentes lettres se trouve une attestation

Copie délivrée le 15 novembre 1463, par Guigues Rivail, vice-juge de la Cour commune de Grenoble, à la requête de François Pape, fils et procureur de Guy Pape (B 3168).

1375 *Gaillefontaine, 20 septembre 1463.*

Lettres par lesquelles le roi charge Jean Clerbourt[1], général maître des monnaies, de se transporter en Dauphiné pour y prendre et saisir tous les deniers d'or qu'il trouverait dans les boîtes des Monnaies du Dauphiné, boîtes que le même Clerbourt, sur l'ordre du roi Charles VII, avait remises en garde, en 1457, aux gens de la Chambre des comptes de Grenoble, pour être envoyées ultérieurement à la Chambre des monnaies à Paris, mais qu'ils avaient encore de par devers eux[2]. Le roi le charge également de prendre les deniers des boîtes des monnaies de Crémieu et de Romans « de tout l'ouvrage « qui a esté fait au dit pays du Daulphiné » depuis 1457 jusqu'à ce jour, et de porter le tout en la Chambre des monnaies à Paris, pour en faire le jugement; contraindre les maîtres particuliers des dites monnaies ainsi que leurs héritiers, pleiges ou cautions, à rendre leurs comptes et verser les reliquats dont ils pourraient être débiteurs; faire défense à quiconque de s'occuper de change, sans en avoir eu préalablement des lettres du roi, vérifiées par les généraux maîtres des monnaies; s'informer de tous les abus et fautes qui auraient pu être commis sur le fait des monnaies en Dauphiné, corriger ces fautes et abus et punir les coupables selon l'exigence des cas.

Enregistrées le 7 novembre 1463.

Copie. B 2826, f° 81.

---

par laquelle Jean Pape, docteur en lois, fils de Guy Pape, certifie, le 18 juillet 1479, que maître François Gautier, secrétaire et receveur des amendes du Dauphiné, n'avait inquiété ni Guy Pape, ni ses enfants, au sujet de la condamnation prononcée par le Parlement contre le susdit Guy Pape.

[1] Jean Clerbourt ou Clerbourg fut destitué, ainsi que les autres généraux maîtres des monnaies, par lettres du roi du 2 novembre 1475, à la suite des fautes et abus qu'ils avaient commis dans l'exercice de leurs fonctions (voir l'acte n° 1634).

[2] Le 9 novembre 1463, Pierre Odebert, maître auditeur en la Chambre des comptes, présenta à Jean Clerbourt trois boîtes de monnaies, mais l'on n'y trouva qu'une quittance de l'année 1457, délivrée par Louis de Laval, pour lors gouverneur du Dauphiné, portant décharge de l'argent qu'elles contenaient.

1378   *Hesdin, 6 octobre 1463.*

Lettres du roi portant commission au procureur général fiscal, à l'un des secrétaires du Parlement et à l'un des auditeurs de la Chambre des comptes du Dauphiné, pour procéder à la réformation des abus qui pourraient s'être glissés parmi les notaires et punir les coupables[1].

Enregistrées le 9 décembre 1463.

ANALYSE. U. Chevalier, *Ordon.*, n° 475.

1378   *Hesdin, 16 octobre 1463.*

Lettres par lesquelles le roi, pour récompenser Louis Sorbier[2] des services qu'il lui avait rendus à la guerre et tout récemment encore lors de la réduction de la ville de Perpignan et du comté de Roussillon, lui donne l'office de capitaine des ville et château de La Mure-Mathésine, en remplacement de Gilles de La Porte[3], décédé.

Enregistrées le 23 décembre 1463.

COPIE, B 3276, f° 60.

1379   *Hesdin[4], octobre (avant le 19) 1463.*

Lettres par lesquelles le roi fait don à Robert Malortie, seigneur de

---

[1] Le dauphin Louis II avait rendu plusieurs ordonnances pour réglementer le notariat en Dauphiné ; voir les actes n°ˢ 182, 818, 880 et 1235 ; voir aussi, sur le même sujet, l'acte n° 1101.

[2] Louis de Sorbiers, écuyer, lieutenant de Joachim Rouault, maréchal de France, par acte passé à Châtillon-sur-Indre, le 5 décembre 1463, donna procuration à Phellipon de Nycul, aussi écuyer, pour prendre, en son nom, possession de son office de châtelain de La Mure (B 3276, f° 62). Accusé dans la suite de crime de félonie et de lèse-majesté, il fut remplacé comme châtelain, le 20 octobre 1465, par François de Tiercent (voir l'acte n° 1434). Voici du reste ce que rapporte la *Chronique scandaleuse* à son sujet « Et le samedy ensuivant (21 sept. 1465), au point du
« jour, ung nommé Loys Sorbier, qui estoit à Ponthoise, lieutenant de Joachin
« Rouault, mareschal de France, par faulse et mauvaise trahison qu'il fist et conspira
« contre le roy, son souverain seigneur, bouta dedans la ditte ville les Bretons et
« autres ennemis du roy; et en faisant par lui la ditte trahison, mist en son appoin-
« tement que ceulx qui estoient ou dit lieu de Ponthoise, de la compagnie du dit
« Joachin, qui ne vouldroient demourer, s'en iroient, franchement, eulx et leurs
« biens saufs ».

[3] Voir, sur Gilles de La Porte, la note 1, p. 75, t. 1ᵉʳ.

[4] Louis XI était arrivé à Hesdin le 28 septembre 1463, et y séjourna auprès du

La Tour-du-Pin¹, de la cour, justice et juridiction qui lui appartenait dans les ville, château, châtellenie et mandement de La Tour-du-Pin, pour en jouir sa vie durant, de la même manière dont il avait jadis joui de la terre de Quirieu, avant son départ du Dauphiné.

Mention insérée dans des lettres du 12 décembre 1463 (voir l'acte n° 1382).

1380   Eu, 12 novembre 1463.

Lettres du roi portant don en faveur de Thomas Ecuyer², son chambellan, bailli de Caen, en récompense des services qu'il lui avait rendus à la guerre, de tous les biens, droits et actions qui avaient appartenu à Jean Copier et qui lui étaient échus par suite de confiscation, à la réserve toutefois des foi, hommage, ressort et souveraineté, ainsi que du droit que le dit Copier prétendait avoir sur la seigneurie du Bouchage, et celui de toucher une somme de 60 écus que feu Gabriel de Roussillon lui avait léguée par testament.

Enregistrées, en la Chambre des comptes de Grenoble, le 14 décembre 1463, avec injonction à Guiot d'Uzié et à François Gautier, receveur des condamnations et amendes prononcées contre les prisonniers du Dauphiné, de mettre en possession le susdit Thomas Ecuyer, des biens de Jean Copier.

Copie. B 2967, f° 123.

---

duc de Bourgogne jusqu'au 19 octobre suivant. Le même roi séjourna encore dans la même ville, avec une suite nombreuse, l'année suivante, une quinzaine de jours, à partir du 2 juillet.

¹ Voir, sur Robert de Malortie, la note 3, p. 454, t. 1ᵉʳ. Louis XI avait dû lui donner la terre de La Tour-du-Pin peu auparavant.

² Thomas Joffroy, procureur de Thomas Ecuyer, prit possession de la maison forte de Poisieu le 19 décembre 1463. Cécile de Bérenger, veuve de Jean Copier, fit opposition à la donation que le roi avait faite des biens de son mari, et intenta un procès à Thomas Ecuyer, devant le Parlement de Grenoble ; elle dut même rentrer en possession de ces biens, car un arrêt du Parlement, du 13 mars 1467, ordonne la réintégration de Thomas Ecuyer dans la jouissance des biens de Jean Copier, avec restitution de fruits. En conséquence, Pierre de Longuetot, procureur de Thomas Ecuyer, se fit remettre la maison forte de Poisieu le 17 mars et celle que le même Jean Copier possédait à Beauvoir-en-Royans, le 21 du même mois. — Voir, sur Thomas Ecuyer, auquel le roi Louis XI fit également don de la terre de Serres, confisquée sur Gabriel de Bernes, et qui, dans une quittance qu'il donna le 28 novembre 1471, d'une somme de 210 livres, autre don du même roi, prend les titres de capitaine de Falaise et de baron de Bréches (Invent. des sceaux de la collect. Clairambault, n° 3293), la note 1, p. 50 du t. 1ᵉʳ.

1381 En, *13 novembre 1463.*

Lettres par lesquelles le roi ordonne au gouverneur du Dauphiné ou son lieutenant et à maître Pierre Gruel[1], président du Parlement de Grenoble, qu'en faisant la recette des aides octroyées par les gens des Trois-Etats, ils imposent, outre le principal du montant des dites aides, une somme de 4,000 livres tournois, qui sera perçue avec celle des dites aides par Claude Coct, trésorier général du Dauphiné, qui la remettra au comte de Foix[2], auquel il en avait fait don par autres lettres patentes, en dédommagement des grandes dépenses que ce dernier avait faites à son service l'année précédente[3].

Copie. B 3276, f° 58, v°.

---

[1] Voir, sur Pierre Gruel, les notes 1, p. 86, et 2, p. 463 du t. 1er.

[2] Jean de Foix, comte d'Etampes, vicomte de Narbonne, fils puîné de Gaston IV, comte de Foix, et d'Eléonore, reine de Navarre; marié à Marie d'Orléans, fille de Charles, duc d'Orléans, et sœur du roi Louis XII; mort à Etampes au mois de novembre 1500. Il avait été nommé gouverneur du Dauphiné en 1497, charge dans laquelle il fut remplacé par son fils Gaston de Foix, duc de Nemours, captal de Buch et comte de Candalle, qui périt glorieusement à la bataille de Ravenne, en 1512. Le même Jean de Foix avait reçu en don du roi, pour en jouir durant sa vie, les château, terre et seigneurie de La Côte-Saint-André, ainsi que le constate un procès-verbal, dressé le 21 novembre 1500, par Claude Ventollet, huissier du Parlement de Grenoble, portant réunion de la susdite terre au domaine (B *Primus liber reductionis*, f° 392).

[3] Louis XI, à la date du 18 novembre de la même année, adressa à Pierre Gruel une lettre missive sur le même sujet (B 3276, f° 58), dont voici la teneur :

« A nostre amé et féal conseillier et président en nostre Parlement, à Grenoble,
« maistre Pierre Gruel.

« De par le Roy Daulphin.

« Nostre amé et féal Nous avons ordonné à nostre très chier et amé cousin le
« comte de Foix, la somme de quatre mille livres tournois pour le aucunement
« récompenser de partie de certains grans despenses qu'il a faictes l'année passée en
« nostre service et pour les très grans charges que ont à supporter nos subgiecz de
« par de ça avons ordonné qu'il sera payé de ladite somme de IIIIm l. t. en nostre
« pays du Daulphiné et quelle sera mise sus oultre et par dessus le principal de
« l'aide que ceulx dudit pays nous octroyent ceste année. Et à ceste cause vous avons
« pieça envoyer commission pour ce faire; et pour ce que ne scavons se l'avez eue
« vous envoions présentement ung autre par ce pourteur. Si voulons et vous man-
« dons que ladite somme de IIIIm l. t. vous mectes ou faictes mectre sus audit pays
« oultre et par dessus ladite aide au cas que fait ne l'aurez. Et gardez que en ce n'ait

1382 *Eu, 12 décembre 1463.*

Lettres, adressées aux gouverneur ou son lieutenant, gens du Parlement et des Comptes et trésorier général du Dauphiné, par lesquelles le roi, — à la supplication de Robert de Malortie[1], seigneur de La Tour-du-Pin, auquel il avait concédé, pour en jouir durant sa vie, par lettres précédentes[2], la justice et juridiction de la terre de La Tour-du-Pin, — « voulans aussi aucunement relever nos diz subgectz, « manans et habitans ès dictes ville, chastel, chastellenie, terre et « seigneurie et mandement de La Tour-du-Pin des fraiz et despens « que faire leur conviendroit s'ilz estoient contrains à aler plaider en « première instance par devant nostre bailly de Viennoiz ou son « lieutenant à son siège de Vienne, lequel siège y a puis peu de « temps en ça esté transporté de nostre ville de Bourgoing où il « estoit » accorde au même de Malortie l'autorisation d'instituer à La Tour-du-Pin des juges, procureur, greffier et autres officiers de justice.

Enregistrées le 7 janvier 1464.

COPIE. B 3048, f° 352.

1383 *20 décembre 1463.*

Lettres de provisions de la charge d'avocat général fiscal en Dauphiné pour Antoine Labise, docteur en lois[3].

MENTION. *Invent. som. des arch. de l'Isère*, t. II, Introd., p. 66.

1383 *bis* *Novion, 23 décembre 1463.*

Lettres, adressées aux gouverneur ou son lieutenant et gens du Parlement et des Comptes du Dauphiné, par lesquelles le roi, — après

---

« point de faulte car est une partie que voulons sur toutes choses estre paier.
« Donné à Eu, le xvi° jour de novembre.
« LOYS. »

« DE LA LOERE. »

[1] Voir, sur Robert de Malortie, la note 3, p. 454 du t. 1ᵉʳ et l'acte n° 1441.
[2] Voir les lettres du mois d'octobre 1463 (n° 1379).
[3] Antoine Labise dut exercer les fonctions d'avocat général fiscal jusqu'en 1472, année où, par lettres du 29 mai, Jean de Saint-Germain fut pourvu de cette charge (acte n° 1670).

avoir exposé que François de Voize, écuyer, natif de Voiron, s'était plaint que quoique noble et comme tel eût servi dans les guerres et qu'en conséquence il dût jouir des privilèges de noblesse et de l'exemption des tailles, impôts et autres charges rurales, néanmoins les consuls et habitants de Voiron continuaient à le comprendre au nombre des taillables, et ce malgré des lettres d'exemption qu'il avait obtenues des commissaires royaux députés sur le fait des gens d'armes en Dauphiné, — leur mande que, si la réclamation du plaignant est fondée, ils aient à le faire jouir des privilèges de noblesse et à enjoindre aux consuls de Voiron, sous de grandes peines, de ne plus, à l'avenir, le comprendre au nombre des taillables[1].

Copie. B 2948, f° 183.

1384 *Mareuil, près Abbeville, 5 janvier 1463 (1464).*

Lettres portant don de l'office de capitaine de Pisançon, ainsi que des revenus de la même châtellenie, en faveur de Jean de Tardes[2],

---

[1] Les consuls et habitants de Voiron s'opposèrent à l'enregistrement de ces lettres patentes et y formèrent opposition. Elles furent néanmoins enregistrées par un arrêt du Parlement de Grenoble, du 10 décembre 1464, qui déboutait en même temps les consuls de Voiron de leurs prétentions ; mais, préalablement, Jean, comte de Comminges, gouverneur du Dauphiné, avait adressé des lettres, le 11 juillet précédent, aux gens du Parlement de Grenoble, portant que quoique le susdit de Voize doutait de ne pouvoir prouver sa noblesse et que quoiqu'il « ne soit noble « ne procédé de noble lignée combien que en ses dictes lectres royaux et daulphi-« naulx par inadvertence ou autrement il se dit estre noble et procédé de noble « lignée », néanmoins, en considération de ce qu'il avait servi aux armées comme les autres nobles et qu'il offrait de servir à l'avenir à ses dépens, ils eussent à procéder à l'entérinement des lettres qu'il avait obtenues du roi, nonobstant l'opposition des consuls de Voiron (B 2948, f° 181).

[2] Jean de Tardes ne jouit de la terre de Pisançon que jusqu'en 1467, car, par lettres de juin de cette année, Louis XI en fit don à Aimar de Poitiers, seigneur de Saint-Vallier, à l'occasion de son mariage avec Marie de France (voir l'acte n° 1486). Jean de Tardes fut père de Pierre de Tardes, dit le Basque, écuyer d'écurie ordinaire de Louis XII, que ce prince maria, par contrat passé à Moysieu, le 17 octobre 1502, avec Louise de Guerrier, fille d'Etienne de Guerrier, chevalier, seigneur de Meyzieu, et d'Antoinette de Virieu, dame de Bizonnes, qui fut châtelain de Saint-Georges-d'Espéranche et de La Tour-du-Pin, et mourut en 1521, étant sénéchal de Lyon (B 3049, f° 672 et ss.).

écuyer, pour qu'il en jouisse de la même manière que Martin de Chamarre[1], dernier possesseur de cet office.

Enregistrées le 1ᵉʳ février 1464.

Copie. B 3276, f° 66.

1385 *Mareuil, près Abbeville, 5 janvier 1463 (1464).*

Lettres du roi portant don de l'office de capitaine des Avenières, ainsi que de tous les profits, revenus et émoluments de la même châtellenie, en faveur de Jean de Tardes, écuyer, pour en jouir de la même manière que feu Martin de Chamarre, dernier possesseur de cet office.

Enregistrées le 1ᵉʳ février 1464.

Copie. B 3276, f° 67, v°.

1386 *11 janvier 1463 (1464).*

Lettres de provisions d'une charge de conseiller et auditeur ordinaire en la Chambre des comptes du Dauphiné, pour Jean Coleman[2].

Mentions. B 3238, f° 11. — *Invent. som. des arch. de l'Isère*, t. 11, Introd., p. 85.

1387 *Doullens, 18 janvier 1463 (1464).*

Lettres adressées aux gouverneur ou son lieutenant, gens du Parlement et des Comptes du Dauphiné, par lesquelles le roi concède à Antoine Méjat[3], du lieu de Lemps, à ses hoirs et successeurs, le bûcherage et le pâturage, pour l'usage de leur maison et de leurs bestiaux seulement, dans les forêts de Bièvre et du Lier, et ce, de la même manière que le faisaient les habitants de Châbons et de La Côte-Saint-André, et en payant les mêmes droits et redevances annuels

---

[1] Voir, sur Martin de Chamarre, la note 3, p. 142 du t. 1ᵉʳ. En 1462, il avait été employé avec Salazard, La Borde, Gilles de Ferrières, Guillaume de Vennac, dans la campagne du Roussillon.

[2] Jean Coleman fut remplacé, par lettres du 26 mai 1469, par Baude Meurin, secrétaire du roi Louis XI (n° 1524).

[3] Antoine Méjat, écuyer, fut vichâtelain de Saint-Etienne-de-Saint-Geoirs et d'Izeaux, de 1462 à 1466, et de Châbons et de Lemps, de 1478 à 1488. Il fut anobli par lettres de juin 1478 (acte n° 1666).

que les autres habitants du Dauphiné auxquels avaient été fait de pareilles concessions.

Enregistrées le 17 février 1464, avec fixation d'un droit annuel d'une livre de cire payable entre les mains du châtelain d'Izeaux.

COPIE. B 2977, f° 437.

1388 *Paris, 10 mars 1463 (1464).*

Lettres du roi, adressées à ses conseillers, les gouverneur ou son lieutenant, gens du Parlement, des Comptes et autres justiciers et officiers du Dauphiné ou leurs lieutenants, par lesquelles il autorise son conseiller, Claude Coct [1], trésorier général du Dauphiné, ses héritiers ou successeurs, de faire exploiter, pendant une durée de quinze ans, les mines de fer qui se trouvaient dans l'étendue des châtellenies de Theys, Allevard et Vizille, et de fabriquer de l'acier, à charge de lui payer un gros de 15 deniers par chaque charge de minerai extrait des dites mines. Le roi exempte, en outre, pour une durée de douze ans, de tous subsides, tailles, aides ou autres impôts, les ouvriers étrangers qui viendraient travailler aux dites mines, et révoque toutes les autres concessions qui auraient pu en être accordées précédemment [2].

Enregistrées le 1er juin 1464.
COPIE. B 2948, f° 140, v°.
ANALYSE. U. Chevalier, *Ordon.*, n° 476.

1388 bis *20 mars 1463 (1464).*

Lettres par lesquelles le roi, a la suite d'une requête que lui avaient adressée les consuls de la ville de Grenoble, approuve la conduite qu'ils avaient eu à l'égard de Paul de Violardes, médecin [3].

MENTION. J.-J.-A. Pilot, *Hist. municipale de Grenoble*, t. II, p. 163, d'après un titre des arch. municipales de Grenoble.

---

[1] Voir, sur Claude Coct, la note 1, p. 174 du t. 1er.
[2] L'exploitation des mêmes mines fut, dans la suite, confirmée à Hugues et à Paul Coct, fils de Claude Coct, ainsi qu'à divers autres, leurs associés dans cette entreprise, par lettres du 24 novembre 1478 (voir l'acte n° 1735).
[3] Paul de Violardes, qualifié de *magister in medicina, pecunarius dicte civitatis*, figure, dès l'année 1447, dans une nomenclature des exempts des tailles de Greno-

1389 *Nogent-le-Roi, 22 mars 1463 (1464).*

Mandement du roi à Claude Coct, trésorier général du Dauphiné, pour payer, sur les deniers des aides octroyées par les Trois-États du Dauphiné, à Pierre de Trognon [1], écuyer, seigneur de La Laupie, la somme de 500 écus d'or, qu'il lui avait prêtée alors qu'il était en Dauphiné, et pour sûreté de laquelle il lui avait engagé la terre de Saou, qui depuis lui avait été enlevée, peu après son départ pour la Flandre et le Brabant.

Copie. B 2905, f° 230.

1390 *Nogent-le-Roi, 22 mars 1463 (1464).*

Lettres par lesquelles le roi mande à Claude Coct, trésorier général du Dauphiné, de payer au Chapitre de l'église de Saint-André de Grenoble, à raison de 200 florins par an, à partir du 1ᵉʳ octobre prochain, le complément des 2,000 florins d'arrérage de la pension annuelle de 400 florins d'or que le dauphin Humbert lui avait jadis donnée [2]; et

---

ble. Les consuls de cette ville, mécontents du service de ce médecin, et qui avaient à se plaindre de ce qu'il « n'était point expert, s'étant appliqué à être apothicaire et marchand », le remplacèrent en 1456; toutefois, comme il paraît qu'il avait été attiré à Grenoble par le dauphin et qu'il se récriait contre les consuls qu'il taxait d'injustice, ceux-ci avaient cru devoir exposer leurs griefs au roi. Le nouveau médecin fut maintenu; cependant, soit que ce dernier eût bientôt quitté la ville ou qu'il fût décédé, le nom de Violardes se lit encore au nombre des exempts des tailles, comme médecin de la ville de Grenoble et le seul qu'il y eût en 1465 et en 1473 (J.-J.-A. Pilot, *Hist. municipale de Grenoble*, p. 163). D'autre part, Guy Papo, *Quæst.*, cccxcm, relate que comme Paul de Violardes tenait une boutique d'apothicaire, il avait été imposé aux tailles; qu'il s'en était suivi un procès et qu'un arrêt du Parlement, du 30 avril 1461, avait statué qu'il devait être imposé à raison de son commerce; mais que cependant il cesserait de l'être lorsqu'il abandonnerait le commerce.

[1] Pierre de Trognon donna quittance de la susdite somme de 500 écus d'or à Claude Coct, le 18 septembre 1464. Il est question du même personnage dans des lettres du roi du 7 mars 1466, n. s., qui apprennent qu'il détenait alors prisonnier Jacques de Taix (voir l'acte n° 1553).

[2] Par suite d'un accord intervenu, le 22 janvier 1345, entre le dauphin Humbert II et le Chapitre de Saint-André de Grenoble, qu'avaient fondé ses ancêtres, ce prince avait assuré à ce Chapitre trois pensions annuelles, l'une de 240 florins d'or pour l'institution de douze chapelains, outre ceux qui existaient déjà, une autre de

ce, attendu qu'en exécution de ses lettres précédentes, de l'année 1447¹, Nicolas Erland n'avait payé à ce Chapitre qu'une somme de 370 livres tournois.

Copie. *Cartul. du Chapitre de Saint-André de Grenoble.*

1391   *(Nogent-le-Roi), 22 mars 1463 (1464).*

Lettres de provisions d'une charge de conseiller au Parlement de Grenoble pour Jean Ardisson, jurisconsulte.

Mention. *Invent. som. des arch. de l'Isère, t. II, Introd., p. 21.*

1392   *(Nogent-le-Roi), 23 mars 1463 (1464).*

Lettres de provisions d'une charge de conseiller-clerc au Parlement de Grenoble, pour Antoine Coct², prieur de Saint-Laurent de Gre-

---

180 florins, pour l'augmentation des prébendes des chanoines, à raison de 10 florins pour chacun, enfin, la troisième, de 10 florins, pour l'entretien d'un cierge ardent au-devant du grand autel et de douze lampes qui devaient être allumées la nuit seulement. Cette fondation de 400 florins d'or de rente, qui fut maintenue par décision des exécuteurs testamentaires du même prince, le 5 mai 1351, et ensuite confirmée par les rois Charles V, le 16 mai 1376, Charles VI, les 5 juillet 1381 et 3 octobre 1388, François Iᵉʳ, en 1531, et Henri II, en 1558, fut régulièrement payée au Chapitre sur la recette générale du Dauphiné jusqu'en 1637, année où le roi rendit un édit pour aliéner son domaine du Dauphiné. A la suite des réclamations du Chapitre et des arrêts du Conseil privé du roi, des 27 juillet 1644 et 8 février 1646, les commissaires députés, pour l'aliénation du domaine, par ordonnance du 1ᵉʳ juin 1646, assignèrent cette rente de 400 florins, que la Chambre des comptes de Grenoble avait évaluée à 1,370 livres de rente, sur les revenus des greffes des bailliages, Cour commune et Cour supérieure de Vienne, pour 1,190 livres, et sur le bailliage de Gap, pour 180 livres, ce que valida un nouvel arrêt du Conseil, du 30 juin 1646. Mais peu après, le roi ayant cédé les greffes de Vienne au prince de Monaco, un nouvel arrêt du Conseil, du 21 juillet 1649, assigna les 1,190 l. sur les Gabelles du Dauphiné, en conséquence de quoi les fermiers généraux des fermes unies les payèrent jusqu'en 1790.

¹ Voir, à ce sujet, les lettres du 28 décembre 1447 (n° 662).

² Antoine Coct était fils de noble Pierre Coct, de La Buissière, et frère de Claude Coct, trésorier général du Dauphiné, dont il a été parlé dans la note 1, p. 174 du t. Iᵉʳ. Il fut d'abord auditeur extraordinaire des Comptes, charge qu'il occupait en 1462 et dans laquelle il fut remplacé, en 1464, par son neveu Hugues Coct. Il figure comme conseiller au Parlement et prieur de Saint-Laurent de Grenoble, dans une ordonnance du gouverneur du Dauphiné, du 10 juillet 1464, rendue pour

noble, en remplacement de Claude de Châteauneuf [1].

MENTION. *Invent. som. des arch. de l'Isère*, t. II, Introd., p. 21.

1393 *Saumur, avril 1464.*

Lettres par lesquelles le roi, en échange de la Val-d'Oulle que lui avait abandonnée le roi de Sicile, comte de Provence, transporte « à « son cher oncle [2] tous les droits qu'il a et qui lui compétent et appar- « tiennent en la ville et territoire de Gap et ès appartenances et dep- « pendances d'icelle sur Montalquier ou autre pour les avoir, tenir, « exploiter et posséder, ainsi que ses successeurs et ayant cause en « icelle comté de Provence, dorénavant et à toujours, perpétuellement « par héritage et en faire et disposer comme leur propre chose » [3].

ORIGINAL. Arch. des Bouches-du-Rhône, B 683.
ANALYSES. B 3014, f° 348. — *Invent. som. des arch. des Bouches-du-Rhône*, t. 1er, p. 161 et 344. — J. Roman, *Tabl. hist. des Hautes-Alpes*, p° 338.

1394 *Nogent-le-Roi, 11 mai 1464.*

Lettres du roi, adressées aux gouverneur ou son lieutenant, gens de son Parlement et de ses Comptes et trésorier général et tous autres, ses justiciers et officiers du Dauphiné ou leurs lieutenants, par lesquelles il leur fait connaître que son cousin et conseiller, Jean de Seyssel [4],

---

défendre d'assigner les sujets du dauphin devant les tribunaux ecclésiastiques, pour cause purement civile (*Statuta Delphinalia*, éd. 1619, p. 116). Antoine Coct, qui vivait encore en 1480, avait fondé, dans l'église de son prieuré de Saint-Laurent, une chapelle sous le vocable de la Vierge et de saint Antoine, avec obligation d'y dire une messe chaque jour, affectant à ce service une somme de 700 florins (*Arch. municipales de Grenoble*).

[1] Claude de Châteauneuf, religieux de l'ordre de Saint-Antoine de Viennois, avait été nommé conseiller-clerc, par lettres du 7 février 1462. n. s. (acte n° 1333).
[2] René d'Anjou, dit le Bon, roi de Sicile et comte de Provence.
[3] Voir, sur le même sujet, les actes n°° 1372 et 1420.
[4] Jean de Seyssel, chevalier, seigneur de Barjat et de La Rochette en Savoie, châtelain de Bagé et de Bourg, bailli de Bresse, des Dombes et de Revermont, lieutenant-général pour le duc de Savoie de la partie de ses états située au-delà de l'Ain, dès 1446; chevalier de l'ordre de l'Annonciade; maréchal de Savoie en 1460; mort en 1465. Il avait épousé, le 1er septembre 1425, Marguerite, fille d'Urbain, seigneur de La Chambre et vicomte de Maurienne, dont il eut entre autres enfants une fille, Jeanne, qu'il avait mariée avec Antoine de Grolée, chevalier, seigneur de Moyrieu, Juis, Montrevel et baron de Bressieux, qui lui avait fait don de cette baronnie, par acte du mois de novembre 1457.

chevalier, seigneur de Barjat et de La Rochette, maréchal de Savoie, venait de faire en ses propres mains les foi et hommage lige auxquels il était tenu à raison des baronnie, terre et seigneurie de Bressieux en Dauphiné et de leurs dépendances.

Original. B 2652.

1398 *Lihons-en-Santerre, 6 juin 1464.*

Ordonnance portant règlement pour le logement et le payement des gens de guerre, tant dans le royaume qu'en Dauphiné. Six commissaires sont institués pour passer, tous les trois mois, les montres des 1,700 lances composant l'ordonnance du roi; ils logeront avec les troupes, et chacun d'eux sera accompagné d'un clerc du trésorier des guerres, chargé de payer individuellement sa solde à chaque homme, et d'un notaire, soldé par le roi, chargé de recevoir les quittances des dits gens de guerre. Auprès de chaque commissaire, il y aura également un lieutenant du prévôt des maréchaux de France, qui aura charge de réprimer les abus et violences commis par lesdits gens de guerre et de les punir selon l'exigence des cas. Les compagnies devront être logées, autant que possible, dans les lieux fermés ou grosses bourgades, afin que la discipline y soit mieux observée. S'il advenait que des gens de guerre aient contracté quelques dettes ou commis quelques exactions sur le peuple, le clerc du trésorier, sur l'ordre du commissaire, en retiendra le montant sur leur solde et en fera lui-même le payement aux intéressés. Les commissaires, lors de leurs montres, n'accepteront que les gens de guerre effectivement présents, bien habillés et équipés, et veilleront à ce que l'on ne fasse point figurer des arbalétriers pour des archers. Les congés que pourront accorder chaque capitaine ne devront point excéder le 15 pour cent de l'effectif total de leur compagnie, mais aucun congé ne pourra être accordé une fois que la compagnie servira en guerre, et ceux qui enfreindraient cette prescription seront punis de la peine capitale. Défense expresse est faite à tous capitaines de ne rien prélever, sous prétexte de don ou d'emprunt, sur la solde de leurs hommes, à peine de privation de leurs charges. Chaque homme, à l'avenir, devra être pourvu « de logeys et utencilles d'outil » que lui fera fournir le commissaire et qu'il payera sur sa solde, à raison de 30 sous par mois, etc., etc.

Copie. B 2904, f° 113.

Mention. U. Chevalier, *Ordon.*, n° 477. — *Ordon. des rois de France*, t. XVI, p. 213.

1396   *Lihons-en-Santerre, 6 juin 1464.*

Lettres du roi, adressées aux seigneurs de Champ[1], lieutenant du gouverneur du Dauphiné, et de Châteauneuf[2], chevalier, son maître d'hôtel, ainsi qu'à maître Pierre Gruel, président du Parlement du Dauphiné, tous ses conseillers et commissaires délégués, tant pour punir ceux qui avaient commis des crimes contre sa personne, que pour faire restituer les deniers pris contre son gré, pendant son absence du Dauphiné[3], par lesquelles il fait remise, à Louis et à Jean de Mareuil, frères, fils et héritiers de maître Jean de Mareuil[4], en son vivant président de la Chambre des comptes du Dauphiné, d'une somme de 300 livres tournois, sur celle de 657 l. 1 s. 8 d., montant des gages que ledit de Mareuil avait touchés, et ce, en considération de ce que Geneviève, sœur des susdits Louis et Jean, ne pouvait trouver à se marier sans dot, et de ce que Louis de Mareuil l'avait servi en armes en Roussillon. Le roi ordonne, en outre, que les susdits frères de Mareuil rentreraient en possession de tous les biens de leur père, que Guyot d'Uzié[5] avait confisqués pour garantir le remboursement de la susdite somme indûment perçue par Jean de Mareuil père, mais que néanmoins les mêmes frères seraient tenus de payer, entre les mains dudit d'Uzié, le surplus de la somme dont ils étaient déchargés, pour parfaire celle de 657 livres[6].

Enregistrées le 20 mars 1465.

Original. B 3182.
Copie. B 2904, f° 245.

---

[1] Aimon Alleman, seigneur de Champ; voir la note 2, p. 80 du t. 1ᵉʳ.

[2] Soffroy Alleman, seigneur de Châteauneuf et d'Uriage; voir les notes 1, p. 40 du t. 1ᵉʳ, et 2, p. 46 de ce vol.

[3] Voir, à ce sujet, l'acte n° 1338.

[4] Voir, sur Jean de Mareuil, la note 6, p. 43 du t. 1ᵉʳ.

[5] Voir, sur Guy d'Uzié, l'acte n° 1462.

[6] Louis et Jean de Mareuil ne remboursèrent point la différence des 367 l. 1 s. 6 d., que leur père avait touchés pour ses gages, durant l'absence du dauphin; car, par de nouvelles lettres du 27 juillet 1465, Louis XI fit encore remise de ce reli-

1397 *Lucheux, près Doullens, 19 juin 1464.*

Déclaration portant règlement pour l'établissement des grands maîtres des courriers dans l'étendue du royaume.

MENTIONS. Blanchard, *Compilation chronol.* — *Ordon. des rois de France*, t. XVI, p. 213.

PUBLIÉE. Duclos, *Recceil des pièces pour servir de suite à l'histoire de Louis XI*, p. 260.

1398 *Lucheux, près Doullens, 19 juin 1464.*

Lettres portant rétablissement de la Pragmatique Sanction, ci-devant abrogée et faisant défense d'user des grâces expectatives en fait de bénéfice de la part de la cour de Rome, etc. [1].

MENTIONS. U. Chevalier, *Ordon.*, n° 478 : — *Ordon. des rois de France*, t. XVI, p. 213. — Legeay, *Hist. de Louis XI*, t. 1er, p. 328.

1399 *Dompierre, près Hesdin, 27 juin 1464.*

Lettres par lesquelles le roi, en considération des grands, notables et continuels services que son valet de chambre, François d'Urre [2],

---

quat à Louis de Meroil (voir l'acte n° 1424). Le 19 avril 1466, les mêmes frères prêtèrent hommage au roi pour la mistralie des mandements du Champsaur et de Montorcier, dont ils avaient hérité de leur père (*Invent. de la Chambre des comptes, Graislvaudan*, t. 11, f° 154, v°).

[1] Ces lettres, dont on ne possède point le texte, sont peut-être les mêmes que celles que le recueil des *Ordon. des rois de France* publie sous le titre de « Lettres concernant la connaissance des régales et du possessoire des Bénéfices litigieux » (t. XVI, p. 213), d'après Fontanon, *Édits*, t. II, p. 416. Voir, au sujet de la Pragmatique Sanction, les actes n°s 1242, 1323 et 1330.

[2] Voir, sur François d'Urre, la note 3, p. 30. — En exécution des présentes lettres de don, François d'Urre, durant le mois de juillet 1464, se fit mettre en possession des terres suivantes, par Claude de Jauta, bachelier en lois, lieutenant du juge temporel de la ville de Valence, assisté de maître Fortuné Bouvier, procureur fiscal du Valentinois-et-Diois, et de Nicolas de Précomtal, visénéchal du Valentinois-et-Diois au siège de Montélimar : maison forte et mandement de Saint-Genis, près du Sauzet ; châteaux, mandements et juridictions de Soyans, Auriple, avec son péage, Châtel-Arnaud, Barry, Vercheny, Pontaix et Quint, avec péage ; baronnie de Luc et ses dépendances, les terres de Rochebrianne, Saint-Cassian, Miscon, Fourcinet, Lesches ; partie des seigneuries de Beaurières et de la Val-de-Thoranne, avec péage et leyde ; mandement de Montlaur, d'Eygluy, avec les territoires d'Omblèze et d'Ansage ; partie de la montagne d'Ambel ; seigneurie de Francayes ; enfin, la forêt de Fouillouse, au mandement de Châteauneuf-d'Isère.

5

écuyer, et Catherine de Blou, son épouse, lui avaient rendus ainsi qu'à la reine, en maintes manières, tant en Dauphiné, Flandre et Brabant, qu'ailleurs, leur donne et concède tous les fiefs nobles ou autres et biens meubles ou immeubles qui auraient appartenu à feu Guillaume, bâtard de Poitiers[1], et qui lui étaient échus par suite de confiscation prononcée par un arrêt du Parlement de Grenoble en date du 24 avril précédent.

Enregistrées le 14 juillet 1464.

COPIES. B 2983, f° 808, 811, v°, et 839, v°; B 2985, f° 19, v°, et 25; et B 3049, f° 100.

MENTION. Chanoine Jules Chevalier, *Essai histor. sur l'église et la ville de Die*, t. II, p. 422.

1400   *Rue-en-Ponthieu, 10 septembre 1464.*

Ordonnance portant défense à toute personne d'aller ou envoyer en cour de Rome, pour avoir des grâces expectatives, de quelque manière que ce soit, sur les bénéfices du royaume ou du Dauphiné; et pareillement d'y aller ou envoyer, sans avoir la permission du roi, pour un évêché, une abbaye ou tout autre bénéfice électif.

PUBLIÉE. Fontanon, *Edits*, t. VI, p. 490. — *Ordon. des rois de France*, t. XVI, p. 244, v°.

1401   *Nouvion, près Abbeville, 12 septembre 1464*

Lettres par lesquelles le roi, en considération des bons, notables et agréables services que lui avait rendus « tant à l'entour de sa personne, « en ses affaires, qu'autrement en plusieurs manières », Simon de Lorgery[2], chevalier, confirme en sa faveur le don qu'il lui avait jadis fait, avant son départ du Dauphiné, des capitaineries et châtellenies de La Buissière et de Bellecombe, avec tous leurs revenus.

Enregistrées le 4 mars 1465.

COPIE. B 3278, f° 76.

---

[1] Voir, sur Guillaume, bâtard de Poitiers, les notes 1, p. 16 du t. Ier, et 3, p. 3 de ce vol.

[2] Voir, sur Simon de Lorgery, la note 1, p. 440 du t. Ier.

1402 *Nouvion, près Abbeville, 13 septembre 1464.*

Lettres par lesquelles le roi mande et ordonne à maître Etienne Petit, trésorier général, à Henri de Dennes, clerc de ses Comptes, commis à l'audition des Comptes du Languedoc, et à Bernard de Maumont, écuyer, garde du Petit scel de Montpellier et lieutenant du visiteur général des gabelles du Languedoc, de « besougner » en présence des officiers de son oncle, le roi de Sicile, comte de Provence, avec Antoine de Joyès et Pellegrin de La Martinière, du Pont-Saint-Esprit, Pierre de Vilars, de Lyon, et Jean Mistral, de Tournon, marchands, au sujet du tirage du sel, par le fleuve du Rhône, à la part de l'Empire, conformément à la teneur des articles stipulés entre les gens de ses finances et les susdits marchands, et par lesquels il avait été notamment permis à ces derniers de revisiter, quand bon leur semblerait, les greniers de Berre et d'Hyères en Provence, pour s'assurer si ceux qui chargeaient du sel aux dits greniers n'en dépassaient point les limites ; de confisquer le sel et les bestiaux de ceux qui seraient trouvés en contravention, moitié à son profit et à celui du comte de Provence, à raison de la compagnie qu'ils avaient formée entre eux, et moitié au profit desdits Joyès et de ses associés, et enfin, que les « colaulx » seraient condamnés à une amende arbitraire, attribuée par moitié au roi et au susdit comte.

A<small>NALYSE</small> insérée dans d'autres lettres du 3 mai 1465 (B 2907, f° 543, v°. — Voir l'acte n° 1415).

1403 *Rouen, 20 octobre 1464.*

Lettres portant création d'un office d'auditeur extraordinaire en la Chambre des comptes du Dauphiné.

Enregistrées le 28 novembre 1464.

M<small>ENTION</small>. U. Chevalier, *Ordon.*, n° 479.

1404 *Rouen, 20 octobre 1464.*

Lettres par lesquelles le roi ordonne que l'on observe strictement, à l'avenir, l'édit qu'il avait rendu, alors qu'il séjournait en Dauphiné, obligeant tous notaires et greffiers à n'expédier aucun acte aux parties avant de les avoir fait enregistrer et sceller par les commissaires qu'il avait spécialement créés à cet effet ; et en conséquence, enjoint à ses conseillers les gouverneur du Dauphiné ou son lieutenant, gens de son Parlement et de ses Comptes à Grenoble, et tous autres ses officiers et justiciers, de faire publier de nouveau le susdit édit, nonobstant que depuis son départ du Dauphiné on avait cessé d'en observer les prescriptions[1].

Enregistrées le 28 novembre 1464.

COPIE. B 2947, f° 725.

ANALYSE. U. Chevalier, *Ordon.*, n° 480.

1405 *Rouen, 3 novembre 1464.*

Lettres adressées aux gens de la Chambre des comptes et trésorier du Dauphiné, constatant l'hommage prêté par Imbert de Bathernay[2], écuyer d'écurie, pour les terres et seigneurie du Bouchage, Brangues, Ornacieux, la maison forte de Morestel et les terres qu'il tient dans les mandements de Saint-Georges-d'Espéranche, des Avenières et de Dolomieu[3] et généralement toutes les terres et seigneuries qu'il a au pays du Dauphiné mouvantes du roi dauphin.

ORIGINAL. B 2652.

1405 bis *Mehun-sur-Loire, 30 novembre 1464.*

Lettres par lesquelles le roi fait don à Jean, bâtard d'Armagnac, comte de Comminges, maréchal de France, gouverneur du Dauphiné, du comté de Briançonnais, avec toutes ses dépendances, tant en tailles que domaines, ensemble de la pension de 3,700 ducats qui se payait le jour de la Chandeleur, à Briançon, et généralement tout ce que le dauphin avait à Gap.

MENTION. Anselme, *Hist. généal. et chronol. de la maison de France*, t. XVII, p. 94.

1406 *Amboise, 11 décembre 1464.*

Lettres par lesquelles le roi fait don de l'office de capitaine et châtelain de Montbonnot, et concède, en outre, tous les revenus de

---

[1] Voir l'édit du 23 juin 1461 (acte n° 880).
[2] Voir, sur Imbert de Bathernay, la note 2, p. 4.
[3] Ces diverses terres, qui avaient été confisquées sur Gabriel de Roussillon, seigneur du Bouchage, avaient été données à Imbert de Bathernay par le roi Louis XI, lorsqu'il le maria avec Georgette de Montchenu (voir l'acte n° 1361).

cette terre, y compris la juridiction, à Olivier de La Roussardière, dit Roussard[1], écuyer, en remplacement de Claude Louvat, décédé.

Enregistrées le 4 février 1465.

Copie. B 3276, f° 72.

1407 *Amboise, 27 décembre 1464.*

Lettres par lesquelles le roi donne commission à Jean d'Ameyssin, de se transporter en Dauphiné et d'y recouvrer, pour ensuite les lui apporter, toutes les sommes qui pouvaient être dues à Claude Louvat[2], décédé depuis peu, et auquel il avait jadis fait don de la châtellenie de Montbonnot, avec ses revenus, ainsi que de grandes sommes d'argent qui lui étaient dues par le sieur de Saint-Chamond[3].

Enregistrées le 16 janvier 1465, avec la restriction que, sur les sommes dues, seraient prélevés les frais qui avaient été taxés aux commissaires que le Parlement avait chargés de faire une information sur les causes du décès du dit Claude Louvat, seigneur d'Argental et de Montbonnot.

Copie. B 2904, f° 221.

1408 *1464.*

Lettres portant don en faveur de François Barletier[4], natif du

---

[1] Ce personnage fut révoqué l'année suivante pour être passé dans le parti des ennemis du roi (voir l'acte n° 1421).

[2] Peu après, par lettres du 27 janvier 1465, n. s., le roi fit don des mêmes sommes à Guillaume Louvat, frère de Claude Louvat (acte n° 1411). Claude et Guillaume du Louvat étaient fils de Claude du Louvat, seigneur du Poussoy, et de Philippine d'Arcion (Guichenon, *Hist. de Bresse*, t. II, p. 137).

[3] Léonard de Saint-Priest, seigneur de Saint-Chamond, chevalier. De son mariage avec Anne de Lastic, il laissa trois fils : 1° Yves, chevalier, mort sans postérité ; 2° Jean, seigneur de Saint-Chamond, après le décès du précédent, qui épousa successivement, en 1487, Jeanne, fille de Jacques, seigneur de Tournon, et en 1500, Louise de Saulx, veuve d'Etienne de Poisieu, seigneur d'Hauterives et de Septème, bailli des Montagnes du Dauphiné ; 3° Théodore, abbé de Saint-Antoine de Viennois, en 1490, décédé en 1528.

[4] Une mention insérée dans le volume B 3232, f° 204, des Arch. de l'Isère, nous apprend qu'il se nommait François de Spata, dit *Barletier* ; il exerça ses fonctions de gardier de Montrigaud jusqu'en 1487, année où il fut remplacé par

Dauphiné, et à ses héritiers, de la garde de Montrigaud, avec tous les droits, profits et émoluments qui y étaient attachés.

Mention dans les lettres de décembre 1467 (acte n° 1506).

1409 *Tours, 6 janvier 1464 (1465).*

Lettres par lesquelles le roi fait don à son conseiller et chambellan, Soffrey Alleman[1], seigneur de Châteauneuf et d'Uriage, d'une rente de 100 écus d'or qui avait appartenu à Antoine Bolomier, général des finances en Dauphiné, condamné pour crimes de lèse-majesté, ensemble du capital de cette rente montant à 1,000 écus d'or, dus par Jean Plouvier, Claude et Jean Peyrolier, Jean de La Baulme et Antoine Jean, tous marchands de Valence[2] ; plus de 1,300 écus d'or, dus au même Bolomier par l'évêque de Valence et dont était caution le susdit Jean Plouvier ; enfin, de toutes les autres rentes, pensions et restitutions de gages possédées par le même Bolomier.

Enregistrées le 12 février 1465.

Copie. B 3048, f° 311.

1410 *Chinon, 19 janvier 1464 (1465).*

Lettres du roi faisant don de l'office de capitaine et châtelain de Goncelin à Charles de Guers[3], écuyer, aux gages, droits et profits que

---

Jacques Barletier, probablement son fils. La donation faite à François Barletier fut depuis confirmée par le roi Louis XI au mois de décembre 1467 (acte n° 1506) et par le roi Charles VIII, par lettres données à Blois le 27 octobre 1483. Un Pierre Barletier fut élu consul de Romans le 27 mars 1524.

[1] Voir, sur Soffrey Alleman, les notes 1, p. 40 du t. 1er, et 2, p. 46 de ce vol.

[2] Par acte du 12 mai 1458, Antoine Bolomier avait prêté à ces divers marchands une somme de 2,000 écus, à raison de quoi ces derniers lui avaient vendu et assigné sur leurs biens 50 sommées de sel de cens annuel, payables en trois termes ; le même jour, ces 50 sommées de sel furent évaluées à 200 écus d'or neufs, à raison de 50 écus par quarteron ; mais, depuis lors, les débiteurs ayant remboursé à Bolomier 1,000 écus, ils ne restaient devoir que 25 sommées de sel de cens annuel, au capital de 1,000 écus d'or (B 3182). — Voir, sur Antoine Bolomier, la note 1, p. 280 du t. 1er.

[3] Charles de Guers, qui se fit suppléer dans sa charge de châtelain par Gonnet Pradel, fut remplacé, en décembre 1473, par Antoine de Treauha (acte n° 1600).

prélevait Pierre de Kerdrehenec¹, qui occupait précédemment le même office et dont il le décharge.

Enregistrées le 21 février 1465.

Copie. B 3276, f° 74.

1411 *Razilly, 27 janvier 1464 (1465).*

Lettres adressées aux gouverneur ou son lieutenant, gens du Parlement et des Comptes du Dauphiné, par lesquelles le roi — après avoir rappelé qu'il avait jadis donné à feu Claude Louvat la capitainerie et châtellenie de Montbonnot, avec ses revenus, ainsi que la valeur des aides du même lieu jusqu'à concurrence de 300 l. t. par an, et aussi une somme de 900 l. t. à prélever sur ce que le seigneur de Saint-Chamond avait été condamné à restituer pour sommes qu'il avait perçues en Dauphiné durant l'absence du dauphin — en considération des grandes dépenses que Guillaume Louvat, frère du susdit Claude avait faites à son service et pour lesquelles il avait engagé sa chevance en grandes sommes d'argent qu'il devait encore, lui fait don de la somme de 900 l. t. qui était encore due par le seigneur de Saint-Chamond, ainsi que de tous les arrérages de la terre de Montbonnot dus au jour du décès de Claude Louvat, et ordonne de lui restituer les effets, argent, papiers, etc., qui avaient été saisis après le décès du susdit Claude Louvat².

Enregistrées le 18 février 1465.

Copie. B 2904, f° 222.

1412 *Poitiers, 8 mars 1464 (1465).*

Lettres par lesquelles le roi mande à son chambellan Soffrey Alleman³, chevalier, seigneur de Châteauneuf, de se transporter de suite en Dauphiné et d'y faire commandement, en son nom, aux nobles et gens de traits de s'armer et équiper immédiatement jusqu'au nombre

---

¹ Voir, sur ce personnage, la note 1, p. 490 du t. 1ᵉʳ.
² Voir, sur le même sujet, l'acte n° 1407.
³ Voir, sur Soffrey Alleman, les notes 1, p. 40 du t. 1ᵉʳ, et 2, p. 16 de ce vol.

de 200 lances fournies, pour venir ensuite, sous son commandement, le rejoindre pour le servir en ses guerres [1].

1412 bis   *Mars 1464 (1465).*

Instructions données à François de Tiercent [2] et à maître Guillaume Picart [3], commissaires envoyés à Lyon pour hâter l'armement et disposer le voyage des nobles du Dauphiné. Après avoir remis à ceux de la ville de Lyon, au receveur du Lyonnais, à monseigneur de Châteauneuf [4] et à Malortie [5] les lettres que leur adresse le roi, ils s'enquerreront où sont les gens d'armes du Dauphiné et iront les voir « et s'ils voient qu'il y ait uns personnages qui soient montés pour « estre armés de harnoys blanc, et ils n'en ayent point, les dessus « dits nous en feront délivrer à ceulx à qu'il en faudra. Et aux aul« tres qui ne seront pas si bien montéz, qui n'oront nulles brigan« dines, leur feront pareillement délivrer des brigandines et le dit « receveur du Lyonnois en respondra. Item tescheront d'ammener « tout le plus grant nombre de gens et au meilleur habillement

---

[1] A la date du même jour, le roi adressa une lettre missive, relativement au même objet, aux nobles du Dauphiné. Cette levée de troupes était destinée à résister à l'insurrection des princes, connue dans l'histoire sous le nom de Ligue du Bien public. Voyez, sur le même sujet, l'acte suivant.

[2] François de Tiercent, dont il a déjà été parlé, note 1, p. 372 du t. 1er, était, en 1477, capitaine de Ubantes et bailli de Caux.

[3] Guillaume Picart, seigneur d'Estelan, conseiller et chambellan du roi, lieutenant du capitaine de Rouen et depuis receveur général en Normandie (Anselme, t. vIII, p. 130).

[4] Soffrey Alleman, seigneur de Châteauneuf et d'Uriage, l'un des plus intimes conseillers de Louis XI, qu'il servit fidèlement depuis le jour où ce prince vint en Dauphiné jusqu'à son décès, survenu au mois d'octobre 1472 (voir les notes 1, p. 40 du t. 1er, et 2, p. 46 de ce vol.) et non point Antoine de Châteauneuf, seigneur du Lau, grand chambellan et grand bouteiller de France, sénéchal de Guyenne, capitaine de 100 lances, qui, accusé de trahison en 1466, fut dépouillé de ses charges et enfermé dans le château d'Usson en Auvergne, d'où il s'échappa en 1468, et qui fut réintégré dans ses biens par lettres de Louis XI du 27 février 1473, n. s. Presque tous les auteurs qui se sont occupés du règne de Louis XI ont confondu ces deux personnages.

[5] Robert de Malortie, conseiller et chambellan du roi, comte de Conches et de Breteuil, dont il est parlé note 3, p. 454, t. 1er, et acte n° 1431.

« qu'ils pourroient ». Ils s'efforceront d'encourager les nobles du Dauphiné et leur diront de venir le plus promptement possible rejoindre le roi, car « il a grant faire de les veoir, et desire bien, « pour la grant loyaulté qu'ils ont toujours eu sans varyer au « roy et à la coronne de France, qu'ils soient joings avec sa per- « sonne¹. Et sitost qu'ils seroient venus, les fera payer ». Pour leur route, ils leur feront payer 3,000 livres que les trésoriers du Dauphiné et du Lyonnais ont déjà reçu l'ordre de leur faire les avances à raison de 1,500 l. chacun. Ils diront, enfin, au bailli de Lyon² de rester en Lyonnais avec les nobles et francs-archers de son bailliage, pour résister, le cas échéant, aux gens du duc de Bourbon, mais de faire avancer tous les gens d'armes du Dauphiné, et de s'aider de tout son pouvoir auprès des marchands de Lyon, pour les faire habiller.

Publiées. *Mélanges hist.*, t. 11, p. 208, de la *Collect. des docum. inédits sur l'hist. de France*.

1413 *Saumur, 8 avril 1465.*

Lettres adressées aux gouverneur ou son lieutenant, gens du Par-

---

¹ Ce passage témoigne de la confiance que Louis XI avait en la valeur des nobles du Dauphiné, qui répondiront du reste avec empressement à son appel. Le même contentement du roi se manifeste dans le passage suivant d'une lettre missive qu'il adressa de Saumur, le 8 avril 1465, au chancelier : « Nous avons eu certaines nou- « velles que le pays de Savoye, nostre pays de Daulphiné et tout le quartier de Lion « se sont mis et mettent sus, délibérés de nous venir de tout leur pouvoir; et sont « plus de mil lances » (*Mélanges hist.*, t. 11, p. 223, de la *Collect. des docum. inéd. sur l'hist. de France*). Il est également question de l'armée dauphinoise, levée durant la guerre du Bien public, dans deux lettres adressées au chancelier, l'une par Guillaume Cousinot, chevalier, seigneur de Montreuil, gouverneur de Montpellier et maître des requêtes du roi, datée de Tours le 18 avril, la seconde par le maréchal de Gamache, en date du 19 mai. On y lit les passages suivants : « Ceulx de Savoye « et du Daulphiné sont ensemble de mille à douze cens lances et se viennent join- « dre devers le roy en Forests et en Bourbonnais, sans nos francs archiers et les « nobles de tous les pays qui se mectent sus. » — « Les gens d'armes du Dauphiné « et de Savoye sont bien vii^c lances et sont desja en Forests pour eulx joindre avecq « le roy et prennent places et forteresse et font tous les maulx du monde. » (*ibid.*, t. 11, p. 227 et 269.)

² François Royer, bailli de Mâcon, sénéchal de Lyon, dont il a été parlé note 1, p. 617 du t. 1ᵉʳ.

lement et des Comptes et trésorier delphinaux, au juge de la Cour commune de Grenoble et à tous ses autres justiciers et officiers ou leurs lieutenants, par lesquelles le roi, à la suite d'une réclamation que lui avait présentée maître Jean Poitiers [1], qui avait été son secrétaire pendant dix-huit ans et plus, entend que ce dernier jouisse des franchises et libertés de ses secrétaires ordinaires, et l'affranchit et exempte de nouveau, en tant que besoin serait, de tous impôts, tailles, subventions, dons, emprunts, guet et garde de porte et autres charges publiques, pour sa vie durant.

Enregistrées le 28 mai 1465.

Copie. B 2904, f° 239.

1413 bis   *Saumur, 3 avril 1464 (1465).*

Mandement du roi à maître Antoine Raguier, trésorier de ses guerres, pour payer à Louis le Charpentier, « charpentier, lequel nous « avons fait venir de nostre pais du Daulphiné pour nous servir de « son mestier de charpenterie avec ceulx de nostre artillerie », pendant la durée d'une année à commencer du premier avril courant, la somme de 10 livres tournois par mois, qu'il lui donne pour gages.

Original. Bibl. nat., Suppl. Franç., n° 10.

Publié. Mélanges hist., t. 11, p. 218, de la Collect. des docum. inéd. sur l'hist. de France.

1414   *Tours, 24 avril 1465.*

Lettres par lesquelles le roi, sur l'humble supplication de sa chère et amée cousine Gerentonne de Poitiers, épouse de son cher et féal cousin, conseiller et chambellan, le sire de Clermont de Lodève, au nom et comme ayant droit de François de Poitiers son frère, fils et héritier universel de feu Lancelot de Poitiers [2], en considération des

---

[1] Voir, sur Jean Poitiers, la note 2, p. 141 du t. 1er.

[2] Lancelot, bâtard de Louis II de Poitiers, dernier comte de Valentinois, et d'une concubine nommée Catherine Liautaud, avait été légitimé en 1417. Dès le 13 août 1416, son père lui avait donné le château de Châteauneuf-de-Mazenc, ce qu'il confirma par son testament du 22 juin 1419, en lui abandonnant en plus toutes les sommes que Guillaume de Vesc, seigneur d'Espeluche, lui devrait à son décès. Le même comte lui confia également, ainsi qu'à Antoine de Clermont, seigneur de

services que lui avait rendus en maintes occasions le seigneur de Clermont de Lodève, ordonne que la susdite Gérentonne soit mise en possession de la terre de Châteauneuf-de-Mazenc, nonobstant que cette terre, après avoir été usurpée sur Lancelot de Poitiers par Louis de Poitiers, seigneur de Saint-Vallier, eût été depuis longtemps réunie au domaine delphinal [1].

Enregistrées le 3 juillet 1465.

Copies. B 2983, f° 751, et B 3509.

Montoison, le soin d'administrer sa succession. Ce fut le même Lancelot qui, par acte du 29 novembre 1439, vendit la terre de Saint-Auban à Guy Pape, conseiller delphinal. Après avoir paisiblement joui de Châteauneuf-de-Mazenc, durant plusieurs années, Lancelot de Poitiers fut emprisonné par le seigneur de Saint-Vallier, son parent, qui ne lui rendit la liberté qu'après l'avoir contraint par violence à lui livrer cette place. Il s'en suivit un procès au cours duquel intervint le procureur général du Dauphiné, et finalement un arrêt du Conseil delphinal, du 8 avril 1441, enjoignit aux héritiers de Charles de Poitiers, seigneur de Saint-Vallier, de remettre la terre en litige entre les mains du dauphin; mais Lancelot, profitant de cette circonstance, s'en rendit maître et le gouverneur du Dauphiné dut l'en expulser par la force (voir la note 3, p. 338 du t. 1er). Lancelot laissa, de son épouse nommée Dauphine, un fils François, dont parle Guy Pape, *quæst.* 140, mort sans postérité, et une fille Gérentonne, qui épousa Pons Guillem, seigneur de Clermont-de-Lodève, vicomte de Nébouzan, qui, en 1462, était lieutenant du gouverneur du Languedoc, et qui, en 1467, prenait les titres de chevalier, conseiller et chambellan du roi, son lieutenant-général et vice-roi en ses pays et comtés de Roussillon et de Cerdagne. L'une des filles de Gérentonne épousa en secondes noces Jean d'Urfé, baron d'Auroux, conseiller et chambellan du roi, bailli du Velay.

[1] Ce ne fut point sans protester que le Parlement de Grenoble consentit à enregistrer les lettres par lesquelles le roi ordonnait de réintégrer Gérentonne de Poitiers dans la possession de Châteauneuf-de-Mazenc, car tout d'abord il commença à rendre un arrêt, le 3 juillet 1465, déclarant les lettres du roi subreptices et ordonnant de surseoir à leur vérification. Par lettres de janvier 1470, n. s., Louis XI créa, dans le lieu de Châteauneuf-de-Mazenc, deux foires chaque année, en faveur de la même Gérentonne (acte n° 1529 *bis*), qui prêta hommage pour cette même terre le 28 janvier 1472 (acte n° 1558).

Après le décès de Gérentonne de Poitiers, la terre de Châteauneuf-de-Mazenc fut réunie au Domaine par procès-verbal du 12 novembre 1488; mais, peu après, Antoine de Clermont s'en empara, ce qui obligea Philippe de Savoie, gouverneur du Dauphiné, par lettres du 15 janvier 1489, de charger Gillet d'Ameysin, seigneur de Camillien, son maître d'hôtel, de se rendre maître de cette place et d'arrêter Antoine de Clermont et ses complices. En vertu de sa commission, Gillet

1415 *Issoudun, 3 mai 1465.*

Lettres du roi, adressées aux gouverneur ou son lieutenant, gens de son Parlement et autres justiciers du Dauphiné ou leurs lieutenants, par lesquelles, après avoir analysé ses lettres précédentes du 13 septembre 1464 [1], — attendu que plusieurs cotaulx allaient charger du sel dans les greniers de Berre et d'Hyères, pour le transporter en Dauphiné ou ailleurs, au-delà des limites assignées à ces greniers, en suite de quoi les marchands du tirage du sel avaient fait poursuivre les délinquants devant le Parlement de Grenoble, ce à quoi les gens de son dit Parlement avaient refusé d'obtempérer avant que le procureur delphinal et celui des Trois-Etats du Dauphiné n'aient été mis en cause, ce qui occasionnerait aux susdits marchands de longs pro-

---

d'Ameysin se présenta devant le château de Châteauneuf-de-Mazenc, le 17 janvier, accompagné d'Antoine Bessaud, vichâtelain de Montélimar, d'Yvonet Albert, procureur de la cour du même lieu, de Robinet Puissant, clavaire, avec quarante hommes d'armes commandés par les seigneurs d'Ancône et de Barcellonno, et trente francs-archers sous les ordres de Charles de Seytres. Il ne trouva dans le château que Poncet *de Monte Jadeo*, capitaine-châtelain du lieu pour les seigneurs de Villemagno et d'Auroux, qui s'empressa de lui en ouvrir les portes *(Primus liber reductionis)*. Les héritiers de Gérentonne de Poitiers durent, peu après, être réintégrés dans la possession de Châteauneuf-de-Mazenc, car, par acte du 9 février 1504, François de Clermont, cardinal et archevêque de Narbonne, et Catherine d'Amboise, veuve de Guillaume de Clermont, cédèrent la sixième portion de cette terre à Charles de Vesc, baron de Grimaud, en paiement de 7,000 livres, qui avaient été constituées en dot à son épouse Antoinette de Clermont, fille du susdit Guillaume de Clermont, par contrat de mariage du 12 juin 1501 *(Invent. de la Chambre des comptes, Valentinois, t. 11, f° 677, v°)*.

[1] Voir les lettres n° 1402 en exécution desquelles, par acte passé au Pont-Saint-Esprit, le 29 octobre 1464, Etienne Petit, trésorier général du Languedoc ; Henri de Dennes, auditeur des comptes ; Jean-Bernard de Maumont, écuyer, garde du Petit scel de Montpellier, commissaires du roi Louis XI, ainsi que l'évêque de Marseille, grand président de Provence ; Pierre de Trognon, grand procureur, et le trésorier général du même comté, conseillers et commissaires du roi de Sicile et de Jérusalem, comte de Provence, avaient afferrmé le tirage du sel par le fleuve du Rhône à la port de l'Empire, à Antoine de Joyes, Pierre de La Martinière, marchands du Pont-Saint-Esprit, Jean Mistral, marchand de Tournon, et Pierre de Villars, marchand de Lyon, pour une durée de quatre années, devant commencer le 1ᵉʳ septembre suivant (B 2907, f° 379). — Voir encore, au sujet du tirage du sel, les actes n°ˢ 1328, 1572 bis et 1561.

cès et de grandes dépenses, — en conséquence et vu que son intention formelle est qu'il entend que l'on observe strictement les articles du traité qui avait été passé avec les susdits marchands, leur enjoint de seconder ces derniers, de les laisser prendre et arrêter les faulx sonniers, cotaulx ou tous autres qui seraient pris en contravention, vendant en Dauphiné du sel des salins de Berre et d'Hyères, de procéder contre les délinquants, en la forme prescrite dans les traités, de leur donner, enfin, aide et protection en contraignant à respecter les clauses des susdits traités tous ceux qui y contreviendraient.

Copie. B 2907, f° 543.

1416 *Saint-Pourçain, 18 juin 1465.*

Lettres par lesquelles le roi restitue à Charles de Grolée[1], chevalier, seigneur de Châteauvilain, la dite terre de Châteauvilain[2], ainsi que toutes les autres possessions qui lui appartenaient et dont il avait été dépossédé par arrêt de confiscation et de bannissement prononcé par le Parlement de Grenoble, et révoque, en outre, la donation d'une partie des biens du même de Grolée qu'il avait faite à Guyot d'Uzié[3]; et ce, en considération de la fidélité que Charles de Grolée avait témoignée au roi en venant, avec les autres nobles du Dauphiné, le servir contre les rebelles.

Enregistrées le 9 juillet 1465.

Copie. B 3048, f° 313.

---

[1] Charles de Grolée, fils d'Humbert de Grolée et de Béatrix Labro, avait été compris dans les poursuites ordonnées par Louis XI, en 1462, contre ceux qui l'avaient abandonné, lors de son départ du Dauphiné. Aux renseignements que nous avons donnés sur ce personnage (note 2, p. 175, t. 1er), nous ajouterons que Marguerite de Poitiers, son épouse, devenue veuve, se remaria avec Frédéric de Luxembourg, comte de Conversan.

[2] La terre de Châteauvilain avait été donnée par le roi Charles VII, par lettres du 16 septembre 1423, à Humbert de Grolée, chevalier, maréchal du Dauphiné, bailli de Mâcon, sénéchal de Lyon, pour lui tenir lieu de la somme de 4,000 écus d'or qu'il lui avait promise pour lui avoir livré Jean de Tholonjon, maréchal de Bourgogne, qu'il avait fait prisonnier.

[3] Voir, sur Guy d'Uzié, l'acte n° 1162.

1417 — *Saint-Pourçain, 18 juin 1465.*

Lettres par lesquelles le roi fait remise, à Philibert de Grolée[1], écuyer, des diverses peines et condamnations prononcées contre lui par le Parlement de Grenoble, pour crime de félonie ; et ce, en con-

---

[1] Philibert de Grolée, écuyer, seigneur d'Illins et de Gerboules, était fils puîné d'Humbert de Grolée, maréchal du Dauphiné, bailli de Mâcon, sénéchal de Lyon et lieutenant du gouverneur du Dauphiné, et de Béatrix Labre, fille de Jacques Labre, seigneur de Brotel et de Chapeau-Cornu. Il prit part, en 1466, avec son frère Charles et trois autres dauphinois, Jacques de Clermont, Guillaume de Mevouillon et Aimar de Clermont, à un tournoi qu'avait organisé, près de Saumur, René, roi de Sicile et comte de Provence. Compris avec son frère Charles, seigneur de Château-vilain, dans les poursuites ordonnées par Louis XI contre ceux de ses sujets du Dauphiné qui avaient abandonné son parti pour se rallier à Charles VII, il avait été condamné, par arrêt du Parlement de Grenoble du 30 juin 1463, à la peine du bannissement hors du Dauphiné, à la confiscation du revenu de ses terres pendant une durée de quatre ans et à la restitution des sommes qu'il avait pu toucher sur les finances delphinales durant l'absence du dauphin. Après avoir été gracié, il ne tarda pas à recouvrer la faveur de Louis XI, qui le nomma son conseiller et chambellan, le chargea, en 1466, avec Rivery et Guillaume de Thouars, de faire les montres des compagnies de son ordonnance, et ensuite le nomma bailli de Lyon. Ce fut Philibert de Grolée qui, en février 1473, s'empara, au port de Jons, sur le Rhône, de la personne de Guillaume de Châlon, prince d'Orange, qui traversait furtivement le Dauphiné pour aller rejoindre le duc de Bourgogne en guerre avec la France. Après avoir, pendant plusieurs mois, gardé son prisonnier enfermé dans le château d'Illins, il le remit entre les mains du roi qui lui promit, comme gratification, une somme de 10,000 écus d'or ; mais comme Louis XI ne put lui payer comptant que 2,000 écus, il lui abandonna pour le surplus la terre de Voiron, par lettres patentes de février 1475, n. s. (acte n° 1619). Philibert de Grolée prêta hommage au roi, pour cette dernière terre, le 17 juillet suivant. Dans la suite, Philibert de Grolée sut si bien capter la confiance de Louis XI que ce prince l'envoya en ambassade auprès du duc de Milan, et qu'à son retour il lui confia le gouvernement de la personne de son neveu, le jeune Philibert, duc de Savoie. Ces dernières fonctions lui suscitèrent la haine du comte de La Chambre, ancien régent de Savoie, qui, au mois de septembre 1479, s'empara de lui, à Yenne en Savoie, et le fit enfermer dans le château de l'Aiguille, en Maurienne. Après quelques mois de détention, il recouvra la liberté par l'entremise de Louis XI, qui, de son côté, fit arrêter le comte de La Chambre et l'enferma au château d'Avillane (janvier 1480). Philibert de Grolée avait épousé, le 26 février 1463, Marguerite de Clermont, fille d'Ainard, baron de Clermont, et d'Alix de Seyssel, dont il eut deux fils : Méraud et Charles de Grolée. Il testa le 4 novembre 1490 et dut mourir peu après.

sidération de ce qu'il était venu le servir en armes dès qu'il avait eu connaissance de la rébellion de quelques princes du sang et de leurs adhérents.

Enregistrées le 9 juillet 1465.

Coris. B 3048, f° 316, v°.

1417 bis — Saint-Pourçain, 18 juin 1465.

Lettres adressées par le roi aux gens de ses Comptes, par lesquelles, — après avoir exposé qu'avec la somme de 1,300 florins qui avait été levée en plus de l'aide octroyée par les gens des Trois-États du Dauphiné, pour l'année en cours, qui avait commencé le 1ᵉʳ octobre passé, il avait fait acheter 800 sommades de blé au prix de 19 gros et demi par sommade, qui avaient été ensuite livrées, par son ordre, au roi de Chypre[1], auquel il les avait données pour ravitailler les places de son royaume, — leur mande d'allouer cette dépense dans leurs comptes et de la rabattre de la recette de son conseiller Claude Coct, son trésorier général en Dauphiné.

Copie. Bibl. nat., Titres scellés de Clairambault, vol. 221.

Publiées. Mélanges hist., t. 11, page 307 de la Collect. des doc. inéd. sur l'hist. de France.

1418 — Aigueperse, 27 juin 1465.

Lettres par lesquelles le roi dauphin nomme lieutenant-général en Dauphiné et Lyonnais, le comte Galéas-Marie Sforza, fils aîné du duc de Milan[2].

Analyse. Invent. de la Chambre des comptes, Généralités, t. 1ᵉʳ, f° 400.

---

[1] Louis de Savoie, comte de Genève, beau-frère de Louis XI, roi de Chypre par suite de son mariage avec Charlotte de Lusignan. Ce prince, expulsé de ses états par le frère de sa femme et réduit à la possession d'une seule place, postulait depuis un an l'appui du duc de Bourgogne et du roi de France. Il donna décharge à Claude Coct, trésorier du Dauphiné, des 800 sommades de blé que lui avait données Louis XI, par acte passé à Chambéry, le 8 juillet 1465.

[2] Jean-Galéas-Marie Sforza, né le 14 janvier 1444, fils de François Sforza, duc de Milan, et de Blanche-Marie de Milan, avait été envoyé en France par son père, avec un secours, pour le roi Louis XI, durant la guerre dite du Bien public, de 500 hommes d'armes et de 3,000 hommes de pied. Il alla jusqu'en Forez guerroyer contre le duc de Bourbon (Comines, p. 46). Le jour même où le roi le nomma son lieutenant-

1419 *Aigueperse, 28 juin 1465.*

Lettres adressées aux gouverneur ou son lieutenant, gens du Parlement et des Comptes du Dauphiné, par lesquelles le roi, à la supplication de Philippe de Virieu, écuyer, fils d'Antoine de Virieu [1], lui restitue la juridiction des château et mandement de Bizonnes, qu'il avait jadis concédée à son père [2], mais dont il avait été dépossédé par le sire de Châtillon [3], alors gouverneur, après son départ du Dauphiné, et mande, en outre, de laisser le suppliant jouir paisiblement de ce don, nonobstant les empêchements que lui suscitaient les officiers delphinaux.

Enregistrées le 28 novembre 1465.

Cops. B 3048, f° 925.

1420 *Aigueperse, 1ᵉʳ juillet 1465.*

Lettres ordonnant aux gens du Parlement et des Comptes du Dau-

---

général, il lui adressa une lettre missive pour le remercier des renforts qu'il lui amenait et lui faire part de sa nomination comme lieutenant-général (Vaesen, *Lettres de Louis XI*, t. II, p. 321). L'autorité, cependant, de ce lieutenant-général, durant son séjour en Dauphiné, paraît avoir été méconnue, car, par une lettre datée d'Orléans, le 18 mars 1466, le roi lui annonce qu'il lui envoie son chambellan, Soffrey Alleman, seigneur de Châteauneuf « pour pourveoir sur aucunes désobéis-
« sances qui vous ont esté faictes de par delà..... Et pour ce que nostre intention a
« esté et est que soyez obéy, comme nostre personne, avons donné commission bien
« emple au dit seigneur de Chasteauneuf de faire pugnicion de ceuls qui vous ont
« désobéy, et de faire entièrement tout ce que luy commanderey..... » (Vaesen,
Lettres du roi Louis XI, t. III, p. 27). Louis XI ayant appris la maladie de son père, François Sforza, duc de Milan, l'autorisa, par lettres du même jour, 18 mars 1466, à retourner en Italie (*ibid.*, t. III, p. 35). En se rendant dans son duché de Milan, il fut arrêté à Novalèse, par l'abbé de Casanova et Hugues Alleman, et retenu prisonnier pendant quelques jours.

Galéas Sforza, devenu duc de Milan, épousa, le 9 mai 1468, au château d'Amboise, Bonne de Savoie, sœur de la reine Charlotte, et mourut assassiné le 26 décembre 1477, dans l'église de Saint-Etienne de Milan.

[1] Voir, sur Philippe de Virieu, la note 2, p. 344, et sur Antoine de Virieu, les notes 3, p. 232, et 4, p. 243 du t. 1ᵉʳ.

[2] La juridiction de la terre de Bizonnes, démembrée de celle de La Côte-Saint-André, avait été concédée à Antoine de Virieu, par lettres d'octobre 1448 (acte n° 562).

[3] Louis de Laval, seigneur de Châtillon; voir les notes 1 p. 201, et 2, p. 512 du t. 1ᵉʳ.

phiné de passer outre à toute opposition et de faire procéder à l'échange de la ville de Gap, conclu avec le comte de Provence[1], contre la Val-d'Oulle[2].

Copie. Arch. des Bouches-du-Rhône, B 684.
Analyses. Invent. som. des arch. des Bouches-du-Rhône, t. 1er, p. 162. — J. Roman, Tabl. hist. des Hautes-Alpes, p. 338.

1421 — Corbeil, 17 juillet 1465.

Lettres par lesquelles le roi, en considération des services que lui avait rendus Guillon de Ferrières[3], son écuyer d'écurie, lui donne l'office de capitaine et châtelain de Montbonnot, avec tous les revenus de cette terre, pour en jouir de la même manière qu'en avaient joui feu Claude Louvat[4] et, ensuite, Olivier Roussard[5], qu'il révoque pour être passé dans le camp de ses ennemis, où il se trouve présentement.

Copie. B 3048, f° 327.

1422 — Paris, 22 juillet 1465.

Lettres du roi portant provisions de l'office de capitaine de la place et châtellenie de Pinet pour Morellet Clavel, écuyer, en remplacement de Guillaume Buffevent[6], et ce en considération des services qu'il lui avait rendus dans ses guerres « et mesmement en ceste pré-

---

[1] René d'Anjou, dit le Bon; voir la note 1, p. 304 du t. 1er.

[2] Le 12 août 1465, le Parlement de Grenoble refusa énergiquement d'enregistrer les susdites lettres, comme contraires à l'interêt et aux libertés du Dauphiné. Voir, sur le même sujet, les actes nos 1379 et 1393.

[3] Guillon de Ferrières qui, en 1462, avait été employé dans la campagne de Roussillon, ne put entrer en possession de la capitainerie de Montbonnot qu'après que le roi eut adressé au Parlement du Dauphiné des lettres de jussion en date du 15 janvier 1466, n. s. (n° 1446). Relevé de ses fonctions de châtelain de Montbonnot par lettres du 11 avril 1474 (n° 1613), il vivait encore en 1484, époque où il se qualifie de seigneur de Thury et de Dangue et de conseiller et chambellan du roi. Un membre de la même famille, Jean de Ferrières, était, en 1471, bailli du Beaujolais.

[4] Voir, sur Claude du Louvat, l'acte n° 1406.

[5] Olivier de La Roussardière, dit Roussard, avait été nommé châtelain, en remplacement de Claude du Louvat, décédé, par lettres du 11 décembre 1464 (n° 1406).

[6] Voir, sur Guillaume Buffevent, la note 3, p. 249, t. 1er.

« sente armée à l'encontre du comte de Charolois[1] et autres rebelles
« et désobéissans adversaires à l'encontre desqueulx il s'est vaillam-
« ment porté de sa personne en gardant sa loyaulté », et aussi en
récompense de diverses sommes d'argent qu'il prétendait lui être
dues[2].

Enregistrées le 16 septembre 1465.

COPIE. B 3276, f° 85.

1423 *Paris, 26 juillet 1465.*

Lettres du roi portant provisions de l'office de capitaine et châtelain
de Saou pour Martin de Mons[3], « son bien amé frutier ordinaire »,
en remplacement de Gonon Chollet, décédé.

Enregistrées le 10 avril 1466.

COPIE. B 3276, f° 93, v°.

1424 *Paris, 27 juillet 1465.*

Lettres du roi, adressées à son gouverneur du Dauphiné ou son
lieutenant, et à ses conseillers les gens de sa Cour de Parlement du
Dauphiné et à chacun d'eux qui sur ce serait requis, par lesquelles,
en considération de ce que Louis de Mareuil, écuyer, avait emprunté
une grosse somme d'argent pour se monter, armer et habiller en
homme d'armes, pour venir le servir en sa présente armée avec les
autres nobles du Dauphiné, fait remise à ce dernier de la somme de
357 l. 1 s. 8 d. t. qu'il restait devoir sur celle de 657 l. 1 s. 8 d. t.,
conformément à ses lettres précédentes[4]; et mande, en conséquence,
de le laisser jouir de ce don, de le faire tenir quitte de cette somme
par François Gautier, commis à la recette des amendes et exploits du
Dauphiné, et de lui faire restituer ses biens qui avaient été confisqués
comme garantie de la susdite somme.

COPIE. B 2905, f° 217.

---

[1] Charles, dit le Téméraire, devenu duc de Bourgogne en 1467.

[2] Morellet Clavel fut mis en possession de sa châtellenie le 28 octobre 1465.

[3] Ce châtelain ne prit possession de sa charge que le 11 avril 1466 et donna
pour caution noble Jean de La Barre, seigneur de Meyrié, dans la baronnie de
Maubec (B 3276, f° 95).

[4] Voir l'acte n° 1396.

1425   *Paris, 31 juillet 1465.*

Lettres par lesquelles le roi fait don à Etienne de Poisieu[1], son panetier, des terres de Dolomieu, Rives et Réaumont, avec toutes leurs dépendances et revenus, vacantes par suite du décès de Robin

---

[1] Etienne de Poisieu, dit le Poulailler, chevalier, seigneur d'Hauterives et de Septème, était fils de Georges de Poisieu et de N. de Maugiron, fille de Guillaume de Maugiron. Il fut panetier de Louis XI, conseiller et chambellan du même prince et bailli des Montagnes du Dauphiné, dès 1479; bailli de Mantes après le décès de son oncle Aimar de Poisieu, dit Capdorat; capitaine de 100 lances des ordonnances du roi et l'un des quatre capitaines généraux des francs-archers qui avaient été créés en 1469. Par ses lettres du 1ᵉʳ juin 1476, le roi déclara en sa faveur que lorsqu'il lui avait fait don des capitaineries de Rives et de Réaumont, il avait entendu lui en donner la totalité de leurs revenus (acte n° 1664). Le 3 avril 1479, Etienne de Poisieu prêta hommage pour les terres d'Hauterives, Les Côtes-d'Arcy, Pinet, Poisieu (acte n° 1711). Par lettres du 4 septembre 1481, Louis XI ordonna de lui délivrer la terre de Septème, que sa mère avait acquise, le 13 août 1480, du marquis de Saluces, et ce nonobstant que cette terre fasse partie intégrante de la baronnie d'Anthon (acte n° 1782). Il prêta hommage pour cette terre le 2 octobre suivant (acte n° 1785). Par d'autres lettres, du 21 mai 1482, le roi lui concéda encore les capitaineries des châteaux de Briançon, Château-Dauphin et d'Exilles, avec les revenus de cette dernière place (acte n° 1804). Le 28 décembre 1482, il fut chargé par le roi, avec Jean de Blosset et Pierre d'Aux, de mettre le délégué du pape en possession des comtés de Valentinois et de Diois; enfin, le 19 janvier 1483, n. s., le roi le chargea encore de mettre à exécution ses lettres de don en faveur de l'abbaye de Saint-Maximin en Provence (acte n° 1820). Dans ces lettres, il est désigné sous le nom d'Etienne de Poisieu, dit Capdorat.

Le même Etienne de Poisieu, qui fut député de la noblesse du Dauphiné aux Etats-Généraux de Tours, en 1484, acheta, la même année, la terre de Jarcieu à Anselme, seigneur de Miolans, et, par lettres du Bois de Vincennes du 29 avril de la même année, le roi Charles VIII lui fit don des lods de cette acquisition; mais, l'année suivante, il échangea cette terre, avec son vendeur, contre celle de Surieu (*Invent. de la Chambre des comptes, Saint-Marcellin,* t. 11). Le 18 septembre 1491, il acquit encore des commissaires députés pour la vente des terres du domaine, celles de Jonage et de La Bâtie-Montluel, au prix de 7,000 livres (B 3049, f° 398). Ces mêmes terres furent, dans la suite, rachetées par le roi, le 28 juillet 1500, à Françoise de Poisieu, sa fille, au prix de 10,506 écus (*ibid.,* f° 407). Etienne de Poisieu mourut le 3 octobre 1499: par acte du 22 février de l'année précédente, il avait fait une fondation dans la chapelle de Notre-Dame-des-Chapelles, fondée au petit cloître de l'église cathédrale de Vienne, dans laquelle il fut inhumé. De son mariage avec Louise de Sauls, il ne laissa qu'une fille, Françoise, mariée à Claude de Saint-Chamond, fils d'un premier lit de Jean de Saint-Priest, baron de Saint-

Jamesson¹, pour en jouir sa vie durant, et ce en considération des services qu'il lui avait jadis rendus durant ses guerres et « mesme- « ment en l'armée que faisons présentement à l'encontre du comte « de Charolois et autres adversaires désobeissants et rebelles ».

Enregistrées, à Vienne, le 22 octobre 1465.

Copie. B 3048, f° 176.

1426   *Paris, août 1465.*

Lettres par lesquelles le roi, à la supplication d'Humbert Bérenger, écuyer, seigneur de Morges², qui, après avoir été accusé de crime de lèse-majesté, avait été pris et enfermé dans le château de Crest et ensuite condamné, par arrêt du Parlement de Grenoble, à la confiscation de ses biens et au bannissement hors du royaume « pour « laquelle cause le dit suppliant et ses enffans sont en voye de demou- « rer à tousiours destruis et deshérités, se nostre grace ne leur estoit « sur ce impartie » pardonne au susdit Humbert, le rappelle du bannissement et lui restitue ses biens confisqués, en considération de ce que Guy Bérenger, écuyer, son fils, était venu servir en sa présente armée « en estat et habillement de homme d'armes ».

Enregistrées le 20 décembre 1465.

Copie B 3048, f° 348.

1427   *Août 1465.*

Lettres du roi portant confirmation, en faveur de son panetier Gui-

---

Chamond, écuyer, avec lequel se remaria la susdite Louise de Sauls, sa veuve. Claude de Saint-Chamond et son épouse Françoise de Poisieu n'eurent point de descendants, car Anne de Saint-Chamond, fille du précédent Jean, baron de Saint-Chamond, porta les terres d'Hauterives et de Septême à son mari Louis-Adhémar de Monteil, comte de Grignan, chevalier de l'ordre du Roi et lieutenant-général en Lyonnais et Forez, qui les possédait en 1536. Par son testament en date du 20 juin 1674, Anne de Saint-Chamond, qui prenait les qualités de dame des baronnies de Septême, d'Apt et des seigneuries d'Hauterives, Diémoz, Marennes et Morsanne, déclare qu'elle veut être ensevelie dans l'église de Saint-Maurice de Vienne, en la chapelle des Anges, où reposaient déjà Louise de Sauls, sa mère, et Louise de Poisieu, sa sœur *(Titres du Chapitre de Saint-Maurice de Vienne).*

¹ Voir, sur Robin Jamesson, la note 3, p. 75, t. 1ᵉʳ.
² Voir, sur Humbert de Bérenger, seigneur de Morges, la note 1, p. 91, t. 1ᵉʳ.

gues Alleman d'Uriage¹, écuyer, du don qu'il lui avait précédemment fait de l'office de châtelain de Mens, en Trièves.

Mention dans d'autres lettres confirmatives du même don, en date du 24 février 1467 (n° 1477).

1428 *Paris, septembre 1465.*

Lettres portant confirmation des privilèges et franchises concédés aux habitants de Voreppe par le dauphin Jean, le samedi après la Nativité 1314, et depuis confirmés par le dauphin Guigues, le 20 janvier 1320².

Copie. B 2950, f° 465.

Publiées. *Chartes delphinales et royales de l'ancienne ville et mandement de Voreppe*, Grenoble, 1821, in-4° de 22 pages.

1429 *Paris, 1ᵉʳ octobre 1465.*

Lettres par lesquelles le roi confirme l'office de capitaine de La Buissière et Bellecombe, en faveur de Simon de Lorgery³, chevalier, seigneur du dit lieu, qui avait été pourvu de cet office après le décès d'Aimar de Clermont⁴, mais qui avait été ensuite destitué lorsqu'il était parti du Dauphiné. Le roi veut, en outre, que le susdit de Lorgery, à commencer de la fête de Saint-Jean-Baptiste passée, perçoive directement tous les revenus des mêmes terres, quelqu'en puisse être la valeur, et puisse y installer tel châtelain qu'il lui plaira.

Enregistrées le 17 décembre 1465.

Copie. B 3276, f° 180.

1430 *Paris, 2 octobre 1465.*

Lettres par lesquelles le roi concède l'office de contre-garde de la

---

¹ Voir, sur ce personnage, la note 1, p. 515 du t. 1ᵉʳ.

² Les franchises de Voreppe furent encore depuis confirmées par le roi Charles VIII, à Lyon, en novembre 1495.

³ Simon de Lorgery avait déjà obtenu du roi des lettres identiques, le 12 septembre 1464 (n° 1401), et en obtint de nouvelles le 18 août 1468 (n° 1518). — Voir, sur ce personnage, la note 1, p. 440, t. 1ᵉʳ.

⁴ Voir, sur Aimar de Clermont, la note 4, p. 44, t. 1ᵉʳ.

monnaie de Montélimar à Jean d'Ameysin¹ l'aîné, en remplacement de Claude de Malebelle², décédé, et mande, en conséquence, aux gouverneur ou son lieutenant et gens de son Parlement du Dauphiné, et aux gardes de la monnaie de Montélimar, de mettre le susdit en possession et saisine de cet office.

Copie. B 2755, f° 359.

1432 *Paris, 14 octobre 1465.*

Lettres du roi ordonnant aux gouverneur ou son lieutenant, gens du Parlement et des Comptes du Dauphiné, de délivrer à son cousin, le comte de Dunois, toutes les places, terres et seigneuries qu'il avait possédées en Dauphiné et qui avaient été précédemment saisies, en suite de ses ordres. Le roi enjoint également de laisser le comte de Dunois jouir paisiblement des mêmes terres, ainsi que de leurs revenus échus depuis le jour où il en avait été dépossédé, et aussi de l'émolument des aides levées dans ces terres, si toutefois il lui en avait fait don³.

Enregistrées le 14 janvier 1466.

Copie. B 3048, f° 323.

---

¹ A la suite de sa nomination, Jean d'Ameysin, qui possédait des biens dans le mandement de Quirieu, dont il était originaire, voulut se faire décharger de l'impôt de la taille, mais les consuls et péréquateurs du susdit mandement lui intentèrent un procès devant le Parlement de Grenoble, ensuite de quoi, par lettres données à Grenoble, le 13 novembre 1467, Jean, comte de Comminges, maréchal de France et gouverneur du Dauphiné, enjoignit aux susdits consuls d'exempter Jean d'Ameysin de toute taille. Un autre Jean d'Ameysin, fils d'Humbert, de Lyon, fut nommé monnayeur, le 20 juin 1496, par Antoine de Clermont, archevêque élu de Vienne, ce que confirma le Parlement de Grenoble par lettres du 30 janvier 1497 (B 2829).

² Claude de Malebelle était vichâtelain de Saint-Marcellin en 1462.

³ Une des clauses du traité conclu à Paris le 27 octobre 1465, à la suite de la guerre dite du *Bien public*, entre le roi Louis XI et les princes confédérés, qui le ratifièrent le surlendemain à Saint-Maur-lès-Fossés, portait que le comte de Dunois rentrerait dans la possession de ses terres confisquées. Jean, dit le bâtard d'Orléans, comte de Dunois, jouissait en Dauphiné des terres de Valbonnais, du Périer, Entraigues, Ratier et Clais, qui lui avaient été données par le dauphin Charles, régent du royaume par lettres de Bourges, le 4 novembre 1421 (voir l'acte n° 51).

1433
Paris, 19 octobre 1465.

Lettres autorisant Jacques de Beaumont[1], seigneur de Saint-Quentin, à lever le vingtain des blés croissant annuellement dans le mandement de Saint-Quentin.

Mention insérée dans des lettres patentes du 2 juin 1467, relatives au même objet (n° 1484).

1434
Paris, 26 octobre 1465.

Lettres du roi portant don de l'office de capitaine et châtelain de La Mure, ainsi que de tous les revenus, cens, rentes, droits de justice de la même châtellenie, en faveur de son écuyer d'écurie, François de Tiercent[2], écuyer, en remplacement de Louis Sorbier[3], qu'il révoque pour crime de lèse-majesté.

Enregistrées le 4 juin 1466.

B 3278, f° 115.

1435
Paris, 26 octobre 1465.

Lettres adressées aux gouverneur ou à son lieutenant, gens du Parlement, des Comptes et trésorier du Dauphiné, par lesquelles le roi, pour récompenser Jacques de Poisieu[4], écuyer, des services qu'il lui avait rendus durant ses guerres, et notamment, en cette présente année, à la rencontre de Montlhéry « où il s'est vertueusement et en grant honneur gouverné », lui fait don de tous les lods, ventes et plaits qui pouvaient lui être dus dans le mandement d'Avalon, dont il était châtelain, avec faculté et pouvoir de transiger avec les débiteurs et de leur passer quittance; et en outre, attendu que la susdite

---

[1] Jacques de Beaumont, seigneur de Saint-Quentin, était le second fils d'Aînard de Beaumont, seigneur des Adrets et de Saint-Quentin, et d'Antoinette Alleman, fille de Guigues Alleman, seigneur d'Uriage.

[2] François de Tiercent passa procuration, à Orléans, le 18 mars 1466, à Jean Bérenger, de Romans, et à maître François de Ciserin, de Grenoble, pour prendre possession, en son nom, de la châtellenie de La Mure. Voir, sur ce personnage, la note 1, p. 372, t. 1er.

[3] Louis Sorbier avait été nommé châtelain de La Mure le 10 octobre 1463 (n° 1378).

[4] Voir, sur Jacques de Poisieu, la note 4, p. 47 du t. 1er.

terre d'Avalon ne vaut que 5 ou 6 sous de revenu annuel, l'autorise à alberger et à arrenter cette terre au profit du domaine, comme il l'entendra pour le mieux, lui donnant également toutes les sommes qu'il pourra se faire attribuer pour droit d'introges.

Enregistrées le 12 décembre 1465.

Copie. B 3232, f° 24, v°.

1436 *Paris, 31 octobre 1465.*

Lettres du roi en confirmant d'antérieures des rois Charles VI, données à Paris le 31 août 1386, et Charles VII, données à Razilly, au mois de septembre 1446, portant exemption de c'nes, quatrièmes, aides, tailles, gabelles, emprunts et de plusieurs autres redevances et contributions civiles ou religieuses, en faveur de t us les monastères de Chartreux du royaume [1].

Copie imprimée. II *Titres de la Grande-Chartreuse.*
Pubiées. *Ordon. des rois de France,* t. xvi, p. 413.

1437 *Paris, 7 novembre 1465.*

Contrat de mariage entre Jeanne [2], fille naturelle de Louis XI, et

---

[1] Les mêmes lettres furent ensuite confirmées par les r is François I", à Paris, en octobre 1520; Henri II, à Fontainebleau, en octobre 1547; Henri III, à Paris, en juillet 1575; Henri IV, à Rouen, en décembre 1596; Louis XIII, à Paris, en décembre 1610. — Voir, sur le même sujet, les lettres antérieures du mois de novembre 1461 (acte n° 1327).

[2] Jeanne de France, dame de Mirebeau, fille naturelle que Louis XI avait eue de ses relations, en Dauphiné, avec Félise Reynard (voir, sur cette dernière, la n. 1, p. 360 du t. 1""). Après avoir été mariée par son père avec Louis, bâtard de Bourbon, elle fut légitimée par lettres d'Orléans du 25 février 1466, n. s. (acte n° 1432). Devenue veuve le 19 janvier 1486 ou 1487, elle mourut elle-même, dans son château du Coudray, le 7 mai 1515, ainsi que le constate un arrêté de compte des sommes qui lui revenaient sur ses terres du Dauphiné *Primus liber reduct. ad manus regis dalph.,* f° 391). Ce n'est sans doute que par erreur que le père Anselme avance qu'elle testa à Chinon le 7 mai 1515 et mourut en 1519 (t. 1"", p. 123). Dans une procuration qu'elle donna le 27 juillet 1488, au château de Montpensier, à Odille, seigneur de Cernay, écuyer, son maître d'hôtel, pour gérer ses affaires en Dauphiné, en Bresse et en Auvergne, elle y prend les qualités de comtesse de Roussillon et de Ligny en Barrois, et de dame de Vatogne et d'Husson. Dans une autre

Louis, bâtard de Bourbon[1], conclu par le roi Louis XI au nom de sa fille, d'une part, et Jean, duc de Bourbon et d'Auvergne[2], et Louis, bâtard de Bourbon, seigneur de Chastellac, en leurs noms, d'autre part. Le roi s'engage à donner la somme de 40,000 écus d'or, savoir : 5,000 l. t. le jour des épousailles, 1,000 l. au bout d'une année, et 1,000 l. ensuite d'année en année, jusqu'à l'entier paiement de la susdite somme ; plus s'engage à payer annuellement à sa fille et à ses descendants directs 6,000 livres tournois de rente, pour garantie du paiement desquelles il abandonne les revenus des terres d'Usson, en Auvergne, et de Crémieu, Moras, Beaurepaire, Vizille et Cornillon, en Dauphiné, se réservant toutefois la faculté de les reprendre en payant aux futurs époux 100,000 écus d'or. De son côté, le bâtard de Bourbon fit don à sa future épouse d'une rente annuelle de 1,500 l. t., à prélever sur sa terre de Roussillon et toutes ses autres possessions.

Pièces. Godefroy, *Mém. de Philippe de Comines*, éd. 1723, t. v, p. 331.

1438   *Paris, 11 novembre 1465.*

Lettres par lesquelles le roi fait don des châteaux, villes, terres et seigneuries de Beaurepaire, Vizille, Crémieu, Moras, Cornillon, en Dauphiné, et d'Usson, en Auvergne, avec toutes leurs dépendances, et sous la seule réserve des foi, hommage, ressort et souveraineté, à

---

procuration qu'elle passa, le 13 juillet 1514, en son château de Coudray, à Jean, Méry, Simon et François Testu, pour gérer également ses affaires, elle s'intitule « Jehanne de France, comtesse de Roussillon, baronnesse de Mirebeau, dame de « Valognes et d'Usson » (*Primus liber redact.*).

[1] Voir, sur Louis, bâtard de Bourbon, la note 3, p. 9.

[2] Jean, duc de Bourbon et d'Auvergne, comte de Clermont et de Forez, seigneur de Beaujeu, fils de Charles Ier, duc de Bourbon et d'Auvergne, et d'Agnès de Bourbon. Il fut créé chevalier en 1450 à la journée de Formigny, et chambellan de France, par lettres de Saint-Priest du 12 mars 1457, n. s.; chevalier de l'ordre de Saint-Michel, en 1469; lieutenant-général en Lyonnais, Vivarais, Auvergne et Berry, par lettres d'Amiens, le 13 mai 1475, année où il commandait déjà une compagnie de gens d'armes de 86 lances de l'ordonnance du roi; gouverneur de Guyenne et Languedoc en 1483; pair et connétable de France, le 23 octobre de la même année. Il mourut au château de Moulins, le 1er avril 1488, âgé de 66 ans, après avoir successivement épousé : Jeanne de France, fille du roi Charles VIII, Catherine d'Armagnac, et Jeanne de Bourbon, fille de Jean II, comte de Vendôme (Anselme, t. 1er, p. 311).

Louis, bâtard de Bourbon, seigneur de Roussillon, et à Jeanne de France, sa fille naturelle, en considération de leur mariage et pour leur tenir lieu de la somme de 6,000 l. t. de rente qu'il avait promis à sa susdite fille[1]. Le roi se réserve, en outre, la faculté de rachat des susdites terres, moyennant le remboursement de 100,000 écus d'or qu'il avait promis à sa fille en la mariant, et stipule qu'au cas où elle décéderait sans enfants, les terres données feraient retour au domaine. De son côté, Louis, bâtard de Bourbon, avait assigné à son épouse un douaire de 1,500 l. de rente à prélever sur la terre de Roussillon et sur tous ses autres biens.

---

[1] Après la mort de Louis XI, les terres de Beaurepaire, Vizille, Crémieu, Moras et Cornillon furent, en exécution des ordonnances du nouveau roi Charles VIII, réunies au domaine delphinal, mais peu après, ce roi consentit, par lettres données à Blois, le 5 novembre 1483, enregistrées le 9 février 1484, à ce que le bâtard de Bourbon et son épouse jouissent de leurs terres du Dauphiné jusqu'à ce qu'ils eussent été remboursés de la somme de 50,000 écus d'or. En décembre 1490, après le décès du bâtard de Bourbon, nouvelle réunion des mêmes terres au domaine et nouvelles lettres du roi, données à Lyon, le 13 décembre, enjoignant aux gens du Parlement et des Comptes du Dauphiné d'en laisser la jouissance à Jeanne de France. Plus tard, à la suite d'un accord qu'il passa avec Jeanne de France, le roi Charles VIII, par lettres d'Amboise, du 27 octobre 1497, stipula qu'elle jouirait du comté de Valognes, en Normandie, et de la terre d'Usson, en Auvergne, pendant une durée de trente ans, mais que les terres qui lui avaient été concédées en Dauphiné seraient définitivement acquises au domaine. Peu après, cependant, le roi Louis XII ayant repris la place de Langes, qui avait été également donnée à ladite Jeanne, lors de son mariage, et celle de Loudun, que Charles VIII lui avait donnée en remplacement du comté de Ligny que ce roi, lors de son avènement au trône, avait restitué à Louis de Luxembourg, par lettres données à Paris, le 22 juillet 1498, abandonna à Jeanne de France, en compensation de Langes, pour en jouir sa vie durant, les terres de Vizille, Beaurepaire et Crémieu, estimées 1,300 l. t., et en compensation de Loudun, le revenu, pour une durée de douze ans seulement, des terres de Moras et de Cornillon, évalué 500 l. t. Le même roi stipula, en outre, que la justice des précédentes terres serait exercée par les officiers que Jeanne nommerait, et que les recettes y seraient effectuées par ses châtelains. Sur une requête que lui présenta le procureur général du Dauphiné, le même roi, par lettres données au Montils-lès-Tours, le 26 avril 1499, enregistrées le 18 mai suivant, décida que la justice et la recette des précédentes terres seraient exclusivement exercées par les officiers delphinaux, et que Jeanne de France recevrait annuellement, des mains du trésorier général du Dauphiné, la somme de 1,800 livres tournois. Les précédents accords furent ratifiés par lettres du roi François Ier, données à Compiègne, le 6 février 1515. n. s., et enregistrées le 19 mai suivant.

Enregistrées le 10 janvier 1466, sous la réserve que la justice, dans les terres données, serait exercée par les officiers delphinaux¹.

Copie. B 3048, f° 325 et 344.

Analyses. Blanchard, *Compil. chronol.*, t. 1ᵉʳ, p. 299, d'après les *Mémoriaux de la Chambre des comptes*, vol. M, f° 290. — *Ordon. des rois de France*, t. xvi, p. 433. — Legeay, *Hist. de Louis XI*, t. 1ᵉʳ, p. 463.

1439 *Orléans, 24 novembre 1465.*

Lettres par lesquelles le roi — après avoir exposé que pour terminer le différend qui s'était récemment élevé entre lui et son frère, le duc de Normandie², et divers autres princes du sang, il venait, dans un but d'apaisement, de transporter à son dit frère le duché de Normandie et de souscrire plusieurs grandes obligations de paiement d'argent, à raison de quoi ses finances et revenus avaient sensiblement diminué, et qu'il lui était impossible de satisfaire à ces paiements et de faire face aux gages, charges et affaires ordinaires du royaume, aux siennes propres et à celles de la reine, sans le secours de son pays du Dauphiné; que, quoiqu'il soit « assez mémoratif et « informé des grans aides et secours que ses bons et loyaulx subgez « du dit pays lui ont fais, tant pour le fait de la guerre que autre- « ment et que por ce il eust très grant désir et voulenté de les sou- « lager, se possible lui eust esté » — donne commission au sire de Châteauvilain³, chevalier, son chambellan, à Pierre Gruel⁴, docteur,

---

¹ Voir, au sujet de cette réserve, l'acte n° 1434.
² Charles, frère de Louis XI, successivement duc de Berry, de Normandie et de Guienne, mort empoisonné à Bordeaux le 28 mai 1472 (voir la note 2, p. 43 du t. 1ᵉʳ).
³ Charles de Grolée, seigneur de Châteauvilain; voir la note 3, p. 175, t. 1ᵉʳ.
⁴ Aux renseignements que nous avons déjà donnés sur Pierre Gruel (notes 1, p. 86, et 2, p. 463 du t. 1ᵉʳ), nous ajouterons que le 14 septembre précédent (1465), pendant la guerre du Bien public, il avait écrit de Lyon une lettre au roi Louis XI, dans laquelle, où après avoir exposé à ce prince qu'il lui envoyait les pièces concernant l'ambassade dont il l'avait chargé auprès du pape, et qu'il était allé jusqu'à Vienne pour conduire Galéas Sforza et ses troupes qui venaient de passer le Rhône et s'étaient déjà emparés de diverses places du duc de Bourbon, il insinuait à ce roi de vouloir bien lui confier la garde du château de Serres. « Les places des montagnes « de ce païs, disait-il, ne sont point fournies d'artillerie ne de vivres ; et seroit expé- « dient de fournir Briançon, Serre et Exilles, aussi pour tenir seur le passage de

président du Dauphiné, et à Jean de Reillac[1], son conseiller et maître ordinaire des Comptes à Paris, de se transporter à Grenoble où il avait fait convoquer, pour le 5 décembre prochain, les Trois-Etats du Dauphiné et de leur faire consentir, pour subvenir aux charges du royaume, à la levée des mêmes impositions que celles qui se levaient dans le royaume, à savoir : 12 deniers par livre, le 20° du vin vendu en gros et le 4° de celui vendu au détail ; et que dans le cas où ils ne voudraient point faire cette imposition, leur demander tout au moins une somme de 45,000 florins, équivalente à celle qu'ils lui avaient accordée l'année précédente.

Copie. B 2905, f° 233.

Analyse. U. Chevalier, Ordon., n° 483.

1440 *Orléans, 24 novembre 1465.*

Lettres par lesquelles le roi, — après avoir exposé qu'il venait de céder, pour apanage, à son frère Charles, le duché de Normandie, dans lequel il prélevait la plus grande partie du payement de ses gens de guerre, et que pour compenser cette perte il était nécessaire d'asseoir ailleurs le payement de 600 lances indispensables à la sécurité du royaume et du Dauphiné, — mande aux mêmes, de représenter

---

« Romme, car sont les clefs des montaignes et passages. S'il est de vostre bon
« plaisir me bailler la garde de Serre, je le feray fournir d'artillerie, vivres et gens,
« car il n'y a rien. Je ne le dy pas pour avoir la revenue, car ne vouldroie rien
« avoir d'Arnault de Salines, ne d'autre vostre serviteur, sinon le seul faire du
« mieux pour tenir seure la place et le pays: car ay délibéré d'employer tout ce que
« j'ay et ce que seray estre à faire » (*Mél. hist.*, t. II, p. 381 de la Col. des doc.
inéd. sur l'hist. de France).

[1] Jean de Reillac, secrétaire du dauphin Louis, dès l'année 1454 (B 3048, f° 17),
occupait encore les mêmes fonctions lorsque ce prince, devenu roi, l'envoya, au mois
de septembre 1461, avec Aimar de Poisieu, dit Capdorat, en ambassade auprès du
Principat de Catalogne, à Barcelone (Calmette, *La question du Roussillon*, dans les
Ann. du Midi, n° de janv. 1896, p. 17). Devenu ensuite trésorier de Nîmes, conseiller
du roi et maître en la Chambre des comptes de Paris, il fut désappointé de cette
dernière charge, en 1470, par le roi qui le remplaça par Antoine Bourcier, mari de
Passe-Filon, que Louis XI avait ramenée de Lyon. Jean de Reillac continua à remplir les fonctions de secrétaire du roi, qui le chargea, en décembre 1477, de surveiller la fabrication des boulets qui se fabriquaient dans les forges près de Creil
(*Chronique scandaleuse*).

aux États du Dauphiné qu'il avait fait convoquer pour le 15 décembre prochain, qu'il était nécessaire d'entretenir dans le Dauphiné à dater du 31 octobre dernier un contingent de 100 lances, composées chacune de 6 hommes et de 6 chevaux, à raison, chaque mois, de 31 fr. par lance fournie[1], forte monnaie, y compris l'état du capitaine ; somme qui devra être imposée sur tous les sujets, exempts, privilégiés ou non, et à la seule exception des gens d'église, des nobles suivant la carrière des armes, des officiers ordinaires et commençaux de son hôtel et de celui de la reine et des pauvres mendiants.

Copie. B 2904, f° 236.
Analyse. U. Chevalier, Ordon., n° 484.

1441 — Orléans, 26 novembre 1465.

Lettres par lesquelles le roi, — « en considération des grans, « louables et recommandables services que nostre amé et féal cheva- « lier Robert de Malortie[2] nous a fais cy devant par moult longtemps « tant à l'encontre de nous et ou fait à noz guerres où il a heu la « charge et conduicte de pluseurs gens de par nous et mesmement en « Roussillon et ceste présente année à l'encontre d'aucuns noz « subgiects qui s'estoient eslevés contre nous, et aussi en considé- « ration aux grans peines, travaulx, pertes et despenses que nostre dit « conseiller a portées et soustenues, tant aux causes dessus dictes et à « mectre sus et en habillement plusieurs gens de guerre à ses despens « oultre le nombre dont il avoit charge de par nous, comme aussi à « cause de certain emprisonnement et détencion de sa personne où il « a esté par nostre ordonnance détenu longtemps en grant captivité « et misère et l'a patiemment souffert et enduré pour nous obéir et « complaire et à l'occasion de ce a beaucoup perdu du sien tellement « que pour toutes les choses dessus dites, comme avons esté certiffiés, « il est bien intéressé de la somme de 20,000 escus, voulant comme « raison est l'en récompenser », — lui donne en gage de ladite somme de 20,000 écus d'or les lieux et places de La Tour-du-Pin, qu'il

---

[1] La composition de chacune de ces lances est conforme aux dispositions que Louis XI adopta ultérieurement dans son ordonnance relative aux troupes donnée aux Montils-lès-Tours, en avril 1467 (acte n° 1483).
[2] Voir, sur Robert de Malortie, la note 3, p. 454, t. 1er.

tenait déjà de sa libéralité, et de Quirieu et de La Balme, qu'occupait Jean de Guarguesalle¹, avec tous leurs revenus, cens, rentes, etc., pour les conserver, lui ou ses héritiers, jusqu'au remboursement de la susdite somme.

Enregistrées le 17 décembre 1465.

Comm. B 3048, f° 355.

1442   *Orléans, 27 novembre 1465.*

Lettres par lesquelles le roi fait don à Jean de Bigny², écuyer, son échanson, tant en considération des services qu'il lui avait rendus, que pour le dédommager de la capitainerie et des revenus de Vizille, qu'il lui avait jadis donnés, mais qu'il lui avait depuis peu repris³, de tous les revenus de la terre d'Oisans, pour en jouir sa vie durant, sans s'en rien réserver si ce n'est le montant des gages de l'office de capitaine et châtelain du lieu⁴.

Enregistrées le 29 janvier 1466.

Comm. B 3048, f° 291.

1443   *Orléans, 28 novembre 1465.*

Lettres du roi concédant et arrentant de nouveau, sous la redevance annuelle de 4 livres, la juridiction du lieu de Sablonnières, à Aimar de La Poëpe, dit Griffon, écuyer, seigneur de Serrières, fils et neveu de Jean et Antoine de La Poëpe, ainsi qu'à ses héritiers et successeurs, pour en jouir de la même manière que les dits défunts Jean et Antoine, frères, ausquels il avait arrenté la même juridiction⁵, et qui en avaient joui jusqu'au jour où, après son départ du Dauphiné, Gillet Copier,

---

¹ Voir, sur Jean de Guarguesalle, la note 2, p. 357, t. 1ᵉʳ.

² Voir, sur Jean de Bigny, la note 3, p. 35.

³ Louis XI avait repris la terre de Vizille dont jouissait Jean de Bigny, pour la donner à Louis, bâtard de Bourbon, et à sa fille naturelle Jeanne de France, lors de leur mariage (voir l'acte n° 1438).

⁴ Noble Jacquet Pellet, procureur de Jean de Bigny, fut mis en possession des revenus de la châtellenie d'Oisans, le 1ᵉʳ février 1466, par noble Chrétien de La Motte, châtelain de Voiron, délégué à cet effet par le Parlement de Grenoble.

⁵ Voir, à ce sujet, les lettres du 10 février 1461, n. s. (acte n° 844), la note 6, p. 318 du t. 1ᵉʳ, et les actes n°ˢ 1186 bis et 1218 bis.

pour lors lieutenant du gouverneur du Dauphiné, leur en avait retiré la jouissance.

Enregistrées le 10 février 1466.

Copie. B 3048, f° 257.

1444 *Novembre 1465.*

Lettres du roi portant don en faveur de Raimond du Lyon[1], écuyer, son écuyer d'écurie, en considération des grands services qu'il lui avait rendus dans ses guerres et aussi pour le dédommager de la somme de 4,000 écus d'or qu'il restait lui devoir pour l'entretien des gens de guerre qu'il avait levés, des seigneuries de Montélimar et de Savasse, avec leurs revenus, rentes, amendes, droit de justice, péage, pour en jouir lui et ses successeurs jusqu'au remboursement intégral de la susdite somme de 4,000 écus.

Enregistrées le 22 mars 1466.

Copie. B 3048, f° 361.

Analyse. B⁰⁰ de Coston, *Hist. de Montélimar*, t. 11, p. 81.

1445 *Orléans, 10 décembre 1465.*

Lettres du roi mandant aux gouverneur du Dauphiné ou à son lieutenant, de laisser les habitants de la paroisse de Saint-Martin-le-Vinoux, près Grenoble, jouir et user paisiblement de la diminution de leurs feux qui leur avait été jadis octroyée[2].

Enregistrées le 31 mars 1466.

Copie. B 2792, f° 175.

1446 *Pont-de-L'Arche, 15 janvier 1465 (1466).*

Lettres par lesquelles le roi donne de nouveau à Guillon de Fer-

---

[1] Voir, sur Raimond du Lyon, la note 2, p. 520, t. 1ᵉʳ.

[2] Les habitants de Saint-Martin-le-Vinoux qui, dans une revision des feux, faite par Justet Mehenze, conseiller delphinal, avaient été taxés à 6 feux, avaient obtenu des lettres de Louis de Laval, gouverneur du Dauphiné, datées d'Alixan, le 6 juin 1451, qui, vu leur pauvreté et la stérilité du lieu où ils habitaient, avaient ramené leurs taxes à deux feux seulement, mais en 1464, on avait procédé à une nouvelle revision à la suite de laquelle on les avait remis à six feux (B 2790, f° 284).

rières, son écuyer d'écurie, l'office de capitaine et châtelain de Montbonnot, ainsi que tous revenus de cette terre et les arrérages qui pouvaient être dus à Olivier Roussard, précédent titulaire du même office, et enjoint de le mettre en possession de ce don, nonobstant l'opposition du Parlement de Grenoble qui avait différé d'entériner ses précédentes lettres de don[1].

Enregistrées le 6 février 1466.

Copie. B 3048, f° 329, v°.

1447   *Pont-de-L'Arche, 20 janvier 1465 (1466).*

Lettres par lesquelles le roi fait don à son panetier, Olivier de Bigny[2], écuyer, et à Marie de Caramborne, son épouse, tant en considération des services qu'ils lui avaient rendus, ainsi qu'à la reine, soit en Dauphiné, soit en Flandre, qu'en considération de leur mariage qui avait été conclu par son ordre, des revenus, fruits, obventions, rentes, cens, servis, terrages, amendes, droits de justice, péage, fouage, moulins, etc., de la seigneurie de Mirabel, aux baronnies de Mévouillon et de Montauban. En outre, comme le roi avait appris que la Chambre des comptes du Dauphiné avait albergé et arrenté les moulins de la terre de Mirabel à Vincent de Pierre[3], châtelain de ce lieu, il casse et annule cet albergement et réunit de nouveau ces moulins à la précédente seigneurie.

Enregistrées le 10 juin 1466.

Copie. B 3276, f° 178.

1448   *Pont-de-L'Arche, 22 janvier 1465 (1466).*

Lettres, adressées aux gens du Parlement et des Comptes à Gre-

---

[1] Voir les lettres du 17 juillet 1465 (n° 1421). Le roi adressa du Pont-de-L'Arche, le 18 janvier 1466, sur le même sujet, une lettre missive aux gens du Parlement de Grenoble (Vaesen, *Lettres de Louis XI*, t. III, p. 18). — Voir, sur Guillon de Ferrières, la note 3, p. 81.

[2] Voir, sur Olivier de Bigny, la note 1, p. 557 du t. Ier.

[3] Vincent de Pierre, *de Petra*, châtelain de Nyons et de Mirabel, mourut la même année et fut remplacé par Reynier d'Urre, seigneur de Saint-Maurice, que nomma Jean, comte de Commingcs, gouverneur du Dauphiné, par lettres données à Grenoble, le 5 mai 1466 (B 3276, f° 107).

noble, par lesquelles le roi fait don, à son conseiller et chambellan, François Royer[1], écuyer, bailli de Mâcon, sénéchal de Lyon, — pour le récompenser tant des services qu'il lui avait rendus dans ses guerres, que de la garde de la place de Montbreton[2], qu'il avait fait confisquer, et des dépenses qu'il avait faites pour la détention du seigneur de Cousan en Forez, qui était resté enfermé au château de Pierre-Scize[3] ou autres prisons de Lyon, durant les derniers troubles, — de tous les biens meubles et grains qui se trouvaient dans le susdit château de Montbreton lorsqu'il fut mis sous sa main, ainsi que de tous les revenus et rentes de la même terre de Montbreton, tant qu'il la régira au nom du roi.

Enregistrées le 14 avril 1466.

Copie. B 3048, f° 366, v°.

1449 *Pont-Audemer, 26 janvier 1465 (1466).*

Lettres du roi, faisant don à son échanson, François de Blou[4], des

---

[1] Voir, sur François Royer, la n. 1, p. 517 du t. 1er.

[2] La terre de Montbreton en Dauphiné était alors possédée par Boniface de Chalant, seigneur de Fénix, en Piémont, marié le 27 juillet 1434 à Marie de Coligny, fille de Jacques, seigneur de Coligny et d'Andelot (Anselme, t. VIII, p. 150). Elle était entrée dans la maison de Chalant, par suite du mariage conclu le 17 décembre 1381, entre Boniface, seigneur de Chalant, en Savoie, père du précédent, avec Françoise de Roussillon, fille de Jacques de Roussillon, seigneur de Tullins. Le même château de Montbreton fut encore confisqué par arrêt du Parlement de Grenoble du 24 avril 1487, sur Humbert de Chalant, qui, contrairement aux défenses faites par le roi Charles VIII, était resté au service du duc de Savoie lors de sa guerre contre le marquis de Saluces.

[3] Ce château, aujourd'hui complètement disparu, commandait l'entrée de la ville de Lyon. Après être resté longtemps entre les mains de Charles VII et de Louis XI, il fut rendu par celui-ci à l'archevêque Charles de Bourbon, par lettres datées d'Orléans le 17 avril 1466.

[4] François de Blou passa procuration, le lendemain, 27 janvier, à son frère Bernard de Blou, prêtre, ainsi qu'à Nicolas de Précomtal, écuyer, lieutenant du sénéchal de Valentinois, et à François d'Urre, aussi écuyer, pour prendre possession de son office. Le même personnage, qui était également sénéchal d'Auvergne, fut, au mois de juin de la même année, nommé par le roi capitaine de la Bastille de Paris, en remplacement de Jean d'Estouteville, seigneur de La Barde (*Chronique scandaleuse*).

offices de capitaine et châtelain des châteaux et terres du Pouzin et de Saint-Pierre-de-Barrès, ainsi que de tous les revenus des mêmes terres à quelque somme qu'ils puissent monter.

Enregistrées le dernier février 1466.

Copie. B 3276, f° 97, v°.

1449 bis   Janvier 1465 (1466).

Lettres adressées aux gouverneur ou son lieutenant, gens du Parlement et des Comptes du Dauphiné, par lesquelles le roi, leur mande de ramener à 52 le nombre des feux solvables de la ville de Vienne, conformément à ses lettres du 12 février 1450 (1451, n. s.), attendu que depuis que le roi Charles VII, son père, avait mis le Dauphiné sous sa main, les habitants de la ville de Vienne avaient été chargés de 20 feux en plus[1].

Mention insérée dans d'autres lettres sur le même sujet du 29 juillet 1470 (acte n° 1538).

1450   Orléans, 25 février 1465 (1466).

Lettres par lesquelles le roi érige en comté la baronnie de Roussillon, en faveur de « son très chier et amé fils et cousin » Louis, bâtard de Bourbon, qu'il venait de marier avec sa fille naturelle Jeanne de France, à charge de tenir lui et ses successeurs le dit comté à foi et hommage des rois de France dauphins de Viennois, sous le ressort du Parlement delphinal séant à Grenoble, « et que au dit lieu
« et seigneurie de Roussillon ilz puissent et leur loise mectre, ordon-
« ner et establir tous officiers quelzconques et enseignes de justice
« de comté »[2].

Enregistrées le 10 mai 1466.

Copie. B 3048, f° 320, v°.

---

[1] Voir, sur le même sujet, les actes n°⁵ 840 et 1538.
[2] La baronnie de Roussillon avait été donnée à Jean, bâtard de Bourbon, par le roi Louis XI, le 15 septembre 1461 (acte n° 1297). Voir, sur ce personnage, la note 3, p. 9, et sur Jeanne de France, fille naturelle de Louis XI, la note 2, p. 88.

1451 *Orléans, 25 février 1465 (1466).*

Lettres par lesquelles le roi entend qu'à l'avenir son « amé fils et cousin » Louis de Bourbon, comte de Roussillon, auquel il avait donné les terres de Crémieu, Moras, Cornillon, Vizille et Beaurepaire, à l'occasion de son mariage avec Jeanne de France, sa fille naturelle, et pour partie de la somme de 6,000 l. t. de rente qu'il avait constituée à cette dernière, puisse instituer dans les susdites terres tous officiers, ainsi qu'il l'en avait autorisé par ses lettres précédentes et nonobstant la restriction faite à ce sujet par les gens du Parlement de Grenoble [1]; et, en outre, l'autorise à avoir une ou deux cours de justice, dont les appels seront directement portés devant le Parlement de Grenoble.

Enregistrées le 10 mai 1466.

Copie. B 3018, f° 373.

1452 *Orléans, 25 février 1465 (1466).*

Lettres portant légitimation de Jeanne de France, fille naturelle du roi et de Félise Reynard, damoiselle, actuellement veuve, et épouse de Louis de Bourbon, comte de Roussillon [2].

Mentions. Blanchard, *Compil. chronol.*, t. 1er, f° 301. — Anselme, *Hist. généal. et chronol. de la Maison de France*, t. 1er, p. 123. — Brisart, *Hist. généal. de la Maison de Beaumont*, t. 1er, pp. 518, 522, 523. — *Ordon. des rois de France*, t. xvi, p. 461.

1453 *Orléans, 6 mars 1465 (1466).*

Lettres du roi portant commission à Soffrey Alleman [3], chevalier, seigneur de Châteauneuf et d'Uriage, son conseiller et chambellan et lieutenant-général en Dauphiné, et à maître Jean Eybert [4], son con-

---

[1] Voir, à ce sujet, l'acte n° 1438.
[2] Voir, sur Jeanne de France, la note 2, p. 88; sur Félise Reynard, la note 3, p. 360 du t. 1er, et sur Louis, bâtard de Bourbon, la note 3, p. 9.
[3] Voir, sur Soffrey Alleman, les notes 1, p. 40, t. 1er, et 2, p. 46 de ce vol.
[4] Jean Heybert ou Herbert, seigneur d'Housservilliers, conseiller du roi, qui après avoir été général des monnaies, sous Charles VII, devint président des généraux sur le fait de la justice et des finances du Languedoc. Durant la guerre du Bien public, il trahit la confiance de Louis XI; envoyé à Rouen par le roi, il embrassa

seiller, pour se transporter en Dauphiné, à l'effet d'y réformer les abus en justice, les exactions et malversations commises au sujet des impositions, examiner les comptes des tailles, aides et emprunts levés depuis quatre ans, etc. Le roi, en outre, les charge d'ouvrir des informations contre un certain nombre de personnages accusés de crimes de lèse-majesté et notamment contre : 1° maître Jacques de Caulers[1], convaincu « de certain empoisonnement qui se devait faire comme « l'on dit en nostre personne » ; 2° Claude Gruel[2] et Jean de Ventes[3],

---

le parti des princes et fut l'un des auteurs du complot qui livra cette ville au duc de Berry, à la fin du mois de septembre 1465. Passé au service de Charles, frère du roi, devenu duc de Normandie, il fut l'un des négociateurs que ce prince envoya au roi, avec les ambassadeurs du duc de Bretagne, le 7 janvier 1466 ; mais le 9 du même mois, ayant été trouvé dans la citadelle de Pont-de-l'Arche, qui la veille avait été livrée par trahison, il fut arrêté par les troupes royales (Chron. scand., et Mél. hist., t. II, pp. 391, 409, 510 de la Col. des doc. inéd. sur l'hist. de France). Louis XI ne dut conserver contre Jean Heybert aucun ressentiment, ainsi que le prouve la mission de confiance dont il le charge par les lettres que nous analysons.

[1] Jacques de Caulers, qui en 1453 était secrétaire du roi Charles VII et contrôleur de son argenterie, fut l'un des commissaires extraordinaires que ce roi envoya en Dauphiné, après le départ du dauphin, pour administrer cette province qu'il avait replacée sous son autorité directe. Accusé, lors la guerre du Bien public, d'avoir entretenu correspondance avec les ennemis de Louis XI, il fut arrêté à Lyon, et le roi, dans une lettre missive écrite de Paris, le 4 octobre 1465, demanda contre ce coupable une punition exemplaire (Mél. hist., t. II, p. 380 de la Col. des doc. inéd. sur l'hist. de France). Claude Gruel, seigneur de Mércuil et du Désert, et Jean de Ventes, conseiller au Parlement de Grenoble, furent chargés par Louis XI d'instruire son procès ; mais, ayant fait transférer l'accusé des prisons de Lyon dans la tour de Sainte-Colombe-lès-Vienne, ce dernier s'échappa, et depuis lors, étant parvenu à se justifier auprès du roi Louis XI, il rentra en grâce. Ce prince, par lettres du 26 avril 1472, le chargea, avec le bailli de Lyon, d'ouvrir une information contre divers marchands de Lyon et du Dauphiné qui avaient contrevenu à son ordonnance qui défendait de se rendre aux foires de Genève (voir l'acte n° 1367 bis). Vers la même époque, on trouve un Jean de Caulers, conseiller au Parlement de Paris, qui, en 1476, fut l'un des commissaires chargés de prendre possession du duché de Bourgogne, au nom du roi.

[2] Voir, sur Claude Gruel, la note 1, p. 146 du t. 1er.

[3] Jean de Ventes, conseiller au Parlement de Grenoble, avait été chargé par le roi Louis XI lui-même d'instruire le procès de Jacques de Caulers, qui avait été arrêté et emprisonné à Lyon. On possède, à ce sujet, une lettre qu'il adressa au roi, le 15 septembre 1465, et que nous croyons devoir reproduire :

« Sire, je me recommande tant et si très humblement, que fere le puys à vostre

qui, après avoir été chargé de commencer le procès du précédent, avait laissé le coupable s'échapper des prisons où il était détenu « par « le moyen de certaines sommes de deniers prinses de luy »; 3° le banquier de Lyon, Francequin Norri[1], impliqué dans l'affaire précédente; 4° le seigneur de Taix[2] qui, après avoir été banni du royaume et avoir obtenu des lettres de grâce, avait néanmoins tenté, depuis peu, de s'emparer de diverses places du Dauphiné, pour les remettre entre les mains des ennemis du roi, et qui était alors prisonnier de Pierre de Trognon[3]; 5° le seigneur de Chaumont[4], Charles d'Am-

---

« bonne grâce. Et vous plaise savoir, sire, que ainssi qu'il vous a pleu mander, je
« suys venu de l'armée du conte Galeas où j'estoye, en ceste ville de Lion, pour
« fere le procès de M⁰ Jacques de Callers. Et pourtant, sire, qu'il m'a semblé que
« pour bien fere son procès et pour avoir la vérité de son cas et congnoissance de
« ses complices, il n'estoyt pas bien à Lion, j'ay appointé le fere mener à la Tour
« de Sainte-Colombe, près de Vienne, et là, le feré garder par gens non suspets à
« qui je me puisse fier que personne ne parle à ly. Et par ainssy, sire, aujourd'uy
« ly sera mené; et incontinent besongneray en son procès et metray dilligence la
« plus grande qui me sera possible de trouver et actaindre, par les instruments
« de justice, la vérité de sa mauvaise intention et de ceulx de sa bande. Et croyés,
« sire, que après le cas clarifié, telle justice de ly et de ces complices sera faite, que
« sera grande exemple à tous les aultres de celle bande, au plesir de Nostre Seigneur,
« auquel je prie, sire, qu'il vous donne victoire contre vos desloyaux adversaires et
« accomplissement de vos tr's hauts et très nobles desirs. Escript à Lion, le xiv° de
« septembre ». (Mél. hist., t. 11, p. 380 de la Col. des doc. inéd. sur l'hist. de France). — Voir, sur Jean de Ventes, la note 3, p. 11.

[1] Francequin Norri, familier de Médicis et banquier à Lyon. C'est à lui que Claude Cost, trésorier général du Dauphiné, emprunta la somme nécessaire pour payer les gens de guerre que Galéas Sforza avait amenés en France au secours de Louis XI (voir l'acte n° 160). Il périt, en 1478, en même temps que Julien de Médicis, assassiné par les émissaires de Jérôme Riaro, l'ennemi de Laurent de Médicis, qui survécut au complot (Comines, éd. Dupont, t. 11, p. 298).

[2] Voir, sur Jacques, seigneur de Taix, les notes 2, p. 126, et 1, p. 179 du t. 1ᵉʳ.

[3] Pierre de Trognon, seigneur de La Laupie, dont il a déjà été question dans l'acte n° 1389. En 1461, ce personnage était grand procureur du comté de Provence.

[4] Pierre d'Amboise, seigneur de Chaumont, Meillan, Sagonne, Les Bordes, Bussi, conseiller et chambellan des rois Charles VII et Louis XI; ambassadeur à Rome, mort le 28 juin 1473. Il avait épousé, le 23 août 1428, Anne de Bueil, fille de Jean IV, sire de Bueil, grand-maître des arbalétriers de France, et de Marguerite Dauphine. Ayant pris parti, dans la guerre du Bien public, pour le duc de Berry, son château de Chaumont-sur-Loire fut brûlé et rasé par ordre de Louis XI, au mois de février 1466, et cette seigneurie donnée à la duchesse d'Orléans.

boise¹ son fils, et Jean de Daillon², qui se seraient enfuis du royaume ; 6° l'évêque de Valence³ et le seigneur de Monteynard⁴, que les États du Dauphiné lui avaient députés, dans le seul but, sans doute, de lui procurer quelque dommage, car ils savaient pertinemment que l'un et l'autre étaient dans l'indignation du souverain, à cause des fautes qu'ils avaient jadis commises ; 7° enfin, contre Benoît de Montferrand⁵, abbé de Saint-Antoine de Viennois, accusé par les religieux de cette abbaye d'avoir pratiqué divers maléfices et sorcellerie contre sa personne.

Copies. B 2904, f° 164. — Bibl. nat., mss. Franç., 6973, f° 180.

Analyses. U. Chevalier, Ordon., n° 485. — Legeay, Hist. de Louis XI, t. 1ᵉʳ, p. 484. — Vaesen, Lettres de Louis XI, t. III, p. 102.

1484   *Orléans, 10 mars 1465 (1466).*

Lettres adressées aux gens de ses Comptes du Dauphiné, par lesquelles le roi, après avoir exposé que les habitants de Gap et de Montalquier s'étaient plaints qu'Antoine de Montauban, châtelain de Montalquier, voulait les contraindre à payer en une forte monnaie les cens, servis et devoirs qu'ils devaient, à raison de leur sauvegarde et qu'ils n'avaient jamais payés jusqu'alors qu'en monnaie courante, leur enjoint d'ouvrir une information à ce sujet, d'examiner les conséquences qui pourraient résulter si satisfaction était donnée à la réclamation des suppliants, et ensuite, de prendre telle décision qu'ils

---

¹ Charles d'Amboise, seigneur de Chaumont, fils du précédent ; conseiller et chambellan de Louis XI, chevalier de l'ordre de Saint-Michel, gouverneur de Langres, en 1473, de Paris, de l'Ile-de-France, de Champagne et Brie, en 1478 ; nommé capitaine d'Auxonne, en 1479 ; mort à Tours, le 22 février 1481. Il avait épousé Catherine de Chauvigny, et avait reçu en don du roi le comté de Brienne, le 1ᵉʳ janvier 1475.

² Jean de Daillon, seigneur du Lude, devenu gouverneur du Dauphiné ; voir, sur ce personnage, la note 1, p. 30 du t. 1ᵉʳ, et l'acte n° 1607.

³ Louis de Poitiers, évêque de Valence et Die ; voir, sur ce prélat, les notes 1, p. 283, et 4, p. 464 du t. 1ᵉʳ.

⁴ Raimond Ainard, seigneur de Monteynard ; voir la note 2, p. 99 du t. 1ᵉʳ.

⁵ Voir, sur Benoît de Montferrand, abbé de Saint-Antoine, la note 2, p. 37.

jugeraient utile pour le bien du domaine delphinal¹.
Enregistrées le 2 mars 1469.

Copie. B 2997, f° 70, v°.
Analyse. J. Roman, *Tabl. histor. des Hautes-Alpes*, p. 339.

1488   *Orléans, 11 mars 1465 (1466).*

Lettres du roi, nommant à l'office de châtelain de la ville et châtellenie de Voreppe, son valet de chambre, Jean Godefrey², écuyer.

---

¹ L'enquête ordonnée par le roi fut faite à Gap, le 12 octobre 1471 seulement, par Jean Philippe, président de la Chambre des comptes de Grenoble, en présence de Jean Fornie, notaire, vice-procureur fiscal delphinal de la Cour majeure du comté de Gapençais. De nombreux témoins furent entendus et en autres Antoine Chapellet, curé de Notre-Dame de Gap; Jacques Ollier, prieur de Pelleautier, ancien religieux de l'abbaye de Cluny; Pierre du Lac, abbé de Saint-Victor de Marseille, ancien prieur de Romette, etc.

² Jean Godefrey, Gotefrey ou Goutefrey, Gotafredi, écuyer, valet de chambre de Louis XI, était fils de Jean Gotefrey, qui, en 1446, était châtelain de la baronnie de Bressieux, et neveu de Pierre Gotefrey, dit Bourdat, écuyer d'écurie du même Louis XI et panetier de la reine, dont il sera parlé ci-après (acte n° 1495). Pour le dédommager des dépenses qu'il avait faites en divers voyages, pour son service, et qui s'élevaient à plus de 250 écus, Louis XI, par lettres de mars 1466, n. s., lui abandonna les recettes des droits de touage et de pulvérage levés dans le mandement de Voreppe, sur le bétail qui y passait (acte n° 1557). En 1471, le même Jean Gotefrey proposa au roi de lui céder une vieille maison brûlée, située dans le bourg de Voreppe, ainsi que les revenus de la châtellenie du même lieu, pour sa vie durant, moyennant quoi il s'engagea à faire reconstruire cette maison pour y installer les prisons et l'auditoire de la cour de justice. Le roi, par lettres du 29 juillet, renvoya la proposition à l'examen de la Chambre des comptes de Grenoble (n° 1554). De nouvelles lettres royales, du 20 novembre suivant, rappelèrent aux gouverneur et gens du Parlement et des Comptes la proposition de Jean Gotefrey (n° 1557), mais ces lettres, soit à cause de la peste qui sévissait à Grenoble, soit à cause d'un voyage que Gotefrey avait été obligé de faire en Guienne pour le service du roi, ne furent point entérinées; aussi Louis XI adressa-t-il des lettres de relief, le 24 avril 1472, sur le même sujet (acte n° 1567). La proposition de Gotefrey dut encore traîner en longueur, car de nouvelles lettres, du 28 mars 1474, n. s., adressées au gouverneur du Dauphiné et à Jean de Ventes, conseiller au Parlement de Grenoble, leur enjoignaient de procéder à une information minutieuse sur la même proposition (n° 1611). Ces dernières lettres apprennent que Jean Gotefrey, tout en étant châtelain de Voreppe, exerçait aussi la charge de procureur de la Cour du Viennois-Valentinois, au siège de Saint-Marcellin. Jean Gotefrey dut mourir à la fin de l'année 1475, car Denis de Théoville, son frère utérin et son héritier, fut mis en possession de la châtellenie de Voreppe le 16 janvier 1476. (Voir l'acte n° 1702.)

pour en jouir sa vie durant, en remplacement de Pierre Robert, dit Perritant¹, décédé.

Enregistrées le 14 avril 1466.

Copie. B 3276, f° 100, v°.

1486 (Orléans), 15 mars 1465 (1466).

Lettres portant confirmation de la nomination de lieutenant-général, en Dauphiné, faite par Jean, bâtard d'Armagnac, gouverneur², en faveur de Soffrey Alleman, seigneur de Châteauneuf et d'Uriage³, en remplacement d'Aimon Alleman⁴, destitué.

Analyse. Invent. de la Chambre des comptes, Généralités, t. 1ᵉʳ, f° 400.

1487 Orléans, mars 1465 (1466).

Lettres par lesquelles le roi fait don à Jean « Godeffroy⁵ », écuyer, son valet de chambre, tant en considération des services qu'il lui avait rendus, que pour le dédommager des dépenses qu'il avait faites en divers voyages et qui s'élevaient à la somme de plus de 260 écus, pour en jouir lui, ses successeurs et ayants droit, des recettes du *touage* et du *pulvérage* que l'on levait sur le bétail passant dans la ville et terre de Voreppe, et qui lui était advenues par suite du décès de Pierre Robert, dit Perritant⁶.

Copie. B 3046, f° 371, v°.

1488 Orléans, 26 mars 1465 (1466).

Lettres, adressées aux gouverneur ou son lieutenant, gens du Parle-

---

¹ Pierre Robert, dit Perritant, de Voreppe, avait été nommé châtelain de cette localité, le 4 novembre 1447 (acte n° 532). Voir, sur ce personnage, la note 2, p. 187, t. 1ᵉʳ.
² Voir, sur Jean, bâtard d'Armagnac, les notes 1, pp. 345 et 512 du t. 1ᵉʳ.
³ Voir, sur Soffrey Alleman, les notes 1, p. 40 du t. 1ᵉʳ, et 2, p. 40 de ce vol.
⁴ Voir, sur Aimon Alleman, la note 2, p. 89 du t. 1ᵉʳ.
⁵ Voir, sur Jean Godefroy, la note 2 de la page précédente.
⁶ Le roi adressa, sur le même sujet, d'Orléans, le 18 mars, une lettre missive aux gouverneur, gens du Parlement et des Comptes du Dauphiné, pour leur enjoindre d'enregistrer « incontinent et sans délai » les susdites lettres (Vaesen, *Lettres de Louis XI*, t. III, p. 24).

ment et des Comptes du Dauphiné, par lesquelles le roi, en considération des services que lui avait rendus son conseiller, maître Jean Philippe [1], président de ses Comptes, et aussi en récompense de plusieurs grands voyages qu'il lui avait fait faire l'année précédente à ses propres dépens, lui fait don de six tasses et de deux aiguières pesant 12 marcs d'argent, qui se trouvaient dans la Chambre des comptes, pour en disposer à l'avenir comme de sa chose propre.

Enregistrées le 10 avril 1466.

COPIE. B 3048, f° 365.

1459 *Orléans, 27 mars 1465 (1466).*

Lettres du roi portant don de l'office de capitaine et châtelain de Corps, aux gages accoutumés, en faveur de Philippe de Crésancy [2], son écuyer d'écurie, en remplacement d'Etienne Pomier [3], dit Bonnaire, qu'il en décharge.

Enregistrées le 24 avril 1466.

COPIE. B 3276, f° 102.

---

[1] Jean Philippe, originaire de Castres, avait succédé, en 1463, comme président de la Chambre des comptes de Grenoble, à Pierre Gruel, nommé président du Parlement du Dauphiné. Louis XI lui fit don de l'argenterie de la Chambre des comptes de Grenoble, à l'occasion d'une mission dont il venait de le charger pour la duchesse de Milan, ainsi que le constate la mention suivante, insérée dans un registre de cette chambre : « Et inde deportatis Mediolani per magistrum Philippi, « presidentem hujus Camere petitis domino nostro regi Ludovici XI, pro viagio « tune per cum domino facto et ambaxiatorem ut constat literis doni » (B 3238, f° 45). (Voir, au sujet de la mission confiée à ce personnage, Vaesen, *Lettres de Louis XI*, t. III, p. 42.) Le même Philippe fut de nouveau envoyé, en 1468, en ambassade auprès du duc de Milan, à l'occasion des menées de Philippe de Savoie (Ibid., p. 235). Il fut remplacé comme président de la Chambre des comptes, en 1471, par Jean d'Amboise, maître des requêtes de l'hôtel du roi, qui devint dans la suite évêque de Maillezais, puis de Langres, en 1481, et mourut, à Dijon, le 28 mai 1498.

[2] Philippe de Crésancy fut mis en possession de sa charge, le 4 juillet 1466, par Antoine de Poligny, vichâtelain, et Jean Rous, notaire greffier de la châtellenie de Corps, délégués à cet effet par un arrêt du Parlement de Grenoble, du 1er juillet, qui, en même temps, avait débouté Etienne Pomier de l'opposition qu'il avait formée à cette prise de possession. Philippe de Crésancy fut remplacé comme châtelain de Corps, le 22 décembre 1481, par Jacques de Grassay (acte n° 1799).

[3] Voir, sur Etienne Pomier, dit Bonnaire, la note 1, p. 480, t. 1er.

1460   *Orléans, 3 mars 1465 (1466).*

Mandement du roi à Claude Coct, trésorier du Dauphiné, pour lui procurer, par emprunt ou autrement, la somme de 4,000 livres tournois, destinée au payement des gens d'armes de Galéas Sforza[1], afin de leur permettre de quitter le Dauphiné pour retourner à Milan. Le roi ajoute : « et vous pryo derechief sur toute l'amour et servyce « que vous me voulez fayre que à cecy ne me fayllés ou autrement je « y recevré ung grant deshonneur, veu et considéré le servyce qu'il « m'ont fayt, et je vous promet par ma foy de vous en garder de tout « domaige et de les vous apointer si bien sur l'ayde du Daufyné « ou ailleurs, où vous voudrés, que vous en serés bien content »[2].

Original. Collection de M. Sensier.
Copie. Bibl. nat., mss. Franç., 6972, f° 250.
Publié. Vaesen, *Lettres de Louis XI*, t. III, p. 350.

1461   *Orléans, 31 mars 1466.*

Lettres par lesquelles le roi commet les président et auditeurs de la Chambre des comptes du Dauphiné pour faire « l'assiette »,

---

[1] Voir, sur Galéas-Marie Sforza, la note 2, p. 79.
[2] Voir, sur le même sujet, les actes ci-après n°ˢ 1464, 1465 et 1466. — On peut également consulter, sur le payement des gens d'armes milanais de Galéas Sforza, les documents suivants : 1° lettre de Bourré à Claude Coct, datée d'Orléans, le 31 mars 1466, pour lui recommander d'exécuter les volontés du roi ; — 2° missive du roi au même Coct, de Jargeau, le 3 avril 1466, lui ordonnant de payer aux troupes du duc de Milan la somme de 6,000 l. au lieu de celle de 4,000 primitivement convenue, et le priant de trouver cette somme « soyt à perte d'argent ou autrement » et de s'adresser à cet effet « à Francequin (Nory) ou au banc de Médecy, à Lyon, auquel Francequin Guillaume de Varye en escript » ; — 3° lettre de Bourré au même, d'Orléans, le 18 avril 1466, lui recommandant de faire tout son possible afin de satisfaire le roi ; — 4° procuration donnée, à Suse, le 28 avril 1466, par Galéas Sforza à Pierre-Francisque Visconti et Jean Cyphon, marquis de Pallavicini, ses lieutenants, pour toucher la somme que lui devait le roi Louis XI ; — 5° quittance passée à Grenoble, le 21 mai 1466, par Giovanni de Blanchile, chancelier du duc de Milan, procureur des susdits lieutenants de Galéas Sforza, à Claude Coct, de la somme de 4,000 écus d'or au lieu de 6,000 que le roi Louis XI avait ordonné de payer, mais dont Claude Coct n'avait pu se procurer qu'une partie. (*Mél. hist.*, t. II, pp. 137 et 148 de la Col. des doc. inéd. sur l'hist. de France ; — Vaesen, *Lettres de Louis XI*, t. III, pp. 43, 351, 353, 354, 357).

jusqu'à concurrence de la somme de 6,000 florins de rente annuelle, des places, terres, seigneuries et revenus qu'il avait donnés, en Dauphiné, au bâtard de Bourbon, à l'occasion de son mariage avec sa fille naturelle Jeanne de France¹.

Mention dans une lettre missive du même roi, datée d'Orléans, le 31 mars, et adressée aux président et auditeurs des Comptes du Dauphiné, sur le même objet (B 3016, f° 157).

1462 — Jargeau, 7 avril 1466.

Lettres adressées aux gouverneur ou son lieutenant, et gens du Parlement du Dauphiné, par lesquelles le roi, — après avoir exposé : qu'il avait commis Guiot d'Uzié², son écuyer d'écurie, pour faire la recette des condamnations prononcées par le Parlement du Dauphiné contre ceux de ses sujets poursuivis pour crimes de lèse-majesté; que ce dernier, en exécution de sa commission, avait fait mettre aux enchères les terres de Châteauvilain et de Morges, dont il était resté

---

¹ Voir, à ce sujet, les lettres du 11 novembre 1465, n° 1438.
² Guiot d'Uzié, écuyer d'écurie de Louis XI, était depuis peu au service de ce roi, car il était auparavant écuyer d'écurie de Charles de Bourgogne, comte de Charolais, et avait été l'un des négociateurs que ce dernier prince avait envoyé à Louis XI, le 15 janvier 1466, n. s. (Mél. hist., t. II, p. 420 de la Col. des doc. inéd. sur l'hist. de France). Commis, en remplacement sans doute de François Gautier (voir l'acte n° 1344), au recouvrement des biens confisqués en Dauphiné sur ceux que le Parlement de Grenoble avait condamnés pour crimes de félonie et de lèse-majesté, à la suite des poursuites ordonnées par le roi Louis XI, en 1462 (voir l'acte n° 1338). Guiot d'Uzié, ainsi que nous l'apprennent les lettres analysées ci-dessus, s'était empressé de se procurer, à peu de frais, deux des terres les plus importantes du Dauphiné. Pour le dédommager de la dépossession de ces deux fiefs, le roi lui fit don, en 1466, de 6,000 l. t., à prendre en trois années sur la recette générale des finances (Mél. hist., t. II, p. 460). Il devint, dans la suite, chevalier, conseiller et chambellan de Louis XI, seigneur de Villette et de Vaudroy en Bourgogne, par don du même roi. Par lettres du 24 août 1479, Louis XI lui concéda aussi la capitainerie de Montélimar et lui fit, en même temps, don des revenus de cette place et de celle de Savasse (acte n° 1751). Par d'autres lettres, du 20 novembre suivant, le roi déclara encore, en sa faveur, que, contrairement aux prétentions du trésorier général du Dauphiné, il jouirait de l'intégralité des péages de Loyne et de Savasse, ainsi que de la recette du greffe de La Valdaine, comme dépendances de la terre de Montélimar qu'il lui avait donnée (acte n° 1757). Guiot d'Uzié vivait encore en 1483.

adjudicataire comme plus offrant et dernier enchérisseur, au prix de 5,000 l. t., dont il lui fait don ; qu'après avoir pris possession des susdites terres il y avait institué des juges, châtelains, receveurs et autres officiers, et y avait effectué diverses réparations ; mais que, depuis lors, les dites seigneuries avaient été restituées aux seigneurs de Châteauvilain[1] et de Morges[2], sans toutefois que les receveurs qu'il avait nommés lui aient rendu aucun compte, ni qu'il ait été remboursé de ses frais et charges, — leur mande, en conséquence, de contraindre les dits receveurs à rendre compte et à verser le reliquat de leurs recettes entre les mains du susdit d'Uzié ; d'enjoindre aux dits seigneurs de Châteauvilain et de Morges de restituer au même le montant des réparations faites à leurs terres ; de permettre aux juges nommés par d'Uzié, de terminer les procès, enquêtes et autres formalités qu'ils auraient commencés ; enfin, de faire restituer au même d'Uzié les meubles qui lui appartiendraient et payer toutes les avances qu'il aurait pu faire.

Enregistrées le 21 juin 1466.

Copie. B 3043, f° 378.

1463 *Orléans, 16 avril 1466.*

Lettres de provisions de l'office de châtelain de Sainte-Euphémie, pour Jean de La Fosse[3], capitaine de Mévouillon et de Montauban, en remplacement de Jean de Saint-Benoît ou de tout autre qui occuperait cet office[4].

Enregistrées le 9 juillet 1466.

Copie. B 3278, f° 110.

---

[1] Charles de Grolée, seigneur de Châteauvilain ; voir la note 3, p. 175, t. 1er.

[2] Humbert Bérenger, seigneur de Morges ; voir la note 1, p. 91, t. 1er.

[3] Voir, sur Jean de La Fosse, la note 1, p. 363 du t. 1er. — Il fut remplacé, comme châtelain de Sainte-Euphémie, suivant lettres de Jean de Daillon, gouverneur du Dauphiné, données à Grenoble, le 19 septembre 1477, par Antoine de Rosans, seigneur de Blons.

[4] Jean de Saint-Benoît avait déjà été temporairement remplacé comme châtelain de Sainte-Euphémie, par Astorge de Beaumont, nommé par lettres du gouverneur, du 26 juillet 1465 (voir l'acte n° 1362 bis).

1464   *Orléans, 17 avril 1466.*

Mandement du roi à Claude Coct, son conseiller et trésorier général du Dauphiné, de payer aux lieutenants de Galéas Sforza ou à son procureur, Jean de Blanchiis, son chancelier et trésorier, la somme de 4,000 écus d'or, plus 140 écus pour les intérêts et autres frais « pour recouvrer au change en la ville de Lyon » 2,000 écus sur les susdits 4,000 [1].

ORIGINAL. Bibl. nat., mss. Franç., 20420, n° 33.
PUBLIÉ. Vaesen, *Lettres de Louis XI*, t. III, p. 360.

1465   *Orléans, 17 avril 1466.*

Lettres par lesquelles le roi mande au même Claude Coct de payer, sur les deniers de la recette des aides que lui ont octroyées les Trois-États, et ce, sur le premier terme de ces aides, « à ses très chiers et bons amis », Pierre-Francisque *des Vicontes*, et Jean Cypion, marquis « *de Pallavezin* », lieutenants du comte Galéas, à présent duc de Milan, la somme de 6,000 écus d'or destinée à solder les gens de guerre que le duc avait amenés à son secours, en Dauphiné, contre les révoltés, et afin qu'ils puissent retourner en Milanais ; mais, comme les précédentes aides ne seront échues qu'à la fête de la Madeleine prochaine, il le charge de négocier immédiatement un emprunt, soit à Lyon, soit ailleurs.

Enregistrées le 22 mai 1466.

COPIES. B 2904, f° 251, v°. — Bibl. nat., mss. Franç., 20420, n° 34.
MENTIONS. D. Chevalier, *Ordon.*, n° 486. — Legeay, *Hist. de Louis XI*, t. I, p. 483 (sous la date du 31 mars).
PUBLIÉES. *Mél. hist.*, t. II, p. 450, de la Col. des doc. inéd. sur l'hist. de France. — Vaesen, *Lettres de Louis XI*, t. III, p. 358.

1466   *Orléans, 18 avril 1466.*

Mandement du roi à Claude Coct, trésorier du Dauphiné. Il a reçu ses lettres faisant mention des 4,000 écus, dont il lui avait écrit pour le rapatriement des gens du duc de Milan, dans lesquelles il disait qu'il ne pourrait en finir et qu'il fasse parler à Francequin Norry.

---

[1] Voir, sur le même sujet, l'acte n° 1460 et les deux suivants.

Mais depuis, le sénéchal de Poitou lui ayant fait savoir qu'il fallait 6,000 écus, il a fait parler à Francequin qui avancera la dite somme, pourvu qu'il s'oblige de la lui rendre sur les deniers du premier terme de l'aide de la présente année, « et prenez, lui dit-il, en terminant, le « plus court terme que vous pourrez, affin que les interestz soient « moindre ».

Copie. Bibl. nat., mss. Franç., 6973, f° 208.
Publié. Mél. hist., t. II, p. 451, de la Col. des doc. inéd. sur l'hist. de France.— Vaesen, Lettres de Louis XI, t. III, p. 352.

1467   (Meung-sur-Loire), 21 avril 1466.

Lettres confirmant le don de diverses terres situées en Dauphiné[1], fait à Louis, bâtard de Bourbon, comte de Roussillon[2].

Analyse. Ordon. des rois de France, t. XVI, p. 433, d'après Blanchard, Compil. chronol., p. 301.

1468   Orléans, 28 avril 1466, après Pâques.

Lettres, adressées aux gouverneur ou son lieutenant, gens du Parlement et des Comptes du Dauphiné, par lesquelles le roi leur enjoint de faire procéder à une nouvelle revision des feux dans le mandement de Sassenage, attendu que son écuyer et échanson, Jacques, seigneur de Sassenage[3], ainsi que les habitants de ce lieu s'étaient plaints de ce que, lors d'une revision faite durant qu'il était en Brabant, ils avaient été chargés, par le seigneur de Monteynard[4], de 13 feux et quart de plus qu'auparavant, et que l'on avait mis au rôle des taillables, un certain nombre de gentilshommes, notamment : les héritiers d'Antoine Repellin, Pierre Repellin, Aimé Repellin, Aimé et François Eybert, Amyeu Bonthoux, Albert et Antoine Garcin, Henri Francou,

---

[1] Voir les lettres du 11 novembre 1465, n° 1438.
[2] Voir, sur Louis, bâtard de Bourbon, la note 3, p. 9.
[3] Voir, sur Jacques, seigneur et baron de Sassenage, la note 3, p. 422, t. 1er.
[4] Raimond Ainard, seigneur de Monteynard, lieutenant du gouverneur du Dauphiné ; voir, sur ce personnage, la note 2, p. 99, t. 1er.

Pierre Favard dit Guiffrey, Raimond et François d'Engins et Girard Beudrant[1].

Copie. B 2773.

1469 Montargis, 13 juin 1466.

Lettres par lesquelles le roi fait don à son conseiller et chambellan, Soffrey Alleman, chevalier, seigneur de Châteauneuf et d'Uriage et lieutenant du gouverneur du Dauphiné, des revenus et émoluments du sceau du Dauphiné, à quelque valeur qu'ils puissent monter, déduction faite, toutefois, des charges anciennes et accoutumées, pour en jouir durant tout le temps qu'il exercerait les fonctions de lieutenant du gouverneur et de la même manière qu'en jouissait feu Aimar de Clermont, jadis lieutenant du même gouverneur[2].

Enregistrées le 27 juin 1466.

Copie B 3048, f° 376.

1469 bis 22 mai 1466.

Lettres par lesquelles le roi mande à maître François Gautier[3], son secrétaire, receveur du duché de Bourges et jadis receveur de certaines amendes prononcées par le Parlement de Grenoble, de rendre compte de sa gestion comme receveur des susdites amendes.

Mention. B 3232, f° 107.

1470 Montargis, 2 juillet 1466.

Lettres du roi contenant les stipulations du mariage conclu entre

---

[1] Le nombre des feux du mandement de Sassenage fut ramené à 43, par un arrêt du Parlement de Grenoble, du 20 août 1472. Le même arrêt exempte d'impôts Aimon Repellin, Amédée et François Eybert et Amédée Bonthoux, qui n'avaient pas leur domicile dans l'étendue du mandement de Sassenage, mais bien dans ceux de Pariset ou de Grenoble.

[2] Le roi confirma le même don, par lettres du 26 mars 1468, n. s. (n° 1509). Voir, sur Soffrey Alleman, les notes 1, p. 40 du t. 1er, et 2, p. 46 de ce vol.

[3] Ces lettres ne furent présentées à la Chambre des comptes de Grenoble que le 11 novembre 1471, par Jean Balbi, clerc, procureur de François Gautier. Voir, à ce sujet, l'acte n° 1344, et sur François Gautier, la note 3, p. 506 du t. 1er.

le comte de Longueville, fils du comte de Dunois[1], et Agnès de Savoie[2], sœur de la reine de France. Louis XI, stipulant et se faisant fort pour le duc et la duchesse de Savoie, promet de solder, au sire de Longueville, une somme de 40,000 écus, payable en quatre annuités de 10,000 chacune, à partir du 1ᵉʳ octobre prochain, dont le dit de Longueville sera tenu de faire remploi en achat de terres. Pour sûreté de cette dot, le roi lui remet en gage les seigneuries de La Mure et

---

[1] François d'Orléans, comte de Longueville, puis de Dunois après le décès de son père, de Tancarville et de Montgommery, vicomte de Melun, seigneur de Parthenay, né en 1447, était fils de Jean, bâtard d'Orléans, comte de Dunois, et de Marie d'Harcourt. Le 6 décembre 1468, il avait prêté hommage au roi Louis XI, à Meung-sur-Loire, pour les terres dont il avait hérité de son père, en Dauphiné (voir l'acte n° 1520). Par lettres du 31 du même mois de décembre, le roi lui avait fait abandon de toutes les sommes qu'il pouvait lui devoir pour rachat, quint, profits, reguins et autres droits à raison des mêmes terres (n° 1521), et le 2 janvier suivant, lui avait accordé un délai de deux ans pour fournir le dénombrement de ses biens en Dauphiné (n° 1522). François d'Orléans devint ensuite gouverneur de Normandie, puis du Dauphiné, par lettres du roi Charles VIII, données à Beaugency, le 13 novembre 1483. Par lettres du même jour, le roi lui fit également don des 4,000 ducats que les habitants du Briançonnais payaient chaque année à la fête de la Purification de la Vierge, pour lui permettre de récompenser Louis de Laval, seigneur de Châtillon, du droit qu'il prétendait avoir au gouvernement du Dauphiné que lui avait promis le roi Louis XI (B 3017, f°ˢ 291 et 309, et Ordon. des rois de France, t. xix, p. 171). En 1484, il assista au sacre de Charles VIII et fut, en 1485, élevé à la charge de grand chambellan de France. Mais ayant ensuite pris part à la révolte du duc d'Orléans contre la dame de Beaujeu, régente du royaume, il fut destitué de sa charge de gouverneur du Dauphiné, et les terres qu'il possédait dans cette province furent confisquées par lettres du roi, données à Amboise, le 18 janvier 1487, n. s., et à Chinon, le 3 mars 1489, n. s. Rentré en France, après avoir négocié le mariage du roi Charles VIII avec Anne de Bretagne, il recouvra ses biens et mourut d'une attaque d'apoplexie, à Châteaudun, le 25 novembre 1491.

[2] Agnès de Savoie, fille puînée de Louis, duc de Savoie, et d'Anne de Chypre, et, par conséquent, sœur de Charlotte, épouse du roi Louis XI. Après la confiscation des biens de son mari, elle implora la pitié du roi Charles VIII, qui, par lettres datées de Parthenay, le 3 avril 1487, n. s., l'autorisa à percevoir les revenus des terres que le comte de Dunois, son époux, possédait en Dauphiné, et par d'autres lettres, datées de Château-Gontier, le 30 avril suivant, ordonna de lui délivrer tous les revenus des mêmes terres qui avaient été perçus par les officiers delphinaux depuis la confiscation de ces terres (Primus liber reductionis). Agnès de Savoie mourut le 16 mars 1508 et fut inhumée dans l'église de Notre-Dame de Cléry, et son cœur transporté dans celle de Sainte-Geneviève, à Paris.

d'Oisans, en Dauphiné, et de Langeais, en Touraine, dont il percevra les revenus pour lui aider à supporter les charges de son mariage; étant expliqué que la terre de Langeais sera restituée immédiatement après le payement des dix premiers mille écus, et celles de La Mure et d'Oisans seulement après le payement intégral des 30,000 écus restant. De son côté, le comte de Dunois donne à la future épouse une rente annuelle de 3,000 livres à prendre sur les terres de Beaugency-sur-Loire et de Château-Renaud, en Touraine, et en cas d'insuffisance, lui assigne le manquant sur ses terres de Valbonnais, Claix et Falavier, en Dauphiné. Au cas où le comte de Longueville viendrait à mourir sans enfants de ce mariage, et où la susdite somme de 30,000 écus lui aurait été payée, ses héritiers devront restituer au roi la dite somme.

Enregistrées le 5 août 1467.

COPIES. B 2952, f° 39, et B 3048, f° 389.

PUBLIÉES. S. Guichenon, *Hist. généal. de la royale maison de Savoie*, Preuves, p. 384.

1471   *Montargis, 25 juillet 1466.*

Lettres constatant l'hommage prêté par Louis, bâtard de Bourbon [1], amiral de France, pour le comté de Roussillon et les châteaux et seigneuries de Crémieu, Moras, Beaurepaire, Cornillon et Vizille.

ANALYSE. *Invent. de la Chambre des comptes, Saint-Marcellin*, t. 1er, f° 316, v°.

1472   *22 août 1466.*

Lettres de provisions d'une charge de conseiller au Parlement de Grenoble pour Jacques Robertet, docteur en décrets, protonotaire apostolique [2].

MENTION. *Invent. som. des arch. de l'Isère*, t. II, Introd., p. 21.

---

[1] Voir, sur ce personnage, la note 3, p. 9.

[2] Jacques Robertet, qui devint peu après chevalier de l'église cathédrale de Lyon et prévôt du Chapitre de l'église collégiale de Saint-André de Grenoble, fut aussi nommé châtelain de Parisot, par lettres du 3 octobre 1482 (acte n° 1815). Après le décès de Louis XI, les terres aliénées par ce roi ayant été réunies au domaine, la Chambre des comptes de Grenoble réclama à Jacques Robertet, les recettes de la terre de Parisot, du jour où il en avait été mis en possession jusqu'au 14 décem-

1472 bis (Avant septembre) 1466.

Lettres du roi, adressées à l'évêque du Puy[1], lieutenant-général du duc de Bourbon et d'Auvergne[2], gouverneur du Languedoc, ainsi qu'à son conseiller, maître Pierre du Reffuge, général de ses finances, par lesquelles, — après avoir relaté que récemment, à l'occasion de l'interprétation des articles de l'association passée entre la France et la Provence, pour le tirage du sel par la rivière du Rhône, à la part des terres de l'Empire, quelques difficultés s'étaient élevées entre ses officiers et ceux de son oncle, le roi de Sicile et de Jérusalem, comte de Provence, tant à raison de l'étendue des limites dans lesquelles le sel de Provence avait coutume d'être écoulé, que des nouveautés et entreprises qui se faisaient chaque jour, en suite des interprétations faites à ce sujet par les généraux des finances et le visiteur général des gabelles, au préjudice des droits de la susdite association qu'il avait passée avec son dit oncle, relativement au tirage du sel, — désirant mettre un terme à ces difficultés, sans qu'il en advienne à son oncle ou à lui-même aucun préjudice ni dommage, délègue et commet, en conséquence, les susnommés pour s'aboucher avec les délé-

---

bre 1483; mais, par ses lettres données à Amboise, le 27 janvier 1487, n. s., le roi Charles VIII, en récompense des services que Robertet avait rendus au feu roi Louis XI, en diverses ambassades et voyages, enjoignit aux officiers delphinaux de ne point l'inquiéter au sujet des sommes dont il avait été rendu débiteur envers le trésor (B 3276, f° 408). Il fut remplacé, comme conseiller clerc au Parlement, le 21 juillet 1500, par Jacques Bochon, devint ensuite évêque d'Alby, en 1513, après le décès de son frère, Charles Robertet, et mourut le 26 mai 1519. Jacques Robertet était fils de François Robertet, secrétaire du duc de Bourbon; ses frères, Florimond et Jean Robertet, furent, l'un et l'autre, secrétaires des finances sous le règne de Charles VIII.

[1] Jean de Bourbon, bâtard du duc Jean Iᵉʳ. Ce personnage, qui avait sollicité l'évêché du Puy, le 2 décembre 1443, fut élu, le 12 février 1444, archevêque de Lyon, mais renonça à ce siège le 6 avril suivant. Il fut aussi abbé de Saint-André de Villeneuve, en 1448, et de Cluny, le 2 novembre 1456. En 1466, ainsi que l'apprend le texte des lettres que nous analysons, il était lieutenant-général de Jean II, duc de Bourbon et d'Auvergne, son neveu, gouverneur pour le roi en Languedoc. Il mourut à Saint-Rambert, près Lyon, le 2 décembre 1485.

[2] Jean II, duc de Bourbon et d'Auvergne, pair et connétable de France, surnommé le Bon, fils du duc Charles Iᵉʳ et d'Agnès de Bourbon, mort le 1ᵉʳ avril 1488, âgé de soixante-deux ans, sans laisser d'enfants des trois femmes qu'il eut successivement.

gués de son oncle, afin de mettre fin aux difficultés survenues jusqu'à ce jour et d'en prévenir le retour pour l'avenir, ratifiant, en outre, d'avance, tous les accords qu'ils passeraient à ce sujet [1].

Copie insérée dans d'autres lettres du même roi, du 20 mars 1471 (acte n° 1561).

---

[1] En exécution de ces lettres, l'évêque du Puy, Guillaume Cousinot, chevalier, seigneur de Montreuil, Guillaume de Varie, général des finances, Nicolas Erland, trésorier et receveur général du Languedoc, et Guillaume de Nove, lieutenant du visiteur général des gabelles à sel de la même province, conseillers et délégués du roi de France, ainsi que Jean Martin, chancelier de Provence, Jean de Loubières, maître des requêtes, et Antoine de La Tour, dit Lebrun, écuyer d'écurie, conseillers et délégués du roi de Sicile, après plusieurs conférences, conclurent, à Beaucaire, le 3 septembre 1466, un accord aux termes duquel il fut stipulé : que quatre commissaires, deux pour le roi de France et deux pour celui de Sicile, visiteraient les mesures des salins de Provence, pour s'assurer que, conformément aux stipulations du traité d'association passé entre la France et la Provence pour le tirage du sel (voir la note 1, p. 28), toutes ces mesures étaient pareilles; que l'on ferait une enquête pour savoir si le sel des salins de Berre et d'Hyères était, antérieurement à la susdite association, transporté en Gapençais, Embrunais et Briançonnais; que le visiteur des gabelles de Provence aurait le même droit de visite que celui du Languedoc, pour s'assurer que le sel du royaume n'était pas transporté en Bresse et autres pays de l'Empire, au préjudice de la susdite association; qu'enfin, une information serait faite pour régler exactement les limites dans l'étendue desquelles s'étendait l'action du visiteur des gabelles spéciales du Lyonnais, et ce, attendu qu'une partie de la Bresse était terre du royaume et non de l'Empire et que la susdite association n'avait pour but que le tirage du sel à la part de l'Empire (B 2907, f° 430).

Déjà, au mois d'octobre 1453, une enquête avait été faite par Jean Arcelan, chevalier, seigneur de Châteauneuf-de-Martigues, conseiller et maître d'hôtel du roi de Sicile et de Jérusalem, visiteur général des gabelles de Provence, et Hugues Raimond, licencié en lois, juge de Beaucaire, lieutenant de Pierre Castellan, écuyer d'écurie du roi Charles VII, visiteur général des gabelles à sel du Languedoc et duché d'Aquitaine, pour connaître exactement jusqu'où le sel de Berre et d'Hyères pouvait être transporté et vendu, sans porter préjudice aux fermiers de l'association conclue pour le tirage du sel, par le fleuve du Rhône à la part de l'Empire. De cette enquête, il était résulté que le sel de Provence pouvait être librement transporté et vendu dans le Briançonnais, l'Embrunais, le Gapençais et jusqu'à Corps, en Graisivaudan (B 2907, f° 356).

D'autre part, d'une enquête faite, au mois de janvier 1409, par Jean Bouchetet et Jean de Loubières, commissaires députés par le roi Louis XI à la générale réformation des gabelles, il résulta que le tirage du sel à la part du royaume « tirant contremont le Rhône » ne dépassait point l'embouchure de la Saône et devait déchar-

1473 *Orléans, 28 octobre 1466.*

Lettres par lesquelles le roi, — en considération de ce que François de Beauvoir[1], seigneur de La Palud, lui avait montré sa loyauté en venant, l'année précédente, jusqu'à Anse, en Lyonnais, se mettre à sa disposition contre ses ennemis, à la suite de quoi Soffrey Alleman et Robert Malortie[2], chevaliers, lieutenants des troupes levées en Dauphiné, l'avaient renvoyé en lui confiant la garde de cette province, « en quoy il s'est bien et honorablement gouverné et en manière que, « graces à Dieu, aucun inconvenient de nous y est advenu », et aussi en considération de ce que Claude de Beauvoir, sa sœur, première dame d'honneur de la reine et épouse de Soffrey Alleman, son conseiller et lieutenant-général en Dauphiné, l'en avait humblement fait supplier, — annule la peine du bannissement prononcée contre le susdit François de Beauvoir, lui restitue la jouissance de ses biens ainsi que de ceux de feu Aimé de Beauvoir, son frère, qui avaient été confisqués par arrêt du Parlement de Grenoble, et enfin annule tous les dons qu'il aurait pu avoir fait des susdits biens à quelque personne que ce soit.

Enregistrées, à Voiron, le 22 novembre 1466.

Copies. B 2972, f° 627, et B 3018, f° 382.

Publiées. F. Gauduel, *Notice sur Robert de Malortie, comte de Conches*, Bourgoin, Rabilloud, 1890, p. 69.

1474 *Orléans, 11 décembre 1466.*

Lettres, adressées aux gouverneur ou son lieutenant et gens de la Cour du Parlement du Dauphiné, par lesquelles le roi fait remise à

---

ger son sel sur la rive droite du Rhône exclusivement; qu'au contraire, pour le tirage du sel à la part de l'Empire, le sel pouvait être déchargé au-delà du pont de Lyon, sur les deux rives du Rhône et jusqu'en Savoie; enfin, que le sel du même tirage, remontant la rivière de la Saône, pouvait être déchargé sur la rive gauche de cette rivière, à Trèves, Thoissey et Saint-Laurent-lès-Mâcon, pour être ensuite distribué dans toute la Bresse et autres localités voisines de Savoie, sans que le sel du tirage du royaume y puisse entrer (B 2907, f° 418).

[1] Voir, sur ce personnage, la note 1, p. 315, t. 1er.

[2] Voir, sur Soffrey Alleman, les notes 1, p. 40 du t. 1er, et 2, p. 40 de ce vol., et sur Robert de Malortie, la note 3, p. 454 du t. 1er, et l'acte n° 1431.

Jean de Rame, écuyer, en récompense des services qu'il avait rendus à la guerre, de la somme de 10 marcs d'argent, à laquelle il avait été condamné par le sire de Châteauneuf et Jean Heybert [1], ses commissaires en Dauphiné, et mande que si quelques-uns de ses biens avaient été saisis et confisqués, comme garantie de cette condamnation, on les lui restitue de suite.

Enregistrées le 9 janvier 1467.

Copie. B 2992, f° 7.
Analyse. J. Roman, *Tabl. hist. des Hautes-Alpes*, p. 339.

1474 bis   Orléans, décembre 1466.

Lettres portant confirmation et ratification des libertés, exemptions, droits et privilèges dont jouissaient l'abbé et le monastère de Saint-Antoine de Viennois, à l'égard de tous les objets apportés dans ce monastère, pour la provision des religieux [2].

Publiées. *Ordon. des rois de France*, t. XIX, p. 364, d'après une copie du *Trésor des chartes*, reg. 210, n° 93.

1475   Bourges, 15 février 1466 (1467).

Lettres par lesquelles le roi nomme à l'office d'audiencier de la Cour du Parlement de Dauphiné, que voulait occuper Jean Bolut [3], et qu'exerçait ou faisait exercer pour lui Etienne de Montfleury, dit le Grave Picart, valet de sa garde-robe, Mathieu Paviot [4], en suite

---

[1] Sur la commission donnée par le roi, au seigneur de Châteauneuf et à Jean Heybert, voir l'acte n° 1453.

[2] Les mêmes privilèges et exemptions avaient déjà été confirmés par le roi Charles VII, à Espaly, près Le Puy, le 26 décembre 1425, et par le dauphin Louis, le 14 mars 1447, n. s. Ils le furent encore, dans la suite, par le roi Charles VIII, à Tours, en février 1484, n. s. (*Ordon. des rois de France*, t. XIX, p. 263).

[3] Voir, sur Jean Bolut, les notes 1, p. 64, et 3, p. 74 du t. I".

[4] Mathieu Paviot, fils de Jean Paviot, secrétaire delphinal (voir, sur ce dernier, la note 2, p. 5 du t. I"), et de Marguerite Coct, qui mourut veuve le 19 mars 1462 (*Oblit. de l'égl. cath. de Grenoble*), fut confirmé dans ses fonctions de secrétaire audiencier du Parlement de Grenoble par lettres du roi Charles VIII, du 11 octobre 1483. C'est par erreur que Mathieu Paviot et Etienne de Montfleury, qu'il remplaça, figurent comme auditeurs de la Chambre des comptes, dans l'*Introd*., pp. 85 et 86, du t. 11 de l'*Invent. somm. des arch. de l'Isère*; ni l'un ni l'autre n'ont occupé cette fonction, mais bien celle de secrétaire audiencier au Parlement.

de la résignation pure et simple que venait d'en faire entre ses mains le susdit de Montfleury, et mande, en conséquence, aux gouverneur ou son lieutenant, gens du Parlement et des Comptes du Dauphiné de mettre l'intéressé en possession et saisine de cet office, avec les gages, droits, profits et émoluments accoutumés.

Copie. B 3391.

1476 *Mehun-sur-Yèvre, 23 février 1466 (1467).*

Lettres par lesquelles le roi fait remise à Fabien Faure, habitant à Embrun, d'une somme de 10 marcs d'argent, montant d'une condamnation qui lui avait été infligée par le sire de Châteauneuf et maître Jean Erbert, commissaires du roi [1], et, en outre, le tient quitte de toutes autres peines auxquelles il aurait pu être condamné pour avoir mal géré l'office de procureur delphinal à Embrun, depuis que le temporel de l'archevêché de cette ville avait été mis sous la main du roi [2].

Enregistrées le 21 mars 1467.

Copie. B 2904, f° 239, v°.

1477 *Mehun-sur-Yèvre, 24 février 1466 (1467).*

Lettres, adressées aux gouverneur ou son lieutenant, gens du Parlement, des Comptes et trésorier du Dauphiné, par lesquelles le roi, à la sollicitation de son panetier, Guigues d'Uriage [3], écuyer, lui confirme le don qu'il lui avait précédemment fait de la capitainerie et des revenus de la terre de Mens en Trièves, y compris ceux de la montagne de Lautaret, et ce, attendu que le trésorier du Dauphiné avait fait des difficultés pour laisser jouir de ce don le suppliant,

---

[1] Voir, sur la nomination de ces commissaires, l'acte n° 1453.

[2] Le temporel de l'archevêché d'Embrun avait été confisqué sur l'archevêque Jean Baile et mis sous la main du roi, aussitôt après l'avènement de Louis XI au trône (voir, à ce sujet, l'acte n° 1500).

[3] Guigues Alleman d'Uriage avait été nommé châtelain de Mens en Trièves par lettres du 14 juin 1458 (n° 1258). Voir, sur ce personnage, la note 1, p. 514 du t. 1er.

malgré des lettres confirmatives qu'il lui avait déjà accordées au mois d'août 1465.

Enregistrées le 2 avril 1467.

Copie. B 3276, f° 112.

1478 *Février 1466 (1467).*

Lettres du roi, adressées aux gouverneur du Dauphiné ou son lieutenant, gens du Parlement, des Comptes et trésorier général du Dauphiné, par lesquelles il leur enjoint de laisser les consuls et habitants de Montélimar jouir de leurs privilèges et libertés ; de les tenir quittes de toutes impositions votées par les gens des Trois-Etats, nonobstant les poursuites dirigées contre eux et les arrêts prononcés par le Parlement de Grenoble, qu'il casse et annule ; de mettre sur le champ en liberté ceux d'entre eux qui avaient été emprisonnés et de leur restituer leurs biens saisis. Le roi fait, en outre, défense au trésorier général de molester, à l'avenir, les mêmes consuls et habitants, à raison des impôts tant ordinaires qu'extraordinaires qu'il leur réclamait [1].

Mention insérée dans d'autres lettres du 26 novembre 1467 (acte n° 1503).

1479 *Tours, 10 mars 1466 (1467).*

Lettres adressées aux gouverneur ou son lieutenant, gens du Parlement du Dauphiné, commissaires ordonnés pour faire les montres des nobles du Dauphiné, et tous autres justiciers ou leurs lieutenants, par lesquelles le roi, à la suite d'une supplique que venait de lui adresser Baudon Adhémar [2], écuyer, seigneur de Saint-Gervais en Valentinois, le dispense de toutes obligations pour service militaire, si réellement, toutefois, il est, ainsi qu'il le dit, âgé de plus de soixante ans, aveugle, atteint de goutte et père de deux filles mineures [3].

Enregistrées le 27 octobre 1469.

Copie. B 2983, f° 887, v°.

---

[1] Voir, sur les privilèges et libertés de la ville de Montélimar, les actes n°° 467, 902, 1314 et 1503.

[2] Voir, sur le même personnage, les actes n° 143 et 1181.

[3] Le 19 janvier 1467, à Crest, noble Guigues du Sauzo, au nom de Baudon

1481 *Montils-lès-Tours, 13 avril 1467.*

Lettres du roi, adressées aux gouverneur ou son lieutenant, gens du Parlement et des Comptes du Dauphiné, relatives à la levée de l'imposition de 81,000 florins que lui avaient accordée les Trois-Etats du Dauphiné dans l'assemblée tenue à Grenoble au mois de février précédent. Il y est statué que tous les sujets du Dauphiné et des comtés de Valentinois et de Diois y contribueraient, même ceux qui se prétendaient allodiaux, tels que les habitants de Montélimar et de Crest; ne sont exceptés de cette imposition que les gens d'église, les nobles vivant noblement, les clercs vivant cléricalement, les pauvres et les mendiants [1].

Copie. Arch. de la Drôme, E 3701.
Analyse. Invent. som. des arch. de la Drôme, t. III, p. 243.

1482 *(Montils-lès-Tours), 14 avril 1467.*

Lettres de provisions de l'office de procureur général fiscal du Dauphiné pour Etienne de Beaupont, docteur en droit [2].

Mention. Invent. som. des arch. de l'Isère, t. II, Introd., p. 58.

1483 *Montils-lès-Tours, avril 1467.*

Ordonnance rendue sur le fait des troupes. Les montres seront faites de trois en trois mois, par les maréchaux de France ou leurs commis, en un seul et même lieu, pour chaque compagnie; deux de ces montres seront faites chaque année par les maréchaux eux-mêmes; le

────────────

Adhémar, présente les lettres royales à Jean Aluys, Guignard de Précomtal et Raimond de Bonnoval, écuyers, commissaires députés par le gouverneur du Dauphiné pour procéder à la levée de la noblesse, qui répondirent qu'il n'était pas en leur pouvoir d'exempter le suppliant, et que, du reste, les lettres qu'on leur présentait n'avaient pas été entérinées, mais qu'ils lui accordaient néanmoins un délai pour régulariser sa position.

[1] Voir, sur le même sujet, l'acte n° 1499.
[2] Etienne de Beaupont, écuyer, fils de Jean, bâtard de Coligny, dit le bâtard d'Andelot, avait épousé Guillemette, fille de Guillaume de Sabureoy, auquel il succéda dans sa charge de procureur général fiscal. Il fut continué dans cette charge par lettres du roi Charles VIII, du 11 octobre 1483, et fut remplacé par lettres du même roi, du 3 juillet 1486, par Antoine de Chapomay.

paiement des gens de guerre sera effectué entre les mains de chaque intéressé et les capitaines ne recevront que leur solde et leur état personnel. Chaque lance se composera de six hommes et six chevaux seulement. Les troupes ne seront logées que dans les villes ou bourgs clos, où se trouvent des sièges de justice et des marchés ; elles seront logées et fournies d'ustensiles par le soin des commis ; mais elles ne pourront séjourner plus de six mois dans la même localité, et chaque lance paiera 30 sous par mois pour son logement. Les juges ordinaires des lieux connaîtront de toutes les contestations nées au sujet des troupes « hors fait de guerre ». Les capitaines pourront accorder des congés à la cinquième partie de l'effectif de leur compagnie, mais pour trois mois seulement à chaque homme. On ne pourra changer de compagnie sans l'autorisation des capitaines, etc.

PUBLIÉE. *Ordon. des rois de France*, t. XVII, p. 83.

1483 bis   25 mai 1467.

Lettres par lesquelles le roi décide que les habitants de la ville d'Embrun continueront à être considérés comme dépendant des possessions de l'église archiépiscopale de cette ville.

Mention dans d'autres lettres patentes du 7 octobre suivant (acte n° 1499).

1484   Rouen, 2 juin 1467.

Lettres par lesquelles le roi fait don à Jacques de Beaumont[1], écuyer, seigneur de Saint-Quentin, en considération des services qu'il lui avait rendus dans ses guerres, du vingtain des blés croissant dans le mandement de Saint-Quentin, qui avait été confisqué à son profit, par arrêt du Parlement de Grenoble, et mande, en conséquence, aux gouverneur, gens du Parlement et des Comptes et trésorier général du Dauphiné, de contraindre les habitants de Saint-Quentin, par toutes voies de droit, de payer à l'avenir le dit vingtain au susdit de Beaumont, nonobstant tout contredit, appellation ou opposition. Les mêmes lettres exposent qu'un procès s'était engagé devant le Parlement de Grenoble au sujet de l'entérinement de lettres patentes concédées, le 19 octobre 1465, à Jacques de Beaumont, sur ce que les habitants de

---

[1] Voir, sur Jacques de Beaumont, la note 1, p. 87.

Saint-Quentin prétendaient être quittes du vingtain des blés, pour avoir payé à la mère du dit Jacques de Beaumont, en son vivant dame de Saint-Quentin, une somme de 400 florins, à la suite d'un arbitrage intervenu sans l'autorisation du dauphin, de qui relevait cette terre; ensuite de quoi le procureur général fiscal étant intervenu au dit procès, le Parlement avait confisqué ce vingtain et l'avait réuni au domaine delphinal.

Enregistrées le 22 juin 1467.

Copie. B 3048, f° 386.

1485   *Chartres, juin 1467.*

Lettres de légitimation pour demoiselle Marie d'Agoult, épouse de Louis du Puy, écuyer, fille naturelle de Falque d'Agoult, chevalier, seigneur de Sault et de Reillannette [1].

Enregistrées le 1er février 1468.

Copie. B 2904, f° 314.

1486   *Chartres, juin 1467.*

Lettres par lesquelles le roi, à l'occasion du mariage projeté entre Aimar de Poitiers [2], seigneur de Saint-Vallier, son chambellan, et

---

[1] Falque ou Fouquet d'Agoult était fils puîné de Raimond d'Agoult, seigneur de Barret et de Mison, sénéchal de Provence, et de Louise de Glandèves. Il fut conseiller et chambellan de René, roi de Sicile et comte de Provence, en 1435; sénéchal de Provence, en 1445; conseiller et chambellan de Jean, duc de Calabre, en 1448, et nommé l'un des exécuteurs testamentaires du roi René, le 22 juin 1475. Il mourut en 1492, ne laissant aucun enfant de son épouse Jeanne de Beaurains, mais seulement deux enfants naturels : un fils, Falque Vincent, et une fille, Marie, qui, devenue veuve de Louis du Puy, se remaria à Louis de Justas (Guy Allard, *Hist. génèal. de la famille d'Agout*. Grenoble, L. Gilibert, 1672, p. 101).

[2] Aimar de Poitiers, chevalier, seigneur de Saint-Vallier, vicomte d'Etoile, baron de Sérignan, de Chalançon, Florac, seigneur de Privas, Corbempré, Vals, Pisançon, Chevrières, La Vache, Plaisians, etc., devint en outre, à la mort de son frère Guillaume, marquis de Cotron et baron de Clérieu. Il était le fils aîné de Charles II de Poitiers, seigneur de Saint-Vallier, et d'Anne de Montlaur. C'est à Aimar de Poitiers, qui fut conseiller et chambellan du roi, chevalier de son ordre et grand sénéchal de Provence de 1484 à 1494, que le roi avait restitué, en 1467, la terre de Chevrières, qui avait été confisquée, en 1462, sur Jean de Poitiers, son oncle, accusé

Marie de France[1], sa fille naturelle, lui fait don de 2,000 livres tournois de rente, à la coutume du pays du Dauphiné, pour être son propre héritage et celui de ses descendants légitimes, et pour sûreté du paiement desquelles il lui abandonne la part qu'il possédait de la terre de

---

du crime de lèse-majesté. Le 31 décembre 1485, il prêta hommage entre les mains du roi Charles VIII, à Paris, pour les châteaux, terres et seigneuries de Saint-Vallier, Chevrières, Vals, La Vache, Plaisians, Villefranche, Etoile et son péage, la parerie de Saint-Nazaire, les péages de Crest et de Serres, en Gapençais, etc. (Invent. de la Chambre des comptes, Valentinois, t. 11, f° 1030). Le 11 octobre 1496, il vendit, pour la somme de 5,500 écus d'or, sa terre de Chevrières, à Barachin Alleman, seigneur de Rochechinard, et le 11 juin 1502, pour 1,000 écus, celle de Pinet, à Catherine d'Arces, veuve de Louis de Loras, seigneur de Montplaisant (ibid., passim).

Devenu veuf de Marie de France, en 1469, Aimar de Poitiers se remaria, le 28 novembre 1472, avec Jeanne, fille de Bertrand de La Tour, comte de Boulogne et d'Auvergne. Il testa le 9 septembre 1510, et sa femme le 21 mars 1511. Son fils Jean, qui fut conseiller et chambellan du roi et lieutenant-général en Dauphiné, épousa en premières noces, le 4 mars 1489, Jeanne, fille d'Imbert de Bathernay, baron du Bouchage, de laquelle il eut, entre autres enfants, la célèbre Diane de Poitiers, duchesse de Valentinois.

[1] Marie de France, fille naturelle que le roi Louis XI avait eue de ses relations avec Félise Reynard (voir l'acte n° 913). Ainsi que l'apprennent les lettres que nous analysons, ce prince la maria avec Aimar de Poitiers, seigneur de Saint-Vallier, son conseiller et chambellan, et lui donna en dot une rente annuelle de 2,000 livres en paiement de laquelle il lui assigna diverses terres de son domaine du Dauphiné. L'enregistrement de ce don dut soulever quelques protestations de la part des officiers delphinaux, car, à la date du 3 juillet suivant le roi leur adressa des lettres de jussion pour qu'ils aient à entériner, sans aucune restriction ni modification, le don qu'il avait cru devoir faire à sa fille (acte n° 1467 bis). Par d'autres lettres, du 11 juillet 1467, il autorisa sa fille à porter les armes de France, avec une bande d'or allant de gauche à droite, ainsi que les enfants naturels ont coutume de le faire (acte n° 1488). Marie de France mourut en 1469, en mettant au monde un enfant qui ne vécut pas. Dès le 6 juillet, le roi adressait à son conseiller, Jean Bourré, maître de la Chambre des comptes à Paris, la missive suivante : « Monseigneur du « Plessis, j'ay présentement sceu que ma fille de Saint-Vallier est allée de vie à « trespas, dont je suis bien desplaisant. Et pour ce que, comme savez, ledit monsei- « gneur de Saint-Vallier a certaines terres, lesquelles, par le contrat de mariage, il « doit rendre, je vous prie que incontinent, vous escripvez aux président, trésorier « du Daulphiné et autres, à qui il sera nécessaire, pour recouvrer les dictes terres, « et y envoiez homme propre, en manière qu'il n'y ait point de faulte. Donné aux « Montilz-lès-Tours, le v° jour de juillet. Loys. » (Vaesen, Lettres de Louis XI, t. IV, p. 6).

Pisançon, ainsi que les châteaux, villes et châtellenies de La Roche-de-Glun, La Beaume, Rochefort et Châteaudouble, avec la gabelle à sel de Romans et le péage de La Sauvetat, au royaume, sans s'en rien réserver, si ce n'est seulement les foi et hommage, ressort et souveraineté, avec la faculté, en outre, de racheter les dites terres, moyennant le prix de 30,000 écus d'or, dont il serait fait remploi en héritages et rentes. Au cas où les susdites terres cédées ne produiraient pas 2,000 livres, le roi ordonne au Parlement et à la Chambre des comptes du Dauphiné d'en assigner le complément sur d'autres terres du domaine. Au cas où la future épouse décéderait sans héritiers directs, les terres cédées feraient retour au roi, à moins que, précédemment, elles n'aient été rachetées pour 30,000 écus, auquel cas le futur époux ou ses héritiers ne seront tenus de restituer que la moitié de cette somme ou la moitié des héritages ou rentes achetés. De son côté, Aimar de Poitiers fait don à Marie de France des baronnies, terres et seigneuries de Privas, Tournon et Saint-Vincent, et promet, sous l'obligation de tous ses biens, de payer à son épouse, sur le produit des dites terres, un douaire annuel de 1,000 florins.

Enregistrées le 22 août 1467.

COPIE. B 3019, f° 64.

1487   *(Meslay), 2 juillet 1467.*

Lettres de provisions de la charge de conseiller au Parlement de Grenoble pour Geoffroy de l'Eglise[1], docteur en les deux droits, en remplacement d'autre Geoffroy de l'Eglise[2], son père, décédé.

MENTION. *Invent. som. des arch. de l'Isère*, t. II, Introd., p. 21.

---

[1] Geoffroy de l'Eglise, que Louis XI envoya, en 1468, en ambassade en Italie, auprès du pape, pour assurer le maintien de la paix dans ce pays, ainsi qu'il résulte d'une lettre missive de ce prince, du 2 juin 1468, adressée au duc de Milan (Vaesen, *Lettres de Louis XI*, t. III, p. 219), conserva sa charge de conseiller au Parlement jusqu'en 1496, année de sa mort. Pendant son séjour à Rome, Louis XI lui adressa une lettre, le 26 juillet 1468, où il lui mande de témoigner au pape tout son mécontentement à raison des difficultés soulevées par ce dernier à l'effet d'empêcher la conclusion de la paix en Italie (*Lettres de Louis XI*, t. III, p. 241).

[2] Voir, sur ce personnage, la note 1, p. 39.

1487 *bis*   *Bonneval, 3 juillet 1467.*

Lettres, adressées aux gouverneur ou son lieutenant, gens du Parlement et des Comptes et trésorier du Dauphiné, par lesquelles le roi leur enjoint d'enregistrer, sans aucune restriction ni modification, le don qu'il avait fait à sa fille naturelle Marie de France, qu'il venait de marier avec son conseiller et chambellan Aimar de Poitiers, seigneur de Saint-Vallier, d'une rente annuelle de 2,000 l. t., qu'il lui avait assignée sur les terres et seigneuries de La Roche-de-Glun, La Baume, Rochefort, Châteaudouble, la parerie de Pisançon, ainsi que sur le péage de La Saùvetat et les gabelles du sel de Romans[1].

Copie. B 3049, f° 70, v°.

1488   *Meslay, 11 juillet 1467.*

Lettres par lesquelles le roi ordonne que sa fille naturelle Marie[2], dont il venait d'arrêter le mariage avec Aimar de Poitiers, seigneur de Saint-Vallier, porte les armes de France, avec une bande d'or allant de gauche à droite, ainsi que les enfants naturels ont coutume de le faire.

Enregistrées, le 11 novembre 1467, à la Chambre des comptes de Grenoble.

Copie. B 2904, f° 263.
Publiées. Godefroy, *Mém. de Philippe de Comines*, édit. 1723, t. III, p. 243.

1489   *Paris, 18 septembre 1467.*

Lettres par lesquelles le roi, ayant été informé qu'en diverses contrées du royaume, et particulièrement en Dauphiné, se faisait sentir l'absence de menue monnaie et notamment « de lyardz dont de toute « ancienneté noz subgectz dudict pays ont accoustumé de user » et qu'il ne s'y rencontrait plus que des pièces étrangères qui circulaient « pour plus qu'elles ne vallent », ordonne, en conséquence, que l'on fabrique dans les ateliers du Dauphiné ou autres du royaume des deniers blancs appelés liards de France de trois deniers de loy, argent le Roy, à deux grains de remède, de 16 sous de poids au marc de

---

[1] Voir les lettres de juin 1467, acte n° 1486.
[2] Voir, sur cette princesse, la note 1, p. 123.

Paris, qui auront cours dans tout le royaume et en Dauphiné pour trois deniers tournois la pièce, et que l'on donne aux changeurs et marchands pour chaque marc d'argent aloyé à la dite loy 8 livres 15 sous.

Copie. B 2826, f° 96, v°.
Publiées. *Ordon. des rois de France*, t. xvii, p. 13, d'après une copie du Reg. F de la Cour des monnaies, f° 82.

1490   *Paris, 18 septembre 1467.*

Lettres adressées par le roi aux gens de ses comptes et trésoriers, par lesquelles, — ayant été informé que ses ordonnances sur les monnaies n'avaient pas été observées et que plusieurs personnes s'ingéraient chaque jour d'en violer la teneur en donnant cours aux monnaies étrangères pour plus qu'elles ne valent, — ordonne, pour y mettre ordre, que les généraux maîtres des monnaies du royaume se transportent en divers lieux pour y faire observer les dites ordonnances, ouvrir des informations contre les délinquants et les punir. A cet effet, chaque année, quatre des dits généraux maîtres, pour s'enquérir des abus qui se commettent au fait des monnaies, parcouront le royaume qui sera divisé en quatre circonscriptions, dont l'une comprendra Lyon, le Dauphiné, le Languedoc, le Roussillon et jusqu'à Bordeaux, etc.

Publiées. *Ordon. des rois de France*, t. xvii, p. 14, v°, d'après le Reg. F de la Cour des monnaies, f° 86.

1491   *Paris, 18 septembre 1467.*

Lettres pour la taxation relative aux voyages et autres dépenses des commissaires établis par le précédent règlement.

Publiées. *Ordon. des rois de France*, t. xvii, p. 15, v°.

1492   *Paris, 19 septembre 1467.*

Lettres constatant l'hommage prêté entre les mains du roi par Jean, comte de Dunois[1], pour les terres et seigneuries de Valbonnais, Theys et Falavier, et toutes leurs dépendances.

Analyse. *Invent. de la Chambre des comptes, Viennois*, t. iii, f° 85, v°.

---

[1] Jean, bâtard d'Orléans, comte de Dunois, avait été réintégré dans la possession des terres qu'il avait en Dauphiné à la suite du traité de Paris du 27 octobre 1465 (voir la note 3, p. 86).

1493 — Paris, 21 septembre 1467.

Lettres par lesquelles le roi, en considération des services que lui avaient rendus tant Georges de Poisieu[1], seigneur d'Hauterives, écuyer, que son fils aîné Etienne de Poisieu, son panetier, confirme, en faveur du susdit Georges de Poisieu, l'acquisition qu'il avait faite de la terre d'Hauterives, de François de Clermont, chevalier, et de Marie de Clermont, au prix de 3,000 écus, et, en conséquence, casse et annule la clause par laquelle la susdite terre d'Hauterives avait été inféodée par les anciens dauphins à un seigneur de Clermont sous la condition expresse qu'elle ne pourrait sortir des mains de celui qui serait seigneur de Clermont, à peine de retour et de réunion au domaine delphinal[2].

Copie. B 2968, f° 158.

1494 — Paris, 25 septembre 1467.

Lettres par lesquelles le roi, — à la demande de son conseiller Thomas de Landas[3], doyen de l'église de Saint-Martin de Tours,

---

[1] Georges de Poisieu, écuyer, seigneur d'Hauterives et des Côtes-d'Arey, était fils de Peronnet ou Pierre de Poisieu, seigneur de Meyrieu, et par conséquent frère d'Aimar de Poisieu, dit Capdorat, d'Antoine de Poisieu, archevêque de Vienne, et de Jacques de Poisieu, seigneur du Passage (voir, sur ces derniers, les notes 2, p. 45; 1, p. 297, et 4, p. 47 du t. I"). En 1447 et 1454, il exerçait les fonctions de châtelain de Falavier, et le 15 juin 1462, il acheta de Guillaume de Tournon la terre des Côtes-d'Arey, au prix de 1,500 écus d'or. De son union avec la fille de Guillaume de Maugiron, il eut : 1° Etienne de Poisieu, dit le Poulalier, dont il a été parlé dans la note 1, p. 83 ; 2° Guy de Poisieu, qui fut archevêque de Vienne, en 1473, après son oncle Antoine, devint chancelier du Dauphiné, vers 1478, et mourut le 27 octobre 1480 ; 3° Charles de Poisieu, prieur claustral de l'abbaye de Saint-André-le-Bas de Vienne, et 4° Guillaume de Poisieu, chamarier de la même abbaye, prieur de Ternay, et l'un et l'autre grands vicaires de leur frère Guy.

[2] L'inféodation de la terre d'Hauterives, visée dans les lettres du roi, avait été faite, le 12 janvier 1321, par Henri, dauphin, régent du Dauphiné, en faveur de Geoffroy, seigneur de Clermont. — Les lettres de Louis XI, analysées ci-dessus, furent depuis confirmées en faveur d'Etienne de Poisieu, fils et héritier de Georges de Poisieu, par lettres du roi Charles VIII, datées de Sainte-Colombe-lès-Vienne au mois de mars 1494, et enregistrées le 24 juin suivant (B 2968, f° 160, v°).

[3] Thomas de Landas, dont le nom ne figure point dans le *Gall. christ.* parmi ceux des doyens de l'église cathédrale de Tours, paraît comme prieur de Saint-

argentier et maître de la Chambre aux deniers de la reine, prieur commendataire des prieurés de Saint Donat et de Chatte, au diocèse de Vienne, et de Saint-Robert-de-Cornillon, au diocèse de Grenoble, et qui en cette dernière qualité était sous sa protection et sauvegarde spéciale, — mande au premier sergent et huissier sur ce requis, de maintenir et garder le susdit Thomas de Landaz en toutes ses possessions, droits et usages.

Enregistrées au mois de mars 1468.

ORIGINAL. B 2703.

1495   *Paris, 26 septembre 1467.*

Lettres par lesquelles le roi fait don à Pierre Godeffroy, dit Bourdat[1], écuyer, panetier de la reine, en récompense des services qu'il avait rendus, et pour en jouir sa vie durant, des émoluments qu'il avait coutume de prélever chaque année à Saint-Marcellin, appelés communément le commun, et qu'il avait concédés, pour une durée de

---

Robert dans un acte du 1ᵉʳ août 1482, par lequel ses procureurs Gonet Audisil, et Philippe Gaubert, sous-prieur et infirmier de ce monastère, concèdent la direction de l'hôpital de Saint-Georges-des-Plantées à Guillaume Sirand et à son épouse Domenge Pallandre (Titres du prieuré de Saint-Robert).

[1] Pierre Godeffroy, Gotefroy ou Goulefroy, *Gotafredi*, dit Bourdat, était fils de Guillaume Gotefroy, originaire du mandement de Bressieux, et qui fut durant de longues années notaire et châtelain de Saint-Marcellin. Guillaume Gotefroy avait succédé comme châtelain, en 1424, à Pierre de Terrane, dit Molard, dont il avait épousé la fille Béatrix; suspendu de ses fonctions en 1448, il les exerça de nouveau du 11 août 1458 à 1461, et vivait encore en 1469, année où, le 31 août, la Chambre des comptes du Dauphiné lui intima l'ordre de rendre compte de sa gestion de châtelain de Saint-Marcellin (B 3231, f° 39). Le 19 août 1468, il avait fondé deux anniversaires dans le couvent des Cordeliers de Romans (*Bull. de la Soc. d'arch. de la Drôme*, t. XVI, p. 120).

Quant à son fils Pierre Gotefroy, qui était châtelain de Varacieu en 1449, il dut être nommé châtelain delphinal de Saint-Marcellin, de Vif, La Cluse et Pâquiers, en 1461; il était déjà alors écuyer d'écurie du roi et premier panetier de la reine. En 1472, Louis XI le chargea, ainsi que son neveu Jean Gotefroy, châtelain de Voreppe, d'une mission en Guyenne (voir l'acte n° 1567). Soffroy Alleman, seigneur de Châteauneuf et d'Uriage, l'avait aussi nommé châtelain de sa terre d'Uriage, par lettres d'Amboise du 8 novembre 1461 (B 2961, f° 303). Il mourut en 1477 et fut, dès le 22 juillet de cette année, remplacé comme châtelain de Saint-Marcellin, Vif, La Cluse et Pâquiers par Jacques Joffrey (voir les actes n°ˢ 1688 et 1689).

dix ans, qui allait expirer, aux Frères-Mineurs de Saint-Marcellin pour les aider à réédifier l'église de leur couvent.

ORIGINAL. B 3182.

1496   (Paris), 30 septembre 1467.

Lettres de provisions d'un office de clerc en la Chambre des comptes du Dauphiné, sans gages, pour Antoine Moine[1], en survivance à Jean Audry[2], son oncle.

MENTION. *Invent. som. des arch. de l'Isère*, t. II, Introd., p. 102.

1497   Paris, 6 octobre 1467.

Lettres, adressées aux gouverneur ou son lieutenant, gens du Parlement du Dauphiné, prévôt des maréchaux de France[3], bailli de Berry et tous autres justiciers et officiers tant du royaume que du Dauphiné ou leurs lieutenants, par lesquelles le roi, — après avoir rappelé que Jean Guillon, docteur en les deux droits, natif de Grenoble, convaincu de crime de lèse-majesté « à l'occasion de certaines parolles dictes et « profférées contre sa personne », avait été, par son ordre, arrêté et emprisonné dans les prisons de Bourges, et que ses biens avaient été saisis et confisqués, mais que « voulant misericorde de preffèrence à « rigueur de justice, inclinant aussi à la très grande requeste que sur « ce nous a fait faire ledit Guillon », — mande de mettre de suite en

---

[1] Antoine Moine fut définitivement nommé clerc des Comptes, en remplacement de son oncle Jean Audry, résignataire, par lettres du 13 avril 1472 (n° 1766). Il exerça sa charge jusqu'au 28 août 1503, époque où il fut lui-même remplacé par son fils Pierre Moine.

[2] Jean Audry, Audrici, d'abord clerc juré des Comptes, sans gages, fut nommé clerc des Comptes par lettres du 29 janvier 1436, n. s., en remplacement de Jean de Marcuil. D'après l'obituaire de l'église cathédrale de Grenoble, il mourut le 29 juillet 1473, et fut enterré dans la chapelle de Sainte-Marthe qu'il avait fondée. Son fils, Etienne Audry, fut conseiller et auditeur ordinaire en la même Chambre des comptes, et occupait encore sa charge en 1500, année où il fut remplacé par Jacques Portier. Sa veuve, Jeanne de Pel, mourut le 18 février 1510.

[3] Louis Tristan, dit l'Hermite, créé chevalier au siège de Fronsac, le 29 juin 1451, devenu, sous le règne de Louis XI, prévôt des maréchaux de France. Voir, sur ce personnage tristement célèbre dans l'histoire, pour s'être fait le servil instrument des vengeances et des cruautés de Louis XI, l'acte n° 1843.

liberté le susdit Guillon et de lui restituer ses biens, pourvu que toutefois dans un délai de cinq semaines, à compter de la date des présentes lettres, il quitte le royaume et le Dauphiné d'où il le bannit, sous peine de confiscation de corps et de biens et d'être convaincu des crimes qui lui étaient imputés[1].

Copie. B 2948, f° 146, v°.

1488   *Paris, 7 octobre 1467.*

Lettres adressées aux gouverneur ou son lieutenant, gens du Parlement et des Comptes du Dauphiné, par lesquelles le roi révoque l'ordonnance qu'il avait précédemment rendue sur la création des sceaux des contrats[2], et entend qu'à l'avenir les susdits contrats soient régis en Dauphiné comme ils l'étaient avant son ordonnance[3].

Enregistrées le 17 novembre 1467.

Copies. B 2904, f° 270, et B 2911.
Analyse. U. Chevalier, *Ordon.*, n° 489.
Publiées. *Statuta delphinalia*, Grenoble, 1619, 2ᵉ part., f° 23, v°.

1489   *Paris, 7 octobre 1467.*

Lettres, adressées aux gouverneur ou son lieutenant et gens du Parlement et des Comptes du Dauphiné, par lesquelles le roi, — après avoir relaté que les gens des Trois-États lui avaient exposé que, dès le mois d'avril dernier, ils avaient envoyé des délégués pour lui représenter que, dans l'assemblée tenue à Grenoble au mois de février précédent, ils avaient octroyé une aide de 81,000 florins à la condition que tous les sujets du Dauphiné et des comtés de Valentinois et de

---

[1] Jean Guillon aurait été mis en liberté, à Bourges, le 13 octobre 1467, ainsi qu'il résulte de lettres délivrées par Jean Alabat, clerc, lieutenant de Tristan l'Hermite, chevalier, prévôt des maréchaux de France ; mais le Parlement de Grenoble, par arrêt du 4 novembre suivant, refusa d'entériner les lettres royales, prétextant que pour accomplir cette formalité l'intéressé devait être présent en personne. — Voir, sur Jean Guillon, la note 2, p. 39.

[2] L'ordonnance visée avait été rendue le 23 juin 1451 (acte n° 880).

[3] Ces nouvelles lettres du roi, qui avaient été rédigées à la suite de nombreuses protestations des gens des Trois-États du Dauphiné, furent ensuite confirmées par lettres de François Iᵉʳ, données à Paris, le 25 février 1544, n. s., enregistrées le 23 avril suivant (U. Chevalier, *Ordon.*, n° 863).

Diois se prétendant allodiaux, tels que ceux de Montélimar, Crest, Viviers, des terres de l'archevêque d'Embrun et autres, y contribueraient, et que sur ce avait été rendu lettres patentes le 13 avril, par lesquelles il déclarait que tous les habitants des susdits lieux, à la seule exception des gens d'église, des nobles vivant noblement, des clercs, pauvres et mendiants, contribueraient à la dite aide[1]; mais comme ces lettres ne mentionnaient point expressément les terres d'Embrun et de Viviers, que d'autre part, à la suite d'une ordonnance rendue, en faveur des habitants archiépiscopaux d'Embrun, par le sire de Châteauneuf[2] et maître Jean Hébert, ses commissaires[3], on avait différé de procéder à leur entérinement et qu'attendu que les habitants d'Embrun avaient présenté à l'entérinement des lettres du 25 mai dernier par lesquelles il les maintenait en terre d'église, — leur enjoint, en conséquence, de faire commandement aux habitants de Montélimar, de Crest, des terres et châteaux d'Embrun et de Viviers, et à tous autres, à la seule exception des gens d'église, des nobles vivant noblement, pauvres mendiants, et clercs vivant cléricalement, d'avoir à payer incontinent entre les mains du trésorier les sommes auxquelles ils avaient été cotisés dans l'aide de 81,000 florins et ce nonobstant toutes leurs prétendues exemptions.

Enregistrées le 20 novembre 1467.

COPIE. B 2904, f° 264.

ANALYSES. U. Chevalier, Ordon., n° 489. — J. Roman, Tabl. hist. des Hautes-Alpes, p. 339.

PUBLIÉES. Statuta delphinalia, Grenoble, 1619, 2ᵉ part., f° 21.

1800
Paris, 12 octobre 1467.

Lettres par lesquelles le roi, après avoir rappelé qu'après son avènement au trône, sur les faux rapports qui lui avaient été faits contre

---

[1] Voir, à ce sujet, l'acte n° 1481.

[2] Soffrey Alleman, seigneur de Châteauneuf et d'Uriage; voir, sur ce personnage, la note 1, p. 40 du t. 1ᵉʳ, et la note 2, p. 46 de ce vol.

[3] Ces commissaires spéciaux du roi avaient été envoyés en Dauphiné par lettres du 7 mars 1466, n. s. (acte n° 1453). Par une ordonnance datée de Vienne, le 8 août 1466, ils avaient déchargé les gens de l'archevêque d'Embrun de leur part des aides imposées par les Etats.

son conseiller, l'archevêque d'Embrun[1], accusé d'avoir commis à l'encontre de sa personne plusieurs crimes de lèse-majesté, il avait chargé son procureur général en Dauphiné de faire procéder à la confiscation du temporel de son siège et à son bannissement hors du royaume, en suite de quoi la spiritualité de la même église d'Embrun avait été remise entre les mains du pape ; mais que depuis lors, ayant reconnu l'innocence de cet archevêque, il le rappelle dans son diocèse,

---

[1] Jean Bailo, né à Grenoble, était fils de Jean Bailo, président du Parlement de Grenoble (voir, sur ce dernier, les notes 2, p. 32 du t. 1er, et 2, p. 49 de ce vol.). Élu archevêque d'Embrun par les chanoines de cette église, durant les premiers jours de l'année 1458, après le décès de l'archevêque Jean Girard, il fit son entrée solennelle à Embrun le 3 mai suivant. Lors de son avènement au trône, le roi Louis XI, ainsi qu'il appert des lettres que nous analysons, ordonna de confisquer le temporel de son archevêché et de le bannir du royaume. Dans une lettre missive que ce prince adressa, d'Orléans, le 28 octobre 1466, au duc de Milan, il lui annonce qu'il envoie des ambassadeurs au pape pour obtenir que Jean Bailo, qui s'était fait nommer subrepticement archevêque d'Embrun, ne soit pas promu à ce siège et soit envoyé hors de ses états, car il désirait faire nommer à cet archevêché Laurent Albert, son aumônier. Il prie, en outre, le duc d'appuyer sa requête auprès du Saint-Siège, ajoutant qu'il ne souffrira pas que ce prélat réside dans son diocèse, car il lui est « *exosus et suspectissimus* » (Vuesen, *Lettres de Louis XI*, t. III, p. 114). Les sentiments de Louis XI, cependant, à l'égard de Jean Bailo se modifièrent dans la suite, car il le rappela dans son diocèse et ordonna de lui restituer les biens de son archevêché confisqués. Le Parlement du Dauphiné ayant fait quelques difficultés pour enregistrer les lettres du roi, ce prince lui adressa une lettre missive, datée du Mans, le 20 janvier 1469, n. s., l'invitant à remettre sans retard à l'archevêque Bailo la temporalité de son siège (*ibid.*, p. 195. — B 3001, n° 226).

Jean Bailo, qui fut ensuite recteur du Comtat Venaissin, de 1472 à 1474, et qui, dans un acte de l'année 1473, se qualifie de référendaire du pape, fut l'un des plus violents persécuteurs des Vaudois. Il mourut en 1494. D'un document rédigé par Louis XI lui-même, au mois d'août 1482, il résulte que le pape n'aurait confirmé l'élection de Jean Bailo, au siège archiépiscopal d'Embrun, qu'à la sollicitation du cardinal d'Estouteville, auquel le père du susdit archevêque aurait donné, à cette fin, 12 ou 14,000 ducats. Dans le même document, le roi dépeint Jean Bailo sous les plus noires couleurs, il l'accuse d'avoir rançonné nombre de particuliers, voire même tout le pays, d'être « le plus fort vindicatif qui soit au monde et rappineuls » ; et ajoute enfin, « tous ceulx qu'il hait, il les détruit de corps et de biens, seulement ceulx qui ont esté ennemis de luy ou de son père ». (Jules Quicherat, *Hist. de Charles VII et Louis XI, par Thomas Basin*, t. IV, 1859, p. 399.)

lui restitue ses biens confisqués et consent à ce que la spiritualité de son église lui soit pareillement délivrée.

Enregistrées le 27 février 1468.

Copie. B 3001, cah. 226.
Analyse. J. Roman, *Tabl. hist. des Hautes-Alpes*, p. 340.

1501 Paris, 16 octobre 1467.

Lettres par lesquelles le roi, — à la suite d'une supplique que lui avaient fait parvenir les syndics et habitants de la ville de Die, dans laquelle, après avoir rappelé que plusieurs évêques de leur ville leur avaient concédé de belles franchises, libertés et immunités[1], mais que les officiers de cette ville s'efforçaient de les diminuer et abolir, attendu que les conservateurs de leurs privilèges étaient des personnes ecclésiastiques demeurant au loin, le requiert de désigner tels de ses officiers qu'il lui plaira comme conservateurs de leurs libertés et privilèges, — statue, en conséquence, que le gouverneur du Dauphiné et le sénéchal du Valentinois et Diois, ou leurs lieutenants, seront à l'avenir conservateurs des susdits privilèges, et leur donne les pouvoir et autorité nécessaires pour entretenir et garder les dites libertés et condamner les transgresseurs aux peines et amendes prévues par les mêmes coutumes.

1501 *bis* Paris, 16 octobre 1467.

Lettres par lesquelles le roi, à la suite d'une requête que lui avaient présentée les habitants de la ville de Die, les affranchit des droits à payer au péage de Quint[2].

---

[1] Des chartes de liberté avaient été concédées aux habitants de Die par leurs évêques et seigneurs : Didier, les 23 avril 1210, 30 juin et 1er juillet 1218; Humbert, les 28 mars et 9 juin 1240, et depuis avaient été confirmées par Amédée de Roussillon, le 30 mai 1276; Guillaume de Roussillon, les 31 décembre 1298 et 14 juillet 1315; Aimar de La Voute, le 2 juin 1331, et Jean de Poitiers, le 20 janvier 1441 (U. Chevalier, *Cartul. de la ville de Die*, dans *Docum. inéd. relatifs au Dauph.*, publiés par l'Acad. delph., t. 11).

[2] A la suite de ces lettres, François d'Urre, à qui le roi Louis XI avait fait don, par lettres du 27 juin 1464, de la terre de Quint, confisquée sur Guillaume, bâtard de Poitiers (voir l'acte n° 1399), adressa une réclamation à ce prince et en obtint de nouvelles lettres, en date du 12 janvier 1469, n. s., qui révoquaient sa précédente charte d'affranchissement (acte n° 1522 *bis*).

Enregistrées le 7 avril 1468.

Copie. Arch. municip. de Die, FF 2.
Mention. Chan. Jules Chevalier, *Essai hist. sur l'église et la ville de Die*, t. II, p. 427.

1802 *Paris, 20 octobre 1467.*

Mandement du roi à Claude Coct, trésorier du Dauphiné, de payer à Marie de France¹, sa fille naturelle, épouse du seigneur de Saint-Vallier², une somme de 612 l., 3 s., 9 d.

Original. Bibl. nat., mss. Franç., 22393, f° 7.

1803 *Le Mans, 26 novembre 1467.*

Lettres par lesquelles le roi, à la suite d'une supplique que lui avaient présentée les consuls, bourgeois et habitants de Montélimar, prenant en considération les conditions sous lesquelles les dits habitants étaient devenus ses sujets, qui étaient de respecter leurs privilèges et d'être exempts de tous impôts ; et aussi en considération de ce que la ville et la seigneurie de Montélimar étaient situées sur les frontières du Comtat Venaissin, de la principauté d'Orange et d'autres terres franches, les déclare francs et exempts des impôts auxquels ils avaient été taxés ou de ceux qui pourraient être levés à l'avenir, les dispense d'assister aux assemblées des Trois États du Dauphiné, et les met hors de cause et de tous procès qui leur avaient été intentés³.

Enregistrées le 28 janvier 1469.

Copie. B 2983, f° 785.
Publiée. U. Chevalier, *Cartul. municip. de la ville de Montélimar*, p. 302.

---

¹ Elle donna quittance à Claude Coct, le 28 août 1468, « pour certains draps de « soye, de layne et fourrures d'ermines, letiers et autres habillements et vestemens » (Orig. Bibl. nat., mss. Franç., 20422, n° 4). — Voir, sur cette princesse, la note 1, p. 123.

² Aimar de Poitiers, seigneur de Saint-Vallier ; voir, sur ce personnage, la note 2, p. 122.

³ Dans leur supplique au roi les consuls et habitants de Montélimar exposaient : qu'avant que leur ville ne fût placée sous l'autorité delphinale, leurs seigneurs particuliers leur avaient concédé, dès l'an 1198, plusieurs libertés, franchises et privilèges, entre autres celui de ne contribuer à aucune taille, avec stipulation que s'il advenait que ce privilège soit violé ils se trouveraient, par ce seul fait, déliés de

1804 Le Mans, 2 décembre 1467.

Lettres par lesquelles le roi, — après avoir relaté : que dès le mois

---

tout serment de fidélité et d'obéissance envers eux, ce que jurèrent les susdits seigneurs ; que depuis lors leurs privilèges avaient été confirmés tant par Louis de Poitiers, comte de Valentinois et coseigneur de Montélimar, que par Mathieu de Foix, gouverneur du Dauphiné ; que pareillement le dauphin Louis, en acquérant, en 1447, l'autre moitié de la même seigneurie de Montélimar, leur avait aussi confirmé les mêmes privilèges et avait de plus stipulé qu'ils ne pourraient être convoqués aux réunions des Trois États, ni tenus de contribuer aux subsides, dons et autres charges levés en Dauphiné (voir les lettres du 30 mai 1447, n° 457). Ils ajoutaient qu'en 1452, ayant été imposés par les gens des États, ils obtinrent du dauphin de nouvelles lettres les déclarant exempts et quittes de tous subsides delphinaux, tant pour le passé que pour l'avenir (lettres du 2 août 1452, n° 989) ; que nonobstant ce, les mêmes gens des États s'étaient efforcés à diverses reprises de les imposer et de les contraindre à contribuer aux charges de la province, ensuite de quoi ils avaient obtenu plusieurs provisions les déclarant quittes de tous impôts (lettres de Louis de Laval, gouverneur de Vienne, le 16 décembre 1456, de Grenoble le 13 novembre 1457, du palais de Gênes le 23 novembre 1459, et arrêt du Parlement de Grenoble du 11 juin 1460. — B 2983, f° 543, v°, 683 et 684, v°) ; mais que néanmoins le trésorier du Dauphiné ayant voulu les contraindre à solder la quote à laquelle ils avaient été taxés, ils avaient obtenu du roi de nouvelles lettres les maintenant dans tous leurs privilèges (lettres du 26 octobre 1461, n° 1314) ; mais au sujet de l'entérinement desquelles le procureur général du Dauphiné et celui des Trois-États leur intentèrent un procès devant le Parlement. Ils exposaient, encore, qu'après de nombreuses enquêtes intervint un arrêt les déclarant, une fois de plus, exempts d'impôts, ordonnant de les rayer des rôles des tailles et entérinant les lettres royales (arrêt du 15 février 1462) ; qu'ils jouirent, ensuite, paisiblement de leurs privilèges jusqu'au jour où les États voulurent de nouveau les contraindre à contribuer aux tailles levées en 1465 et 1466, ensuite de quoi le trésorier général Claude Coct fit arrêter et détenir prisonniers plusieurs des suppliants jusqu'à ce qu'ils eussent payer ; qu'ayant adressé une nouvelle supplique au roi, ils en obtinrent de nouvelles lettres les tenant quittes et exempts, mais que le trésorier, nonobstant ce, ne voulut cesser de les poursuivre, prétextant que ces lettres ne faisaient point mention du procès pendant devant le Parlement, et aussi parce que le paiement du don pour lequel on les poursuivait était extraordinaire ; que les suppliants, enfin, eurent encore recours au roi qui leur octroya de nouvelles lettres en février dernier (acte n° 1478), dont ils ont vainement réclamé l'enregistrement, et que bien pis les États avaient obtenu de leur côté d'autres lettres du roi, stipulant que tous les habitants du Dauphiné, à la seule exception des nobles, gens d'église et mendiants, contribueraient au paiement de l'impôt levé sur eux, pour cette fois

de juin 1413, maître Jean Baile [1], docteur en droits, avait été, par sentence du Parlement et de commissaires spéciaux, condamné au bannissement hors du Dauphiné, à la confiscation de ses biens et à la restitution des gages qu'il avait touchés tant comme président qu'autrement, durant tout le temps qu'il avait séjourné en Flandre et en Brabant; que le condamné aurait pu « supplier à nous ainsi qu'il luy « estoit permis de faire selon l'usaige et coustume de nostre dit pays « du Dauphiné », mais qu'il ne l'avait point fait à cause des frais

---

seulement et sans préjudice de leurs libertés (lettres du 13 avril 1467, n° 1481), ce qui serait rendre totalement illusoires les privilèges des suppliants.

Le Parlement ayant fait de nouvelles difficultés pour l'enregistrement des dernières lettres du roi que nous analysons ci-dessus, ce prince, par deux lettres missives, datées du Montils-lès-Tours, les 28 et 29 décembre suivant, adressées l'une au comte de Comminges, gouverneur du Dauphiné, et la seconde aux conseillers du Parlement de Grenoble, leur manifeste tout son mécontentement à ce sujet et leur mande « de rechief et ceste fois pour toutes et sur payne d'encourir son indigna- « tion » de procéder immédiatement à l'entérinement de ses précédentes lettres. (B 2983, f° 792, v°, et 793, v°; — Vaesen, *Lettres de Louis XI*, t. III, pp. 305 et 307).

[1] Jean Baile, président du Parlement de Grenoble, avait été compris dans les poursuites ordonnées par le roi Louis XI, en 1462, contre ceux qui avaient abandonné son parti (acte n° 1338). Voir, sur ce personnage, la note 2, p. 32 du t. 1er.

Après le décès du roi Louis XI, Pierre et Antoine Baile, avocats, et François Baile, tous fils du président Baile, ayant sollicité du roi Charles VIII la révision du procès intenté à leur père, ce prince y consentit par lettres données à Tours, le 8 mars 1484, n. s., ensuite de quoi un arrêt du Parlement de Grenoble, du 28 juin suivant, déclara Jean Baile innocent des crimes qui lui avaient été imputés et ordonna la restitution à ses héritiers de tous ses biens confisqués. Marguerite de Montorcier, veuve d'Aimar de Poisieu, dit Capdorat, au nom de ses fils Louis et Claude de Poisieu, forma bien opposition à cet arrêt, qui les dépouillait de la plupart des biens de Jean Baile, que le roi Louis XI avait donnés à leur père, mais elle fut déboutée de ses prétentions. Rentrés en possession de l'intégralité du patrimoine de leur père que leur restituèrent le président Jean Gruel et Marguerite de Montorcier, les frères Baile en prêtèrent hommage au roi le 5 septembre 1486. D'après le dénombrement, qu'ils fournirent le 5 septembre de l'année suivante, ils possédaient : le château et mandement de Pellafol, avec toute juridiction ; le mandement de Palon, les coseigneuries de Saint-Julien-en-Champsaur, de Montorcier, Saint-Michel-de-Chaillol, le mas des Izoards et de Montrosier, le tout avec juridiction ; enfin des rentes et cens à Saint-Michel et à Saint-Pierre-de-Chaillol, Saint-Barthélemy-du-Buissard, Chabottes, Saint-Nicolas-de-Montorcier et Saint-Bonnet-en-Champsaur (*Invent. de la Chambre des comptes*, Graisivaudan, t. 11, f° 250).

considérables que ce recours aurait entraînés, mais qu'au contraire, doutant de l'irriter et de lui déplaire, il s'était retiré en Savoie, où depuis lors il avait vécu misérablement et où il se trouvait encore, n'osant rentrer en Dauphiné sans son autorisation « ainsi qu'il le lui avait fait dire », — déclare que voulant relever le susdit Jean Baile des peines, travaux et dépenses qu'il lui conviendrait de faire pour poursuivre le recours de la sentence qui l'avait condamné, le gracie de la peine du bannissement et l'autorise à rentrer en Dauphiné, avec stipulation qu'il ne lui sera fait, mis ou donné « aucun destorbié », ni à sa personne ni à ses biens, à l'exception toutefois de ceux de ses derniers, dont il avait fait don et à l'égard desquels il n'entend rien innover.

Enregistrées le 17 février 1468.

Copie. B 2958, f° 204.

1805 — Le Mans, 29 décembre 1467.

Lettres par lesquelles le roi, en souvenir des bons, notables et agréables services que lui avait rendus, de son vivant, feu Roland de Lescouët[1], chevalier, fait don de l'office de châtelain de Bourgoin, avec tous les revenus du même lieu, à Jean de Lescouët[2], en remplacement du susdit Roland de Lescouët, son oncle.

Enregistrées le 7 avril 1868.

Copie. B 3278, f° 145.

1806 — Le Mans, décembre 1467.

Lettres par lesquelles le roi renouvelle, en faveur de François Bartelier, natif du Dauphiné, le don qu'il lui avait fait, en 1464[3], de la garde de Montrigaud avec ses droits, profits, revenus et dépendances, pour en jouir, lui et ses héritiers, successeurs et ayants cause, à perpétuité, et ce, attendu que le susdit avait perdu ses précédentes lettres

---

[1] Voir, sur Roland de Lescouët, la note 4, p. 510 du t. 1er.

[2] Jean de Lescouët, qui fit prendre possession de sa charge par Antoine de Milieu, son procureur, le 18 juillet 1468, fut déchargé du même office par lettres du roi, du 17 janvier 1478, n. s., et remplacé par Guichard d'Albon (acte n° 1703).

[3] Voir l'acte n° 1408.

de don à la journée de Montlhéry[1]. Le roi, en outre, ordonne que le même Barletier jouisse des revenus et profits de sa charge, échus depuis 1464, s'il ne les a point encore perçus[2].

Enregistrées le 16 septembre 1468.

Copie. B 2977, f° 578.

1507   *Le Mans, 4 janvier 1467 (1468).*

Lettres du roi chargeant Jean, bâtard d'Armagnac, chevalier, comte de Comminges, son chambellan, gouverneur du Dauphiné, de régler le différend qui s'était élevé entre Elie de Pompadour[3], évêque de Viviers, et Pierre Gruel, président du Parlement du Dauphiné, au sujet de la juridiction des terres de Montpezat, Châteauneuf-du-Rhône, Rac, Donzère et autres[4].

---

[1] La bataille de Montlhéry eut lieu le 16 juillet 1465.

[2] Des lettres de Jean de Daillon, gouverneur du Dauphiné, données à Forges-lès-Chinon, le 17 janvier 1478, ordonnèrent de nouveau de laisser François Barletier jouir paisiblement du don que lui avait fait le roi (B 2977).

[3] Elie ou Elias de Pompadour, fils de Jean, seigneur de Pompadour et de Cromières, et de Madeleine de Ventadour, et neveu de Geoffroy de Pompadour, qui fut évêque de Carcassonne, de 1440 à 1446, d'abord conseiller au Parlement de Paris, avait été ensuite nommé conseiller clerc au Parlement de Toulouse, lors de son institution par le roi Charles VII, en 1443. Également chanoine de Carcassonne, il fut successivement élu évêque d'Alet, en 1454, confirmé par le pape en 1455, et transféré à Viviers, par le pape Calixte III, en remplacement de Guillaume de Poitiers, mort le 16 août 1454. Il était déjà mort en 1478.

[4] La difficulté à laquelle il est fait allusion dans les lettres royales, relativement à la juridiction de certaines terres possédées par l'évêque de Viviers, et que revendiquaient, pour le dauphin, les officiers delphinaux, loin de se terminer, dura encore de nombreuses années. Le 8 janvier 1482, le Parlement de Grenoble ouvrit une information contre Jean de Montchenu, qui avait succédé, en 1478, sur le siège épiscopal de Viviers, à Elie de Pompadour, et qui avait fait apposer ses armes à Châteauneuf-du-Rhône, Donzère, Rac, La Garde, Roussas et Pierrelatte. En même temps, le Parlement faisait injonction aux habitants des susdites localités de ne reconnaître d'autre juridiction que celle du dauphin. Ce différend ne prit fin qu'à la suite de transactions des 5 mars et 8 octobre 1516, qui stipulèrent que l'évêque Claude de Tournon, successeur de Jean de Montchenu, abandonnait au dauphin la souveraineté et la juridiction supérieure de la terre de Donzère, mais recevrait en échange la parerie de Châteauneuf-du-Rhône, que le roi, à cet effet, acquit du seigneur de Grignan (B 2986).

ANALYSES. Arch. munic. de Pierrelatte (Drôme) AA 1. — *Invent. som. des arch. de la Drôme*, Suppl., t. v, E 6846 [1].

1508 — Février 1467 (1468).

Lettres portant confirmation des privilèges de l'Université de Valence [2].

MENTION. *Ordon. des rois de France*, t. XVII, p. 75, d'après le *Recueil des édits, ordon., décl. enregistrées au greffe du Parl. du Dauphiné de 1340 à 1700.*

1508 bis — Montils-lès-Tours, 20 mars 1467 (1468).

Mandement du roi à Claude Coct, trésorier du Dauphiné, pour qu'il ait à payer les gages des officiers du Parlement et de la Chambre des comptes du Dauphiné, sur le produit des amendes, lods, ventes, treizième deniers, épaves et confiscations, et en cas d'insuffisance, sur tous les autres deniers de sa recette, tant ordinaires qu'extraordinaires [3].

COPIE. B 3232, f° 52, v°.

1509 — Amboise, 26 mars 1467 (1468).

Lettres par lesquelles le roi, — après avoir relaté que, le 14 juin 1466 [4], il avait fait don à son conseiller et chambellan Soffrey Alleman [5], chevalier, seigneur de Châteauneuf et d'Uriage, maréchal et lieutenant du gouverneur du Dauphiné, des revenus et émoluments du sceau du Dauphiné, à quelque valeur qu'ils puissent monter, pour en jouir durant tout le temps qu'il tiendrait la charge de lieute-

---

[1] Cette analyse contient de nombreuses inexactitudes : elle désigne le président Gruel avec le prénom de Guillaume, alors qu'il faut lire Pierre; parle de possession, alors qu'il ne s'agit que de droit de juridiction; confond Montpensier avec Montpezat, et fait de Châteauneuf-du-Rhône et de Rac une seule et même localité, dénommée Châteauneuf-de-Rac.

[2] Cette université avait été fondée par lettres du dauphin Louis, du 26 juillet 1452 (n° 959), et le pape Pie II en avait sanctionné la création en 1459. Voir la note 1, p. 369 du t. 1er, et l'acte n° 1308 bis.

[3] Voir, sur le même sujet, l'acte n° 1523.

[4] Voir l'acte n° 1469.

[5] Voir, sur ce personnage, les notes 1, p. 40 du t. 1er, et 2, p. 46 de ce vol.

nant du gouverneur; mais que, nonobstant ce don, sous prétexte que ses lettres patentes contiennent que l'intéressé jouirait des susdits revenus de la même manière qu'en jouissait feu Aimar de Clermont, jadis lieutenant du gouverneur, le trésorier du Dauphiné, prétendant que le susdit Aimar n'en prélevait que 500 florins annuellement, a mis empêchement à la perception intégrale de ces revenus et n'a voulu lui en donner que semblable somme de 500 florins, — lui confirme et en tant que de besoin lui donne de nouveau tout le revenu du sceau, à quelque valeur qu'il puisse monter, après paiement toutefois des charges anciennes, et ce à partir de la fête de saint Jean-Baptiste prochaine.

Enregistrées le 28 juin 1468.

Copie. B 3049, f° 72, v°.

1510 *Tours, 2 avril 1467 (1468).*

Lettres, adressées aux gouverneur du Dauphiné ou son lieutenant, et gens de son Parlement au même pays, par lesquelles le roi, — à la supplication de son bien aimé Jean Guillon [1], docteur en lois, contenant que pour avoir dit et proféré, à l'encontre de sa personne, certaines paroles injurieuses et malsonnantes, il avait été emprisonné dans les prisons de Bourges et y avait été longtemps détenu sous la garde de Tristan Lermite, chevalier, prévôt des maréchaux, mais que depuis il lui avait « remis, quitté et aboly le dit cas, réservé qu'il « serait banny du royaulme et Dauphiné », à la suite de quoi le Parlement avait refusé d'entériner les lettres qu'il lui avait accordées, parce que le suppliant ne les avait point présentées en personne, ce qui lui était impossible, attendu qu'il était banni du royaume, et aussi parce que, par erreur du secrétaire qui avait expédié ces lettres, il y manquait les mots « *de Dieu roy* », — en conséquence, voulant que les lettres qu'il avait accordées au susdit Jean Guillon reçoivent leur plein effet, leur mande et leur enjoint très expressément de procéder à leur entérinement si le suppliant le requiert par procureur.

---

[1] Voir, sur ce personnage, la note 2, p. 39.

Enregistrées le 23 mars 1469¹.
Copie B 2948, f° 234.

1511 — Montils-lès-Tours, 23 avril 1468.

Lettres adressées aux gouverneur ou son lieutenant, gens du Parlement, des Comptes et tous autres justiciers et officiers du Dauphiné ou leurs lieutenants, par lesquelles le roi ordonne de laisser jouir de l'office de châtelain de Saint-Lattier, Richard Vauchis², l'un de ses trompettes, auquel il l'avait concédé par lettres du 15 octobre 1448, nonobstant la nomination qu'il avait depuis faite du même office en faveur de Berton de Bocsozel³.

Enregistrées le 9 juin 1468.
Copie. B 3276, f° 118.

1512 — Amboise, 12 mai 1468.

Lettres, adressées aux gouverneur ou son lieutenant, gens de son Parlement et de ses Comptes du Dauphiné, par lesquelles le roi, en

---

¹ L'enregistrement des lettres royales concédées à Jean Guillon ne se fit point sans difficultés et n'eut lieu que sous la réserve des droits des tiers, au profit desquels les biens du susnommé avaient été saisis; en effet, lorsque Pierre de Suelles, procureur de Guillon, avait présenté les lettres du roi au Parlement, Guy Papo avait formé opposition à leur entérinement, sous le prétexte qu'il s'était fait attribuer en gage les biens du susdit Jean Guillon et de ses frères (B 2948, f° 237, v°).

² Sur Richard Vauchis, voir la note 1, p. 232 du t. 1ᵉʳ.

³ Berton de Bocsozel, que l'on trouve capitaine châtelain de Saint-Nazaire-en-Royans, de 1481 à 1493, de La Côte-Saint-André, de Romans et de Saint-Lattier, en 1462, était en même temps maître des eaux et forêts du Dauphiné. En 1463 et 1464, il avait été poursuivi, ainsi qu'Antoine de Bocsozel, capitaine châtelain de Montclard, son lieutenant (voir, sur ce dernier, l'acte n° 1657), pour les compositions, oppressions, rançonnements, extorsions et autres crimes qu'ils avaient commis sous ombre et couleur de faire respecter les inhibitions qui avaient été faites relativement à la chasse et à la pêche en Dauphiné (B 3182). Les attributions de la charge de maître des eaux et forêts du Dauphiné furent, peu après, réglées par une ordonnance du gouverneur en date du 5 janvier 1471 (B 3232, f° 46), qui resta en vigueur jusqu'à l'édit rendu sur le même sujet par le roi François 1ᵉʳ, à Paris, au mois de janvier 1519, n. s. (U. Chevalier, Ordon., n° 657).

considération des services que lui avait rendus Michel Cassard [1], écuyer, durant son séjour en Dauphiné et également de ceux que Claude Cassard, son fils, lui avait rendus depuis son avènement au trône, ainsi qu'à la reine au service de laquelle il était, leur fait don des lods et ventes qu'ils pourraient devoir, à raison des acquisitions qu'ils avaient faites ou feraient, jusqu'à la somme de 200 livres tournois de rente annuelle.

Enregistrées le 30 août 1468.

Copie. B 2901, f° 274.

1513 *Amboise, 1ᵉʳ juin 1468.*

Lettres du roi faisant don à son conseiller et chambellan Regnault du Châtelet [2], et à Charlotte Alleman, à raison de leur mariage, de la somme de 10,000 francs.

Copie. Bibl. nat., mss. Franç., 20189, f° 85.

---

[1] Voir, sur Michel Cassard, la note 2, p. 178 du t. 1ᵉʳ.

[2] Renaud ou Regnault du Châtelet, chevalier, seigneur de Pompierre, puis du Châtelet en partie, comte de Vignory, souverain de Vauvillars, seigneur de Sorcy, Hautevillers, baron de Châteauneuf-de-l'Albenc, etc., était fils de Philibert du Châtelet, chevalier, seigneur du Châtelet, Sorcy, Doncourt, Saint-Amand, etc., et de Claude de Paroye, sa première épouse. Le 5 août 1442, on le trouve présent à un traité de paix conclu entre les ducs de Bourgogne et de Lorraine. Il devint successivement écuyer d'écurie du roi Charles VII, en 1451, conseiller, chambellan et écuyer tranchant de Louis XI, capitaine de la grosse tour de Villeneuve-le-Roi, bailli de Chaumont, en 1466, puis de Sens après Charles de Melun, en 1468. Le 10 mai de cette dernière année il assista au mariage, célébré dans la chapelle du château d'Amboise, entre Galéas-Marie Sforza, duc de Milan, et Bonne de Savoie (S. Guichenon, *Hist. de la mais. de Savoie*, t. II, p. 107). D'après deux mandements du roi Louis XI, des 15 mai et 17 décembre 1468, il était chargé de la garde du château d'Alençon (Bibl. nat., mss. Franç., 20596, f° 84 et 99). La même année, Louis XI le maria avec Charlotte Alleman, dame d'honneur de la reine Charlotte de Savoie, fille de Soffrey Alleman, seigneur de Châteauneuf et d'Uriage, et de Claudine de Beauvoir, et lui fit, à cette occasion, un don de 10,000 écus d'or; mais cette somme ne dut point lui être payée comptant, car à la date du 17 février 1477, n. s., il donne encore quittance sur ce don, à André de Mauregard, trésorier général du Dauphiné, d'une somme de 500 livres (*Invent. des sceaux de la collect. Clairambault*, t. Iᵉʳ, p. 244). Par d'autres lettres du 31 octobre 1472, le même Louis XI, après le décès de Soffrey Alleman, lui concéda les charges de maréchal du Dauphiné et de lieutenant du gouverneur de la même province, dont jouissait le susdit Soffrey

1513 bis   Amboise, 1er juin 1468.

Lettres de retenue de conseiller et chambellan du roi pour monseigneur du Bouchage[1].

ORIGINAL. Bibl. nat., mss. Franç., 2909, f° 25.
PUBLIÉES. B. de Mandrot, *Ymbert de Batarnay, seigneur du Bouchage, conseiller des rois Louis XI, Charles VIII, Louis XII et François Ier*, Paris, A. Picard, 1886, p. 295.

1514   Amboise, 7 juin 1468.

Lettres du roi portant confirmation, approbation et ratification de l'albergement des pont, pontonnage et banc du vin de la ville et du mandement de Vizille, passé le 9 décembre 1457, par Louis de Laval, gouverneur du Dauphiné, sur avis des gens du Parlement, des Comptes

---

Alleman, son beau-père (voir l'acte n° 1577), mais il n'exerça la dernière qu'une seule année. Par lettres de mai 1472, Louis XI avait également confirmé en sa faveur et comme garantie du don qu'il lui avait fait lors de son mariage, la possession de la terre de Tullins en Dauphiné, que ce prince avait donnée à son beau-père Soffrey Alleman, en 1463 (voir les actes nos 1360 et 1363).
Après le décès de Louis XI, le roi Charles VIII, par ordre daté de Cléry, le 29 novembre 1483, le chargea de mettre la duchesse de Lorraine et le duc, son fils, en possession des places du duché de Bar, qui avaient été confisquées par Louis XI. Renaud du Châtelet, qui vivait encore en 1485, année où il est qualifié dans un acte de chevalier et de maréchal du Dauphiné, mais qui était déjà mort en 1493, laissa, de son mariage avec Charlotte Alleman, plusieurs enfants, dont deux fils : 1° Antoine, chevalier, baron du Châtelet et de Châteauneuf-de-l'Albene, qui fut conseiller et grand chambellan d'Antoine, duc de Lorraine, et mourut le 10 novembre 1529 ; 2° Jacques, chevalier, seigneur de Vauvillars, devenu baron du Châtelet et de Châteauneuf-de-l'Albene, par suite du décès de son neveu René, mort avant le 25 janvier 1536, et qui fut également conseiller et chambellan du duc de Lorraine et bailli de Saint-Mihiel, mort le 31 mai 1551 (Dom Calmet, *Hist. généal. de la mais. du Châtelet, branche puînée de la maison de Lorraine*, Nancy, 1741, p. 173). La petite-fille de Jacques du Châtelet, Philiberte-Marguerite-Christine du Châtelet, épouse de Maximilien de Choiseul, baron de Menzo, de Ménil et de Beaupré, à laquelle était échue la baronnie de Châteauneuf-de-l'Albene, vendit cette terre le 7 mai 1599, à Laurence de Monteynard, épouse de Gaspard de Baronnat, seigneur de Poleymieux en Lyonnais et de Poliénas en Dauphiné, capitaine de gens de guerre (*Armorial de Dauphiné*, p. 43, et *Titres de la Chambre des comptes*).

[1] Imbert de Bathernay, seigneur du Bouchage ; voir, sur ce personnage, la note 2, p. 4.

et du trésorier du Dauphiné, à Nicolet des Diguières, dit Villiet, citoyen de Grenoble, et ce, sous le cens annuel de 2 florins, valant 17 sous pièce, avec plaid accoutumé, qui était du double à chaque mutation de seigneur.

Enregistrées le 21 janvier 1469.

Copie. B 2918, f° 59.

1515 *Lagny, 20 juin 1468.*

Lettres par lesquelles le roi, — sur une requête par laquelle les prévôt, chanoines et chapitre de l'église de Saint-André de Grenoble, lui exposaient que, quoique depuis leur institution première, ils aient été en possession du droit d'élire leur prévôt et d'instituer les chanoines, prébendiers, chantre, trésorier, chapelains et autres officiers de leur église, on leur suscitait, depuis quatre ou cinq ans, des difficultés à ce sujet, — voulant favoriser les chanoines de cette église, qui avaient spontanément doté et pourvu d'ornements la chapelle qu'il y avait jadis fondée sous le vocable de l'archange saint Raphaël, leur confirme les statuts et privilèges qui leur avaient été concédés, le 1ᵉʳ février 1227, par Soffrey, évêque de Grenoble.

Enregistrées le 7 octobre 1468.

Copie. B 3254, f° 104; — Titres du Chapitre de Saint-André de Grenoble, n° 487, et *Cartulaire* du même Chapitre; — Arch. nat., *Trésor des chartes*, reg. 195, pièce 74.

Publiées. *Ordon. des rois de France*, t. xvii, p. 90.

---

¹ Par une lettre missive, datée de Senlis, le 23 août suivant, Louis XI recommande expressément aux gouverneur et gens du Parlement et des Comptes d'enregistrer ses lettres patentes et de tenir la main à ce que le Chapitre de Saint-André de Grenoble poursuive l'achèvement de la chapelle qu'il avait fondée dans cette église.

Le même Chapitre, de son côté, en reconnaissance de la confirmation royale, par délibération du 17 octobre, s'engagea à faire célébrer, dans la chapelle fondée par le dauphin, une messe chaque jour de l'année pour la prospérité du roi et de ses successeurs. De nouvelles difficultés, cependant, durent être soulevées au sujet de l'institution des bénéficiers, car le roi, à la date du 8 février 1471, n. s., renvoya au gouverneur du Dauphiné une nouvelle requête du Chapitre relative au même objet (voir l'acte n° 1545).

1816 *Meaux, 24 juin 1468.*

Lettres par lesquelles le roi, — après avoir relaté qu'Alexis de Bonne[1], écuyer, mu de dévotion envers saint Arnoux, patron de l'église cathédrale de Gap, avait fait don au Chapitre de cette église de quelques hommes qu'il avait dans la paroisse de Saint-Laurent-du-Cros, avec toute juridiction, cens et servis qu'il percevait au même lieu, à raison d'une donation qu'avait faite noble Catherine Boisson, par contrat de mariage avec noble Jacques de Bonne, son père, le tout estimé 7 l. t. de revenu et mouvant du fief delphinal, — en considération de l'affection qu'il avait lui-même pour l'église de Gap, amortit, en faveur de cette dernière, les susdites 7 l. t. de revenu, et en plus 7 autres l. t. qu'il lui permit d'acquérir dans le même lieu, sous la réserve des foi et hommage et sous la condition que le Chapitre devrait lui fournir perpétuellement un brigandinier ou un franc-archer[2], outre les six que ce Chapitre était déjà tenu de lui fournir de toute ancienneté, durant ses guerres.

Enregistrées le 21 novembre 1468.

ORIGINAL. Arch. des Hautes-Alpes.
COPIES. B 2918, f° 506; B 2992, f° 48; — Arch. nat., *Trésor des chartes*, reg. 195, pièce 75.
PUBLIÉES. ORDON. *des rois de France*, t. XVII, p. 95.

---

[1] Alexis de Bonne, écuyer, coseigneur de La Rochette en Champsaur, était fils de noble Jacques de Bonne, de Saint-Bonnet, coseigneur de Saint-Laurent-du-Cros et de La Rochette, qui, le 23 décembre 1461, avait été établi par Pierre de Mons, son lieutenant, dans la châtellenie de Champsaur. Il fut, lui-même, également vichâtelain de la précédente châtellenie, de 1461 à 1464, charge dans laquelle il fut remplacé par François de Bonne. Plusieurs membres de la famille de Bonne avaient exercé les mêmes fonctions, à savoir : François de Bonne, notaire, en 1399; Gabriel, notaire, en 1405; François, de 1444 à 1449 et en 1455 et 1456; autre François de Bonne, le Jeune, en 1457 et 1463; Jean de Bonne, en 1470 et 1471; Raimond, de 1478 à 1480; Honoré de Bonne, de 1493 à 1499, de 1503 à 1506, et de 1511 à 1513; Gaspard, son fils, de 1522 à 1524. C'est de la même famille qu'est sorti le célèbre François de Bonne, duc de Lesdiguières, pair et dernier connétable de France, né à Saint-Bonnet-en-Champsaur, le 1er avril 1543, décédé à Valence, le 28 septembre 1626. Il était l'arrière-petit-fils de François de Bonne, le Jeune, qui testa le 8 janvier 1472.

[2] La fourniture de ce brigandinier armé fut supprimée par don du roi, en mars 1482, n. s. (acte n° 1799).

1817
Meaux, 5 juillet 1468.

Lettres portant don en faveur de Philippe Royer[1], écuyer, en considération de ses services, de l'office de capitaine des château et place de Mirabel, avec tous leurs revenus, en remplacement d'Olivier de Bigneu[2], décédé.

Enregistrées le 22 août 1468.

Copie. B 3276, f° 122.

1818
Senlis, 18 août 1468.

Lettres par lesquelles le roi confirme, en faveur de Simon de Lorgery[3], chevalier, seigneur du dit lieu, le don qu'il lui avait jadis fait, alors qu'il était en Dauphiné, de la charge de capitaine de La Buissière et de Bellecombe, ainsi que de tous les revenus de ces terres, mais dont il avait été, depuis, évincé par les officiers du roi Charles VII, et entend que le dit de Lorgery, à partir de la fête de saint Jean-Baptiste passée, perçoive les droits de péage levés à La Buissière, les amendes et exploits de la Cour des mêmes lieux, ainsi que le bois mort et le mort bois qui est vendu par le seigneur, les lods, ventes, cens, rentes et tous autres fruits, profits et revenus des mêmes terres[4].

Enregistrées le 18 décembre 1468.

Copie. B 3276, f° 78.

1819
Orléans, 29 novembre 1468.

Lettres portant don de l'office de châtelain de Saint-Georges-d'Espéranche, avec tous les revenus de cette terre, pour en jouir sa vie

---

[1] Philippe Royer, dont il a déjà été parlé dans un acte du 12 janvier 1462, n. s. (n° 1332), devait appartenir à la même famille que François Royer, conseiller et chambellan du roi Louis XI, qui fait l'objet de la note 1, p. 617 du t. 1er.

[2] Sur Olivier de Bigneu ou de Bigny, voir la note 1, p. 447 du t. 1er.

[3] Voir, sur ce personnage, la note 1, p. 440 du t. 1er.

[4] Voir, sur le même sujet, deux lettres antérieures des années 1461 et 1463 (n°s 1401 et 1539).

durant, en faveur de Guiot Pot[1], écuyer, seigneur de la Prugne-au-Pot, en remplacement de Jean de Rochechouart[2], décédé.

Enregistrées le 16 avril 1469.

Copie B 3276, f° 181.

1820 — Meung-sur-Loire, 6 décembre 1468.

Lettres, adressées aux gouverneur ou son lieutenant, gens du Parlement, des Comptes, trésorier et procureur général du Dauphiné, ainsi qu'à tous autres justiciers du même pays ou leurs lieutenants, par lesquelles le roi constate les foi et hommage lige prêtés entre ses mains par François, comte de Dunois et de Longueville[3], pour les baronnies, terres et seigneuries de Valbonnais, Theys, Claix, Falavier et leurs dépendances, qu'il possédait en Dauphiné et qui lui

---

[1] Guiot Pot, écuyer, puis chevalier, seigneur de la Prugne de Champroye, de Lucheu, de Damville, de La Roche-de-Nolay, de Châteauneuf-en-Auxois et comte de Saint-Pol. Dès le mois de janvier 1452, on le voit envoyé, avec Nicolas le Bourguignon, par Philippe le Bon, auprès de Charles VII, pour le détourner d'appuyer les Gantois. Il servit tour à tour le duc d'Orléans et le roi. Ainsi, il fut conseiller et chambellan du duc Charles; gouverneur, puis premier chambellan du duc Louis, depuis Louis XII; gouverneur de Valois, de Blois et capitaine de Coucy pour le même duc Charles et pour Marie de Clèves, sa veuve. Le roi Louis XI, dont il était, dès le 14 mai 1466, l'un des conseillers et chambellans, l'envoya auprès du duc de Bourgogne négocier une prolongation de trêve. Il accompagna le même prince, à Péronne, en 1468, et devint ensuite bailli de Vermandois (1471), capitaine de Compiègne (1471) et Noyon (1476), gouverneur de Touraine (1483) et de Blois (1488). Par lettres de février 1476, il reçut en don, de Louis XI, la seigneurie de Tingry et le comté de Saint-Pol, confisqués sur Jean de Luxembourg, fils du connétable de Saint-Pol (Ordon. des rois de France, t. XVIII, p. 231). C'est entre ses mains et celles de Jean Bourré que furent remis Arras, le 2 mars 1477, puis le 25 du même mois, les otages de la soumission d'Hesdin (Comines, éd. Dupont, t. II, p. 991). Guiot Pot, qui avait été l'un des hommes les plus souvent chargés des négociations de Louis XI, vivait encore le 3 janvier 1495 (Vaesen, Lettres de Louis XI, t. III, p. 238). Il se fit suppléer, dans sa charge de châtelain de Saint-Georges-d'Espéranche, par Artaud de La Balme, de 1468 à 1480, et par Hector de La Balme, fils du précédent, de 1480 à 1495.

[2] Voir, sur Jean de Rochechouart, la note 4, p. 66 du t. I°°.

[3] Voir, sur ce personnage, la note 1, p. 112.

étaient échues par suite du décès du comte de Dunois[1], son père ; et, en outre, ordonne qu'au cas où ces terres auraient été saisies et mises sous sa main, elles lui soient restituées.

Copie. B 3049, f° 75, v°.

1821 *Orléans, 31 décembre 1468.*

Lettres, adressées aux gouverneur ou son lieutenant, gens du Parlement, des Comptes et trésorier du Dauphiné, par lesquelles le roi, en considération des liens de parenté qui l'unissaient à son très cher et amé frère et cousin François, comte de Dunois et de Longueville, seigneur de Parthenay, lui fait don de toutes les sommes qu'il pouvait devoir pour les rachats, profits, quint, requint et autres droits et devoirs des terres, baronnies et seigneuries de Valbonnais, Theys, Claix et Falavier et toutes autres terres qu'il possédait en Dauphiné, par suite du décès du comte de Dunois, son père.

Copie. B 3049, f° 76.

1821 bis *1468.*

Lettres, adressées aux gouverneur ou son lieutenant et gens du Parlement et des Comptes du Dauphiné, par lesquelles le roi, — après avoir relaté que feu Gabriel de Bernes[2], convaincu de félonie et de crime de lèse-majesté, avait été, après son décès, condamné par un arrêt du Parlement de Grenoble, à la confiscation de ses biens, ensuite de quoi, Barthélemy Marquis[3], son neveu et héritier, avait été pris et mis en prison pour avoir refusé de restituer certains des susdits biens, et ensuite condamné, par arrêt du même Parlement, à rester détenu jusqu'à ce qu'il eût restitué tout ce dont il s'était emparé, — leur mande qu'il vient de transiger avec le susdit Marquis, et qu'en conséquence ils aient à le relâcher et à le mettre en possession des biens

---

[1] Jean, bâtard d'Orléans, comte de Dunois, était mort le 24 novembre précédent. C'était le fameux Dunois. Il avait lui-même prêté hommage, pour les mêmes terres, le 19 septembre 1467 (acte n° 1402).

[2] Voir, sur Gabriel de Bernes, la note 4, p. 2 du t. 1er.

[3] Il a déjà été question de Barthélemy Marquis, seigneur de Montolion, panetier du dauphin, dans des lettres du 29 juin 1452 (acte n° 951).

qui avaient appartenu à Gabriel de Bernes, et qui, depuis, avaient été données à Imbert de Bathernay, sous la condition, toutefois, qu'il paierait une somme de 2,000 écus d'or, outre tous les frais du procès, entre les mains de son secrétaire, François Gautier, commis à la recette des amendes et confiscations en Dauphiné.

Minute. Bibl. nat., mss. Franç., 2900, f° 62.
Publiées. Charavay, *Lettres de Louis XI*, t. 1ᵉʳ, p. 278.

1522 *Les Montils-lès-Tours, 2 janvier 1468 (1469).*

Lettres, adressées aux gouverneur ou son lieutenant, gens du Parlement, des Comptes, trésorier et procureur général du Dauphiné, et à tous autres justiciers du même pays ou leurs lieutenants et commis, par lesquelles le roi accorde un délai de deux ans à son très cher et amé frère et cousin, le comte de Dunois et de Longueville[1], pour fournir le dénombrement des terres, châtellenies et seigneuries qu'il tenait en Dauphiné et pour lesquelles il lui avait prêté hommage[2].

1522 bis *Tours, 12 janvier 1468 (1469).*

Lettres par lesquelles le roi, à la demande de François d'Urre[3], révoque ses précédentes lettres d'affranchissement des droits à payer au péage de Quint[4], qu'il avait concédées aux habitants de la ville de Die, comme ayant été subrepticement obtenues « par les faux donnés à entendre, contre vérité, taysant du droit que a le dit François d'Urre ».

Copie. Arch. municip. de Die, FF 2.
Mention. Jules Chevalier, *Essai hist. sur l'église et la ville de Die*, t. 11, p. 428.

1523 *Les Montils-lès-Tours, 11 février 1468 (1469).*

Mandement du roi portant ordre à son conseiller, Claude Cocl, trésorier général du Dauphiné ou autre qui occupera cette charge dans

---

[1] François d'Orléans, comte de Dunois et de Longueville; voir, sur ce personnage, la note 1, p. 112.
[2] Voir l'acte n° 1520.
[3] Voir, sur ce personnage, la note 3, p. 30.
[4] Voir l'acte n° 1501 bis.

l'avenir, de payer, à tous les officiers du Dauphiné, l'intégralité de leurs gages et pensions aux termes accoutumés, et ce, sans aucune diminution ni restriction, sur les deniers de sa recette provenant tant du domaine que des aides octroyées chaque année par les gens des Trois-États[1].

Enregistrées le 13 mars 1469.

COPIE B 2905, f° 276.

ANALYSE. U. Chevalier, *Ordon.*, n° 491.

1524
26 mai 1469.

Lettres du roi portant provisions d'un office de conseiller auditeur en la Chambre des comptes de Grenoble, pour maître Baude Meurin, son secrétaire[2].

MENTIONS. B 3238, f° 11, v°. — *Invent. som. des arch. de l'Isère*, t. 11, Introd. p. 86.

1525
Amboise, 20 juin 1469.

Lettres par lesquelles le roi fait don de l'office de capitaine et châtelain des château, terre et seigneurie de Champsaur, avec tous leurs revenus quelqu'en puisse être la valeur, à son échanson Raimond Jean, écuyer, seigneur de Saint-Muris[3], tant pour le récompenser des services qu'il lui avait rendus que pour le dédommager de la possession de la terre de Chevrières qu'il lui avait donnée, après qu'elle eut été confisquée sur Jean de Poitiers[4], mais qu'il lui avait ensuite

---

[1] Voir, sur le même sujet, l'acte n° 1508.

[2] Par ses lettres du 24 septembre 1461, le roi avait déjà pourvu Baude Meurin du même office (voir, sur ce personnage, la note 1, p. 13).

[3] Voir, sur Raimond Jean, la note 3, p. 43. Ce personnage resta en possession des terres de Champsaur, Montalquier et Montorcier jusqu'en 1483, époque où, par procès-verbal du 23 septembre, fait par Antoine Moino, secrétaire en la Chambre des comptes de Grenoble, elles furent réunies au domaine, conformément aux lettres patentes du roi Charles VIII ordonnant le retour au domaine de toutes les terres aliénées précédemment.

[4] Jean de Poitiers, seigneur de Chevrières, avait été compris dans les poursuites ordonnées par Louis XI, en 1462, contre ceux qui avaient abandonné son parti, alors qu'il n'était encore que dauphin (voir l'acte n° 1338). — Voir, sur Jean de Poitiers, la note 1, p. 206 du t. 1er.

reprise, quatre ans après, pour la remettre au seigneur de Saint-Vallier[1], lors de son mariage avec sa fille naturelle Jeanne de France.

Enregistrées le 29 juillet 1469.

Copie. B 3276, f° 142.

1525 bis   (Amboise), 8 juillet 1469.

Lettres du roi confirmant Yves Lévy[2] dans les fonctions d'huissier au Parlement de Grenoble.

Mention. *Invent. som. des arch. de l'Isère*, t. II, Introd., p. 77.

1526   Amboise, 1er août 1469.

Ordonnance portant institution et statuts de l'ordre de Saint-Michel, dont le roi était le grand-maître, et qui devait se composer de trente-six chevaliers[3].

Pubiée. Rebuffi, *Edits et ordon.*, t. II, p. 141. — Fontanon, *Edits et ordon.*, t. III, p. 32. — *Ordon. des rois de France*, t. XVII, p. 236.

1527   Amboise, 4 août 1469.

Lettres par lesquelles le roi nomme à la charge de son conseiller et

---

[1] Aimar de Poitiers, seigneur de Saint-Vallier, neveu du précédent. Il vendit la terre de Chevrières, le 11 octobre 1486, à Barachin Alleman, seigneur de Rochechinard, pour le prix de 2,500 écus d'or.

[2] Yves Lévy, d'abord notaire au Châtelet de Paris, avait été nommé huissier au Parlement de Grenoble, par lettres du 28 septembre 1461 (acte n° 1303 ter).

[3] Les premiers chevaliers nommés furent : Charles, duc de Guyenne, frère du roi ; Jean, duc de Bourbonnais et d'Auvergne ; Louis de Luxembourg, comte de Saint-Pol, connétable de France ; André de Laval, seigneur de Lohéac, maréchal de France ; Jean, comte de Sancerre, seigneur de Bueil ; Louis de Beaumont, seigneur de La Forest et du Plessis-Macé ; Jean d'Estouteville, seigneur de Torcy ; Louis de Laval, seigneur de Châtillon ; Louis, bâtard de Bourbon, comte de Roussillon, amiral de France ; Antoine de Chabannes, comte de Dampmartin, grand-maître d'hôtel de France ; Jean d'Armagnac, comte de Comminges, maréchal de France, gouverneur du Dauphiné ; Georges de La Trémoille, seigneur de Craon ; Gilbert de Chabannes, seigneur de Curton, sénéchal de Guyenne ; Louis, seigneur de Crussol, sénéchal du Poitou ; Tanguy du Châtel, vicomte de La Bellière, gouverneur du Roussillon et de la Cerdagne.

maître des requêtes de son hôtel, Antoine Armuet[1], prévôt de l'église de Saint-André de Grenoble, aux gages, honneurs, prérogatives, libertés et droits accoutumés dont jouissaient les conseillers du Parlement du Dauphiné, et mande, en conséquence, aux gouverneur, gens du Parlement et des Comptes et trésorier du Dauphiné, de mettre le susdit en possession de son office.

Enregistrées le 16 septembre 1469.

ANALYSES. B 3049, f° 376. — *Invent. som. des arch. de l'Isère*, t. II, Introd., p. 21.

1528 *Amboise, 22 novembre 1469.*

Lettres portant don en faveur de Jean de Beauvoisin[2], écuyer

---

[1] Antoine Armuet appartenait à l'une des principales familles de la haute bourgeoisie de Grenoble. Tout à la fois prévôt du Chapitre de l'église collégiale de Saint-André de Grenoble et auditeur de la Chambre des comptes du Dauphiné, dès 1460, on le trouve ensuite prieur commendataire du prieuré de Saint-Laurent de Grenoble, conseiller au Parlement de la même ville et maître des requêtes de l'hôtel du roi en 1469, procureur général des Trois-Etats du Dauphiné en 1470, commissaire député au sujet des droits de leyde et du consulat de la ville de Gap en 1473. Il mourut le 14 décembre 1476 *(Calendrier de la Chambre des comptes)*. Le 15 juillet 1466, il avait, avec l'un de ses frères, Guillaume, marchand drapier à Grenoble, et son oncle, Pierre Armuet, chanoine de Saint-André, fait diverses fondations religieuses dans l'église de son Chapitre de Saint-André (Titres de ce Chapitre).

[2] Jean de Beauvoisin, écuyer, seigneur de Fontaine-Riant, originaire de La Guerche. Le don que lui fit le roi de la châtellenie de Montélimar dut lui susciter de la part des officiers delphinaux d'assez nombreuses difficultés si l'on en juge par les lettres successives qu'il obtint du même prince, à ce sujet, les 25 mars, 26 juin et 9 octobre 1470 (actes n°° 1532, 1536, 1540 et 1541). Par acte passé à La Guerche, le 8 février 1478, il donna à ferme à Jean et Duron Roure, frères, marchands de Montélimar, les revenus de sa seigneurie de Montélimar, pour une durée de trois ans, et pour le prix de 1,000 l. t., plus une somme de 50 l. t. payable à un nommé Jean Damoudon, dit le Grec, et sous la réserve toutefois des amendes et de la garde du château, et aussi des amendes du péage supérieures à 10 l. t. (B 2984, f° 169). Jean de Beauvoisin fut tué en août 1479, devant Thérouanne, et dès les 4 et 5 septembre suivant, la terre de Montélimar était mise sous la main du roi par Etienne de Beaupont, procureur général fiscal du Dauphiné, commis à cet effet par un arrêt du Parlement de Grenoble, du 26 août précédent *(ibid., f° 165)*. Peu après, François Boterin, exacteur du quint denier, ayant voulu exiger le paiement de ce droit des héritiers de Jean de Beauvoisin, un arrêt du Parlement du 9 novembre 1479 le débouta de ses prétentions *(ibid., f° 133)*.

d'écurie, de la charge de capitaine de Montélimar, avec tous les revenus de la même seigneurie, y compris ceux du greffe et du péage, tant par eau que par terre, et quelqu'en soit le montant, pour en jouir de la même manière que Jean Raimond du Lyon, précédent titulaire.

Enregistrées le 12 mars 1470.

Copie. B 3276, f° 126.

1529   *Amboise, 23 janvier 1469 (1470).*

Lettres portant confirmation en faveur de Jean de Salemard [1], de l'office de gardier de la ville de Vienne, auquel l'avait nommé, dès le mois de décembre 1468, le comte de Commingcs, gouverneur du Dauphiné, en remplacement d'Olivier de Bigneu [2].

Enregistrées le 27 mars 1470.

Copie. B 3276, f° 139.

1529 *bis*   *Amboise, janvier 1469 (1470).*

Lettres du roi instituant en faveur de Gérentonne de Poitiers [3], dame de Clermont-de-Lodève et de Châteauneuf-de-Mazenc, deux foires chaque année dans le susdit lieu de Châteauneuf de Mazenc, qui se tiendraient l'une le jour de la fête de la Décollation de saint Jean-Baptiste, l'autre le jour de la fête des saints Simon et Jude.

Analyse. A. du Chesne, *Hist. général. des comtes de Valentinois et de Diois*, Preuves, p. 100.

---

[1] Jean de Salemard avait été nommé gardier de Vienne par lettres du gouverneur, Jean d'Armagnac, comte de Commingcs, données à Grenoble le 19 décembre 1468, à la condition qu'il résiderait à Vienne et gérerait personnellement son office, ce que ne faisait point son prédécesseur qui se contentait, depuis une dizaine d'années, de prendre ses gages et de faire gérer sa charge par un lieutenant fort mal rétribué et par suite peu soucieux de faire respecter les intérêts du roi (B 3276, f° 138).

[2] Voir, sur Olivier de Bigny ou Bigneu, la note 1, p. 447 du t. 1er.

[3] Voir, sur Gérentonne de Poitiers, l'acte n° 1414.

1830 *Amboise, 17 février 1469 (1470).*

Lettres constatant l'hommage prêté au roi par Joachim de Velor[1], au nom de son épouse, Catherine de Lévis, pour les château, terre, seigneurie et juridiction de Demptézieu.

Enregistrées le 20 mars 1470.

ANALYSE. *Invent. de la Chambre des comptes, Viennois,* t. III, f° 2.

1831 *Amboise, 12 mars 1469 (1470).*

Lettres par lesquelles le roi, en considération des services que lui avaient rendus Durand de La Cour, bourgeois de Romans, et ses parents, notamment Jean-Pierre Blanc, son oncle, mort en Catalogne, à son service, enjoint aux gouverneur ou son lieutenant, gens du Parlement et des Comptes et trésorier du Dauphiné, de faire jouir des privilèges conférés aux monnayeurs, le susdit de La Cour, qui avait été reçu monnayeur en la monnaie de Romans[2], par succession de Claude Blanc, son grand-père maternel, de Guillaume Blanc, son oncle, et de leurs prédécesseurs, et ce nonobstant qu'il n'ait point encore fait ses épreuve et essai, dont il le dispense, pourvu que,

---

[1] Joachim de Velor, seigneur de La Chapelle-Bellouin, avait épousé Catherine, fille d'Antoine de Lévis, comte de Villars, vicomte de Lautrec, baron de La Roche et d'Annonay, seigneur de Vauvert, qui vivait encore en 1454, et d'Isabelle de Chartres, fille elle-même d'Hector, seigneur d'Ous-en-Brai, sa première femme. Catherine de Lévis, lors de son mariage avec Joachim de Velor, était veuve d'Antoine de Clermont, seigneur de Surgères, duquel elle avait hérité de la terre de Demptézieu. Après le décès de cette dernière, la même terre passa entre les mains de ses fils, dont l'un, Geoffroy de Velor, en prêta hommage, à Tours, le 18 juillet 1483, au roi Charles VIII. La terre de Demptézieu fut ensuite vendue, suivant acte du 28 mai 1484, par Artus de Velor et ses frères à Barachin Alleman, seigneur de Rochechinard, pour le prix de 3,500 écus d'or (*Invent. de la Chambre des comptes, Viennois,* t. III, f° 2, v°).

[2] A cette époque, la Monnaie delphinale de Romans comptait treize ouvriers et monnayeurs, savoir : Ynimond de Bron, prévôt des monnayeurs ; Jean de Saint-Pierre, prévôt des ouvriers ; Jean Guiuer, Jean Bergognon, Pierre Gras, Pierre Charlet, Jean Russol, Pierre Odoard, Humbert de Metz, Jacques Rigolet, Jacques Lyonard, François André et François Gras.

quand on « besoignera en cette monnaie », il soit tenu de faire le dit essai.

Enregistrées le 20 février 1472.

Copie. B 2826, f° 106.

1832   *Les Montils-lès-Tours, 25 mars 1469 (1470).*

Lettres, adressées au comte de Comminges [1], maréchal de France, gouverneur du Dauphiné, ou à son lieutenant, par lesquelles le roi donne de nouveau à son écuyer d'écurie, Jean de Beauvoisin [2], la châtellenie de Montélimar, avec tous ses revenus, à la seule exception de la souveraineté et de la juridiction, pour en jouir de la même manière que Raimond du Lyon, décédé, et entend qu'en exécution de ce don le susdit Jean de Beauvoisin jouisse également du péage par eau de Montélimar, qui était une dépendance de ceux de Leyne et de Savasse, ainsi que du greffe de la cour de Montélimar, qui était uni à celui de la sénéchaussée du Valentinois, et ce nonobstant l'omission qui en avait été faite par inadvertance dans ses précédentes lettres de don.

Enregistrées le 2 juin 1470.

Copie B 3276, f° 127.

1833   *Les Montils-lès-Tours, 28 mars 1469 (1470).*

Lettres, adressées au comte de Comminges, gouverneur du Dauphiné, au seigneur de Châteauneuf, lieutenant du dit gouverneur, et à Claude Cocl, trésorier général du Dauphiné, par lesquelles le roi, après avoir exposé, que pour attirer vers lui son frère le duc de Guyenne, et pacifier les divisions qui agitaient le royaume, il lui avait convenu de donner à son dit frère de grandes terres, ce qui avait fort diminué ses finances, et de faire, en outre, de nombreuses promesses, — les commet pour faire assembler les Etats du Dauphiné, leur remontrer les besoins du roi et les requérir très instamment en son nom de vouloir bien lui octroyer pour l'année courante 45,000 florins

---

[1] Jean, bâtard d'Armagnac, comte de Comminges.
[2] Voir, sur Jean de Beauvoisin, l'acte n° 1528 et la note 2, p. 152.

pour l'aide accoutumée, plus une somme de 24,000 livres tournois, forte monnaie, et ensuite imposer ces sommes, le plus promptement possible, sur tous les habitants, à la seule exception de ceux qu'il en avait exemptés par ses lettres patentes. Le roi ajoute que dans le cas où les gens des États refuseraient d'accorder cette année les deux sommes qu'il réclamait, il veut et leur mande qu'ils les imposent et lèvent, nonobstant toutes oppositions et appellations, de manière à ce qu'elles puissent être recouvrées à la fin du mois de septembre prochain.

Original. B 3182.
Mention. B 3232, f° 42.
Publiées. *Ordon. des rois de France*, t. xvii, p. 288, d'après une copie de la Bibl. du roi, *Pièces pour servir à l'hist. de Louis XI*, boîte 10.

1834 *Notre-Dame de La Celle, avril 1469 (1470).*

Lettres portant confirmation en faveur de Jean Richier, coseigneur de Montgardin, et d'Antoine et Pierre de Montgardin, frères, d'une transaction intervenue, à Beauvoir, le 7 des calendes de janvier (26 décembre) 1265, entre Guigues, dauphin de Viennois, comte d'Albon, et les seigneurs de Montgardin, savoir : Guigues de Montgardin, Hugues de « Salices », Pierre de Montgardin, Aimon et Jacques Brunel, dame Scarlata et ses enfants, dame Mothette et ses enfants, Vraillon et ses frères, Lantelme de Chorges et Rambaud d'Esparron, relativement à la juridiction du susdit lieu de Montgardin[1].

Copie. B 2992, f° 8, v°. — Arch. nat., *Trésor des chartes*, reg. 201, pièce 139.
Analyse. J. Roman, *Tabl. hist. des Hautes-Alpes*, p. 340.
Publiées. *Ordon. des rois de France*, t. xvii, p. 291.

1834 bis *Amboise, 13 mai 1470.*

Ordonnance portant règlement sur le fait des gens d'armes.
Publiée. *Ordon. des rois de France*, t. xvii, p. 293.

---

[1] Voir, sur le même sujet, des lettres de relief du 4 avril 1472 (acte n° 1564). Dans ces dernières, Jean Richier est qualifié d'écuyer d'écurie du roi.

1834 ter (Amboise), mai 1470.

Lettres portant concession de droit de haute justice en faveur d'Aimar de Poisieu, dit Capdoral[1].

Copie. Arch. nat., *Trésor des chartes*, reg. 196.
Mention. *Ordon. des rois de France*, t. xvii, p. 297.

1835 Amboise, 21 juin 1470.

Lettres par lesquelles le roi mande aux gouverneur ou son lieutenant, gens de son Parlement et de ses Comptes du Dauphiné, de laisser jouir François et Maurice Mottet, dit de Leymare[2], frères, écuyers, de l'exemption de contribution aux tailles, impôts, aides et subsides mis ou à mettre en Dauphiné, qu'il leur avait précédemment concédée, et en tant que de besoin la leur confirme de nouveau.

Copie. B 2731, f° 318.

1836 Amboise, 26 juin 1470.

Lettres, adressées au comte de Comminges, gouverneur du Dauphiné, ou à son lieutenant, par lesquelles le roi ordonne que ses précédentes lettres du 26 mars[3], faisant don à son écuyer d'écurie, Jean de Beauvoisin[4], capitaine de Montélimar et de Savasse, du péage de Montélimar et du greffe de la Cour du même lieu, reçoivent leur entier effet et soient entérinées sans aucune restriction.

Enregistrées le 16 juillet 1470.

Copie. B 3276, f° 139.

1837 (Angers), 13 juillet 1470.

Ordonnance enjoignant d'appliquer aux réparations des châteaux et autres édifices du domaine delphinal, ainsi qu'à la rénovation des

---

[1] Voir, sur ce personnage, la note 2, p. 45 du t. 1er.
[2] Voir, sur la famille Mottet, dit de Leymare, la note 2, p. 15 du t. 1er.
[3] Voir l'acte n° 1532.
[4] Voir, sur ce personnage, la note 2, p. 132.

reconnaissances delphinales, la cinquième portion des revenus du domaine du Dauphiné et des comtés de Valentinois et de Diois[1].

Mention. B 3232, f° 229.

1538   *Les Ponts-de-Cé, 29 juillet 1470.*

Lettres, adressées aux gouverneur ou son lieutenant, gens du Parlement et des Comptes du Dauphiné, par lesquelles le roi, — après avoir exposé que, dès le mois de mars 1465, les habitants de Vienne s'étant adressés à lui pour obtenir la réduction de leurs feux, il leur a octroyé des lettres pour qu'ils ne soient de nouveau taxés qu'à 52 feux, conformément à ses lettres antérieures du 12 février 1450 (1451, n. s.), mais que les ayant présentées au Parlement pour les faire entériner, le procureur des Etats du Dauphiné y avait formé opposition et leur avait intenté un procès, — enjoint de faire cesser les poursuites dirigées contre les susdits habitants de Vienne, et de faire jouir ces derniers du bénéfice des lettres qu'il leur avait concédées[2].

Enregistrées le 22 novembre 1470.

Copie. B 2722, f° 37.

1539   *Les Montils-lès-Tours, 8 octobre 1470.*

Lettres portant défense à tous marchands ou autres, soit du royau-

---

[1] Cette ordonnance fut rendue à la requête des gens de la Chambre des comptes du Dauphiné, car, dans des instructions données le 23 février 1470, au président de cette Chambre, qui se rendait auprès du roi « quando accessit ad regem », on lit les passages suivants : « Primo, quod omnia castra dalphinalia cadunt in ruynam « deffectu manutentionis et reparationis eorumdem, licet rex mandaverit per suas « licteras missorias quod dicta manutentiones et reparationes fierent sumptibus « illorum qui dicta castra tenent. Actamen illud facere non curant sed aliqui obtinent « licteras a rego in contrarium. — Item, etiam, multi census de domanio dalphinalo « perduntur propter vetustatem recognitionum et nulli reperiuntur qui dictas reco- « gnitiones renovare velint sine solucione, quam solucionem illi qui tenent dicta « castra facere differunt, quod est in maximum prejudicium domanii domini nostri « dalphini » (B 3232, f° 36, v°). — Voir, sur le sujet de la précédente ordonnance, les lettres du 16 mai 1479, acte n° 1750.

[2] Voir, sur le même sujet, les lettres des 12 février 1451, n. s., et de janvier 1466, n. s. (actes n°ˢ 846 et 1449 bis).

me, soit du Dauphiné, de trafiquer avec les sujets du duc de Bourgogne[1].

Enregistrées le 3 novembre 1470.

ANALYSE. U. Chevalier, *Ordon.*, n° 494.

1840   *Les Montils-lès-Tours, 9 octobre 1470.*

Lettres, adressées au comte de Comminges, maréchal de France, gouverneur, aux gens du Parlement et des Comptes, et au trésorier du Dauphiné, par lesquelles le roi, — après avoir relaté que son écuyer d'écurie, Jean de Beauvoisin[2], capitaine des châteaux et places de Montélimar, Leyne et Savasse, lui avait remontré que naguères il lui avait fait don des susdites places et de leurs revenus, dont il avait été mis en possession et saisine, mais que depuis, à l'occasion des lettres par lesquelles il avait ordonné que l'on préléverait le quint denier sur les revenus de tous les châteaux et places du Dauphiné pour l'employer aux réparations des dits châteaux[3], il craignait que l'on ne veuille également prélever ce droit sur les revenus de Montélimar, — ordonne que le susdit Jean de Beauvoisin fera lui-même exécuter les réparations qu'il jugera nécessaires aux susdites places de Montélimar, Leyne et Savasse, sans être contraint « sous couleur de nos lettres, à faire ces réparations, ni que le dit quint denier soit levé par le trésorier ».

Enregistrées le 19 novembre 1470.

COPIE. B 3278, f° 135.

1841   *Les Montils-lès-Tours, 9 octobre 1470.*

Lettres, adressées au comte de Comminges, gouverneur du Dauphiné, à son lieutenant, le seigneur de Châteauneuf, et aux gens du Parlement et des Comptes, par lesquelles le roi leur enjoint expressément de laisser, conformément à ses dons et déclarations antérieu-

---

[1] Louis XI venait de rompre le traité de Péronne, que lui avait imposé, le 9 octobre 1468, Charles le Téméraire, duc de Bourgogne.
[2] Voir, sur Jean de Beauvoisin, la note 2, p. 152.
[3] Voir, à ce sujet, l'ordonnance du 13 juillet 1470, n° 1536.

res¹, jouir paisiblement Jean de Beauvoisin, capitaine de Montélimar et de Savasse, de tous les revenus des susdits lieux de Montélimar et de Savasse et leurs dépendances, y compris également les revenus, non seulement du greffe de la Cour de ce lieu, mais aussi de celui de La Valdaine, et ce nonobstant que le dernier de ces greffes soit ou non uni à celui de Montélimar. Le roi mande, en outre, au trésorier du Dauphiné, de laisser le susdit Jean de Beauvoisin lever et percevoir à l'avenir les produits des susdits greffes, par les fermiers qu'il commettrait à cet effet, sans y faire aucune difficulté ; de lui délivrer tout ce qu'il avait touché des mêmes greffes depuis le jour de son don ; et enfin, attendu qu'un nommé *Le Grec* prenait une pension annuelle de 50 l. t. sur les recettes du péage de Montélimar, lui enjoint d'en assigner le montant sur d'autres ressources.

Enregistrées le 19 novembre 1470.

Copie. B 3276, f° 131.

1841 bis *(Avant décembre) 1470.*

Lettres par lesquelles le roi fait don à Simon de Lorgery, seigneur du dit lieu, chevalier, du revenu de la ferme du greffe de la Cour majeure du Graisivaudan².

Mention. B 2961, f° 362.

1842 *Tours, 8 décembre 1470.*

Lettres, adressées aux gouverneur et gens du Parlement du Dauphiné, par lesquelles le roi leur mande d'enjoindre aux consuls de Romans, par provision et jusqu'à décision définitive du Parlement de Grenoble, de laisser jouir Matheline Boutonnier de l'exemption qu'il lui avait accordée précédemment³.

Copie. Arch. de la Drôme, E 3707.

---

¹ Voir, à ce sujet, les lettres des 22 novembre 1469, 26 mars et 26 juin 1470 (n°ˢ 1528, 1532, 1537).

² L'intéressé fut mis en possession de la ferme de ce greffe, le 19 décembre 1470, par le vibailli de la Cour mage du Graisivaudan. Voir, sur Simon de Lorgery, la note 1, p. 440 du t. 1ᵉʳ.

³ Voir, sur le même sujet, les actes n°ˢ 991, 1000, 1015 et 1667.

ANALYSES. *Invent. som. des arch. de la Drôme*, t. III, p. 244. — *Bull. de la Soc. d'arch. et de stat. de la Drôme*, t. X, p. 248.

1843   Amboise, 15 décembre 1470.

Mandement adressé par le roi à son conseiller Claude Coct, trésorier général du Dauphiné, pour payer, sur la recette de l'aide que lui avaient accordée les gens des Trois-Etats du Dauphiné, à sa bien amée Félise Reynard[1], la somme de 200 livres qu'il lui donne par le présent[2].

PUBLIÉ. A. de Gallier, *Phélise Regnard*, dans *Bull. de la Soc. d'arch. et de stat. de la Drôme*, t. VII, 1873, p. 50 (d'après l'original appartenant à M. le comte Humbert de Pina).

1844   Amboise, 30 décembre 1470.

Lettres, adressées aux gouverneur ou son lieutenant, gens du Parlement et des Comptes du Dauphiné, par lesquelles le roi, après avoir exposé qu'il avait fait don au duc de Calabre[3], aujourd'hui décédé, d'une pension annuelle de 24,000 l. t. à prendre sur le Dauphiné, avec et outre l'aide ordinaire que lui accordaient les gens des Trois-Etats, décide, qu'en raison de la pauvreté des habitants de ce pays, en payant promptement au trésorier la somme de 12,000 l. que ce dernier avait déjà avancée sur celle des deux annuités de pension

---

[1] Voir, sur Félize Reynard, l'une des maîtresses que le dauphin Louis eut en Dauphiné, la note 3, p. 360 du t. Ier.

[2] A la suite de ce mandement se trouve la quittance donnée à Claude Coct, par Félize Reynard, le 28 janvier 1471, en présence de Jean Vellin, chanoine de Die, Fortunat Bovier et Jean Seignoret, de Grenoble.

[3] Jean d'Anjou, duc de Calabre et de Lorraine, prince de Geronde, chevalier de l'ordre du Croissant, né à Nancy, le 2 août 1425, mort à Barcelone, le 16 décembre 1470. Il était fils de René, duc d'Anjou, dit le Bon, comte de Provence et roi de Sicile, et d'Isabelle, fille et héritière de Charles Ier, duc de Lorraine, et avait épousé Marie de Bourbon, fille aînée de Charles Ier, duc de Bourbon, par contrat du 2 avril 1437. Outre la pension qu'il lui donna sur le Dauphiné, Louis XI lui avait déjà antérieurement donné une somme de 60,000 écus pour le défrayer des dépenses qu'il avait faites à Gênes.

des années 1469 et 1470, montant au total de 48,000 l., il décharge les habitants du Dauphiné du paiement du surplus.

Enregistrées le 8 février 1471.

Copie. B 2904, f° 300.
Analyse. U. Chevalier, *Ordon.*, n° 495.

1844 bis   *Les Montils-lès-Tours, 4 janvier 1470 (1471).*

Édit portant règlement sur le cours des monnaies étrangères. A l'avenir, tant en Normandie et Dauphiné que dans tout le royaume, tous les paiements seront faits en forte monnaie et au cours qui en a été ordonné ; cependant, par tolérance et jusqu'au 1er mars prochain, les monnaies étrangères qui circulent continueront à être prises pour la valeur qu'elles ont présentement, sans toutefois, qu'à cause de cette tolérance, l'on achète, contracte ou paie, en Normandie et Dauphiné, autrement qu'en forte monnaie ; du 1er mars au 1er juin suivant, les mêmes monnaies ne seront prises que pour une valeur inférieure à celle qu'elles ont actuellement ; enfin, à partir de ce dernier délai, elles n'auront plus cours, seront réputées billon et portées dans les ateliers monétaires, et les seules monnaies royales continueront à avoir cours dans tout le royaume[1].

Copie. Arch. nat., reg. F de la *Cour des monnaies*, f° 89.
Publié. *Ordon. des rois de France*, t. xvii, p. 362.

1845   *Paris, 8 février 1470 (1471).*

Lettres du roi mandant au gouverneur du Dauphiné d'examiner une requête que lui avaient adressée les prévôt et chanoines de la chapelle et église collégiale de Saint-André de Grenoble, et qu'après l'avoir examinée et pris l'avis de ceux qu'il jugerait convenables, s'il lui apparaît que, d'après leurs privilèges, ces chanoines aient le droit de conférer les prébendes vacantes de leur église, il les fasse jouir de ce privilège, nonobstant toutes lettres à ce contraires[2].

Copie. *Cartul. du Chapitre de Saint-André de Grenoble.*

---

[1] Cet édit fut abrogé par une déclaration du 26 février suivant (voir l'acte n° 1848).
[2] Voir, sur le même sujet, l'acte n° 1515.

1846 *Compiègne, 20 février 1470 (1471).*

Lettres, adressées aux gouverneur ou son lieutenant, gens du Parlement et des Comptes et trésorier du Dauphiné, portant exemption des droits de sceau pour tous les arrêts, commissions et lettres qu'ils présenteraient en la Chancellerie établie près le Parlement de Grenoble, en faveur des doyen, chanoines et Chapitre de l'église de Notre-Dame de Grenoble, qui avaient fondé, depuis peu, pour la prospérité du roi, une messe chantée, ainsi qu'une procession générale, le premier dimanche de chaque mois[1].

Enregistrées le 26 mars 1471.

ORIGINAL. Titres du Chapitre de Notre-Dame de Grenoble.
COPIE. B 2918, f° 685.

1847 *Compiègne, 20 février 1470 (1471).*

Lettres portant commission à maîtres Jean de Ventes, conseiller au Parlement, et Pierre Odebert, auditeur des Comptes du Dauphiné, pour procéder à une nouvelle révision des feux de la mistralie de Jarrie, au mandement de Vizille, et en réduire le nombre, s'il leur paraît que les habitants de ce lieu soient relativement plus chargés que ceux des autres localités du pays[2].

Enregistrées le 17 décembre 1471.

COPIE. B 2722, f° 59.

1848 *Noyon, 26 février 1470 (1471).*

Déclaration par laquelle le roi, après avoir exposé que comme conséquence de l'édit qu'il avait précédemment rendu sur le cours des monnaies étrangères[3], qui ne devait avoir lieu que jusqu'au 1ᵉʳ juin prochain, les receveurs particuliers ne pouvaient faire le recouvrement

---

[1] Cette exemption de droits de sceau fut, depuis, confirmée par lettres de François Iᵉʳ, données à Paris, le 22 février 1515, n. s., par des arrêts du Parlement de Grenoble des 12 mars 1546 et 1ᵉʳ septembre 1668, et par lettres du roi Louis XIV, données à Saint-Germain-en-Laye, en juillet 1671.

[2] Une ordonnance des précédents commissaires, du 23 janvier 1473, réduisit de 11 1/6ᵉ à 8 le nombre des feux solvables de Jarrie.

[3] Voir l'édit du 4 janvier 1471, n. s. (acte n° 1511 bis).

de ses deniers, sans que la majeure partie n'en soit en monnaies étrangères, tellement le nombre de ces dernières était considérable dans le royaume ; que d'autre part, les gens de son ordonnance, de son hôtel et autres faisaient difficultés de les accepter en paiement de leurs gages et pensions, à raison de ce qu'à partir du 1ᵉʳ mars prochain elles n'auraient plus cours pendant trois mois, que pour une valeur moindre que celle qu'elles ont présentement ; pour ces raisons et eu égard au petit nombre de monnaies royales qui circulaient en France, par suite du transport que les étrangers en avaient fait, et aussi aux graves difficultés qu'entraînerait le paiement des gens d'armes, de l'artillerie et des vivres qui suivaient son « ost », en conséquence, et sans avoir égard à son ordonnance qui, cependant, était fort juste et raisonnable, déclare que les monnaies étrangères qui circulent dans le royaume continueront à être prises pour la valeur qu'elles ont présentement, et ce jusqu'à ce qu'il en soit autrement ordonné. Le roi, en outre, n'entend préjudicier en rien à ce qu'il avait ordonné par de précédentes lettres, à savoir : que la forte monnaie aura cours en Normandie et en Dauphiné, de la même manière que dans le reste du royaume, c'est-à-dire que l'écu ne s'y prendra que pour 27 sous 6 deniers tournois, et les autres monnaies, dans la même proportion.

Copie. B 2826, f° 104.

1849
8 mai 1471.

Lettres par lesquelles le roi mande au comte de Comminges[1], gouverneur du Dauphiné, de se transporter de suite en Dauphiné, et d'y convoquer le ban et l'arrière-ban pour la guerre de Savoie[2].

Mention. *Invent. de la Chambre des comptes, Généralités*, t. II, f° 401, v°. — Legeay, *Hist. de Louis XI*, t. II, p. 57.

---

[1] Jean d'Armagnac, comte de Comminges ; voir, sur ce personnage, les notes 1, p. 315, et 1, p. 512 du t. Iᵉʳ.
[2] Le duc Amédée IX de Savoie, que son état maladif rendait incapable de s'occuper du gouvernement de ses états, en avait confié la direction, malgré les récriminations de ses frères, les comtes de Bresse et de Romont, à son épouse Yolande de France, sœur du roi Louis XI. Irrités d'être tenus à l'écart, ces princes prirent les armes et s'emparèrent du château de Montmélian, où se trouvaient le duc et la

1880

1ᵉʳ juin 1471.

Lettres de provisions de conseiller au Parlement de Grenoble, office créé, pour Jean Rabot, visénéchal des comtés de Valentinois et Diois et juge mage aux sièges de Crest et de Montélimar[1].
Enregistrées le 2 juillet 1471.

---

duchesse; Amédée IX tomba entre leurs mains, au mois de juillet 1471, mais la duchesse réussit à s'échapper avec ses enfants et se réfugia dans le château d'Aspremont. Sur ces entrefaites, Louis XI qui, précédemment, avait cherché à conclure une alliance avec la cour de Savoie, et avait envoyé, à cet effet, en ambassade auprès du duc et de la duchesse, au mois de février 1470, Géraud de Crussol, évêque de Valence, pour négocier un traité (B 3275), saisit l'occasion qui lui était offerte pour intervenir dans ce conflit, et par ses lettres du 8 mai 1471, que nous relatons ci-dessus, chargea le comte de Comminges, gouverneur du Dauphiné, de se rendre de suite dans son gouvernement et d'y lever les troupes nécessaires. En même temps, il faisait également partir, pour aller au secours de sa mère, sous la conduite d'Antoine de Levis, comte de Villars, le jeune Charles de Savoie, prince de Piémont, fils aîné du duc Amédée IX, qui se trouvait alors à la cour de France; mais ce prince, ayant été obligé de s'arrêter à Orléans, pour cause de maladie, y mourut. Le comte de Comminges, après s'être rendu à La Buissière, où l'attendaient les troupes levées en Dauphiné, sous les ordres de Soffrey Alleman, maréchal de cette province, ainsi que l'évêque de Genève avec quelques Savoisiens, s'empressa tout d'abord de délivrer la duchesse enfermée avec ses enfants dans le château d'Aspremont et de l'envoyer, pour sa sûreté, à Grenoble, où elle séjourna environ un mois. Ensuite, durant les premiers jours du mois d'août, avec les renforts que lui amenèrent Louis, seigneur de Crussol, capitaine de cent lances, Ruffec de Balsac, sénéchal de Beaucaire, capitaine de 4,000 francs-archers, le seigneur de Curton et les sénéchaux d'Armagnac et de l'Agenais, qui commandaient à 150 lances, il alla mettre le siège devant Montmélian, que défendait le comte de Romont avec une grande quantité d'allemands que commandait Antoine, seigneur du Lau. (*Choix de docum. hist. inéd. sur le Dauphiné*, dans *Bul. de la Soc. de stat. de l'Isère*, 3ᵉ s., t. vi, pp. 391-394). A la suite de négociations entamées par les ambassadeurs des villes de Berne et de Fribourg, auxquelles la duchesse de Savoie avait également demandé des secours, une première entente fut conclue au château de La Pérouse, près de Montmélian, le 8 août 1471. Peu après, arrivèrent Tanneguy du Châtel, vicomte de La Bellière, gouverneur du Roussillon, Jean de Daillon, seigneur du Lude, bailli du Cotentin, et François Royer, bailli de Lyon, délégués du roi Louis XI qui, avec la participation du comte de Comminges, firent signer, au château de Chambéry, le 3 septembre 1471, un traité de paix entre la duchesse de Savoie et l'évêque de Genève, d'une part, et les comtes de Bresse et de Romont, d'autre part. (Guichenon, *Hist. généal. de la mais. de Savoie, Preuves*, pp. 412-415.)

[1] Jean Rabot, l'un des plus illustres conseillers du Parlement de Grenoble, était

MENTIONS. B 3003, cab. 93. — Guy Allard, *Vie de Jean Rabot*, publiée par H. Gariel, Grenoble, 1852, p. 9. — *Invent. som. des arch. de l'Isère*, t. 11, Introd., p. 21.

---

fils de Bertrand Rabot, notaire à Crest, devenu, en 1438, procureur fiscal delphinal des comtés de Valentinois et Diois. Après avoir étudié le droit à l'Université de Turin, où il fut reçu licencié, le 3 septembre 1464, il ne tarda pas à être nommé, à l'âge de 21 ans environ, vi-sénéchal et juge mage du Valentinois et Diois aux sièges de Crest et de Montélimar, charge à laquelle il fut reçu le 13 mars 1465. Le 15 mars 1469, tant en son nom personnel qu'en celui de Suzanne Michal, son épouse, on le voit prêter hommage lige et serment de fidélité au roi, à Vienne, entre les mains du comte de Comminges, gouverneur du Dauphiné (B 3003, cab. 93). Le 27 juin suivant, le même gouverneur le chargea, avec Charles de Grolée, seigneur de Châteauvilain, d'arrêter les clauses et conditions de son mariage avec Marguerite, fille de Louis Ier, marquis de Saluces. Le 22 mai de la même année 1469, le Parlement lui avait confié le soin de rédiger un règlement sur les droits de sceau et écritures des avocats et notaires dans l'étendue du ressort de la justice de Crest (B 2983, f° 849). Le 20 septembre 1470, la même Cour le désigna également pour rédiger un autre règlement sur la façon d'administrer la justice dans le ressort de Montélimar et sur la réformation des abus qui s'y commettaient *(ibid., f° 901)*.

Après avoir été nommé conseiller au Parlement de Grenoble, par lettres du 1er juin 1471, ce que confirma dans la suite Charles VIII, par ses lettres du 11 octobre 1483, le roi Louis XI l'envoya, en 1482, en ambassade, avec Jean de Rochechouart, son chambellan, auprès du pape Sixte IV. D'une relation de leur mission, destinée à être présentée au roi, il ressort que ces ambassadeurs avaient été chargés de solliciter du pape la translation en Lombardie de Guillaume de Haraucourt, évêque de Verdun, qui, après avoir été compromis dans la trahison du cardinal Balue, avait été emprisonné par ordre de Louis XI ; d'obtenir l'absolution de ce roi, qui avait un scrupule de conscience d'avoir détenu si longtemps prisonnier le même évêque ; et, enfin, l'autorisation, pour le même prince, de manger de la viande en tout temps, à raison de la débilité de sa santé ; toutes choses que, du reste, le pape accorda. En même temps, ces ambassadeurs rapportèrent au roi un mémoire du pape, où se lisent entre autres les passages suivants, qui prouvent qu'ils s'occupèrent également à Rome de graves questions politiques touchant le royaume de Naples et le duché de Milan :

« Item diront bien au long au roy les plaintes et doléances que le pape fait du
« roy Fernand, afin qu'il en escrive au dit roy Fernand en sa faveur.

« Item aussi luy diront que s'il veut entendre au recouvrement du royaume de
« Sicile, lequel luy appartient, qu'il a maintenant faculté de ce faire mieux que
« jamais pour les divisions qui y sont et sans guères de coups, et, dit le pape : *nunc*
« *est tempus acceptabile et tempus salutis*, et s'offre le pape d'y aider le roy de tout
« son pouvoir, toute fois, dit le pape, qu'il seroit besoin, tant pour ce que aussi
« pour le bien et honneur du duc de Milan, que Madame Bonne, mère du dit duc

1881
1ᵉʳ juin 1471.

Lettres de provisions de conseiller au Parlement de Grenoble, office créé, pour André Buatier, jurisconsulte.

MENTION. *Invent. som. des arch. de l'Isère*, t. II, Introd., p. 21.

« de Milan, laquelle, à la charge et à la foule de son honneur, contre toute vérité,
« ignominieusement a esté déboutée du gouvernement, et son dit fils retournent au
« dit gouvernement, ce que le roy pourra faire aisement en escrivant aux seigneurs
« et autres de la duchée de Milan, tels qu'il advisera à faire, comme aussi aux Véni-
« tiens. » (Guy Allard, *Vie de Jean de Rabot*, publiée par H. Gariel, pp. 15-19).

Jean Rabot fut ensuite chargé par le roi, le 28 février 1482, n. s., avec divers autres commissaires, de s'informer des avantages que présentait la demande faite par le marquis de Saluces, d'exporter dans ses états du sel de Provence, en traversant le Dauphiné (voir l'acte n° 1794). L'année suivante, par actes du 11 octobre, il acquit de Benoît de Ventes, prieur de la Madeleine de Grenoble, et de Guélis Méhonze, divers immeubles situés à Grenoble, près de la Porte Traîne, sur lesquels il fit reconstruire une demeure opulente, dans laquelle logèrent successivement les rois Charles VIII, Louis XII et François Iᵉʳ, lors de leur passage en allant ou en revenant d'Italie. En juin 1488, le Parlement de Grenoble le commit pour prendre possession, au nom du dauphin, des baronnies de Chalançon, Saint-Fortunat et Durfort, qu'un arrêt de cette Cour, du 28 du même mois, venait d'enlever à Aimar de Poitiers, seigneur de Saint-Vallier ; et le 19 octobre de l'année suivante, le chargea de nouveau de se rendre en Vivarais, en exécution de lettres patentes du roi Charles VIII, données à Amboise, le 12 juillet précédent, pour y recevoir les fois, hommages et dénombrements des nombreux vassaux des mêmes baronnies (*Invent. de la Chambre des comptes, Vivarais*). Durant les premiers mois de l'année 1488, Jean Rabot, comme commissaire délégué par le même Parlement, avait pris une part active dans les poursuites et persécutions dirigées contre les Vaudois du Briançonnais, par l'archevêque d'Embrun, Jean Bailo, et l'inquisiteur Albert de Cattaneo (voir l'acte n° 1712). Par lettres du 27 juin 1489, le roi Charles VIII lui confia la mission, avec Jean Polmier, président du Parlement de Grenoble, de régler, conjointement avec l'évêque de Concorde, délégué du pape, les prétentions de l'Eglise romaine à la possession des comtés de Valentinois et Diois (voir l'acte n° 1814). Si l'on s'en rapporte à la biographie que lui a consacrée Guy Allard, Rabot aurait encore été employé par le roi Charles VIII dans les négociations de son mariage avec Anne de Bretagne, et envoyé en ambassade auprès de l'empereur Maximilien et auprès du pape Innocent VIII. Quoi qu'il en soit, en 1494, lorsque Charles VIII passa à Grenoble, il le nomma son conseiller et maître des requêtes de son hôtel et l'emmena avec lui en Italie, où il devint, en 1495, logothète ou chef de la justice du royaume de Naples. Tombé ensuite entre les mains d'Alphonse d'Aragon, il subit une détention de onze mois. Rentré en France avec quelque argent que lui avança, à Rome, le cardinal Guillaume Briconnet, il implora la bienveillance du

1552   *1er juin 1471.*

Lettres de provisions de conseiller au Parlement de Grenoble, office créé, pour Jean de Saint-Germain [1], docteur en droit.

ANALYSE. *Invent. som. des arch. de l'Isère,* t. II, Introd., p. 21.

1553   *Saint-Michel-sur-Loire, 15 juillet 1471.*

Lettres du roi portant don, en faveur de son conseiller et chambellan Guillaume Gouffier [2], chevalier, seigneur de Boissy, des châ-

---

roi Charles VIII qui, par lettres données à Lyon, le 18 mars 1497, n. s., lui fit don de 1,500 l. t., ce que le roi Louis XII confirma par lettres données à Paris, le 24 août de l'année suivante (B 2906). Ce dernier prince employa également Rabot comme ambassadeur, pour traiter du concordat avec le Saint-Siège et auprès de Ferdinand, roi d'Aragon et de Castille, pour négocier les bases qui aboutirent au traité secret de Grenade, qui décida de la conquête et du partage du royaume de Naples entre Louis XII et Ferdinand d'Aragon. C'est à son retour de ce dernier voyage que Jean Rabot mourut, à Avignon, le 27 juillet 1500.
De son mariage avec Suzanne Michal, du lieu d'Eurre, en Valentinois, qui mourut à Grenoble, le 21 juin 1516 *(Obit. de Saint-André),* Jean Rabot laissa dix enfants, dont quatre fils. Voir, sur ce personnage, Guy Allard, *Vie de Jean Rabot,* précitée. — *Généalogie de la maison Rabot,* dans *Bull. de la Soc. d'arch. et de stat. de la Drôme,* t. XVIII.

[1] Jean de Saint-Germain était fils d'autre Jean de Saint-Germain qui fut avocat général fiscal du Dauphiné de 1432 à 1461 (voir, sur ce dernier, la note 2, p. 381 du t. Ier). Il devint également avocat général fiscal du Dauphiné le 29 mai 1472 (acte n° 1570) et mourut le 4 juillet 1479 *(Calendrier de la Chambre des comptes).* Il avait épousé Françoise Coct, fille de Claude Coct, trésorier général du Dauphiné, qui lui survécut jusqu'au 19 février 1515 *(Obit. de Saint-André de Grenoble).*

[2] Guillaume Gouffier, chevalier, seigneur de Boissy, baron de Roanès, de Maulévrier, fils d'Aimeri Gouffier, seigneur de Roanès. Il commença par être valet de chambre du roi Charles VII, qui le nomma ensuite sénéchal de Saintonge en 1451, son premier chambellan en 1454, et lui fit don des terres de Roquecezière en Rouergue, d'Oiron, Rochefort, Le Rongnon, La Chaussée, Champagne-le-Sec, et Sonnay près Chinon. A la mort de Charles VII, il fut révoqué de ses charges, et ses biens furent confisqués; rentré ensuite en grâce, Louis XI lui restitua ses terres en octobre 1465, et ses charges et emplois en 1467. Le 7 septembre 1471, il donna procuration à Louis de Brachechien et à Antoine Mynart, écuyers, pour prendre possession en son nom de la châtellenie de La Roche-de-Glun, dont le roi lui avait fait don par lettres du 15 juillet précédent. Le 12 février 1472, son procureur, Antoine Mynart, nomma, comme lieutenant dans cette dernière châtellenie

teau, terre et châtellenie de La Roche-de-Glun, avec leurs revenus, y compris le péage et le port de Confolens sur la rivière de l'Isère, estimés valoir la somme annuelle de 300 l. t., pour en jouir, sa vie durant, à partir de la fête de saint Jean-Baptiste passée.

Enregistrées le 10 mars 1472.

Copie. B 3276, f° 158.

1554 — *Amboise, 29 juillet 1471.*

Lettres par lesquelles le roi renvoie aux gens de la Chambre des Comptes du Dauphiné[1] une requête que lui avait fait parvenir Jean « Goudeffroy »[2], écuyer, son valet de chambre, en les chargeant de compulser les archives de la Chambre des comptes pour savoir quel avantage il aurait à accepter l'offre faite par le susdit et ensuite de lui envoyer le résultat de leur enquête avec leur avis. Jean Godeffroy sollicitait l'abandon d'une vieille maison brûlée, située dans le bourg de Voreppe, près de la porte de La Buissière, le ban du vin et le ban commun, les terres vacantes du mandement de Voreppe, l'office de châtelain du même lieu, qui lui avait déjà été concédé pour sa vie durant, enfin le tiers des lods, ventes et amendes qui ne produisaient que douze ou treize livres par an ; moyennant quoi, il s'engageait à

Guillaume de Las, de Glun ou Royaume. Louis XI, par lettres du mois de septembre 1475, lui concéda la haute justice de la terre d'Oiron, dont il lui avait fait don précédemment (*Ordon. des rois de France*, t. XVIII, p. 135), mais lui retira la capitainerie de La Roche-de-Glun le 19 janvier 1476, n. s., pour la donner à Guyon Alain (acte n° 1642). Le 10 janvier 1490, le même Guillaume Gouffier acheta la terre de Bonnivet de Jacques Gouffier, son cousin, et mourut à Amboise le 23 mai 1495. Il avait épousé, le 8 avril 1450, Louise d'Amboise, fille de Pierre d'Amboise, seigneur de Chaumont, et d'Anne de Bueil, et le 15 juin 1472, Philippe de Montmorenci, veuve de Charles de Melun, grand maître de France, morte le 15 novembre 1516. De cette dernière, il eut pour fils Artus Gouffier, comte d'Etampes, seigneur de Boissy, grand maître de France en 1515, chevalier de l'ordre et gouverneur du Dauphiné en 1516.

[1] La Chambre des comptes du Dauphiné, après avoir fait procéder sur les lieux à une enquête, le 10 septembre 1471, par Jean Philippe, son président, donna, le 18 du même mois, un avis favorable à la demande de Jean Godeffroy (B 2918, f° 311-17). Voir, sur le même sujet, les actes n°° 1557, 1567 et 1611.

[2] Voir, sur Jean Godefroy ou Gotefroy, la note 2, p. 103.

faire reconstruire la susdite maison pour y installer les prisons et la cour de justice de la châtellenie.

Copie. B 2948, f° 309, v°.

1855   *Les Montils-lès-Tours, 9 août 1471.*

Lettres du roi portant don à son conseiller et chambellan, Antoine de Saint-Priest[1], écuyer, de la charge de châtelain et des revenus de Châteaudouble, pour en jouir de la même manière que le faisait précédemment Aimar de Poitiers, chevalier, son chambellan, seigneur de Saint-Vallier, en vertu de son contrat de mariage avec Marie de France, aujourd'hui décédée.

Enregistrées le 5 février 1472.

Copie. B 3276, f° 153.

1856   *Les Montils-lès-Tours, novembre 1471.*

Edit par lequel le roi, à l'instar de ce qui se pratiquait dans divers états, tels qu'en Allemagne, Hongrie, Bohême, Pologne et Angleterre, réglemente la concession et l'exploitation des mines d'or, argent, cuivre, plomb, étain, potain, azur et autres métaux, tant dans le Dauphiné, comté de Valentinois et Diois, Roussillon, Cerdagne, montagnes de Catalogne, que dans le reste du royaume.

---

[1] Antoine Richard de Saint-Priest, écuyer, seigneur de Vaulx-en-Velin, Jonage et La Bâtie-Montluel, était le fils aîné de Gillet Richard, seigneur de Saint-Priest, et d'Antonie de Groléo. Par lettres du 3 novembre 1473, Louis XI donna également au même Antoine de Saint-Priest la terre de Rochefort en Valentinois (acte n° 1596). Par acte du 25 décembre 1471, passé à Tours, il avait passé procuration, pour gérer ses affaires en Dauphiné, à Antonie de Groléo, dame de Saint-Priest, sa mère; à Charles de Groléo, chevalier, seigneur de Châteauvilain, et à Jean d'Hostun, seigneur de La Baume-d'Hostun (B 3276, f° 155). Après la mort de Louis XI, les terres qu'Antoine de Saint-Priest avait reçues en don de ce roi furent réunies au domaine, au mois de septembre 1483, mais néanmoins on lui en conserva l'administration comme châtelain. Plus tard, une ordonnance du Parlement du Dauphiné, du 9 janvier 1494, contraignit le même Antoine Richard à abandonner au roi les terres de Jonage et de La Bâtie-Montluel, qui avaient été vendues, sous faculté de rachat, au prix de 1,500 écus d'or, à Gillet Richard, son père, par acte du 20 juin 1432.

Copies. Arch. nat., *Trésor des chartes*, reg. 197, pièce 168. — *Registres des ordon. de Louis XI*, F, f° 22.

Analyses. U. Chevalier, *Ordon.*, n° 499. — Legeay, *Hist. de Louis XI*, t. II, p. 54.

Publié. *Ordon. des rois de France*, t. XVII, p. 446.

1557   *Les Montils-lès-Tours, 26 novembre 1471.*

Lettres, adressées aux gouverneur ou son lieutenant, gens du Parlement et des Comptes du Dauphiné, par lesquelles le roi, — pensant qu'ils seraient plus à même que lui de statuer sur une nouvelle demande que lui avait adressée Jean Godeffroy[1], écuyer, châtelain de Voreppe, en délivrance de divers biens du domaine, tels que maison brûlée, ban du vin, ban commun, bois, aiguage, etc., le tout situé dans l'étendue de la susdite châtellenie de Voreppe, — leur remet la connaissance de cette affaire, et leur enjoint, s'il leur apparaît que ce soit son avantage, de concéder au dit Godeffroy l'objet de sa demande, sous bonne caution ; voulant, en outre, que ce qu'ils décideront ait la même force et valeur que s'il l'avait fait personnellement[2].

Copie. B 2918, f° 318.

1558   *Les Montils-lès-Tours, 1er décembre 1471.*

Lettres par lesquelles le roi charge l'évêque d'Agde[3] de recevoir, en son nom, les foi et hommage que lui devait sa très chère cousine Gérentonne de Poitiers, dame de Châteauneuf-de-Mazenc, épouse de son très amé et féal cousin, conseiller et chambellan, le seigneur de Clermont-de-Lodève, pour les château et seigneurie de Châteauneuf-de-Mazenc[4].

Copie. B 2984, f° 1.

---

[1] Voir, sur Jean Godeffroy ou Godefroy, la note 2, p. 103.
[2] Voir, sur le même sujet, les actes n°s 1554, 1567 et 1611.
[3] Charles de Beaumont, évêque d'Agde.
[4] Gérentonne de Poitiers prêta hommage au château de Clermont-de-Lodève, le 28 janvier 1472.

1559   *Les Montils-lès-Tours, 10 janvier 1471 (1472).*

Lettres du roi faisant don à Philibert Gachet, écuyer, seigneur de La Motte[1], — « pour aucunement le renumerer des terres et seigneu« ries qu'il avait au pays de Bourgoigne, lesquelles luy ont esté « ostées et ses maysons brullées, à cause du service qu'il nous avoit « fait en gardant sa loyaulté ès guerres derrenier passées », — de l'office de capitaine et châtelain d'Allevard, ainsi que de tous les revenus de la même terre, en remplacement du seigneur de La Frette[2] « qu'il en décharge moyennant certaine récompense que avons « intention luy faire sur ce ».

Enregistrées le 21 mars 1472.

Copie. B 3276, f° 163 bis.

1560   *Tours, 1ᵉʳ février 1471 (1472).*

Lettres, adressées aux gouverneur ou son lieutenant, gens du Parlement et des Comptes du Dauphiné, par lesquelles le roi leur ordonne de laisser jouir des privilèges et libertés des monnayeurs du serment de France, Jean Dom Jean[3], natif de Brinay en Bourbonnais, demeurant présentement à La Tour-du-Pin, issu d'une famille de monnayeurs, et qui désirait se marier et se fixer en Dauphiné.

Enregistrées le 9 mars 1472.

Copies. B 2755, f° 107, et B 2846, f° 93.

---

[1] L'intéressé fut mis en possession de sa charge, le 23 mars 1472, par Etienne Lagnieu, notaire delphinal, clerc greffier au Parlement, commissaire à ce délégué. Par lettres du 24 août 1473, le roi déclare que lorsqu'il avait concédé la châtellenie d'Allevard à Philibert Gachet, son intention formelle était qu'il jouisse de tous les revenus de cette châtellenie sans en excepter le péage, la gabelle et le greffe et clérgie (n° 1590). Le même roi accorda encore, le 26 décembre 1477, de nouvelles lettres confirmatives du don précédent (n° 1700). Dans ces dernières, Philibert Gachet est qualifié de conseiller et maître d'hôtel du roi.

[2] Claude de Beaumont, seigneur de La Frette; voir, sur ce personnage, la note 1, p. 418 du t. Iᵉʳ.

[3] Jean Dom Jean fut mis en possession de ses fonctions de monnayeur, le 11 septembre 1473, par Pierre Lyacza, vichâtelain delphinal de La Tour-du-Pin, qui en même temps le raya du rôle des contribuables. Il était fils de Philippe Dom Jean, monnayeur de la monnaie de Saint-Pourçain, et d'Alix Forez, et avait été reçu lui-même monnayeur en la susdite monnaie le 14 février 1471.

1561 *Tours, 20 mars 1471 (1472).*

Lettres, adressées au bailli de Mâcon, sénéchal de Lyon, et au visiteur du sel dans les dits bailliage et sénéchaussée, ou à leurs lieutenants, par lesquelles le roi, après avoir exposé, — que conformément à ses lettres précédentes[1], il entendait que les accords passés avec son oncle, le roi de Sicile et de Jérusalem, relativement au tirage du sel, soient strictement observés ; mais que cependant un nommé maître Jean Mareuil, se disant juge du Vivarais et son commissaire « sous ombre de « nos lettres subreptices obtenues par Jean des Essars et Anserme « Bardin, marchans de Seyssel en Savoye » ainsi que les fermiers du tirage du sel à la part du Royaume, joint à eux le procureur des bailliage de Mâcon et sénéchaussée de Lyon, avaient fait « touchant le « fait dudit tirage du sel de l'Empire, contre et au préjudice du droit « et interest de nostre oncle », plusieurs exploits, excès, abus, tors, griefs, tant à Lyon qu'au lieu de Sainte-Colombe-lès-Vienne et ailleurs ; qu'en outre, maître Jean Mareuil « qu'on dit être coutumier « d'abuser et faire excès et abus ès commissions qui lui sont adressées « de par nous » avait procédé à plusieurs actes, exploits, tors et griefs à l'encontre de Barthélemy de Villars, fermier du tirage du sel de l'Empire, et de Pierre de Villars, père et caution du précédent, — afin d'apaiser les dites discussions, annule tout ce qui avait pu être fait à ce sujet, et mande de faire « expresses inhibitions de par nous à « m° Johan Mareuil, commissaire de sur ce, et autres qu'il appar- « tiendra, qu'ils ne procèdent plus avant à l'appellation des dites « lettres et de cesser l'exécution, jusqu'à ce que par les commissaires « dessus nommés soient autrement ordonnés, et ce nonobstant les « lettres obtenues par les marchans de Seyssel et fermier du tirage « du Royaume, joint nostre procureur avec eux »[2].

Coms. B 2907, f° 524.

1562 *Les Montils-lès-Tours, 23 mars 1471 (1472).*

Lettres par lesquelles le roi, sur la recommandation de son notaire

---

[1] Voir les lettres de 1466, n° 1472 *bis*.
[2] Voir, sur le tirage du sel à la part de l'Empire, les actes n°ˢ 1328, 1402, 1415 et 1758.

et secrétaire, François Gautier[1], nomme à l'office de garde de la
« tierce » monnaie de Montélimar, Jean Balbe[2], en remplacement
d'Antoine Forez, dit Coppe[3], décédé, et auquel il n'avait pas été
donné de remplaçant depuis son avènement à la couronne.

Enregistrées le 23 mars 1473.

Copie. B 2826, f° 96.

1363   *Les Montils-lès-Tours, mars 1471 (1472).*

Lettres par lesquelles le roi, après avoir rappelé les divers dons
qu'il avait déjà fait à Soffrey Alleman[4], chevalier, seigneur de Châteauneuf et d'Uriage, son conseiller et chambellan, notamment ceux
de la terre de Tullins et de tous les autres héritages confisqués sur
Antoine Bolomier[5] ; en considération de la grande affection qu'il avait
pour le susdit seigneur de Châteauneuf et son épouse Claude de Beauvoir[6], qui l'un et l'autre n'avaient pas hésité à quitter le Dauphiné et
à abandonner tous leurs biens pour venir le rejoindre en Flandre et
Brabant, et aussi pour le dédommager non seulement de la somme
de 10,000 l. t. qu'il lui avait prêtée anciennement, mais encore des
nombreuses dépenses qu'il avait faites depuis son avènement au trône,
tant au fait de ses guerres que de ses autres affaires, et qui se montaient à plus de 15,000 écus, leur confirme, ainsi qu'à Reynaud de
Châtelet[7], bailli de Sens, en considération de son mariage avec Charlotte, fille des susdits Soffrey et Claude, le don de la terre de Tullins
et de tous les autres biens confisqués sur Antoine Bolomier, à l'exception toutefois de la terre de Montélier, qu'il avait rendue au seigneur

---

[1] Voir, sur François Gautier, la note 3, p. 506 du t. 1er.

[2] Jean Balbe, *Balbi*, résigna son office de garde en 1479 (acte n° 1755). Jacques
Balbo et André Balbo, dit Chonet, notaire, furent consuls de Grenoble, le premier
en 1501 et le second en 1505 et 1509.

[3] Sur Antoine Forez dit Coppe, voir les notes 3, p. 44, et 2, p. 138 du t. 1er.

[4] Voir, sur Soffrey Alleman, les notes 1, p. 40 du t. 1er, et 2, p. 46 de ce vol.

[5] Voir, à ce sujet, les actes nos 1366 et 1409.

[6] Claudine de Beauvoir, dame d'honneur de la reine Charlotte, était fille de
François de Beauvoir (voir la note 1, p. 345 du t. 1er).

[7] Voir, sur Reynaud de Châtelet, la note 2, p. 152.

de Sassenage[1], pour en jouir, eux et leurs héritiers, comme de leur bien propre. Le roi stipule, en outre, que les donataires ne pourraient être dépossédés de la terre de Tullins[2] qu'en leur remboursant la somme totale de 25,000 écus qu'il déclare leur devoir par les présentes.

Enregistrées le 22 mai 1474.

Copie. B 3049, f° 88.

1564 — Tours, 4 avril 1472.

Lettres, adressées aux gouverneur et gens du Parlement à Grenoble, par lesquelles le roi entend que son écuyer d'écurie, Jean Richier, coseigneur de Montgardin, ainsi qu'Antoine et Pierre de Montgardin, frères, jouissent du contenu des lettres qu'il leur avait concédées précédemment[3], et mande que ces dernières soient vérifiées et entérinées de point en point selon leur forme et teneur, nonobstant que les susdits seigneurs de Montgardin n'en aient point encore sollicité l'enregistrement, attendu qu'ils avaient été jusqu'à ce jour occupés au fait de ses guerres.

Enregistrées le 11 juin 1472.

Copie. B 2993, f° 8, v°.
Analyse. J. Romans, *Tabl. hist. des Hautes-Alpes*, p. 341.

1565 — Tours, 13 avril 1472.

Lettres, adressées au bailli du Vivarais et Valentinois ou à son lieutenant, par lesquelles le roi concède la chapellenie de Saint-Michel,

---

[1] Jacques, baron de Sassenage; voir, sur ce personnage, la note 3, p. 422 du t. 1ᵉʳ.

[2] Après le décès de Louis XI, la terre de Tullins fut réunie au domaine par procès-verbal des 24 et 25 octobre 1483; mais à la suite des protestations de Reynaud de Châtelet, elle lui fut restituée par lettres patentes du roi Charles VIII, du 24 juillet 1484, enregistrées le 19 novembre suivant (B 2978, f° 170). La même terre fut de nouveau réunie au domaine le 6 octobre 1489. Dans la suite, le roi François Iᵉʳ en donna la jouissance, pour sa vie durant, à Jean-Jérôme de Castillon, chevalier, capitaine milanais, par lettres des 25 juillet 1528 et 18 mai 1529.

[3] Voir les lettres du mois d'avril 1470, n. s., acte n° 1534.

érigée dans le château de Baix, en Vivarais, à Jean de Guillon[1], prêtre, en remplacement d'Armand de La Grange[2], qui avait résigné ce bénéfice entre les mains de son conseiller et aumônier l'évêque d'Avranches[3].

Copie. B 2985, f⁰ˢ 1051, v°, et 1053, v°.

1566 (Tours), 13 avril 1472.

Lettres de provisions d'un office de clerc et secrétaire en la Chambre des comptes du Dauphiné pour Antoine Moine, en remplacement de Jean Audry, son oncle, résignataire[4].

Mention. Invent. som. des arch. de l'Isère, t. 11, Introd., p. 103.

1567 Notre-Dame de La Celle, 24 avril 1472.

Lettres, adressées au comte de Comminges, gouverneur, ou son lieutenant, et à maître Jean de Ventes, conseiller au Parlement du Dauphiné, par lesquelles le roi, — après avoir relaté qu'au mois de novembre dernier il avait accordé à Jean Godeffroy[5], écuyer, son valet de chambre et châtelain de Voreppe, des lettres patentes[6], dont ce dernier avait demandé l'entérinement, mais que les gens du Parlement, alors fort occupés, s'étaient déchargés de cet affaire sur Jean de Ventes qui, de son côté, à cause de ses nombreuses charges et affaires

---

[1] La nomination de Jean de Guillon à la chapellenie de Saint-Michel-Archange du château de Baix fut depuis confirmée, le 10 octobre 1499, par Charles de Soytres, écuyer, seigneur de Noveysan, gouverneur du Valentinois et Diois pour le prince duc de Valentinois. Après le décès de Jean de Guillon, la même chapelle fut concédée suivant lettres données à Blois, le 1ᵉʳ mai 1502, par Charlotte d'Albret, duchesse de Valentinois et dame d'Issoudun, à Guillaume Guardon, prêtre de Baix-sur-Baix (B 2985).

[2] Armand de La Grange avait passé procuration pour résigner son bénéfice, en son nom, le 27 juin 1469, à Jean Hugues, chanoine de l'église cathédrale de N.-D. d'Avignon.

[3] Jean Bouchart, nommé à l'évêché d'Avranches le 28 avril 1453, décédé le 28 novembre 1484.

[4] Antoine Moine avait déjà été nommé clerc des Comptes, en survivance à son oncle, le 30 septembre 1467 (acte n° 1496).

[5] Voir, sur Jean Godefroy, la note 2, p. 103.

[6] Voir les lettres du 25 novembre 1471, n° 1557.

et aussi de l'épidémie qui régnait en Dauphiné, n'avait pu s'en occuper ; que d'autre part également le susdit Godeffroy n'avait pu poursuivre l'exécution des précédentes lettres, à raison des occupations qu'il avait eues en Guyenne, pour son service, — leur mande de procéder à l'entérinement et à l'exécution de ses précédentes lettres, comme si elles n'étaient point surannées, voulant que tout ce qu'ils feront à ce sujet ait le même effet et valeur « comme se fait avait été « par les denommés en icelles nos lettres »[1].

Copie. B 2948, f° 320, v°.

1567 bis *Plessis-lès-Tours, 26 avril 1472.*

Lettres, adressées à son conseiller, maître Jacques de Canlers[2], et au bailli de Lyon[3] ou à son lieutenant, par lesquelles le roi, après avoir relaté que son procureur lui avait remontré qu'au mépris de ses ordonnances faisant défense à tous marchands, tant du Royaume que

---

[1] A la date du 27 mai suivant, le roi adressa sur le même sujet, au comte de Comminges, une lettre missive (B 2948, f° 323), que nous croyons devoir reproduire :

« Monseigneur de Comminge j'escriptz à vous et à ceulx du parlement et des « comptes pour fere vériffier et entériner aucunes lettres que j'ay pieça octroyées à « Jehan Godeffroy, nepveu du Bourdat, pannetier de ma femme pour les causes « que plus applain pourrez veoir par les dittes lettres. Et pour ce que je vueil que « lesdittes lettres sortissent leur effect, je vous prie que les foctes vériffier et enté-« riner de point en point selon leur forme et teneur sans y faire aucune difficulté « et en manière qu'il n'ait plus cause d'en venir par devers moy. Aussi j'ay octroyé « au Bourdat et à ses nepveus certaines aultres lettres à vous adreçans touchant « aucunes oultraiges qui leur ont esté faiz ainsi que pourrez veoir par lesdittes « lettres. Je vous prie que les mectez ou foctes mectre à exécution, et des délin-« quans foctes fere telle pugnicion et justice que le cas le requiert. Donné à Am-« boyse, le xxvij° jour de may ».

« Loys ». « Tilhart ».

[2] Voir, sur Jacques de Canlers, la note 1, p. 100. Ce personnage commit à son tour, le 7 mai 1473, maître Etienne Noir, clerc en la Chambre des comptes de Grenoble, pour exécuter en Dauphiné les ordres que lui avait donnés le roi ; et par d'autres lettres données à Grenoble, le 17 février de l'année suivante, il chargea également le même Noir de percevoir les amendes infligées aux marchands coupables.

[3] Le bailli de Lyon était alors François Royer, dont il a été parlé dans la note 1, p. 517 du t. 1er.

du Dauphiné, de se rendre aux foires de Genève[1], un nommé Thomassin de Grimaulde, négociant à Lyon, ainsi que plusieurs autres marchands du Dauphiné s'étaient à diverses reprises rendus secrètement aux foires de Genève, les commet pour s'informer des choses susdites, saisir et emprisonner les coupables et au cas où on ne pourrait se saisir de leurs personnes, les ajourner sous peine de bannissement et de confiscation de corps et de biens, confisquer et mettre leurs biens, meubles et immeubles sous séquestre et instruire leur procès jusqu'à sentence définitive selon l'exigence des cas.

Vidimus délivré par Jean, comte de Comminges, gouverneur du Dauphiné, à Grenoble, le 10 avril 1473 (B 3785).

1868   *Plessis-du-Parc-lès-Tours, 7 mai 1472.*

Lettres par lesquelles le roi, sur la demande que lui en avait faite son conseiller, l'abbé de Saint-Antoine en Viennois, et en considération de ce qu'il était le protecteur et le garde de la susdite abbaye, et aussi en « l'honneur et révérance de saint Antoine auquel nous avons « très grande et singulière dévotion », commet son cousin, conseiller et chambellan, le comte de Comminges, gouverneur du Dauphiné, ou son lieutenant, pour recevoir les foi et hommage que le susdit abbé de Saint-Antoine aurait dû prêter entre ses mains, à raison des château, ville, mandement et fief de Saint-Antoine et de Montagne[2].

Enregistrées le 1er août 1472.

Copie. B 2977, f° 451.

1869   *Saintes, 28 mai 1472.*

Lettres, adressées aux gouverneur du Dauphiné ou son lieutenant et gens de la Cour du Parlement à Grenoble, par lesquelles le roi leur mande de faire restituer à Guillaume de Poitiers[3] tous ses biens,

---

[1] Voir, à ce sujet, l'ordonnance du 20 octobre 1462, acte n° 1358.

[2] Cet hommage fut prêté à Lyon, entre les mains du gouverneur, le 16 juillet 1472, par Jean Jouguet, qui avait été nommé abbé de Saint-Antoine, le 25 août 1471. Le même abbé mourut le 22 août 1482.

[3] Guillaume de Poitiers, second fils de Charles de Poitiers, seigneur de Saint-Vallier, et d'Anne de Montlaur, fille elle-même de Louis, seigneur de Montlaur, et de Marguerite de Polignac, naquit peu avant 1454. Par un codicille du 11 février

meubles et immeubles situés en Dauphiné ou dans le comté de Valentinois, qui lui avaient été confisqués, parce qu'il avait embrassé le parti du duc de Guyenne, frère du roi. Les mêmes lettres ordonnent également de faire restituer leurs biens, confisqués pour le même motif,

---

1454, son père lui donna les baronnies de Clérieu, de Sabran et de Mont, et les seigneuries de Châteauneuf-de-Mazenc, Miribel, Aramon et Valabrègue. Il fut aussi marquis de Cotron, en Calabre, en vertu des prétentions sur cette terre apportées dans la maison de Poitiers, par Polisène de Ruffo, seconde femme de son grand-père, Louis de Poitiers, seigneur de Saint-Vallier. (A. du Chesne, *Hist. généal. des comtes de Valentinois*, p. 100, et *Preuves*, pp. 91 et 101). Il était déjà chevalier en 1470, année où il figura dans un tournoi donné à Chambéry en l'honneur de Yolande de France, duchesse de Savoie (L. Menabréa, *Chronique de Yolande, duchesse de Savoie*, 1859). Ayant pris part à la révolte fomentée par Charles, duc de Guyenne, frère de Louis XI, ce roi lui confisqua ses biens, mais les lui restitua ensuite par ses lettres du 28 mai 1472, que nous analysons ci-dessus. En 1477, il est qualifié de chevalier, conseiller et chambellan du roi, baron et seigneur de Clérieu, capitaine et lieutenant du duc de Bourbonnais et d'Auvergne, dans des lettres royales du 30 novembre, qui constatent l'hommage qu'il venait de prêter pour la baronnie de Clérieu et les terres de Miribel, Valclérieu, Piégros et Châtel-Arnaud (acte n° 1696). Le 24 août 1478, il reçut en don de Louis XI la capitainerie de Baix-sur-Baix, dont jouissait précédemment Jean de Montespedon (actes n°s 1724 et 1763), et peu après aussi celle de Montlhéry. La même année 1478, il acheta de Charles d'Amboise, seigneur de Chaumont, la charge de lieutenant-général pour le roi à Paris et dans l'Ile-de-France; mais, comme il n'acheva d'en payer le prix qu'à de longs intervalles et grâce aux bienfaits de Charles VIII, il n'y fut définitivement nommé que par lettres de ce dernier roi, données à Lyon, le 2 juin 1496 (*Ordon. des rois de France*, t. xx, p. 544).

A l'avènement de Charles VIII au trône, Guillaume de Poitiers perdit les bienfaits qu'il tenait des libéralités de Louis XI; cependant, par lettres données à Rome, au mois de janvier 1495, n. s., époque où il était sénéchal d'Agenais, le roi lui remit les terres de La Roche-de-Glun et de Beaumont-Monteux, pour en jouir jusqu'au remboursement d'une somme de 10,000 l. t. que ce roi reconnut lui devoir, tant en compensation de la terre de Baix-sur-Baix et de la capitainerie de Montlhéry, qu'il avait perdues, que du montant de deux cédules qu'il lui avait précédemment accordées, l'une de 1,100 écus sur les finances de Bretagne, pour un voyage fait pour son service, en Espagne, et une autre de 2,000 l. t. pour un autre voyage fait en Ecosse. Ces dernières lettres furent confirmées par celles de Louis XI, données à Etampes, le 20 août 1498, et enregistrées le 22 septembre suivant. Ce dernier roi, par d'autres lettres données au Château d'Angers, en février 1499, n. s., en remplacement des 10,000 l. t. que son prédécesseur avait reconnu devoir à Guillaume de Poitiers, lui inféoda à perpétuité les mêmes terres de La Roche-deà Jean Luc, serviteur du susdit de Poitiers, et à Pierre Monet[1], écuyer, dont le fils, Antoine Monet, avait soutenu le même parti.

Enregistrées le 29 juillet 1472.

COPIE. B 2977, f° 449.

1570 (Saintes), 29 mai 1472.

Lettres de provisions de la charge d'avocat fiscal en Dauphiné pour Jean de Saint-Germain, docteur en lois[2].

MENTION. Invent. som. des arch. de l'Isère, t. II, Introd., p. 56.

1570 bis (Saint-Jean-d'Angély), 4 juin 1472.

Lettres par lesquelles le roi enjoint au comte de Dunois et de Longueville[3], de prêter hommage à l'évêque de Grenoble pour la terre de Domène, que le roi Charles VII avait donnée à son père, le comte de Dunois, avec celles de Theys et de La Pierre, et ordonne, en outre, que le précédent évêque lui délivrerait cette terre qu'il avait fait mettre sous sa main, faute d'en avoir prêté hommage à ce prélat.

ANALYSE. Invent. des titres de l'évêché de Grenoble de 1789, f° 367, n° 1730.

Gilun et de Beaumont-Monteux, en considération de ce qu'elles avaient jadis fait partie de la baronnie de Clérieu, et il en prêta hommage, entre les mains de ce prince, à Orléans, le 21 décembre 1499 (B 2979, f° 162-179).

Guillaume de Poitiers, qui avait vendu, par acte du 14 mai 1480, et au prix de 2,200 l, le péage de Charmagnieu, à Jean Jaubert, marchand de Valence, qui avait prêté hommage, pour sa baronnie de Clérieu, au roi Charles VIII, aux Montils-lès-Tours, le 8 octobre 1485, et qui, par acte du 19 décembre 1495, avait vendu la terre de Saint-Genis, en Valentinois, à ses parents Jean, Louis et Charles de Poitiers, frères, pour le prix de 500 ducats d'or, mourut à Lyon, le 2 juin 1503, sans enfants légitimes et laissant sa succession à son frère aîné, Aimar de Poitiers, seigneur de Saint-Vallier et d'Etoile, dont il est parlé dans la note 2, p. 122.

[1] Pierre Monet, écuyer, du Pont-de-Beauvoisin, était fils de Jean Monet, qui avait été anobli par lettres du dauphin du 27 août 1447 (acte n° 499).

[2] Après le décès d'Antoine Labise, précédent titulaire de la charge d'avocat fiscal, le comte de Comminges, gouverneur du Dauphiné, lui donna un successeur; mais, lorsque ce dernier présenta ses lettres de provisions au Parlement, celui-ci refusa de les enregistrer, prétextant que le roi seul pouvait nommer à cet office (B 3238, f° 25). — Voir, sur Jean de Saint-Germain, la note 1, p. 168.

[3] Voir, sur François d'Orléans, comte de Longueville et de Dunois, la note 1, p. 112.

1871 *Les Ponts-de-Cé, 18 juin 1472.*

Lettres du roi faisant don à son conseiller et chambellan Pierre, seigneur de La Buissière en Bourgogne[1], chevalier, des capitaineries et châtellenies de Quirieu et de La Balme, avec leurs revenus, en remplacement de Robert de Malortie, chevalier, décédé, et ce pour le dédommager de la perte de ses terres en Bourgogne, qui lui avaient été confisquées « en haine de ce qu'il s'en est venu en nostre service ».

Enregistrées le 6 août 1472.

Copie. B 3276, f° 168.

1872 *La Guerche en Bretagne, juillet 1472.*

Lettres par lesquelles le roi, à l'occasion de la naissance de son fils Charles, dauphin de Viennois[2], crée, ordonne et établi « pour et au

---

[1] Pierre, seigneur de La Buissière, en Bourgogne, chevalier, conseiller et chambellan de Louis XI, fut mis en possession effective des terres que venait de lui donner le roi le 10 août 1472; cependant, le Parlement de Grenoble avait dû faire quelques réserves au sujet de ce don, car, à la date du 19 septembre suivant, Louis XI adressait à cette cour la lettre suivante (B 3276, f° 171):

« A nos améz et féaulx conseilliers les gens de nostre Parlement du Daulphiné.

 « De par le Roy Daulphin.

« Nos améz et féaulx par plusieurs fois vous avons escript et mandé que feissiez joir entièrement nostre amé et féal conseiller et chambellan le seigneur de la Bussière de la place de Quirieu et des appartenances d'icelluy selon la forme et teneur de noz lettres de don sur ce à luy octroyées, dont pour quelque chose que vous en alons mandé ne rescript vous n'avez riens voulu faire. De quoy seulement nous n'en sommes pas content, veu que tant de fois l'avons mandé et escript; et pour ce une fois pour toutes faictes l'en joyr incontinant ces lectres veues et luy en faictes baillier et délivrer la totalle joyssance selon la forme et teneur de nos dictes lectres de don et gardes sur tout que doubtes nous désobéyr, que à ce n'ait faulte et que plus le dit seigneur de La Bussière n'ait cause en retourner ne envoyer devers nous. Donné à Nancie le xix.me jour de septembre.

 « Loys ». « N. Tilhart. »

Le seigneur de La Buissière mourut à Beaujeu, le 7 février 1477, et dès le 3 mars suivant, Louis XI faisait don des terres de Quirieu et de La Balme à son fils Thomas de La Buissière, écuyer (acte n° 1678).

[2] Charles, dauphin, devenu le roi Charles VIII, était né le 30 juin 1470 et avait été baptisé par l'évêque d'Avranches. Louis XI avait déjà précédemment eu un fils de son épouse Charlotte de Savoie, nommé Joachim, né à Notre-Dame-de-Hal, en Flandre, le 27 juillet 1459, mais il était mort le 29 novembre de la même année.

« nom et comme administrateur » de son dit fils, monnayeur en ses monnaies du Dauphiné, Pierre Fayer, son homme, habitant de Crémieu.

Enregistrées le 29 mai 1473 [1].

Copie. B 2755, f° 475.

1873 (La Guerche), 27 août 1472.

Lettres du roi portant don de l'office de capitaine châtelain de La Tour-du-Pin, ainsi que de tous les revenus de cette terre, à Pierre Blosset [2], en remplacement de Robert de Malortie [3], décédé.

Mention. B 3049, f° 96, v°.

1874 La Grand-Guerche en Anjou, 30 septembre 1472.

Lettres du roi portant don en faveur de Nourry de Mons [4], portier

---

[1] Le Parlement refusa tout d'abord d'enregistrer ces lettres et ne consentit à cette formalité qu'à la suite d'une lettre missive que le roi adressa à ce sujet au comte de Comminges, gouverneur du Dauphiné, datée des Ponts-de-Cé le 4 septembre 1472 (B 2755, f° 476). — Pierre Fayer fit son essai de monnayeur le 7 mai 1473, à Lyon, devant Antoine Vunaud, prévôt général des ouvriers et monnayeurs du Serment du Saint-Empire, durant la tenue d'un Parlement auquel assistaient les prévôts des ateliers monétaires de Lyon, Avignon, Crémieu, Romans, Montélimar, Genève, Turin, Lausanne, Mondragon et Orange (ibid., f° 482).

[2] Pierre Blosset, dit le Moine, capitaine du château et de la ville de Conches, seigneur de Breteuil, était écuyer d'écurie de Louis XI, lorsque ce roi, par lettres du 22 septembre 1473, lui confirma le don de la capitainerie de La Tour-du-Pin (acte n° 1592). En 1475, il était conseiller et chambellan du roi et capitaine de 100 lances de son ordonnance. Le même personnage, qui, dans un acte de 1495, prend la qualification de chevalier et de seigneur de Mesnil-Mauger et de Vieuville, était frère de Jean Blosset, seigneur de Saint-Pierre, conseiller et chambellan du roi Louis XI, grand sénéchal de Normandie, dont il sera parlé ultérieurement.

[3] Voir, sur Robert de Malortie, la note 3, p. 454 du t. 1er, et l'acte n° 1441.

[4] Nourry de Mons, fils de Pierre de Mons, dont il a été parlé dans la note 3, p. 7, prit possession de la châtellenie de Pariset, dont le roi lui avait fait don, le 21 novembre suivant, mais le trésorier du Dauphiné lui ayant suscité quelques difficultés, Louis XI lui concéda de nouvelles lettres le 23 juin de l'année suivante, par lesquelles il enjoignait à ce trésorier de lui délivrer tous les revenus de la susdite châtellenie de Pariset à compter du jour où il lui en avait fait don (acte n° 1588). Nourry de Mons, qui se fit suppléer dans sa charge de châtelain par son père, mourut en 1482 et fut remplacé, le 3 octobre de la même année, par Jacques Robertot, conseiller au Parlement de Grenoble (acte n° 1815).

de son hôtel, de l'office de capitaine et châtelain des place et seigneurie de Pariset, ainsi que de tous les revenus de la même terre, en remplacement de Jean Bachelier, dit Rousselet¹, décédé.

Enregistrées le 21 novembre 1472.

Copie. B 3276, f° 176.

1575   1ᵉʳ octobre 1472.

Lettres de provisions d'un office de clerc et secrétaire en la Chambre des comptes du Dauphiné pour Claude Bœuf², en remplacement de Charles des Astars³, résignataire.

Marion. *Invent. som. des arch. de l'Isère*, t. II, Introd., p. 102.

1575 bis   Amboise, 31 octobre 1472.

Lettres par lesquelles le roi, — après avoir rappelé qu'il avait envoyé à Rome ses conseillers, le patriarche d'Antioche, évêque de Valence⁴, le sire de Châteauneuf, maréchal du Dauphiné⁵, maître

---

¹ Voir, sur ce personnage, la note 3, p. 383 du t. 1ᵉʳ.
² Voir, sur Claude Bœuf, la note 8, p. 471 du t. 1ᵉʳ.
³ Voir, sur Charles des Astars, la note 4, p. 401 du t. 1ᵉʳ.
⁴ Géraud de Crussol, troisième fils de Géraud IV Bastet, seigneur de Crussol et de Beaudiner, et d'Alix de Lastic, était frère de Louis, seigneur de Crussol, grand panetier de France, gouverneur du Dauphiné, dont il a été parlé dans la note 2, p. 135 du t. 1ᵉʳ. Destiné par son père à l'état ecclésiastique, il fut pourvu de bonne heure d'un canonicat dans l'église de Lyon. Il devint ensuite prieur commendataire des prieurés de Saint-Robert-de-Cornillon, dès 1447, de Saint-Donat et de Chatte, son annexe; doyen de l'église cathédrale de Grenoble, en 1450, et maître des requêtes ordinaires de l'hôtel du roi. Au mois de novembre 1463, il accompagna le chancelier des Ursins lorsque celui-ci alla, par ordre de Louis XI, à Amiens, pour retirer des mains du duc de Bourgogne les villes assises sur la rivière de la Somme (Anselme, t. III, p. 785). Il fut ensuite élu chanoine et prévôt de la cathédrale de Valence, au mois d'avril 1464, et, deux ans après, le pape Paul II l'appela au siège archiépiscopal de Tours, par bulles du 19 juin 1466; il prêta serment au roi, le 24 août, et fut sacré dans l'église de Sainte-Croix d'Orléans, le 13 octobre suivant, par Pierre de Berland, archevêque de Bourges. Peu après, il abandonna cet archevêché pour le siège de Valence et Die, auquel l'appelèrent les chanoines de ces églises le 19 mai 1468. Le pape, en ratifiant l'élection faite par les chanoines de Valence et de Die, lui conféra encore la dignité de patriarche d'Antioche. Le roi Louis XI lui confia différentes missions diplomatiques et entre autres, au mois de février 1470, celle de négocier un traité d'alliance avec le duc et la duchesse de Savoie (B 3275). Il mourut le 28 août 1472.
⁵ Soffrey Alleman, seigneur de Châteauneuf et d'Uriage; voir, sur ce personnage, les notes 1, p. 40 du t. 1ᵉʳ, et 2, p. 46 de ce vol.

Jean l'Huillier, doyen de Paris, Bernard Loret, son conseiller et avocat au Parlement de Toulouse, et autres, ses ambassadeurs, pour faire et rendre au pape et au Saint-Siège apostolique l'obéissance qu'il avait, ainsi que ses prédécesseurs, coutume de faire à la nouvelle assomption de chaque pape, — accepte et homologue les concordats que le pape venait de lui soumettre pour mettre fin aux nombreuses difficultés qu'engendraient l'application de la Pragmatique Sanction et des autres ordonnances royales, relativement à l'obtention des bénéfices, tant dans le royaume qu'en Dauphiné [1].

PROULÉES. *Historia Pragmaticæ Sanctionis, etc. cum annotat. Franç. Pinssonii*, 1666, p. 1034. — *Ordon. des rois de France*, t. xvii, p. 548.

1876
Amboise, octobre 1472.

Lettres par lesquelles le roi approuve et ratifie la concession que le comte de Comminges, gouverneur du Dauphiné, à la demande du procureur général du Dauphiné et des habitants d'Embrun, avait faite aux susdits habitants d'établir une foire en leur ville, par lettres données à Lyon le 5 septembre. Le roi, en outre, concède aux mêmes, de nouveau, en tant que besoin serait, la faculté et licence de tenir chaque année la dite foire, qui durerait trois jours, à partir du jour de la fête de saint Luc, 18 octobre, en lui payant toutefois, ainsi qu'à l'archevêque d'Embrun, les leydes et autres tributs, droits et devoirs dus; et afin que les marchandises et denrées affluent à cette foire, donne à tous marchands ou autres qui la fréquenteraient et à leurs marchandises bonne et loyale sûreté et sauf-conduit durant toute la durée de la foire, ainsi que huit jours avant et huit jours après, « sans que, durant ce temps, ils puissent être en venant, « séjournant, repassant et retournant, pris et arrêtés ni emprisonnés

---

[1] Si l'on s'en rapporte à une note insérée dans le t. xvii des *Ordon. des rois de France*, malgré les précédentes lettres et l'homologation du roi, les concordats dont il est question restèrent sans exécution, car ils étaient contraires au droit commun, aux conciles de Bâle et de Constance; et, de plus, le Parlement de Paris aurait refusé de laisser publier la bulle du pape Sixte IV, donnée à Rome le 13 août 1472, comme attentatoire aux droits de la couronne. Nous ne savons s'il en fut de même en Dauphiné, mais toujours est-il que cette bulle se trouve insérée dans le recueil des *Statuta Delphinalia* (éd. de Grenoble, 1819, 2ᵉ partie, f° 23, v°).

« pour marque, contre-marque, représailles, ... ni aussi pour aucunes
« dettes en quelconque manière que ce soit » en raison de quoi, il
les prend et met, par ses présentes lettres, sous sa protection et sauvegarde delphinale [1].

Enregistrées le 16 novembre 1472.

Original. Arch. municip. d'Embrun.
Copies. B 3001, cah. 230. — Arch. nat., *Trésor des Chartes*, reg. 197, n° 235.
Analyses. U. Chevalier, *Ordon.*, n° 500. — *Ordon. des rois de France*, t. xvii,
p. 566. — J. Roman, *Tabl. hist. des Hautes-Alpes*, p. 342.

1877 — *Amboise, 31 octobre 1472.*

Lettres de provisions de la charge de lieutenant-général du gouverneur du Dauphiné pour Reynaud du Châtelet [2], bailli de Sens, en
remplacement de Soffrey Alleman [3], décédé.

Mention. *Invent. de la Chambre des comptes, Généralités*, t. 1ᵉʳ, f° 400, v°.

1878 — *Avant décembre 1472.*

Lettres du roi, adressées au gouverneur du Dauphiné ou son lieutenant, par lesquelles il lui transmet une trêve qu'il venait de conclure,

---

[1] La création d'une foire à Embrun souleva les protestations les plus violentes
de la part des habitants de Briançon et surtout de ceux de Guillestre, qui voulaient
à tout prix la faire tenir dans leur ville. Il s'en suivit même des rixes entre les
habitants de ces diverses localités, au cours desquelles Arnoul Raimond, d'Embrun, fut massacré par les habitants de Guillestre, et ensuite de quoi le roi, par
lettres du 13 février 1474, n. s., ordonna de faire enquête (acte n° 1003). Le calme
n'était pas encore rétabli en 1476, année où, par de nouvelles lettres du 22 mai,
le roi enjoignit au gouverneur et au Parlement du Dauphiné d'imposer silence
aux habitants de Guillestre sur leurs prétentions d'avoir une foire le même jour
que celle d'Embrun (n° 1659). D'autre part, le même roi supprima la foire d'Embrun, et les habitants de cette ville ayant néanmoins voulu la tenir furent condamnés à une amende de 2,000 l. t. que le roi, par lettres du 1ᵉʳ juillet 1477,
donna à Imbert de Bathernay (n° 1683).

[2] Voir, sur Reynaud du Châtelet, la note 2, p. 142.

[3] Voir, sur Soffrey Alleman, seigneur de Châteauneuf et d'Uriage, beau-père
du précédent, les notes 1, p. 40 du t. 1ᵉʳ, et 2, p. 46 de ce vol.

le 3 novembre 1472, jusqu'au 1ᵉʳ avril suivant, avec le duc de Bourgogne[1], pour qu'il en fasse publier la teneur[2].

Mention. B 3904, f° 317.

1880   *Hermenault en Poitou, 26 novembre 1472.*

Lettres par lesquelles le roi, en considération des services que lui avait rendus dans ses guerres, son écuyer d'écurie, Claude de Raboudanges, et aussi de ce qu'il avait abandonné son pays natal et tous ses biens pour passer à son service, lui donne, ainsi qu'à ses successeurs, les terre, place et seigneurie de Baume[3], qui lui étaient advenues par suite de confiscation prononcée contre Gabriel de Bernes[4], et mande aux gouverneur ou son lieutenant, gens du Parlement et des Comptes et trésorier du Dauphiné de laisser jouir de ce don le susdit et ses successeurs en le mettant en possession des dites place et terre.

Enregistrées le 8 janvier 1473.

Copies. B 3049, f° 93, v°. — Arch. nat., *Trésor des chartes*, reg. 197, n° 281. Mention. *Ordon. des rois de France*, t. xvii, p. 572.

---

[1] Charles le Téméraire, tué devant Nancy, le 5 janvier 1477.
[2] Cette trêve, dont les conditions avaient été réglées, au nom du roi, par le comte de Saint-Pol, connétable de France, et, au nom du duc, par Philippe de Croy, Guy de Brimeu, seigneur d'Himbercourt, et Antoine Rolin, seigneur d'Aimeries, était surtout destinée à permettre aux délégués des deux princes de se réunir à Amiens, le 1ᵉʳ décembre suivant, « afin que, moyennant l'aide de Dieu, paix « finable et durable puisse estre à tousiours, finie et conclue entre le roy et mon-« dict seigneur le duc de Bourgogne, leurs pays, seigneuries, terres alliées, sub-« gects et serviteurs ». Le même document donne l'énumération des divers alliés du duc de Bourgogne, qui étaient : l'empereur, les rois d'Angleterre, d'Ecosse, de Portugal, d'Aragon, de Sicile, de Danemarck, de Hongrie, de Pologne, le roi Ferdinand de Sicile, le prince de Castille, fils du roi d'Aragon, les ducs de Bretagne, de Calabre et Lorraine, d'Autriche, de Gueldre, de Clèves, de Juliers, Madame de Savoie et le duc son fils, le comte de Romont et la maison de Savoie, le doge et la seigneurie de Venise, le comte Palatin, les archevêques de Mayence, de Trèves, de Cologne et les évêques de Liége et d'Utrecht (B 3904, f° 317).
[3] La Baume-de-Transit (Drôme).
[4] Voir, sur Gabriel de Bernes, la note 4, p. 2 de t. 1ᵉʳ.

1881   *Le Puy-Belliard, 14 décembre 1472.*

Lettres du roi, adressées au comte de Comminges, gouverneur du Dauphiné, ou à son lieutenant, portant règlement sur la convocation du ban et de l'arrière-ban. Après avoir relaté qu'à l'occasion des dernières guerres, il avait ordonné aux nobles et autres possesseurs de fiefs nobles de s'armer pour son service et qu'il avait chargé divers commissaires de faire les montres des susdits nobles pour en connaître le nombre ; mais que lors de ces montres il s'était commis tant de fautes et d'abus que le plus grand nombre de ceux qui devaient le service militaire s'en étaient fait exempter, ce qui pouvait entraîner de graves conséquences s'il n'y était pourvu promptement ; en conséquence, le roi déclare et ordonne qu'à l'avenir tous les nobles, tant du royaume que du Dauphiné, tenant fief ou arrière-fief seront tenus de le servir, au fait de ses guerres, toutes les fois qu'ils en seront requis, montés et armés, chacun selon la nature et valeur de son fief, terre et seigneurie ; que les nobles qui auront 100 l. t. de rente ou au-dessus ne seront point exempts de service, alors même que leurs fils aînés serviraient dans ses ordonnances ; qu'il en sera de même de ceux qui prétendent être au service des princes ou princesses du sang royal. Quant aux ecclésiastiques, veuves et roturiers qui possèdent des fiefs nobles, dont la valeur serait de 25 l. t. de rente au moins, ils seront également astreints au service militaire, mais pourront se faire remplacer par hommes bien montés et armés. Pour savoir exactement le nombre de tous ceux qui doivent le service militaire, il sera procédé à une montre générale, et à cet effet, le roi enjoint au gouverneur de faire publier la présente ordonnance, en notifiant aux intéressés qu'ils aient à se présenter devant lui à jour déterminé pour être passés en revue, ensuite de quoi sera dressé un état de tous les possesseurs de fiefs ou arrière-fiefs astreints au service militaire, qui devra être envoyé, avant le 8 février prochain, à maître Jean des Moulins, greffier au Grand Conseil [1].

Copie. B 2904, f° 319.
Analyses. U. Chevalier, Ordon., n° 601. — Ordon. des rois de France, t. xvii, p. 338.

---

[1] D'après la montre générale qui fut faite en exécution de cette ordonnance, le Dauphiné pouvait fournir 188 hommes d'armes, 480 brigandiniers, 193 « coustilleurs » et 104 hommes de pied, soit un total de 977 gens de guerre.

1581 bis
_1472._

Lettres du roi confirmant, en faveur des consuls et habitants de la ville de Crémieu, l'autorisation de lever, exiger et percevoir un droit de trezein sur le vin vendu au détail dans l'étendue de leur communauté[1].

ORIGINAL. Anc. collect. de M. le baron Dauphin de Verna.
MENTION. N° 1418 du Catal. de la bibl. de feu M. le baron Dauphin de Verna, de Crémieu, vendue aux enchères publiques, à Lyon, en novembre 1895.

1582   Vendôme, en Poitou, 6 janvier 1472 (1473).

Édit portant règlement sur l'administration et la distribution des finances en Dauphiné et comtés de Valentinois et de Diois. Le trésorier général du Dauphiné ne payera à l'avenir, sur les recettes, tant ordinaires qu'extraordinaires, que les sommes portées sur des états signés de la main du roi ou de maître Jean Bourré, qui est à cet effet créé général des finances en Dauphiné ; il ne fera de paiements qu'aux personnes et pour les causes inscrites aux susdits états, en vertu des décharges du général ou des mandements du roi dûment vérifiés par le même général. Il n'y aura d'exception que pour le paiement des gages des officiers ordinaires du Dauphiné, qui se fera comme par le passé. Le général aura seul connaissance de toutes les finances, tant ordinaires qu'extraordinaires, avec pouvoir de donner toutes provisions et expéditions qu'il jugera utiles et nécessaires pour le bien du roi.

Enregistré le 24 juillet 1473.

ORIGINAL. B 3189.
ANALYSES. U. Chevalier, Ordon., n° 502. — Ordon. des rois de France, t. XVII, p. 558.

---

[1] Les habitants de la ville et du mandement de Crémieu avaient obtenu, le 22 juin 1418, par lettres du dauphin Charles, régent du royaume, données à Bourges, l'autorisation de lever et de percevoir, pour une durée de douze ans, le treizième du prix du vin vendu au détail dans l'étendue de leur mandement, pour en employer le profit à l'entretien des fortifications de leur ville et aux autres nécessités urgentes de leur communauté. La même autorisation leur avait ensuite été concédée à perpétuité, moyennant le payement d'une somme de 240 écus, par lettres de Rondon, seigneur de Joyeuse, gouverneur du Dauphiné, données à Grenoble le 31 janvier 1422 (B 3045, f° 135. — R. Delachenal, Hist. de Crémieu, Grenoble, 1889, p. 73).

1582 bis   Vendôme, en Poitou 6 janvier 1472 (1473).

Lettres du roi nommant son conseiller, maître Jean Bourré[1], général, sur le fait et gouvernement de toutes ses finances en ses pays de Dauphiné et comtés de Valentinois et de Diois.

MENTION insérée dans l'acte précédent.

1582 ter   Février 1472 (1473).

Lettres portant anoblissement pour Jean Richer.

COPIE. Arch. nat., *Trésor des Chartes*, n° 281 du reg. 197.
MENTION. *Ordon. des rois de France*, t. XVII, p. 563.

1583   (Plessis-du-Parc), 7 mars 1472 (1473).

Lettres du roi mandant aux gouverneur ou son lieutenant, gens du Parlement, des Comptes et trésorier du Dauphiné, de laisser son écuyer d'écurie ordinaire, Pierre Blosset[2], jouir de la terre et des revenus de La Tour-du-Pin, dont il lui avait fait don, de la même manière dont en jouissait précédemment feu Robert de Malortie.

MENTION dans d'autres lettres du 22 septembre 1473, sur le même sujet (acte n° 1592).

1583 bis   Plessis-du-Parc, 12 mars 1472 (1473).

Lettres déterminant la valeur de nouveaux écus d'or.

MENTIONS. Arch. nat., *Reg. F de la Cour des monnaies*, f° 93. — *Ordon. des rois de France*, t. XVII, p. 563.

1584   Amboise, 2 juin 1473.

Réponses données par le roi aux doléances que lui avait présentées Jean Mottet[3], docteur en lois, procureur des gens des Trois-États

---

[1] Voir, sur Jean Bourré, les notes 3, p. 141 du t. 1er, et 1, p. 11 de ce vol.

[2] Voir, sur Pierre Blosset, la note 2, p. 182.

[3] Jean Mottet, docteur en droits, qui avait été nommé juge mage ou viballli du Graisivaudan, en 1459, par le gouverneur Louis de Laval, fut de nouveau appelé aux mêmes fonctions le 28 décembre 1461, par Aimar de Poisieu, bailli du Bas-Pays du Dauphiné (B 2961, f° 330; Guy Papo, *quæst.*, n° 235). Devenu procureur général des Trois-États du Dauphiné, ce fut lui qui protesta le plus contre la cession que le roi Louis XI avait faite au pape des comtés de Valentinois et de Diois (voir l'acte n° 1811.)

du Dauphiné, envoyé auprès de sa personne par les dits Etats assemblés à Grenoble le 20 février 1473. — Il ne lui est pas possible de diminuer la somme (33,750 l. t.) qu'il a demandée, attendu les charges qu'il a, « mais le temps advenir s'il se peult passer à moins, « il le fera volontiers, car la chose au monde que plus il désire après « le sauvement de son âme, c'est de soulager son peuple ». Dans ses demandes de subsides il n'insérera plus à l'avenir la clause de contrainte, « veu la liberté de ses bons et loyaulx subjects qui oncques « ne refusèrent de luy octroyer ce qu'il leur a fait demander ». Il est content de défendre aux gens du Parlement et des Comptes du Dauphiné de lever à l'avenir aucune somme en sus de celles qui lui sont accordées ou de celles qui sont imposées pour les affaires de la province. Il désire que, sans préjudice des libertés du Dauphiné pour l'avenir, les commissaires qu'il a nommés continuent à contraindre les nobles ou autres à fournir le dénombrement de leurs fiefs, arrière-fiefs, revenus et autres biens. Chaque fois qu'il a été informé des abus commis par ses commissaires spéciaux en Dauphiné « il y a volontiers donné la provision en ce qu'il a peu » et continuera à le faire. Enfin, en ce qui concerne une ordonnance rendue récemment par le Parlement de Grenoble sur une question de procédure civile, et dont se plaignaient les gens des Etats, on la lui transmettra incontinent, et cependant, jusqu'à ce qu'il ait statué à ce sujet, la susdite ordonnance restera sans effet.

PUBLIÉES. *Statuta delphinalia*, édit. Grenoble, 1609, f° 107.

1888 *Amboise, 4 juin 1473.*

Lettres du roi, adressées aux gens des Comptes, procureur, trésorier et receveur du Dauphiné ou à leurs lieutenants et commis, constatant les foi et hommage que lui avait prêtés le même jour son conseiller et chambellan, Imbert de Bathernay[1], écuyer, seigneur du Bouchage, pour la seigneurie de Charmes[2], qui lui était échue par

---

[1] Voir, sur Imbert de Bathernay, la note a, p. 4.
[2] La terre de Charmes fut vendue avec celles de Bathernay, de Marjaye et de Saint-Donat, le 8 juillet 1602, à Antoine d'Hostun, sénéchal de Lyon, par Françoise de Bathernay, fille de René de Bathernay, petit-fils lui-même d'Imbert de Bathernay, veuve de François d'Ailli, vidame d'Amiens.

suite du décès de son père, ainsi que pour les seigneuries de Semons, Commelle et Lieudieu dont il avait fait l'acquisition.

ORIGINAL. B 2652.
COPIE. B 2967, f° 160.

1886
Amboise, 15 juin 1473.

Lettres du roi portant provisions de la charge de gouverneur du Dauphiné, en remplacement du comte de Comminges[1], décédé, pour Louis, seigneur de Crussol et de Florensac[2], auquel il donne « plein « pouvoir, auctorité et mandement spécial de faire toutes et chascunes « les choses nécessaires et appartenans au dit office de gouverneur et « lieutenant-général, tout ainsi et par la manière que ont fait le temps « passé le dit feu comte de Comminges et autres, ses prédécesseurs « en icellui office ».

ANALYSES. B 2903, f° 400, v°; B 3238, f° 5; et *Invent. de la Chambre des comptes, Généralités*, t. 1ᵉʳ, f° 400, v°.

1887
Amboise, 15 juin 1473.

Lettres du roi portant don de l'office de capitaine et châtelain des château, châtellenie, terre et seigneurie de Chabeuil, avec tous leurs revenus, en faveur de son huissier d'armes, Claude de Vernage, écuyer, en remplacement du comte de Comminges, décédé.

Enregistrées le 16 juillet 1473.

COPIE. B 3278, f° 180.

1888
Amboise, 23 juin 1473.

Lettres par lesquelles le roi mande à son conseiller, Claude Coct, trésorier général du Dauphiné, de laisser jouir paisiblement Nourry de Mons[3], portier de son hôtel, de l'office de capitaine et châtelain, ainsi que des revenus de la terre de Pariset qu'il lui avait précédemment donnée, mais dont il n'avait pu prendre possession que le 21 novembre

---

[1] Voir, sur Jean d'Armagnac, comte de Comminges, les notes 1, pp. 316 et 612 du t. 1ᵉʳ.

[2] Voir, sur Louis, seigneur de Crussol, la note 2, p. 30 du t. 1ᵉʳ.

[3] Voir, sur Nourry de Mons, la note 4, p. 182.

passé, et lui enjoint, en outre, de restituer au même tous les revenus perçus sur cette terre depuis le jour du don qui lui en avait été fait.

Copie. B 3276, f° 185.

1889   *Amboise, 28 juin 1473.*

Lettres par lesquelles le roi, à l'occasion de la naissance de son fils, le dauphin, et à la demande de plusieurs de ses serviteurs, domestiques, crée et institue Barthélemy Roybet[1], du lieu de Saint-Chef, monnayeur en Dauphiné.

Enregistrées le 25 août 1473.

Copies. B 2755, f° 261, et B 2826, f° 99, v°.

1890   *Mont-Saint-Michel, 24 août 1473.*

Lettres du roi, adressées à son conseiller maître Jean Bourré, général des finances en Dauphiné, déclarant que, lorsque précédemment il avait fait don[2] à Philibert Gachet, écuyer, qui n'avait pas hésité à abandonner tous les biens qu'il possédait en Bourgogne, pour passer à son service, de la capitainerie d'Allevard et de ses revenus, son intention formelle était que le susdit jouisse de tous les revenus de cette terre, sans en excepter le péage, la gabelle, les greffe et « clérgie ».

Copie. B 3276, f° 273.

1890 bis   *4 septembre 1473.*

Lettres de provisions de la charge de trésorier et receveur général des finances en Dauphiné, pour Jean de La Place[3], licencié en lois, en remplacement de Claude Coct[4], décédé.

Mention dans les notes laissées par M. J.-J.-A. Pilot de Thorey.

---

[1] Barthélemy Roybet, notaire de Saint-Chef, fut reçu monnayeur en la monnaie de Crémieu, le 31 août 1473, par Gabriel Trollieur, prévôt des ouvriers, Antoine Oysellier, prévôt des monnayeurs, et les autres ouvriers et monnayeurs de la susdite monnaie, qui, pour lors, étaient au nombre de seize.

[2] Voir les lettres du 10 janvier 1472, n. s., acte n° 1559.

[3] Jean de La Place n'exerça pas longtemps les fonctions de trésorier général, car il fut remplacé, le 1er octobre 1475, par André de Mauregard (acte n° 1633 bis). Un Jean de La Place était conseiller au Parlement de Paris, en 1497.

[4] Voir, sur Claude Coct, qui était décédé le 15 août précédent, la note 1, p. 174 du t. 1er.

1891 *9 septembre 1473.*

Lettres portant défense d'exiger, des habitants d'Embrun, une somme d'argent en remplacement des cent soldats qu'ils devaient fournir, de temps immémorial, pour les chevauchées.

ADRESSE. Arch. municipales d'Embrun. — J. Roman, *Tabl. hist. des Hautes-Alpes*, p. 342.

1892 *Tours, 22 septembre 1473.*

Lettres, adressées aux gouverneur ou son lieutenant, gens du Parlement, des Comptes et trésorier du Dauphiné, par lesquelles le roi, sur la supplique de son écuyer d'écurie ordinaire, Pierre Blosset[1], auquel il avait fait don, le 27 août 1472, de la capitainerie de La Tour-du-Pin, leur enjoint expressément de laisser le susdit jouir de la terre de La Tour-du-Pin, de la même manière qu'en jouissait précédemment feu Robert de Malortie[2] et qu'il puisse, en conséquence, y instituer juge, procureur, greffier et autres officiers pour juger en premier ressort les causes et procès civils ou criminels.

Enregistrées le 8 novembre 1473.

COPIE. B 3039, f° 96, v°.

PUBLIÉE. P. Gauduel, *Notice sur Robert de Malortie, comte de Conches, seigneur de La Tour-du-Pin, de Quirieu et de La Balme*. Bourgoin, Rabilloud, 1890, p. 64.

1893 *Mehun-sur-Loire, 4 octobre 1473.*

Lettres du roi commettant maître Jean Chambon, son conseiller au Parlement de Paris et commis à l'office de sénéchal de Poitou, pour recevoir, en son nom, l'hommage que devait lui prêter Jeanne de Levis, dame de Crussol et de Florensac[3], veuve de Louis de

---

[1] Voir, sur Pierre Blosset, la note 2, p. 182, et l'acte n° 1583.

[2] Voir, sur Robert de Malortie, la note 3, p. 455 du t. 1er, et l'acte n° 1441.

[3] Une lettre du roi, du 6 avril 1465, apprend que cette dame avait été, au commencement de la guerre du Bien public, arrêtée et spoliée par les gens du duc de Bourbon, auprès de Lyon. « Nous avons aussy sceu que le dict duc de Bourbon et « ses gens, en perséverant en leur maulvaise et dampnée obstinacion, ont puis « naguères faict destrousser, à deux lieues de Lion, la séneschalle de Poictou, qui « s'en aloit en sa maison en Languedoc, nonobstant qu'elle eust eu seurté du dict « duc de Bourbon, l'on mise en sa petite cote et ne luy ont riens laissé, qui sont

Crussol¹, jadis gouverneur du Dauphiné, tutrice de ses enfants mineurs, pour les terre et seigneurie d'Etoile situées en Dauphiné.

Copie. B 3049, f° 104, v°.
Mention. *Invent. de la Chambre des comptes, Valentinois,* t. 11, f° 1029.

1594 *Notre-Dame de-Cléry, 17 octobre 1473.*

Lettres du roi commettant Louis Richard², seigneur de Saint-Priest, pour exercer la lieutenance générale en Dauphiné, jusqu'à ce qu'il y soit pourvu définitivement.

Analyse. *Invent. de la Chambre des comptes, Généralités,* t. 1ᵉʳ, f° 400, v°.

1595 *Jargeau, 3 novembre 1473.*

Lettres du roi, adressées aux gouverneur et gens du Parlement du Dauphiné, leur mandant de laisser jouir Antoine de Laigue, écuyer, Claude Moine et Pierre Noyel, d'une pièce de terre que leur avait pris, il y avait quatre ans, Jean, comte de Comminges³, gouverneur du Dauphiné, pour en faire un jardin de plaisance attenant au château de La Côte-Saint-André, et qui, depuis la mort de ce dernier, leur avait été restituée par son frère, l'archevêque d'Auch⁴, mais à raison de la

---

« choses bien inhumaines. » *(Mél. hist.,* t. 11, p. 211 de la *Col. des doc. inéd. sur l'hist. de France).* — Elle prêta hommage entre les mains du commissaire du roi, à Niort, le 8 novembre 1473.

¹ Voir, sur Louis de Crussol, la note 2, p. 36 du t. 1ᵉʳ. — Ce personnage, alors sénéchal de Poitou, avait aussi été arrêté par les gens du duc de Bourbon, au commencement de la guerre du Bien public, et retenu prisonnier des princes confédérés *(Chronique scandaleuse).*

² Louis Richard exerça l'intérim du gouvernement du Dauphiné jusqu'à la nomination de Jean de Daillon, seigneur du Lude, qui eut lieu le 7 mars 1474 (acte n° 1607). Voir, sur Louis Richard, la note 3, p. 34 du t. 1ᵉʳ.

³ Voir, sur ce personnage, les notes 1, pp. 315 et 512 du t. 1ᵉʳ.

⁴ Jean d'Armagnac, bâtard, comme son frère le comte de Comminges, d'Arnaud Guilhem de Lescun. Mis en possession de l'archevêché d'Auch, au mois de mars 1462, le roi sollicita pour lui, en décembre 1465, la légation d'Avignon *(Mél. hist.,* t. 11, p. 408 de la *Col. des doc. inéd. sur l'hist. de France).* Il mourut le 28 août 1483.

possession de laquelle le procureur du Dauphiné leur avait suscité diverses difficultés¹.

Enregistrées le 12 novembre 1473.

Copie. B 3048. f° 172.

1596 *Jargeau, 3 novembre 1473.*

Lettres du roi, adressées à son conseiller, maître Jean Bourré, général de ses finances en Dauphiné, par lesquelles il l'informe, qu'en considération des services que lui avait rendus Antoine de Saint-Priest², écuyer, il venait de lui donner la place et seigneurie de Rochefort en Valentinois, que possédait précédemment le seigneur de Saint-Vallier³, son conseiller et chambellan, et lui mande, qu'après serment prêté par le susdit de Saint-Priest, il le mette en possession et saisine de cette place.

Enregistrées le 6 décembre 1473.

Copie. B 2904. f° 355.

1596 bis *Blois, 23 novembre 1473.*

Lettres, adressées aux gens des Comptes et trésoriers du Dauphiné, par lesquelles le roi, à la suite d'une supplique que lui avait adressée son amé et féal chevalier, François d'Urre⁴, seigneur du dit lieu et de Soyans, leur mande et enjoint expressément d'entériner ses précédentes lettres du 27 juin 1464⁵, par lesquelles il avait fait don au susdit d'Urre de tous les fiefs, biens meubles et immeubles que possédait feu Guillaume, bâtard de Poitiers, et qui avaient été confisqués sur ce dernier pour cause d'ingratitude, d'infidélité et de crime de lèse-majesté, et ce nonobstant le laps de temps qui s'était écoulé depuis lors.

---

¹ A la suite d'une enquête, il fut reconnu que la valeur des immeubles qu'avait pris le comte de Comminges était de 120 écus d'or, qui furent payés aux intéressés, le 14 mars 1470, par Gabriel de Bardonenche, débiteur de pareille somme envers le roi (Invent. de la Chambre des comptes, Viennois, t. II, f° 21, v°).

² Voir, sur Antoine de Saint-Priest, la note 1, p. 170.

³ Aimar de Poitiers, seigneur de Saint-Vallier; voir la note 2, p. 122.

⁴ Voir, sur François d'Urre, la note 3, p. 30.

⁵ Voir l'acte n° 1399 et la note 2, p. 65.

Enregistrées à la Chambre des comptes de Grenoble, le 7 décembre 1473.

Copie. B 3049, f° 102, v°.

1597 *Tours, 9 décembre 1473.*

Lettres du roi, nommant à l'office de gardier delphinal de Vienne, Vial de l'Eglise[1], écuyer, demeurant à Vienne, en remplacement de Jean de Salemard[2], qui venait de résigner cet office entre les mains de son conseiller, l'évêque de Lombez[3], « commis et ordonné de par « nous à la garde de nostre scel ordonné en l'absence du grant ».
Enregistrées le 14 janvier 1474.

Copie. B 3276, f° 196.

1598 *Plessis-du-Parc-lès-Tours, 10 décembre 1473.*

Lettres du roi portant don, en récompense des services qu'il lui avait rendus dans ses guerres, en faveur de son conseiller et chambellan Reynaud de Giresmes, bailli de Meaux, de la capitainerie et châtellenie de La Côte-Saint-André, avec les revenus et la juridiction du même lieu[4], pour en jouir, sa vie durant, de la même manière qu'en jouissait précédemment le sire de Crussol[5].

Copie. B 3276, f° 233.

1599 *Chartres, 28 décembre 1473.*

Ordonnance réglant le cours des monnaies, tant en France qu'en Dauphiné. Après avoir exposé que malgré les ordonnances qui inter-

---

[1] Vial de l'Eglise fut, dans la suite, destitué de ses fonctions pour avoir élargi, de sa propre autorité, des prisons de Vienne, divers prisonniers qui y étaient détenus, et remplacé, le 27 mai 1478, par Jacques Costaing (acte n° 1714).

[2] Jean de Salemard avait été nommé gardier par lettres du 23 janvier 1470 n. s. (acte n° 1529).

[3] Jean de Villiers de La Groslaye, bénédictin, nommé évêque de Lombez en 1473, abbé de Saint-Denis le 12 mai 1474, et de Pessan en 1479; cardinal-prêtre de Sainte-Sabine, le 20 septembre 1493; mort à Rome le 6 août 1499.

[4] Voir, sur le même sujet, l'acte n° 1603.

[5] Louis, seigneur de Crussol, gouverneur du Dauphiné; voir, sur ce personnage, la note 2, p. 36 du t. 1er.

disaient la circulation des monnaies d'or et d'argent étrangères, néanmoins il ne circulait presque plus que de ces monnaies auxquelles, dans les transactions commerciales, l'on donnait une valeur supérieure à celle qu'elles avaient réellement, ce qui avait été cause que la majeure partie de l'or et de l'argent avait été transportée à l'étranger pour être transformée en numéraire, le roi, pour remédier à cet état de choses, déclare qu'à l'avenir les seules monnaies qui auront cours, sont : les écus d'or frappés dans le royaume ou le Dauphiné, les demi-écus, les grands gros d'argent, les grands blancs, les petits blancs, les hardis et liards de France et du Dauphiné, les double tournois, les deniers parisis et tournois ; que toutes autres monnaies d'or ou d'argent seront mises au marc pour billon ; que cependant, comme dans certaine partie du royaume il y avait fort peu des espèces susénoncées, certaines monnaies étrangères auront cours, temporairement, pour une valeur qu'il détermine. La même ordonnance interdit de la façon la plus formelle l'exportation de l'or et de l'argent ; enjoint aux généraux des monnaies de visiter les maîtres orfèvres qui commettaient de grands abus, et de punir ceux qui seraient trouvés en faute ; enfin, fait défense aux orfèvres d'acheter le marc d'or ou d'argent à un taux plus élevé que celui qui en était donné dans les ateliers monétaires.

Copies. B 2826, f° 110 ; — Arch. nat., Reg. F° de la Cour des monnaies, f° 95.
Analyse. U. Chevalier, Ordon., n° 503.
Publié. Ordon. des rois de France, t. xvii, p. 597.

1600 *Décembre 1473.*

Lettres portant don de la capitainerie et des revenus des terres de Mordtel et de Goncelin en faveur d'Antoine de Treanha¹.

Mention insérée dans des lettres confirmatives du même don, du 17 novembre 1477 (acte n° 1695).

---

¹ Antoine de Treanha ou de Treyna, qui se fit suppléer dans l'exercice de sa charge de capitaine châtelain par Antoine d'Anthon, mourut en 1478, car le 4 mai de cette année, les terres de Mordtel et de Goncelin furent, par suite de son décès, réunies au domaine, et Gonet du Pré fut chargé de régir cette châtellenie (B 3232, f° 111, v°).

1601
Beauvais, 4 janvier 1473 (1474).

Lettre concédant aux habitants de la ville de Saint-Paul-Trois-Châteaux la création d'un salin et grenier à sel, tant à cause de leur proximité du Rhône que de la nécessité où ils étaient de s'approvisionner hors du Dauphiné et aussi de leur peu de ressources [1].

COMM. Arch. municip. de Saint-Paul-Trois-Châteaux, CC 7.
ANALYSE. Invent. som. des arch. de la Drôme, t. v, E 7615.

1602
Creil, 13 janvier 1473 (1474).

Lettres portant création d'un troisième office d'auditeur ordinaire en la Chambre des comptes du Dauphiné [2].

Enregistrées le 4 mars 1474.

MENTION. P. Chevalier, Ordon., n° 504.

1603
13 février 1473 (1474).

Lettres par lesquelles le roi ordonne d'ouvrir une enquête sur les prétentions qu'avaient les habitants du Briançonnais et de la ville de Guillestre de faire tenir dans ce lieu la foire qu'il avait depuis peu concédée à la ville d'Embrun, le jour de la fête de saint Luc [3], ainsi que sur le meurtre d'Arnoul Raimond, d'Embrun, qui avait été massacré, à cette occasion, par les habitants de Guillestre [4].

ANALYSE. Arch. municip. d'Embrun. — J. Roman, *Tabl. hist. des Hautes-Alpes*, p. 343.

1604
Senlis, 15 février 1473 (1474).

Lettres du roi, adressées à ses conseillers les gouverneur ou son

---

[1] La création de ce grenier à sel n'eut point lieu, car une requête de l'année 1499 apprend que l'exécution des précédentes lettres avoit été retardée par les guerres « dont la ville a esté affligée plus qu'aucune autre du pays ».

[2] Il n'y avoit alors que deux auditeurs ordinaires : Pierre Odebert et Baude Meurin. Le nouvel office dut être rempli par Guy de Montfort, docteur en lois, prieur de Saint-Laurent de Grenoble, qui, s'étant démis de ses fonctions d'auditeur, ne fut point remplacé immédiatement et devint conseiller au Parlement de Grenoble, le 5 mai 1478 (acte n° 1711).

[3] Voir l'acte n° 1576.

[4] Voir, sur le même sujet, l'acte n° 1639.

lieutenant, gens de son Parlement et de ses Comptes du Dauphiné, par lesquelles, — après avoir relaté qu'il avait fait don à son conseiller et chambellan Renaud de Giresmes, bailli de Meaux, capitaine de La Côte-Saint-André, de la capitainerie et des revenus de ce dernier lieu, — leur fait savoir qu'il a accordé au susdit Renaud de Giresmes un délai d'une année pour faire enregistrer ses lettres de don et prêter serment, attendu qu'il le retient actuellement auprès de sa personne à raison de la guerre; mais entend, néanmoins, qu'il jouisse des revenus de la dite terre depuis le jour de ses premières lettres de don [1].

Enregistrées le 23 mars 1474.

Copie. B 3278, f° 233, v°.

1605 *Senlis, 3 mars 1473 (1474).*

Lettres du roi par lesquelles il fait remise à Marguerite de Saluces, veuve de Jean d'Armagnac, comte de Comminges [2], de toutes les réparations que son mari aurait dû faire aux châteaux et places qu'il tenait en Dauphiné, par suite de don, et ce en considération des grandes réparations qu'il avait fait exécuter au palais de La Côte-Saint-André et des grandes dépenses qu'il avait eu à supporter pendant qu'il était lieutenant-général en Bourgogne.

Enregistrées le 20 août 1474.

Copie. B 2904, f° 235, v°, et 271.

1606 *Senlis, 3 mars 1473 (1474).*

Lettres par lesquelles le roi, après avoir relaté que Jean Aloix [3], écuyer d'écurie, auquel il avait fait don, il y a une douzaine d'années, des terres de Beaufort, Bois-aux-Montagnes, Montclar et Upie, n'avait pu rendre compte du revenu des dites terres à la Chambre des comptes, ayant été continuellement occupé à la guerre; en consé-

---

[1] Voir les lettres du 10 décembre 1473, acte n° 1598. — Renaud de Giresmes prêta serment le 10 juillet 1475 seulement.
[2] Voir, sur ce personnage, les notes 1, pp. 313 et 512 du t. 1er.
[3] Voir, sur Jean Aloix, l'acte n° 1291.

quence, ordonne que « en rendant par lui tel compte qu'il pourra « et mettant et rendant à la Chambre des comptes les papiers si il « en a », le susdit Aloix et les siens demeurent quittes et déchargés de rendre jamais d'autre compte que celui indiqué ci-dessus, et lui donne quittance de ce qu'il peut ou pourra devoir, quel qu'en soit le montant.

Com. B 3276, f° 100, v°.

1607   Senlis, 7 mars 1473 (1474).

Lettres du roi portant provisions de l'office de lieutenant-général et gouverneur du Dauphiné pour son conseiller et chambellan Jean de Daillon[1], seigneur du Lude, en remplacement du feu seigneur de Crussol[2].

Enregistrées le 18 avril 1474.

Copie. Bibl. de Grenoble, mss. R 80, t. xii, n° 964, f° 274.
Mentions. B 3238, f° 5, v°, et Invent. de la Chambre des comptes, Généralités, t. 1er, f° 401.

---

[1] Aux renseignements que nous avons déjà donnés sur Jean de Daillon (note 2, p. 36 du t. 1er) nous ajouterons qu'après la prise d'Arras, en 1477, où, de son propre aveu, « il aurait gagné 2,000 écus et deux panes de martres », le roi lui confia le gouvernement de cette ville et de l'Artois; que ce fut lui qui, le premier, annonça à Louis XI la défaite de Charles le Téméraire devant Nancy, et qu'il devint encore gouverneur du Quesnoy, par lettres données à Cambrai, le 8 juin 1480, en remplacement du comte de Dammartin, grand maître de France. Philippe de Comines, dans ses mémoires, parle, à diverses reprises, de Jean de Daillon, que Louis XI appelait *maître Jean des habiletés*, parce qu'il trouvait des expédients à tout; voici, du reste, le portrait qu'en trace ce chroniqueur (liv. 5, chap. 13) : « Comme je voulus monter à cheval, se trouva près de moy monseigneur du Lude, « qui estoit fort agréable au Roy en aucunes choses, et qui fort aymoit son profit « particulier, et ne craignoit jamais à abuser ny à tromper personne, aussi légè- « rement croyoit et estoit trompé souvent. Il avoit esté nourry avec le Roy en sa « jeunesse. Il luy sçavoit fort bien complaire et estoit homme très plaisant, et me « vint dire ces mots, comme par moqueries sagement dites : *Or vous en allez vous à « l'heure que vous devriez faire vos besognes ou jamais; vea les grandes choses qui « tombent entre les mains du Roy, dont il peut agrandir ceux qu'il ayme; et au regard « de moy, je m'attends d'estre gouverneur de Flandres et m'y faire tout d'or*; et rioit « fort en ce disant ».
Jean de Daillon avoit épousé Marie de Laval, fille de Guy de Laval, seigneur de Loué, chambellan du roi Charles VII, et de Charlotte de Sainte-Maure.

[2] Voir, sur Louis, seigneur de Crussol, la note 2, p. 36 du t. 1er.

1608 *Ermenonville-lès-Senlis, 11 mars 1473 (1474).*

Lettres du roi portant don à son cousin, le comte de Dammartin[1], grand maître d'hôtel de France, chevalier de son ordre, en récompense de ses services et des dépenses qu'il avait faites à la guerre, des 3,960 ducats que les habitants du Briançonnais devaient lui payer.

---

[1] Antoine de Chabannes, chevalier, comte de Dammartin, seigneur de Saint-Fargeau et de Blancafort, fils puîné de Robert de Chabannes, seigneur de Charlus, et d'Alis de Bort, naquit en 1411. D'abord page du comte de Ventadour et de La Hire, il devint, en 1432, capitaine de Creil et fut l'un des chefs d'Ecorcheurs les plus renommés. S'étant attaché au dauphin lors de la révolte de la Praguerie, dont il fit partie, il fut grand panetier du roi Charles VII en 1450; bailli de Troyes, du 8 septembre 1450 au 20 mai 1452; sénéchal de Carcassonne en 1456. Ayant accepté du roi Charles VII, en 1456, le commandement de l'armée royale chargée de replacer le Dauphiné sous l'obéissance royale, il s'aliéna momentanément l'amitié du dauphin, qui le fit poursuivre aussitôt après son avènement au trône. Un arrêt du Parlement de Paris, du 6 septembre 1463, le condamna au bannissement et à la perte de ses biens. Il fut même enfermé dans les cachots de La Bastille, d'où il s'échappa, le 12 mars 1465, et se réfugia en Bretagne auprès du duc de Berry. Rentré ensuite en grâce, il recouvra ses biens par suite d'un arrêt du Parlement de Paris d'août 1467, et Louis XI, la même année, le nomma son lieutenant-général en Champagne, et lui confia le commandement de 400 gens d'armes et de 6,000 francs-archers placés sous les ordres de Salazart, d'Etienne de Vignolles et de Robert de Conigan, pour aller au secours des Liégeois. Antérieurement, le même roi lui avait déjà donné la charge de 100 lances qu'avait Charles de Melun, et, par lettres du 23 avril 1467, l'avait élevé à la dignité de grand maître de France, en remplacement du seigneur de Craon. Nommé ensuite, le 26 janvier 1469, lieutenant-général en Guyenne, Bordelais, Gascogne, Languedoc, Rouergue, Auvergne, Limousin et Saintonge, il commanda l'armée qui combattit le comte d'Armagnac, ayant sous ses ordres Louis, bâtard de Bourbon, amiral de France, les sires de Craon et de Crussol, et Salazart, seigneur de Saint-Just. En 1469, il fut nommé chevalier de l'ordre de Saint-Michel à la création de cet ordre. D'après la *Chronique scandaleuse*, il touchait 10,000 livres comme grand maître, 4,000 comme chevalier de Saint-Michel, 8,000 sur le Briançonnais, 1,200 pour sa compagnie de 100 lances, et 2,000 pour les gouvernements de Montivilliers, Harfleur et Château-Gaillard. Il ne conserva point, cependant, les faveurs de Louis XI, qui, dès l'année 1478, le remplaça à la tête de ses armées par le maréchal Des Querdes. Il mourut le 25 décembre 1488, âgé de soixante-dix-sept ans, et fut enterré dans l'église de Dammartin. Il avait épousé Marguerite de Nanteuil, comtesse de Dammartin, fille de Renaud de Nanteuil et de Marie de Fayel (Anselme, t. VIII, p. 382).

chaque année, le jour de la fête de Purification de Notre Dame, dite de la Chandeleur¹.

Enregistrées le 5 janvier 1475.

COPIES. B 3992, f° 23, et B 3276, f° 225.

ANALYSE. J. Roman, *Tabl. hist. des Hautes-Alpes*, p. 313 (avec la mention suivante, doublement erronée : *Brinconville, 20 mars*).

1609 *Ermenonville, 12 mars 1473 (1474).*

Lettres du roi autorisant Marguerite de Saluces, veuve de Jean d'Armagnac², comte de Comminges, à prendre et recueillir toutes les sommes de deniers, revenus et arrérages qui pouvaient être dues audit, lors de son décès, sur ses gages, pensions et toutes autres choses qu'il prenait en Dauphiné, tant à raison de sa charge de gouverneur du dit pays, que de la comté de Briançonnais et des terres de La Côte-Saint-André, Chabeuil et autres.

Enregistrées le 2 juin 1474.

COPIE. B 2904, f° 272, v°.

1610 *Ermenonville, 28 mars 1473 (1474).*

Lettres par lesquelles le roi, — après avoir relaté qu'en récompense des services que lui avait rendus Pierre de Roquebertin³, gou-

---

¹ Voir, sur le même sujet, l'acte n° 1611.
² Voir, sur Jean, bâtard d'Armagnac, comte de Comminges, les notes 1, pp. 315 et 612 du t. 1ᵉʳ.
³ Pierre de Roquebertin, originaire de Catalogne, était entré au service de Louis XI après avoir été fait prisonnier. Comines en parle en ces termes (liv. VI, ch. 12) : « Un nommé Roquebertin, du pays de Catalogne, prisonnier de guerre, « à qui le roi fit de grands biens ». En 1475, il commandait une compagnie de 95 lances de l'ordonnance. — Pour prendre possession de la rente que Louis XI lui avait assignée sur le Dauphiné, il passa procuration à Denis Michaelis, chevalier catalan ; mais ce dernier, après s'être transporté en Dauphiné, où il se trouvait au mois de juillet 1475, en repartit peu après sans avoir pu accomplir sa mission, car le Parlement de Grenoble refusa l'entérinement des lettres royales. Ce ne fut qu'à la suite de deux lettres missives que Louis XI adressa, du Pont-de-Sumois, le 4 octobre 1474, au président et aux gens de ce Parlement, et d'une autre lettre du gouverneur, aux mêmes, datée de Canet, le 26 du même mois d'octobre, que le Parlement du Dauphiné consentit à enregistrer les lettres du roi,

verneur du Roussillon et Cerdagne, qui avait puissamment contribué
à la pacification des différends qui s'étaient élevés entre lui et le roi
d'Aragon, il lui avait fait don d'une rente annuelle de 10,000 l. t.,
sur laquelle cependant il ne lui en avait encore assigné que 4,000 sur
les recettes du pays de Roussillon, — fait don au même de Roquebertin, en diminution des 6,000 l. qu'il restait lui devoir, de la
somme de 500 l. t. de rente, à prendre sur les revenus de la châtellenie de Crest-Arnaud en Dauphiné.

Enregistrées le 29 novembre 1474.

Copie. B 3276, f° 207, v°.

1611 *Ermenonville, 28 mars 1473 (1474).*

Lettres du roi portant commission au gouverneur du Dauphiné
ou son lieutenant et à maître Jean de Ventes, conseiller au Parlement
du Dauphiné, pour mettre à exécution ses précédentes lettres, par
lesquelles il concédait à Jean Godeffroy, procureur fiscal au bailliage
de Viennois-Valentinois et châtelain de Voreppe, divers biens situés
dans l'étendue de cette dernière châtellenie, sous l'offre qu'il avait
faite d'y édifier un auditoire de justice et des prisons[1].

Copie. B 2918, f° 321, v°.

---

le 29 novembre 1474, en stipulant que, comme la châtellenie de Crest ne pouvait
fournir les 500 l. t. de revenu concédées, le complément en serait assigné sur le
produit de la Cour de la sénéchaussée de Valentinois-et-Diois, qui siégeait à Crest.
Précédemment, le gouverneur, par lettres, données à Grenoble le 19 novembre,
avait chargé Jean d'Hostun, commandeur de Saint-Antoine de Grenoble, conseiller
delphinal, et Baude Meurin, auditeur des Comptes, de faire une enquête sur la
consistance des recettes de la châtellenie de Crest. Ces commissaires assignèrent
383 l., 18 s., 3 d. sur la précédente châtellenie, et le surplus sur le greffe de la
Cour du même lieu. Sur ces entrefaites, Pierre de Roquebertin avait donné, à
Samois, le 2 octobre, une nouvelle procuration à Nicolas Guiot pour entrer en
possession du don que lui avait fait le roi (B 3276).

[1] Voir, sur le même sujet, les actes n°ˢ 1554, 1557 et 1567. — Jean Godeffroy
mourut avant d'avoir obtenu l'entérinement de ses lettres de don, que poursuivit
ensuite Denis de Théoville, son frère utérin et son héritier (voir l'acte n° 1702).

1612 *Ermenonville, mars 1473 (1474).*

Lettres portant anoblissement, pour Jean Marcel, du lieu de Marsanne[1].

Enregistrées le 22 avril 1474.

Copie. B 2984, f° 12.

1613 *Senlis, 11 avril 1473 (1474).*

Lettres du roi portant don à son écuyer d'écurie, Guillon de Rivière[2], de l'office de châtelain de Montbonnot avec les revenus de cette terre jusqu'à concurrence de 350 livres annuellement, en remplacement de Guillon de Ferrières[3].

Enregistrées le 30 septembre 1474.

Copie. B 3276, f°' 203 et 227.

1614 *Senlis, 28 mai 1474.*

Lettres, adressées aux gouverneur, gens du Parlement et des Comptes du Dauphiné, par lesquelles le roi ordonne que les greffiers et secrétaires du Parlement ne prennent aucuns décimes sur les condamnés, et que, conformément aux libertés du Dauphiné, il ne soit, à l'avenir, imposé aucune somme autre que celle octroyée par les Trois-États à sa demande[4].

Publiées. *Statuta delphinalia*, édit. Grenoble, 1619, f° 108.

---

[1] Malgré les lettres de noblesse que Jean Marcel avait obtenues du roi, les habitants de Marsanne voulurent continuer à l'imposer aux rôles des tailles de cette communauté, et ce ne fut qu'à la suite d'un arrêt rendu par le Parlement de Grenoble, le 6 avril 1476, et d'une sommation faite, le 19 novembre suivant, par Chrétien Mathon, huissier de la Chambre des comptes, à Pierre Oxoard et à Germain Millet, délégués et procureurs des habitants de Marsanne, qu'il fut rayé des dits rôles (B 2984, f° 78).

[2] Guillon de Rivière, qui paraît avoir été le frère de Bernard de Rivière, seigneur de Lalatut, conseiller et chambellan de Louis XI, sénéchal de Toulouse en 1483, mourut en 1484 et fut remplacé, comme châtelain de Montbonnot, le 22 décembre de cette année, par Michel de Vigné (acte n° 1789).

[3] Voir, sur Guillon de Ferrières, la note 3, p. 81.

[4] Voir, sur le même sujet, l'acte n° 1584.

1615 — *La Victoire*[1], *10 juin 1474.*

Lettres du roi prescrivant l'observation de celles qu'il avait, étant dauphin, données à Romans, le 17 mai 1455, en faveur des monnayeurs[2].

Copie. Arch. de la Drôme, E 3703.
Analyse. *Invent. som. des arch. de la Drôme*, t. III, p. 243.

1616 — *Meaux, juillet 1474.*

Lettres par lesquelles le roi, — après avoir relaté que les prieur et religieux de la grande maison et couvent de la Chartreuse, en Dauphiné, lui avaient exposé que jadis la reine Jeanne de Sicile, comtesse de Provence, leur avait fait don de 100 charges de sel à prendre à Hyères, au diocèse de Toulon, avec faculté de les faire transporter dans leur couvent sans payer aucun droit de gabelle ni de péage; mais que comme depuis lors, par suite des accords conclus entre lui et le roi René, son oncle, il avait été convenu que le sel du grenier d'Hyères ne serait transporté que dans un rayon déterminé, ils se trouvaient de ce fait frustrés du précédent don; ensuite de quoi ils s'étaient cependant adressés à son oncle qui les avaient autorisés à prendre 150 quintaux de sel au salin de La Vernède, — en considération de la grande et singulière dévotion qu'il avait eue de tout temps pour leur église et monastère, leur concède le droit de pouvoir tirer et transporter, chaque année, la quantité de 100 salines ou 150 quintaux de sel, sans payer aucun droit de gabelle ou de péage.

Copie. Arch. nat., *Trésor des chartes*, reg. 195, pièce 1154.
Publiées. *Ordon. des rois de France*, t. XVIII, p. 30.

1617 — *Plessis-du-Parc-lès-Tours, août 1474.*

Lettres par lesquelles le roi, sur la recommandation de Louis,

---

[1] La Victoire, commune de Senlis (Oise). Ancienne abbaye de l'ordre de Saint-Augustin, placée sous le vocable de Notre-Dame, où le roi Louis XI alla souvent en pèlerinage, durant l'année 1474.

[2] Voir, à ce sujet, les actes n°° 1093 et 1153.

bâtard de Bourbon, comte de Roussillon, amiral de France, anoblit Guillaume Gruel¹, du lieu de Saint-Vallier².

Enregistrées le 31 août 1474.

COPIE B 2977, f° 466.

1618 *Paris, 12 janvier 1474 (1475).*

Lettres par lesquelles le roi, en considération de plusieurs bons et recommandables services qu'il lui avait rendus en plusieurs et maintes manières, fait don à Guillaume Regnard³, seigneur du Cheylard, de la capitainerie et des revenus des château et place de Beaumont en Dauphiné, ainsi que de la somme à laquelle étaient taxés et imposés les habitants de la dite châtellenie et seigneurie de Beaumont pour leur part et portion de l'aide qui lui serait accordée par les gens des Trois-États du Dauphiné, qu'avait et prenait précédemment, par

---

¹ Guillaume Gruel appartenait à la même famille que celle d'où sortait Pierre Gruel, seigneur du Sais, coseigneur de Saint-Genis, Le Désert, Sigoyer, Chabestan, premier président du Parlement de Grenoble; Claude Gruel, coseigneur du Désert, seigneur de Méreuil, et Henri Gruel, seigneur de Villebois et Laborel, coseigneur de Montrond, Méreuil, châtelain de Mirabel et vichâtelain de Serres, dont nous avons déjà parlé (voir les notes 1, p. 86; 1, p. 116 et 3, p. 379 du t. 1ᵉʳ). Par lettres du gouverneur Louis de Laval, données au palais royal de Gênes, le 31 juillet 1460, il avait été nommé contre-garde de la monnaie de Romans, en remplacement de Jean de Méreuil, démissionnaire (B 2820, f° 77). En 1458, il était châtelain du Pouzin et de Saint-Pierre-de-Barrès. Peut-être est-ce le même personnage que Guillaume Gruel, auteur d'une *Histoire d'Artus, comte de Richemont, duc de Bretagne, connétable de France, contenant ses mémorables faits depuis 1393 jusqu'en 1457*, qu'a publiée Denis Godefroy dans ses *Remarques sur l'histoire du roi Charles VII*, Paris, 1661, p. 74.

² Comme conséquence du précédent anoblissement, les habitants de Saint-Vallier furent diminués d'un feu par ordonnance du Parlement de Grenoble, du 18 juillet 1475 (B 2977).

³ Voir, sur Guillaume Regnard, les notes 4, p. 181, et 2, p. 493 du t. 1ᵉʳ. — Ce personnage, qui prêta serment le 16 octobre 1475, se fit suppléer dans les fonctions de sa charge de châtelain par noble Jean Margaillon, régent de la châtellenie delphinale du Trièves, qui lui-même avait prêté serment et fourni pour caution Guillaume de Serre, marchand du Trièves, le 21 février 1475 (B 3276), par acte passé à La Mure en présence de nobles Gerenton Vieux, seigneur de Brion, et Odon Combourcier.

suite de dou, Félize Regnard[1], en son vivant, sœur du dit Guillaume
Regnard. Le roi mande, en outre, à ses conseillers les gouverneur
ou son lieutenant et gens de sa cour du Parlement du Dauphiné de
mettre et instituer, de par lui, le susdit Guillaume Regnard en possession et saisine de la dite capitainerie de Beaumont avec les honneurs, franchises, libertés, droits, profits et émoluments accoutumés,
et enjoint au trésorier général du Dauphiné de laisser le même Guillaume Regnard jouir et user des revenus et aides du lieu de Beaumont, de la même manière qu'en jouissait en son vivant la susdite
Félize Regnard.

Enregistrées le 6 février 1475.

Copie. B 3276, f° 229, v°.

1619 *Paris, février 1474 (1475).*

Lettres par lesquelles le roi, — après avoir relaté qu'au mois de
février 1473 (1474 n. s.) Guillaume de Châlon, prince d'Orange[2],
son vassal et sujet, étant parti du Dauphiné, où il faisait alors le plus
ordinairement sa résidence, pour aller rejoindre, sans sauf-conduit,
le duc de Bourgogne en rébellion contre lui, avait été fait prisonnier,
auprès du port de Jons, par son conseiller et chambellan Philibert de
Grolée, seigneur d'Illins[3]; en suite de quoi, pour certaines grandes
considérations, il l'avait racheté au susdit seigneur d'Illins moyennant
le prix de 10,000 écus d'or, sur lequel il n'avait encore pu lui payer
que 2,000 écus seulement, — désirant s'acquitter de cette dette, cède
et transporte, en paiement des 8,000 écus qu'il restait lui devoir,
au susdit seigneur d'Illins et à ses successeurs, les château, place,
terre et seigneurie de Voiron, avec toutes leurs dépendances, telles
que justice, juridiction, fiefs, hommes, hommages, cens, rentes,
moulins, fours, rivières, étangs, bois, prés, vignes, etc., sans s'en

---

[1] Voir, sur Félize Regnard, l'une des maîtresses du dauphin, la note 3, p. 366 du t. 1ᵉʳ.

[2] Voir, sur Guillaume de Châlon, prince d'Orange, l'acte n° 1622.

[3] Voir, sur Philibert de Grolée, la note 1, p. 78. — Ce personnage, qui avait donné quittance à Jean Briçonnet, conseiller du roi et receveur général de ses finances, de la somme de 2,000 écus d'or, le 8 mars 1475, n. s., prêta hommage pour la terre de Voiron le 17 juillet suivant.

rien réserver, si ce n'est les foi, hommage, ressort et souveraineté, et en outre sous clause de rachat perpétuel.

Enregistrées le 20 mars 1475.

COPIES. B 3049, f° 108. — Bibl. de Grenoble, mss. R 80, t. xiv, f° 192.

1620 *La Victoire, avril 1475.*

Lettres par lesquelles le roi, en considération de la grande dévotion qu'il avait pour saint Antoine, dont le corps reposait dans l'abbaye de Saint-Antoine de Viennois en Dauphiné, et par l'intercession duquel il avait constamment été préservé de tous maux, et « afin que ledict monseigneur saint Anthoine soit intercesseur et advo- « cat envers nostre dict Créateur pour nous, nostre très cher et très « amé fils Charles, daulphin de Viennois, et nostre postérité et lignée, « et aussi que soyons participans ès prières, oraisons et bienffaiz qui « dorésenavant seront faiz en la dite église et abbaye et pour autres « causes et considérations à ce nous mouvans », fait don à cette abbaye d'une somme de 1,200 livres tournois de rente annuelle et perpétuelle, à prendre par l'entremise du trésorier général du Dauphiné, savoir : 1,000 l. t. sur le produit des gabelles de Romans et 200 l. t. sur celui du péage de Chabeuil; et, de plus, amortit la susdite rente.

Enregistrées le 20 janvier 1476.

COPIE. B 2977, f° 485.

---

[1] Louis XI eut toujours une très grande dévotion pour l'église abbatiale de Saint-Antoine en Viennois et particulièrement pour la chapelle qui y avait été fondée sous le vocable de Notre-Dame-de-Grâce. Le don que ce roi fit à l'abbaye de Saint-Antoine, par les lettres que nous relatons, n'était point, du reste, le premier qu'il faisait à ce monastère; précédemment, il avait déjà ordonné de payer à sa décharge tout l'arriéré d'une pension que cette abbaye devait à celle de Montmajour-lès-Arles, ainsi que cela résulte de trois lettres missives de ce prince, adressées les 3 et 9 mai et 13 décembre 1471, à Bourré, général des finances en Dauphiné, l'invitant à faire payer sans retard, par le trésorier du Dauphiné, à l'abbé de Montmajour, l'intégralité de son don, et ce nonobstant l'opposition qu'avait pu y former Benoît de Montferrand, abbé de Saint-Antoine (Vaesen, *Lettres de Louis XI*, t. IV, pp. 224, 231, 293). Le même roi, par lettres de juillet 1478, fit don à l'hôpital de Saint Antoine d'une rente de 83 l., 8 s., 4 d., faisant 52 écus d'or, pour l'entretien d'un pauvre pendant le mercredi de chaque semaine, en considé-

1621   *Montigny en Beauvoisis, 19 mai 1475.*

Lettres du roi, à ses conseillers les gouverneur ou son lieutenant, gens de sa cour de Parlement et de ses Comptes et trésorier et receveur général du Dauphiné, par lesquelles, après avoir relaté les doléances que lui avaient adressées les habitants de la paroisse de Ristolas, en la châtellenie du Queyras, au sujet des infortunes qui leur étaient survenues, des inondations, du dépeuplement du pays, de la ruine de leur église qu'ils ne pouvaient faire reconstruire, en considération de ce que la susdite paroisse, située sur les frontières, était l'une des clefs du Dauphiné, décharge les habitants de Ristolas, pour une durée de dix ans, à commencer de la prochaine fête de saint Jean-Baptiste, du tiers des 104 ducats, 10 gros, 11 deniers qu'ils devaient annuellement verser entre les mains du receveur général du Dauphiné, ainsi que des quatre feux dont ils étaient chargés.

Enregistrées le 14 juin 1475.

Copie. B 2992, f° 11.
Analyse. J. Roman, *Tabl. histor. des Hautes-Alpes*, p. 343.

1622   *Rouen, 6 juin 1475.*

Lettres par lesquelles Guillaume de Châlon[1], chevalier, prince

---

ration de ce qu'il avait été obligé, pour la conservation de sa santé, de rompre le vœu qu'il avait fait de ne jamais manger de viande le mercredi, vœu dont il avait été relevé par le pape, sous la condition qui précède (voir l'acte n° 1718). Au mois de mai 1482, il donna encore à Saint-Antoine 2,400 l., 5 s. de rente, pour la célébration, à l'autel de Notre-Dame-de-Grâce, d'une messe chaque jour de l'année (acte n° 1800). En juillet suivant, il porte la rente que devait toucher l'abbaye à 4,000 l. et en assigna la différence, soit 393 l., 15 s., sur diverses terres du domaine delphinal (acte n° 1808). Enfin, le 7 avril 1483, il lui fit encore don d'une nouvelle rente de 2,619 l., 10 s. t., destinée à faire, le mercredi de chaque semaine, une offrande de 31 écus d'or, 32 s., 6 d. t. à l'autel de la précédente chapelle de Notre-Dame-de-Grâce (n° 1823), ce qu'il confirma par de nouvelles lettres du mois de mai suivant (n° 1825).

A la mort de Louis XI, le paiement des rentes que ce prince avait assignées à l'abbaye de Saint-Antoine fut suspendu. Cependant, à la suite d'une requête que lui adressèrent les abbé et chanoines de Saint-Antoine, le roi Charles VIII, par lettres patentes du 31 mars 1484, n. s., leur octroya, en attendant de pouvoir examiner leur supplique et y donner satisfaction, une rente de 500 l. t. que devait leur payer annuellement, sur sa recette, le trésorier général du Dauphiné.

[1] Guillaume de Châlon, fils aîné de Louis Châlon, prince d'Orange et seigneur

d'Orange et seigneur d'Arlay, — après avoir relaté les circonstances dans lesquelles il avait été arrêté et fait prisonnier de guerre, au mois de février 1474, par Philibert de Grolée, seigneur d'Illins [1], alors qu'il traversait le Dauphiné pour aller rejoindre le duc de Bourgogne en guerre avec le roi de France, et celles à la suite desquelles le roi Louis XI avait bien voulu le racheter au susdit seigneur d'Illins, par qui il craignait d'être maltraité, — se reconnait prisonnier de guerre du roi de France et s'engage, sur son honneur, à lui payer, pour sa rançon, une somme de 40,000 écus d'or, pour sûreté de

---

d'Arlay, avait succédé à son père en 1463. Au mois de février 1474, alors qu'il traversait le Dauphiné, sans sauf-conduit, pour aller rejoindre le duc de Bourgogne, en guerre avec le roi de France, il fut arrêté au moment où il allait traverser le Rhône, au port de Jons, par Philibert de Grolée, seigneur d'Illins, chambellan de Louis XI, et divers autres gens de guerre du Dauphiné. Malgré les protestations qu'il éleva, en se fondant sur une trêve qui existait alors, le seigneur d'Illins le déclara son prisonnier de guerre, en alléguant que les lettres de la susdite trêve ne pouvaient lui être applicables, car elles stipulaient formellement que tous les sujets de l'un des belligérants ne pourraient circuler ni séjourner sur les terres soumises à la domination de l'autre, et qu'il n'était fait de réserve à cet égard que pour certaine catégorie de marchands. Craignant d'être maltraité par le seigneur d'Illins, le prince d'Orange sollicita alors du roi de le racheter à ce seigneur, ce que Louis XI s'empressa d'accepter, en promettant à Philibert de Grolée, pour cette cession, une somme de 10,000 écus d'or (Voir, à ce sujet, l'acte n° 1619).

Après être resté emprisonné à Lyon, pendant douze mois, Guillaume de Châlon fut transféré à Rouen, où, par acte du 6 juin 1475, que nous analysons, après s'être reconnu le prisonnier de Louis XI, il s'engagea à lui payer, pour sa rançon, une somme de 40,000 écus d'or. Mais comme il ne pouvait disposer d'une somme aussi élevée, le roi lui imposa, en compensation de cette somme, de se reconnaître son vassal et son homme lige, et de lui rendre hommage pour la principauté d'Orange, avec stipulation que les appels des jugements rendus par ses juges ressortiraient en dernier ressort au Parlement du Dauphiné (acte n° 1622 bis). Dès le lendemain, 10 juin 1475, le prince d'Orange prêtait hommage et serment de fidélité au roi (actes n° 1623, 1623 bis) qui, en même temps, lui passa quittance des 40,000 écus qu'il lui devait pour sa rançon (acte n° 1622 ter), et lui concéda divers privilèges, notamment ceux de s'intituler prince par la grâce de Dieu, de battre monnaie, d'user du droit de grâce, etc. (acte n° 1624). Guillaume de Châlon ne survécut pas longtemps à l'humiliation qu'il venait de subir et mourut le 27 octobre suivant.

[1] Voir, sur Philibert de Grolée, seigneur d'Illins, la note 1, p. 78.

laquelle il hypothèque, tant en son nom qu'en celui de ses successeurs, tous ses biens, meubles et immeubles, présents et à venir¹.
— Original, B 3805.
— Copies, B 3084, f° 35, v°, et B 3799.

1622 bis
Rouen, 9 juin 1475.

Acte par lequel Guillaume de Châlon, prince d'Orange et seigneur d'Arlay, en compensation des 40,000 écus d'or qu'il lui devait pour sa rançon, vend, cède et transporte au roi Louis XI, comme dauphin de Viennois, les droits de fief, hommage lige, juridiction, obéissance et dernier ressort en souveraineté au Parlement du Dauphiné, de la principauté d'Orange avec toutes ses dépendances; se constitue vassal et sujet du roi; s'engage, tant en son nom qu'en celui de ses successeurs, à prêter hommage et serment de fidélité au même roi et à ses successeurs dauphins de Viennois; déclare, enfin, que tous les vassaux et sujets de la susdite principauté d'Orange seront à toujours les hommes, vassaux et sujets du dauphin, et ressortiront, à l'avenir, pour leurs appels, supplications, révisions de recours ou autrement, en dernier ressort et juridiction souveraine, au Parlement du Dauphiné. Cet acte, reçu par Jean Esterlin et Guillaume Lambert, prêtres du diocèse de Rouen, notaires apostoliques et impériaux et de la Cour archiépiscopale de Rouen, fut passé en présence de Charles de Bourbon², archevêque et comte de Lyon, légat du Saint-Siège à Avignon; Pierre d'Oriolle³, chevalier, seigneur de Loyré en Aunis,

---

¹ L'original de ces lettres, ainsi que les originaux des cinq actes suivants furent, par ordre formel du roi Louis XI, transmis à la Chambre des comptes du Dauphiné, pour y être enregistrés et conservés dans ses archives. Apportés à Grenoble, le 16 juillet 1475, par un courrier spécial, Etienne Cordelle, sergent royal au Châtelet de Paris, ils furent tous enregistrés le 17 du même mois de juillet (B 2977, f° 33).

² Charles de Bourbon, fils du duc Charles I⁰, né en 1435, pourvu de l'archevêché de Lyon en 1446, sacré en 1470, abbé de Fleury, de Saint-Vaast d'Arras en 1462, légat du pape à Avignon en 1465; administrateur du diocèse de Clermont, le 10 mars 1476; cardinal prêtre de Saint-Martin-au-Mont, le 18 décembre suivant; abbé de l'Ile-Barbe, le 1ᵉʳ avril 1488; mort à Lyon, le 13 septembre de la même année.

³ Pierre d'Oriolle, chevalier, seigneur de Loyré en Aunis, originaire de La Rochelle, général des finances, maire de La Rochelle, conseiller maître à la Chambre des comptes de Paris, nommé chancelier de France, le 28 juin 1472, destitué en mai 1483, et pourvu, le 23 septembre suivant, de la première présidence de la Chambre des comptes. Mort le 14 septembre 1485.

chancelier de France; Jean, évêque de Mende; Jean, évêque d'Évreux[2]; Jean de Ladriesche, conseiller du roi, président de la Chambre des comptes et trésorier de France; Pierre Poignant, seigneur de Moussy, et Guillaume Dauvet[3], maîtres des requêtes de l'hôtel du roi; Jean du Verdier, docteur en les deux droits, seigneur d'Allais; maître Jean de La Viguolle, doyen d'Angers, conseiller du roi; Jean d'Arces, seigneur de Lissieu en Lyonnais, maître d'hôtel du prince d'Orange; Jean de Vaucelles, maréchal de l'hôtel de la reine de France; Philippon Pattouflau, seigneur de Charnan, homme d'armes, et Aubert de Tournes, clerc, tous témoins.

Enregistré à la Chambre des comptes de Grenoble, le 17 juillet 1475.

ORIGINAL. B 3805.
COPIES. B 2984, f° 41, v°; B 3799, f° 18.

1622 ter   *Rouen, 10 juin 1475.*

Quittance par laquelle le roi reconnaît avoir reçu de Guillaume de Châlon, prince d'Orange, seigneur d'Arlay, tout ce que ce dernier pouvait lui devoir, à raison de sa finance et de sa rançon, ainsi que de tous dépens, droits et devoirs dont il pouvait être tenu, tant envers lui qu'envers Philibert de Groléo, seigneur d'Illins, qui l'avait fait prisonnier de guerre et des mains duquel il avait été racheté à sa propre requête, et ce, au moyen de la cession et transport que ledit prince d'Orange avait passé au roi par acte du 9 juin courant. Acte reçu par Jean Esterlin et Guillaume Lambert, prêtres du diocèse de Rouen, notaires publics, apostoliques et impériaux, en présence de Charles de Bourbon, archevêque et comte de Lyon, légat du Saint-Siège à Avignon; Pierre d'Oriolle, chevalier, seigneur de Loyré en Aunis, chancelier de France; Louis, patriarche de Jérusalem, évêque de Bayeux[4];

---

[1] Jean Petitdé, évêque de Mende, de 1473 à 1478.

[2] Jean Hébergé, nommé évêque d'Évreux, le 17 novembre 1473, mort le 28 octobre 1479.

[3] Guillaume Dauvet, seigneur de Clagni, fils de Jean Dauvet, premier président du Parlement de Paris. Nommé lui-même conseiller au même Parlement, en 1462, et maître des requêtes de l'hôtel du roi, en 1472; mort le 26 août 1520.

[4] Louis d'Harcourt, patriarche de Jérusalem, nommé évêque de Bayeux, le 18 janvier 1460, mort le 13 décembre 1479.

des évêques d'Avranches[1], Évreux et Mende ; Jean de Foix, vicomte de Narbonne[2] ; André de Laval, seigneur de Lohéac, et Joachim Rouault, seigneur de Gamaches, chevaliers, maréchaux de France ; Jean de Daillon, seigneur du Lude, chevalier, gouverneur du Dauphiné ; Jean de Ladriesche, conseiller du roi, président de la Chambre des comptes de Paris ; maîtres Pierre Poignant, maître des requêtes de l'Hôtel du roi, et Jean du Verdier, docteur en lois et en décrets, seigneur d'Allais.

Enregistrée à Grenoble, le 17 juillet 1475.

Original. B 3805.

Copie. B 2984, f° 39, v°.

1623 — Rouen, 10 juin 1475.

Acte par lequel Guillaume de Châlon, prince d'Orange et seigneur d'Arlay, prête hommage lige et serment de fidélité entre les mains du roi Louis XI, dauphin de Viennois, pendant que Philippe de Comines, chevalier, seigneur d'Argenton et de Rosny, chambellan du roi, lisait le *mementum* suivant : « Vous devenez homme lige et subget du
« roy, nostre seigneur, cy présent, comme daulphin de Viennoys,
« luy faites hommage, lige et serment de féaulté à cause de vostre
« seigneurie et principaulté d'Orenge, laquelle vous confessez et
« advouez tenir pour vous, voz successeurs et ceulx qui de vous
« auront cause et congnoissez estre subgete et tenue perpetuellement
« de luy comme daulphin et de ses successeurs daulphins de Vien-
« noys, aussi estre subgecte en juridicion et derrain ressort du roy et
« de son Parlement du Daulphiné. Promectez et jurez par la foy et
« serment de vostre corps, sur vostre honneur, d'estre perpetuelle-
« ment son bon, vray et loyal homme, subget et vassal ; le servir
« bien et loyaument envers et contre tous ceulx qui peuvent vivre et
« mourir, sans quelconque personne excepter ; de garder et pour-
« chasser de tout vostre povoir son bien, son honneur, le bien, seu-
« reté, prouffit et utilité de sa personne, son royaume et seigneurie ;
« et là où pourrez savoir ou scaurez qu'on pourchasseroit son mal
« et son dommage, le lui revelerez ; et de tout vostre povoir l'empes-

---

[1] Jean Bochart ou Bouzart, nommé évêque d'Avranches le 28 avril 1453, mort le 28 novembre 1484.

[2] Voir, sur Jean de Foix, vicomte de Narbonne, la note 2, p. 65.

« cherez et pour garder et pourchasser son bien, honneur, proffit et
« utilité de sa personne et seigneurie, et aussi pour eschever son mal
« et son dommage employerez le corps, les biens et la vie comme bon
« et loyal vassal et subget doibt faire pour son roy et son souverain
« seigneur. » Cet acte fut reçu par Jean Esterlin et Guillaume Lambert, prêtres du diocèse de Rouen, notaires publics, apostoliques et impériaux et jurés de la Cour archiépiscopale de Rouen, en présence de Charles de Bourbon, archevêque et comte de Lyon, légat du Saint-Siège à Avignon ; Pierre d'Oriolle, chevalier, seigneur de Loyré en Aunis, chancelier de France ; Louis, patriarche de Jérusalem, évêque de Bayeux ; Jean, évêque d'Avranches ; Jean, évêque de Mende ; Jean, évêque d'Evreux ; Jean de Foix, vicomte de Narbonne ; André de Laval, seigneur de Lohéac, et Joachim Rouault, seigneur de Gamaches, chevaliers, maréchaux de France ; Jean de Daillon, seigneur du Lude, gouverneur du Dauphiné ; Jean de Ladriesche, conseiller du roi, président en la Chambre des comptes et trésorier de France ; maîtres Pierre Poignant, seigneur de Moussy, maître des requêtes de l'hôtel du roi ; Jean du Verdier, docteur en les deux droits, seigneur d'Allais, et autres.

Enregistré à Grenoble, le 17 juillet 1475.

Original. B 3805.
Copies. B 2981, f° 57 ; B 3811, f° 161, v°.

1623 bis   Rouen, 10 juin 1475.

Lettres, adressées à ses conseillers, les gouverneur, gens de sa cour de Parlement et de la Chambre des comptes et trésorier du Dauphiné et à ses procureurs et receveurs du dit pays ou à leurs lieutenants et commis, par lesquelles le roi leur fait savoir que son cher et féal cousin, Guillaume de Châlon, chevalier, prince d'Orange, lui avait fait, personnellement, le même jour, les foi et hommage lige, qu'il était tenu de lui faire, à raison de la principauté d'Orange et de toutes ses dépendances, et leur mande, en conséquence, de laisser le susdit prince jouir paisiblement de ses terres, pourvu que toutefois il en donne, en temps utile, le dénombrement et qu'il paye les droits et devoirs accoutumés.

Enregistrées le 17 juillet 1475.

Original. B 3805.
Copie. B 2981, f° 60, v°.

1624 Rouen, juin 1475.

Lettres par lesquelles le roi, — après avoir relaté les clauses et conditions des actes précédemment analysés, — en considération de la proximité de lignage qui l'unissait à Guillaume de Châlon, prince d'Orange, et aussi de ce que ce dernier était devenu son vassal, l'autorise, ainsi que ses successeurs, à s'intituler « par la grâce de Dieu, prince d'Orange », à battre monnaie à leurs noms et armes, pourvu qu'elles soient de la loy et du poids des monnaies royales ou delphinales; d'accorder des grâces et rémissions à leurs sujets, à la réserve, cependant, des crimes d'hérésie, de lèse-majesté envers sa personne ou la chose publique; et, enfin, de jouir de tous leurs droits et prérogatives, avec stipulation, toutefois, que « tousiours le droict de souveraineté, les fiefs, hommage lige, obéissance, juridiction et dernier « ressort demeurant à nous, selon la forme du transport à nous fait « et sans en rien y déroger ne préjudicier par les présentes ». Le roi promet, en outre, de maintenir et garder perpétuellement la principauté d'Orange et tous ses vassaux et sujets dans tous leurs droits, privilèges, franchises, libertés, coutumes et usages, comme ses propres sujets, et déclare, enfin, que les habitants de cette principauté ne pourront être imposés à aucuns impôts, tailles, aides, subsides, dons et subventions levés en Dauphiné ou dans le reste du royaume, mais demeureront francs et quittes de toutes charges publiques, comme ils l'étaient précédemment.

Enregistrées, à Grenoble, le 17 juillet 1475.

Copies. B 2984, f° 81, v°. — Arch. nat., *Mémorial P de la Chambre des comptes*, f° 8.

Analyse. U. Chevalier, *Ordon.*, n° 305.

Publiées. *Ordon. des roys de France*, t. xviii, p. 131. — A. de Pontbriant, *Hist. de la principauté d'Orange*, 1891. *Pièces justif.*, 11, p. 370.

1625 Rouen, 15 juin 1475.

Lettres du roi, adressées à ses conseillers les gouverneur du Dauphiné ou son lieutenant et gens de sa Cour du Parlement de Grenoble, par lesquelles, — après avoir relaté que le prince d'Orange lui avait exposé que les places, terres, seigneuries et baronnies de Theys, La Pierre et Domène, Falavier, Anthon, Colombier, Saint-Laurent, situées en Dauphiné, ainsi que toutes leurs dépendances, avaient appartenu au feu prince d'Orange, son père, mais qu'à la suite de la guerre que ledit feu prince d'Orange, à l'instigation du feu duc de Bourgogne, avait faite en Dauphiné, avaient été saisies, confisquées et mises sous la main delphinale ; que, quoique ensuite les mêmes terres eussent été comprises dans le traité de paix conclu à Arras¹ entre le roi Charles VII et le duc Philippe de Bourgogne, et qu'en conséquence, elles dussent être délivrées au prince d'Orange, ce dernier n'avait pu les recouvrer nonobstant les lettres patentes que lui concéda, à cet effet, le roi Charles VII, et celles qu'il lui avait lui-même octroyées, tant avant que depuis son avènement à la couronne², parce que le procureur delphinal s'y était constamment opposé, en prétextant que le roi de France, comme dauphin, avait des droits et des titres particuliers à la possession des mêmes terres, — attendu que le prince d'Orange était devenu son vassal pour sa principauté d'Orange, et qu'en conséquence, il devait le favoriser de tout son pouvoir, enjoint de lui restituer les susdites terres et de l'en mettre en possession effective.

Original. B 3805.

1626   *Gaillarbois, 20 juin 1475.*

Lettres, adressées aux gouverneur ou son lieutenant, gens du Parlement et des Comptes, trésorier et receveur général du Dauphiné, par lesquelles le roi, en considération des services que lui rendait journellement son panetier, Guigues Alleman dit d'Uriage³, et aussi à raison de ce qu'il se trouvait présent pour répondre personnellement du meurtre de Roux de Commiers⁴, chevalier, qui lui était imputé, ordonne de laisser le susdit Guigues Alleman jouir et user pleinement et paisiblement des seigneurie et terre de Mens en Trièves, y compris la montagne du Lautaret et toutes autres dépendances, qui avaient été, depuis peu, confisquées à la suite des poursuites dirigées contre lui.

Enregistrées le 5 juillet 1475.

Copies. B 2904, f° 352, et B 3182.

---

¹ Le traité d'Arras avait été conclu le 22 septembre 1435.
² Voir, à ce sujet, les actes n°ˢ 1234, 1244 bis et 1325.
³ Voir, sur Guigues Alleman, la note 1, p. 314 du t. 1ᵉʳ.
⁴ Voir, sur Raoul de Commiers, les notes 1, pp. 239 et 449 du t. 1ᵉʳ.

1627. *Orgueil, 3 juillet 1475.*

Lettres par lesquelles le roi, en considération des services qu'Imbert de Bathernay[1] lui avait rendus, dès son jeune âge, et particulièrement pour l'indemniser des frais qu'il avait faits « en un voyage que « naguères lui avons fait faire au pays de Rossillon », lui fait don et remise des droits de lods et ventes auxquels il pouvait être tenu à raison de l'acquisition de la seigneurie de Faramans, qu'il avait faite du seigneur de Miolons[2].

Enregistrées le 16 août 1475.

Copie. B 3431.

1628. *Gaillarbois, 16 juillet 1475.*

Lettres par lesquelles le roi, en considération des services de guerre que lui avait rendus Guillaume Guigou[3], lui fait don d'une pension annuelle de 120 l. t., à recevoir des mains du trésorier et receveur général du Dauphiné, sur le montant de l'aide concédée par les Etats du Dauphiné.

Enregistrées le 8 août 1475.

Copie. B 3270, f° 212.

1629. *Gaillarbois en Caux, 17 juillet 1475.*

Lettres du roi nommant à l'office de geôlier et garde des prisons de

---

[1] Voir, sur Imbert de Bathernay, seigneur du Bouchage, la note 2, p. 4.

[2] Jacques de Miolans, seigneur d'Anjou, racheta ensuite la terre de Faramans à Imbert de Bathernay, en 1489, ainsi que cela résulte de lettres patentes du roi Charles VIII, données à Orléans le 31 décembre 1489, lui faisant don des lods qu'il devait à raison de ce rachat (Invent. de la Chambre des comptes, Viennois, t. III, f° 414). Voyez, sur Jacques de Miolans, l'acte n° 1808.

[3] Le même Guillaume Guigou fut encore successivement nommé, par lettres royales des 17 juillet et 12 septembre 1475, geôlier et garde des prisons delphinales de Grenoble, huissier du Parlement du Dauphiné et capitaine châtelain de Grenoble (actes n°s 1629, 1630 et 1632). Jean de Daillon, seigneur du Lude, gouverneur du Dauphiné, par lettres de Bonaventure, du 27 novembre 1480, enregistrées le 22 décembre suivant, lui concéda également la charge de courrier de la ville de Romans, en remplacement d'Yvon de Bouqueron, décédé (B 3270, f° 395).

Grenoble, Guillaume Guigou [1], en remplacement de Jean de Mons [2], qui en est déchargé.

Enregistrées le 8 août 1475.

Copie. B 3276, f° 238.

1630   *Gaillurbois, 17 juillet 1475.*

Lettres du roi nommant Guillaume Guigou, huissier extraordinaire de la Cour du Parlement de Grenoble, aux mêmes gages, honneurs, franchises et libertés, que les huissiers ordinaires, et ce, en attendant le premier office d'huissier ordinaire qui deviendrait vacant, en la même Cour et dont il serait pourvu sans qu'il lui soit nécessaire d'obtenir de nouvelles provisions.

Enregistrées le 8 août 1475.

Copie. B 3276, f° 235.

1631 *Abbaye de Notre-Dame de La Victoire, août 1475.*

Lettres par lesquelles le roi érige à Pierrelatte une église ou chapelle collégiale sous le vocable de Saint-Michel-Archange, desservie par sept chanoines prêtres et quatre petits clercs, qui devront y célébrer chaque jour quatre messes, en l'honneur du Saint Esprit, de la Vierge, de Saint-Michel et des Saints Innocents, ainsi que les autres offices divins selon la coutume de l'Église Romaine. Pour dotation, le prince lui assigne la moitié des revenus de la terre de Pierrelatte et lui confère, en outre, les mêmes privilèges que ceux dont jouissaient l'Église de Saint-Martin de Tours et les autres églises de fondation royales.

Copies. B 3049, f° 118, et Arch. municipales de Pierrelatte, GG 13.
Analyse. Invent. somm. des arch. de la Drôme, t. v, B 7226.

1632   *Soissons, 12 septembre 1475.*

Lettres contenant provisions de l'office de châtelain de Grenoble

---

[1] Le titulaire fut mis en possession de son office le 9 août 1475, par Pierre Boterin, notaire et clerc greffier du Parlement de Grenoble, qui se fit remettre les clefs des prisons par Jacques de Mons, frère de Pierre de Mons, châtelain de Grenoble, au nom de Jean de Mons, son fils (B 3276, f° 241).
[2] Voir, sur Jean de Mons, la note 4, p. 12.

pour Guillaume Guigou, en remplacement de Jean de Mons, déchargé de cet office ; et autorisant le susdit Guigou d'exercer cet office conjointement avec celui de geôlier des prisons delphinales de la même ville, qu'il exerçait déjà.

Enregistrées le 27 septembre 1475.

Copie. B 3378, f° 75.

1630 — *Vervins, 20 septembre 1475.*

Lettres du roi prescrivant de faire publier que tous ceux qui devaient des rentes et des cens ou détenaient des biens fonds appartenant au monastère de Saint-Just[1] aient à en faire la déclaration dans le délai d'une année, sous les peines du droit.

Enregistrées le 8 octobre 1475.

ANALYSE. D' U. Chevalier, *Notice hist. sur l'abb. de Saint-Just de l'ordre de Cîteaux*, dans *Bull. de la Soc. d'arch. et de stat. de la Drôme*, t. VIII, p. 136.

1631

1630 bis — *1" octobre 1475.*

Lettres de provisions de la charge de trésorier et receveur général en Dauphiné pour André de Mauregard[2], en remplacement de Jean de La Place.

MENTION dans les notes laissées par M. J.-J.-A. Pilot de Thorey.

1630 ter — *Octobre (après le 27) 1475.*

Lettres par lesquelles le roi restitue et remet à son neveu, Jean de Châlon, prince d'Orange[3], les « fief, hommage et subgection » de la

---

[1] L'abbaye de filles de Saint-Just en Royans au diocèse de Grenoble, placée sous le vocable de Notre-Dame-des-Anges, de l'ordre de Cîteaux, avait été fondée, en 1349, par le dauphin Humbert II.

[2] André de Mauregard, qui avait épousé en premières noces Anne, fille de Pierre La Plate, bourgeois de Paris, et en secondes noces une nommée Michelle, morte également avant lui, testa le 26 mai 1481 et mourut à Grenoble le 18 juillet suivant, laissant cinq fils et six filles, dont l'aînée avait été mariée le 13 juillet 1478 à Adam Pompon, de Paris (B 2905, f° 10, v°) ; *Calendrier de la Chambre des comptes*, f° 24, v°).

[3] Jean de Châlon, prince d'Orange, comte de Tonnerre et baron d'Arlay, était fils de Guillaume VIII, prince d'Orange, et de Catherine de Bretagne. Aussitôt après la mort de son père, le roi Louis XI le réintégra dans la possession de la

principauté d'Orange, et en outre le tient quitte et décharge de la somme de 40,000 écus d'or, pour payement de laquelle Guillaume de

---

principauté d'Orange, et le 7 décembre suivant il prêtait personnellement hommage et serment de fidélité au roi à Saint-Florent lès Saumur (actes n°ˢ 1637 et 1637 bis). Quoique comblé d'attentions bienveillantes par Louis XI qui le nomma son conseiller et chambellan et le promut chevalier de l'ordre de Saint-Michel, il abandonna les intérêts de ce prince, après la mort de Charles le Téméraire, pour embrasser le parti de la duchesse Marie de Bourgogne.

Dès les premiers jours du mois de mai 1477, le Parlement de Grenoble, sur les ordres de Louis XI, chargeait Antoine d'Ancezune, écuyer d'écurie du roi, et Antoine Bessaud, licencié en lois, de se saisir de la principauté d'Orange et de la réunir au domaine delphinal, ce qui fut exécuté le 5 du même mois. De son côté, le Conseil de l'ordre de Saint-Michel prononçait contre Jean de Châlon une sentence que nous reproduisons et que le roi s'empressa de transmettre, par lettres missives, datées de Cambrai, le 1ᵉʳ juin 1477, à plusieurs officiers du royaume et du Dauphiné pour en faire publier la teneur :

« Messire Jehan de Châlon, chevalier, prince d'Orenge, auquel le Roy, nostre
« souverain seigneur et seigneurs chevaliers de son ordre avoient fait si grant hon-
« neur comme l'associer et accompaigner ou très noble et excellent ordre de
« monseigneur Saint Michel, a esté et est, par grande, sollempne et meure déli-
« bération, privé et destitué dudit ordre et de tous honneurs et dignités, pour ce
« qu'il a esté et est actaint et convaincu de très villains, détestables et abominables
« crismes contre Dieu et l'Église, contre le Roy et les seigneurs chevaliers du dit
« ordre, en ce qu'il est hérétique et invocateur, usant d'arts dyaboliques, ainsi que
« par les lettres signées de sa main et autrement deuement il est apparu clairement
« qu'il a partye, mené, conduit et commis plusieurs grandes et mauvaises traysons et
« machinations à l'encontre du Roy et s'est manifestement déclaré traytre, rebelle
« et désobéissant subgect du Roy, de la couronne et de tout le royaume de France,
« en commectant crisme et trayson publique de parjure, de félonie, de infidélité et
« de lèze magesté. Pourquoy il est déclaré, tenu et réputé à jamais faulx, traytre,
« diffamé, deshonoré, parjure et villain chevalier. » (B 3811, f⁰ 89 et 186, v⁰).

Finalement le Parlement de Grenoble, après de nombreuses formalités judiciaires et plusieurs enquêtes faites tant en Dauphiné qu'en Bourgogne, rendit, le 20 septembre 1477, un arrêt longuement motivé par lequel Jean de Châlon, atteint et convaincu d'infidélité et de félonie envers le roi dauphin, pour avoir excité ses sujets en Bourgogne à la rebellion et s'être personnellement déclaré en guerre contre lui, était déclaré déchu de tous droits, honneurs et prérogatives et privé de tous ses biens et possessions quelconques qui furent confisqués et réunis au domaine delphinal (B 3811, f⁰ 114). Au cours des enquêtes qui furent faites et dans lesquelles déposèrent notamment, contre le prince d'Orange, Georges de La Trémouille, seigneur de Craon ; Philippe de Hochberh, maréchal de Bourgogne ; Jean de Balazart, seigneur de Saint-Just ; Gaston du Lyon, sénéchal de Toulouse ; Robert de Balsac,

Châlon, son père, lui avait cédé, comme dauphin de Viennois, la souveraineté de la susdite principauté.

---

sénéchal d'Agenais ; Artaud de Saint-Germain, bailli du Forez ; Gilbert de Lafayette, seigneur de Montboissier ; Renaud de Châtellet, bailli de Sens et maréchal du Dauphiné ; Jacques, seigneur de Sassenage ; Philibert de Grolée, seigneur d'Illins; Louis de Saint-Priest ; Anselme, seigneur de Miolans ; Lancelot de Commiers, seigneur de Saint-Pierre-d'Alloyard, etc., etc., l'un des témoins entendus, Pierre de Montfort, seigneur du Châtelard, produisit une lettre que Jean de Châlon adressa, le 1ᵉʳ mai 1477, à Guillaume de Martigny et qui témoignait péremptoirement de ses menées en Bourgogne. Voici le texte de cette missive, qui avait été saisie entre les mains de son destinataire fait prisonnier à la prise du château de Doudan (B 3811, f° 157).

« Marteguy, mon amy, je me recommande à vous. J'ay receu vos lectres en satis« faisant au contenu, desquelles vous envoye présentement ce que pieça vous eusse « volontier envoyé et d'y avoir tant tardé suis le plus mal content. Et au regard « du siège que comme m'escripvez devez avoir, n'aiez de rien paour, par icelluy « siège estre mis là où autre part, j'ai bon vouloir d'aler le lever en personne. Et « soyez esseuré que nous avons pour nous l'empereur, le duc d'Ostriche et le comte « de Montbéliart qui viennent en nostre ayde avec les Savoyens. Et quant encore je « n'auroye aide d'eulx je pense que aurai assez puyssance dedans huit jours pour « aler lever le dit siège, et y fust le roy en personne. Toutesvois advertissez moy « incontinent s'aucun nouveau advient par delà, tant d'icelluy siège que autrement, « afin de y pourveoir en briefz ; aidant le benoist filz de Dieu que vous doint bien « besoigner. Escript à Besançon le premier jour de may. »

« Jehan de Châlon, tout vostre. »

L'histoire accuse également Jean de Châlon de s'être adonné aux pratiques de la sorcellerie et d'avoir voulu empoisonner Louis XI. Les archives de l'Isère possèdent à ce sujet le texte d'une déposition qu'un nommé Jean Renou, natif de Saint-Chamond, et marchand apothicaire de Clermont en Auvergne, aurait faite en présence d'Imbert de Bathernay, à Bourges, le 28 mai 1478, et dans laquelle il accuse formellement le prince d'Orange de lui avoir fait les offres les plus séduisantes s'il consentait à empoisonner le roi (B 3811, f° 92). Le même fait se trouve également consigné dans l'*Hist. de France* de M. Garnier, Paris, 1767, t. XVIII, p. 569, d'après le manuscrit de Legrand.

Quant aux possessions du prince déchu, elles furent partagées au mois d'octobre 1477 par le roi Louis XI entre Philippe de Hochbert et Imbert de Bathernay, ses favoris. Le maréchal de Bourgogne eut pour sa part la principauté d'Orange, et le seigneur du Bouchage toutes les autres terres situées en Dauphiné (Voir les actes nᵒˢ 1092 et 1093).

Jean de Châlon, qui fut l'un des ennemis les plus acharnés de Louis XI, sur les troupes duquel il gagna la bataille d'Emagny, rentra cependant en grâce auprès du roi Charles VIII, qui lui restitua ses biens par lettres données à Amboise, le

Mention insérée dans une lettre missive du roi adressée aux gens de la Chambre des comptes de Grenoble, le 30 novembre suivant (voir la note 1, p. 224).

1634. *Abbaye de Notre-Dame de La Victoire les Senlis.*
2 novembre 1475.

Lettres nommant généraux-maîtres des monnaies de France et du Dauphiné Germain de Merle, Denis Le Breton¹, Nicolas Polien et Simon Aujourrant, en remplacement de Jean Clerbourg², Germain Bracque³ et autres, révoqués et destitués pour les fautes et abus qu'ils avaient commis.

Analyse insérée dans l'acte suivant.

1635. *Abbaye de Notre-Dame de La Victoire les Senlis.*
2 novembre 1475.

Ordonnance par laquelle le roi, — après avoir relaté que pour remédier aux nombreux abus qu'avaient occasionnés les derniers règlements faits sur la fabrication et le cours des monnaies par les généraux maîtres des monnaies, qu'il venait de révoquer et de remplacer, — règlemente de nouveau la fabrication et le cours des monnaies, tant en Dauphiné que dans le royaume. Les seules monnaies qui à l'avenir auront cours sont pour les monnaies royales : les écus et les demi-écus, les grands et petits blancs, qui sont déjà fabriqués aux armes de France ou du Dauphiné, mais dont la frappe sera

29 décembre 1483 (B. 2984, C. 849 et B. 3800). Il assiste au sacre de ce roi, le 30 mai 1484, fut l'un des négociateurs de son mariage avec Anne de Bretagne et fut établi gouverneur de cette province après sa réunion à la couronne de France. Il embrassa ensuite le parti du duc d'Orléans, fut pris avec ce prince à Saint-Aubin-du-Cormier, le 28 juillet 1489, et enfermé dans le château d'Angers. Rendu à la liberté l'année suivante, il suivit Charles VIII et Louis XII en Italie et mourut au mois de juin 1502, laissant de sa seconde femme Philiberte de Luxembourg, qu'il avait épousée en 1494, un fils nommé Philibert, qui lui succéda, et une fille Claude, mariée à Henri, comte de Nassau.

¹ Le 16 février suivant, Denis Le Breton fut pourvu de l'un des deux offices de trésoriers des guerres, institués par le roi (voir l'acte n° 1643).
² Il a déjà été question de Jean Clerbourg dans l'acte n° 1375.
³ Germain Bracque, seigneur de Châtillon, tout en étant général maître des monnaies, était aussi échevin de Paris.

supprimées à l'avenir : les gros d'argent, hardis, liards, doubles deniers, deniers tournois et parisis au même cours qu'ils avaient ; les écus d'or et les grands et petits blancs, dont il ordonne la fabrication ; pour les espèces étrangères : les nobles d'Angleterre, appelés nobles à la rose ; les angels, les demi et quart de nobles ; les gros d'Angleterre, appelés gros d'Edouard neufs ; les demi et quart de gros ; les lions de Flandre ; les mailles à la croix de Saint-André ; les gros de patars vieux ; les patars vieux, les gros de deux patars et les patars de nouvelle fabrication ; les écus de Bretagne ; les gros de trois targes aux pommes et les targes. Toutes autres monnaies cesseront d'avoir cours et seront reçues dans les ateliers monétaires comme billon au prix de 118 livres 10 sous tournois du marc d'or fin, et de 10 l. t. du marc d'argent. Défense est faite de donner cours aux monnaies ci-dessus énumérées pour une valeur supérieure à celle qui leur est assignée, et de transporter le billon soit d'or, soit d'argent, aux foires de Lyon ou hors du royaume. Etc., etc.

Copies. B 2826, f° 120. — Arch. nat., Reg. F de la Cour des monnaies, f° 97 v°.
Publiée. Ordon. des rois de France, t. xviii, p. 143.

1636 Abbaye de Notre-Dame de La Victoire les Senlis,
2 novembre 1475.

Lettres par lesquelles le roi informe les généraux maîtres des monnaies, nouvellement nommés, ainsi que le prévôt de Paris et tous les autres justiciers ou leurs lieutenants, qu'en exécution de la nouvelle ordonnance qu'il vient de rendre sur les monnaies, il ne donnera à l'avenir aucune abolition ni pardon à quiconque aura falsifié ou contrefait les monnaies ainsi qu'à ceux qui auront mis ou fait mettre en

---

¹ La susdite ordonnance, ainsi que l'apprend une lettre adressée par les auditeurs de la Chambre des comptes du Dauphiné aux généraux maîtres des monnaies de France, fut publiée en Dauphiné, à l'exception cependant de l'article par lequel le roi spécifiait qu'à l'exception des seules monnaies qu'il désignait, toutes les autres n'auraient plus cours et seraient à l'avenir réputées simple billon. Cette restriction apportée par le Parlement de Grenoble était fondée sur ce qu'il ne circulait, principalement en Dauphiné, que des monnaies étrangères émises par les états voisins et que les habitants du Briançonnais, étant tenus de payer leurs redevances au roi dauphin en ducats, ne pourraient le faire si ces mêmes monnaies étaient « décriées » (B 2826, pièce détachée).

circulation de fausses monnaies, et ordonne, en conséquence, de poursuivre de suite tous les délinquants et de mettre à exécution les jugements qu'ils auront encourus, suivant l'exigence des cas.

Copies. B 2820, f° 117, et B 2846. — Arch. nat., Reg. F de la Cour des monnaies, f° 99, v°, et charte de la Chambre des comptes, n° 1014.

Publiées. Ordon. des rois de France, t. xviii, p. 148.

1637 *Montils les Tours, 30 novembre 1475.*

Lettres par lesquelles le roi, informé que ses avocat et procureur généraux fiscaux du Dauphiné n'avaient voulu consentir à l'enregistrement de ses lettres précédentes restituant à Jean de Châlon sa principauté d'Orange, que sous la réserve que ce dernier restait débiteur envers le roi dauphin de la somme de 40,000 écus d'or, mande et enjoint aux gens de la Chambre des comptes du Dauphiné de laisser jouir le susdit prince d'Orange, ses successeurs et ayants cause de « l'effect et contenu » de ses précédentes lettres.

Même source que l'acte n° 1633 *ter*[1].

---

[1] Cet acte, ainsi que celui n° 1633 *ter*, se trouvent relatés dans une lettre missive que le roi Louis XI adressa, sur le même sujet, aux gens de la Chambre des comptes de Grenoble, le 30 novembre 1475, et que nous reproduisons d'après son original (B 3811, f° 100).

« A nos amés et féaulx les gens de nos comptes à Grenoble.

« De par le Roy dauphin,

« Nos amés et féaulx pour ce que au moien des octrois que avons par ci-devant
« fait expédier, à notre très cher et très amé neveu le prince d'Orenge, par les-
« quels lui avons entièrement quictés et remis les fiefs, hommaiges et subgections
« de la principauté d'Orenge, et aussi quicté et deschargé notre dit neveu de la
« somme de XL^m escus, que nos advocat et procureur fiscaulx dalphinaulx ont
« voulu maintenir icelle somme nous estre deue par nostre dit nepveu, n'avez voulu
« optempérer de procéder à l'exécution et entérinement de nos dites lectres. A ceste
« cause par meure délibération des gens de nostre grant conseil, lui avons de
« rechief octroyé nos autres lectres patentes par lesquelles vous est mandé fere
« joir notre dit nepveu, ses successeurs et ayans cause de l'effect et contenu en nos
« dites lectres et octrois et à cette fin en envoyons expressément devers vous notre
« cher et bien amé Allabre de Saulles, huissier d'armes et premier huissier de notre
« Chambre, pour vous dire et déclarer le vouloir et affection que avons, que en
« ceste matière soit mis fin. Si voulons et vous mandons très expressément que
« vous contraignez nos dits advocat et procureur à cesser et eulx entièrement dep-
« porter des recours, appellations, contradictions, articles et toutes autres choses

1687 bis — *Saint-Florent lès Saumur, 7 décembre 1475.*

Lettres par lesquelles le roi fait connaître à ses conseillers les gouverneur ou son lieutenant, gens de sa cour de Parlement et de ses Comptes du Dauphiné, que le même jour son cousin Jean de Châlon, prince d'Orange[1], lui avait fait en personne les foi et hommage auxquels il était tenu pour la principauté d'Orange et ses dépendances, qui lui étaient advenues par suite du décès de Guillaume de Châlon, son père, et que ce dernier tenait en fief du roi comme dauphin.

Enregistrées le 9 janvier 1476.

Copies. B 2985, f° 70, et B 3811, f° 174.

1687 ter — *Saint-Florent lès Saumur, 7 décembre 1475.*

Lettres par lesquelles le roi fait connaître à ses conseillers les gouverneur ou son lieutenant, gens de sa cour de Parlement et de ses Comptes du Dauphiné, que le même jour, son cousin Jean de Châlon, prince d'Orange, lui avait fait en personne les foi et hommage auxquels il était tenu pour les châtellenies d'Auberives et Saint-Alban, Orpierre, Trescléoux, les terres et seigneuries de Condorcet, Montbrison, Montréal et Sahune avec toutes leurs dépendances, qui lui étaient advenues par suite du décès de Guillaume de Châlon, son père.

Enregistrées le 10 janvier 1476.

Copie. B 3811, f° 175.

1688 — *Plessis-du-Parc, 16 décembre 1475.*

Lettres adressées aux gouverneur ou son lieutenant, gens du Parlement et des Comptes, sénéchal du Valentinois, bailli du Viennois et tous autres justiciers et officiers du Dauphiné, par lesquelles le roi, — informé que ses gens de guerre, tant des ordonnances que de l'ar-

---

« par eulx mises en avant, le tout selon la forme et teneur dicelles nos dites lectres
« et y faictes au seurplus et vous y emploies de votre part, par manière que n'ayons
« cause de plus vous en escripre, et gardes qu'il n'y ait faulte. Donné aux Montils-
« les Tours le dernier jour de novembre.
« Loys. »
« Hersant. »

[1] Voir, sur Jean de Châlon, prince d'Orange, la note 3, p. 219.

rière-ban, commettaient journellement des pilleries, oppressions, roberies et autres exactions sur les habitants du Dauphiné, refusaient de payer leurs dépenses tout en touchant régulièrement leur solde, emportaient leurs vêtements, ustensiles et autres biens, que partout où ils passaient les pauvres gens étaient le plus souvent obligés d'abanbonner leurs maisons pour aller mendier leur pain, que pis est ils les injuriaient, battaient, maltraitaient, mutilaient et commettaient « plu« sieurs autres grands et inumérables maux détestables à Dieu »; — leur mande et enjoint expressément qu'incontinent et sans délai ils fussent publier, en son nom, dans toutes les villes et localités du Dauphiné et comtés de Valentinois et Diois « que doresenavant aucuns
« des dix gens de guerre ne soyent tant osez ne hardiz de tenir les
« champs ne transverser pays sans payer la despense d'eulx et leurs
« chevaulx et qu'ils se logent ès villes et hostelleries publiques en
« y paiant les despences d'eulx et de leurs dix chevaulx comme
« dit est, sur peine de confiscation de corps et de biens, et si
« aucuns sont ou estoient trouvéz faisant le contraire..... procédez
« sommairement et de plain à l'encontre d'eulx et chacun d'eulx par
« punicion de leurs personnes et autrement selon l'exigence du cas,
« en deslaissant tous et chacuns les biens comme chevaulx, harnoix et
« autres choses dont ils seront trovéz saisiz à ceulx qui les auront
« amenéz à justice, auxquels dès à présent les avons donnéz et donnons
« par ces présentes... »

Enregistrées le 27 décembre 1475.

COPIES. B 2905, f° 318; B 2961, f° 373, et B 3140.

ANALYSE. U. Chevalier, *Ordon.*, n° 607.

1639   *Plessis-du-Parc, 8 janvier 1475 (1476).*

Ordonnance enjoignant à tous les archevêques et évêques de France et du Dauphiné de résider dans leurs diocèses sous peine de confiscation de leur temporel.

ANALYSE. U. Chevalier, *Ordon.*, n° 508.

PUBLIÉE. Fontanon, *Édits et ordon.*, t. IV, p. 218. — *Ordon. des rois de France*, t. XVIII, p. 169.

1640   *Plessis-du-Parc, 8 janvier 1475 (1476).*

Lettres du roi portant avis à tous les prélats du royaume et du Dauphiné de la convocation d'un prochain concile à Lyon¹.

ANALYSE. U. Chevalier, *Ordon.*, n° 509.

PUBLIÉES. Fontanon, *Edits et ordon.*, t. IV, p. 1239. — *Ordon. des rois de France*, t. XVIII, p. 166.

1641 *Plessis-du-Parc, 19 janvier 1475 (1476).*

Lettres du roi interdisant l'entrée du royaume au légat nommé par le pape².

ANALYSE. U. Chevalier, *Ordon.*, n° 510.

1642 *Plessis-du-Parc lez Tours, 16 janvier 1475 (1476).*

Lettres du roi adressées à ses conseillers les gens du Parlement et des Comptes et trésoriers du Dauphiné, portant confirmation en faveur

---

¹ Voici ce qu'on lit dans la *Chronique scandaleuse* au sujet de la convocation de ce concile, qui, du reste, n'eut pas lieu : « En janvier 1475, fut publié à son de « trompe par les carrefours de Paris les lettres patentes du roy nostre sire, qui « contenoient comme de toute ancienneté il avait été permis aux rois de France « par les saints-pères papes, que de cinq ans en cinq ans ils pussent faire assemblée « de tous les prélats du royaume de France, pour la réformation et affaires de « l'Eglise, ce qui de longtemps n'avoit été fait. Le concile devoit se tenir à Lyon ou « autre ville auprès ».

² Ce légat était Julien de La Rovère, neveu du pape Sixte IV, cardinal prêtre du titre de Saint-Pierre-ès-Liens, archevêque d'Avignon et grand pénitencier du pape. Le pape Sixte IV l'avait nommé son légat en France et dans les provinces ecclésiastiques de l'ancienne Gaule, par bulles données à Rome le 20 février 1475 (B 3183). Sur le refus du roi Louis XI de le laisser pénétrer dans le royaume, il conspira contre ce prince, avec l'aide de l'empereur et du duc de Bourgogne, cherche à s'emparer du grand palais d'Avignon, qu'occupaient alors les gens de Charles de Bourbon, archevêque de Lyon et légat à Avignon, tout dévoué aux intérêts de Louis XI, et fit maltraiter et jeter en prison Jean Aubert, seigneur de Montclus, agent de ce dernier prélat à Avignon. Informé de ces faits, Louis XI, par lettres données à Tours le 4 septembre 1476, enjoignit de confisquer tous les bénéfices que le cardinal de Saint-Pierre-ès-Liens pouvait posséder en France, d'arrêter tous les habitants d'Avignon trouvés dans le royaume et saisir leurs biens meubles et immeubles (voir l'acte n° 1667 bis). De nouveau confirmé dans sa légation en France, par bulles données à Rome le 28 avril 1480 (B 3183). Il en fit part à Imbert de Bathornay, favori du roi, par lettres du 19 mai suivant. Élu pape le 1ᵉʳ novembre 1503, sous le nom de Jules II. Il mourut le 21 février 1513, âgé de 72 ans. Dès l'année 1478, il possédait en commande l'abbaye de Saint-Ruf-lez-Valence en Dauphiné.

de Guyon Alain, capitaine des francs-archers du Dauphiné¹, du don de la terre et seigneurie de Saou, avec autorisation d'en percevoir, lui et ses successeurs, tous les revenus et profits sans être tenu d'en rendre aucun compte, et ce attendu « qu'il est continuellement occupé « ou fait de la guerre en nostre dit service et qu'il ne se cougnoist en « fait de comptes qu'il ne puisse bonnement rendre le dit compte ».
Enregistrées le 15 février 1476.
Copie. B 3276, f° 256.

---

¹ La milice des francs-archers avait été créée et constituée en France par deux ordonnances du roi Charles VII, des 28 avril 1448 et 10 novembre 1451, mais cette création n'avait point été étendue au Dauphiné placé sous l'administration du dauphin Louis. Ce dernier prince parvenu au trône, par une ordonnance de l'année 1469, réorganisa la création de son père et confia le commandement suprême des francs-archers du royaume à quatre capitaines généraux qui avaient chacun sous leurs ordres 4,000 francs-archers. Rien n'indique également que les francs-archers du Dauphiné furent institués à cette date, car ce n'est qu'après que le même Louis XI eut rendu deux nouvelles ordonnances, données à Paris les 12 janvier et 30 mars 1475, sur l'organisation des mêmes troupes, que leur fonctionnement est officiellement constaté en Dauphiné.

A défaut de l'ordonnance royale qui prescrivit l'organisation des francs-archers du Dauphiné, nous nous contenterons de donner l'analyse d'un règlement qui, à la demande des gens des Trois-États du Dauphiné, fut rédigé, au mois de mai 1476, sur la levée et l'habillement de cette milice, par Jean de Daillon, seigneur du Lude, gouverneur du Dauphiné, avec l'assistance du capitaine des francs-archers, de Jean de Vories, conseiller au Parlement, et de Jean Mottet, procureur des Trois-États (B 2904, f° 367, v°, et 404, v°).

Pour se conformer à l'ordonnance du roi qui prescrivait de lever un archer par 6 feux, il sera fait une visite dans toutes les châtellenies et paroisses pour en connaître le nombre exact de feux et « joindre ensuite le plus avec le moindre ». En aucun cas il ne pourra être levé un nombre d'hommes supérieur à celui qui aura été fixé.

Tous les francs-archers seront arbalétriers ; l'armement et l'habillement de chacun comprendra : une arbalète avec sa trousse garnie de 18 traits, une bonne brigandine, une salade sans visière, une dague ou épée, un gorgerin, un hoqueton de gros drap « à la livrée de un dauphin », pourpoint, chausses, bonnet blanc sous la salade, souliers, gants et la cape doublée de gros drap. Tous seront habillés et armés aux frais et dépens des communautés.

Ils seront choisis dans chaque ville, mandement ou paroisse, parmi « les plus expers et ydoines » par leur capitaine ou le lieutenant que ce dernier aura désigné dans chaque bailliage, avec l'assistance du juge du lieu ; ceux qui seront désignés devront servir durant toute leur vie, à moins d'être réformés pour cause de vieil-

1642 bis *Plessis-du-Parc les Tours, 19 janvier 1475 (1476).*

Lettres par lesquelles le roi, en considération des services que lui avait rendus dans ses guerres son cher et bien amé Guyon Alain, capitaine des francs-archers du Dauphiné, lui fait don de l'office de capitaine du château de La Roche-de-Glun ainsi que de tous les revenus de la même châtellenie et seigneurie, y compris ceux du port de Consolens sur l'Isère, en remplacement de Guillaume Gouffier, chevalier, seigneur de Boissy[1], qui en est déchargé par les présentes.

Enregistrées le 21 février 1476.

Copie. B 3276, f° 249.

---

lesse ou de maladie. Comme compensation, ils seront exempts de tous subsides et tailles.

Après les appels, lorsqu'ils rentreront, ils devront remettre leurs armes et habillements aux consuls ou justifieront de leur perte par une attestation régulière de leur capitaine ou lieutenant.

Lorsqu'il sera nécessaire de lever les francs-archers, le Parlement en enverra l'ordre par écrit aux juges des divers bailliages qui le transmettront dans tous les mandements, châtellenies et jugeries de leurs circonscriptions; à cet effet, les juges pourront employer les sergents qui recevront pour leur vacation trois quarts de gros par lieue sans pouvoir toucher plus de 8 gros par jour.

Chaque consul fera conduire les hommes de sa communauté jusqu'au lieu de rassemblement, où après les avoir présentés au capitaine, il remettra à chaque franc-archer un ducat et pour les droits du capitaine et de son clerc trois gros et demi par homme.

Chaque consul conduira au moins 10 hommes et les capitaine et juge de chaque bailliage désigneront à l'avance les consuls qui auront charge de conduire les hommes des communautés où il y en aurait moins de dix.

Pour la route, tant à l'aller qu'au retour, les consuls fourniront un cheval par cinq archers, et les juges taxeront ce que chaque communauté devra payer de ce chef.

Pour éviter tout retard dans les rassemblements, le capitaine des francs-archers désignera à l'avance dans chaque bailliage un lieutenant « prudhomme et homme de bien, qui aura charge de faire diligence pour assembler et mener les francs-archers au lieu ordonné pour le rassemblement ».

Le premier capitaine des francs-archers du Dauphiné fut Guyon Alain, auquel succéda, le 9 février 1480, Jacques Galliote (voir l'acte n° 1759). Les principales fonctions de ce chef, dont la solde était de 330 l. t. par an, consistaient à faire habiller et à lever ses hommes lorsqu'il en était requis par le roi, à en passer les montres et revues, à les faire partir, mettre sur les champs, les conduire aux armées, les faire vivre en bon ordre et punir les délinquants.

[1] Voir, sur Guillaume Gouffier, la note 2, p. 168.

1643 *Plessis-du-Parc les Tours, 16 février 1475 (1476).*

Ordonnance rendue sur le paiement des gens d'armes de la grande ordonnance. Il est créé deux trésoriers des guerres qui toucheront chacun 2,000 l. de gages et sont nommés à ces charges Denis Le Breton et Guillaume de Lacroix; chacun aura sous ses ordres six clercs chargés du recouvrement des sommes destinées à l'entretien des dits gens d'armes, et de payer intégralement à ces derniers le montant de leur solde, dans les lieux où ils seront logés. Chaque homme d'armes devra être payé en personne et en argent comptant huit jours avant la fin de chaque quartier; tout paiement fait en draps, chevaux ou autres marchandises est expressément prohibé sous peine de mort et de confiscation de corps et de biens. Chacun de ces douze clercs recevra pour gages 1,000 l. t. par an, et afin qu'ils ne puissent prétexter de n'avoir point payé les troupes faute d'argent, le roi leur délègue le pouvoir de faire eux-mêmes la recette des tailles jusqu'à concurrence des sommes qu'ils auront à payer. Avant d'effectuer le paiement des susdits gens d'armes, ils devront s'informer dans les lieux de leurs garnisons des dettes qu'ils auraient pu faire pour leur nourriture, les paieront eux-mêmes et en diminueront le montant sur la solde des susdits gens d'armes. Après le paiement effectué à chaque montre, les deux commissaires des guerres adresseront au roi un double des dites montres. Au cas où des plaintes seraient portées contre quelques gens d'armes pour « malefaçons ou pilleries », les dits commissaires en feront un rapport au roi et feront défense à leurs clercs de ne rien leur payer sans un ordre du roi, de l'un des maréchaux de France ou du lieutenant-général de la province dans laquelle seront stationnés les dits gens d'armes.

D'un tableau annexé à la présente ordonnance, il résulte que la grande ordonnance du roi se composait alors de 2636 lances, réparties en 37 compagnies, qui étaient commandées par les capitaines dont les noms suivent : monseigneur de Craon[1], 95 lances ; monseigneur

---

[1] Georges de La Trémouille, chevalier, seigneur de Craon, Jouvelle, Rochefort, l'Isle-Bouchard, fils de Georges, seigneur de La Trémouille, grand chambellan de France et souverain maître et réformateur général des eaux et forêts de France, mort en 1457, et de Catherine, dame de l'Isle-Bouchard, sa seconde épouse. Il fut premier chambellan héréditaire de Bourgogne; assista, en 1408, à la prise de

de Saint-Just¹, 95 lances ; le sénéchal de Toulouse², 75 lances ; François de La Sauvagère, 50 lances ; Joachim Coquihan, 95 lances ; monseigneur l'amiral³, 98 lances ; monseigneur le maréchal de Lohéac⁴, 88 lances ; monseigneur de Chaumont⁵, 80 lances ; monsei-

---

Liège ; fut nommé chevalier de l'ordre de Saint-Michel, en 1469, à la création de cet ordre ; devint grand maître d'hôtel de France, en 1465, en remplacement de Charles de Melun, et fut lui-même remplacé dans cette charge, le 23 avril 1467, par Antoine de Chabannes, comte de Dammartin. Il devint, ensuite, lieutenant-général en Champagne et Brie, en 1471 ; conseiller et premier chambellan du roi, en 1475 ; reçut en don de Louis XI, en janvier 1477, le comté de Ligny, confisqué sur le connétable de Saint-Pol, et la même année le gouvernement de Bourgogne ; mais fut destitué de cette dernière charge l'année suivante, après un échec qu'il subit devant la ville de Dôle. Il mourut, en 1481, sans laisser d'enfant de Marie, fille unique de Jean, sire de Montauban, amiral de France, et veuve de Louis de Rohan, seigneur de Guéménée, qu'il avait épousée le 8 novembre 1464.

¹ Jean de Salazart, chevalier, seigneur de Saint-Just. Aux renseignements que nous avons donnés sur ce personnage, note 1, p. 37 du t. 1ᵉʳ, nous ajouterons que, venu en France comme chef de routiers, le dauphin Louis, durant la guerre de Languedoc, en 1443, l'avait attaqué dans Rodez et l'avait obligé à capituler, ensuite de quoi ce prince lui avait acheté sa compagnie (voir l'acte n° 85). Passé ensuite au service de Louis XI, il combattit, en 1462 et 1463, en Cerdagne où le roi l'avait nommé son lieutenant ; en 1465, on le trouve guerroyant devant Paris ; en 1467 il fut envoyé au secours des Liégeois, et, en 1472, fut l'un des défenseurs de Beauvais. En 1467 le roi lui avait fait don de la place d'Issoudun, d'un grenier à sel et d'une somme de 4,000 l. t., dont il ne toucha le solde, soit 1,700 l., qu'en 1466 (Mél. hist., t. II, p. 464 de la Collec. des docum. inéd. sur l'hist. de France).

² Gaston du Lyon, dont il a déjà été parlé dans la note 1, p. 248 du t. 1ᵉʳ. Le roi Louis XI lui avait fait don de la capitainerie de Montargis en remplacement du seigneur du Lau, mais la lui retira en 1466, pour la donner à Jean de Vendôme, chevalier, son conseiller et chambellan, seigneur de Chabannais (Mél. hist., t. II, p. 462). Il avait été aussi nommé sénéchal de l'Ile-de-France le 2 mai 1475 (Chron. scandal.).

³ Louis, bâtard de Bourbon, comte de Roussillon, amiral de France ; voir la note 3, p. 9.

⁴ André de Laval, seigneur de Lohéac, fils de Jean de Montfort, seigneur de Kergolai, et d'Anne, dame de Laval, était le frère de Louis de Laval, seigneur de Châtillon, qui fut gouverneur du Dauphiné de 1448 à 1481 (voir, sur ce dernier, les notes 1, p. 201, et 2, p. 512 du t. 1ᵉʳ). Devenu maréchal de France, il tomba ensuite en disgrâce, mais, en 1465, fut rétabli dans la charge de maréchal et dans celle d'amiral qu'il occupa jusqu'en 1472. En 1465, le roi lui accorda 10,000 écus, et l'année suivante le nomma gouverneur de Paris et de l'Ile-de-France. Chevalier de l'ordre de Saint-Michel depuis la création de cet ordre, il fut, en 1472, l'un des défenseurs de Beauvais.

⁵ Charles d'Amboise, seigneur de Chaumont ; voir la note 1, p. 102.

gneur de Bueil[1], 95 lances; monseigneur le maréchal Joachim[2], 95 lances; monseigneur le grand-maître[3], 100 lances; monseigneur de Curton[4], 85 lances; monseigneur de Torcy[5], 95 lances; monseigneur de La Forêt[6], 95 lances; Charlot de Lomulle, 50 lances;

---

[1] Jean V, sire de Bueil, de Montrésor, Saint-Calais, etc., comte de Sancerre, né en 1406, était fils de Jean IV, sire de Bueil, et de Marguerite Dauphine, dame de Marmande. Il fut chevalier, conseiller et chambellan du roi. Dès l'année 1427, il combattait contre les Anglais; devint, vers 1437, capitaine d'une compagnie de 100 lances, et suivit, en 1444, le dauphin en Allemagne, comme lieutenant et porte-étendard de ce prince. Ce fut ce personnage qui remporta sur les Suisses, durant cette dernière campagne, la bataille de Saint-Jacques. En 1447, il touchait une pension de 2,000 l. t., et, en 1450, était capitaine de Caen et de Cherbourg. Nommé amiral de France à la mort de Prégent de Coëtivy, en 1450, il fut désappointé de cette charge en 1461, à l'avènement de Louis XI, et ne rentra en faveur qu'après la ligue du Bien public. En 1466, le roi lui donna la traite de Saintonge, et le nomma, en 1469, chevalier de l'ordre de Saint-Michel à la création de cet ordre. Il mourut le 7 juillet 1477, après avoir successivement épousé Jeanne de Montejean, et en 1456 Martine Turpin, comtesse de Sancerre, qui lui survécut.

[2] Joachim Rouault, écuyer puis chevalier, seigneur de Boismenart, de Gamaches, de Châtillon et de Fronsac, conseiller et chambellan du roi, sénéchal de Poitou et de Beaucaire, premier écuyer de corps et maître d'écurie du dauphin, dès 1436, capitaine de 40 lances de l'ordonnance, en 1450, connétable de Bordeaux en 1451, maréchal de France en 1461, en remplacement de Poton de Xaintrailles. Nommé gouverneur de Paris pendant la guerre du Bien public, en 1465, il devint ensuite suspect à Louis XI, fut arrêté et condamné, le 16 mai 1476, à Tours, au bannissement perpétuel hors du royaume, à la perte de ses biens et à l'emprisonnement jusqu'au paiement d'une amende de 20,000 livres. Ce jugement ne fut pas exécuté et il mourut le 7 août 1478.

[3] Antoine de Chabannes, comte de Dammartin, grand maître de France; voir la note 1, p. 201.

[4] Gilbert de Chabannes, seigneur de Curton, sénéchal de Guyenne en 1469, nommé chevalier de l'ordre de Saint-Michel à la création de cet ordre, devenu gouverneur du Limousin, en 1474.

[5] Jean d'Estouteville, seigneur de Torcy et de Blainville, grand maître des arbalétriers de France, chevalier de l'ordre de Saint-Michel à la création de cet ordre, était le troisième fils de Guillaume d'Estouteville et de Jeanne, dame d'Hudeauville. En 1466, il fut l'un des commissaires chargés d'instruire le procès du cardinal Balue. Il avait épousé Françoise de La Rochefoucault, dame de Monthazon (*Anselme*, t. IV, p. 324).

[6] Louis de Beaumont, seigneur de La Forêt et du Plessis-Massé, conseiller et chambellan du roi, alors gouverneur du Maine. Nommé sénéchal de Poitou par lettres du roi de Montils les Tours, le 3 avril 1451, il fut remplacé dans cette

monseigneur de Bricquebec [1], 51 lances; monseigneur le gouverneur du Roussillon [2], 95 lances; le sénéchal de Carcassonne [3], 76 lances; monseigneur de La Marandaye [4], 37 lances; le moine Blosset [5], 95 lances; Jean Chenu [6], 100 lances; monseigneur l'échanson [7], 28 lances; Guérin Le Groing [8], 100 lances; monseigneur de

---

charge, en mars 1462, par Louis de Crussol. Le 27 octobre 1465, Louis XI le désigna comme l'un des trente-six commissaires chargés de surveiller l'exécution des réformes promises à la suite de la guerre du Bien public, et lui donna l'année suivante 3,900 l. t. en remplacement de la pension qu'il prenait sur le traite de Saintonge, que ce prince venait de donner à Jean de Bueil, comte de Sancerre. La même année 1466, il reçut encore 5,000 livres sur ce qu'il demandait de récompense pour la place de La Lande. Après la mort de Louis XI, il fut l'un des accusateurs de Comines dans le procès qui lui fut intenté (28 juillet 1487). Il avait épousé Jeanne Jousseaume.

[1] Jean d'Estouteville, seigneur de Bricquebec, de Hambye et de Gascé, fils de Louis d'Estouteville, grand bouteiller de France et grand sénéchal et gouverneur de Normandie. En 1463, il était capitaine du Mont-Saint-Michel, et reçut encore au mois de novembre de la même année la capitainerie de Tombelaine, dont il fut désappointé l'année suivante. En 1469, il était seigneur de Mesnil-Serau et capitaine châtelain de Gavre. Il jouissait également d'une pension de 2,000 livres.

[2] Pierre de Roquebertin, qui depuis peu avait été nommé gouverneur du Roussillon en remplacement de Tanneguy du Châtel; voir la note 3, p. 202.

[3] Olivier de Coëtivy, né vers 1415, gouverneur de Bordeaux en 1451, sénéchal de Guyenne et de Carcassonne, gouverneur de l'Auxerrois et d'Arras en 1470, mort la même année.

[4] Olivier de Bron, seigneur de La Marandaye.

[5] Pierre de Blosset, dit le Moine; voir la note 2, p. 182.

[6] Jean Chenu, conseiller et chambellan du roi, fils de Guillaume Chenu, capitaine de 100 lances, prince et seigneur du royaume d'Yvetot, dont Louis XI avait reconnu l'indépendance par lettres données à Rouen au mois d'octobre 1464 (Du Cange, Glossarium, au mot Rex).

[7] Jean du Fou, premier échanson du roi Louis XI, devenu grand échanson de France sous Charles VIII; voir la note 1, p. 482 du t. 1er.

[8] Guérin Le Groing, chevalier, seigneur de La Motte-des-Prés, de Chaillon en Gâtinais, d'Esternay et de Chassaing, conseiller et chambellan du roi Louis XI, faisait partie de la garde de ce prince dès le 27 avril 1468, époque où Antoine Raguier reçut ordre de lui payer ses gages en cette qualité. Il fut aussi bailli de Saint-Pierre-le-Moustier. Pour le rembourser de 6,000 écus qu'il lui avait prêtés, pour partie de la rançon du bâtard Baudoin de Bourgogne, et de 2,000 écus pour paiement d'un voyage qu'il lui avait fait faire en Roussillon, Louis XI lui abandonna la jouissance des seigneuries d'Avallon, Montbard, Ternant, et des greniers à sel d'Avallon et de Montbard (Invent. som. des arch. de la Côte-d'Or,

Gié¹, 4o lances ; le sénéchal d'Agenais², 25 lances; monseigneur de Saint-Pierre³, 5o lances ; monseigneur de Penthièvre⁴, 57 lances ;

Chambre des comptes, t. 1ᵉʳ, p. 340). Guérin Le Groing qui avait épousé Isabeau Taveau, fille de Jean, baron de Mortemer en Poitou, et de Marie de Chauvigny, dont il eut trois enfants, et en deuxièmes noces Anne Damas, dame de Mereuil, près Bourges, veuve de Charles Trousseau, mourut à Chaluau le 6 janvier 1491, et fut enterré dans l'église d'Ormeilles (Anselme, t. VIII, p. 142 ; Vaesen, *Lettres de Louis XI*, t. IV, f° 203).

¹ Pierre de Rohan, duc de Nemours, comte de Guise et de Soissons, seigneur de Gié, maréchal de France, en 1475, lieutenant de Charles VIII en Bretagne, et lieutenant de ses armées en Italie, mort en 1513. En janvier 1476, Louis XI lui donna le comté de Marle et la moitié de celui de Soissons, échu par confiscation sur Jean de Luxembourg, fils du connétable de Saint-Pol, et en février et mars suivants, les terres et seigneuries d'Oisy, Bouhan, Beaurevoir, Ham en Vermandois, Poigoline et Chomay qui provenaient de la même confiscation. Par lettre du 22 juin 1477, il reçut encore en don du même roi la moitié des amendes perçues dans le diocèse d'Embrun (acte n° 1682).

² Robert de Balsac, écuyer, seigneur d'Entragues et de Rieu-Martin, conseiller et chambellan du duc de Guyenne, était fils puîné de Jean de Balsac, seigneur d'Entragues, et de Jeanne ou Agnès de Chabannes. Il fut, sous le règne de Louis XI, sénéchal d'Agenais et de Gascogne, et de plus, sous celui de Charles VIII, gouverneur de Pise. Louis XI, par lettres du mois de novembre 1472, lui donna la baronnie de Clermont. Il épousa Antoinette de Castelnau, fille d'Antoine, seigneur de Castelnau et de Bretenoux, et de Catherine de Chauvigni. Robert de Balsac, qui vivait encore en 1499, était frère de Ruffec de Balsac, seigneur de Balsac, de Castillon et d'Ausirgues, chevalier, conseiller et chambellan du roi, chevalier de l'ordre de Saint-Michel, sénéchal de Nîmes et de Beaucaire, gouverneur de Lyon et du Pont-Saint-Esprit, mort le 25 octobre 1473; et d'Antoine de Balsac, religieux dominicain, abbé de Sainte-Marie de Gimont, conseiller du roi, pourvu de l'évêché de Valence en 1473, mort au prieuré d'Ambert le 3 novembre 1491.

³ Jean Blosset, seigneur de Saint-Pierre, qui, dès 1447, était écuyer d'écurie du dauphin Louis et touchait de ce chef 20 l. t. de gages par mois. En 1473, on le trouve capitaine de cent archers de la garde du jeune dauphin Charles, devenu le roi Charles VIII. En 1477, il était chevalier, seigneur de Mur-de-Barrez, Boissol, de la prévôté de Montsalvy, de Carrouges, conseiller et chambellan du roi, et au mois de juillet de cette année, reçut en don du roi, à Arras, les droits auxquels ce prince pouvait prétendre sur le vicomté de Carlat ; il était encore, à la même époque, grand sénéchal de Normandie, gouverneur de Dijon et du Dijonnais, bailli d'Alençon, capitaine de Caen et de Falaise. Le roi lui donna encore, en 1477, la seigneurie de Glennes, en Bourgogne. En 1482, ce fut l'un des trois commissaires que Louis XI chargea de remettre au délégué du pape la possession des comtés de Valentinois et de Diois (voir l'acte n° 1818).

⁴ Jean Tiercelin, sire de Brosse, vicomte de Bridier, seigneur de Saint-Sévère et

Jean de Beauvoisin [1], 50 lances ; messire Jean du Bellay [2], 50 lances ; Robinet du Quesnoy [3], 50 lances ; monseigneur de Bourbon [4], 86 lances ; monseigneur du Lude [5], 100 lances ; monseigneur de Comminges [6], 95 lances ; Briand Grand, 50 lances ; monseigneur du Fou [7],

---

de Boussac, fils de Jean de Brosse, maréchal de France, qui mourut en 1433, et de Jeanne de Naillac, dame de La Motte-Jolivet, mariés le 20 août 1419. Nommé conseiller et chambellan de Charles VII, par lettres du 26 avril 1449, il reçut, deux jours après, la conduite du ban et de l'arrière-ban du Berry. Fait chevalier par Dunois, à Bayonne, le 21 août 1451, il fut ensuite gouverneur du jeune duc d'Orléans, depuis le roi Louis XII. Jean de Bretagne, son curateur, lui avait fait épouser, le 18 juin 1437, Nicolle de Blois, vicomtesse de Limoges et comtesse de Penthièvre, fille de Charles de Blois et d'Isabelle de Vivonne. A la mort de sa femme, en 1454, il hérita du comté de Penthièvre, mais le duc de Bretagne le lui confisca.

[1] Voir, sur Jean de Beauvoisin, seigneur de Fontaine-Riant, la note 2, p. 152.

[2] Jean, seigneur du Bellay, fils d'Hugues, seigneur du Bellay et de Giscus, tué à Azincourt en 1415, et d'Isabeau de Montigny, dame de Langay. Il fut chevalier, conseiller et chambellan des rois Charles VII, Louis XI et de René d'Anjou, chevalier de l'ordre du Croissant, et mourut en 1481. Il avait épousé Jeanne Logé, dame de Bois-Thibaut. Un Jean du Bellay, chevalier, seigneur de la Flotte, conseiller et chambellan de Charles VIII, était capitaine d'Harfleur en 1486 (Clairambault).

[3] Robinet du Quesnoy, seigneur de Lambercourt et d'Estouteville, gentilhomme normand.

[4] Jean, duc de Bourbon et d'Auvergne, comte de Clermont et de Forez, devenu connétable de France, en 1483 ; voir, sur ce personnage, la note 2, p. 89.

[5] Jean de Daillon, seigneur du Lude, gouverneur du Dauphiné ; voir les notes 1, p. 36, du t. 1er, et 1, p. 200 de ce vol.

[6] Odet d'Aidie, seigneur de Lescun, né en Guyenne, bailli de Cotentin, sous Charles VII, destitué à l'avènement de Louis XI. Il se réfugia en Bretagne, puis rentra au service de Louis XI, en 1472, devint sénéchal, amiral et gouverneur de Guyenne, et ce prince, pour le récompenser de ses services, lui fit don du comté de Comminges, en 1473, après le décès de Jean, bâtard d'Armagnac, maréchal de France et gouverneur du Dauphiné. Il avait épousé Marie de Lescun.

[7] Yvon du Fou, chevalier, conseiller et chambellan de Louis XI, capitaine du château de Lésignan, en 1467, devenu grand veneur de France sous Charles VIII, qui le nomma, en 1483, sénéchal du Poitou, en considération des grands services qu'il avait rendus à son père. Mort en 1488. Il avait assisté au mariage de Bonne de Savoie avec Galéas-Marie Sforza, duc de Milan, célébré le 10 mai 1468, dans la chapelle du château d'Amboise.

50 lances ; monseigneur de Busset¹, 50 lances ; le prévôt des maréchaux², 10 lances.

1644 *Plessis-du-Parc les Tours, 16 février 1475 (1476).*

Lettres du roi enjoignant à maître André de Mauregard, son conseiller et trésorier du Dauphiné, de laisser son très cher et très amé cousin le comte de Dammartin³, grand-maître d'hôtel de France, jouir du don qu'il lui avait fait par ses lettres patentes du 11 mars 1474, n. s.⁴, des 3,960 ducats que devaient payer chaque année les habitants du Briançonnais le jour de la fête de la Purification de Notre-Dame, dite Chandeleur, et ce attendu que ses précédentes lettres de don étant spécialement adressées à Jean de La Place, qui était alors trésorier du Dauphiné, il avait empêché le procureur du comte de Dammartin de percevoir les susdites sommes.

COPIE. B 2992, f° 23.
ANALYSE. J. Roman, *Tabl. hist. des Hautes-Alpes*, p. 343.

1645 *Valence, 3 mars 1475 (1476).*

Lettres par lesquelles le roi confirme les privilèges de l'Université de Valence, veut qu'elle jouisse dans tout le royaume des immunités

---

¹ Pierre de Bourbon, dit le bâtard de Liège, seigneur de Busset, de Puyagut et de Saint-Priest-Bramefan, en Auvergne, du chef de sa femme ; fils de Louis, évêque de Liège, cinquième des enfants de Charles I⁵ʳ, duc de Bourbon. Le 1ᵉʳ mars 1503, il fut pourvu de l'office de capitaine châtelain de Thiers, et le 18 octobre 1511, fut établi gouverneur des vicomtés de Carlat et de Murat par Anne de France, duchesse douairière de Bourbon. Il mourut en 1519.

² Louis Tristan, dit l'Hermite. Commis à l'exercice de grand maître de l'artillerie par le connétable de Richemont, en 1436, il en obtint des lettres du roi, et prêta serment le 26 avril 1436. Peu après il se démit de cet emploi en se réservant celui de prévôt des maréchaux. Établi en 1439, capitaine de Nogent-le-Roi, La Tour-de-Genest et Conflans-Sainte-Honorine, il en était encore capitaine en 1450. Le 23 juin de l'année suivante, il fut fait chevalier au siège de Fronsac en Guyenne ; assista aux sièges de Bayonne et de Cadillac en 1453. Il est qualifié de chevalier, seigneur de Moulins et du Bouchet, conseiller du roi et prévôt des maréchaux de France, dans des quittances de 1474 et 1475 (Anselme, t. VIII, p. 132).

³ Voir, sur Antoine de Chabannes, comte de Dammartin, la note 1, p. 201.

⁴ Voir l'acte n° 1608.

dont elle jouissait en Dauphiné, et établit conservateur de ses droits le sénéchal de Beaucaire, les baillis du Vivarais et du Velay, le maître des ports et le visiteur des gabelles [1].

Copie. Arch. de la Drôme, D 1.
Analyses. Abbé Nadal, *Hist. de l'Université de Valence*, 1861, p. 26. — *Invent. som. des arch. de la Drôme*, t. III, p. 1.

1645 bis   *Valence, 4 mars 1475 (1476).*

Lettres du roi portant légitimation pour Lancelot de Commiers [2].

Copie. Arch. nat., *Trésor des chartes*, reg. 204, pièce n° 128.
Mention. *Ordon. des rois de France*, t. XVIII, p. 189.

1646   *Valence, 14 mars 1475 (1476).*

Lettres par lesquelles le roi, — à la suite d'une « supplication du
« peuple juif des villes de Valence, Vienne et Montélimar contenant
« que, jacoit ce que par privilèges à eux par nos prédécesseurs donnés
« et par nous confirmés [3], ils doivent demeurer et résider en Dauphiné
« mémement aux trois villes sans que aucuns nos sujets ne autres ne
« puissent aucune chose imputer ne demander soit par raison de leur
« loy ne autrement, ce néanmoins, puis aucun temps en ça, aucuns de
« nos sujets, inadvertiz des choses dessus dites et de notre protection
« et sauvegarde en laquelle ils sont, leur font plusieurs excès, voies de
« faits, pilleries et autres maulx inumérables », — confirme leurs
privilèges, les prend et met eux et leurs biens et possessions sous sa
protection et sauvegarde spéciale et mande, en conséquence, aux juges

---

[1] Voir, sur l'Université de Valence, les actes n°° 959 et 1478.
[2] Lancelot de Commiers, seigneur de Saint-Pierre-d'Allevard, fils bâtard de Raoul de Commiers, bailli des montagnes du Dauphiné (voir, sur ce dernier, les notes 1, pp. 239 et 449 du t. 1er).
[3] Voir, sur la protection accordée par le dauphin aux juifs du Dauphiné, les actes n°° 729, 870 et 1013. — D'après les lettres analysées ci-dessus, il n'existait plus alors de colonies juives que dans trois villes du Dauphiné : celle de Crémieu, jadis l'une des plus florissantes, et qui, en 1450, comptait encore huit ménages comprenant plus de vingt personnes, au nombre desquelles Diolosal de Milhau, médecin, avait complètement disparu. Dix ans après, en 1486, il ne subsistait plus que sept ménages à Montélimar et trois à Saint-Paul-Trois-Châteaux, et peu après il ne fut plus question de juifs en Dauphiné.

des susdites villes de Vienne, Valence et Montélimar, ainsi qu'à tous ses autres justiciers, officiers et sujets de laisser les suppliants jouir de leurs privilèges.

Enregistrées le 10 mars 1477.

Copie. B 2984, f° 96.

1647   *Valence, mars 1475 (1476).*

Lettres par lesquelles le roi, tant en considération de la pauvreté où se trouvait Jean de Couflans, concierge du palais delphinal de Valence, que des services que le même lui avait jadis rendus, comme son pelletier, alors qu'il n'était encore que dauphin, lui fait don, pour en jouir à perpétuité, du palais delphinal de Valence avec toutes ses dépendances et tous ses produits qui étaient d'environ 35 sous tournois par an, à charge cependant de payer annuellement, le jour de Noël, entre les mains du receveur ordinaire du domaine de Valence, une pension de 6 deniers tournois « par manière de reconnaissance ».

Enregistrées le 9 juillet 1476, sous la restriction que le donataire ne jouirait du don du roi que pendant sa vie durant et serait tenu d'entretenir l'immeuble en bon état.

Copie. B 2984, f° 402.

1647 *bis*   *Valence, mars 1475 (1476).*

Lettres par lesquelles le roi, sur la demande d'André Montlon, prêtre et chanoine panetier de l'église de Notre-Dame du Bourg-lès-Valence, délégué de cette église et des syndics et habitants du même bourg, en considération de ce que la rivière du Rhône avait détruit une partie des habitations de ce lieu, et de ce que, aussi, à cause des pestes, un grand nombre d'habitants étaient partis, concède à la dite ville de Bourg-lès-Valence un marché franc et exempt de tous droits de péage, redevances, leydes, entrées, etc., le samedi de chaque semaine, pour aider à la reconstruction des maisons détruites.

Copie. Arch. nat., *Trésor des chartes*, reg. 204, pièce 154.
Publiées. *Ordon. des rois de France*, t. xviii, p. 189.

1648   *Lyon sur le Rhône, 30 mars 1475 (1476).*

Lettres, adressées à son gouverneur ou son lieutenant, gens du Parlement et de la Chambre des comptes du Dauphiné, par lesquelles le roi ordonne que les habitants de la ville de Valence ne soient imposés que de 52 feux solvables, nombre auquel ils avaient été primitivement taxés, lorsqu'ils furent compris au nombre des contribuables de la province.

Enregistrées le 29 mai 1476.

Copies. B 2722, f° 86; B 2725, f° 53, et B 2987, f° 120. — Arch. nat., *Trésor des chartes*, reg. 214, pièce n° 1.

Publiées. *Ordon. des rois de France*, t. xviii, p. 187.

1649 *Anse, 5 avril 1475 (1476).*

Lettres par lesquelles le roi, « pour certaines graves, justes et raisonnables causes », fait don à son conseiller et chambellan Falques de Montchenu[1], seigneur de Châteauneuf-de-Galaure, et à Jacquette de La Queulle, son épouse, d'une pension annuelle de 600 livres tournois, à prendre, leur vie durant, sur les recettes des grandes cours de Viennois-Valentinois et de Viennois-et-Terre-de-La-Tour, siégeant à Saint-Marcellin et à Vienne, à raison de 300 l. sur chaque.

Enregistrées, à La Guillotière[2], mandement de Bechevellin en Dauphiné, le 5 avril 1476.

Copie. B 3049, f° 113.

1650 *Anse, 5 avril 1475 (1476).*

Lettres par lesquelles le roi, en considération et reconnaissance des bons et recommandables services que son conseiller et chambellan Falques de Montchenu, chevalier, seigneur de Châteauneuf-de-

---

[1] Voir, sur Falques de Montchenu, beau-père d'Imbert de Bathernay, la note 1, p. 495 du t. 1er. Les vifs démêlés que ce personnage eut avec son gendre se trouvent racontés non seulement par M. B. de Mandrot dans son ouvrage *Ymbert de Bataruay, seigneur du Bouchage*, p. 9, mais encore par Guy Allard, dans l'*Histoire dauphinoise : Zizimi, prince ottoman, amoureux de Philipine-Hélène de Sassenage*. Grenoble, 1673, pp. 344-58.

[2] Les officiers du Dauphiné accompagnaient alors le roi qui voyageait. Furent présents à cet enregistrement : Jean, évêque d'Evreux, et Jean Le Vite, conseiller du roi ; Jean, abbé de Saint-Antoine en Dauphiné ; Pierre Gruel, président du Parlement ; Jean de Ventes, Antoine Bustier, François de Cisorin, conseillers delphinaux ; Pierre Odebert, auditeur des comptes, et André de Mauregard, trésorier du Dauphiné.

Galaure, avait fait par ci-devant tant au feu roi Charles VII, son père, qu'à sa propre personne, au fait des guerres ou autrement, lui fait don des ville, château, terre et seigneurie de Moirans, avec tous droits de justice et juridiction, fiefs, hommages, cens, rentes, revenus, etc., pour en disposer, lui et ses héritiers et descendants en ligne directe, comme de leur propre chose et héritage, sans s'en rien réserver, si ce n'est les foi et hommage lige, le ressort, juridiction et souveraineté, et ce nonobstant le don qu'il avait déjà fait des mêmes château et terre à Charles de Bigny[1], qu'il révoque par les présentes lettres.

Enregistrées, à La Guillotière, le 5 avril 1476.

Copie. B 3049, f° 111, v°.

1681 *Lyon sur le Rhône, 12 avril 1475 (1476).*

Lettres du roi portant don, en récompense de services de guerre, en faveur de Gratian de Grantmont[2], de l'office de capitaine et châtelain de Serres, ainsi que de tous les revenus de la même seigneurie, en remplacement de Thomas Ecuyer[3].

Enregistrées le 26 avril 1476.

Copie. B 3276, f° 271, v°.

---

[1] Charles de Bigny, seigneur de Bigny, de Valenai et de Crésincai, écuyer d'écurie du roi en 1461, grand écuyer de France en 1466, avait reçu en don les capitaineries de Moirans et de Voiron peu après l'avènement de Louis XI au trône. Il était fils de Jean, seigneur de Bigny, panetier du roi Charles VII, et de Marguerite, fille de Jean de Montespedon, et par conséquent frère de Jean de Bigny, échanson de Louis XI, et de Jeanne de Bigny, dame d'honneur de la reine Charlotte, qui avait épousé Louis Richard, seigneur de Saint-Priest (voir, sur ces derniers, les notes 3, p. 35, et 2, p. 27 de ce vol.).

[2] Sur Gratien de Gramont, voir la note 1, p. 513 du t. 1er. Il fut mis en possession de la terre de Serres en Gapençais, le 1er mai 1476, par Etienne Lagnieu, notaire et secrétaire delphinal, à ce spécialement délégué, en présence de Claude Raimond, seigneur de Montrond; Henri Gruel; Dominique Gruel, bachelier en lois, seigneur de Lalurel, ibailli du comté de Gapençais; Albert Chabert et Jean Ponat, bacheliers en lois; Michel Bonat, cosyndic de Serres, etc. Le procès-verbal de prise de possession constate que l'on ne trouva dans le château de Serres pour tous objets mobiliers qu'un petit canon de cuivre, une forme de lit, une table et un banc de sapin, de peu de valeur, et une petite cloche placée au-dessus de la grande porte du château.

[3] Sur Thomas Ecuyer, voir la note 1, p. 50 du t. 1er. — Quoique le texte des

1652   *Brignais, 29 avril 1476.*

Lettres de provisions de l'office de contre-garde de la monnaie de Crémieu pour Louis Vaure¹, demeurant à Crémieu, en remplacement de Pierre Vaure, résignataire.

Enregistrées le 8 mai 1476.

Copie. B 2826, f° 128.

1653   *Brignais près Lyon, 29 avril 1476.*

Lettres adressées aux gouverneur ou son lieutenant, gens du Parlement et des Comptes et trésorier du Dauphiné, par lesquelles le roi fait remise à Étienne Garin², écuyer, de La Tour-du-Pin, qui avait été chargé, il y a une dizaine d'années, d'opérer la recette de la châtellenie de Crémieu, de la somme de 87 livres 9 sous dont la Chambre des comptes de Grenoble l'avait reconnu débiteur à la suite de la

---

lettres analysées porte le nom de Thomas Écuyer, il est incontestable que la châtellenie de Serres était vacante par suite du décès d'Arnaud de Salines, car, le 11 janvier 1476, le Parlement de Grenoble donnait les ordres nécessaires pour placer sous la main delphinale les châtellenies de Serres, du Pouzin et de Saint-Pierre-de-Barrès, que détenait le susdit Arnaud de Salines, qui venait de mourir (B 3252, f° 26). Le même personnage était déjà châtelain de Serres, en 1465, ainsi que le constate un passage d'une lettre adressée au roi par Pierre Gruel, et que nous avons reproduit dans la note 1, p. 91 de ce volume.

¹ Louis Vaure fut confirmé dans la même charge de contre-garde par lettres de Philippe de Savole, gouverneur du Dauphiné, données à Paris le 20 février 1486, n. s. (B 2826, f° 128).

² Étienne Garin ou Guerin, écuyer, demeurant à La Tour-du-Pin, ainsi que nous l'apprennent les lettres que nous analysons, avait eu l'honneur, à diverses reprises, de donner l'hospitalité au dauphin Louis, durant son séjour en Dauphiné. Non seulement il fut chargé de faire la recette de la châtellenie de Crémieu, mais encore celle de la châtellenie de La Tour-du-Pin, charge à laquelle il fut commis, en 1473, par le trésorier général du Dauphiné. Sa situation malheureuse n'ayant fait qu'empirer, il alla en personne, malgré sa cécité et ses infirmités, jusqu'à Saint-Quentin où se trouvait Louis XI pour implorer sa pitié. Ce ne fut point inutilement, car le prince, par deux lettres patentes, données à Arras le 8 juillet 1477, lui assigna une pension viagère de 60 livres tournois sur les recettes du greffe de la Cour commune de Grenoble, et lui fit abandon, ainsi qu'à ses descendants, de sept journaux de terre situés dans le mandement de La Tour-du-Pin, et ce sous la seule condition qu'il lui enverrait chaque année, au moment de la chasse et dans le lieu où il se trouverait, un chien *calot* (voir les actes n°ˢ 1685 et 1686).

vérification de ses comptes ; et ce en considération de ce que plusieurs fois il avait logé chez lui, de ce qu'il avait eu de grandes charges pour élever ses deux filles, et qu'enfin il était devenu aveugle.

Enregistrées le 22 mai 1476.

Copie. B 2967, f° 173.

1654   *Lyon sur le Rhône, 11 mai 1476.*

Lettres du roi constatant l'hommage que venait de lui prêter Charles de Moreton, pour le tiers de la seigneurie de Roussas, une métairie appelée Granges des Contards, la onzième partie de la seigneurie de La Garde et une autre métairie nommée Maulbret, située au mandement de Rac, le tout avec juridiction.

ANALYSE. Invent. de la Chambre des comptes. Valentinois, t. IV, f° 1917.

1655   *Lyon sur le Rhône, 17 mai 1476.*

Lettres par lesquelles le roi, à l'effet d'aider à ses chers et bien amés Claude de Bermond, écuyer, et Catherine Ourand, son épouse, « desquels nous feismes et ordonnasmes de pièça faire et accomplir le « mariage » à entretenir honnêtement leur état, leur fait don d'une pension annuelle de 100 livres tournois, à prendre sur les recettes du péage de Grenoble.

Enregistrées le 31 mai 1476.

Copie. B 2948, f° 288.

1656   *Lyon sur le Rhône, 19 mai 1476.*

Lettres maintenant les habitants de Baratier dans la possession de leur foire de la Toussaint, nonobstant un procès que leur avaient intenté les habitants de la ville d'Embrun.

COPIE. Arch. municip. d'Embrun.
ANALYSE. J. Romans, Tabl. hist. des Hautes-Alpes, p. 311.

Catherine Ourand, fille de Jean Ourand, notaire à Grenoble (voir la note 3, p. 414 du t. 1er), était sœur de Guyette Ourand, l'une des maîtresses que le dauphin Louis eut durant son séjour en Dauphiné (voir la note 5, p. 437 du t. 1er).

1657. — *Lyon sur le Rhône, 18 mai 1476.*

Lettres du roi portant don, en considération de services rendus, en faveur de son écuyer d'écurie, Antoine de Bocsozel[1], seigneur du Châtelard, de l'office de capitaine et châtelain de Saint-Lattier avec tous les revenus de cette terre.

Enregistrées le 7 juin 1476.

Copie. B 3276, f° 261, v°.

1658. — *Lyon sur le Rhône, 19 mai 1476.*

Lettres du roi, à son conseiller et chambellan le seigneur du Lude, gouverneur du Dauphiné, ou son lieutenant, à son conseiller François de Genas, président, et à maître Baude Meurin, auditeur de la Chambre des comptes du Dauphiné, par lesquelles il leur mande et les commet pour que, en plus de l'aide que lui avait dernièrement accordée l'assemblée des Trois-États du Dauphiné, ils imposent et lèvent sur les sujets de cette province la somme de 300 écus d'or et ce « pour « subvenir à aucuns noz grans et urgens affaires, qui puis naguètes « et de nouvel nous sont survenuz et auxquels bonnement ne pour- « rions fournir sans l'ayde de noz bons et loyaulx subgectz. »

Original. B 3182.

1659. — *Lyon sur le Rhône, 22 mai 1476.*

Lettres du roi ordonnant d'imposer silence aux habitants de Guillestre, qui voulaient avoir une foire le jour de la fête de Saint-Luc, concurremment avec celle d'Embrun[2].

Original. Archives municipales d'Embrun.

Analyse. J. Roman, *Tabl. hist. des Hautes-Alpes*, p. 344.

---

[1] Antoine de Bocsozel, seigneur du Châtelard, frère de Jean de Bocsozel, dit Perpaillon, possédait encore la châtellenie de Saint-Lattier en 1482. En 1362, il était capitaine de Montclard et lieutenant de son parent Berton de Bocsozel, maître des eaux et forêts du Dauphiné, et en cette dernière qualité il avait été impliqué dans les poursuites dirigées contre ce dernier (voir la note 3, p. 141). Son fils, François de Bocsozel épousa Jeanne de Terrail, fille naturelle du chevalier Bayard, et de cette union naquit le malheureux Pierre de Bocsozel de Châtelard, que son amour pour la reine Marie Stuart conduisit à l'échafaud en 1564.

[2] Voir, sur la création de la foire d'Embrun, la note 1, p. 185.

1660 *Lyon sur le Rhône, 22 mai 1476.*

Lettres par lesquelles le roi, en récompense des services qu'il lui avait rendus, fait don des château, ville, châtellenie et mandement de Saint-Etienne de Saint-Geoirs et d'Izeaux, avec tous leurs revenus et juridiction, pour en jouir sa vie durant, à son écuyer d'écurie Charles Ecuyer, fils de feu Thomas Ecuyer, de son vivant chevalier, son chambellan et capitaine de sa garde, auquel il avait également concédé les mêmes terres pour en jouir sa vie durant[1].

Copie. B 3276, f° 282, v°.

1661 *Lyon sur le Rhône, 27 mai 1476.*

Lettres par lesquelles le roi, en considération des bons, grands, agréables et continuels services que lui avait rendus son écuyer d'écurie Antoine de Grolée, dit Mévouillon[2], lui fait don des ville, château et châtellenie de Mens en Trièves, avec tous leurs revenus et dépendances, y compris les montagnes situées dans l'étendue de la même

---

[1] Charles Ecuyer, fils de Thomas Ecuyer, dont il a été parlé à la note 1, p. 64 du t. Ier, n'entra point sans difficultés en possession du don que lui fit le roi Louis XI, car le Parlement et la Chambre des comptes du Dauphiné, qui avaient fait réunir au domaine les terres de Saint-Etienne-de-Saint-Geoirs et d'Izeaux, le 23 février 1476, après le décès de Thomas Ecuyer, refusèrent d'enregistrer les nouvelles lettres royales, en se fondant sur ce que le roi avait ordonné de ne consentir aucunes nouvelles aliénations du domaine avant que toutes les charges ou pensions, qui y étaient déjà imposées, eussent préalablement été acquittées. Charles Ecuyer, qui ne fut mis en possession des précédentes terres qu'à la suite de lettres de jussion du roi, du 16 novembre 1476 (voir l'acte n° 1669), n'en jouit cependant point longtemps, car le même prince en faisait don, le 3 février 1481, n. s., à Patris Mécquelalain (acte n° 1769).

[2] Antoine de Grolée, dit de Mévouillon, baron de Bressieux et de Riblers, seigneur de Serre, Noyrieu, Montrevel, fils de Jean de Grolée, seigneur de Montrevel, et de Béatrix de Mévouillon. Ecuyer d'écurie de Louis XI, puis conseiller et chambellan des rois Charles VIII et Louis XII. Il fut nommé lieutenant-général en Dauphiné par lettres de Charles VIII, données à Laval le 19 octobre 1491, et chargé de l'intérim du gouvernement de la même province, par lettres de Louis XII données à Blois le 10 janvier 1501, n. s. Il épousa, le 16 janvier 1481, Hélène de Hangest de Genlis, testa le 30 janvier 1501 et mourut au mois de mai 1505.

châtellenie, pour en jouir de la même manière qu'en jouissait précédemment Guigues d'Uriage¹.

Enregistrées le 15 juin 1476.

Copie. B 3276, f° 265.

1662 *Lyon sur le Rhône, 29 mai 1476.*

Lettres de provisions de l'office de maître particulier de la monnaie de Romans pour Girard Châtain, dit Guerre, en remplacement de Gillet Châtain, dit Guerre², son père, décédé, et ce nonobstant que la dite maîtrise doive être donnée à ferme aux enchères et délivrée au plus offrant, formalités dont il décharge le nouveau titulaire.

Enregistrées le 9 novembre 1476.

Copie. B 2826, f° 134.

1663 *Lyon sur le Rhône, mai 1476.*

Lettres par lesquelles le roi, — après avoir relaté que « pour la
« grant, singulière, parfaite et entière dévotion et confiance que dès
« nostre jeune aage nous avons tousiours eue et avons aux glorieux
« corps saints monseigneur saint Aignan³ et monseigneur saint
« Leonyan⁴, le corps duquel saint Leonyan gist et repose en l'église
« monseigneur Saint-Pierre hors porte de Vienne, à l'intercession
« duquel Dieu notre sauveur a fait plusieurs beaux, grans et évidens
« miracles, nous avons voulu et ordonné faire, construire, bastir et
« édifier une chapelle en la dite église en l'onneur du dit monseigneur
« saint Leonyan et en icelle faire dire, célébrer et continuer chacun
« jour perpétuellement une messe basse à chacune des cinq festes de
« Nôtre-Dame, une messe à note le jour de la feste et sollempnité de
« monditseigneur saint Aignan et semblablement le jour des octaves
« de la dite feste une messe à note, et le jour de la feste de saint Leonyan
« une autre messe à note et semblablement faire tenir et entretenir

---

¹ Voir, sur Guigues Alleman d'Uriage, la note 1, p. 514 du t. 1ᵉʳ.
² Voir, sur Gillet Châtain, dit Guerre, la note 3, p. 320 du t. 1ᵉʳ.
³ Saint Aignan, évêque d'Orléans, natif dit-on du diocèse de Vienne, mort en 453, et dont la fête se célèbre le 17 novembre.
⁴ Saint Léonien, abbé de Saint-Marcel à Vienne, mort vers 510, le 16 novembre.

« en la dite église et chapelle devant la chasse du dit corps de saint
« Leonyan une lampe qui ardra continuellement jour et nuyt pour
« l'entretenement desquels est besoing fonder et donner aucune rente
« ou revenue ». — en conséquence fait don aux abbé et couvent de
Saint-Pierre de Vienne de la dîme des blés et du vin qu'il possédait
comme dauphin de Viennois, au lieu de Saint-Georges d'Espéranche;
dîme qui avait été cédée en 1159, par les religieux de Saint-Pierre
de Vienne à ceux de l'abbaye de Bonnevaux, sous un cens de neuf
sétiers de blé, mesure de Vienne, et de deux sommées de vin, et était
ensuite parvenue au dauphin par échange intervenu entre les religieux
de Bonnevaux et le duc de Savoie, au droit duquel se trouvait le
dauphin¹.

Enregistrées le 7 juin 1476.

Copies. B 2967, f° 525, et B 3019, f°° 120 et 127, v°.

1884   Lyon sur le Rhône, 1ᵉʳ juin 1476.

Lettres par lesquelles le roi déclare que lorsqu'il a fait don à son
conseiller et chambellan Etienne de Poisieu, dit le Poulailler², des
capitaineries des places de Rives et de Réaumont, pour en jouir sa vie
durant, ainsi que le faisait précédemment Robin Jamesson, anglais,
décédé, son intention était de lui donner la totalité des revenus de ces
terres, quel qu'en soit le montant, et stipule qu'il les lui donne de nouveau en tant que besoin serait, pourvu qu'il fournisse chaque année à
la Chambre des comptes du Dauphiné un état détaillé des susdits
revenus.

Enregistrées le 19 juin 1476.

Copie. B 3246, f° 169.

---

¹ Après la mort de Louis XI et ensuite d'un arrêt du Parlement de Grenoble,
du 19 novembre 1483, le don fait par ce prince à l'abbaye de Saint-Pierre de
Vienne fut réuni au domaine delphinal le 15 décembre suivant ; mais, sur une requête
que lui adressèrent les religieux du précédent monastère, le roi Charles VIII, par
lettres patentes du 5 juillet 1484, leur restitua les dîmes que leur avait données
son feu père le roi Louis XI.

² Voir, sur ce personnage, la note 1, p. 83.

1664 bis *Lyon, 15 juin 1476.*

Lettres portant que ceux qui auront des affaires bénéficiales à traiter en cour de Rome s'adresseront pour la poursuite de ces affaires au cardinal de Saint-Pierre *ad vincula*[1], résidant actuellement en France.

Publiées. *Ordon. des rois de France,* t. XVIII, p. 196.

1665 *Lyon sur le Rhône, 21 juin 1476.*

Ordonnance par laquelle le roi déclare qu'à l'avenir, afin d'encourager les habitants et marchands d'Avignon et du Comtat Venaissin, à pénétrer dans le royaume, toutes lettres de marque ne pourraient être exécutées à l'encontre des susdits habitants d'Avignon et du Comtat Venaissin, que si elles émanent de lui, des gens de son Grand Conseil ou de l'une de ses cours de Parlement[2].

Copies. B 2904, f° 117, et B 2931, f° 1.
Analyse. U. Chevalier, *Ordon.* n° 514.

1666 *Lyon, juin 1476.*

Lettres du roi portant anoblissement en faveur d'Antoine Méjat[3], écuyer, de Lemps et ce en considération des services que son fils Jean Méjat, homme d'armes de son ordonnance, en la compagnie de son conseiller et chambellan Jean Chenu[4], lui avait rendus tant du fait de ses guerres qu'autrement en maintes circonstances.

Enregistrées le 5 juillet 1476.
Copies. B 2677, f° 488. — Arch. nat., Trésor des chartes, reg. 204, n° 35.
Mention. *Ordon. des rois de France,* t. XVIII, p. 197.

1667 *Montargis, 8 juillet 1476.*

Lettres, adressées aux gouverneur ou son lieutenant, gens du Parlement et des Comptes, trésorier général du Dauphiné, bailli du Bas-Pays et juge de Romans, par lesquelles le roi, — attendu que

---

[1] Julien de La Rovère; voir la note 2, p. 227.
[2] Voir, sur le même sujet, les actes n°s 1737 et 1738.
[3] Voir, sur Antoine Méjat, la note 3, p. 58.
[4] Voir, sur Jean Chenu, seigneur d'Yvetot, la note 6, p. 233.

depuis le trépas de son mari arrivé il y a 13 ou 14 ans, les consuls et habitants de Romans ne cessaient de troubler la veuve de Michel Aimar Botonier dans la jouissance de ses privilèges, franchises et exemptions, et de la vouloir contraindre à contribuer et à payer les entrées et commun du vin et autres subventions, en se fondant sur certaines lettres subrepticement obtenues par les syndics et habitants, du comte de Comminges, gouverneur du Dauphiné, et aussi sur certaines ordonnances qui auraient été faites par le juge des appeaulx du Dauphiné, et en outre lui avaient intenté u grant multiplication de procès, à quoy ne luy est possible povoir resister ne soy déffendre » et même avaient commencé diverses exécutions sur ses biens, — ordonne, en conséquence, qu'elle serait exempte de l'entrée et commun du vin, des tailles et subsides, et que les procédures commencées seraient mises à néant, et les effets saisis rendus sans délai[1].

ORIGINAL. Arch. de la Drôme, E 3707.

ANALYSES. Invent. som. des arch. de la Drôme, t. III, p. 234, et Bull. de la Soc. d'arch. et de statist. de la Drôme, t. 2, p. 117 (sous la date fautive du 8 juillet 1466).

1667 bis   Tours, 3 septembre 1476.

Lettres par lesquelles le roi enjoint aux sénéchal de Beaucaire, maître des ports du Languedoc, bailli du Vivarais et à leurs lieutenants, d'arrêter tous les habitants d'Avignon qui se trouveraient en France, de saisir leurs biens, meubles et immeubles, et de priver le cardinal de Saint-Pierre-ès-liens[2], de tous les bénéfices qu'il pouvait avoir dans le royaume, et ce attendu que ce cardinal avait conspiré contre lui avec l'empereur et le duc de Bourgogne, avait essayé de s'emparer du grand palais d'Avignon occupé par les gens de son cousin l'arche-

---

[1] Quelques jours après, le roi Louis XI écrivit de Sully-sur-Loire, le 15 juillet, une lettre missive aux consuls et habitants de Romans leur reprochant d'avoir empêché que la Boutonnière jouisse de l'affranchissement qu'il lui avait précédemment donné par lettres patentes, et leur enjoignant de la laisser jouir de cet affranchissement sans plus la tenir en procès (A. Lacroix, *Matheline Botonier ou un épisode de la vie de Louis XI*, dans Bull. de la Soc. d'archéol. et de statist. de la Drôme, t. 2, p. 114). Voir, sur le même sujet, les pièces nos 991, 1090, 1015 et 1542.

[2] Julien de La Rovère, cardinal prêtre du titre de Saint-Pierre-ès-liens; voir, sur ce personnage, la note 2, p. 227.

vêque de Lyon, primat de France et légat d'Avignon¹, et avait fait maltraiter et jeter en prison Jean Aubert, seigneur de Montclus, chevalier, agent de ce dernier à Avignon.

Vidimus délivré, le 28 janvier 1492, n. s., par Jacques d'Estouteville, garde de la prévôté de Paris (B 3772).

1668 *Plessis-du-Parc, 12 novembre 1476.*

Lettres par lesquelles le roi, en compensation d'une maison située à Valence, près de la porte Saunière, qu'il lui avait précédemment donnée à l'occasion de son mariage avec Guyette Ourand², et qu'il venait de reprendre, fait don à Charles de Seillons³, son secrétaire, des lods, ventes et autres devoirs qui lui étaient dus par Yvon Terrail, écuyer, à raison de l'acquisition que ce dernier venait de faire de la maison forte de Bernin, qui appartenait à Guigues de Thoire, écuyer; les susdits droits de lods et ventes pouvant monter à 500 écus d'or⁴.

Analyse insérée dans d'autres lettres du 25 juin 1480 (acte n° 1765).

1669 *Tours, 16 novembre 1476.*

Lettres du roi enjoignant aux gouverneur ou son lieutenant, gens tenant sa cour du Parlement, de ses Comptes et trésorier du Dauphiné, d'entériner ses lettres du 22 mai précédent⁵, par lesquelles il faisait don à son écuyer d'écurie, Charles Ecuyer, fils de Thomas Ecuyer, des châtellenies de Saint-Etienne-de-Saint-Geoirs et d'Izeaux, et ce nonobstant les ordres qu'il avait pu leur donner de ne consentir aucune aliénation jusqu'à ce que toutes les pensions et charges imposées sur le domaine eussent préalablement été acquittées.

Enregistrées le 18 avril 1477.

Copie. B 3276, f° 283, v°.

---

¹ Charles de Bourbon, archevêque de Lyon ; voir la note 2, p. 212.
² Voir, sur Guyette Ourand, la note 6, p. 457 du t. 1ᵉʳ.
³ Voir, sur Charles de Seillons, la note 4, p. 467 du t. 1ᵉʳ.
⁴ Voir, sur le même sujet, les actes n°ˢ 1761 bis et 1765.
⁵ Voir l'acte n° 1660.

1669 bis. — *Novembre 1476.*

Lettres par lesquelles le roi mande à son conseiller et chambellan, Jean de Daillon, chevalier, seigneur du Lude, gouverneur du Dauphiné, de faire délivrer à Jean Chevalier, dit de Quaix, pour une nouvelle durée de six ans, la ferme du péage de Grenoble, pour le dédommager des grandes pertes qu'il avait eu à subir durant sa précédente ferme, au moyen de la déffense qui a esté faite de non laisser passer aucunes espiceries, ne drap de soye pour les mener aux foires de Lyon, se non que les dites marchandises venissent du port d'Aigues-Mortes [1].

Mention insérée dans des lettres patentes rendues sur le même sujet par le gouverneur du Dauphiné, et données à Tours le 23 novembre 1476 (B 2855, f° 85).

1670. — *Plessis-du-Parc les Tours, novembre 1476.*

Lettres par lesquelles le roi délaisse et abandonne à son conseiller et chambellan Jacques, comte de Montbel et d'Entremont [2], et seigneur en partie de la paroisse de Chartreuse, ainsi qu'à ses descendants, la terre, seigneurie et paroisse de Chartreuse avec le droit de mortes mains qu'il exploite sur les habitants de cette paroisse qui mouraient sans héritiers mâles, et dont les prédécesseurs du dit comte avaient paisiblement joui jusqu'au jour où il y a douze ans environ, à la suite d'un procès mu devant le Parlement de Grenoble, relativement au susdit droit de mortes mains, cette Cour, à la demande du procureur général fiscal, rendit un jugement déclarant que les susdites seigneurie et paroisse de Chartreuse appartenaient au domaine delphinal [3].

Enregistrées le 31 janvier 1477.

---

[1] Voir, sur le même sujet, l'acte n° 1680.
[2] Voir, sur Jacques, comte de Montbel et d'Entremont, la note 4, p. 289 du t. I".
[3] Cet arrêt du Parlement de Grenoble avait été rendu le 14 juin 1464, à la requête des habitants de la paroisse de Chartreuse, hommes du seigneur d'Entremont, compris dans les limites du Dauphiné, et joint à eux le procureur général fiscal, et avait été signifié le 3 juillet suivant à Pierre de Gavagnière, vichâtelain delphinal de Cornillon (B 2948, f° 86). Après la mort de Louis XI, les cens, servis, juridiction et autres droits, que possédait le seigneur d'Entremont, dans la paroisse de Chartreuse, furent réunis au domaine delphinal le 21 décembre 1483, par ordre du Parlement de Grenoble ; mais le roi Charles VIII, par lettres données au bois de Vincennes, le 6 juillet 1485, les restitua à Jacques, comte de Montbel, et d'Entremont (B 2948, f° 624, v°).

Copies. B 2948, f° 620, et B 3049. f° 141. — Arch. nat., Trésor des Chartes, reg. 204, pièce n° 20.

Mention. Ordon. des rois de France, t. xviii, p. 308.

1671 — Plessis-du-Parc-les-Tours, 4 décembre 1476.

Lettres par lesquelles le roi, — après avoir relaté que son conseiller et chambellan Jacques, comte de Montbel, seigneur d'Entremont[1], lui avait exposé que la terre de Dolomieu avait été jadis donnée par l'un de ses prédécesseurs à feu Guigues, seigneur d'Entremont, en assiette de 200 florins de rente annuelle[2]; que les descendants du dit Guigues en avaient joui jusqu'à ce qu'étant en Dauphiné avant son avènement à la couronne il reprit la susdite terre et fit assigner en compensation une rente de 200 l. t. sur la seigneurie de Cornillon; mais que n'en ayant pu jouir, le feu seigneur d'Entremont l'avait prié de le réintégrer dans la possession du fief de Dolomieu, ce qu'il lui avait accordé comme de raison et l'avait reçu à foi et hommage; ensuite de quoi ses officiers du Dauphiné avaient refusé d'obtempérer à sa volonté, prétextant qu'il avait déjà fait don de la même terre à son panetier Étienne de Poisieu, dit le Poulailler, don duquel il a du reste récompensé ailleurs ce dernier, — en considération de ce que dessus et bien mémoratif des foi et hommage que le suppliant lui avait fait pour la seigneurie de Dolomieu, voulant qu'il en jouisse paisiblement à l'avenir, déclare céder, transporter et délaisser de nouveau en tant que besoin serait, au dit Jacques de Montbel et à ses hoirs et successeurs, la dite terre de Dolomieu sans s'en rien réserver si ce n'est cependant les foi et hommage lige, ressort de juridiction et souveraineté.

Enregistrées le 23 janvier 1477.

Copie, B 3049, f° 146.

1672 — Plessis-du-Parc-les-Tours, décembre 1476.

Lettres du roi portant don, en considération de services rendus, à

---

[1] Voir, sur Jacques, comte de Montbel et d'Entremont, la note 4, p. 289 du t. IV.

[2] Voir, à ce sujet, les actes n°ˢ 903 et 1099.

son écuyer d'écurie Hélion Trois-Semaines[1], ainsi qu'à ses descendants légitimes, des château, place, châtellenie, terre et seigneurie d'Upaix, avec tous leurs revenus, sans s'en rien réserver, à l'exception toutefois des foi et hommage lige, ressort de juridiction et souveraineté et sous la condition en outre d'acquitter les droits et devoir dus et accoutumés d'ancienneté et aussi d'entretenir les constructions de ce lieu en bon état.

Enregistrées le 3 avril 1477.

Copies. B 3049, f° 138. — Arch. nat., *Trésor des chartes*, regi 204, n° 32.
Mentions. *Ordon. des rois de France*, t. xviii, p. 216. — J. Roman, *Tabl. hist. des Hautes-Alpes*, p. 344.

1673. *Plessis-du-Parc, 4 janvier 1476 (1477).*

Lettres par lesquelles le roi permet à l'évêque de Modène[2] de jouir en France et en Dauphiné du titre de légat *a latere*, auquel l'avait nommé le pape Pie II, mais pour cette fois seulement et sans qu'il puisse porter la moindre atteinte aux droits et libertés de l'Église Gallicane.

Copie. Arch. nat., *Mémorial Q de la Chambre des comptes de Paris*, f° 280.
Publiées. *Preuves des libertés de l'Église Gallicane*, p. 918. — *Ordon. des rois de France*, t. xviii, p. 223.

1675. *Lucheux, 24 février 1476 (1477).*

Lettres par lesquelles le roi enjoint de laisser jouir Jean et Pierre Gabet frères, fils de feu Christophe Gabet, poissonniers de son hôtel, servant en l'ordonnance et demeurant à Châtonnay en Dauphiné, de l'exemption qu'il leur avait précédemment accordée[3], déclare qu'ils

---

[1] Hélion Trois-Semaines, écuyer d'écurie de Louis XI, mourut en 1480, car, sur une remontrance de la Chambre des comptes de Grenoble, le roi, par lettres patentes du 13 août de la même année, déclara que comme la terre d'Upaix était inaliénable, les enfants du défunt n'en jouiraient que pendant leur vie seulement (acte n° 1786).

[2] Nicolas Sandonnino, qui était évêque de Modène depuis 1465, fut transféré à Lucques, le 16 novembre 1479, et mourut au mois de juin 1499.

[3] Christophe Gabet et ses fils Jean et Pierre, poissonniers du dauphin Louis, avaient été exemptés d'impôts par lettres de ce prince en date du 20 juillet 1453 (acte n° 1031).

demeureront quittes et exempts de contribuer aux tailles, aides et subsides qui seront levés à Châtonnay et dans le Dauphiné, et casse, annule et révoque tous les procès, actes et exploits qui auraient pû être faits ou intentés à ce sujet contre les susnommés, mais à condition toutefois qu'ils « seront tenus nous venir servir tant en leurs dites « offices de nos poissonniers que en noz guerres et armées en bons « et suffisamment habillement de guerre, comme noz autres officiers « ordinaires et serviteurs, toutes et quantes fois que de par nous « seront mandéz ».

Enregistrées le 4 septembre 1477.

Copie. B 2967, f° 208.

1676   *Lucheux, 3 mars 1476 (1477).*

Lettres portant don en faveur de Thomas de La Buissière, écuyer, de l'office de capitaine des places et seigneuries de Quirieu et de La Balme, avec tous leurs revenus, pour le posséder de la même manière que Pierre de La Buissière, son père, décédé.

Enregistrées le 1ᵉʳ avril 1477.

Copie. B 3276, f° 279.

1677   *Arras, 24 mars 1476 (1477).*

Lettres par lesquelles le roi enjoint et mande à son conseiller trésorier et receveur général de ses finances en Dauphiné, maître André de Mauregard, de payer aux religieux abbé et couvent de Saint-Antoine en Viennois, sur les recettes des grandes gabelles de Romans, l'arriéré de 155 livres tournois qui leur restait dû sur la somme de 200 livres qui leur avait été assignée précédemment sur le péage de Chabeuil[a], mais que ce trésorier n'avait point soldé parce que les recettes de ce péage n'atteignaient point la susdite somme de 200 l. t. Le prince mande, en outre, de prélever, à l'avenir, sur les grandes

---

1. Voir, sur ce personnage, la note 1, p. 181.
2. Voir, à ce sujet, les lettres royales du mois d'avril 1475 (acte n° 1620).

gabelles de Romans, ce que le susdit péage de Chabeuil rapporterait en moins des 200 livres données.

Copie. B 2957, f° 507.

1678. — *Cité d'Arras, 24 mars 1476 (1477).*

Lettres du roi enjoignant aux gens des Comptes du Dauphiné de laisser Jacques de Poisieu[1], écuyer, seigneur du Passage, jouir, tant pour le passé que pour l'avenir, de tous les revenus de la terre d'Avalon, dont il lui avait déjà donné la capitainerie, et ce en considération « des bons et agréables services qu'il nous a fait dès son jeune « aage, tant ou fait des guerres où il a tousiours exposé sa personne « sans s'y épargner que autrement en plusieurs manières ».

Copie. B 3276, f° 286.

1679. — *Thérouanne, 5 avril 1476 (1477).*

Lettres du roi, adressées aux gouverneur ou son lieutenant et gens du Parlement du Dauphiné, portant exemption, en faveur d'Antoine Bernier dit Tassin, homme d'armes des ordonnances, sous la charge du sire de Bricquebec[2], chevalier, conseiller et chambellan du roi, et d'Eurard Bernier, son frère germain, archer des ordonnances, sous la charge du sire de Torcy[3], aussi conseiller et chambellan du roi, de tous subsides, tailles, aides, guet, garde de portes, etc., et ce attendu que les habitants de la ville de La Côte-Saint-André, où ils demeuraient, les avaient imposés au rôle des tailles.

Enregistrées le 9 décembre 1477.

Copie. B 2967, f° 196, v°.

1680. — *Arras, 6 mai 1477.*

Lettres, adressées aux gens de son Parlement, de ses Comptes et trésorier général du Dauphiné, par lesquelles le roi leur ordonne de

---

[1] Voir, sur Jacques de Poisieu, seigneur du Passage, la note 4, p. 47 du t. 1er.
[2] Jean d'Estouteville, seigneur de Bricquebec ; voir, sur ce personnage, la note 1, p. 233.
[3] Jean d'Estouteville, seigneur de Torcy, grand-maître des arbalétriers de France ; voir, sur ce personnage, la note 3, p. 282.

laisser Jean Chevallet, dit de Quaix, jouir de la ferme du péage de Grenoble, pendant une nouvelle période de six années à partir de la fête de Saint-Michel passée, et ce selon les formes et manières que le gouverneur du Dauphiné, ensuite de ses ordres, le leur avait mandé par ses lettres patentes données à Tours, le 23 novembre 1476, mais dont ils n'avaient tenu aucun compte, prétextant que le nommé Mermet Poulon¹, auquel la dite ferme du péage de Grenoble avait été adjugée, comme plus offrant et dernier enchérisseur, avait également obtenu de la chancellerie royale des lettres le maintenant dans cette ferme.

Copie. B 2855, f. 86.

1681   *12 juin 1477.*

Lettres de provisions d'un office de clerc et secrétaire en la Chambre des comptes du Dauphiné pour Pierre de Mons², écuyer pannetier du roi, en remplacement de Jean Poitiers³, résignataire.

ANALYSE. Invent. som. des arch. de l'Isère, t. II, Introduct., p. 103.

1682   *22 juin 1477.*

Lettres du roi accordant au maréchal de Gié la moitié des amendes perçues dans le diocèse d'Embrun⁴.

ANALYSES. De Maulde, Pierre de Rohan, duc de Nemours, p. 19. — J. Roman, Tabl. hist. des Hautes-Alpes, p. 344.

---

¹ Voir, sur le même sujet, l'acte n° 1669 bis. — Le Parlement de Grenoble, pour concilier la volonté du roi avec le droit de Mermet Poulon, auquel la ferme du péage avait été adjugée régulièrement, le 2 octobre 1476, statua, le 2 août 1477, que les deux intéressés Mermet Poulon et Jean Chevallier tiendraient conjointement la ferme du péage, mais que ce dernier prélèverait sur les premières recettes du péage une somme de 20 florins pour se couvrir des dépenses qu'il avait faites en se rendant auprès du roi. A l'expiration de leur bail, les précédents fermiers obtinrent de nouveau la même ferme pour une durée de six années, le dernier février 1482, et ce aux mêmes conditions que précédemment, à savoir moyennant le prix annuel de 180 livres tournois (B 2855, f. 88).

² Voir, sur Pierre de Mons, la note 3, p. 7.

³ Voir, sur Jean Poitiers, la note 2, p. 141 du t. I.

⁴ Voir, sur Pierre de Rohan, seigneur de Gié, la note 1, p. 234.

1683   *1er juillet 1477.*

Don fait par le gouverneur du Dauphiné, ensuite de l'ordre du roi, à monseigneur du Bouchage¹, d'une amende de 2,000 l. t. qu'avaient encourue les habitants de la ville d'Embrun², pour avoir voulu tenir une foire le jour de la fête de Saint-Luc malgré les défenses du roi.

ANALYSES. Arch. municipales d'Embrun. — J. Roman, *Tabl. hist. des Hautes-Alpes*, p. 344.

1684   *Arras, 5 juillet 1477.*

Lettres portant anoblissement pour Pierre de Mons³, fils de François de Mons, écuyer d'écurie du roi, habitant de Grenoble.
Enregistrées le 26 mai 1478.
COPIE. B 2948, f° 374.

1685   *Arras, 8 juillet 1477.*

Lettres, adressées aux gouverneur ou son lieutenant, gens du Parlement, des Comptes et trésorier général du Dauphiné, par lesquelles le roi accorde à Etienne Garin⁴, écuyer, demeurant à La Tour-du-Pin, devenu aveugle, et en récompense des services qu'il lui avait rendus lorsqu'il était en Dauphiné, avant son avènement à la couronne, une pension annuelle de 60 livres tournois, à prendre sur les revenus du greffe de la Cour commune de Grenoble.
Enregistrées le 6 août 1477.
COPIE. B 2967, f° 182.

1686   *Arras, 8 juillet 1477.*

Lettres par lesquelles le roi fait don au même Etienne Garin et ses hoirs, successeurs et ayants cause, de sept journaux de terre situés dans le mandement de La Tour-du-Pin « sans être tenu de payer aucun « droit, excepté seulement ung chien culot chacun an qu'ils seront

---

¹ Voir, sur Imbert de Bathernay, seigneur du Bouchage, la note 2, p. 4.
² Voir, sur la foire d'Embrun, la note 1, p. 185.
³ Voir, sur Pierre de Mons, la note 3, p. 7.
⁴ Voir, sur Etienne Garin, la note 2, p. 241.

« tenuz quérir et nourrir, et envoyer à la saison à nous et à nos dix
« successeurs dauphins, quelque part que soyons¹. »

Enregistrées le 6 août 1477.

Copie. B 2967, f° 181.

1687 Arras, 22 juillet 1477.

Lettres, adressées aux gouverneur du Dauphiné ou son lieutenant, gens de sa cour du Parlement et de ses Comptes à Grenoble, par lesquelles le roi fait don à son écuyer d'écurie, Olivier Amoz, du revenu du greffe de la Cour commune du Graisivaudan, pour en jouir de la même manière que Simon de Lorgery², chevalier, qui en est déchargé.

Enregistrées le 18 août 1477.

Copie. B 3276, f° 290.

1687 bis Arras, 22 juillet 1477.

Lettres par lesquelles le roi, en récompense des services que lui avait rendus, tant au fait de ses guerres qu'autrement en plusieurs circonstances, son écuyer d'écurie, Olivier Amoz³, lui fait don des ville, châteaux, châtellenies, terres et seigneuries de La Buissière et de Bellecombe, avec toutes leurs dépendances, pour en jouir de la même manière que Simon de Lorgery, chevalier, qu'il en décharge par les présentes.

Enregistrées le 18 août 1477.

Copie. B 3276, f° 287, v°.

---

¹ Cette obligation de fournir annuellement au roi un chien de chasse fut, par un arrêt de la Chambre des comptes de Grenoble, du 26 août 1487, transformée en une rente de 10 sous tant que vivrait Etienne Garin, et ensuite de 20 sous pour ses héritiers (B 2967, f° 180).

² Voir, sur Simon de Lorgery, la note 1, page 440 du t. 1ᵉʳ.

³ Olivier Amoz, Amon ou Hamon, fut mis en possession des terres de Bellecombe et de La Buissière, le 19 août suivant, par Jacques Robertet, conseiller delphinal, commis à cet effet par le Parlement de Grenoble, en présence des nobles Jean Pilat, Etienne Baquellier, Guigues Fusier, François de Sevole et Henri Alleman, tous du lieu de La Buissière.

17

1688 *Arras 22 juillet 1477.*

Lettres du roi portant don en faveur de son écuyer d'écurie, Jacques Joffrey [1], en récompense des services qu'il lui avait rendus tant au fait de ses guerres qu'autrement en maintes circonstances, de l'office de capitaine et châtelain des ville et château de Saint-Marcellin, en remplacement de Pierre Goteffroy, dit le Bourdat [2], décédé.

Enregistrées le 18 août 1477.

Copie. B 3278, f° 315.

1689 *Arras, 22 juillet 1477.*

Lettres du roi portant don en faveur du précédent Jacques Joffrey des villes, châteaux, châtellenies, terres et seigneuries de Vif, Voreppe [3] et La Cluse, avec tous leurs revenus, pour en jouir sa vie durant, en remplacement de Pierre Goteffroy, dit le Bourdat, décédé.

Enregistrées le 18 août 1477.

Copie. B 3278, f° 392.

1691 *Melun, octobre 1477.*

Lettres du roi portant don en faveur de son chambellan, Imbert de Bathernay, écuyer, seigneur du Bouchage [4], et de ses descendants légitimes, des châteaux, terres et seigneuries d'Auberives, Falavier, Anthon, Orpierre, Tresclèoux, Curnier, Sahune, Montréal, Condorcet, Noveysan, Montbrison, Theys, La Pierre et Domène, qui tous situés

---

[1] Le titulaire fut mis en possession de son office le 22 août suivant, à Saint-Marcellin, par Guillaume Galliffet, vice-greffier du Parlement de Grenoble, commis à cet effet, en présence des nobles Antoine Gilot, licencié en lois, lieutenant du vibailli de la Cour mage de Saint-Marcellin, Joffrey Mulet, ancien châtelain, François Mulet, Michel d'Arzac, Didier Forrand, etc. — Le précédent don fut confirmé au même Joffrey par lettres du roi du 24 novembre 1478 (acte n° 1736).

[2] Voir, sur Pierre Gotefroy, dit le Bourdat, la note 1, p. 128.

[3] Le roi retira la châtellenie de Voreppe à Jacques Joffrey par ses lettres du 8 janvier 1478, n. s. (acte n° 1702).

[4] Voir, sur Imbert de Bathernay, la note 3, p. 4.

en Dauphiné avaient été confisqués, par arrêt du Parlement de Grenoble, sur Jean de Châlon, prince d'Orange¹.

Enregistrées le 18 novembre 1477.

Copie. B 3049, f° 150, v°.

1692   *Melun, octobre 1477.*

Lettres par lesquelles le roi — après avoir rappelé les circonstances à la suite desquelles Jean de Châlon, prince d'Orange, s'était rendu coupable de crimes de lèse-majesté, de rebellion et de désobéissance, en suite de quoi le Parlement du Dauphiné l'avait privé de ses honneurs, prérogatives et prééminences, et avait déclaré ses corps et biens forfaits et confisqués, — fait don à son très cher et amé cousin Philippe de Hochbert², seigneur de « Bandeville, » maréchal de Bourgogne, de la principauté d'Orange avec toutes ses dépendances, y compris honneurs, prérogatives, prééminences, juridiction, hommages, fiefs, arrière-fiefs, présentation de bénéfices et patronage d'églises, dignités, droits et devoirs quelconques, sans s'y rien réserver ni retenir, fors seulement les foi et hommage, ressort de juridiction et souveraineté.

Enregistrées le 14 février 1478.

Copies. B 3049, f°⁵ 168 et 156, et B 3803.

1693   *Melun, 12 octobre 1477.*

Lettres du roi, adressées à son gouverneur ou son lieutenant et gens du Parlement et des Comptes du Dauphiné, portant que le seigneur de Bandeville, maréchal de Bourgogne, auquel il avait donné

---

¹ Voir, sur Jean de Châlon, prince d'Orange, la note 3, p. 219.

² Philippe de Hochberg, marquis du dit lieu, seigneur de Bandeville (Badonviller), de Rothelin, Subnegio, Sainte-Burgonde, Arc-en-Barrois, etc., devenu ensuite comte de Neufchâtel et marquis de Salmaise, maréchal de Bourgogne, puis gouverneur de la même province après le décès de Charles d'Amboise, seigneur de Chaumont; capitaine de 95 lances des ordonnances; et en 1493, grand sénéchal et gouverneur des comtés de Provence et de Forcalquier. Le roi Louis XI lui fit également don de la terre de La Côte-Saint-André en Dauphiné, par lettres du mois d'avril 1478 (voir l'acte n° 1710). Il épousa, en 1480, Marie, fille d'Amé IX, duc de Savoie, et d'Yolande de France.

la principauté d'Orange, confisquée sur Jean de Châlon, en jouirait de suite ainsi que de tous les revenus échus à partir du 1er avril passé, alors même que le susdit de Bandeville, étant présentement occupé au fait de la guerre dans le pays de Bourgogne, ne pourrait avant longtemps poursuivre l'entérinement de ses lettres de don.

Enregistrées le 14 février 1478.

Copie. B 3049, f° 169.

1694   *Plessis-du-Parc les Tours, 17 novembre 1477.*

Lettres du roi déclarant qu'il entend qu'Antoine de Treanha, auquel il avait fait don, au mois de décembre 1473[1], de la capitainerie de la châtellenie de Goncelin avec tous les revenus de cette terre, jouisse de l'intégralité de ce don, car il n'avait pu, jusqu'ici, toucher que des paiements partiels à cause des grandes charges des finances delphinales.

Enregistrées le 3 décembre 1477.

Copie. B 3276, f° 296.

1696   *Plessis-du-Parc, 30 novembre 1477.*

Lettres du roi, adressées à ses conseillers les gouverneur ou son lieutenant, gens de son Parlement, de ses Comptes et trésorier du Dauphiné, bailli du Viennois, sénéchal du Valentinois et à tous autres ses justiciers delphinaux ou leurs lieutenants, par lesquelles il les informe que, le même jour, son conseiller et lieutenant Guillaume de Poitiers[2], chevalier, seigneur et baron de Clérieu, capitaine et lieutenant du duc de Bourbonnais et d'Auvergne, lui avait fait les foi et hommage, auxquels il était tenu, pour la baronnie de Clérieu, ainsi que pour les places, seigneuries et châtellenies de Miribel, Valclérieu, Plégros et Châtel-Arnaud, avec toutes leurs dépendances.

Enregistrées le 30 décembre 1478.

Original. B 2852.
Copie. B 2977, f° 508.

---

[1] Voir l'acte n° 1600 et la note 1, p. 197.
[2] Voir, sur Guillaume de Poitiers, la note 3, p. 178.

1696 *bis*   *Novembre 1477.*

Lettres du roi, adressées à ses conseillers les gouverneur ou son lieutenant, gens du Parlement et des Comptes et trésorier du Dauphiné, ordonnant que, nonobstant l'aliénation qui avait été faite de plusieurs châteaux et châtellenies du domaine delphinal, tous les châtelains et receveurs rendent compte chaque année de leur recette.

Mention dans des lettres de Jean, comte de Comminges, maréchal de France, gouverneur du Dauphiné, en date du 3 décembre 1477, relatives au même objet (B 3239, f° 27. v°).

1697   *Plessis-du-Parc les Tours, 9 décembre 1477.*

Lettres du roi, adressées aux gouverneur ou son lieutenant, gens de sa cour de Parlement et de ses Comptes du Dauphiné, par lesquelles il leur annonce que son conseiller Josse de Silinon[1], évêque

---

[1] Josso, Jost ou Jodoc de Silinon ou Silinen, de Lucerne, prévôt de Munster, l'un des agents diplomatiques les plus actifs de Louis XI, dans ses relations avec les Cantons Suisses, avait été nommé coadjuteur de l'évêque de Grenoble, Siboud Alleman, en 1475. Sur les instances du roi Louis XI, le pape Sixte IV le confirma dans la possession de cet évêché par bulles du 15 juillet 1477, malgré la nomination qu'il venait de faire au même siège de Laurent Alleman, en faveur duquel son oncle Siboud Alleman avait résigné ses fonctions. Le Chapitre de l'église de Notre-Dame de Grenoble, secrètement influencé par les gens du roi, approuva cette nomination, et le Conseil de ville, lui-même, offrit au nouvel évêque un don de joyeux avènement de 433 florins (B 2906, f° 249. v°). Quant à Laurent Alleman, il reçut en compensation l'évêché d'Orange, une pension sur l'évêché de Grenoble et, en 1478, l'abbaye de Saint-Cernin de Toulouse (Prudhomme, *Hist. de Grenoble*, p. 280). Le nouvel évêque prêta serment de fidélité et hommage au roi pour la temporalité de son siège, au Plessis-du-Parc les Tours, le 9 décembre 1477, ainsi que le constatent les lettres royales que nous analysons ci-dessus. En même temps, Louis XI fit don à Josse de Silinon d'une somme de 2,000 livres tournois pour l'aider à payer le vacant de son évêché et le dédommager des frais d'un voyage qu'il lui avait fait faire auprès des Ligues de la Haute-Allemagne ; il donna quittance de cette somme, le 15 décembre 1477, à Guillaume de Nève, conseiller du roi et receveur général des finances en Languedoc *(Titres de l'évêché de Grenoble*, n° 2464). L'année suivante, le roi manda encore, le 9 octobre, à André de Mauregard, trésorier général du Dauphiné, de payer à son protégé 1,252 l. 10 s. en monnaie courante (acte n° 1725 *bis*). Enfin, le 2 août 1482, Josse de Silinon fut nommé évêque de Sion, sans toutefois abandonner l'évêché de Grenoble, dont Sixte IV lui conserva l'administration pour deux ans.

Après la mort de Louis XI, Jacques, seigneur de Sassenage, ainsi que plusieurs autres

de Grenoble, lui avait, le même jour, prêté serment de fidélité pour la temporalité de son évêché, et leur mande que « vous ne faictes, ne « souffrez estre fait, mis ou donné au dit évesque aucun empesche- « ment, mays si la temporalité du dit évesché estoit pourté, prinse, « saisie, empeschié ou mise en nostre main, mectez la ou faictes « mectre tantost et sans délay à plaine délivrance ».

Enregistrées le 7 janvier 1478.

Copie. B 3002, f° 456.

1698   *Plessis-du-Parc les Tours, 11 décembre 1477.*

Lettres, adressées aux gouverneur ou son lieutenant, gens du Parlement et des Comptes du Dauphiné, par lesquelles le roi déclare qu'en faisant don de la terre de Serres à « Gratian de Grantmont[1] », écuyer, pour en jouir de la même manière que Thomas Ecuyer[2],

---

membres de la noblesse du Dauphiné, parents ou amis de l'évêque Laurent Alleman, adressèrent au nouveau roi Charles VIII une pressante requête pour obtenir son rappel; à la sollicitation du roi, le pape Sixte IV, par bulles du 8 mars 1484, n. s., rétablissait Laurent Alleman dans son premier siège, et le 5 avril suivant, Charles VIII ordonnait au Parlement de Grenoble de procéder sans délai à l'installation du prélat. Comme dédommagement du préjudice qui lui était causé, Josse de Silinon reçut une pension de 1,200 livres sur l'évêché de Grenoble. Le paiement de cette rente ne tarda pas à provoquer de nombreuses contestations entre les deux prélats et l'évêque de Sion, vivement irrité du triomphe de son rival, dans le but de lui susciter des difficultés, chercha à faire démembrer du diocèse de Grenoble le décanat de Chambéry, dont le duc de Savoie demandait depuis dix ans l'érection en évêché. Grâce à l'intervention de Charles VIII, ce projet n'eut pas alors de suite, mais comme l'évêque Laurent Alleman refusait de payer la pension assignée à Josse de Silinon, le même roi, par lettres de l'année 1490, ordonna à ses officiers du Dauphiné, afin de solder le montant de la susdite pension, de saisir les biens de Jean de Sassenage qui s'était le plus activement mêlé de la réintégration sur le siège de Grenoble de l'évêque Laurent Alleman. Nous ne savons si les ordres du roi furent exécutés, mais toujours est-il que peu après Josse de Silinon consentit à l'abandon de sa pension (B 2687 et B 3002, f° 409; Titres de l'évêché de Grenoble, n° 246, et Invent. des titres du même évêché, fait en 1789, n° 245).

[1] Voir, sur Gratien de Gramont, la note 1, p. 515 du t. 1er.

[2] Voir, sur Thomas Ecuyer, la note 1, p. 60 du t. 1er.

décédé, il avait entendu y comprendre aussi la cour de justice et la juridiction du même lieu¹.

Copie B 3278, f° 336.

1699 *Plessis-du-Parc les Tours, 18 décembre 1477.*

Lettres, adressées aux gouverneur ou son lieutenant, gens de son Grand Conseil et de ses Comptes et à son trésorier et receveur général du Dauphiné, par lesquelles le roi ordonne que Martin de Salignes², écuyer, natif d'Espagne, auquel il avait fait don, le 13 avril 1448, de l'office de capitaine, garde et châtelain du Pont-de-Beauvoisin, aux gages de 240 l. t., et qui depuis lors s'était retiré avec lui en Flandre, jouirait à l'avenir de l'intégralité de ses gages, sans aucune retenue, ce à quoi s'étaient opposés les gens des Comptes du Dauphiné en se fondant sur une ordonnance qu'il avait faite, prescrivant d'employer une certaine partie du revenu de chaque terre à l'entretien des constructions qui s'y trouvaient.

Enregistrées le 14 janvier 1478.

Copies. B 3278, f° 299, v°, et 301.

1700 *Plessis-du-Parc les Tours, 26 décembre 1477.*

Lettres, adressées aux gouverneur ou son lieutenant, gens du Parlement et des Comptes et trésorier et receveur général du Dauphiné, par lesquelles le roi leur enjoint de laisser son conseiller et maître d'hôtel Philibert Gachet³, écuyer, jouir paisiblement du don qu'il lui avait fait précédemment de la châtellenie d'Allevard avec tous ses revenus, péage, gabelle, greffe, sans qu'à l'avenir on lui puisse retenir aucune chose, pour quelque cause que ce soit, et nonobstant tous

---

¹ Le 31 janvier 1478, les gens de la Chambre des comptes et le trésorier du Dauphiné refusèrent d'enregistrer les susdites lettres du roi, parce que le sieur de Gramont avait la prétention de percevoir, comme le faisait son prédécesseur, les recettes de la Cour mage du comté de Gapençais qui s'exerçait à Serres, et dont il n'était cependant point fait mention dans les lettres royales. L'intéressé eut de nouveau recours au roi qui lui donna satisfaction par de nouvelles patentes, en date du 26 août 1478 (voir l'acte n° 1725).

² Voir, sur Martin de Salignes, la note 1, p. 219 du t. 1ᵉʳ.

³ Voir, sur Philibert Gachet, la note 1, p. 172.

dons ou assignations qui pourraient avoir été faits sur les revenus de la même terre.

Enregistrées le 26 janvier 1478.

Copies. B 3270, f° 303.

1701 *Plessis-du-Parc les Tours, 3 janvier 1477 (1478).*

Lettres du roi, ordonnant aux gouverneur du Dauphiné ou son lieutenant, et gens du Parlement à Grenoble, de faire contribuer aux travaux d'endiguement du Drac tous les habitants des bailliages du Graisivaudan, Gapençais, Embrunais, Briançonnais, même les exempts, les privilégiés, gens d'église, nobles et tous autres, sans aucune exception; et portant, en outre, cession aux habitants de la ville de Grenoble de tous les relaissés de la susdite rivière, à charge d'en entretenir les digues à l'avenir.

Enregistrées le 2 juillet 1478.

Copies. B 2725, f° 169, et B 3002, f° 848. — Arch. municip. de Grenoble, AA 6, f° 190.

Analyses. U. Chevalier, Ordon., n° 515. — *Invent des arch. de la ville de Grenoble*, t. 1, p. 9. — J. Roman, *Tabl. hist. des Hautes-Alpes*, p. 345.

1702 *Plessis-du-Parc les Tours, 3 janvier 1477 (1478).*

Lettres, adressées aux gouverneur du Dauphiné et gens du Parlement à Grenoble, par lesquelles le roi, — sur une requête de Denis de Théoville, frère utérin de feu Jean Godeffroy[1], écuyer, dans laquelle il exposait : que le roi avait jadis fait don au susdit Godeffroy et aux siens, outre l'office de châtelain de Voreppe et le tiers du produit des lods, ventes et amendes du même lieu, estimé annuellement à 12 l. t., d'une maison ruinée, du ban vin, du ban commun et des vacants, à charge de rétablir la maison pour y installer les prisons et la cour de justice, et de fournir chaque année un état des recettes à la Chambre des comptes; qu'il lui avait aussi abandonné les recettes que prélevait le mistral et les gages de l'office de châtelain qui étaient de 8 l. t., le tout à charge de prêter hommage et de payer une rente de 20 s. t.[2];

---

[1] Voir, sur Jean Godefroy, la note 2, p. 103.
[2] Voir, à ce sujet, les lettres patentes de mars 1466, 29 juillet et 26 novembre 1471, 24 avril 1472 et 18 mars 1474 (actes n°ˢ 1457, 1554, 1557, 1567 et 1611).

que depuis lors, après le décès de Geoffroy, il avait été mis en possession des susdits biens donnés sous condition de dépenser jusqu'à 400 écus pour la reconstruction de la maison ruinée[1] ; mais qu'à la suite d'une rixe qu'il avait eue avec divers habitants de Voreppe et au cours de laquelle il avait grièvement blessé l'un d'eux, le Parlement l'avait condamné à une amende de 25 l. t., à des dommages intérêts et l'avait déclaré inhabile à remplir l'office de châtelain ; après quoi, et nonobstant que le gouverneur de la province l'eût réhabilité par lettres dûment enregistrées, un nommé Jacques Joffrey avait subrepticement obtenu des lettres du roi lui concédant la châtellenie et les revenus de Voreppe[2], lettres qui furent entérinées par le Parlement, mais contre l'exécution desquelles il avait formé opposition, consignant à ces fins la somme prescrite de 120 l. t., — leur mande et enjoint expressément, que si le suppliant avait réellement été réhabilité par le gouverneur, ils aient à le laisser jouir et user paisiblement des biens ci-dessus mentionnés, comme il le faisait avant la condamnation encourue ; et ordonne, en conséquence, de lui restituer le montant de sa consignation, et de contraindre Jacques Joffrey à délaisser les mêmes biens, par toutes voies dues et raisonnables[3].

Enregistrées le 10 septembre 1478.

Copie. B 2948, f° 207.

1703 *Plessis-du-Parc les Tours, 17 janvier 1477 (1478).*

Lettres du roi portant don à son conseiller et chambellan Guichard d'Albon[4], des château, châtellenie, terre et seigneurie de Bourgoin,

---

[1] Après la mort de Jean Godofroy, Denis de Théoville, son frère utérin et son héritier, avait poursuivi l'exécution des lettres que le roi Louis XI lui avait accordés, avait été investi des biens concédés, le 24 août 1476, par Jean de Ventes, conseiller au Parlement de Grenoble, et avait prêté serment et fourni caution le 4 décembre suivant (B 2948, f° 340, v°).

[2] Ces lettres patentes portent la date du 22 juillet 1477 (voir l'acte n° 1689).

[3] Après être rentré en possession de la châtellenie de Voreppe, Denis de Théoville eut à soutenir plusieurs procès avec les religieux de la chartreuse de Chalais, relativement à la possession de la montagne de Charminelle (voir l'acte n° 1791 bis), et vivait encore en 1484.

[4] Guichard d'Albon, seigneur de Saint-André et d'Oulches, fils de Gilles d'Albon

avec tous leurs revenus, profits et émoluments, pour en jouir de la même manière que Jean de Lescouet¹, qui en est déchargé.

Enregistrées le 12 février 1478.

Copie. B 3276, f° 305.

1704 *Plessis-du-Parc les Tours, janvier 1477 (1478).*

Lettres du roi portant anoblissement pour Guillaume Carrières², son trompette, natif du pays de Maillorque, mais marié en Dauphiné, où depuis lors il habitait.

Enregistrées le 23 juin 1478.

Copie. B 2984, f° 159, v°.

1705 *Plessis-du-Parc les Tours, 3 février 1477 (1478).*

Lettres de provisions de la charge de lieutenant-général en Dauphiné pour Pierre de Jou, chevalier, seigneur du même lieu³.

Analyse. Invent. de la Chambre des comptes, Généralités, t. 1ᵉʳ, f° 401.

1706 *Plessis-du-Parc les Tours, 25 mars 1477 (1478).*

Lettres portant confirmation de celles du gouverneur du Dauphiné, données à Arras le 8 avril 1477, par lesquelles ce dernier augmentait le nombre des officiers de la Chambre des comptes de Grenoble, d'un

---

et de Jeanne de La Palisse, commença par être lieutenant de la compagnie d'ordonnance du sire de Beaujeu, devenu duc de Bourbon, qui lui procura le gouvernement du pays de Roannais et la capitainerie de Bourbon-Lancy. Devenu conseiller et chambellan de Louis XI, il fut employé en Guyenne, puis après la mort de ce roi se trouva à la bataille de Saint-Aubin du Cormier et mourut en 1502. Il avait épousé: 1° Anne de Saint-Nectaire, et 2° Catherine de Talaru. L'un de ses petits-fils fut Jacques d'Albon, marquis de Fronsac, maréchal de France, plus connu sous le nom de maréchal de Saint-André, qui fut l'un des plus grands capitaines de son temps.

¹ Jean de Lescouet avait été nommé châtelain de Bourgoin le 29 décembre 1467, en remplacement de son oncle Roland de Lescouet (voir l'acte n° 1505).

² Voir, sur Guillaume Carrières, la note 3, p. 522 du t. 1ᵉʳ.

³ Pierre de Jou fut destitué de sa charge et remplacé, le 25 avril 1481, par Raimond de Glandèves, seigneur de Faucon (voir l'acte n° 1776).

auditeur¹ ordinaire et ce attendu la multiplicité des affaires et l'augmentation du ressort.

Enregistrées le 28 mars 1478.

ANALYSE. U. Chevalier, *Ordon.*, n° 516.

1707   *Amboise, mars 1478.*

Lettres portant anoblissement pour Antoine d'Arzac, dit Simonet, du lieu de Chatte.

Enregistrées le 2 juin 1478.

COPIE. B 2977, f° 513.

1708   *Hesdin, 2 avril 1478.*

Lettres portant don en faveur de Charles le Flamand², écuyer, de l'office de capitaine des ville et château de Goncelin, ainsi que de tous les revenus, profits et émoluments de la même châtellenie, pour en jouir sa vie durant et de la même manière qu'Antoine du Fou, décédé.

Enregistrées le 25 mai 1478.

COPIE. B 3276, f° 309.

1709   *Arras, 16 avril 1478.*

Lettres, adressées à ses conseillers les gouverneur du Dauphiné ou son lieutenant et gens tenant sa cour de Parlement au même pays, par lesquelles le roi entend que le siège de la juridiction du Viennois soit tenu à Vienne, par-devant le bailli du même lieu, et ainsi qu'il l'avait déjà expressément ordonné, tant avant que depuis son avènement à la couronne³, et non dans la ville de Bourgoin ; et en conséquence annule et révoque toutes les lettres que les habitants de ce

---

¹ Cette troisième charge d'auditeur fut concédée à Eynard Pradel, secrétaire au Parlement de Grenoble, qui n'eut qu'un fils, Antoine, qui lui fut adjoint, mais qui mourut avant lui. Eynard Pradel se démit de sa charge en faveur d'Eynard Fléard, qui en fut pourvu par lettres du roi du 23 janvier 1497. n. s. Il avait épousé Antoinette de Ciserin qui mourut le 2 septembre 1477.

² Le titulaire fut mis en possession de son office, à Goncelin, le 26 mai suivant, par Pierre Bolin, clerc greffier au Parlement de Grenoble, à ce commis, en présence des nobles Jean Chapel, Amédée Guiffrey, Gonet Pradel et Charles Pinel.

³ Voir la note 1, p. 168 du t. 1ᵉʳ.

dernier lieu avaient pu obtenir de lui ou de sa chancellerie et casse et met à néant le procès intenté à ce sujet devant le Parlement du Dauphiné [1].

Enregistrées le 14 octobre 1478.

Copie. B 2967, f° 339.

Mention. U. Chevalier, *Ordon.*, n° 517.

1710   *Arras, avril 1478.*

Lettres par lesquelles le roi, en considération des services signalés que lui avait rendus, tant au fait de ses guerres qu'autrement, son neveu et cousin Philippe de Hochbert, chevalier, seigneur de *Bandeville* [2], son maréchal de Bourgogne, lui fait don, ainsi qu'à ses descendants en ligne directe, des ville, château, châtellenie, terre et seigneurie de La Côte-Saint-André, avec tous leurs revenus et dépendances, sans s'en rien réserver si ce n'est les foi, hommage lige, ressort et souveraineté [3].

Enregistrées le 16 mai 1478.

Copie. B 3049, f° 162.

---

[1] Ces lettres furent depuis confirmées par le roi Charles VIII, à Orléans, le 5 décembre 1483 (B 2967, f° 340, v°).

[2] Voir, sur Philippe de Hochbert, seigneur de Badonviller, la note 2, p. 259.

[3] Dès le surlendemain du jour de l'enregistrement, Guillaume Pietro, procureur et secrétaire du maréchal, était mis en possession effective de la terre de La Côte-Saint-André, par Jean de Ventes, conseiller delphinal, commissaire spécialement député à cet effet par le Parlement de Grenoble. — Si les gens du Parlement entérinèrent sans protester les lettres d'un don aussi considérable que celui de la châtellenie de La Côte-Saint-André, c'est qu'ils reçurent, en même temps que les patentes royales, deux lettres missives, l'une du roi lui-même et l'autre d'André Brinon, secrétaire du roi, qui venait d'être nommé général des finances en Bourgogne (B 3049, f° 164, v°). En voici la teneur :

« A nos amés et féaulx les gens de notre Parlement et de nos comptes à Grenoble.

« De par le Roy daulphin,

« Nos amés et féaulx, nous envoyons présentement à notre neveu le seigneur de « Bandoville, mareschal de Bourgoigne, les lettres de don que lui avons fait de la « Couste Saint André, et lui escrivons qu'il envoye par de là pour avoir l'entérine- « ment des dites lettres et en prendre la possession. Et pour ce désirons que inconti- « nent que les dites lettres vous seront présentées que vous procédez à l'entérine-

1711
Arras, 5 mai 1478.

Lettres de provisions d'une charge de conseiller au Parlement de Grenoble pour Guy de Montfort[1], docteur en droit, ancien auditeur des Comptes.

ANALYSE. *Invent. somm. des arch. de l'Isère*, t. II, Introduct., p. 22.

1712
Arras, 18 mai 1478.

Lettres, adressées au gouverneur du Dauphiné, par lesquelles le

---

« ment d'icelles, selon leur forme et teneur, sans y faire délay ou difficulté
« quelconque. Car quant vous le feriez nous ne serions jamais contens de vous, et
« vous advertissons que se vous ne le fectes et qu'il en renvoye devers nous, que
« nous vous donnerons à cougnoistre que vous aurez mal fait. Donné à Arras, le
« xxe jour d'avril. »

« LOYS. »   « PICOT. »

« A mes très honnourés seigneurs, messeigneurs les président, gens du Parlement
« et des Comptes du Roy, notre seigneur, à Grenoble.

« Mes très honnorés seigneurs, je me recommande à votre bonne grâce tant hum-
« blement que je puis. Et vous plaise savoir que puis nagueres le Roy m'a envoyé
« en ce pays de Bourgogne pour le servir en l'estat de général de ses finances et
« avant mon partement d'avecques lui il donna à monseigneur le mareschal de
« Bourgogne la Couste Saint André et lui en ay apporté ses lettres, ensemble unes
« que le Roy vous escript pour le faire joyr du dit don et oultre me charga que je
« vous en escrivisse, voire que je alasse devers vous pour ceste cause, se mondit
« seigneur le mareschal le vouloit. Touteffois pour les afferes qui sont survenus par
« deça, ne me seroit possible de laisser le pays, mais s'il vous plaist vous dépes-
« cherez incontinent le serviteur de mondit seigneur le mareschal et en son dépes-
« chement n'est besoing qu'il y ait reffus ne délay, car je suis certain que s'il y estoit
« fait, que le Roy n'en seroit pas content. J'ey entendu qu'on a pris par delà de
« l'argent de l'expédition qui luy a esté faicte de la principauté d'Orange. Par ma
« foy se le Roy le scet, il n'y va que de la destruction do corps et de biens de celui
« qui l'a fait, soit le greffier ou autres et ferez bien d'y pourveoir. Mes très honorés
« seigneurs j'espère à Dieu qu'il vous doint bonne vie et longue. Escript à Dijon,
« ce mardi cinquiesme jour de may. »

« Votre humble serviteur,
« André BRISON. »

[1] Guy de Montfort, docteur en droit, chanoine de la Collégiale de Saint-André de Grenoble, avait été nommé auditeur en la Chambre des comptes de Grenoble, en 1474 (note 2, page 198), mais avait depuis donné sa démission. Il fut confirmé dans sa charge de conseiller par lettres du roi Charles VIII du 11 octobre 1483.

roi, — après avoir rapporté une supplique que lui avaient fait parvenir les habitants de La Vallouise, Freyssinières, L'Argentière et autres localités du Dauphiné, dans laquelle ils lui exposaient que certains religieux, qui, le plus souvent, étaient des religieux mendiants, se prétendant inquisiteurs de la Foi[1], les mettaient « en grandes involutions de procès » sous le prétexte faux qu'ils étaient hérétiques ; et que pour parvenir à la confiscation de leurs biens, ces inquisiteurs ainsi que plusieurs juges royaux « les ont mis en gehenne et question sans « information précédente et les ont condamnés de choses dont ils ne « furent onques coulpables et pour les relascher ont prins et éxigé « grandes sommes de deniers et par divers moyens, les ont injustement « vexés et travaillés », — met les susdits suppliants hors de cour et de procès ; abolit et met à néant toutes les actions qui leur avaient été intentées, faisant toutefois exception de ceux qui voudraient « obsti- « nément et par endurci courage maintenir et affirmer quelque chose « contre la saincte foy catholique » ; ordonne de leur restituer leurs biens confisqués, interdit à ses officiers, pour des cas semblables, de prononcer, à l'avenir, aucune confiscation ; fait défense à tous inquisiteurs de la foi d'exercer leurs charges en Dauphiné, sans en avoir obtenu une permission expresse de sa part ; interdit, enfin, à ses juges et officiers de connaître de cas semblables, leur enjoignant de lui

---

[1] Du nombre de ces religieux mendiants, se trouvait le Franciscain Jean Veyleti, qui, d'après Perrin *(Hist. des Vaudois)*, aurait commencé d'exercer sa charge d'inquisiteur contre les Vaudois en 1460 ; on sait toutefois que Sixte IV, par une bulle du 16 janvier 1472, n. s., le maintenait à la tête de l'Inquisition dans nos pays et lui donnait les mêmes pouvoirs que ceux autrefois accordés à Ponce Feugeyron (Wading, *Annales Fratrum Minorum*, ed ann. 1472, n° 24). Un autre inquisiteur était Étienne de Rochefort, également de l'ordre des Frères mineurs, licencié en les deux droits, docteur ès arts et en théologie, qui séjourna en Dauphiné durant les années 1469 et 1470, où il fit notamment, du 8 septembre 1469 au dernier février 1470, diverses informations contre des hérétiques à Voiron, Cornillon près Grenoble, Saint-Antoine et dans le Royannais à Beauvoir et au Pont (Bibl. de Grenoble, R 80, t. VII, f° 17). D'autre part nous relaterons que, le 26 janvier 1476, Jean Philippe, président, et Pierre Odebert, auditeur de la Chambre des comptes du Dauphiné, ainsi que Claude Coct, trésorier général, informèrent le Parlement de Grenoble qu'ils venaient d'apprendre qu'un grand nombre d'habitants, surtout des montagnes, s'expatriaient journellement, et le prièrent d'ouvrir une information à cet égard et d'en informer le roi (B 3232, f° 26).

renvoyer, à l'avenir, tous les procès dirigés contre les susdits habitants, dont il réserve spécialement la connaissance aux gens de son Conseil[1].

Copie. Bibl. nat., mss. Dupuy, t. 751.
Analyse. J. Roman. *Tabl. hist. des Hautes-Alpes*, p. 345.
Publiées. J.-P. Perrin, *Hist. des Vaudois*, Genève, 1618, in-8°, p. 118.

1713   Arras, 26 mai 1478.

Lettres du roi portant don en faveur de son écuyer d'écurie, Guillaume de Villeneuve, des château, terres et seigneuries de Pierrelatte et de Mérindol, avec tous leurs revenus, pour en jouir sa vie durant, de la même manière que Charles des Astars[2], décédé.

Enregistrées le 21 août 1478.
Copie. B 3276, f° 312.

1714   Arras, 27 mai 1478.

Lettres du roi portant don, en faveur de son maître d'hôtel, Jacques Costaing[3], de l'office de gardier de la ville de Vienne, en remplace-

---

[1] Ces lettres du roi ne reçurent aucune exécution en présence de l'opposition du Parlement de Grenoble. Voir, à ce sujet, les actes n°ˢ 1744 et 1744 bis.

[2] Voir, sur Charles des Astars, la note 3, p. 401 du t. 1ᵉʳ.

[3] Jacques de Costaing, seigneur de la maison forte de Palais, près Vienne, conseiller et maître d'hôtel du roi Louis XI, était fils de Guigues de Costaing, dont il a été parlé dans la note 2, p. 23 du t. 1ᵉʳ. Par actes des 17 février 1483, 22 décembre 1484, et par un codicille du 8 juin 1496, il fit diverses fondations religieuses dans l'église cathédrale de Vienne, pour le repos de son âme, celle de Françoise de Chenay, son épouse, et celle de Claude de Costaing, son fils, écuyer tranchant du roi, capitaine et viguier de Sainte-Colombe-lès-Vienne, qui était mort le 23 juin 1482. Il mourut, lui-même, le 21 juin 1496, mais dès 1486, il avait été remplacé comme gardier de Vienne par son fils, François de Costaing, marié à Louise de Genas, et auquel succéda également comme gardier, en 1507, son fils Hector. La famille de Costaing, l'une des plus considérables de Vienne, s'éteignit avec Aimar de Costaing, qui, par testament du 22 janvier 1676, institua pour héritier son neveu Claude de Camus, fils de Catherine de Costaing, sa sœur, épouse de Charles de Camus, à charge de porter le nom et les armes de Costaing (Titres du Chapitre de Vienne).

ment de Vial de l'Eglise ¹, qui en est déchargé pour avoir élargi de prison divers prisonniers.

Enregistrées le 28 juillet 1478, à la suite de lettres de jussion du 11 juillet (voir l'acte n° 1717).

Copie. B 3276, f° 324.

1715　　　　　　　　　　　　　　　*Arras, 30 mai 1478.*

Lettres portant commission aux gens de la Chambre des comptes du Dauphiné de remettre à Guillaume de Poitiers, chevalier, seigneur de Clérieu ², tous les titres qui pourraient se trouver en ladite Chambre concernant la baronnie de Clérieu et ses dépendances, qui étaient Montchenu, Mureils, Marcolin, Mercurol, Margés, Chantemerle, Larnage, Croze et Claveyson.

Enregistrées le 12 octobre 1478.

Original. B 3183.
Copie. B 2977, f° 510.

1716　　　　　　　　　　　　　　　*Arras, juin 1478.*

Lettres par lesquelles le roi, — après avoir relaté que les habitants de Gap s'étaient plaints, que contrairement aux accords qu'ils avaient passés avec ses prédécesseurs dauphins, divers commissaires royaux les avaient contraints à envoyer guerroyer hors du Dauphiné et jusqu'en Catalogne les 50 hommes de pied qu'ils devaient fournir ³ ; que même depuis un an et demi le seigneur de Miolans ⁴ voulait les forcer à envoyer en Bourgogne ces 50 hommes ou à lui payer une somme de 300 livres qu'il prétendait avoir donnée à 50 hommes mis en leur lieu et place, et que ce dernier avait même obtenu des lettres du Parlement pour les y contraindre, sous de grosses peines, à la suite de quoi s'en était suivi un procès pendant actuellement devant cette cour ; — en conséquence, acceptant l'offre que lui faisaient les susdits habitants

---

¹ Vial de l'Eglise avait été nommé gardier le 9 décembre 1473 (acte n° 1597).
² Voir, sur Guillaume de Poitiers, seigneur de Clérieu, la note 3, p. 178.
³ Voir, à ce sujet, les lettres du 21 mai 1444, n° 95.
⁴ Anselme, seigneur et baron de Miolans ; voir, sur ce personnage, la note 3, p. 518, du t. 1ᵉʳ.

de fournir à l'avenir proportionnellement autant d'archers de retenue qu'en fournissait la ville de Grenoble, les décharge de la fourniture de leur 50 hommes de pied, sous la condition de lui fournir pour ses guerres, soit en Dauphiné, soit ailleurs, un nombre d'archers de retenue proportionnel à celui que fournissait la ville de Grenoble[1].

Enregistrées le 24 décembre 1478.

COPIES. B 2992, f° 47, et B 2997. — Arch. nat., *Trésor des Chartes*, reg. 201, pièce 199.

MENTIONS. U. Chevalier, *Ordonn.*, n° 518. — J. Roman, *Tabl. hist. des Hautes-Alpes*, p. 345, et *Hist. de la ville de Gap*, p. 95.

PUBLIÉES. *Ordonn. des rois de France*, t. XVIII, p. 406.

1717 *Arras, 11 juillet 1478.*

Lettres du roi déclarant qu'il entend que le don de l'office de gardier de la ville de Vienne qu'il avait fait précédemment à son maître d'hôtel, Jacques Costaing[2], reçoive son entière exécution et que le susdit soit mis en possession de cet office, nonobstant toutes oppositions formées par le Parlement du Dauphiné.

Enregistrées le 28 juillet 1478.

COPIE. B 3276, f° 325, v°.

1718 *Arras, juillet 1478.*

Lettres du roi portant don, en faveur de l'Hôpital de Saint-Antoine de Viennois, d'une rente annuelle et perpétuelle de 83 l., 8 s., 4 d. t., valant 52 écus d'or de 32 s., 1 d. t. chaque, pour l'entretien et la nourriture d'un pauvre pendant le mercredi de chaque semaine, à raison d'un écu d'or par journée; et ce, en considération de ce qu'il avait été obligé, en 1476, pour la conservation de sa santé, de rompre le vœu qu'il avait fait de ne jamais manger de viande le mercredi, vœu dont il avait été relevé par le pape moyennant ce que dessus. La rente donnée devait être prélevée sur les recettes « de la notairie, scribeurie

---

[1] Voir, sur le même sujet, l'acte n° 1728.
[2] Voir les lettres du 27 mai précédent, acte n° 1714.

et scel » de la grande cour du Viennois et Terre-de-La-Tour, et avant toutes autres charges et assignations[1].

Enregistrées le 3 août 1478.

Copie. B 3049, f° 166.

1719 — *Ermenonville, 31 juillet 1478.*

Lettres du roi portant don, en faveur de son conseiller et chambellan, Imbert de Bathernay, écuyer, seigneur du Bouchage et de Bridoré[2], des droits de lods et autres dûs à raison des biens qu'il avait acquis, de Gillet de Genève, dans le mandement de Saint-Donat[3].

Enregistrées le 15 janvier 1479.

Copie. B 2967, f° 264. v°.

1720 — *Ermenonville, juillet 1478.*

Lettres du roi confirmant et approuvant un échange par lequel Imbert de Bathernay[4], seigneur du Bouchage, son chambellan, avait cédé la seigneurie de Ruines, en Rouergue, plus une somme de 3,000 livres à Béraud de Murat[5], seigneur de « Pommerol »[6], qui, en

---

[1] Voir, sur les fondations faites par le roi Louis XI à l'abbaye de Saint-Antoine de Viennois, la note 1, p. 208.

[2] Voir, sur Imbert de Bathernay, la note 2, p. 4. — Il avait acheté la seigneurie de Bridoré (aujourd'hui commune du canton de Loches, Indre-et-Loire) vers 1475, de Jean Le Meingre dit Boucicaut.

[3] En 1481, le roi Louis XI ayant donné l'ordre de confisquer toutes les possessions que Louis II, marquis de Saluces, avait dans les limites du Dauphiné, le Parlement de Grenoble confisqua également la terre de Saint-Donat, possédée par Imbert de Bathernay, sous le prétexte que cette terre avait été déclarée faire partie intégrante de la baronnie d'Anthon, érigée, par lettres du roi Charles VII, du 26 avril 1434, en faveur de Louis Ier, marquis de Saluces. Il fallut que Louis XI interposa son autorité et que, par ses lettres du 4 septembre 1481, il enjoignît de restituer à Bathernay la terre dont il avait été dépossédé (voir l'acte n° 1783).

La même terre de Saint-Donnat fut dans la suite vendue avec celles de Charmes, Bathernay et Marjays, le 8 juillet 1602, par Françoise de Bathernay, l'une des petites-filles d'Imbert, alors veuve de François d'Ailli, vidame d'Amiens, à Antoine d'Hostun, sénéchal de Lyon, pour le prix de 18,333 écus d'or.

[4] Voir, sur Imbert de Bathernay, la note 2, p. 4.

[5] Voir, sur Béraud de Murat, dit de Lestang, la note 2, p. 88, du t. 1er.

[6] Pomayrol, commune du canton de Saint-Geniez (Aveyron).

échange, lui avait abandonné, la seigneurie de Morestel en Viennois, que le dauphin lui avait aliénée pour la somme de 7,200 écus, après l'avoir rachetée de Gabriel de Roussillon [1]. Le roi déclare, en outre, qu'il entend que la terre de Morestel appartienne en propre au susdit Bathernay et à ses successeurs, et, en conséquence, la sépare définitivement du domaine delphinal [2].

Enregistrées le 15 janvier 1479.

Copie. B 2967, f° 256.

1721 *Ermenonville, juillet 1478.*

Lettres par lesquelles le roi unit la terre de Morestel à celles du Bouchage et de Brangues, et en forme, en faveur d'Imbert de Bathernay [3], une baronnie sous le nom de baronnie du Bouchage.

Enregistrées le 15 janvier 1479.

Analysées. U. Chevalier, *Ordonn.*, n° 519. — *Invent. de la Chambre des comptes, Viennois*, t. 1er, f° 308, et t. III, f° 369, v°.

1722 *Selommes lès Vendôme, 17 août 1478.*

Lettres du roi portant don à son panetier, Théodoric Dehanil, de

---

[1] Voir, à ce sujet, les actes n°° 685 et 689.

[2] L'échange intervenu entre Imbert de Bathernay et Béraud de Murat fut depuis confirmé par lettres des rois Charles VIII, données à Lyon, en avril 1496, et Louis XII, données à Paris, en octobre 1498, et à Angers, le 5 février 1499, n. s. (B 2968, f°s 556 et ss.)

[3] Imbert de Bathernay prêta hommage au roi pour cette baronnie, aux Forges, près Chinon, le 20 janvier 1479, n. s. (acte n° 1758), et par lettres du 18 mars suivant (acte 1752), Louis XI l'autorisa à créer dans la même baronnie un juge d'appel. — Par suite d'un partage qui eut lieu, le 4 juin 1602, entre les héritiers de René de Bathernay, baron du Bouchage, petit-fils d'Imbert, la baronnie du Bouchage échut à Henri de La Châtre, seigneur de Nancay, Neuville et Cigogne, fils de Gaspard de La Châtre et de Gabrielle de Bathernay, ainsi qu'à Henriette-Catherine de Joyeuse, petite-fille de Marie de Bathernay, et mariée, en 1599, à Henri de Bourbon, duc de Montpensier, qui la vendirent par acte du 8 octobre 1609, à François de Gratet, seigneur de Granieu et de Faverges, trésorier général de France en Dauphiné, et à Pierre de Gratet, son frère, seigneur de Dorgeoise et de Dolomieu. Gabrielle et Marie de Bathernay étaient filles de René de Bathernay.

l'office de châtelain des ville et château de Bardonnèche, avec tous les revenus du même lieu [1].

Enregistrées le 7 septembre 1478.

COPIE. B 3276, f° 318.

1723 *Selommes, 17 août 1478.*

Ordonnance portant défense, sous peine de confiscation de corps et de biens, à tous ecclésiastiques, écoliers ou autres, de quelque état ou condition qu'ils soient, d'aller ou envoyer en cour de Rome ou ailleurs hors du royaume ou du Dauphiné, pour impêtrer bénéfices ou grâces expectatives, ainsi que de porter ou envoyer en la susdite cour de Rome, par lettres de change, bulettes ou autrement, directement ou indirectement, par quelque voie ou moyen que ce soit, or, argent, monnaie à l'effet d'obtenir bénéfices par bulles et grâces expectatives non exécutées.

Enregistrées le 10 septembre 1478.

COPIES. B 3232, f° 70. — Arch. nat., Ordon. de Louis XI, vol. P, p. 138.
PUBLIÉE. Fontanon, Édits et ordon., t. IV, p. 1241. — Ordon. des rois de France, t. XVIII, p. 425.

1724 *Selommes les Vendôme, 24 août 1478.*

Lettres du roi portant don, en faveur de son conseiller et chambellan, Guillaume de Poitiers, chevalier, seigneur de Clérieu [2], de la capitainerie et seigneurie de Baix-sur-Baix, avec tous ses revenus, pour en jouir sa vie durant, de la même manière qu'en jouissait précédemment son chambellan, Jean de Montespedon [3].

Enregistrées le 23 octobre 1478.

COPIES. B 3049, f° 155 et 169.

---

[1] Jean Fenigo, procureur de Théodoric Dohanil, fut mis en possession, à Briançon, le 11 septembre suivant, par Claude Bœuf, secrétaire delphinal, en présence de François Chalveton, contrôleur de la recette générale du Dauphiné, de Boneyton Blanchard, vichâtelain de Bardonnèche, de Jean Roux, tondeur de draps, etc.

[2] Sur Guillaume de Poitiers, seigneur de Clérieu, voir la note 3, p. 178.

[3] Sur Jean de Montespedon, dit Houaste, voir la note 2, p. 254. Ce personnage mourut l'année suivante, ainsi que le constate une ordonnance du Parlement du Dauphiné, du 16 septembre 1479, réunissant au domaine delphinal la terre de Beauvoir-de-Marc, qu'il s'était fait cédée, le 27 janvier 1452, n. s., par le dauphin, en remboursement d'un prêt de 4,500 écus d'or fait à ce prince.

1725   *Selommes les Vendôme, 25 août 1478.*

Lettres, adressées aux gouverneur ou son lieutenant, gens du Parlement et des Comptes du Dauphiné, et à maître Nicole Tilhart¹, commis à la distribution des finances du Dauphiné, par lesquelles le roi déclare qu'il entend que Gratian de Grantmont jouisse, sa vie durant, des revenus du greffe de la cour de Serres, ainsi que de celui de la cour majeure du comté de Gapençais, qui avait son siège au même lieu, et ce, à dater du jour de ses premières lettres de don, et en outre, pour réparer l'oubli fait dans ses précédentes lettres², confirme et donne de nouveau en tant que de besoin au même les susdits greffes, cours et juridiction.

Enregistrées le 10 février 1479.

Copie. B 3276, f° 338, v°.

1725 bis   *Plessis-du-Parc les Tours, 9 octobre 1478.*

Mandement du roi à maître Nicole Tilhart, commis à la distribution des finances du Dauphiné, de payer la somme de 1,952 l., 10 s. de monnaie courante à son conseiller Jodoc, évêque de Grenoble³.

Mention. Dans la quittance délivrée par l'intéressé, le 18 mai 1480, à André de Meuregard, conseiller du roi, trésorier et receveur général du Dauphiné (Titres de l'évêché de Grenoble, n° 2464).

1726   *Plessis-du-Parc, 27 octobre 1478.*

Lettres, adressées aux gouverneur ou son lieutenant, gens du Parlement et des Comptes du Dauphiné, par lesquelles le roi déclare qu'il entend que son conseiller et chambellan Antoine de Bathernay⁴,

---

¹ Nicole Tilhart, ancien secrétaire ordinaire du roi Louis XI, avait été nommé « conseiller du roy, commissaire général sur le fait et gouvernement de ses finances « et par ledit seigneur commis au fait de la distribution de ses finances ordinaires « et extraordinaires de ses pays du Daulphiné et comtés de Valentinoys et de Dioys ». — L'un des premiers actes de son administration avait été de faire établir par les gens des Comptes du Dauphiné, un état détaillé de toutes les recettes et charges du Domaine du Dauphiné (B 2905).

² Voir les lettres des 12 avril 1476, n. s., et 11 déc. 1477 (actes n°⁸ 1651 et 1698).

³ Voir, sur Jodoc de Silinen, évêque de Grenoble, la note 1, p. 261.

⁴ Voir, sur Antoine de Bathernay, la note 1, p. 8.

seigneur de Vaugris, auquel il avait fait précédemment don de l'office de châtelain de Rovon, jouisse de tous les revenus de cette terre, de la même manière que Jean Le Vicomte [1].

Enregistrées le 30 juin 1479.

Copie. B 3276, f° 349, v°.

1726 bis   Octobre 1478.

Lettres portant anoblissement pour Pierre Menon, bourgeois de Saint-Martin-La-Plaine, au diocèse de Lyon [2].

Mention. G. de Rivoire de La Bâtie, *Armorial de Dauphiné*, p. 403.

1728   Plessis-du-Parc les Tours, 4 novembre 1478.

Lettres, adressées aux gouverneur ou son lieutenant et gens du Parlement et des Comptes du Dauphiné, par lesquelles le roi entend que les lettres qu'il avait concédées aux habitants de Gap, au mois de juin précédent [3], et dont ils avaient refusé l'entérinement, soient enregistrées et exécutées, nonobstant que ces lettres ne fassent point mention de la remise des droits de leyde et de gabelle ainsi que de la création d'une foire qu'il avait accordées aux mêmes habitants [4]; mais pourvu toutefois qu'ils aient payé la somme de 1,000 écus d'or promise, qu'ils continuent de solder les 50 florins de pension annuelle et qu'ils s'obligent à fournir les archers de retenue qu'ils avaient offerts.

Enregistrées le 24 décembre 1478 [5].

Copie. B 2992, f° 51, v°, et B 2997.

Mention. J. Roman, *Tabl. hist. des Hautes-Alpes*, p. 340.

---

[1] Voir, sur Jean Le Vicomte, la note 2, p. 113 du t. 1er.

[2] Zacharie Menon, fils de Pierre Menon, fut pourvu le 13 février 1483 de l'office de procureur fiscal de la Cour majeure du Viennois et Terre-de-la-Tour, et devint ensuite secrétaire au Parlement de Grenoble, charge dans laquelle il fut confirmé par lettres du roi du 10 juin 1498 (*Invent. som. des arch. de l'Isère*, t. 11, Introduct., p. 69).

[3] Voir les lettres du mois de juin 1478, acte n° 1716.

[4] Voir les lettres du 21 mai 1444, n° 95.

[5] La veille, le Parlement avait fixé à huit le nombre des francs-archers que devait fournir la ville de Gap, et de suite après Jean Foyasso, marchand, et Jean Martin, apothicaire, procureurs et délégués des habitants de cette ville avaient souscrits l'engagement de fournir ces huit francs archers à pied bien armés et équipés.

1729   *Plessis-du-Parc près Tours, 5 novembre 1478.*

Lettres du roi, adressées aux gouverneur ou son lieutenant et gens de son Parlement du Dauphiné, par lesquelles, après avoir relaté que depuis quelque temps, la plupart des procureurs fiscaux des diverses jugeries du Dauphiné[1], au lieu de résider aux sièges de leur juridiction, se contentaient d'y mettre à leur place des lieutenants inexpérimentés, auxquels ils ne donnaient aucun salaire, ce qui les encourageaient à commettre de grands rançonnements, concussions et oppressions, leur enjoint de veiller, à l'avenir, à ce que les procureurs fiscaux résident au siège de leur jugerie et vaquent personnellement à l'exercice de leurs charges, sans y commettre aucuns lieutenants, « sinon toutesfois que ce feust de nos congié et licence « et de personnes à ce suffisans ».

Enregistrées le 14 janvier 1479.

Original. B 3183.
Copie. B 2904, f° 360, v°.
Mention. U. Chevalier, *Ordon.*, n° 523.

1730   *Plessis-du-Parc lez Tours, 5 novembre 1478.*

Lettres du roi, adressées aux mêmes, par lesquelles il leur mande et enjoint expressément qu'en l'absence du gouverneur, son lieutenant et les gens du Parlement, le dit lieutenant devant toujours être présent, reçoivent les foi et hommages de ses vassaux et feudataires du Dauphiné, toutes les fois qu'ils en seront requis, et de la même manière que le ferait le gouverneur s'il était présent. Le même prince enjoint, en outre, qu'un double des dits hommages soit

---

[1] Outre le procureur général fiscal du Dauphiné attaché au Parlement de Grenoble, il existait alors dix autres procureurs fiscaux en Dauphiné, à savoir : celui de la Cour des appels et nullités et ceux des sièges du Graisivaudan, du Viennois et Terre-de-la-Tour, du Viennois et Valentinois, du Gapençais et des Baronnies, du Valentinois et Diois, de Montélimar, du Briançonnais, de l'Embrunais. Les gages fixes de chacun d'eux variaient suivant leurs sièges ; le procureur général fiscal avait 80 l. t.; ceux du Graisivaudan et du Viennois, 40 l. t.; celui du Valentinois, 36 l. t.; celui de la Cour des appels, 30 l. t.; celui de Montélimar, 8 l. t. seulement (B 2907, f° 883).

déposé dans les archives de la Chambre des comptes pour y être conservé.

Enregistrées le 15 janvier 1479.

Copie. B 2904, f° 477.

1730 bis *Plessis-du-Parc les Tours, 5 novembre 1478.*

Lettres du roi, adressées aux mêmes, pour lesquelles il leur mande et enjoint de faire contraindre à l'avenir, soit par la confiscation de leurs fiefs, soit par toutes autres voies accoutumées en pareil cas, tous ses vassaux et sujets du Dauphiné, qui tenaient en fief de lui quelques terres, seigneuries ou autres choses, de fournir leurs aveux et dénombrements, dans le délai qu'ils fixeraient à cet égard, pour que le tout soit enregistré et déposé en la Chambre des comptes.

Enregistrées le 14 janvier 1479.

Original. B 3183.
Copie. B 2904, f° 480.
Mention. U. Chevalier, *Ordon..* n° 521.

1731 *Plessis-du-Parc les Tours, 16 novembre 1478.*

Lettres du roi portant don en faveur de Nicolas de Vauchelles dit Rouxcap[1], l'un des gentilshommes de son hôtel et son panetier ordinaire, de l'office de capitaine du palais delphinal d'Embrun, en remplacement de Jean de Torchefelon[2] qui en est déchargé; et lui concédant, encore, outre les gages ordinaires de cet office, une somme

---

[1] Nicolas de Vauchelles ou Vausselles, dit Rouxcap ou Rescap, fut mis en possession de son office le 18 janvier 1479 par Pierre de Favorges, clerc-greffier du Parlement, et Guillaume Guigou, capitaine châtelain de Grenoble, commissaires à ce spécialement délégués. Ce personnage, qui vivait encore en 1486, fit gérer la capitainerie d'Embrun par Antoine Motet, qu'il remplaça le 18 novembre 1481 par Martin Arxulphi, d'Embrun.

[2] Jean de Torchefelon, qui avait succédé à Henri Celifer, en 1475, faisait gérer son office par Antoine Motet. Un Jean de Torchefelon, chevalier, avait été châtelain de Chabouil de 1422 à 1432, et de La Tour-du-Pin, de 1432 à 1446, année où il mourut.

de 160 l. t. avec tous les revenus et profits de la Cour commune et du Consulat de la même ville d'Embrun.

Enregistrées le 11 janvier 1479.

Copie. B 3276, f° 332.

1732 *Plessis-du-Parc les Tours, 19 novembre 1478.*

Lettres par lesquelles le roi, en récompense des services qu'il lui avait rendus dans ses guerres et en compensation de la capitainerie de Sainte-Suzanne qu'il venait de lui retirer, fait don à son écuyer d'écurie, Bonnet de Salles, des offices de capitaine du Buis et de Nyons, avec tous les revenus de ces terres, en remplacement de Jean Greslen dit Greslet[1], nommé châtelain de Sainte-Suzanne.

Enregistrées le 5 février 1479.

Copie. B 3276, f° 311.

1733 *Plessis-du-Parc les Tours, 24 novembre 1478.*

Édit portant que, à l'avenir, les baillis et le sénéchal du Dauphiné devront choisir pour leurs lieutenants, dans les divers sièges de justice de leur ressort respectif, des gens « lectréz et saiges en droits, de bonne « renommée et expérimentéz » et que, dans le cas où les candidats nommés par eux ne rempliraient pas ces conditions, comme cela était arrivé fréquemment par le passé, le Parlement et la Chambre des comptes pourraient en choisir d'autres. Pour faciliter le recrutement de ces magistrats, le roi décide qu'ils toucheront un traitement annuel de 40 livres à prélever sur les amendes des assises qu'ils tiendraient[2].

Enregistrées le 14 janvier 1479.

Copies. B 2904, f° 337, v°; B 3183 et B 3237, f° 178. — Arch. municipales de Grenoble, AA 22. — Bibl. de Grenoble, mss. U 925, f° 864.

Analyses. U. Chevalier, *Ordon.*, n° 594. — Invent. somm. des arch. de la ville de Grenoble, t. 1er, p. 21.

Publié. *Statuta delphinalia*, éd. 1619, 2e part., f° 30.

---

[1] Jean Greslen, en mars 1465, était capitaine des francs archers de Touraine, et en octobre de la même année le roi l'avait envoyé tenir garnison à Amboise (Vaesen, *Lettres de Louis XI*, t. II, p. 367). Louis XI avait dû lui donner la capitainerie du Buis et de Nyons en 1466.

[2] Voir, sur le même sujet, les actes n°s 487 et 721.

1734   *Plessis-du-Parc les Tours, 24 novembre 1478.*

Lettres du roi, aux auditeurs des Comptes et trésorier du Dauphiné, portant qu'il serait prélevé une somme de 200 livres tournois, sur le quint denier des revenus du Domaine, affecté aux réparations des places fortes du Dauphiné [1], pour être employée aux réparations les plus urgentes de la Chambre des comptes de Grenoble [2].

Enregistrées le 14 janvier 1479.

Comes. B 2904, f°* 364, 377 et 382.
Mention. U. Chevalier, *Ordon.*, n° 525.
Publiées. J.-J.-A. Pilot, *Le palais de justice de Grenoble*, 1876, p. 22.

---

[1] Voir, à ce sujet, les actes n°* 1537 et 1730.

[2] Malgré une pressante réclamation que les gens des Comptes adressèrent à ceux du Parlement et la décision prise par ces derniers, le 3 juin 1480, de prélever sur les condamnations et les autres recettes extraordinaires le montant des dépenses nécessaires aux réparations des locaux affectés à la Chambre des comptes de Grenoble, aucuns travaux n'avaient encore été entrepris en 1482 ; aussi, le 5 mars de cette année, au moment de partir pour se rendre à la Cour, Nicole Tilhart, général des finances, Jean de Vaulx, trésorier général, Jacques Robertet, conseiller au Parlement, et Hugues Coct, auditeur des Comptes, furent-ils chargés de remontrer au roi le fâcheux état dans lequel se trouvait cette chambre et de le supplier d'y apporter un remède le plus promptement possible. Voici, du reste, le texte du *memorandum* qui leur fut remis à cet effet (B 2904, f° 499) :

« Pour ce que la dite Chambre des comptes est fort ancienne et presque toute
« de vieille fustaille toute pourrie et environnée de maisons et du grand four de la
« ville de Grenoble est expédient et très nécessaire remparer icelle chambre et y
« faire des voutes de pierres de taille pour seurement garder les trésors, recognois-
« sances et lettres originales touchant le domaine du dit seigneur.
« Suivant les devis dressés on avoit mis aux enchères les réparations, mais on n'a-
« vait trouvé personne pour les faire à moins de xiii^{xx}xvi escus valant xiii^{xx}xxvi l..
« xii s... iii d. t.
« Soit advisé le dit seigneur d'y donner ordre. »

Quelques travaux furent entrepris mais durent aller très lentement faute de ressources suffisantes, aussi dans le cahier des doléances présenté, en 1483, au nouveau roi Charles VIII voit-on encore figurer l'article suivant :

« Item, d'aviser où l'on prendra l'argent pour refaire la maison où se tient le
« Parlement et pour parachever celle des Comptes, car aux lettres du cinquième
« denier n'est faite mention que des places fortes. »

Le roi répondit :

« Se pourra prendre sur le reste du revenu du temps passé et sur ce seront veus
« les comptes du cinquième denier et aux Trois-Estats sera advisé où l'on prendra le
« surplus (B 2905, cah. xxxi). »

1735 *Plessis-du-Parc lez Tours, 24 novembre 1478.*

Lettres par lesquelles le roi confirme pour une durée de dix années, en faveur de Hugues Cocl¹, auditeur des Comptes, et Paul Cocl, frères, fils de feu Claude Cocl, jadis trésorier et receveur général du Dauphiné, ainsi que de leurs associés Pierre Vallier, François Mollet dit Leymare², Claude Pellafol dit Garron, Dimanche d'Alphas et Michel Gruiet, la concession des mines de fer des mandements de Theys, Allevard et Vizille, qu'avait obtenue Claude Cocl, le 10 mars 1464, n. s.³.

Enregistrées le 15 juillet 1479.

Copie. B 2948, f° 108.

1736 *Tours, 24 novembre 1478.*

Lettres du roi mandant aux gouverneur ou son lieutenant, gens du Parlement et des Comptes du Dauphiné, de laisser son écuyer d'écurie Jacques Joffrey, auquel il avait concédé l'office de capitaine et châtelain de Saint-Marcellin, par lettres du 22 juillet 1477⁴, jouir paisiblement de la totalité des revenus de cette châtellenie, dans la possession desquels avait voulu le troubler le receveur du lieu, et ce de la même manière qu'en jouissait précédemment feu Pierre Godeffroy dit le Bourdat.

Enregistrées le 9 janvier 1479.

Copie. B 3276, f° 321, v°.

---

[1] Hugues Cocl, qui était auditeur extraordinaire de la Chambre des comptes du Dauphiné dès 1472, devint ensuite auditeur ordinaire de la même Chambre après 1493. Il avait également été chargé, par lettres du gouverneur du 22 août 1473, après le décès de son père, Claude Cocl, de gérer l'office de trésorier et receveur général en Dauphiné, mais il n'exerça point longtemps cette charge car le roi y nomma, le 4 septembre suivant, Jean de La Place (voir l'acte n° 1590 bis). Il mourut à Grenoble le 7 janvier 1523 (*Obit. de l'Église cathédrale de Grenoble*), et fut remplacé dans son office d'auditeur par Pierre Plovier, vice-président de la Chambre des comptes de Piémont.

[2] François Mollet appartenait à la même famille que Georges Mollet dit de Leymare, dont il est parlé note 2, p. 15 du t. 1er.

[3] Voir l'acte n° 1388.

[4] Voir l'acte n° 1688.

1737 1478.

Lettres du roi portant renvoi par-devant l'official métropolitain de Vienne, des contestations qui s'étaient élevées entre les habitants de Tullins et le prieur du même lieu, relativement au payement de certaines oblations.

MENTION. *Invent. des titres de l'archevêché de Vienne de 1774*, n° 820.

1738 *Aux Forges, près Chinon, 20 janvier 1478 (1479).*

Lettres du roi, adressées aux gens du Parlement et des Comptes, trésorier général, bailli du Viennois, à tous ses autres justiciers et officiers du Dauphiné ou leurs lieutenants et à son procureur au susdit bailliage, constatant l'hommage que venait de lui prêter son conseiller et chambellan Imbert de Bathernay, baron du Bouchage, pour la baronnie du Bouchage qu'il avait récemment érigée en sa faveur[1].

ORIGINAL. B 2652.
COPIE. B 2967, f° 267.

1739 *Aux Forges, près Chinon, 20 janvier 1478 (1479).*

Lettres du roi, adressées aux gens du Parlement et des Comptes, trésorier général du Dauphiné, baillis du Viennois et des Montagnes, à tous ses autres justiciers et officiers du dit pays ou leurs lieutenants et à ses procureurs dans les susdits bailliages, constatant l'hommage que venait de lui prêter son conseiller et chambellan Imbert de Bathernay, baron du Bouchage pour les terres et seigneuries d'Auberives, Condorcet, Orpierre, Montréal, Novoysan, Sahune, Trosclèoux, Curnier, Montbrison et leurs dépendances[2].

Enregistrées le 23 mars 1479.

ORIGINAL. B 2652.

---

[1] Voir les lettres de juillet 1478, acte n° 1721.

[2] Toutes ces terres, confisquées sur le prince d'Orange, avaient été données à Bathernay par le roi Louis XI au mois d'octobre précédent (acte n° 1691). Après le décès de ce roi, son successeur, Charles VIII, ayant, par lettres du 19 décembre 1483, réintégré Jean de Châlon, prince d'Orange, dans la possession de ses biens, Bathernay se vit contraint de renoncer au bénéfice du don qu'il tenait de la libéralité de

1739 bis *Aux Forges les Chinons, 24 janvier 1478 (1479).*

Procuration passée par le roi à l'évêque d'Alby[1], par laquelle il lui donne pouvoir de traiter, en son nom, avec Hugues de Châlon[2] et de lui promettre, au cas où il consentirait à entrer à son service, de lui faire épouser sa nièce Louise de Savoie[3], de le faire tenir quitte de la rançon qu'il devait au sénéchal de Toulouse[4] et de lui donner le gouvernement de la Bourgogne ou tel autre qu'il désirerait.

Louis XI; il rachète, toutefois, la baronnie d'Auberives, le 13 septembre 1486, au prix de 29,183 l., de Philibert d'Arces, seigneur de la Bâtie-Meylan et de Jean d'Arces, frères, auxquels l'avait vendue le prince d'Orange le 18 août 1484. Cette baronnie, pour laquelle Imbert de Bathernay prêta hommage aux rois Charles VIII, le 16 décembre 1486, et Louis XII, le 21 juillet 1499, fut dans la suite vendue, le 6 juin 1528, par René de Bathernay, son petit-fils, à Guillaume, comte de Joyeuse, lieutenant-général en Languedoc, qui depuis épousa, vers 1561, Marie, l'une des filles du même René de Bathernay.

[1] Louis d'Amboise, fils de Pierre d'Amboise, seigneur de Chaumont, et d'Anne du Bueil; nommé évêque d'Alby, par bulles du 14 janvier 1473, mort à Lyon le 1er juillet 1503.

[2] Hugues de Châlon, chevalier, seigneur de Châtelguyon et de Nozeroy, fils de Louis de Châlon, prince d'Orange, et d'Éléonore d'Armagnac, sa seconde épouse; mort en 1490. Louis XI chercha à l'attacher à sa cause parce qu'il jouissait d'une grande influence en Bourgogne et passait pour l'un des plus habiles hommes de guerre de son temps. Les espérances du roi ne furent point déçues, car, le 4 mai 1479, Hugues de Châlon concluait à Mâcon, avec l'évêque d'Alby, mandataire de Louis XI, un traité dont ce prince ratifia toutes les clauses le 12 du même mois (actes nos 1718 et 1749 bis). Peu après, en exécution du même traité, le roi lui faisait épouser, le 24 août 1479, sa nièce Louise de Savoie, fille du duc Amé et d'Yolande de France (voir la note suivante) et lui restitua les terres de Theys, La Pierre, Domène et Falavier, qui après avoir été confisquées sur Louis de Châlon, prince d'Orange, son père, avait été concédées, le 6 mai 1457, par le roi Charles VII, au comte de Dunois (voir l'acte 1779 bis). Hugues de Châlon prêta hommage au roi pour les précédentes terres le 2 mars 1483, n. s. (acte n° 1821). Louis XI lui fit également don des comtés d'Armagnac et de Fézensac qui avaient été confisqués, en 1469, sur Jean V, comte d'Armagnac, son oncle, mort assassiné le 6 mars 1473, lors de la prise de Lectoure (voir, à ce sujet, la note 4, p. 381 du t. 1er).

[3] Louise de Savoie, fille du duc Amé IX et d'Yolande de France, épousa, le 24 août 1479, Hugues de Châlon, seigneur de Châtelguyon, qui lui donna pour son douaire 6,000 l. de rente et pour habitations les châteaux de Nozerol et de Vers. Devenue veuve, en 1490, elle entra au couvent Sainte-Claire d'Orbe, au diocèse de Lausanne, où elle mourut en odeur de sainteté, le 24 juillet 1503, âgée de 41 ans (Guichenon, *Hist. de la royale maison de Savoie*, t. 11, p. 137).

[4] Gaston du Lyon; voir, sur ce personnage, la note 1, p. 248 du t. 1er.

Copie vidimée, délivrée à Salins le 30 septembre 1483 par le lieutenant-général du bailli d'Aval au comté de Bourgogne, à la requête de Pierre Viguier, procureur d'Hugues de Châlon, seigneur de Châtelguyon (B 3806).

1740   *Tours, janvier 1478 (1479).*

Lettres par lesquelles le roi, — à la supplication de James Chabot, notaire et fermier du péage de Saint-Bonnet en Champsaur, qui, à la suite d'une rixe, qui avait pris naissance dans l'hôtellerie de Martin Gauchart, au mois d'octobre dernier, avait mortellement blessé, d'un seul coup « d'une pale de fer » qu'il lui donna sur la tête, un nommé Pierre Bellue qui l'avait menacé et lui avait notamment dit « a tu « t'en voys, mays pour le corps nostre seigneur avant que tu soyes « en ta maison je t'auray mis les trippes sur terre ou toy à moy », — lui pardonne le fait ci-dessus, lui remet toute peine et amende corporelle, criminelle ou civile auxquelles il pourrait être condamné et le restitue dans « sa bonne fame et renommée au pays ».

Enregistrées le 17 août 1479.

Copie. B 2918, f° 518.

Mention. J. Roman, *Tabl. hist. des Hautes-Alpes*, p. 346.

1741   *Tours, 27 février 1478 (1479).*

Lettres par lesquelles le roi ordonne aux gouverneur ou son lieutenant et gens de la Cour du Parlement du Dauphiné de laisser jouir Jean Pilat, écuyer, de La Buissière, de l'usage où il était de prendre dans la forêt dolphinale de La Servette, le bois mort nécessaire aux chauffage et constructions de son hôtel, et ce conformément aux lettres qu'il lui avait précédemment concédées[1].

Copie. Titres non classés de la Chambre des comptes.

1742   *Plessis-du-Parc lez Tours, 18 mars 1478 (1479).*

Lettres du roi autorisant son conseiller et chambellan Imbert de Bathernay, baron du Bouchage, à créer, outre le juge ordinaire, un

---

[1] Voir, à ce sujet, les lettres du 11 novembre 1461, et la note 3, p. 20 de ce volume.

juge d'appel dans sa baronnie composée des terres du Bouchage, Brangues et Morestel[1].

Enregistrées le 7 juin 1479.

Copie. B 2967, f° 268.

1743 *Plessis-du-Parc les Tours, 25 mars 1478 (1479).*

Ordonnance par laquelle le roi réduit à un seul tous les offices de greffiers et secrétaires du Parlement du Dauphiné, de création récente[2].

Enregistrée le 19 avril 1479.

Mention. U. Chevalier, *Ordon.*, n° 626.

1744 *Plessis-du-Parc les Tours, 31 mars 1478 (1479).*

Lettres du roi, adressées à ses conseillers les gens de son Grand-Conseil et au gouverneur du Dauphiné, par lesquelles, — après avoir relaté que les habitants de La Vallouise, de Freissinières, de L'Argentière et autres du Dauphiné, n'ayant osé poursuivre l'exécution des lettres qu'il leur avait concédées à Arras, le 18 mai précédent[3], à raison de l'appui et de la protection que leurs adversaires avaient dans le Parlement de Grenoble, et aussi de ce que le gouverneur du Dauphiné, dans ses lettres exécutoires des précédentes, y avait inséré la réserve que le Parlement connaîtrait seul de leurs

---

[1] Cette baronnie avait été érigée par lettres du mois de juillet 1478 (acte n° 1721).

[2] Par suite de cette ordonnance, le nombre des secrétaires-greffiers du Parlement de Grenoble qui avait été fixé à neuf, par lettres du dauphin datées du 6 août 1455 (acte n° 1180), se trouva réduit à sept.

[3] Voir les lettres du 18 mai 1478, acte n° 1712. — Après la mort de Louis XI, le Parlement de Grenoble s'empressa de solliciter du nouveau roi Charles VIII la connaissance exclusive des procès intentés aux Vaudois du Dauphiné, ainsi que le constate le passage suivant d'un mémoire remis, en 1483, au président de la Chambre des comptes de Grenoble qui se rendait à la Cour :

« Item, qu'il plaise au Roy et à Messeigneurs de son grant conseil de renvoier le
« procès qui est devers son dict grant conseil entre le procureur général du dict
« seigneur en Daulphiné et les manans et habitans de Vaulloyse, autrement Vaul-
« putes, pour iceluy juger au parlement du dict pays du Daulphiné, ainsy qu'est
« acoustumé et selon les libertés du dict pays. » (B 2905, cah. 35).

procès et qu'aucun renvoi n'en serait fait au roi et aux gens de son Conseil, implorait à cet effet sa grâce et provision, car « ils ont tou-« jours vécu et veulent vivre comme bons chrétiens et catholiques, « sans avoir jamais cru ni tenu autre créance fors celle de notre mère « sainte Eglise, ni soutenu, ni vouloir soutenir, ni croire aucune « chose au contraire »; et que d'autre part ils ne voudraient, pour rien, plaider devant les conseillers de la Cour du Parlement du Dauphiné, dont plusieurs avaient été « en partie consentants des grands « maux et empêchements qu'ils ont eus », — entend que les lettres qu'ils avaient obtenues de lui soient exécutées selon leur forme et teneur, sans aucune restriction, et « qu'autres juges quelconques, « fors nous et lesdites gens de notre Grand-Conseil, puissent con-« naître lesdites matières ». En conséquence, mande, commande et enjoint expressément de mettre ses précédentes lettres à exécution, de faire défense aux conseillers du Parlement du Dauphiné et à tous autres juges et officiers de connaître des susdites causes, mettant à néant tous ceux de ces procès qui avaient été jugés ou qui étaient encore pendants. Et au surplus, pour procéder sur la restitution des biens et des intérêts et dommages que les exposants ont intention de demander à ceux qui les leur ont pris, ordonne d'ajourner par-devant lui et son dit Conseil, maître Jean de Ventes, Pierre d'Aymonet[1] et autres que désigneront les requérants; et enfin de sommer les héritiers de feu maître Charles des Astars[2] de restituer toutes les informations, enquêtes, lettres et autres actes qu'ils avaient en leur possession et dont les suppliants entendent se servir contre leurs spoliateurs.

COPIE. Bibl. de l'Université de Cambridge.
PUBLIÉES. Arnaud, Louis XI et les Vaudois du Dauphiné, dans Bull. hist. et philol. du Comité des Travaux hist. et scient., 1895, p. 517.

---

[1] Voir, sur Jean de Ventes, conseiller au Parlement de Grenoble, la note 3, p. 44 de ce vol.; et sur Pierre d'Aymonet, procureur fiscal delphinal de l'Embrunais, la note 1, p. 483 du t. 1ᵉʳ. L'un et l'autre se signalèrent par le zèle intempestif qu'ils déployèrent dans les poursuites exercées contre les Vaudois du Dauphiné.

[2] Voir, sur Charles des Astars, clerc de la Chambre des comptes de Grenoble, la note 4, p. 401 du t. 1ᵉʳ.

1744 bis   8 avril 1478 (1479).

Lettres par lesquelles le roi, à la suite d'une nouvelle supplique que lui avaient adressée les habitants de La Vallouise, de Freissinières et de L'Argentière, enjoint à Jean Johannault, contrôleur des amendes et confiscations du royaume, de mettre à exécution ses deux lettres précédentes données à Arras et au Plessis-du-Parc lès Tours[1], de sommer le Parlement de Grenoble de s'y soumettre, de citer à comparaître devant lui et les gens de son Grand-Conseil Jean de Ventes, Pierre d'Aymonet et tous autres dont les noms seraient donnés par les plaignants, et de faire à ces derniers « bon et brief droit ».

Copie. Bibl. de l'Université de Cambridge.
Analyse. Arnaud, *Louis XI et les Vaudois du Dauphiné*, dans *Bull. hist. et philol. du Comité des Travaux hist. et scient.*, 1895, p. 513.

1745   Tours, 20 avril 1479.

Ordonnance du roi portant défense à tous châtelains, tant des terres domaniales que patrimoniales, d'imposer plus de 5 sous tournois, par an et par feu, pour droit de guet, et déchargeant en conséquence les habitants de toutes autres redevances quant à ce, et même du droit spécifié ci-dessus dans les villes et places dont les fortifications sont abattues, démolies ou ruinées.

Original. B. 3183.
Copies. II 2004, f° 369 et 375. — Arch. nat., *Mémorial Q de la Chambre des comptes*, f° 130.
Analyse. U Chevalier, *Ordon.*, n° 527.
Publiées. *Ordon. de Louis sur le droit de guet*....., Grenoble, 1759. — *Ordon. des rois de France*, t. XVIII, p. 470.

1745 bis   Tours, 20 avril 1479.

Lettres portant ordre au Parlement et à la Chambre des comptes du Dauphiné de faire dresser un état de toutes les villes, places et

---

[1] Voir les lettres des 18 mai 1478 et 31 mars 1479, n. s. (actes n°⁵ 1712 et 1744).

châtellenies où était établi le droit de guet et d'envoyer cet état à la Cour.

COPIE. B 2904, f° 375, v°.

MENTION. U. Chevalier, Ordon., n° 528. — Ordon. des rois de France, t. XVIII, p. 474.

1746   Mâcon, 4 mai 1479.

Traité conclu entre Louis d'Amboise, évêque d'Alby, procureur à ce spécialement délégué par le roi Louis XI [1], et Hugues de Châlon, seigneur de Châtelguyon et de Nozeroy [2]. Le prélat accepte le susdit seigneur au service du roi et lui promet que ce dernier prince le traitera bien et honorablement ; le protégera lui, les siens et ses biens contre tous ses ennemis, même contre Maximilien d'Autriche [3] ; lui fera épouser sa nièce Louise de Savoie [4] ; lui restituera toutes les terres qui avaient appartenu à ses prédécesseurs, tant en Dauphiné qu'en Bourgogne [5] ; lui fera rembourser la somme de 47,000 livres qu'il avait payée pour sa rançon au sénéchal de Toulouse [6] et à Maritain, son lieutenant ; enfin, fera renvoyer les otages qu'il avait fournis pour sûreté des 45,000 l. qu'il restait encore devoir pour le complément de sa rançon. De son côté Hugues de Châlon s'engage à servir fidèlement Louis XI et la France même contre Maximilien d'Autriche et promet que dès que le roi aura approuvé et ratifié le présent traité « il com- « mencera la guerre la plus chaude qu'il pourra contre ledit duc « d'Autriche et sa femme et tant par force que par toutes bonnes

---

[1] Le roi avait donné à cet effet des pouvoirs spéciaux à l'évêque d'Alby, le 24 janvier précédent (voir l'acte n° 1739 bis).

[2] Voir, sur Hugues de Châlon, la note 2, p. 285.

[3] Maximilien, archiduc d'Autriche, né à Neustadt le 22 mars 1459, était fils de l'empereur Frédéric III et d'Éléonore de Portugal. Il avait épousé, au mois d'avril 1477, Marie de Bourgogne, fille unique et héritière de Charles le Téméraire; fut élu roi des Romains le 16 mars 1486, fut couronné empereur à Aix-la-Chapelle, le 9 avril 1493, et mourut à Wels, le 12 janvier 1519.

[4] Voir, sur cette princesse, la note 3, p. 285.

[5] Au nombre de ces terres se trouvaient celles de Thoys, La Pierre, Domène et Falavier qui furent restituées à Hugues de Châlon, en 1481 (voir l'acte n° 1779 bis).

[6] Hugues de Châlon avait été fait prisonnier, peu auparavant, en Bourgogne, par Gaston du Lyon.

« pratiques honnestes qu'il pourra s'emploiera à son pouvoir à
« redduire le comté de Bourgogne en la main et obéissance du roy »[1].

Copie vidimée, délivrée à Salins, le 30 septembre 1483, par le lieutenant-général
du bailli d'Aval, au comté de Bourgogne, à la requête de Pierre Viguier, procureur d'Hugues de Châlon (B 3806).

1747   *Montargis, 8 mai 1479.*

Lettres du roi, adressées aux gouverneur ou son lieutenant du Dauphiné, gens du Parlement et des Comptes à Grenoble, baillis du Viennois, Valentinois et Diois, et tous autres ses justiciers et officiers ou leurs lieutenants, par lesquelles il déclare qu'à l'avenir aucunes lettres de marque ou de représailles que pourraient obtenir ses sujets, tant du royaume que du Dauphiné, à l'encontre des habitants d'Avignon ou du comté Venaissin ne pourraient être exécutées sur les terres, maisons, possessions, rentes et autres biens de ces derniers, situés dans le royaume ou le Dauphiné, et pour lesquels ils sont sujets à la contribution des tailles et autres impôts[2].

Enregistrées le 15 juin 1479.

Copie. B 2904, f° 451.
Analyse. U. Chevalier, *Ordon.*, n° 529.

1748   *Montargis, 8 mai 1479.*

Lettres du roi, adressées aux mêmes, par lesquelles il confirme celles du 21 juin 1476[3], qui déclarent qu'aucunes lettres de marque ou de représailles n'auraient lieu à l'encontre des habitants d'Avignon ou du comté Venaissin, que l'exécution n'en ait été préalablement ordonnée par arrêt de son Grand-Conseil ou d'un parlement.

Enregistrées le 15 juin 1479.

Analyse. U. Chevalier, *Ordon.*, n° 530.

---

[1] Louis XI ratifia ce traité le 12 mai suivant (voir l'acte n° 1749 *ter*).

[2] Ces lettres furent dans la suite confirmées par lettres du roi Charles VIII, données à Paris le 2 août 1484 et vérifiées par le gouverneur du Dauphiné, à Paris, le 12 du même mois, sous le sceau du gouvernement (U. Chevalier, *Ordon.*, n° 536).

[3] Voir l'acte n° 1665.

1749 *Montargis, 8 mai 1479.*

Lettres du roi, aux gouverneur ou son lieutenant, gens du Parlement et des Comptes du Dauphiné, bailli du Viennois et sénéchal du Valentinois et Diois, leur ordonnant de veiller à la défense de la ville d'Avignon et du comté Venaissin, et leur enjoignant de pourchasser un nommé Bernard de Guerlans et ses complices qui s'étaient introduits dans les terres de l'Eglise, où ils avaient commis de nombreux larcins et pilleries[1].

Enregistrées le 10 juin 1479.

COPIES. B 2904, f° 455, v°, et B 2931, f° 1.

1749 *ter*   *Brinon, 12 mai 1479.*

Lettres par lesquelles le roi ratifie le traité conclu, le 4 mai précédent, entre l'évêque d'Alby, son mandataire, et Hugues de Châlon, seigneur de Châtelguyon[2].

Même source que les actes n° 1739 *bis* et 1746 *bis*.

1750   *Château-Landon, 16 mai 1479.*

Lettres par lesquelles le roi, conformément à une précédente ordonnance[3], enjoint à son secrétaire, maître François Boterin,

---

[1] M. B. de Mandrot, dans son ouvrage intitulé *Imbert de Batarnay......*, p. 320, relate, d'après le mss. fr. n° 2896 de la Bibl. nat., que le 30 janvier 1483 (lire 1479), les consuls d'Avignon avaient supplié Imbert de Batharnay d'intercéder auprès du roi Louis XI, afin que ce prince arrêta les ravages que le capitaine Bernard de Guerlans infligeait à leur territoire. Cette requête ne fut donc point vaine puisque quelques mois après, le roi adressait à ses officiers du Dauphiné les lettres que nous analysons; toutefois la date de 1483, assignée à la requête des consuls d'Avignon, doit être vraisemblablement corrigée en celle de 1479.

[2] Voir l'acte n° 1710.

[3] Voir, à ce sujet, l'ordonnance du 13 juillet 1470 (acte n° 1537). Depuis lors, une nouvelle ordonnance rendue, le 27 août 1477, par le Parlement de Grenoble, avait stipulé que les prescriptions édictées par l'ordonnance royale de 1470 s'étendraient également à la pension que les habitants du Briançonnais payaient annuellement au roi (B 3232, f° 229). Dans la suite, une ordonnance semblable fut rendue à Rouen, le 25 avril 1485, par le roi Charles VIII : elle stipula que la cinquième partie des revenus du Domaine, ainsi que la totalité des droits de lods et ventes seraient, pendant une durée de six ans, employées à la réparation des 25 places fortes sur les frontières du Dauphiné et au renouvellement des terriers (U. Chevalier, *Ordon.*, n° 560).

contrôleur de l'audience en Dauphiné, de prélever la cinquième partie de la recette de toutes les terres aliénées et d'en employer le montant intégral aux réparations et fortifications des places et châteaux, ainsi qu'à la rénovation des reconnaissances delphinales. A cet effet, le roi donne à Boterin tous les pouvoirs nécessaires pour contraindre par toutes voies de droit ceux qui voudraient s'opposer à l'exécution de son ordonnance.

Copie. B 3232, f° 289.

1751   *Château-Landon, 18 mai 1479.*

Lettres par lesquelles le roi, — après avoi relaté qu'il avait concédé dès 1455 à Alexandre Raudel[1], natif d'Écosse, archer de la garde du corps, la capitainerie du Queyras, mais que le trésorier du Dauphiné n'avait voulu jusqu'ici lui payer que les gages ordinaires de sa charge, qui étaient de 8 écus, quoique son intention avait été de lui concéder les revenus de la châtellenie du Queyras, ce qu'il avait omis de mentionner dans ses lettres de don, — ordonne de délivrer au susdit Raudel tous les revenus de cette châtellenie, y compris assises, notairerie, sergenterie et le bois de Saint-Vérand, le tout montant annuellement à la somme de 35 écus.

Enregistrées le 8 juin 1480.

Copie. B 3276, f° 381.

1752   *Château-Landon, mai 1479.*

Lettres du roi par lesquelles il autorise les consuls et habitants de Grenoble à continuer de lever, à l'avenir et toutes les fois qu'ils le jugeront nécessaire, sans nouvelles autorisations, les droits qu'il les avait précédemment autorisés à lever sur les viandes de boucherie, le vin étranger, les blés et farines[2]. Le produit de cet impôt était destiné à subvenir aux frais de constructions et d'entretien des digues du

---

[1] Voir, sur Alexandre Raudel, la note 2, p. 479 du t. 1er.

[2] Voir, à ce sujet, les lettres patentes des 31 octobre 1447 et 16 juillet 1448 (actes n°ˢ 631 et 642).

Drac, dont les eaux venaient battre les remparts de la ville, ainsi qu'à ceux des murailles, ponts, fossés et chemins de la même ville.

Enregistrées le 27 avril 1480.

Copies. B 3001, f° 406; B 3002, f° 457. — Arch. municipales de Grenoble, AA 6 et 20.

Mentions. U Chevalier, *Ordon.*, n° 531. — J.-J.-A. Pilot, *Hist. municipale de Grenoble*, t. II, p. 142. — *Invent. somm. des arch. de la ville de Grenoble*, t. I, p. 8.

1783   *13 juillet 1479.*

Lettres de provisions de l'office de juge mage de la Cour des appellations du Dauphiné pour Dominique Gruel[1], bachelier en lois, en remplacement de Claude Lattier[2].

Mentions. Notes laissées par J.-J.-A. Pilot de Thorey.

1784   *Plumers, 24 août 1479.*

Lettres du roi portant don en faveur de son conseiller et chambellan Guiot Dusié, seigneur de Villette[3], en déduction de la pension qu'il lui avait assignée, de l'office de capitaine des ville et château de Montélimar, avec tous les revenus de cette terre et de celle de Savasse, pour en jouir de la même manière que feu Jean de Beauvoisin[4].

Enregistrées le 27 octobre 1479.

Copie. B 3270, f° 355.

---

[1] Dominique Gruel était juge mage de la Cour du Gapençais, en 1471.

[2] Claude Lattier, docteur en lois, avait été nommé juge mage des appellations par lettres du 14 octobre 1462 (voir le supplément). Il fut pourvu, en 1479, de la charge d'avocat fiscal au Parlement du Dauphiné, en remplacement de Jean de Saint-Germain; après avoir été confirmé dans l'exercice de cette dernière charge par le roi Charles VIII, le 11 octobre 1483, il fut remplacé comme avocat fiscal, le 28 février 1492, n. s., par Geoffroy Carles, qui, la même année (lettres du 25 octobre 1492) devint conseiller au Parlement. — Pierre Lattier, docteur dans les deux droits, probablement fils du précédent Claude, pourvu à son tour de la charge d'avocat fiscal par lettres du 10 décembre 1492, devint également, l'année suivante, conseiller au Parlement (actes du 18 sept. 1493) et mourut en 1520.

[3] Voir, sur ce personnage, la note 7, p. 107.

[4] Voir, sur Jean de Beauvoisin, la note 2, p. 152.

1784 bis   *Plessis-du-Parc, 10 octobre 1479.*

Lettres du roi, dauphin de Viennois, adressées aux gouverneur ou son lieutenant, gens de son Parlement et de ses Comptes, trésorier général, maître et garde des forêts du Dauphiné, capitaines et gardes des places, ponts, péages, passages, juridictions et districts et tous autres ses justiciers et officiers, auxquels les présentes seraient présentées, ou à leurs lieutenants, par lesquelles, — après leur avoir fait connaître que pour que les consuls, conseillers et habitants de la ville d'Avignon puissent aisément réédifier et réparer convenablement le pont de cette ville qui avait été depuis peu détruit par une crue du Rhône, reconstruction à laquelle était très grandement intéressés non seulement les habitants d'Avignon mais encore tous ceux des pays voisins, — autorisent les susdits consuls et habitants d'Avignon à faire charger dans le royaume, le Dauphiné ou ailleurs, un radeau de bois de telle nature, qualité, grandeur et largeur qu'il leur sera nécessaire, ainsi que 200 quintaux de fer nécessaires à la reconstruction du pont et l'amener dans leur ville par le cours de l'Isère et du Rhône, sans payer aucun droit de péages, subsides, treus et travers quelconques.

Enregistrées, à Grenoble, le 7 mars 1480, en présence du Procureur général fiscal et de Pierre Coste, exacteur des grandes gabelles du Dauphiné et du péage de Romans.

Copie. Arch. nat. Monum. histor., Louis XI.
Publiées. Ordon. des rois de France, t. XVIII, p. 502.

1785   *Tours, 3 novembre 1479.*

Lettres de provisions de l'office de garde, en la monnaie de Montélimar, pour Antoine Pécol[1], habitant de la susdite ville, en remplacement de Jean Balbi, résignataire[2].

Enregistrées le 6 janvier 1480.

Copie. B 2896, f° 143.

---

[1] Antoine Pécol fut maintenu dans les mêmes fonctions de garde de la Monnaie de Montélimar par lettres du gouverneur du Dauphiné, données à Paris, le 8 juillet 1498. Il mourut au commencement de l'année 1502, et eut pour successeur Arnaud Dinaillo, nommé par lettres du roi Louis XII, données à Blois, le 31 mars 1502 (B 2899).

[2] Jean Balbi occupait cet office depuis 1472 ; voir l'acte n° 1562.

1786   *Plessis-du-Parc les Tours, 20 novembre 1479.*

Lettres, adressées aux gouverneur ou son lieutenant, gens du Parlement et des Comptes en Dauphiné, par lesquelles le roi fait remise à Girard et à Louis de Guerre, frères, enfants et héritiers de Gilles de Guerre[1], en son vivant maître particulier de la monnaie de Romans, ainsi qu'à Frisonne de Vanuse, veuve de ce dernier, du reliquat des sommes dont le susdit Gilles pouvait être resté débiteur envers le fisc, à raison de sa charge.

Enregistrées le 16 février 1480.

Original. B. 2848.

1787   *Plessis-du-Parc les Tours, 20 novembre 1479.*

Lettres, adressées aux gouverneur ou son lieutenant, gens du Parlement et des Comptes du Dauphiné, par lesquelles le roi déclare que son conseiller et chambellan Guyot Dusié, chevalier, seigneur de Villette, auquel il avait fait don au mois d'août précédent[2] de l'office de châtelain de Montélimar, jouira, contrairement aux prétentions du trésorier général du Dauphiné, des revenus des péages de Leyne et de Savasso, ainsi que de la recette du greffe de La Valdaine, comme dépendances de la terre de Montélimar et de la même manière qu'en jouissait précédemment feu Jean de Beauvoisin.

Enregistrées le 11 décembre 1479.

Copie. B 3270, f° 359, v°.

1788   *Candé, 7 décembre 1479.*

Lettres du roi, adressées aux gouverneur ou son lieutenant, gens du Parlement et des Comptes à Grenoble, baillis de Briançon et de Saint-Paul-Trois-Châteaux, châtelains du Buis et de Chabeuil, et à tous autres justiciers et officiers du Dauphiné ou leurs lieutenants, par lesquelles il leur mande et enjoint de veiller à ce qu'à l'avenir il n'entre en Dauphiné aucun sel provenant de Berre, d'Hyères ou d'autres greniers de Provence, qui ne soit gabellé par le tirage de la

---

[1] Voir, sur Gilles Châtain, dit Guerre, la note 3, p. 320.
[2] Voir les lettres du 24 août 1477, acte n° 1734.

compagnie du sel, et ce sous peine de confiscation du sel et des bêtes qui le portent et d'une amende arbitraire à l'encontre des marchands ou conducteurs pris en contravention[1].

Enregistrées le 12 avril 1480.

Copie. B. 2904, f° 496.

Analyse. U. Chevalier, *Ordon.*, n° 532. — *Ordon. des rois de France*, t. xviii, p. 521.

1789 *Plessis-du-Parc les Tours, 9 février 1479 (1480).*

Lettres du roi concédant à Jacques Galliotte[2], capitaine des gens de guerre des ordonnances, la charge de chef et capitaine des francs-archers et communes des pays du Dauphiné, comtés de Valentinois et Diois et leurs baronnies, aux gages de 330 livres tournois par an, en remplacement de Guyon Alain[3], décédé ; et, en outre, conférant au même la puissance et l'autorité de faire habiller et mettre sus les dits francs-archers, toutes les fois qu'il en serait requis par le roi, en faire

---

[1] Voir, sur le tirage du sel, les actes n°° 1348, 1402, 1415 et 1561.

[2] Jacques Ricard de Genouillac, dit Galiot, chevalier, seigneur de Brusac, Ansac, Saint-Projet, était fils de Pierre Ricard, coseigneur de Gourdon et seigneur de Genouillac, qui se trouvait à la levée du siège d'Orléans, en 1429. En 1463, il était au service du duc de Calabre, et en 1479, après avoir été défait près de Valenciennes par le grand maître de France, il embrassa la cause de Louis XI qui le nomma son conseiller et chambellan, lui confia le commandement d'une des compagnies de ses ordonnances, et le pourvut de la charge de maître visiteur et général réformateur de l'artillerie de France, par lettres données à Condé le 5 décembre 1479 ; ce que confirma ultérieurement le roi Charles VIII, par lettres d'Amboise du 13 septembre 1483. Le 9 février 1480, n. s., Louis XI le nomma encore, tout à la fois, capitaine général des francs-archers du Dauphiné, et capitaine châtelain de La Roche-des-Clans et de Sauf en Dauphiné. La même année, il devint aussi sénéchal de Beaucaire. En 1483, il touchait une pension de 500 l. t., et le 29 janvier 1486, il prêta hommage au roi pour la baronnie de Gourdon et les seigneuries d'Ansac et de Saint-Projet, dont il venait d'hériter. Ce personnage, qui avait épousé Catherine Flamenc, dame de Brusac, aurait succombé, d'après le père Anselme (t. viii, p. 262), aux blessures qu'il avait reçues à la bataille de Saint-Aubin-du-Cormier, le 28 juillet 1488, mais, d'après Moréri, il ne serait mort que le 10 mars 1493, laissant pour héritier, son neveu, Jacques Ricard de Genouillac, dont Brantôme fait l'éloge dans ses *Hommes illustres Français*.

[3] Il a déjà été question de Guyon Alain dans l'acte n° 1652.

les montres et revues, les faire partir, mettre sur les champs, aller aux armées, les faire vivre en bon ordre, punir les délinquants, etc.

Enregistrées le 26 février 1480.

Copies. B 3276, f° 363 et 368.

1760 *Plessis-du-Parc les Tours, 9 février 1479 (1480).*

Lettres portant don en faveur du même, de l'office de capitaine de La Roche-de-Glun, avec tous les revenus de cette terre, y compris les péages, tant par eau que par terre, et le port de Confolens, en remplacement de Guyon Alain, décédé.

Enregistrées le 26 février 1480.

Copie. B 3276, f° 368.

1761 *Plessis-du-Parc les Tours, 9 février 1479 (1480).*

Lettres portant don en faveur du même, de l'office de capitaine de Saou, avec tous les revenus de cette terre, en remplacement de Guyon Alain, décédé.

Enregistrées le 26 février 1480.

Copie. B 3276, f° 371, v°.

1761 bis *Plessis-du-Parc les Tours, 12 février 1479 (1480).*

Lettres par lesquelles le roi, — après avoir relaté que Charles de Seillons[1] était décédé avant d'avoir pu faire enregistrer les lettres de don qu'il lui avait concédées le 12 novembre 1476[2], et que, depuis lors, Guyette Ourand, sa veuve[3], était en procès, au sujet de leur entérinement, avec Guignes de Thoire et Hector de Montoynard, écuyer, qui était au droit d'Yvon Terrail, — en considération de la nouvelle union qu'avait contractée la dite Guyette avec Grâce d'Archelles[4], son écuyer d'écurie, mande aux gouverneur ou son lieute-

---

[1] Sur Charles de Seillons, voir la note 1, p. 157 du t. 1er.
[2] Acte n° 1608 bis.
[3] Voir, sur Guyette Ourand, la note 5, p. 157 du t. 1er.
[4] Grâce d'Archelles, écuyer d'écurie du roi Louis XI, avait épousé, depuis peu, Guyette Ourand, l'une des anciennes maîtresses du dauphin, que ce prince avait mariée, en 1455, à Charles de Seillons, son secrétaire, et qui était devenue veuve

nant et gens du Parlement et des Comptes du Dauphiné de mettre à exécution, au profit de ces derniers, de leurs descendants et successeurs, le contenu de ses précédentes lettres de don, et ce, nonobstant tous autres dons, oppositions ou appellations quelconques.

Analyse insérée dans d'autres lettres du roi du 25 juin 1480 (acte n° 1765).

1761 *lez Plessis-du-Parc les Tours, février 1479 (1480).*

Lettres de sauvegarde accordées aux doyen, prévôt et chapitre de l'église cathédrale d'Orange.

Copie. Arch. nat., *Trésor des chartes*, reg. 205, n° 356.
Publiées. *Ordon. des rois de France*, t. xviii, p. 534.

1762 *Plessis-du-Parc les Tours, 6 mars 1479 (1480).*

Lettres, adressées aux gouverneur ou son lieutenant, gens du Parlement et des Comptes, trésorier du Dauphiné, baillis des Haut et Bas-Pays, sénéchal du Valentinois, châtelain de Chabeuil, etc., par lesquelles le roi leur enjoint de faire observer l'ordonnance qu'il avait rendue le 18 juin 1450[1], stipulant que l'exemption des droits de péage, en faveur des villes ou des particuliers privilégiés, devait être réduite aux seules marchandises et denrées destinées à leur usage personnel.

Enregistrées le 12 avril 1480.

Original. B 3183.
Copies. B 2904, f° 256. — Arch. de la Drôme, E 3706.
Analyses. U. Chevalier, *Ordon.*, n° 533. — *Invent. somm. des arch. de la Drôme*, t. III, p. 218.

1763 *Tours, 15 avril 1480.*

Lettres, adressées aux gouverneur ou son lieutenant et gens du

---

en 1477. Par testament du 31 janvier 1483, il légua une somme de 3,000 florins, pour la construction, à Grenoble, d'un hôpital et d'une chapelle, hors de l'enceinte fortifiée de cette ville, pour y donner asile aux pestiférés, que les règlements sanitaires chassaient de la ville, et qui erraient misérablement dans la campagne, sans soins médicaux, sans nourriture et sans abri. Il fit également un legs de 60 florins d'or au Chapitre de Saint-André de Grenoble, pour la célébration, chaque année, de deux messes dans la chapelle Sainte-Barbe.

[1] Voir l'acte n° 768.

Parlement et des Comptes du Dauphiné, par lesquelles le roi déclare qu'il avait entendu comprendre le péage de Baix-sur-Baix, dans le don qu'il avait précédemment fait à son conseiller et chambellan Guillaume de Poitiers, seigneur de Clérieu[1], et mande en conséquence au trésorier du Dauphiné d'en laisser jouir le susdit, et ce, à partir de la date de ses précédentes lettres de don.

Enregistrées le 4 mai 1480, sous la restriction que le donataire ne jouirait des revenus du susdit péage qu'à dater du jour de l'enregistrement.

Copie. B 3019, f° 171.

1764 — Boutigny, 4 mai 1480.

Lettres du roi portant provisions de l'office de garde de la Monnaie de Romans, pour Jean Hurte, son apothicaire, en remplacement d'Artaud de Bouquéron, décédé.

Enregistrées le 26 août 1480.

Copie. B 2820, f° 145.

1765 — La Motte-de-Gry, 25 juin 1480.

Lettres, adressées aux gouverneur ou son lieutenant, gens du Parlement et des Comptes du Dauphiné, par lesquelles le roi confirme, en faveur de Grâce d'Archelles, écuyer, et de Guyette Ourand, son épouse, précédemment femme de Charles de Seillons, le don d'une rente de 63 sétiers de froment, perçue dans la châtellenie de Montbonnot, et que Claude Coct, alors trésorier du Dauphiné, avait fait saisir sur Yvon Terrail, en paiement des lods et ventes que ce dernier devait, à raison de l'acquisition qu'il avait faite de la maison forte de Bernin, de Guigues de Thoire[2].

Enregistrées le 9 septembre 1480.

Copie. B 2948, f° 514.

---

[1] Voir les lettres du 24 août 1478, acte n° 1724. — Sur Guillaume de Poitiers, seigneur de Clérieu, voir la note 3, p. 178.

[2] Voir, sur le même sujet, les actes n°° 1608 bis et 1701 bis.

1766 *La Motte-de-Gry, 13 août 1480.*

Lettres par lesquelles le roi, à la suite de remontrances de la Chambre des comptes du Dauphiné, décide que les enfants de feu Hélion Trois-Semaines, son écuyer d'écurie, jouiraient, pendant leur vie durant seulement, de la châtellenie d'Upaix, qui avait été donnée à leur père[1], sans pouvoir en transmettre la possession à leurs descendants, attendu que cette terre était inaliénable.

Enregistrées le 17 octobre 1480.

Copies. B 3049, f° 173, et B 3276, f° 386.

Analyses. J. Roman, *Tabl. hist. des Hautes-Alpes*, p. 347.

1767 *Tours, 21 septembre 1480.*

Lettres, adressées aux gouverneur ou son lieutenant et gens du Parlement du Dauphiné, par lesquelles le roi leur enjoint de mettre à exécution le contenu des bulles que Marguerite de Saint-Aignan, abbesse du monastère des Aies[2] au diocèse de Grenoble, avait obtenues du cardinal de Saint-Pierre-ès-Liens[3], légat du pape en France et en Dauphiné, portant union de l'hôpital ou chapelle de Pontcharra[4] à la susdite abbaye.

Original. II Titres de l'abbaye des Aies.

1768 *Aux Forges lez Chinon, 3 février 1480 (1481).*

Lettres du roi portant don en faveur de Patrice Macquelalas, écuyer, lieutenant de son conseiller et chambellan Jean de Kardquelavain[5],

---

[1] Voir, à ce sujet, les lettres de décembre 1476, acte n° 1673.

[2] L'abbaye des Aies, au diocèse de Grenoble, placée sous le vocable de la Vierge, de l'ordre de Cîteaux, avait été fondée, vers 1141, par Marguerite de Bourgogne, épouse du dauphin Guigues IV. — Le nom de l'abbesse Marguerite de Saint-Aignan ne figure point dans la *Notice historique sur l'abbaye des Ayes*, publiée par M. Edm. Maignien.

[3] Julien de La Rovère; voir, sur ce personnage, la note 2, p. 227.

[4] L'hôpital de Pontcharra, près de La Mure, avait été placé sous l'administration de l'abbaye des Aies, en 1259, par le dauphin Guigues VI. La chapelle de cet établissement hospitalier était placée sous le vocable de Sainte-Catherine.

[5] Le nom de ce personnage doit probablement se lire *Kergaellouant* qui est celui d'un château de la commune de Plouguerneau (Finistère).

chevalier, pour le récompenser de ses services dans la conduite de
100 lances de son ordonnance, et pour en jouir sa vie durant, des
château, villes et châtellenies de Saint-Etienne-de-Saint-Geoirs et
d'Izeaux, avec tous leurs revenus.

Enregistrées le 23 mars 1481.

Copie. B 3276, f° 380, v°.

1770 *Aux Forges, près Chinon, 4 février 1480 (1481).*

Lettres du roi, adressées aux gouverneur, gens du Parlement et des
Comptes du Dauphiné, baillis du Viennois et du Valentinois, procureur et trésorier généraux du dit pays, constatant l'hommage que
venait de lui prêter Astorge Aimeri[1], archevêque de Vienne, et ordonnant, en conséquence, que si le temporel de son archevêché avait été
placé sous la main delphinale, il lui soit restitué de suite.

Copie. B 2652.

Mention. Charvet, *Hist. de la Sainte-Église de Vienne*, p. 516.

1771 *Aux Forges, près Chinon, février 1480 (1481).*

Lettres par lesquelles le roi confirme les privilèges et libertés
qu'avait concédés aux habitants de La Buissière[2] le dauphin Guigues,
le 27 septembre 1325, et par lesquelles, en outre, après avoir exposé
que cette localité était presque inhabitée et que ses fortifications tombaient en ruines, par suite des guerres continuelles et des nombreux
passages de troupes qu'avait occasionnés sa situation frontière,

---

[1] Astorge Aimeri, d'abord administrateur de l'évêché de Saint-Paul-Trois-Châteaux, avait été transféré au siège de Vienne, par bulles du 11 décembre 1480, sur la recommandation de Louis XI. Il mourut le 27 juillet 1482, et eut pour successeur Angelo Catho, natif de Supino, au diocèse de Bénévent (Italie), qui était médecin et aumônier du roi Louis XI. Ce dernier, à cause de la peste qui désolait la ville de Vienne, fut mis en possession de son siège, dans l'église paroissiale de Communay, le 3 octobre 1482 (Titres de l'archev. de Vienne).

[2] Les privilèges concédés aux habitants de La Buissière, le 27 septembre 1325, par lettres du dauphin Guigues VII, données à La Buissière même, et approuvées par Henri Dauphin, seigneur des baronnies de Montauban et de Mévouillon, régent du Dauphiné, oncle du précédent, furent depuis confirmés par les rois Charles VIII, à Lyon, en novembre 1495, François 1er, à Fontainebleau, en février 1515, n. s., et Henri IV, à Paris, en juin 1596 (B 2950, cah. 464).

exempte les habitants de la susdite ville de La Baissière de tous droits de péage, gabelle, pontonage, leyde, commun du vin, entrée et sortie de toutes sortes de marchandises ou bestiaux, etc., tant par terre que par eau, dans toute l'étendue du Dauphiné, des comtés de Valentinois et Diois et de la principauté d'Orange, et ce nonobstant l'ordonnance qu'il avait rendue à Saint-Donat, le 28 juin 1450.

Copies. B 2950, cah. 464. — Arch. nat., *Trésor des Chartes*, reg. 203, pièce 78.
Pubilées. *Ordon. des rois de France*, t. xviii, p. 364 (sous la date erronée de 1477).

1773 *Plessis-du-Parc les Tours, 14 mars 1480 (1481).*

Lettres du roi, adressées aux gouverneur ou son lieutenant, gens du Parlement et des Comptes du Dauphiné, constatant l'hommage que venait de lui prêter Jean Sirat[1], évêque de Saint-Paul-Trois-Châteaux, pour le temporel de son évêché.

Enregistrées le 25 mai 1481.

Analyse. *Invent. de la Chambre des comptes, Valentinois*, t. iv, f° 2098.

1774 *Plessis-du-Parc les Tours, 26 mars 1480 (1481).*

Lettres par lesquelles le roi, — après avoir exposé qu'Antoine Combe, docteur en décret, avait acquis, depuis plus de deux ans, des seigneurs de La Baume-Cornillane et du Pouet, divers immeubles situés à Chabeuil, mais que lorsqu'il en avait demandé l'investiture, attendu que les dits immeubles étaient pour partie de la directe dauphinale et pour partie roturiers, un conflit s'était élevé entre les gens de la Chambre des comptes de Grenoble et le châtelain de Chabeuil, qui, les uns et les autres, prétendaient à cette investiture, — mande et enjoint aux gouverneur ou son lieutenant et gens du Parlement et des Comptes du Dauphiné, de recevoir le susdit Combe à foi et hommage et de lui accorder l'investiture de ses acquisitions, tant nobles que roturières, et ce nonobstant l'expiration des délais légaux.

Enregistrées le 23 mai 1481.

Copie. B 2977, f° 533.

---

[1] Jean Sirat, chartreux, élu évêque de Saint-Paul-Trois-Châteaux, en 1480, en remplacement d'Astorgo Aimeri, qui avait été nommé à l'archevêché de Vienne; mort en 1482.

1778   *Plessis-du-Parc les Tours, mars 1480 (1481).*

Lettres par lesquelles le roi, pour dédommager son conseiller et chambellan Philibert de La Balme[1], chevalier, seigneur de Perrex, de la perte de la seigneurie de Brançion, dont il lui avait fait don précédemment, mais qu'il venait de restituer à Claude de Brançion, sur qui elle avait été confisquée, lui concède, ainsi qu'à ses héritiers et successeurs, la terre de Saint-Laurent-du-Pont, possédée par Louis de Martel[2], fils de Guillaume de Martel, qui n'avait aucun héritier en ligne directe.

Enregistrées le 30 juin 1481.

Copie. B 3049, f° 176.

---

[1] Philibert de La Balme était fils de Guillaume de La Balme, dit Morelet, chevalier, seigneur de Perrex et de Montfalcon, et de Louise de Grouot. En considération des services que lui avait rendus son père, Philippe de Savoie, comte de Bagé, seigneur de Bresse, le nomma châtelain de Miribel en Savoie, par lettres données à Bourg, le 9 août 1466, et il occupa cette charge jusqu'en 1470. Dans la suite, le roi Louis XI l'ayant attaché à son service, l'arma chevalier de sa propre main et le nomma son échanson, puis son conseiller et chambellan. En 1493, il commanda en qualité de lieutenant-général, le ban et l'arrière-ban du Lyonnais, en l'absence de Gilbert Dugué, sénéchal de Lyon, et devint, enfin, grand écuyer de Savoie. D'après Guichenon (*Hist. de Bresse et Bugey*, t. II), il se serait marié quatre fois et la seconde de ses femmes aurait été une dame du Marteray, veuve de Charles de Lissaire, bailli des Montagnes du Dauphiné.

[2] Louis de Martel, fils de Guillaume de Martel, seigneur de Grammont en Savoie, qui avait été tué à la bataille de Verneuil, en 1424, et de Catherine de Grolée, avait hérité des terres de Meyzieu et de Saint-Laurent-du-Pont, en 1465, à la mort de son frère aîné Antoine de Martel, mort sans postérité. Ces terres avaient été données à Guillaume de Martel, par lettres du dauphin Charles, régent du royaume, données au château de Meudon, le 12 novembre 1420, en récompense d'une somme de 6,000 francs qu'il avait dépensée en frais de voyage et d'ambassade. Ensuite des lettres que nous analysons, Louis de Martel protesta contre la spoliation dont il était victime, aussi comme dédommagement, Louis XI lui assigna une rente de 300 l. t., sur les finances du Dauphiné, par lettres du 20 juillet 1481 (voir les actes n°s 1778 et 1779). Après la mort de ce prince, il fut réintégré dans la possession de Saint-Laurent-du-Pont, par le roi Charles VIII, et mourut au mois de juin 1484, sans laisser d'enfants de son mariage avec Antoinette de Viriou, laissant pour héritier son frère, André de Martel, chevalier, seigneur de Grammont, qui prêta hommage pour la terre de Saint-Laurent-du-Pont, le 11 septembre 1486. L'année suivante, André de Martel ayant pris du service dans l'armée du duc de Savoie, dirigée contre le marquis de Saluces, malgré les défenses du roi, la terre de

1776 *Plessis-du-Parc les Tours, 25 avril 1481.*

Lettres de provisions de la charge de lieutenant-général au gouvernement du Dauphiné, pour Raimond de Glandèves, seigneur de Faucon, conseiller et chambellan du roi, en remplacement de Pierre de Jou, qui en est déchargé.

Copie. B 3219.

1777 *13 juillet 1481.*

Lettres de provisions de la charge de trésorier et receveur général des finances en Dauphiné, pour Jean de Vaulx[1], fils d'Antoine de Vaulx, seigneur de Milieu.

Mention dans les notes laissées par M. J.-J.-A. Pilot de Thorey.

1778 *Plessis-du-Parc les Tours, 20 juillet 1481.*

Lettres du roi portant don en faveur de Louis de Martel[2] d'une rente annuelle de 300 livres tournois à prendre sur les finances du Dauphiné, en compensation de la capitainerie et place de Saint-Laurent-du-Pont qu'il venait de donner à son conseiller et chambellan Philibert de La Balme, seigneur de Perrex[3]. Le roi mande, en conséquence, à Nicole Tilhart, commis à la distribution des finances du Dauphiné, de faire payer la susdite rente à l'intéressé par le trésorier général du Dauphiné.

Copie. B 3019, f° 183.

Saint-Laurent-du-Pont lui fut confisquée et ses revenus donnés au marquis de Saluces par lettres du roi Charles VIII, du 20 juillet 1487. Il rentra cependant en possession de cette terre, mais le roi, par lettres données à Lyon, le 18 mai 1490, décida que, si André de Martel mourait sans enfants mâles, elle ferait retour au domaine, ce que Louis XII confirma depuis, par lettres d'Angers, le 8 février 1499, n. s. Étant mort le 10 décembre 1501, dans sa maison forte de Chantarot, près La Tour-du-Pin, sans laisser d'enfants, la terre de Saint-Laurent-du-Pont fut réunie au domaine par procès-verbal du 12 janvier suivant.

[1] Ce trésorier fut remplacé, le 3 février 1483, n. s., par Jean Guyon (voir l'acte n° 1820 bis).

[2] Voir, sur Louis de Martel, la note 2, à la page précédente.

[3] Voir, à ce sujet, l'acte n° 1775.

1779   *Plessis-du-Parc les Tours, 20 juillet 1481.*

Lettres, adressées aux gouverneur ou son lieutenant et gens du Parlement et des Comptes du Dauphiné, par lesquelles le roi entend que son conseiller et chambellan, Philibert de La Balme, chevalier, seigneur de Perrex, jouisse de la terre de Saint-Laurent-du-Pont, dont il lui avait fait don par lettres de mars 1481, nonobstant l'opposition formée par Louis de Martel, attendu que ce dernier avait été récompensé ailleurs des 6,000 livres tournois qu'il réclamait et que, du reste, il ne pouvait prétendre que la susdite terre eût été engagée à son père, pour en jouir, ainsi que ses descendants mâles, car il était le seul mâle survivant de sa famille, « déjà vieil et ancien, deppa-
« renté de non jamais avoir hoir masle descendant de luy, parce
« qu'il est suspect de maladie contagieuse ».

Enregistrées le 8 août 1481.

Copie. B 3049, f° 181, v°.

1779 bis   *Plessis-du-Parc les Tours, 25 juillet 1481.*

Lettres du roi commettant son secrétaire Etienne Petit pour mettre Hugues de Châlon, seigneur de Châtelguyon[1], en possession des terres de Theys, La Pierre, Domène et Falavier[2], que possédait feu

---

[1] Voir, sur ce personnage, la note 2, p. 285.

[2] La restitution de ces terres était l'une des clauses du traité que le seigneur de Châtelguyon avait conclu avec le roi Louis XI, le 4 mai 1479 (voir les actes n°ˢ 1746 bis et 1749 ter). — Hugues de Châlon, qui prêta hommage au roi pour les susdites terres, qui lui étaient restituées, le 2 mars 1483, n. s., n'en jouit point longtemps, car aussitôt après la mort de Louis XI, François d'Orléans, comte de Dunois et de Longueville, en réclama la propriété et intenta à Hugues de Châlon un procès devant le Parlement de Grenoble.

Les archives de l'ancienne Chambre des comptes de Grenoble contiennent, au sujet de ce procès, un certain nombre d'actes dont nous croyons devoir donner l'analyse :

1° Lettres patentes du roi Charles VIII, données à Mehun-sur-Loire, le 18 novembre 1483, enjoignant au Parlement de Grenoble de reviser l'arrêt qu'il avait rendu entre le comte de Dunois et Hugues de Châlon, au sujet de la possession des terres de Theys, La Pierre, Domène et Falavier.

2° Autres lettres du même roi, données à Tours le 20 mars 1484, n. s., renvoyant au précédent Parlement l'arrêt qu'il avait rendu au profit du comte de Dunois, avec ordre d'examiner soigneusement les motifs de nullité qu'Hugues de

Louis de Châlon, son père, et lui prescrivant de remettre en échange des susdites terres au comte de Dunois, qui en était investi[1], les seigneuries de Montalquier, Mirabel, Sainte-Euphémie et Réotier ou toutes autres qui lui conviendraient mieux s'il refusait celles-ci.

Enregistrées le 9 août 1481.

Copie vidimée délivrée à Lyon, le 17 août 1481, par le garde du scel commun royal établi aux contrats du bailliage de Mâcon et sénéchaussée de Lyon (B 3806).

1780 *Plessis-du-Parc les Tours, 15 août 1481.*

Lettres, adressées aux gouverneur ou son lieutenant, gens du Parlement et des Comptes du Dauphiné, par lesquelles le roi ordonne de délivrer, pour une durée de douze ans, à Humbert Maritan, dit Roux, clerc, fils de défunt Jean Maritan[2], en son vivant boucher et poulailer du roi, la ferme des sceau et greffe de la Cour du bailliage du Viennois-et-Terre-de-la-Tour, qu'il tenait déjà, pour le couvrir de la

---

Châlon invoquait contre cet arrêt, et tirés principalement de ce que ce dernier n'aurait pas été régulièrement cité et de ce que l'on n'avait point tenu compte de la récusation qu'il avait formulée contre Jean de Ventes conseiller à cette cour.

3° Autres lettres du même roi, données à Montargis, le 8 janvier 1485, n. s., par lesquelles il mande à la précédente cour de ne point exiger d'Hugues de Châlon, conformément à la réclamation du comte de Dunois, la restitution des revenus des terres contestées, attendu qu'il les avait possédées de bonne foi.

Ce procès n'était point encore terminé à la mort des deux compétiteurs, car de nouvelles lettres de Charles VIII, du 24 février 1492, n. s., renvoyèrent de nouveau devant le Parlement de Grenoble l'examen des prétentions de Jean II de Châlon, prince d'Orange, contre les héritiers du comte de Dunois (Arch. de l'Isère: passim).

[1] François d'Orléans, comte de Longueville et de Dunois ; voir, sur ce personnage, la note 1, p. 112. — Voir, au sujet de la possession des terres de Theys, La Pierre, Doméne et Falavier par la maison d'Orléans, la note 3, p. 149 du t. 1er.

[2] Voir, sur Jean Maritan, dit Roux, et son fils Humbert Maritan, la note 1, p. 424 du t. 1er. — Pour établir le montant de sa créance, Humbert Maritan avait fait faire, le 1er octobre 1481, par Henri Gouteron, docteur en les deux droits, vibailli de la Cour du bailliage du Viennois, une enquête au cours de laquelle furent entendus comme témoins : Jean de La Porte, marchand ; Guillaume Cotel, boulanger ; Jean Brisard, hôtelier ; Pierre Durand, boucher ; Antoine Artaud et Claude Follozier, dit Mossier, pêcheurs ; Claude Follozier le jeune, notaire, et noble Jacques Costaing, écuyer, seigneur de Palais, maître d'hôtel du roi et gardier de Vienne, tous habitants de la ville de Vienne (B 2967, f° 327).

somme de 498 l., 4 s., 3 d., valant 622 l., 15 s., 4 d. tournois, qui lui était due pour fourniture de marchandises qui lui avaient été livrées, alors que n'étant encore que dauphin il résidait en Dauphiné, durant les années 1454 et 1455, déduction faite, toutefois, de 200 l. t. qui avaient dû être payée au dit Roux, le 28 juillet 1455.

Enregistrées le 8 janvier 1482.

Copie. B 2967, f° 317.

1782 *Plessis-du-Parc les Tours, 4 septembre 1481.*

Lettres du roi portant commission aux gouverneur et gens du Parlement du Dauphiné, pour qu'ils aient à délivrer à Etienne de Poisieu[1], chevalier, bailli de Mantes, la terre de Septème, que sa mère avait acquise par acte du 13 août 1480, du marquis de Saluces, au prix de 3,300 écus d'or; et ce, nonobstant que ladite terre fasse partie intégrante de la baronnie d'Anthon[2].

Enregistrées le 18 juin 1482[3].

Copie. B 2967, f° 105.

---

[1] Voir, sur Etienne de Poisieu, dit le Poulailler, la note 1, p. 83.

[2] La baronnie d'Anthon, composée des terres d'Anthon, Saint-Romain, Colombier, Grenay, Saint-Laurent-en-Viennois, Septème, Roybon et Saint-Donat, avait été érigée, par lettres patentes du roi Charles VII, données à Vienne, le 26 avril 1434, en faveur de Louis Ier, marquis de Saluces, sous la condition qu'aucune des terres qui la composait, ne pourrait en être distraite sans le consentement du roi dauphin.

[3] Les précédentes lettres ne furent enregistrées qu'à la suite d'une missive que Louis XI adressa à ses officiers du Dauphiné, et dont voici la teneur :

« A nos amez et féaulx conseillers les gouverneur ou son lieutenant et gens de
« nostre court de Parlement en nostre pays du Dauphiné et trésorier de nos finances
« au dict pays.

« De par le Roy dauphin.

« Nos amez et féaulx Nous avons accordé et octroyé à nostre amé et féal conseiller
« et chambellan Estienne de Poysieu, seigneur de Haulterive, bailly de Mante, que
« la place, terre et seigneurie de Setesmo qu'il a achetée et acquise du marquis de
« Saluces, baron d'Anthon, lui demeure paisiblement et sans contradiction aucune,
« encores qu'elle ait autrefois esté joincte et unye à la dite baronnie. Et pour ce
« que vous luy en avez mis et mectes empeschement, Nous vous mandons et
« enjoignons expressement que vous le faictes, souffrez et laissez doresnavent joyr et
« user d'icelle place, terre et seigneurie de Setesmo plainement et paisiblement

1773 *Plessis-du-Parc les Tours, 4 septembre 1481.*

Lettres du roi portant ordre aux gouverneur ou son lieutenant, gens du Parlement et des Comptes et trésorier à Grenoble, de délivrer à son conseiller et chambellan Imbert de Bathernay[1], seigneur de Bridoré, baron du Bouchage et seigneur de Saint-Donat, ladite terre de Saint-Donat, que le Parlement de Grenoble avait, pour se conformer à ses ordres, confisquée avec les autres terres que le marquis de Saluces possédait en Dauphiné[2]; et ce, attendu qu'il avait fait don au susdit baron du Bouchage des lods qu'il devait à raison de l'acquisition qu'il avait faite de cette terre et que ce dernier lui en avait même déjà prêté hommage[3].

Enregistrées le 5 novembre 1481.

Copie, B 2977, f° 510.

1784 *Plessis-du-Parc les Tours, 1ᵉʳ octobre 1481.*

Lettres du roi portant confirmation des privilèges et franchises concédés aux habitants de La Roche-de-Glun et de son mandement, par le dauphin Humbert, le 9 juin 1349.

Enregistrées le 24 novembre 1481.

Copie, B 2911, f° 2.

« selon et en ensuivant l'acquisition qu'il en a faicte, nonobstant la dicte adjunction
« et unyon autreffois faicte dudict lieu de Setesmo à ladicte baronnie d'Anthon et
« que par icelle soit dit qu'on ne la puisse desjoindre et désunir d'icelle baronnie,
« que ne voulons aucunement nuyre ne préjudicier à nostre dict conseiller et
« chambellan. Si gardes comme que ce soit que en ce n'ait faulte et qu'il n'ait plus
« cause d'en retourner par devers Nous. Donné au Puyset en Beausse le cinquiesme
« jour de Juing. »

« Loys. » « Perray. »

Ensuite des ordres du roi, Jean de Daillon, gouverneur du Dauphiné, chargea, le 18 juin 1482, Artaud de La Balme, châtelain de Saint-Georges d'Espéranche, de procéder à leur exécution, ce qui fut fait le 25 du même mois, en présence de noble Claude de Cize (B 2967, f° 401, v°).

[1] Voir, sur Imbert de Bathernay, la note 2, p. 4.

[2] Les terres que Louis II, marquis de Saluces, possédait en Dauphiné avaient été confisquées à la suite du refus formel qu'il avait fait de prêter hommage au roi Louis XI pour son marquisat de Saluces. Voir, sur ce prince, l'acte n° 1704.

[3] Voir, à ce sujet, les lettres du 31 juillet 1478 (acte n° 1719).

MENTIONS. V. Chevalier, Ordon., n° 534. — Ordon. des rois de France, t. XVIII, p. 702.

PUBLIÉES. Vincent, Notice histor. sur La Roche-de-Glun, p. 18, d'après un vidimus du 31 octobre 1487, appartenant à M. A. de Gallier.

1785   *Plessis-du-Parc les Tours, 2 octobre 1481.*

Lettres du roi, adressées à ses conseillers les gouverneur, gens de sa cour de Parlement et de ses Comptes, trésorier et à tous ses autres justiciers et officiers du Dauphiné ou à leurs lieutenants, constatant l'hommage que venait personnellement de lui prêter son conseiller et chambellan Etienne de Poisieu, bailli de Mantes, pour la terre et seigneurie de Septème en Viennois[1].

ORIGINAL. B 2652.

1786   *(Plessis-du-Parc les Tours), 3 octobre 1481.*

Lettres du roi, adressées au vibailli du Graisivaudan, lui mandant d'ouvrir une information sur ce que l'évêque de Gap avait fait confisquer divers biens et rendre une condamnation contre le nommé Jean Boyer, sujet delphinal, qui avait refusé de lui prêter hommage ; et lui enjoignant, en outre, de faire remettre le susdit Boyer en son premier état[2].

ANALYSES. Invent. de la Chambre des comptes, Gapençais, t. I, f° 311, v°. — J. Roman, Tabl. histor. des Hautes-Alpes, p. 317.

1787   *Plessis-du-Parc les Tours, 9 octobre 1481.*

Lettre du roi, adressées à son chambellan le sire du Lude[3], gouverneur du Dauphiné, par lesquelles il lui renvoie une requête que venaient de lui faire parvenir Guigues d'Uriage, seigneur de Rovel[4],

---

[1] Voir, à ce sujet, l'acte n° 1782.
[2] Cette difficulté, d'après M. J. Roman, fut terminée par une sentence arbitrale du 29 novembre 1481, prononcée entre l'évêque et ledit Jean Boyer. (Tabl. hist. des Hautes-Alpes, p. 317).
[3] Voir, sur Jean de Daillon, seigneur du Lude, gouverneur du Dauphiné, les notes 1, p. 30 du t. I", et 1, p. 200 de ce vol.
[4] Voir, sur Guigues Alleman d'Uriage, la note 1, p. 514 du t. I".

Ainard de Beaumont¹, Anthéosme de Monteynard et leurs alliés, serviteurs et complices², auxquels il avait précédemment accordé des lettres de rémission et pardon, et qui se plaignaient que lorsqu'ils avaient sollicité l'entérinement de ces lettres, le Parlement de Grenoble leur avait réclamé, pour les sceau et écritures, une somme considérable; lui enjoint d'ouvrir une information au sujet de cette réclamation et le charge « de pourvoir de tel remède, faveur et modération « qu'il verra être à faire selon la qualité des cas ».

Enregistrées le 21 mars 1483.

Copie. B 2918, f° 270.

1788 *Thouars, 19 décembre 1481.*

Lettres de provisions de la charge de gouverneur du Dauphiné pour Palamède de Forbin³, chevalier, seigneur de Soliers, en remplacement de Jean de Daillon, seigneur du Lude, décédé.

Mention. B 3238. f° 5, v° et Invent. des titres de la Chambre des comptes, Généralités, t. 1ᵉʳ, f° 401.

1789 *Thouars, 22 décembre 1481.*

Lettres du roi portant don en faveur de son conseiller et chambellan Miribel Vinyers⁴, chevalier, de la capitainerie de Montbonnot, ainsi

---

¹ Ainard de Beaumont, seigneur des Adrets, fils d'autre Ainard de Beaumont, seigneur des Adrets et de Saint-Quentin, et d'Almonette Alleman, testa le 20 septembre 1499. Il fut le grand-père du célèbre chef des protestants du Dauphiné, François de Beaumont, baron des Adrets.

² Ces divers personnages avaient été poursuivis et condamnés par le Parlement de Grenoble pour avoir assassiné, en 1475, Roux de Commiers, chevalier, bailli des Montagnes du Dauphiné (Voir la note 1, p. 289).

³ Palamède de Forbin, chevalier, seigneur de Soliers, vicomte de Martigues, conseiller et chambellan du roi, n'administra point longtemps le Dauphiné, car, dès le 12 juin de l'année suivante, ayant été pourvu du gouvernement des comtés de Provence et de Forcalquier, il fut remplacé par Jacques, seigneur de Miolans.

⁴ Ce personnage était déjà décédé à la date du 27 mai 1483, à laquelle Jacques de Miolans, gouverneur du Dauphiné, pourvut de la châtellenie de Montbonnot Jean Guyon, trésorier et receveur général du Dauphiné, attendu, est-il dit dans les lettres du gouverneur, que « les trésoriers et receveurs généraux du dit pays du « Dauphiné ayent de toute ancienneté esté chastellains et cappitaines de Montbonnot « lès Grenoble, pour illec faire leurs retraict et habitacion en temps de pestilence « ou autre nécessité ». (B 3276, f° 349).

que de tous les revenus de cette châtellenie, en remplacement de Guillon de Rivière[1], décédé.

Enregistrées le 22 février 1482.

Copie. B 3276, f° 397.

1790   *Thouars, 22 décembre 1481.*

Lettres du roi portant don en faveur de Jacques de Grassay[2], écuyer, de l'office de capitaine de la place, terre et seigneurie de Corps, avec tous les revenus de la même terre.

Enregistrées le 28 février 1482.

Copie. B 3276, f° 399. v°.

1791   *1481.*

Lettres du roi, relatives au meurtre commis, dans le palais delphinal de Vienne, sur la personne du scelleur de l'archevêque de la même ville.

Mention. Invent. des titres de l'archevêché de Vienne, de 1777, n° 301.

1791 bis   *Thouars, 6 janvier 1481 (1482).*

Lettres par lesquelles le roi enjoint aux gouverneur ou son lieutenant, gens du Parlement et des Comptes à Grenoble, d'examiner une requête que lui avaient adressée les prieur, religieux et couvent de Notre-Dame de Chalais[3], près de Voreppo, de l'ordre des Chartreux et de fondation delphinale, et les charge, si ce dont se plaignaient les susdits religieux était exact, de faire inhibition et défense au châtelain de Voreppo[4], de les troubler dans la possession de la montagne de

---

[1] Voir, sur Guillon de Rivière, la note 2, p. 201.

[2] Jacques de Grassay, qui fut mis en possession de son office le 7 mars 1482, remplaçait Philippe de Crésancy.

[3] Le monastère de Notre-Dame de Chalais avait été fondé sur les instances de saint Hugues, évêque de Grenoble, en 1110, par le dauphin Guigues III et son épouse la reine Mathilde. Primitivement placé sous la règle de saint Benoît, il avait été cédé à l'ordre des Chartreux en 1303.

[4] Le châtelain de Voreppo, visé dans ces lettres royales, est Denis de Théoville, dont il est question dans l'acte n° 1702.

Charminelle, située sur la paroisse de Pommiers au mandement de Voreppe, qu'ils auraient achetée, en 1451, de Guillaume Faysandat, prêtre, de Pierre Mounier, de Farneron, et de Jeanne Mounier, mère de ce dernier.

Original. Titres de la Grande-Chartreuse, n° 517.

1792 *Thouars, janvier 1481 (1482).*

Lettres portant, en faveur des prieur et religieux du monastère de la Grande-Chartreuse, exemption et affranchissement de tous droits de Chancellerie, à raison des sceaux, pour toutes lettres, provisions, chartes et autres actes concernant leurs affaires, et mandant, en conséquence, aux chancelier, gens des Comptes, auditeurs et controleur de la Chancellerie du Dauphiné ou à leurs commis, présents et à venir, de laisser les susdits religieux ou leurs successeurs jouir et user pleinement et paisiblement de ce don.

Enregistrées le 8 mars 1482.

Copie. B 2918, f° 515.

1792 *bis* *Thouars, janvier 1481 (1482).*

Lettres par lesquelles le roi, — à la suite d'une requête des religieux, prieur et couvent de la Grande-Chartreuse en Dauphiné, dans laquelle ils exposaient que, journellement, se trouvait dans leur monastère un grand nombre de religieux, gens et serviteurs et que pour leur nourriture il était indispensable d'acheter, chaque année, une grande quantité de blé, soit en Dauphiné soit ailleurs, qu'ils feraient conduire dans leur monastère à beaucoup moins de frais par certains passages du pays de Savoie; mais qu'à raison des défenses faites de ne transporter aucun blé de Dauphiné en Savoie[1] et « doubtant mesprendre[2] » ils n'osent faire aucun achat et quand même ils en auraient acheté, ils n'oseraient le transporter sans autorisation, — en conséquence et à raison de la grande et singulière dévotion qu'il avait pour

---

[1] La défense d'exporter du blé du Dauphiné avait été renouvelée par lettres du gouverneur du Dauphiné, Jean de Daillon, données à Grenoble le 25 janvier 1476 (B 2961, f° 371).

[2] *Mesprendre* : commettre une faute ; agir contre la loi.

l'ordre des Chartreux, accorde et concède qu'à l'avenir les susdits religieux puissent acheter, prendre, charger et enlever, chaque année, la quantité de 1,500 charges de froment, soit en Dauphiné, soit ailleurs, et qu'ils les fassent mener et conduire, par les passages de Savoie, jusqu'à leur monastère, pour leur provision et nourriture ainsi que pour celles de leurs gens et serviteurs.

Copie. Arch. nat., Trésor des chartes, reg. 209, n° 192.
Publiées. Ordon. des rois de France, t. xviii, p. 714.

1793 *Thouars, janvier 1481 (1482).*

Lettres du roi portant don en faveur des doyen, chanoines, vicaires, chapelains et habitués de l'église de Notre-Dame d'Embrun, de la somme annuelle de 3,970 ducats de Florence, à prendre sur le pays du Briançonnais, à charge de célébrer chaque jour, à perpétuité, une messe solennelle de la Vierge avec diacre et sous-diacre, et de dire à la fin de cette messe une oraison pour la prospérité et la santé du roi dauphin et de ses successeurs[1].

Enregistrées le 15 avril 1482.

Copie. B 3049, f° 199.
Publiées. Marcellin Fornier, Histoire générale des Alpes Maritimes ou Cottiènes, t. II, p. 375. — A. Fabre, Recherches historiques sur le pèlerinage des rois de France à Notre-Dame d'Embrun, p. 291.

1794 *Bonne-Aventure, 28 février 1481 (1482).*

Lettres du roi portant commission à Palamède de Forbin[2], seigneur de Solliers, gouverneur des comtés de Provence et de Forcalquier, François de Genas[3], général des finances en Languedoc, maître Jean Rabot[4], conseiller au Parlement du Dauphiné, et Eynard Pradel[5],

---

[1] Voir, au sujet du même don, les actes n°° 1807, 1813 et 1824.
[2] Voir, sur Palamède de Forbin, la note 3, p. 311.
[3] François de Genas, qui appartenait à une famille de riches marchands de Valence en Dauphiné, avant de devenir général des finances en Languedoc, était, en 1476, président de la Chambre des comptes et général des finances en Dauphiné.
[4] Voir, sur Jean Rabot, la note 1, p. 165.
[5] Voir, sur Eynard Pradel, la note 1, p. 267.

auditeur en la Chambre des comptes de Grenoble, pour examiner une requête du marquis de Saluces[1], par laquelle ce dernier demandait à importer de Provence et de Dauphiné, les marchandises, et notam-

---

[1] Louis II, marquis de Saluces, fils de Louis Ier et d'Isabelle de Montferrat, né le 29 mars 1438, avait succédé à son père au mois d'avril 1475. S'étant excusé, par lettres du 29 janvier 1476, auprès du gouverneur du Dauphiné, de pouvoir prêter hommage au dauphin pour son marquisat, tant que le duc de Savoie ne l'aurait point préalablement déchargé du même hommage, le Parlement de Grenoble, après lui avoir fait signifier diverses sommations, confisqua finalement, en 1481, toutes les terres qu'il possédait en Dauphiné et notamment la baronnie d'Anthon. Sur ces entrefaites il vendit, le 13 août 1480, sa terre de Septème à la fille de G. de Maugiron, veuve de Georges de Poisieu, moyennant le prix de 3,800 écus d'or (Voir l'acte n° 1782). Rentré en grâce auprès du roi Charles VIII, ce roi lui restitua ses biens confisqués et lui confia, en 1487, la lieutenance générale des comtés de Provence et de Forcalquier. Plus tard, en récompense des services qu'il lui avait rendus, durant la conquête du royaume de Naples, le même roi, par lettres données à Lyon, le 27 novembre 1495, lui fit don de tous les droits arriérés de gabelles qu'il pouvait devoir sur le sel qu'il avait tiré de Provence (B 2992). Enfin, après avoir été lieutenant général pour le roi Louis XII, dans le royaume de Naples, il mourut à Gênes, le 27 janvier 1504. Il avait épousé en premières noces, en 1479, Jeanne de Montferrat, sa cousine, fille de Guillaume, marquis de Montferrat, et de Marie de Foix, et en secondes noces, le 2 avril 1493, Marguerite de Foix, fille de Jean de Foix, comte de Candale.

C'est à Louis II, marquis de Saluces, que l'on doit le percement du tunnel du mont Viso, destiné à établir une communication directe entre la vallée française du Guil et la vallée italienne du Pô et, par suite, éviter les longs détours et les dangers que présentaient les cols du Mont-Cenis, de La Croix et d'Agnel, qui étaient alors les plus fréquentés pour se rendre du marquisat de Saluces en Dauphiné et en Provence. Commencé en 1475, avec l'autorisation de Louis XI, l'exécution de ce tunnel, confiée aux sieurs Martin de Albano et Balthazard de Piasco, ne devait durer que huit mois ; mais les difficultés de l'entreprise furent telles, que ce percement ne put être achevé qu'en 1480. Nous croyons devoir reproduire ici une lettre missive de Louis XI, relative au même objet (B 2905, f° 193) et datée du 7 décembre 1479 :

« A nos amés et féaulx conseillers les gens de nostre parlement et de nos comptes en nostre pays du Daulphiné.

« De par le Roy.

« Noz amés et féaulx. Nous avons receu les lettres que vous avez escriptes faisans
« mencion de l'appellacion que notre très chier et amé cousin le marquis de Sal-
« luces a faicte touchant les deffences qui lui ont esté faictes à cause des ouvrages du
« passage qui se fait nouvellement à Mont Visol entre le Daulphiné et le marquisat
« de Salluces, et nous semble que notre dict cousin a très bien fait d'en avoir
« appellé, et que, puis ce que c'est le prouffit et le bien de nostre dit païs du Daul-

ment le sel, nécessaires aux habitants de son marquisat ; et les chargeant de rédiger un rapport sur les profits et avantages que présentait cette demande[1].

COPIE. B 2992, f° 56.
ANALYSE. J. Roman, Tabl. histor. des Hautes-Alpes, p. 347.

1795 *Plessis-du-Parc les Tours, mars 1481 (1482).*

Lettres du roi portant don en faveur de l'abbé et des religieux de l'abbaye de Saint-Claude, de la somme de 4,000 livres tournois de rente annuelle à prendre, savoir : sur les grandes gabelles de Brian-

---

« phiné, qu'on y doit tousiours besougner. Si vous prions que ainsi le vueilles fere
« et y avoir regard et tenir la main en bonne justice comme nous en avons en vous
« la fiance. Donné à Saint-Martin-de-Candé, le vii° jour de décembre.
« LOYS. »   « J. MESME. »

Le tunnel du Viso, situé à une altitude de 2,600 mètres au-dessus du niveau de la mer, avait une longueur de 72 mètres sur 2 mètres 47 cent. de largeur et 2 mètres 5 cent. d'élévation. On peut consulter sur sa création les deux publications suivantes : Aristide Albert, *Le Mont-Viso*, Grenoble, 1865 ; — Louis Vaccarone, *Le Pertuis du Viso ; Études historiques d'après des documents inédits du xv° siècle, conservés aux archives nationales de Turin*, Turin, F. Casanova 1881.

Ajoutons que, le 21 février 1480, l'empereur Frédéric autorisa le marquis de Saluces à percevoir, sur la nouvelle communication du mont Viso, un droit de péage de 4 cruciferons allemands pour chaque bête de somme chargée ou non qui y passait (Invent. des titres de Saluces, dressé en 1760).

[1] Le 30 novembre suivant, Palamède de Forbin et François de Genas déléguèrent à leur tour, pour procéder à l'enquête, Jean Rabot et Eynard Pradel, auxquels ils adjoignirent Antoine de Soyez, lieutenant du visiteur général des gabelles de Languedoc (B 2992, f° 56). Le rapport que rédigèrent ces commissaires fut favorable à la demande du marquis de Saluces, mais le roi Louis XI mourut sans avoir donné une solution à cette affaire, et ce fut Charles VIII qui, par lettres données à Cléry, le 2 décembre 1483, enregistrées au Parlement de Grenoble le 14 janvier suivant, régla les conditions sous lesquelles le marquis fut autorisé à importer, dans ses terres, du sel ou autres marchandises de France, par le tunnel de Traversette ou du mont Viso. D'autres lettres de ce dernier roi, données à Lyon, le 27 novembre 1495, apportèrent quelques légères modifications aux conditions précédentes, et plus tard, le Parlement de Grenoble ayant soulevé diverses contestations au sujet de l'interprétation des actes précédents, le roi Louis XII, par lettres données à Cléry, le 17 octobre 1511, confirma en faveur de Marguerite de Foix, marquise de Saluces, les autorisations et privilèges concédés par son prédécesseur, en enjoignant au Parlement du Dauphiné de les respecter et faire respecter (B 2992).

çon, évaluées 1,526 l., 13 s., 4 d.; les seigneuries de Champsaur et de Montorcier, estimées 1,035 l., 8 d.; le greffe de Crest, estimé 300 l.; le sestérage de Valence, estimé 200 l.; les péages de Montélimar, de Loynes et des anses de Savasse, estimés 838 l., 6 s.; le péage d'Allevard, estimé 100 l.; le tout, à charge de célébrer à perpétuité, chaque jour, dans l'église de cette abbaye, une grande messe en l'honneur de saint Claude, pour le repos de son âme [1].

Enregistrées le 13 avril 1482.

Copie. B 3049, f° 189.
Mention. J. Roman, Tabl. histor. des Hautes-Alpes, p. 347.

1786 *Plessis-du-Parc lès Tours, 7 mars 1481 (1482).*

Lettres du roi, portant commission à maître Etienne Petit[2], son

---

[1] Louis XI venait de faire un pèlerinage au monastère de Saint-Claude, dans le Jura, en reconnaissance de ce que, ayant un jour, alors qu'il était à Thouars, vers la fin de l'année 1481, pris une attaque, Imbert de Bathornay et Comines, qui se trouvaient auprès de lui, l'avait voué à saint Claude. Durant ce voyage, il avait fait don à cette abbaye de 12,000 livres de revenu, sur lesquelles il en assigna 6,000 sur le Dauphiné (Actes 1795 et 1802).

Quelques jours après, Louis XI écrivait à Pierre Gruel, président du Parlement de Grenoble, au sujet de ce don, une lettre missive que nous reproduisons :

« A notre amé et féal conseiller et président en notre court du parlement à
« Grenoble maistre Pierre Gruel.
« Monseigneur le président j'ay donné et aulmosné aux religieux abbé et couvent
« de monseigneur Saint Claude IIII^m l. t. de rente sur certains lieux et choses du
« pays du Daulphiné, affin qu'ils prient Dieu et le benoist monseigneur Saint
« Claude pour moy et monseigneur le Daulphin, notre prosperité et sancté, ainsi
« que vous pourrez veoir plus au long par mes lectres de charte d'icelle fondacion.
« Et pour ce que je vueil que mon veu et entencion soient accomplis, je vous prie,
« sur tant que me voulez obéyr et craignez me desplaire, que vous faciez
« vériffier, acomplir et entériner en la court de parlement le contenu es dictes
« lectres et en fectes comme vous avez acoustume faire d'autres matières qui me
« touchent et que j'ay a cueur, et que vous ne fectes sinon ainsi qu'il nous plaist ;
« car je ne seray jamais à mon ayse que cecy ne soit du tout acomply ainsi que
« vous dira maistre Estienne Petit que j'envoye expressement de par dela pour
« ceste matière, lequel croyez et adioustez foy à ce qu'il vous en dira comme en
« ma propre personne. Escript au Plesseis du Parc le XI° jour de mars.
« Loys. »   « Derbisoy. »

[2] Etienne Petit tout en étant conseiller, notaire et secrétaire du roi, exerçait en même temps la charge de contrôleur général des finances en Languedoc. Durant

notaire et secrétaire, pour se transporter en Dauphiné à l'effet d'y faire exécuter le contenu de ses lettres précédentes et de mettre les abbé et religieux de l'abbaye de Saint-Claude en possession du don qu'il venait de leur faire, après avoir toutefois retiré le don de 1,200 livres de rente qu'il avait déjà fait à cette abbaye sur diverses terres de Bourgogne, lesquelles resteront réunies au domaine.

Enregistrées le 13 avril 1482.

Copie. B 3049, f° 195.

1797 *Plessis-du-Parc les Tours, 10 mars 1481 (1482).*

Lettres du roi portant commission au sire de Sassenage[1], son chambellan, et à Jean de Vaulx[2], trésorier et receveur général des finances du Dauphiné, pour faire assembler, à Grenoble, les Trois-Etats du Dauphiné et des comtés de Valentinois et Diois et leur demander, en son nom, pour la présente année, une aide de 50,625 florins, dont seraient seuls exempts les clercs vivant cléricalement, les nobles vivant noblement, et ceux qui en vertu de concessions spéciales du prince auraient été déclarés francs et exempts de toutes impositions.

Original. B 3183.

Analyses. U. Chevalier, Ordon., n° 535. — *Ordon. des rois de France*, t. xviii, p. 759, note A. — Fauché Prunelle, *Essai sur les anciennes institutions des Alpes Cottiennes-Briançonnaises*, t. ii, p. 445.

1798 *Tours, 11 mars 1481.*

Lettres du roi, adressées aux gens de ses comptes et trésorier du Dauphiné et tous ses autres justiciers et officiers ou à leurs lieute-

---

l'année 1482, Louis XI le chargea à diverses reprises de missions identiques à celle qu'il lui confia par les lettres que nous analysons et notamment les 12 et 26 mai, 16 juin et 10 juillet (actes n°° 1801, 1803, 1805 et 1809). Il était probablement fils d'un autre Étienne Petit, qui était, en 1443 et 1462, conseiller du roi, trésorier et receveur général en Languedoc, et qui avait été pourvu d'une charge de conseiller au parlement de Toulouse, lors de la création de cette cour, en 1443. Un Jean Petit était valet de chambre du dauphin Louis en 1439 et 1447.

[1] Jean, seigneur et baron de Sassenage ; voir la note 3, p. 422 du t. 1er.

[2] Jean de Vaulx avait été nommé trésorier et receveur général en Dauphiné, le 13 juillet 1481 (Acte n° 1777 *bis*).

nants, par lesquelles il fait connaître que son conseiller et chambellan Philibert de La Balme, chevalier, seigneur de Perrex et de Saint-Laurent-du-Pont¹, venait de lui faire, entre les mains de son chancelier, les foi et hommage lige auxquels il était tenu pour les château, châtellenie, terre et seigneurie de Saint-Laurent-du-Pont, dont il lui avait fait don.

Original. B 2652.

1799 *Bourges, mars 1481 (1482).*

Lettres par lesquelles le roi, en considération de la singulière dévotion qu'il avait envers l'église de Saint-Arnoux de Gap, et afin de participer de plus en plus aux prières et oraisons qui s'y faisaient, confirme en faveur des religieux doyen et chanoines de cette église, l'amortissement d'une somme de 14 l. t. de rente qu'il leur avait précédemment accordée², et les tient quittes, pour l'avenir, de la fourniture d'un brigandinier armé pour le servir dans ses guerres, mais sous la condition toutefois que lorsque lui ou ses successeurs dauphins passeraient à Gap, le susdit chapitre serait tenu de les loger.

Enregistrées le 20 août 1482.

Copies. B 2992, f° 135. — Arch. des Hautes-Alpes, titres du chapitre de Gap, G 491.

Mention. J. Roman, Hist. de la ville de Gap, p. 96.

Publiées. P. Guillaume, Doc. inéd. relatifs à la dévotion de Louis XI envers Saint-Arnoux de Gap..., dans Bull. d'hist. ecclés. et d'arch. relig. des dioc. de Valence, Gap..., t. 1ᵉʳ, p. 86.

1799 bis *Tournus, 14 avril (1482).*

Lettre close, adressée à ses conseillers les gouverneur ou son lieutenant et gens de sa cour de parlement du Dauphiné, par laquelle le roi, en leur transmettant la copie du serment qu'il avait fait lors de son avènement à la couronne³, les prie et leur mande expressément

---

¹ Voir, sur ce personnage, la note 1, p. 304.
² Voir les lettres du 24 juin 1468, acte n° 1516.
³ Ce serment était ainsi conçu : « *Hec populo michi subdito in Christi nomine promicto : In primis, ut ecclesie Dei omnis populus christianus veram pacem vestro arbitrio servet omni tempore. Item, ut omnis rapacitatis et iniquitates ab omnibus gradibus in-*

« que de vostre part y entendez et vacquez tellement que par vostre
« faulte aucune plainte n'en puisse avenir ne à nous chose de
« conscience ».

Enregistrée le 21 avril 1482.

Copie. B 2905, f° 94. — Bibl. nat., mss. de Legrand.
Publiée, Garnier, *Hist. de France*, t. xix, p. 68.

1800   *La Clayette, mai 1482.*

Lettres du roi portant don en faveur de l'abbé et des religieux de l'abbaye de Saint-Antoine de Viennois, d'une rente annuelle et perpétuelle de 2,406 livres, 5 sous, valant 1,500 écus d'or, à prendre sur diverses terres du Domaine en Dauphiné, à condition de célébrer chaque jour, à huit heures du matin, une messe basse de la Vierge devant l'autel de la chapelle de Notre-Dame-de-Grâce, fondée dans l'église de la susdite abbaye, à l'exception toutefois du mercredi de chaque semaine, jour auquel la messe sera dite solennellement avec chants, diacre et sous-diacre. Les mêmes lettres énumèrent les terres sur lesquelles sont assignées la rente, à savoir : le péage de Baix-sur-Baix, estimé 1,000 l. t. ; les grandes gabelles de Romans et le péage de Chabeuil, estimés 1,025 l., outre la somme de 1,075 l. donnée précédemment à la même abbaye ; la seigneurie de Montmeyran, estimée 131 l. ; celle de Charpey, estimée 80 l. ; celle du Sauzet, estimée 100 l., et celle d'Izeaux, estimée 90 l., 5 sous[1].

Enregistrées le 30 mai 1482.

Copie. B 3049, f° 214.

1801   *La Clayette, 12 mai 1482.*

Lettres du roi portant commission à maître Etienne Petit, son

---

terdicam. Item, ut in omnibus judiciis equitatem et misericordiam precipiam ut michi et vobis indulgeat suam misericordiam clemens et misericors Deus. Item, de terra mea ac juridictione michi subdita universos hereticos ab ecclesia denotatos pro viribus bonafide exterminare studebo. Hec omnia supradicta firmo juramento. » (B 2905, f° 94).

[1] Voir, sur les diverses fondations faites par le roi Louis XI en faveur de l'abbaye de Saint-Antoine de Viennois la note 1, page 208.

notaire et secrétaire, pour se transporter en Dauphiné et y mettre à exécution le contenu des lettres précédentes.

Enregistrées le 30 mai 1482.

Copie. B 3049, f° 221.

1802 — *La Clayette, mai 1482.*

Lettres par lesquelles le roi, en considération de la dévotion qu'il avait envers saint Claude, qui lui avait conservé la santé en plusieurs occasions, fait don à l'abbé et aux religieux de l'abbaye de Saint-Claude de 2,000 livres tournois de rente à prendre annuellement en Dauphiné, sur diverses terres et revenus du Domaine, savoir : la châtellenie de Montalquier et le consulat de Gap, évalués 500 l. ; la redevance perçue sur le bétail durant les trois premiers jours de la foire de Briançon, évaluée 150 l. ; la montagne de Lautaret en Trièves, évaluée 230 l. ; les fermes du port de Quirieu, de la leyde, des bans menus, ban du vin et greffe du même lieu, évaluées 160 l. ; la terre de Saint-Etienne-de-Saint-Geoirs évaluée 100 l. ; la leyde et le péage de Bourgoin avec le greffe, les bans de la boucherie et droit de trousses de foin du même lieu, estimées 150 l. ; les greffes et la claverie de la grande cour du Buis avec la ferme du four, estimés 200 l. ; le revenu du port de Consolens sur l'Isère, estimé 100 l. ; la terre du Pont-de-Beauvoisin, évaluée 200 l. ; enfin, celle des Avenières, évaluée 200 l.[1]

Enregistrées le 31 mai 1482.

Copie. B 3049, f° 205.

Mentions. U. Chevalier, *Ordon.*, n° 536. — *Ordon. des rois de France*, t. XIX, p. 16.

1803 — *La Clayette, 20 mai 1482.*

Lettres du roi portant commission à son notaire et secrétaire, maître Etienne Petit, pour se transporter en Dauphiné et y mettre à exécution le contenu des précédentes lettres.

Enregistrées le 31 mai 1482.

Copie. B 3049, f° 211.

---

[1] Le roi avait déjà donné à la même abbaye, sur les terres du Dauphiné, une rente de 4,000 livres peu auparavant (Acte n° 1795).

1804 *Hôtel de Raguenas, 21 mai 1482.*

Lettres du roi portant don en faveur de son conseiller et chambellan Etienne de Poissieu¹, de l'office de capitaine et châtelain des villes, lieux et places de Briançon, Château-Dauphin et Exilles, ainsi que de tous les revenus de Château-Dauphin, en remplacement de Charles de Lissaire², décédé.

Enregistrées le 25 septembre 1482.

Copie. B 3276, f° 402.

Mention. J. Roman, *Tabl. hist. des Hautes-Alpes*, p. 348.

1805 *Cléry, 16 juin 1482.*

Lettre du roi portant commission à maître Etienne Petit, son notaire et secrétaire, pour vérifier le revenu des terres du Domaine du Dauphiné, données aux abbé et religieux de Saint-Antoine en Viennois, et au cas où le revenu des dites terres n'atteindrait point la somme de 4,000 livres tournois de rente, d'en assigner le manquant sur d'autres terres du même domaine³.

Enregistrées le 23 juin 1482.

Copie. B 3049, f° 224.

1806 *Cléry, 22 juin 1482.*

Lettres de provisions de la charge de gouverneur du Dauphiné pour Jacques de Miolans⁴, seigneur d'Anjou et de Combronde, en

---

¹ Voir, sur Etienne de Poissieu, la note 1, p. 83.

² Charles de Lissaire, que le roi Louis XI envoya en mission dans la ville de Lyon au mois de mars 1468, était en 1472 bailli des montagnes du Dauphiné, et capitaine du château de Perpignan, d'après des quittances d'octobre 1476, 18 juin et 24 août 1478. D'après Guichenon (*Hist. de Bresse et Bugey*, t. 11) il aurait épousé la dame du Marterey en Dauphiné qui, après son décès, se remaria avec Philibert de La Balme, seigneur de Perrex, conseiller et chambellan de Louis XI.

³ Voir, sur les donations faites par le roi Louis XI à l'abbaye de Saint-Antoine, la note 1, p. 308; et sur le sujet des précédentes lettres, l'acte n° 1808.

⁴ Jacques de Miolans, chevalier, seigneur d'Anjou et de Jarcieu, en Dauphiné, et de Combronde, en Auvergne, appartenait à l'une des plus illustres familles de Savoie; il était frère d'Anselme, seigneur de Miolans, dont il a été parlé dans la note 3, p. 518 du t. 1ᵉʳ. Entré au service de Louis XI, dont il ne tarda pas à de-

remplacement de Palamède de Forbin, nommé gouverneur des comtés de Provence et de Forcalquier.

Mss roy. B 3236, f° 6, et *Invent. des titres de la Chambre des comptes, Généralités*, t. 1, f° 401.

1807 *Notre-Dame-de-Cléry, 6 juillet 1482.*

Lettres adressées aux prévôt et chanoines de l'Église métropolitaine de Notre-Dame d'Embrun, par lesquelles le roi approuve les ordonnances et constitutions faites par ce chapitre[1], pour l'entretenement et continuation de la fondation qu'il avait faite d'une messe perpétuelle et autre service et pour laquelle il avait donné une rente

---

venir l'un des conseillers et chambellans, on le trouve, dès l'année 1466, pourvu de la capitainerie du Bois de Vincennes. Nommé gouverneur du Dauphiné, en 1482, il ne conserva point cependant cette charge, car le roi Charles VIII, parvenu au trône, s'empressa de le destituer et de le remplacer, le 13 novembre 1483, par François d'Orléans duc de Longueville et comte de Dunois. Quelques années après, étant resté au service du duc de Savoie pour combattre le marquis de Saluces, contrairement aux défenses faites par le roi, sa terre d'Anjou, ainsi que toutes les autres possessions qu'il avait en Dauphiné furent confisquées par arrêt du Parlement de Grenoble, du 14 avril 1487. Cet arrêt reçut son exécution le 10 mai et, par ordonnance donnée à Anceniis, le 20 juillet suivant, Charles VIII concédait la jouissance de ses terres confisquées au marquis de Saluces.

Rentré en grâce peu après, Charles VIII lui fit don par lettres, datées d'Orléans le 31 décembre 1489, des lods et ventes qu'il devait à raison du rachat qu'il venait de faire d'Imbert de Bathernay et d'Étienne de Poisieu des terres de Paramans, d'Arzay et de Jarcieu, auxquels il les avait vendues quelques années auparavant. Le même roi le rétablit également dans la charge de gouverneur du Dauphiné, par lettres données à Baugé le 30 octobre 1491, lui fit don de la terre de La Côte-Saint-André et le nomma capitaine des sept gentilshommes de sa maison. Il mourut au château de Jarcieu, près Anjou, le 7 février 1495 (B 3238, f° 16), laissant pour héritier son neveu, Louis de Miolens, qui devint maréchal de Savoie en 1504, et s'attira l'année suivante l'animosité de Louis XII, qui confisqua les biens qu'il avait en Dauphiné et le bannit du royaume, ainsi que son épouse Françoise de Chabannes et tous les autres membres de sa famille (*Titres de la Chambre des comptes du Dauphiné, passim*).

[1] Les ordonnances et constitutions arrêtées par le chapitre d'Embrun, ont été publiées par M. l'abbé P. Guillaume, dans le t. 111, p. 305, de *l'Hist. générale des Alpes Maritimes et Cottiènes*, par M. Fornier.

de 3,972 ducats à prélever sur les revenus du domaine delphinal[1]. Le prince annonce, en outre, qu'il a écrit au pape pour lui demander la confirmation des mêmes constitutions et ordonnances.

Copie. Arch. des Hautes-Alpes, G 197.

Publiées. P. Guillaume, *Histoire générale des Alpes Maritimes et Cottiènes*, par M. Fornier, t. 11, p. 383 (sous la date erronée du 16 juillet), et t. 111, Appendice, p. 395. — A. Fabre, *Recherches historiques sur le pèlerinage des rois de France à N.-D. d'Embrun*, p. 294 (sous la date erronée du 16 juillet 1481).

1808 — Meung-sur-Loire, juillet 1482.

Lettres du roi portant don en faveur de l'abbé et des religieux de Saint-Antoine en Viennois, et ce en l'honneur de la chapelle de Notre-Dame-de-Grâce, fondée en l'église de cette abbaye, où se faisaient chaque jour de nombreux miracles, d'une rente annuelle et perpétuelle de 4,000 livres tournois, y compris celles de 2,406 l., 5 s. et de 1,200 l. qu'il avait déjà précédemment données[2] ; à charge de célébrer chaque jour, devant l'image de Notre-Dame-de-Grâce, une messe basse et toutes les heures canoniales de la Vierge, outre la messe qu'on y célébrait déjà à huit heures du matin ; voulant, en outre, que douze religieux prêtres assistent à ces offices, non compris Jacques Brémond et Guigues Lettisse qu'il avait déjà spécialement désignés à cet effet. Les 393 livres 15 sous restant dus pour parfaire la somme totale de 4,000 l. sont assignées sur le revenu des seigneuries de Saint-Nazaire et de Saint-Lattier pour 193 l., 15 s., sur celle de Pierrelatte pour 100 l., et sur la leyde de Crest pour 100 livres.

Enregistrées le 10 septembre 1482.

Copie. B 3019, f° 227.

1809 — Saint-Laurent-des-Eaux, 30 juillet 1482.

Lettres du roi portant commission à maître Etienne Petit, son

---

[1] Voir, au sujet de ce don fait à l'Église cathédrale d'Embrun, les actes n°° 1793, 1813 et 1824.
[2] Voir les lettres des mois d'avril 1475 et mai 1482 (actes n°° 1620 et 1800).

notaire et trésorier¹, pour se transporter en Dauphiné à l'effet d'y mettre à exécution le contenu des lettres précédentes.

Enregistrées le 10 septembre 1482.

Copie. B 3049, f° 238.

1810   *Saint-Laurent-des-Eaux, 6 août 1482.*

Edit par lequel le roi, à l'effet de mettre un terme à l'accaparement des grains que faisaient certains marchands dans un but de spéculation, et aussi d'apporter quelques soulagements aux pauvres cultivateurs des campagnes, qui pour la plupart s'étaient ruinés par suite de la disette qui avait régnée l'année précédente : 1° Annulle toutes les constitutions de rentes, faites, soit en grains soit en argent, à l'occasion de ventes de grains, sous la seule condition par les débiteurs de restituer à leurs vendeurs une quantité de grains égale à celle qu'ils auront reçue ; — 2° Autorise ceux qui auront aliénés leurs immeubles à vil prix, par nécessité, à les recouvrer en restituant, dans le délai d'une année, à courir de l'expiration du terme de retrait, le prix principal et les loyaux coûts de la vente ; — 3° Casse toutes les « appréciations » qui auraient été faites, à l'encontre des pauvres agriculteurs, qui ayant vendu à terme des grains à des marchands, n'avaient pu faire face aux stipulations de leurs marchés par suite de la stérilité et mauvaise saison, et déclare les susdits agriculteurs quittes envers leurs créanciers, à charge de leur livrer simplement la quantité de grains portée dans les contrats ; sont toutefois exclus du bénéfice de cet article les appréciations stipulées entre les gros marchands dans un but de lucre ; — Interdit enfin, à l'avenir, à tous marchands de grains ou autres de quelque état ou condition qu'ils soient, d'acheter ou faire acheter par leurs facteurs ou tous autres « aucuns blés ne autres grains, en vert ne « au dedant la sayson d'aoust, et que ce ne soit ès marchez publics « se ce n'est pour la provision et despense de sa maison, et pour une

---

¹ Le 15 août 1482, Etienne Petit chargea à son tour Nicolas Lemoine de mettre les religieux de l'abbaye de Saint-Antoine en possession des revenus assignés.

« an seulement », et ce sous peine de confiscation du prix d'achat et d'amende arbitraire, applicables pour moitié aux dénonciateurs.

Enregistré le 6 mai 1483.

Corig. B 2905, f° 119.

ANALYSE. U. Chevalier, Ordon., n°ˢ 537 et 538.

1811   *Château d'Amboise, 21 septembre 1482.*

Édit contenant les instructions données par Louis XI, avant sa mort, à son fils le dauphin Charles[1], sur le gouvernement et l'administration du royaume[2]. Ce testament politique fut rédigé en présence du comte de Beaujeu[3], du comte de Marle, maréchal de France[4], de l'archevêque de Narbonne[5], des seigneurs du Bouchage[6], de Précigny[7], du Plessis-Bourré[8], de Soliers[9], de Jean, de

---

[1] Charles dauphin, fils du roi Louis XI et de Charlotte de Savoie, né le 30 juin 1470, devenu le roi Charles VIII.

[2] Cet édit avec une lettre close du roi (voir l'acte suivant) furent apportés à Grenoble et présentés solennellement aux membres du Parlement et de la Chambre des comptes, le 19 octobre 1482, par Guillerme des Buissons, chevaucheur de l'écurie du roi (B 2905, f° 106).

[3] Pierre de Bourbon, comte de Beaujeu, puis duc de Bourbon en 1488, après la mort de son frère aîné ; né en 1439, marié par contrat du 3 novembre 1473, à Anne de France, fille de Louis XI ; mort à Moulins, le 8 octobre 1513. Durant les dernières années de sa vie, le roi Louis XI l'avait pris pour chef de son Conseil.

[4] Pierre de Rohan, seigneur de Gié ; voir sur ce personnage la note 1, p. 234.

[5] Georges d'Amboise, fils de Pierre d'Amboise, seigneur de Chaumont, et d'Anne de Bueil, élu archevêque de Narbonne, le 18 juin 1482, transféré à l'évêché de Montauban, le 17 décembre 1485, puis de nouveau à Narbonne, le 6 mars 1492, et à Rouen, le 21 août 1493, créé cardinal en 1498 ; mort à Lyon le 25 mai 1510. C'est le célèbre cardinal d'Amboise, ministre d'État sous Louis XII.

[6] Imbert de Batharnay, seigneur du Bouchage ; voir la note 3, p. 4.

[7] Antoine de Beauvau, baron de Précigny, conseiller et chambellan du roi, chevalier de son ordre, premier président en la Chambre des comptes de Paris, mort en 1489. Il était fils de Bertrand de Beauvau, également conseiller et chambellan du roi et premier président de la Chambre des comptes de Paris, mort en 1474, et de Jeanne de La Tour-Landri, sa première épouse.

[8] Jean Bourré, seigneur du Plessis-Bourré ; voir les notes 3, p. 4, du t. I⁽ʳ⁾, et 1, p. 11 de ce volume.

[9] Palamède de Forbin, seigneur de Soliers, alors gouverneur de Provence ; voir la note 3, p. 311.

Doyat, gouverneur d'Auvergne¹, d'Olivier Guérin, maître d'hôtel, et d'autres.

Enregistré à Grenoble, le 19 octobre 1482.

Copies. B 2905, f° 107; B 2909, f° 282, et B 3183. — Arch. nat. *Ordon. de Louis XI*, vol. G; *Mémorial de la Chambre des comptes*, f° 307. — Bibl. nat., *Manuscrits Dupuy*.

Mentions. U. Chevalier, *Ordon.*, n° 539. — Legeay, *Hist. de Louis XI*, t. II, p. 454.

Publié. Godefroy, *Hist. de Charles VIII*, 1684, p. 307. — Marcel, *Hist. de France par ordre chronologique*, t. III, p. 567. — *Ordon. des rois de France*, t. XIX, p. 56.

1812 — *Château d'Amboise, 21 septembre (1482).*

Lettre close adressée à ses conseillers les gens du Parlement et aux gens de ses Comptes du Dauphiné, par laquelle — après avoir relaté qu'en revenant d'un pèlerinage qu'il était allé faire aux abbayes de Saint-Claude et de Notre-Dame-de-Cléry, et passant à Amboise il avait voulu voir le dauphin de Viennois, son fils, qui devait lui succéder à la couronne et « lui avait dit et remontré plusieurs « grandes et belles choses pour l'instruction, enseignement et édifi- « cation de lui, gouvernement et entretenement du Royaume...., « ainsi que vous verrez plus applain par nos lectres patentes d'édict « et ordonnance par nous sur ce octroyées et commandées », — leur mande et enjoint expressément de faire publier et enregistrer ladite lettre et d'en exécuter le contenu.

Copie. B 2905, f° 106.

1813 — *Amboise, 21 septembre 1482.*

Déclaration du roi portant règlement tant sur la célébration des diverses fondations qu'il avait faites dans l'église métropolitaine de

---

¹ Jean de Doyat, gouverneur d'Auvergne, l'un des plus méprisables favoris de Louis XI. Après la mort de ce roi il fut condamné à être fouetté publiquement, tant à Paris qu'à Montferrand, à avoir les oreilles coupées, et à être banni du royaume. Il mourut en 1495.

Notre-Dame d'Embrun, que sur la distribution des rentes et oblations qu'il avait données pour en assurer le service[1].

Comm. Arch. des Hautes-Alpes, *Titres du chapitre d'Embrun*, G 197.

Publié: P. Guillaume, *Histoire générale des Alpes Maritimes ou Cottiènes, par M. Fornier*, Appendice, t. III, p. 401.

1814   *Plessis-du-Parc lez Tours, 1ᵉʳ octobre 1482.*

Lettres du roi portant commission à son conseiller et chambellan, Antoine de Lamet, écuyer, seigneur de Saint-Martin, bailli d'Autun et capitaine de la grosse tour de Bourges, à l'effet de faire jouir le pape et l'Eglise romaine des droits qu'ils pouvaient avoir sur les comtés de Valentinois et de Diois, en vertu du testament, en date du 22 juin 1419, de feu Louis de Poitiers[2], dernier comte des susdits comtés, et en outre leur en délivrer la possession « telle que rai- « sonnablement ils doivent avoir....., sans toutesfois aucunement « nous départir ne faire quelque don, cession ou transport des « droits que nous ou autres avons ou povons avoir es diz contez[3] ».

Mention insérée dans les lettres suivantes.

---

[1] Voir, sur le même sujet, les actes n°ˢ 1793, 1807 et 1824.

[2] Voir, sur Louis II de Poitiers, dernier comte de Valentinois, la note 3, p. 68 du t. 1ᵉʳ.

[3] Dès le 7 janvier 1462, le roi Louis XI avait fait abandon au pape Pie II et à l'Eglise romaine des différentes terres qui avaient appartenues au dernier comte de Valentinois, à l'exception toutefois de celles qui se trouvaient dans le Royaume sur la rive droite du Rhône (voir au supplément). En reconnaissance de cet abandon le pape, par bulles données à l'abbaye de Saint-Sauveur au diocèse de Chiusi en Toscane, le 30 juillet 1462, approuva la cession que Louis de Poitiers, dernier comte de Valentinois avait faite de ses possessions en faveur du roi Charles VI et du dauphin, et abandonna, en outre, à ce dernier l'hommage qu'il lui devait à raison de ce comté; par une autre bulle, du même jour, il charge également plusieurs de ses officiers de se transporter auprès du roi dauphin pour le remercier de sa libéralité (Invent. des titres de la Chambre des comptes, Valentinois, t. v, f°ˢ 2704 et 2749). Les officiers, delphinaux soulevèrent cependant de nombreuses protestations contre l'exécution des ordres du roi et l'archevêque de Vienne, Antoine de Poisieu, dut même à ce sujet rédiger un long mémoire qui porte la date du 21 mai 1463. On possède encore sur la même question deux lettres missives de Louis XI, la première, datée d'Amboise le 30 novembre 1462, adressée au sire de Champ, lieutenant du gouverneur du Dauphiné, et à Pierre Gruel, pré-

1814 bis *Plessis-du-Parc les Tours, 1ᵉʳ octobre 1482.*

Lettres par lesquelles le roi, après avoir déclaré qu'il venait, par des lettres patentes datées du même jour, de consentir à ce que le pape puisse dès à présent jouir et user des droits qui lui pouvait compéter et appartenir sur les comtés de Valentinois et de Diois, et de donner commission à Antoine de Lamet de mettre en possession de ces droits le pape et l'Eglise romaine, déclare formellement qu'il n'entend rien donner, céder ni transporter au pape, mais simplement le laisser jouir et user et avoir la possession des droits qui pouvaient lui appartenir sur lesdits comtés « sans aucunement
« nous départir des droiz que nous ou autres avons ou povons avoir
« et prétendre ès diz contés ne ès deppendances d'icelles, ne d'iceulx

---

sident de la Chambre des comptes de Grenoble ; la seconde, datée d'Abbeville le 21 novembre 1463, adressée au même Pierre Gruel, devenu président du Parlement du Dauphiné. Par l'une et l'autre de ces lettres, le roi ordonne de délivrer aux mandataires du pape Antoine de Noxeto et ensuite le cardinal de Foix les comtés de Valentinois et de Diois, à l'exception cependant de la seigneurie d'Etoile, de la terre de Châteauneuf-de-Marsone et de toute la portion de ces comtés située sur la rive droite du Rhône ; et sous la condition, en outre, que le pape rembourserait toutes les sommes que lui ou ses prédécesseurs avaient dépensées pour obtenir la possession de ces comtés et ferait restituer toutes les terres « qui furent
« baillées à ceux de Saint-Vallier ou aultres pour la récompense de la dicte comté
« de Valentinois ».

Malgré la remise que Pierre Gruel fit à Antoine de Noxeto, le 14 août 1463, du comté de Valentinois, cette question resta en suspens jusqu'en 1482 année où, par ses lettres du 1ᵉʳ octobre, Louis XI ordonna de nouveau que le pape Sixte IV jouirait des droits qu'il pouvait avoir sur les susdits comtés et chargea Antoine de Lamet, bailli d'Autun, d'en faire la remise effective. Devant l'opposition soulevée par le Parlement de Grenoble, le commissaire royal dût renoncer à sa mission et le roi désigna le 26 décembre suivant de nouveaux commissaires, Jean Blosset, seigneur de Saint-Pierre, grand sénéchal de Normandie, Etienne de Poisieu, bailli des Montagnes du Dauphiné, et Pierre d'Aux, bailli de la Montagne en Bourgogne, pour poursuivre la remise immédiate des susdits comtés à l'Eglise romaine (acte n° 1818). Sans que le Parlement en eut été informé, les commissaires se rendirent dans le Valentinois et mirent Guillaume de Rieti, docteur en lois, mandataire du pape, en possession d'un certain nombre de terres et entre autres de celles de Châtel-Arnaud, Montélimar, Châteaudouble, Charpey, Grane, Saou et Gigors. Aussitôt informé de ce fait, Etienne de Beaupont, procureur général fiscal, et Jean Mottet, docteur en lois, procureur général des Trois-Etats du Dauphiné, se hâtèrent de protester et par exploits des 8 et 16 janvier 1483, firent assigner la

« droiz faire aucun cession ne transport, ne auxdiz droiz à nous ou
« à autres appartenans, comme dit est, derroguer ne porter préjudice
« en quelque manière que ce soit, ne que par ce nous ou eulx
« soyons ou puissions estre empeschez en la poursuicte desdiz droiz,
« avecques ce n'entendons par quelque chose qui ait esté ou soit
« faicte estre soubmis ou tenuz à aucune garantie ou déffense, ne à
« quelque recompense envers quelconques personnes qu'ilz voul-
« droient prétrendre ou maintenir avoir eu ou avoir quelque droit
« ès diz contés, ne quelque chose faire, par quoy ilz en puissent
« avoir quelque recourz ou action contre nous ne aucune chose en
« demander à nous ne à noz hoirs et successeurs et ayans cause et
« de ce avons fait et faisons déclaration et protestation expresse ».

mandataire du pape et Martin Vital, son procureur, devant le Parlement de Grenoble. Cette cour, par arrêt de défaut du 10 octobre suivant, cassa et révoqua ce qui avait été fait, ordonna que le roi dauphin rentrerait en possession des lieux dont il avait été privé par violence et délégua le conseiller Jean de Ventes pour en poursuivre l'exécution. Ce dernier procéda à sa mission du 15 au 23 du même mois, et comme Sébastien de Ricii, gouverneur pour le pape des ville et château de Montélimar refusa d'ouvrir les portes du château, il les fit enfoncer et emprisonna Ricii ainsi que les autres officiers du pape qui se trouvaient avec lui.

Le pape Innocent VIII qui avait succédé à Sixte IV, réclama de nouveau la possession du Valentinois, le 24 août 1484, et obtint même du roi Charles VIII des lettres patentes le 15 mars 1485, n. s., qui prononçaient en sa faveur la main-levée des terres de ce comté qui avaient été réunies au domaine delphinal; mais nouvelles oppositions du Procureur général fiscal et des Trois-États du Dauphiné. Aucune solution n'avait encore été donnée à cette difficulté, lorsqu'en 1487 le roi et le pape convinrent de nommer des commissaires pour la résoudre amiablement. Ces commissaires (qui en 1489) suivirent la Cour dans les divers lieux où elle se transporta, à Tours, à Amboise et ailleurs, firent enquêtes sur enquêtes et entendirent de nombreux témoins; ne purent finalement s'entendre et se séparèrent sans avoir pu rien décider. Enfin, par lettres du 24 juin 1489, le roi Charles VIII chargea de nouveau Jean Palmier, président et Jean Robot, conseiller au Parlement du Dauphiné, de régler conjointement avec l'évêque de Concorde en Vénétie, délégué du pape, les prétentions de l'Église romaine sur les comtés de Valentinois et de Diois. Nous ne savons quelle fut la décision que rendirent ces derniers commissaires, mais toujours est-il que ces contrées restèrent dans leur intégralité unies au Dauphiné; et ce fut, sans doute, comme une sorte de compensation, que le roi Louis XII, en 1498, les érigea en duché-pairie, pour en faire don au trop célèbre César Borgia, fils naturel du pape Alexandre VI. (Titres de la chambre des comptes de Grenoble, *passim*).

Original. B 3183.
Coris. B 3183 (Délivrée par les auditeurs de la Chambre des comptes de Grenoble, le 6 octobre 1488).

1815   *Plessis-du-Parc lez Tours, 3 octobre 1482.*

Lettres par lesquelles le roi, en considération et récompense des services qu'il lui avait rendus, tant en divers voyages où il l'avait souvent employé qu'en diverses autres manières, fait don à maître Jacques Robertet[1], conseiller au Parlement de Grenoble, de la capitainerie des château, place et châtellenie de Pariset, où est la Tour sans Venin[2], près de Grenoble, avec tous leurs revenus, en remplacement de Nourry de Mons[3], décédé.

Enregistrées le 18 novembre 1482.

Coris. B 3276, f° 404.

1816   *Tours, 21 octobre 1482.*

Lettres, adressées aux gouverneur ou son lieutenant et gens du Parlement du Dauphiné, par lesquelles le roi leur mande que s'il est exact que le prieuré de Saint-Laurent de Grenoble soit à la nomination de l'abbé de Saint-Chaffre en Velay et que les dépouilles des prieurs de ce bénéfice appartiennent, après leur décès, audit abbé, ils aient à lui en donner mainlevée, attendu que le temporel

___

[1] Voir, sur Jacques Robertet, la note 2, p. 113.

[2] La Tour sans Venin, resté de l'ancien château féodal de Pariset, passait anciennement pour être l'une des merveilles du Dauphiné, non point à cause de son architecture, mais parce que, prétendait-on, les animaux venimeux ne pouvaient y vivre. Le premier auteur qui en parle est Gervais de Tilbury dans ses *Otia imperialia* rédigés vers 1210 : « Quod si de terra castri venitur Parisius in quavis loco, flat pulverisatio, statim omniam nociveram vermis pestis fugatur. Est autem castrum hoc in prædicta. Viennensi uno milliari distans a ripa Isaræ fluminis in comitatu urbis Gratianopolitanæ ». Le même fait a depuis été rapporté, en 1525, par Symph. Champier, *Les Gestes du preulx chevalier...* ; en 1534, par A. Falcon, *Antonianæ hist. compend.* II, 20 ; en 1638, par Salvaing de Boissieu, *Sylva quæstionum de totidem Delphinatus miraculis*, 3° qu. ; en 1661, par N. Chorier, *Hist. de Dauphiné* t. 3, p. 370 etc.

[3] Voir, sur Nourry de Mons, la note 4, p. 182.

de ce prieuré avait été mis récemment sous la main delphinale, comme vacant¹.

Enregistrées le 18 mars 1486.

Copie. B 2950, f° 163.

1817 *Plessis-du-Parc les Tours, novembre 1482.*

Édit par lequel le roi confirme les privilèges, franchises, libertés, droits, prérogatives, prééminences, autorités, exemptions et dignités précédemment concédés au Collège des notaires et secrétaires du roi et de la Couronne et Maison de France, qu'il fixe au nombre de cinquante-neuf; les assimile à ses officiers ordinaires, domestiques et commensaux, et comme tels veut que dans tout le royaume, Dauphiné, comté de Provence, Roussillon et Cerdagne ils soient à toujours francs, quittes et exempts de tous emprunts, tailles, fouages, gabelle, aides, subsides et autres subventions; etc., etc.

Copies. B 2334, f° 105 et B 2911, f° 7. — Arch. nat., *Mémorial H de la Chambre des comptes*, f° 340, v°, et *Ordon. de Louis XI*, vol. G, p. 175.

Analyse. U. Chevalier, *Ordon.*, n° 540.

Publié. *Hist. de la Chancellerie de France*, t. II, p. 56. — J. Joly, *Offices de France*, t. II, p. 689. — Fontanon, *Édits et ordon.*, t. IV. — *Ordon. des rois de France*, t. XIX, p. 62.

1818 *Plessis-du-Parc les Tours, 26 décembre 1482.*

Lettres du roi portant commission à son chambellan, le sire de Saint-Pierre², grand sénéchal de Normandie, à Étienne de Poisieu³, bailli des Montagnes du Dauphiné, et à Pierre d'Aux⁴, bailli de la Montagne en Bourgogne, pour remettre sans délai au pape ou à son délégué la possession du comté de Valentinois, nonobstant toutes

---

¹ Le prieuré de Saint-Laurent de Grenoble avait été mis depuis peu sous la main delphinale, après le décès d'Antoine Coct, conseiller au Parlement de Grenoble (voir sur ce dernier la note 2, p. 61).

² Jean Blosset, seigneur de Saint-Pierre; voir sur ce personnage la note 3, p. 284.

³ Voir, sur Étienne de Poisieu, la note 1, p. 93.

⁴ Pierre d'Aux, écuyer d'écurie du roi, capitaine de Montfaucon et bailli de la Montagne en Bourgogne, dès 1479. Louis XI lui fit don de la châtellenie d'Aignay-le-Duc.

oppositions, ce dont il avait déjà chargé antérieurement son chambellan Antoine de Lamet[1], bailli d'Autun et capitaine de la grosse tour de Bourges, mais qui n'avait pu en poursuivre l'exécution devant l'opposition formée par le Parlement et la Chambre des comptes du Dauphiné.

Copie. B 2984, f° 339.

Mention. Chorier, *Hist. du Dauphiné*, t. 11, p. 480.

1819 *Plessis-du-Parc lez Tours, janvier 1482 (1483).*

Lettres par lesquelles le roi, en considération de la grande dévotion qu'il avait pour sainte Marie-Madeleine, fait don aux religieux et monastère de Saint-Maximin[2], près La Baume en Provence[3], en l'église de laquelle reposait la tête de la susdite sainte, d'une rente annuelle et perpétuelle de 2,440 l., 3 s., 4 d., pour parfaire la somme de 4,328 l., 13 s., 4 d. à laquelle se montait le vœu qu'il avait fait. Cette rente était assignée sur diverses terres du domaine delphinal, savoir : 600 l. sur le revenu de la cour de Graisivaudan, 390 l. sur les seigneuries de Baix et de Nyons, 150 l. sur celle de Goncelin, 200 l. sur celle d'Allevard, 100 l. sur celle de Voreppe, 160 l. sur celles de Vif et de La Cluse, enfin 285 l., 10 s. sur le consulat et la cour commune d'Embrun.

Enregistrées le 14 juin 1483.

Copie. B 3049, f° 244.

Mentions. U. Chevalier, *Ordon.*, n° 641. — *Ordon. des rois de France*, t. xix, p. 91.

1820 *Plessis-du-Parc lez Tours, 19 janvier 1482 (1483).*

Lettres du roi portant commission à son conseiller et chambellan, Etienne de Poisieu dit Capdorat, bailli des Montagnes du Dauphiné,

---

[1] Antoine de Lamet avait été chargé de cette mission par lettres du 1er octobre 1482 (acte n° 1814).

[2] Saint-Maximin, aujourd'hui chef-lieu de canton de l'arrondissement de Brignoles (Var). Charles II, comte de Provence, y avait fondé, à la fin du XIIIe siècle, un couvent de Frères-Prêcheurs pour desservir l'église paroissiale dans laquelle se trouvait, suivant les traditions locales, le chef de sainte Marie-Madeleine.

[3] Aujourd'hui La Sainte-Baume, commune du Plan-d'Aups (Var).

pour se transporter en Dauphiné et y mettre à exécution les lettres de don qu'il venait de concéder au monastère de Saint-Maximin.

Copie. B 3049, f° 262.

1820 bis   3 février 1482 (1483).

Provisions de la charge de trésorier et receveur général des finances en Dauphiné pour Jean Guyon¹.

Mention dans les notes laissées par J.-J.-A. Pilot de Thorey.

1821   Tours, 2 mars 1482 (1483).

Lettres du roi, adressées aux gouverneur ou son lieutenant, gens du Parlement et des Comptes à Grenoble, baillis des Haut et Bas-Pays du Dauphiné, etc., constatant l'hommage que venait de lui prêter, entre les mains du chancelier, son cousin Hugues de Châlon, chevalier, seigneur de Châtelguyon et de Nozeroy, pour les seigneuries de Theys, La Pierre, Domène et Falavier, en Dauphiné, et ordonnant, en conséquence, qu'on le laisse immédiatement jouir des susdites terres².

Originaux, B 3183 et B 3806.

1822 Plessis-du-Parc les Tours, 6 mars 1482 (1483).

Lettres du roi mandant, aux gouverneur, gens du Parlement et des Comptes du Dauphiné, d'imposer, en plus de l'aide annuelle que lui accordaient les Trois-Etats du Dauphiné, une somme de 2,500 livres tournois, à laquelle devraient contribuer tous les sujets de la province, pour cette fois seulement, et sans préjudice pour les exempts et privilégiés de leurs droits dans l'avenir. Cette somme

---

¹ Jean Guyon, qui remplaçait comme trésorier général Jean de Vaulx, fut également nommé châtelain de Montbonnot en 1488 (voir la note 4, p. 311) et mourut à Paris le 19 juillet 1498 (Calendrier de la Chambre des comptes de Grenoble). Dès le lendemain, il était remplacé comme trésorier général par Jean Briçonnet.

² Les terres de Theys, La Pierre, Domène et Falavier, avaient été restituées à Hugues de Châlon ensuite d'un traité que ce dernier avait conclu avec le roi Louis XI, le 4 mai 1479; voir à ce sujet les actes nos 1748 bis, 1749 ter et 1779 bis.

était destinée à entretenir l'artillerie, que le roi envoyait devant la ville de Nice, occupée par les ennemis du duc de Savoie.

Enregistrées le 21 juin 1483.

Original. B 3183.

1823   *Plessis-du-Parc les Tours, 7 avril 1483.*

Lettres du roi portant commission à Martin Rissent, son notaire et secrétaire, pour se rendre en Dauphiné et y assigner sur les terres du Domaine une rente de 2,619 livres, 10 sous tournois, en faveur de l'abbaye de Saint-Antoine de Viennois, destinée à faire, à perpétuité, le jour de mercredi de chaque semaine, une offrande de 31 écus d'or, 32 sous et 6 deniers tournois, à l'autel ou chapelle de Notre-Dame-de-Grâce, fondée en l'église de ladite abbaye[1].

Copie. B 3049, f° 265.

1824   *Plessis-du-Parc les Tours, 8 avril 1483.*

Lettres par lesquelles le roi entend que les ordonnances qu'il avait fait rédiger, tant sur célébration des services religieux qu'il avait fondés dans l'église de Notre-Dame-d'Embrun, que sur la distribution des rentes qu'il avait données pour en assurer le fonctionnement[2], et qui avaient été sanctionnées par le pape[3], soit à

---

[1] Le commissaire par procès-verbal, clos le 10 mai 1483, assigne le montant de la rente de la manière suivante : 300 l. sur le revenu de La Tour-du-Pin, 68 l. 15 s. sur la pension de la ville de Romans, 78 l. sur les terres de Saint-Pierre-de-Barrès et du Pouzin, 78 l. sur celle de Beauvoir-en-Royans, 138 l. sur Chabeuil, 70 l. sur Réotier, 150 l. sur Serres, 100 l. sur Quirieu et La Balme, 408 l. sur Bourgoin, 60 l. sur Rives et Réaumont, 20 l. sur la châtellenie de Grenoble, 90 l. sur celle de Briançon, 48 l. sur le port de La Roche près Grenoble, 280 l. 5 s. sur la grande cour du Viennois-Valentinois, 70 l. sur celle du Briançonnais, 50 l. sur celle du palais d'Embrun, 40 l. sur la châtellenie de Mirabel, 40 l. sur celle de Mévouillon, 50 l. sur celle de Montauban, 15 l. sur celle de Sainte-Euphémie, 60 l. sur la garderie de Vienne, et, enfin, 20 l. sur la châtellenie de Chabons. — Ce don de Louis XI à l'abbaye de Saint-Antoine fut confirmé par de nouvelles lettres du mois de mai suivant (acte n° 1825). Voir sur les donations faites par Louis XI à l'abbaye de Saint-Antoine, la note 1, p. 208.

[2] Voir, à ce sujet, les actes n°° 1793, 1807 et 1813.

[3] Le pape Sixte IV avait approuvé les ordonnances visées dans les susdites lettres par bulle donnée à Saint-Pierre de Rome, le 28 janvier 1483. Le texte en a été publié par M. l'abbé P. Guillaume, *Hist. générale des Alpes Maritimes et Cottiennes* par M. Fornier, Appendice, t. III, p. 389.

l'avenir scrupuleusement observées et entretenues, et en conséquence charge ses conseillers les gouverneur, gens de son Parlement, bailli des Montagnes, juge d'Embrun et tous ses autres justiciers du Dauphiné ou leurs lieutenants, présents et futurs, de faire observer sa présente déclaration et volonté.

Copie. Arch. des Hautes-Alpes, titres du chapitre d'Embrun, G 197.
Analyse. Invent. som. des Arch. des Hautes-Alpes, t. 11, p. 129.
Publiées. P. Guillaume, Hist. générale des Alpes Maritimes et Cottiènes par M. Fornier, Append., t. III, p. 394.

1825   *Montils les Tours, mai 1483.*

Lettres du roi portant confirmation en faveur de l'abbaye de Saint-Antoine de Viennois d'une rente annuelle de 2,619 livres, 10 sous tournois[1].

Enregistrées le 31 juillet 1483.

Copie. B 3049, f° 382.

1826   *Tours, 18 juillet 1483.*

Lettres du roi, adressées aux gouverneur ou son lieutenant, gens du Parlement et des Comptes et trésorier du Dauphiné, constatant l'hommage lige que venait de lui prêter, entre les mains du chancelier, Geoffroy de Velor, écuyer, pour les château, châtellenie et juridiction de Demptézieu, dont il venait d'hériter de feue Catherine de Levis, sa mère[2].

Original. B 2652.

1827   *Montils les Tours, juillet 1483.*

Lettres par lesquelles le roi fait don à l'abbaye de Saint-Antoine de Viennois[3] de la seigneurie avec juridiction de Montbonnot, du greffe du Parlement de Grenoble et du péage de Serrières, en compensation du péage de Baix-sur-Baix et de la rente de 78 livres

---

[1] Voir, à ce sujet, les lettres du 7 avril précédent : acte n° 1823.
[2] Voir, sur le même sujet, l'acte n° 1830 et la note 1, p. 154.
[3] Voir, sur les dons faits par le roi Louis XI à l'abbaye de Saint-Antoine, la note 1, p. 208.

qu'elle prélevait sur les terres de Saint-Pierre-de-Barrès et du Pouzin, qu'il avait cédées au pape [1].

Enregistrées le 31 juillet 1483.

Copie. B 3049, f° 286.

1828 — 1483 ?

Lettres par lesquelles le roi donne commission à maître Pierre Poignant, conseiller au Parlement de Paris, de rédiger un mémoire sur les droits que le pape avait à la suzeraineté temporelle de la ville de Gap et des châteaux voisins.

Mention insérée dans une protestation formulée, à ce sujet, par le Procureur général du Dauphiné (B 3145, f° 246).

1829 — Date incertaine.

Lettres par lesquelles le roi fait don à François Ailloud, en considération de son mariage avec l'une de ses filles naturelles [2], de

---

[1] Voir, à ce sujet, la note 3, p. 338.

[2] L'analyse de cet acte nous apprend que le roi Louis XI avait marié une fille naturelle, dont l'existence n'avait jamais été signalée jusqu'ici, avec François Ailloud, auquel il fit don, pour subvenir aux charges de son ménage, de l'office de greffier de la Cour commune de Vienne, dont Jean Bourré était précédemment titulaire, mais qu'il résigna à la demande du roi. Après la mort de Louis XI, le nouveau roi Charles VIII, par lettres données à Blois, le 4 novembre 1483, confirma à François Ailloud la jouissance de son greffe, mais les gens du Parlement et des Comptes du Dauphiné refusèrent de maintenir le titulaire et prétendant que ce greffe était une dépendance de l'ancien domaine delphinal, désappointèrent Ailloud de sa charge, mirent le greffe aux enchères et l'adjugèrent pour le prix de 60 livres tournois au plus offrant et dernier enchérisseur. Cependant, sur les pressantes sollicitations de Jean Bourré, le roi Charles VIII, par de nouvelles lettres patentes, données à Amboise, le 3 avril 1483 (1484, n. s.), donna de nouveau à François Ailloud les revenus, profits et émoluments du même greffe et enjoignit au Parlement de Grenoble de le mettre en possession de ce don. Ces dernières lettres furent enregistrées le 12 mai 1484 (B 2967, f° 349).

Le même François Ailloud qui était aussi pourvu de l'office de procureur fiscal de la Cour mage du Graisivaudan, en 1479, fut ensuite nommé maître auditeur en la Chambre des comptes du Dauphiné en 1489, et remplacé comme procureur fiscal du Graisivaudan par son frère Jean Ailloud, suivant lettres du roi Charles VIII, données à Amboise le 12 mai 1489 (B 2961, f° 401). François Ailloud figure encore comme cinquième et dernier auditeur en 1493.

l'office de greffier de la Cour commune de Vienne ainsi que de toutes les recettes de ce greffe, quel qu'en puisse être le montant, en remplacement de son conseiller et maître de ses Comptes à Paris, maître Jean Bourré, trésorier de France et seigneur du Plessis, résignataire.

Mention insérée dans des lettres confirmatives du même don, données par le roi Charles VIII, le 3 avril 1484, n. s. (B 2967, f° 349).

SUPPLÉMENT

1830   *Florence, 3 des ides de juillet (13 juillet) 1435.*

Bulle du pape Eugène IV[1], adressée aux prieurs de Saint-Laurent de Grenoble et de Saint-Robert au diocèse de Grenoble, et au prévôt de l'église de Saint-André de Grenoble, par laquelle, à la demande de Louis, dauphin de Viennois, fils aîné du roi de France Charles VII, il leur mande de faire publier et observer une bulle du pape Boniface VIII[2], donnée à Anagni la veille des calendes de juin de la huitième année de son pontificat (31 mai 1302), faisant défense d'user d'interdit pour dettes[3].

Corn. B 3179.

---

[1] Eugène IV (Gabriel Condolmerio) élu pape le 3 mars 1431, couronné le 11, déposé le 25 juin 1439 par le concile de Bâle, mort à Rome le 23 février 1447.

[2] Boniface VIII (Benoît Cajetani) élu le 24 décembre 1294, sacré le 23 janvier 1295, mort à Rome le 11 octobre 1303.

[3] En exécution de cette bulle et sur la réquisition du dauphin et du procureur des Trois-États du Dauphiné, Laurent Deyrier, prieur de Saint-Laurent de Grenoble, adressa, le 20 mars 1437, un mandement à tous les archevêques et évêques du Dauphiné pour qu'ils aient à se conformer aux prescriptions édictées dans la bulle du pape Boniface VIII (B 3179). L'archevêque de Lyon, Amédée de Talaru, ayant fait rendre par Mathieu Michart, docteur en décrets, chanoine de Freisingen en Bavière, se disant commissaire délégué à ces fins par le concile de Bâle, une ordonnance contre le dauphin Louis, ainsi que contre le procureur général des Trois-États du Dauphiné et Laurent Deyrier, le procureur général fiscal du Dauphiné, Jean Baile, de son côté, tant en son nom qu'en celui du procureur des Trois-États, fit interjetter appel de la susdite ordonnance, tant au pape qu'au concile de Bâle, par Jean d'Echallon, bachelier en décrets, chanoine de Saint-Barnard de Romans et official du diocèse de Vienne (*ibid.*).

1831 *Florence, 3 des ides de juillet (13 juillet) 1435.*

Bulle du pape Eugène IV, par laquelle il autorise le dauphin Louis à faire comprendre les ecclésiastiques du Dauphiné au paiement des contributions publiques, nonobstant tous interdits à ce contraires et désigne à cet effet comme commissaire spécial le prieur de Saint-Laurent de Grenoble.

Marion, *Invent. des titres de la Chambre des comptes, Généralités*, t. 1, f° 190.

1832 *Romans, janvier 1436 (1437).*

Lettres du dauphin Louis confirmant des lettres antérieures du roi et dauphin Charles VII, données à Lyon en janvier 1424, qui confirmaient elles-mêmes les privilèges concédés et successivement confirmés aux officiers et ouvriers de la Monnaie de Romans, par lettres du dauphin Humbert II, données à Vienne le 28 juillet 1337, Henri de Villars, archevêque et comte de Lyon, lieutenant du dauphin Charles, données à Saint-Just de Lyon le 30 octobre 1352, le roi et dauphin Charles VI, données à Paris en mai 1390, le dauphin Louis Iᵉʳ, duc d'Aquitaine, données à Meaux en septembre 1412, et le dauphin Charles, régent du royaume, données à Paris en mai 1417[1].

Pilhes, *Ordon. des rois de France*, t. 12, p. 162.

1833 *Saint-Etienne-de-Saint-Geoirs, 12 décembre 1437.*

Acte par lequel Béatrix de Bressieux[2], veuve d'Amédée de Cousan, seigneur dudit lieu, afin de se procurer un appui efficace pour recouvrer les sommes qui lui étaient dues par plusieurs puissants seigneurs et aussi de s'assurer pour le reste de ses jours une existence tranquille, fait donation au dauphin Louis, représenté par Nicolas

———

[1] Les mêmes privilèges furent depuis encore confirmés par lettres du roi Charles VIII, données à Amboise, au mois de mai 1489.
[2] Béatrix de Bressieux, fille de Joffrey, seigneur de Bressieux, et de Marguerite de Poitiers, fut successivement veuve de Guichard de Groléo et de Louis-Amédée de Couzan; elle vivait encore en 1448, année où le dauphin fit don à Jean Copier de toute la succession qu'elle lui avait laissée (voir les lettres du 11 février 1449, acte n° 573).

Erland, trésorier delphinal, et Simonet d'Arzac¹, procureur fiscal de la cour mage du Viennois-Valentinois, de tous les biens meubles et immeubles qu'elle possède dans les mandements de Saint-Alban, Gluiras et Saint-Félicien, au diocèse de Viviers, de Lemps², au diocèse de Vienne, et de Beauvoir-en-Royans, au diocèse de Grenoble; ainsi que de toutes les actions auxquelles elle peut ou pourrait prétendre sur les susdites terres à raison de divers contrats passés soit avec Randon, seigneur de Joyeuse³, soit avec feu Antoine de Clermont ou tous autres. La donatrice, toutefois, se réserve une pension viagère de 3,000 florins, qui lui sera assignée sur la châtellenie de Saint-Nazaire-en-Royans ou toute autre située dans les environs du château de Beauvoir, pension du reste équivalente à celle qu'était tenu de lui payer le seigneur de Clermont sur les revenus de la terre de Lemps; se réserve également quelques effets mobiliers et la jouissance, sa vie durant, du château de Beauvoir-en-Royans; stipule que le dauphin ou ses officiers lui prêteront aide et assistance pour le recouvrement des sommes qui lui étaient dues, savoir : 1,400 francs par les héritiers du seigneur de Cousan, 700 francs par les héritiers de Louis de Poitiers, seigneur de Saint-Vallier, 400 francs par ceux de Charles de Poitiers, enfin, ce qui pouvait lui revenir dans les successions de Joffrey seigneur de Bressieux et de Marguerite de Poitiers, ses père et mère. Elle stipule encore que le dauphin devra payer à sa décharge un don de 500 florins aux

---

¹ Un membre de la même famille Antoine d'Arzac fut anobli par le roi Louis XI en 1478 (acte n° 1707).

² Aujourd'hui le Grand-Lemps, chef-lieu de canton de l'arrondissement de La Tour-du-Pin (Isère).

³ Randon, seigneur de Joyeuse, chevalier, conseiller et chambellan du roi Charles VII, fils de Louis, seigneur de Joyeuse, et de Tiburge dame de Saint-Didier, sa seconde épouse. Ce personnage qui fut gouverneur du Dauphiné de 1420 à 1424, avait reçu la terre de Beauvoir-en-Royans, du roi Charles VII (lettres données à Bourges le 23 juillet 1421) en compensation de la somme de 4,000 l. t. dont il avait fait l'avance à ce prince pour l'entretien des troupes écossaises entrées à son service, et d'une autre somme de 7,000 l. montant de dépenses faites en divers voyages (B 3044, f° 80y). Depuis lors, le seigneur de Joyeuse avait échangé la terre de Beauvoir, avec Béatrix de Bressieux, contre diverses terres que cette dernière possédait en Vivarais.

Augustins de Beaurepaire pour la construction de leur église; 1,200 francs d'or pour la construction et la dotation d'une chapelle dédiée à la Vierge dans l'église paroissiale de Saint-Marcellin; 200 francs aux Frères-Mineurs de Romans pour la construction de deux caveaux dans le cloître de leur église; etc. Elle se réserve, enfin, durant trois ans après son décès le montant de sa pension de 3,000 florins, pour lui permettre de faire différents legs à ses serviteurs et domestiques. Cet acte reçu par Simon Galbert et Pierre du Rua, de Saint-Marcellin, notaires, fut rédigé en présence des nobles Antoine Blanc, Étienne Parpaillon, Jean Vordonay, notaire à la Côte-Saint-André, Guillaume Gauteron fils d'Henri, Pierre Gobin, Pierre Thomassin, notaire à Lyon, etc.

Original. Titres du Vivarais.
Copies. B 2977, f° 497 et 533.

1834. *Poitiers, 23 avril 1440.*

Lettres du roi et dauphin Charles VII, adressées aux gouverneur ou son lieutenant gens de son Conseil et de ses Comptes du Dauphiné, par lesquelles, après avoir rappelé que par des lettres précédentes il leur avait fait connaître les entreprises des ducs de Bourbon et d'Alençon et du comte de Vendôme, qui, soubs umbre de nostre fils le dauphin, lequel qui est encores en jeune age comme chascun scet par exhortementz et séductions ils ont mis et fait a joindre avecques eulx en le voulant eslever en gouvernement et régence pardessus nous et contre notre auctorité et magesté royal, que par d'autres lettres il leur avait également fait défense d'obéir à son dit fils le dauphin ni aux susdits seigneurs, qui, depuis, perse-

---

Si l'on s'en rapporte aux indications contenues dans cet acte, le couvent des religieux Augustins de Beaurepaire aurait été fondé par Béatrix de Roussillon.
² Charles I, duc de Bourbon et d'Auvergne, fils de Jean I°, mort en février 1439, et de Marie de Berry; il mourut lui-même le 4 décembre 1456.
³ Jean II de Valois, duc d'Alençon, fils de Jean I° et de Marie de Bretagne; pair de France, chevalier de la Toison d'Or, né le 2 mars 1409; mort en 1476.
⁴ Louis de Bourbon, comte de Vendôme et de Chartres, grand chambellan et grand maître de France, second fils de Jean I° de Bourbon, comte de La Marche, et de Catherine de Vendôme, mort le 21 décembre 1446.

vérant dans leurs projets, s'étaient emparés des villes de Loches, Niort, Saincaize, Saint-Maixent et autres, où ils avaient mis garnisons, et avaient fait transférer le dauphin de la ville de Niort dans le pays de Bourbonnais. — il leur mande et enjoint, de ne point reconnaître en Dauphiné, l'autorité du dauphin ni des seigneurs insoumis ou de leurs complices et adhérents, d'y faire publier « sole-
« mnellement et à son de trompe, ... que aucuns de noz subgiez
« dudit Daulphiné soient nobles ou autres sur peine d'estre réputez
« envers nous desloyaulx, rebelles et désobeissans et de confiscation
« de corps et de biens ne voisent aux mandemens de notre dit fils le
« dauphin, de nos dix cousins de Bourbon, d'Alençon et de Ven-
« dosme ne d'autres leurs adhérens, aliés et complices, et ne leurs
« obéissent en quelque manière que ce soit, ne adioustent aucune
« foy ou créance à chose quelconque qui, de par eulx, leur soit
« escripte ou donnée à entendre, et ne facent ou sueffrent eulx ne
« leurs gens fauteurs ou adhérens avoir entrée en leurs villes ne
« leur bailler aucuns vivres, harnois, artillerie ou autres biens quelz-
« conques, et vous mesmes ne le faites ou souffrez en aucune ma-
« nière, saichans certainement que de ceulx qui feront le contraire
« nous en ferons fere tele pugnicion et justice que ce sera exemple
« à tous autres, et en outre s'aucunes lectres leur sont de par nostre
« dit filz ou aucuns des dessusdiz envoiées, qu'ilz les nous envoient
« et prengent, arrestent et gardent les messages seurement sans en
« faire aucune délivrance jusques à ce que par nous en soit autre-
« ment ordonné

1438. Guéret, 3 mai 1440.

Lettres du roi et dauphin Charles VII, adressées aux lieutenant du gouverneur et gens du Conseil du Dauphiné, par lesquelles, — après avoir relaté les faits déjà consignés dans les précédentes lettres et ajouté que les princes révoltés étaient venus mettre le siège devant la ville de Montferrant, dont ils s'étaient emparés et devant celle de Clermont, où ils avaient trouvé « bonne résistance » ; mais qu'ils avaient pris et détenaient prisonnier le sire de Gaucourt¹.

¹ Raoul, seigneur de Gaucourt, chevalier, conseiller et premier chambellan du roi Charles VII ; voir, sur ce personnage, la note

gouverneur du Dauphiné, — leur renouvelle les prescriptions faites précédemment et leur enjoint de faire publier « que tous les nobles « et autres, tenans de nous fief ou arrière fief et ont acoustumé « d'eulx armer, se mectent sus en armes et se tiengnent presls « pour nous venir servir sitost que leur manderont et feront « sayoir ».

Original. B 3179.

1836. Charlieu, 28 juillet 1440.

Lettres par lesquelles le roi et dauphin Charles VII, après avoir exposé « que comme notre très chier et très amé fils Loys, daul- « phin de Viennoys, par la grace de Notre Seigneur soit venu en « aage soufisant pour avoir cognoissance et soy employer ès be- « sougnes et affaires de notre royaume et d'avoir estat et gouver- « nement et aucunes terres et seignouries dont il puissent aucu- « nement aider à soustenir son estat et despense », lui donne, cède, transporte et délaisse par les présentes les pays, terre et seigneurie du Dauphiné de Viennois, avec toutes leurs dépendances pour en jouir et user et en prendre, à l'avenir, les cens, rentes, revenus de toute nature pour lui aider à subvenir à ses dépenses; casse et annule tous gages, dons, pensions, crèves extraordinaires, autres que les gages anciens et ordinaires des officiers du susdit pays, pourvu toutefois que les officiers actuellement en exercice conservent leurs offices tant qu'ils vivront, et qu'ils ne pourront en être privés que pour cause de forfaiture; stipule que les lettres de justice et autres lettres patentes concernant le Dauphiné seront scellées du scel du Dauphiné, dont le chancelier de France aura la garde au nom du dauphin, et mande, enfin, aux gouverneur ou son lieutenant, gens du Conseil et des Comptes et à tous autres justiciers et officiers du Dauphiné ou leurs lieutenants de mettre son susdit fils le dauphin en possession et saisine du Dauphiné, et de lui obéir en tout, ainsi qu'à ses gens, commis ou députés ».

Original. B 3179.
Copies. B 2906, f° 85, et B 3179.
Analyse. U. Chevalier, Ordon., n° 3781.

Voir, sur la prise de possession du Dauphiné par le dauphin Louis, l'acte n° 6.

1837 — Paris, 28 juillet 1441.

Lettres du roi Charles VII, adressées aux sénéchal de Beaucaire et de Nîmes, bailli et juges du Viennois, Valentinois et de Bocieu et autres justiciers de la susdite sénéchaussée ou leurs lieutenants, par lesquelles, à la demande du Procureur fiscal de son fils aîné le dauphin Louis, en la judicature mage du Viennois-Valentinois en Dauphiné, il confirme le contenu de ses lettres antérieures du 26 novembre 1421, relatives à la juridiction des terres de Serrières et de Peyraud, situées au delà du Rhône mais mouvantes du Dauphiné, et leur mande d'en faire observer ponctuellement la teneur. Les lettres du dauphin Charles, régent du royaume, données à Bourges, le 26 novembre 1421, faisaient défense aux sénéchal de Beaucaire, bailli et juges royaux du Viennois, Valentinois et de Bocieu, ainsi qu'à tous autres justiciers et officiers de la susdite sénéchaussée ou leurs lieutenants d'exercer à l'avenir aucune juridiction, de connaître d'aucuns appels ni de faire aucunes exécutions dans les terres de Serrières et de Peyraud, qui, en vertu de l'acte de transport du Dauphiné à la couronne de France, ressortaient à la jugerie mage du Viennois-Valentinois en Dauphiné.

Copie. B 2977, f° 74.
Analyse. U. Chevalier, Ordon., n° 380.

1838 — Saint-Denis, 3 août 1441.

Lettres du dauphin Louis, portant confirmation des lettres suivantes qui toutes étaient relatives aux libertés et privilèges, connus sous le nom de statuts delphinaux, concédés ou confirmés aux habitants du Dauphiné par les dauphins ses prédécesseurs : 1° Lettres du roi dauphin Charles V, données à Paris, au mois d'août 1367, confirmatives de l'acte du 16 juillet 1349, par lequel le dauphin Charles approuve et jure d'observer les statuts et libertés du Dauphiné accordés par le dauphin Humbert II, le 14 mars 1349; 2° Lettres du dauphin Charles, données à Lyon, le 26 janvier 1419 (1420 n. s.) confirmatives de lettres antérieures concédées à Grenoble, le 5 avril 1419, par Henri de Sassenage, gouverneur du Dauphiné; 3° Lettres du roi dauphin Charles VI, données à Paris, en avril 1381, confirmatives de lettres précédentes du roi dauphin Charles V, données à Paris le 22 août 1367; 4° Lettres du dauphin

Humbert I, données à Beauvoir-en-Royans, le 1er septembre 1441, exemptant ses sujets du Dauphiné de toutes corvées, fouages, dons, tailles et charges extraordinaires ; 5° Lettres de privilèges accordés aux habitants du Dauphiné, données à Vienne au mois d'avril 1434, par le roi dauphin Charles VII[1].

Corres. B 2906, f° 44, et B 3003 cah. XLI.

Publiées en partie seulement. *Ordon. des rois de France*, t. XIX, p. 160. — Quant aux actes que confirmait le dauphin, ils ont été publiés dans les *Statuta delphinalia*, éd. 1610, aux folios 35 v°, 90, 81 v°, 88, et 53 v°.

1839. *Ruffec, 25 avril 1442.*

Mandement du dauphin Louis à ses conseillers Olivier Frétart, son maître d'hôtel, et Casin Chailla, son trésorier général, pour rembourser, sur le montant de l'aide que lui ont accordée les gens des Trois-États du Dauphiné, à l'évêque de Grenoble[2], la somme de 2,000 écus qu'il vient de prier ce prélat de lui avancer.

Il est dit dans la lettre missive adressée par le dauphin à l'évêque de Grenoble pour lui prêter la somme de 2,000 écus, « car il avait « très nécessairement à be- « soigner d'argent pour la journée de Tartas ». (Titres de l'évêché de Grenoble).

1840. *24 mai 1442.*

Lettres par lesquelles le dauphin Louis confirme dans l'exercice de leurs fonctions les notaires et secrétaires delphinaux[3], à savoir : comme secrétaires ordinaires Jean du Plâtre[4] et Catelan Chanterel[5],

---

[1] Les mêmes privilèges et libertés du Dauphiné furent depuis confirmés par lettres patentes des rois : Charles VIII, données à Blois en octobre 1483 (*Ordon. des rois de France*, t. XIX, p. 160) ; Louis XII, données à Reims en mai 1498 ; François Ier, données à Paris en février 1514 (1515 n. s.) ; Henri III, données à Saint-Germain-en-Laye, en juin 1547, le tout enregistré au Parlement de Grenoble, le 24 décembre 1547, à la requête de l'évêque de Grenoble, président né des Trois-États du Dauphiné (B 3003, cah., XLI).

[2] Aimon II de Chissé, voir la note 3, p. 4, du t. 1er.

[3] Voir, sur l'organisation des secrétaires delphinaux, la note 1, p. 170 du t. 1er.

[4] Voir, sur Jean du Plâtre, la note 2, p. 55 du t. 1er.

[5] Voir, sur Catelan Chanterel, la note 2, p. 170 du t. 1er.

comme secrétaires audienciers Jean Botut¹ et Jean de Vourey², et comme secrétaires extraordinaires Jean de Lilliers et Jean Joffrey³.

Mention. Titres de la Chambre des comptes. — Inv. som. des arch. de l'Isère, t. III, Introduct., p. 89.

1841 Genève, 25 mai 1443.

Lettres par lesquelles Louis, duc de Savoie, de Chablais et d'Aoste, — après avoir relaté que le roi de France et le dauphin avaient, il y a deux ans, mis une gabelle ou *treu* de 10 sous tournois sur chaque bête ou sommade chargée de sel, sortant du royaume ou du Dauphiné pour entrer en Savoie; que depuis lors ce droit avait été abaissé à 5 sous tournois; et que tout récemment, sur ses instances, le roi et le dauphin avaient supprimé ce droit⁴ à condition toutefois, que de son côté, il en ferait autant et qu'à l'avenir le sel venant de France ou du Dauphiné entrerait librement dans ses états, — supprime et annule toutes les défenses qu'il avait faites à ce sujet, et consent qu'à l'avenir le sel venant du royaume ou du Dauphiné puisse entrer librement dans ses états.

Copie. B 2904, f° 83.

1842 Pontoise, 14 octobre 1443.

Lettres adressées aux gouverneur ou son lieutenant, gens du Conseil et des Comptes et trésorier du Dauphiné, par lesquelles le dauphin Louis, — après avoir relaté qu'il avait accordé des lettres de grâce et rémission à Hugues de Commiers⁵, écuyer, seigneur d'Etappes, à la suite de divers crimes qu'il avait commis, et que l'intéressé craignant, que lorsqu'il leur en demanderait l'entérinement, ils ne voulussent lui faire payer à cet effet une somme d'argent excessive, ce qui lui serait impossible de faire, eu égard aux grandes dépenses qu'il fait journellement pour son service, — lui fait remise

¹ Voir, sur Jean Botut, les notes 1, p. 61 et 3, p. 74 du t. 1ᵉʳ.
² Voir, sur Jean de Vourey, la note 1, p. 188 du t. 1ᵉʳ.
³ Voir, sur Jean Joffrey, la note 5, p. 447 du t. 1ᵉʳ.
⁴ Voir l'ordonnance du 3 février 1443, acte n° 54.
⁵ Voir, sur Hugues de Commiers, seigneur d'Etappes, la note 2, p. 476 du t. 1ᵉʳ.

de tous les droits de sceau qui pourraient être dus à raison de l'entérinement de ses précédentes lettres de grâce¹.

Gopis, Compte de la châtellenie de l'Oisans, pour l'année 1454-1455.

1843   25 août 1444.

Bulle du pape Eugène IV nommant le dauphin Louis gonfalonier général de l'Eglise Romaine².

Mentions. U. Chevalier, *Cartul. municipal de la ville de Montélimar*, p. 290, d'après un cartul. mss. de Saint-Paul-Trois-Châteaux. — Bon de Coston, *Hist. de Montélimar*, t. II, p. 10.

1843 bis   Ensisheim, 17 octobre 1444.

Transaction conclue entre le dauphin Louis et Louis, duc de Savoie, de Chablais et d'Aoste, prince et vicaire perpétuel du Saint Empire Romain, au sujet de la possession des comtés de Valentinois et de Diois. Le duc abandonne au dauphin tous les droits qu'il pré-

---

¹ Voir, sur le même sujet, l'acte n° 1189 bis.
² On désignait anciennement, sous le nom de gonfaloniers ou gonfanoniers de l'Eglise les protecteurs établis par les papes dans les villes d'Italie pendant leur lutte contre les empereurs. Le dauphin avait fait solliciter cette fonction honorifique, avec d'autant plus d'insistance qu'une pension était attribuée au titulaire de cette dignité, qui lui donnait, en outre, comme représentant de l'Eglise romaine une suprématie sur le Comtat. En 1483, le pape Sixte IV promit à son tour de nommer gonfalonier le jeune dauphin (Charles VIII) et lui envoya une épée bénie. Voici du reste en quels termes s'explique le souverain pontife dans la lettre qu'il remit, à ce sujet, aux ambassadeurs (de Rochechouart et J. Rabot) que lui avait envoyé le roi Louis XI :

« Item et parce que nostre dit saint père a très grande estimation de mon dit
« sieur le dauphin et croit certainement qu'il sera un très vertueux et très excel-
« lant prince, et le pilier de l'esglise militante, il désire fort, s'il est agréable au
« roy, qu'il fut gonfalounier de l'Esglise, ainsy que le roy estant dauphin le fut du
« temps du pape Eugène.
« Item, le pape eut envoyé la rose qu'il bénit à mi-caresme à mon dit seigneur le
« prince dauphin, mais parce que l'espée qui se bénit à Noël est un don plus
« convenable pour luy, le pape luy envoye ladite espée, afin que la première espée
« qu'il ceindra il l'ayt du vicaire de Dieu, lequel luy veuille donner la grâce de
« vivre longuement en paix et tranquilité comme prince vertueux. » (*La vie de Jean
Rabot*, par Guy Allard, éditée par H. Gariel, Grenoble, 1852, p. 17).

tendait avoir à la possession des susdits comtés, en vertu d'une clause du testament de Louis, dernier comte de Valentinois, et s'engage à lui payer 30,000 écus vieux, comptés à raison de 64 écus pour chaque marc d'or fin, plus les sommes de 8,000 écus neufs et de 3,000 ducats de bon or fin, que le dauphin déclare avoir déjà reçu. De son côté le dauphin cède au duc et à ses successeurs les châteaux, terres et villes de Baix, Chalançon, Le Pouzin, Saint-Pierre-de-Barrès et généralement toutes les possessions situées sur la rive droite du Rhône et qui relevaient des susdits comtés[1].

COPIES. B 3030.

1844. 3 juin 1445.

Lettres par lesquelles le dauphin, — à la suite d'une supplique que lui avait adressée Charles Adhémar[2], héritier de Louis et de Gonon Adhémar, seigneurs de La Garde, dans laquelle il exposait qu'une transaction avait été conclue par l'entremise d'amis communs, entre les susdits Louis et Gonon d'une part et Baudon Adhémar d'autre, au sujet du litige existant entre eux, relativement à la possession des châteaux de Lachau, Ballons-de-Chabre et Ballons-le-Tronc, et par laquelle il avait été stipulé, que sans préjudicier en rien sur le droit des parties, les susdits châteaux seraient placés sous la main delphinale jusqu'à la décision des arbitres, choisis pour terminer le différend, — mande, en conséquence, à ses officiers du Dauphiné de faire observer cette transaction, révoque et annule toutes les exécutions faites tant contre Louis et Gonon Adhémar que contre le suppliant, pardonne à ce dernier toutes les offenses qu'il

---

[1] Cette transaction, qui fut signée par le duc de Savoie, à Genève, le 27 novembre suivant, resta sans effet, car la question de la possession des comtés de Valentinois et Diois fut de nouveau définitivement tranchée entre le dauphin et le duc par un nouvel accord conclu à Chinon le 8 avril 1446. (Voir l'acte n° 169).

[2] Charles Adhémar, seigneur de La Garde, après l'arrivée du dauphin Louis, en Dauphiné, devint l'un des écuyers d'écurie de ce prince ; mais ayant abandonné sa cause lorsqu'il s'enfuit du Dauphiné pour se retirer en Flandre, le roi Louis XI, parvenu au trône, le fit poursuivre comme criminel de lèse majesté. Un arrêt du parlement de Grenoble, du 30 juin 1463, le condamna au bannissement, à la restitution de toutes les sommes qu'il avait pu toucher sur les finances delphinales et à la confiscation de ses biens (voir la note 1, p. 32).

avait pu commettre à l'encontre de l'autorité du Conseil delphinal, et décide, enfin, que les châteaux en litige seraient administrés, sous sa main, par Louis de La Baume, seigneur de Suze¹, mandant en outre, à cet effet, d'en expulser Baudon Adhémar ou tous autres qui pourraient les détenir, et ce jusqu'à ce qu'il soit définitivement statué sur la difficulté².

¹ Analyse insérée dans d'autres lettres du dauphin du 15 juin suivant (B 3181). Voir l'acte n° 143.

² Voir, sur Louis de La Baume, seigneur de Suze-la-Rousse, la note 2, p. 305 du t. X.

³ Gaucher Adhémar qui se prétendait possesseur des châteaux de Lachau, Ballons-de-Chabre et Ballons-le-Tronc, avait intenté un procès, devant le Conseil delphinal, en revendication de ces châteaux, à Louis Adhémar, seigneur de La Garde, son parent, qui les détenait. Étant décédé peu après, le procès fut continué par son fils, Baudon Adhémar, tant contre le susdit Louis, que contre Gonon Adhémar, son fils et son curateur. Le 9 mars 1440, le Conseil delphinal ayant rendu un arrêt qui condamnait Louis et Gonon Adhémar à remettre les châteaux en litige à Baudon, avec restitution de fruits, à dater du jour de l'ouverture du procès, Gonon refusa de se soumettre à la décision du Conseil, plaça des garnisons dans chaque château et se mit en rébellion ouverte contre l'autorité delphinale, si bien qu'après diverses sommations, qui lui furent faites, un nouvel arrêt du Conseil delphinal le condamna à une amende de 600 livres, le bannit du Dauphiné et lui fit défense de s'immiscer dans l'administration desdits châteaux, sous peine de confiscation de tous les biens qu'il possédait. Gabriel de Bernes, lieutenant général du gouverneur, dut même s'emparer par la force, le 2 mai 1440, des châteaux qui faisaient l'objet de la difficulté. Loin de s'amender, Louis et Gonon Adhémar s'obstinèrent dans leur résistance et obtinrent du roi Charles VII, des lettres patentes, du mois de juillet 1440, qui ordonnaient au Conseil delphinal de réviser le procès et de suspendre en attendant toutes mesures d'exécution. Le Conseil refusa d'entériner ces lettres et, malgré de nouvelles lettres de jussion du roi, maintint Baudon dans la possession effective des châteaux. Le débat paraissait terminé, lorsqu'après la mort de Louis et de Gonon, leur héritier, Giraud Adhémar le rouvrit et implora à son tour la protection du dauphin Louis, qui adressa à ses officiers du Dauphiné les lettres que nous analysons ci-dessus. Cependant, maintenant sa première décision, le Conseil delphinal, non seulement refusa d'enregistrer les lettres du dauphin, mais encore lui en fit donner de nouvelles, à la date du 15 juin 1445 (acte n° 143) qui statuait que dans le but de faire respecter les décisions prises par le Conseil et évité de procéder à toute révision du procès, Giraud Adhémar solderait intégralement tous les frais du procès ainsi que l'amende de 600 l. t. à laquelle avaient été condamnés ses auteurs Louis et Gonon, et ce nonobstant les lettres qu'il avait pu obtenir de lui antérieurement (B 3181).

1845 *Châlons, 12 août 1445.*

Ordonnance par laquelle le roi Charles VII, — à l'effet de mettre un terme aux fautes et abus qui se commettaient relativement aux monnaies, soit d'or soit d'argent, frappées en Dauphiné sous ses nom et armes, du consentement de son fils le dauphin de Viennois et des gens de son Conseil, — stipule qu'à l'avenir il ne sera plus fait en Dauphiné de monnaie à ses nom et armes, mais, comme le Dauphiné était voisin et touchait au royaume, entend que les monnaies qui y seront frappées aux nom et armes de son fils aient cours dans tout le royaume, pourvu toutefois qu'elles soient des mêmes poids, loi et cours que celles qu'il fait frapper actuellement ou fera frapper dans l'avenir, et mande, en conséquence, aux généraux maîtres des monnaies, bailli de Mâcon, sénéchal de Lyon, viguier de Sainte-Colombe les Vienne, et, à tous ses autres, justiciers et officiers ou à leurs lieutenants de faire ponctuellement observer la présente ordonnance et d'en faire publier la teneur.

Copie. B. 2828, f° 10, v°.
Analyse. U. Chevalier, Ordon., n° 389.

1846 *Saint-Pierre à Rome, 7 des calendes de juin (26 mai) 1446.*

Bulle par laquelle le pape Eugène IV informe Louis, dauphin de France, gonfalonier de la Sainte-Eglise Romaine, que, dans l'espoir qu'il voudrait bien lui augmenter sa protection ainsi qu'à l'Eglise Romaine, il lui accorde et concède gracieusement tout ce que lui avaient demandé, en son nom, ses envoyés et orateurs nobles Romanet Veilheu[1], notaire apostolique, Guillaume de Poitiers[2] et Octaman d'Orléans, (*de Aureliano*), ses chambellans.

Original. B 3180.

1847 *Ratilly près Chinon, mai 1446.*

Lettres par lesquelles le roi Charles VII, après avoir relaté la ré-

---

[1] Voir, sur Romanet Veilhou, protonotaire apostolique, la note 3, p. 66 du t. 1er.
[2] Voir, sur Guillaume, bâtard de Poitiers, les notes 4, p. 16 du t. 1er, et 3, p. 3 de ce volume.

volte de Jean, comte d'Armagnac¹, puis les sollicitations faites en sa faveur par le roi de Castille et de Léon² et divers autres grands personnages, enfin les lettres de pardon qu'il avait accordées au rebelle avec la restitution de ses terres, à l'exception toutefois de celles de La Guyolle, de La Roque Valsergue, de Saint-Geniez de Ribedoc et de Cassagnes de Bégonhès, situées en Rouergue, fait don de ces dernières terres, avec tous leurs revenus et dépendances, à son fils le dauphin Louis, pour le récompenser des services signalés qu'il avait rendus lorsqu'il l'avait envoyé, à la tête d'une puissante armée, en Languedoc et en Guyenne pour y étouffer la révolte du comte d'Armagnac.

ORIGINAL. B 3765.
ANALYSE. U. Chevalier, Ordon., n° 396.

1848 *16 juin 1446.*

Hommage prêté au dauphin Louis par Louis, marquis de Saluces⁴, pour la baronnie d'Anthon et ses dépendances les châteaux et terres de Colombier, Saint-Laurent-en-Viennois, Septème, Roybon, Saint-Donat, et les péages d'Anthon, de Septème et de Saint-Donat.

ANALYSE. *Invent. des titres de la Chambre des comptes, Viennois,* t. 1, f° 21, v°.

---

¹ Jean IV, comte d'Armagnac ; voir la note 2, p. 367.
² Jean II, roi de Castille et de Léon, de 1406 à 1454.
³ Le même don fut depuis confirmé au dauphin par le roi Charles VII par lettres du 20 mars 1448 n. s. (acte n° 1881) ; plus tard, par de nouvelles lettres du 3 juillet 1452, le roi mécontent de son fils lui retira ces terres et les restitua au comte d'Armagnac (acte n° 1903). Cependant le dauphin ne se crut point dépossédé par suite de la reprise de ces terres faite par le roi et ne consentit à les rendre de son côté à Jean V d'Armagnac que le 8 novembre 1452 (acte n° 990), après toutefois que ce dernier se fut obligé à lui donner en compensation une somme de 22,000 écus d'or.
⁴ Si ce prince prêta hommage au dauphin pour les possessions qu'il avait en Dauphiné, il refusa obstinément de prêter hommage pour son marquisat de Saluces, qui cependant était un fief mouvant du dauphin. Aux renseignements que nous avons donnés sur Louis 1ᵉʳ, marquis de Saluces (note 1, p. 80 du t. 1ᵉʳ), nous ajouterons qu'il épousa en secondes noces Isabelle, fille de Guillaume, marquis de Montferrat, de laquelle il eut Louis II, marquis de Saluces, dont il a été parlé dans la note 1, p. 345 de ce volume.

1849
Janvier 1446 (1447).

Ordonnance par laquelle le dauphin Louis enjoint à tous barons, bannerets, nobles ou autres du Dauphiné et des comtés de Valentinois et de Diois, qui tenaient un fief ou un arrière-fief de lui, d'avoir à lui en prêter hommage, dans le délai d'un mois à partir de la publication de la présente ordonnance, sous peine de confiscation desdits fiefs et arrière fiefs.

Mention insérée dans diverses procurations passées par des détenteurs de fiefs, pour prêter hommage au dauphin (B 2651)[1].

1850
Romans, 10 février 1446 (1447).

Lettres constatant les hommages prêtés au dauphin Louis, entre les mains de son chancelier, par les nobles ci-après désignés :

1° André du Sauze, pour sa part du greffe de la Cour des Appellations du Dauphiné.

2° Antoine d'Alauson[2], fils et héritier de Jordain d'Alauson, seigneur de Sorbiers en Gaponçais.

3° Le précédent, comme procureur d'Aubertin de Pierre, fils et héritier de Louis de Pierre, seigneur de Montferrand, pour la susdite terre.

4° Messire Antoine Pelet, comme procureur de messire Guillaume Pelet, prieur de Romette, coseigneur de La Rochette, pour la susdite seigneurie.

5° Giraud Rivière, fils et héritier de Jordain Rivière, pour les châteaux de Sainte-Marie et de Brosse, avec leur juridiction.

---

[1] Dans la procuration donnée notamment, à Allevard le 8 février 1447, par noble Guigues Robo, d'Allevard, à Jean Robo, son fils aîné, pour prêter hommage au dauphin, on lit le passage suivant : « Cum ex mandato serenissimi principis « Ludovici regis Francorum primogeniti, domini nostri dalphini, noviter facto ut « omnes nobiles, inter cetera in licteris super hoc concessis contenta, infro unum « mensem a data exequtionis dictarum licterarum compulanda, recognoscere ha- « beant omnia que tenent ab eodem in feudo et retrofeudum unacum prestatione « homagii et sub pena amissionis omnium que tenent a dicto domino prout in « dictis licteris sic vel consimiliter contineri dicitur ».

[2] Voir, sur Antoine d'Alauson, la note 2, p. 291.

6° Le précédent, comme mari de Jeannette, fille de Maron de Saint-Vis.

7° Antoine d'Urre, père et administrateur d'Antoine et Aimar d'Urre, ses enfants, pour les châteaux et mandements d'Ourches, Veronne et tout ce qu'ils tiennent en Dauphiné.

8° Jean Artaud[1], le jeune, pour le château de La Roche sur Le Buis.

9° Raimond de Montauban, seigneur de Saint-André.

10° Antoine d'Ambel, tant en son nom qu'en celui de Catherine, son épouse, pour la moitié de la paroisse de La Chapelle en Valgodemar.

11° Le précédent, comme tuteur de Jordain Loyer, fils de la susdite Catherine, son épouse.

12° Jean Alleman, de Tullins, pour une maison située audit lieu de Tullins.

13° Jean de Montauban[2], dit Artaud, seigneur de Montmaur, pour les châteaux et seigneuries de Gresse et de Tochanne.

14° Antoine de Piégros, comme procureur de Françoise, son épouse, pour la moitié de la terre du Percy en Trièves.

15° François de Pierre, seigneur de Pierre, pour ladite seigneurie de Pierre et divers autres biens.

16° Raimond Sauret, seigneur d'Aspremont, pour le château d'Aspremont et divers autres biens.

17° Claude de Theys, de Charpeys, comme procureur d'Alix Malet, sa mère.

Manuscr. Bibl. de Grenoble, mss. R. 80. t. xl, n° 852, f° 170 et 171.

1881 — Romans, 11 février 1446 (1447).

Lettres constatant l'hommage prêté au dauphin Louis, entre

---

[1] Jean Artaud, fils de Guillaume Artaud, seigneur d'Aix et de sa seconde épouse Jeanne de Laudun. Il épousa Marie Alleman et testa le 10 juin 1491.

[2] Jean Artaud-Montauban, fils de Guillaume Artaud, seigneur d'Aix, et de sa première épouse Isoarde de Montauban. Il épousa Marguerite Louvat et testa le 10 octobre 1464. Son fils aîné, Gaspar Artaud-Montauban, seigneur d'Aix, épousa le 28 septembre 1467, Louise de Saint-Priest, fille de Gilet Richard, seigneur de Saint-Priest, et mourut vers 1497, ne laissant qu'une fille, Catherine de Montauban, qui épousa le 23 août 1490 Louis de Clermont, seigneur de Vivier.

1852 Romans, 11 février 1446 (1447).

Lettres constatant l'hommage, prêté au dauphin Louis, entre les mains de son chancelier, par Antoine Gaste, pour ce qu'il possédait à Serres.

Mention. *Invent. des titres de la Chambre des comptes, Gapençais,* t. I.

1852 Romans, 11 février 1446 (1447).

Lettres constatant l'hommage, prêté au dauphin Louis, entre les mains de son chancelier, par Eynier du Puy, pour la terre de La Roche près Autichamp[1], en Valentinois, et ce qu'il tenait à Châteaudouble.

Mention. Guy Allard, *Hist. généal. des familles du Puy Montbran et de Murinais*; Grenoble, 1689, p. 24.

1853 Romans, 14 février 1446 (1447).

Lettres constatant l'hommage prêté par Antoine Garnier, comme procureur d'Antoinette d'Ambel, son épouse, pour la moitié du château d'Ambel.

Mention. Bibl. de Grenoble, mss, R 89, t. 3, n° 852. f° 171.

1854 23 février 1446.

Procuration passée par nobles Dragonette de Veynes, dame en partie de Mollans, veuve de Jean d'Urre, en son vivant seigneur de Saint-Maurice et d'Audeffrey, et Guillaume d'Urre, fils et héritier du susdit Jean d'Urre, à Pierre d'Urre, fils et frère des susdits Dragonette et Guillaume, à l'effet de prêter hommage au dauphin Louis, pour les seigneuries de Saint-Maurice, au diocèse de Vaison, et d'Audeffrey, au diocèse de Die.

1855 Février, 1446 (1447).

Lettres du dauphin Louis constatant les hommages prêtés entre les mains de son chancelier par les nobles ci-après désignés :

1° Jean d'Agoult, pour les château et seigneurie de La Bâtie de Montmaur.

---

[1] La Roche-sur-Grâne, commune du canton de Crest-Sud.

2° Jacques Ainard, seigneur de Chanousse, pour la susdite seigneurie et tout ce qu'il tient dans les châtellenies d'Avalon, d'Allevard et d'Oisans.

3° Raimond Ainard*, pour ce qu'il tient dans la baronnie de Chalançon et dans le mandement de Durfort.

4° Messire Ponçon Archinjaut, chevalier, au nom de son épouse Marguerite de Boissieu, pour ce qu'elle possède dans le mandement de Pinet, et pour sa part de la terre de Bozaucieu.

5° Humbert Auberjon, pour sa personne et ce qu'il possède dans les mandements de Saint-Nazaire-en-Royans et de Montmeyran.

6° Louis de La Balme, seigneur d'Eyrieux, pour ladite seigneurie d'Eyrieux et sa part de Roche Agut, en Vivarais.

7° Antoine Belleton, de Tullins, pour sa propre personne.

8° Antoine Bérenger, de Piégros, pour ce qu'il tient dans les mandements d'Espenel, Monfclar, Pontaix, La Val de Quint, Beaufort et Sault.

9° Dalmas Bérenger, tant en son nom personnel que comme mari d'Antoinette de Veso, pour ce qu'il a au mandement de Montjoux en Valentinois.

10° François Marc, comme procureur de Jeannette, veuve de François Bermond, pour ce qu'elle tient dans la paroisse de Briançon.

11° Claude Blain, écuyer, seigneur du Poët-Célard, tant en son nom que comme curateur de Guillaume de Beaumont, mineur, seigneur de Pellafol, pour les châteaux, terres et seigneuries de Barbières, Fiancayes, Val et la paroisse de Veaune.

12° Messire Aimé de Bressieux, chevalier, pour ce qu'il tient dans le mandement de Moras.

13° Le précédent, comme procureur de Guillaume de Limonne, pour le château de Montléans et ce qu'il possède dans le mandement d'Albon.

14° Gérardin Lambert, comme procureur de Gabrielle de Briende, fille et héritière de feu Jacques de Briende, pour ce qu'elle tient dans le mandement de Chalançon.

---

* Voir, sur Raimond Ainard, la note 2, p. 99.

15° Jean de Rame, comme procureur d'Antoine Chabassol, pour la coseigneurie de Savines en Embrunais.

16° Jean de Chaste, seigneur de Geyssans, pour la susdite terre de Geyssans et la part qu'il possède de Saint Lattier.

17° Mermet Claret, pour la terre d'Esparron en Trièves.

18° Armand de Coulant, pour ce qu'il possède en la baronnie de Chalançon.

19° Le précédent, comme procureur de Catherine de Coulant.

20° François Durand, de Châteaudouble, pour sa personne et tout ce qu'il tient.

21° Le précédent, au nom de son épouse, pour tout ce qu'elle tient dans les mandements de Châteaudouble, Charpey, Upie, Rochefort et Barbières.

22° Guillaume Fournier, tant en son nom que comme mari de Marguerite Garco, pour ce qu'il tient à Fayn et à Francillon en Valentinois.

23° Gonon Geneveys, d'Auriple, fils de Raimond Geneveys, habitant de Chabrillan, pour tout ce qu'il tient dans les mandements de Chabrillan et de Grane.

24° Hector Genton[1], comme procureur de Pierre Genton, son père, pour sa part d'un moulin et divers autres biens au mandement d'Allevard.

25° Le précédent, comme procureur d'Aimé Genton, son cousin, pour sa part du précédent moulin.

26° Jean Gilles, pour ce qu'il possède à Marsanne et à Auriple en Valentinois.

27° Jean Grinde[2], seigneur du Molard, pour la susdite seigneurie du Molard.

28° Le précédent, comme procureur d'Aimar Grinde, seigneur de Pichat, pour la susdite maison forte de Pichat et divers autres biens.

29° Jean de Grolée, seigneur de Montrevel, pour la susdite terre de Montrevel.

---

[1] Hector Genton, devint vichâtelain d'Allevard, charge qu'il occupait en 1492.
[2] Voir, sur Jean Grinde, la note 2, p. 87.

30° Jean Isoard d'Ancelle, pour sa personne et tout ce qu'il tient dans les lieux de Faudon, Ancelle, Saint-Léger et La Rochette, au mandement de Champsaur.

31° Le précédent, comme procureur de Claude Isoard d'Ancelle, pour tout ce qu'il tient dans le mandement de Faudon.

32° Didier Langon, pour sa personne et tout ce qu'il tient dans le mandement de Saint-Nazaire-en-Royans.

33° Le précédent, comme procureur de Jean, Pierre et Antoine Reynaud, frères, enfants mineurs, pour ce qu'ils tiennent dans les mandements de Pommier, d'Oisans et de Beaucroissant.

34° Raimond de Laye, pour tout ce qu'il tient dans le mandement de Champsaur.

35° Jacques Long, pour sa part de la terre de Montclar en Valentinois.

36° Jean Maurice, pour tout ce qu'il tient dans les mandements de Chalançon et de Durfort.

37° Jean Moine, tant en son nom que comme procureur de Jean Moine, son père, pour tout ce qu'ils possèdent dans les mandements d'Avalon et de La Buissière.

38° Ainard de Montclar, seigneur de Vachères et coseigneur de Montclar et d'Espenel, pour les susdites terres et ce qu'il tient dans les mandements de Crest-Arnaud, Chabrillan et Vaunaveys.

39° Jacques de Montorcier, coseigneur de Jarjayes, pour tout ce qu'il possède.

40° Jacques Morel, pour tout ce qu'il tient dans les châtellenies de La Buissière et de Bellecombe.

41° Jacques de Morges, écuyer, tant en son nom personnel que comme tuteur de Renaud de Morges, son fils, pour tout ce qu'il tient dans les mandements de Mens et de Ratier.

42° Guichard de Morges, seigneur de La Motte-Saint-Martin et de Moydans, pour les susdites seigneuries.

43° Raimond de Morges, seigneur de l'Epine, pour divers châteaux, terres, seigneuries et revenus.

44° Claude de Pierregourde, fils d'Hugues de Pierregourde, seigneur de Châteauneuf-de-Vernoux, en Vivarais.

45° Guichard de Pracomtal, écuyer, pour ce qu'il tient à Savasse et au Sauzet, en Valentinois.

46° Pierre de Piégros, pour tout ce qu'il possède dans le mandement de Marsanne.

47° Jean Quiblier, d'Allex, pour ce qu'il tient en fief franc et noble dans le mandement de Chabeuil et à Aiguebonne.

48° Le précédent, comme procureur de Pierre Reynier, de Mirmande, pour tout ce qu'il tient dans les mandements de Savasse, La Chaux et Cléon-d'Andran.

49° Guélix Rambaud, comme procureur d'Antoine Rambaud, de Montgardin, pour sa part de la seigneurie de Montgardin et ce qu'il tient à Chorges.

50° Antoine de Ramo, de Chabrillan, pour ce qu'il tient dans les mandements de Chabrillan et de Marsanne.

51° Antoine de Sauret, comme procureur de François de Revillasc, prieur de Sigottier, pour sa part de la seigneurie de Sigottier.

52° Le précédent, comme procureur de frère Reynier de Revillasc, prieur d'Aspres, pour les château et châtellenie de La Balme d'Argençon.

53° Aimar de Ribiers, de Montmorin, pour ce qu'il tient au susdit lieu de Montmorin et à Upaix.

54° Humbert Robert, tant en son nom que comme procureur d'Hugues Robert, son frère, pour le péage de Moirans et divers rentes et revenus qu'ils ont dans les mandements de Moirans et de Tullins.

55° Bertrand de Rosans, coseigneur de Sainte-Euphémie et seigneur de Rioms aux Baronnies, pour les susdites terres et seigneuries.

56° Girard de Roissard, comme procureur de Pierre de Roissard, de Piégros, son père, pour tout ce qu'il a dans les mandements du Pègue et de La Val de Quint.

57° Messire Jean de Saint-Geoire, chevalier, pour la paroisse et partie de la terre de La Bâtie d'Andaure et la moitié de celle de Saint-Agrève, en Vivarais.

58° Guigues du Sauze, fils de Jean du Sauze, de La Mure, comme procureur de son père, pour tout ce qu'il tient à La Mure, dans le Trièves et à Grenoble.

59° Le précédent, en son nom personnel et comme héritier de

feue Jordanne de Morges, sa mère, pour les château et mandement d'Eygallières, avec toute juridiction.

60° Soffrey Seartier, pour sa part de la seigneurie de Sainte-Euphémie aux Baronnies.

61° Claude, bâtard de Solignac, comme procureur de Claude du Fayn, pupille, pour la terre de Vieil Armas, au bailliage de Velay.

62° Jean Tholosan, de Césanes, pour les terres de Salles, Chantemerle, Saint Chaffrey et tout ce qu'il possédait dans la châtellenie de Briançon.

63° Bertrand « Hupian », d'Upie, pour ce qu'il tient à Upie, Crest-Arnault, le four de Combovin et des cens dans les mandements de Charpeys et de Vaunaveys.

64° Dalmace d'Urre, écuyer, pour sa part des mandements de Teyssières, aux Baronnies, et de Comps.

65° Telmon d'Urre, comme procureur d'Aubert d'Urre, son père, pour ce qu'il a au mandement de Saou.

66° Jacques d'Usson, de Montclar, pour ce qu'il possède dans le mandement de Montclar et ailleurs.

67° Pierre de Veso, écuyer, pour ce qu'il possède dans le mandement de Marsanne.

68° Arnaud Odoard, comme procureur de Claude, Aimar et Pierre de Veso, enfants pupilles, pour la parerie des château et mandement de Montjoux et divers biens dans le mandement de Nyons.

69° Louis de Veso, tant en son nom personnel que comme procureur d'Alix de Taulignan, sa mère, pour la parerie du Pont-de-Barret, et les château et mandement de Rochefort en Valentinois, avec toute juridiction.

70° Jean Voyer, tant en son nom personnel que comme mari de Féconne Baudon et encore au nom d'Antoine Voyer, son fils, pour tout ce qu'ils tiennent dans les lieux et mandements de Saint-Nazaire-en-Royans et de Beaurepaire.

71° Jean de Viennois[*], pour tout ce qu'il tient dans le mandement de Vizille.

---

[*] Jean de Viennois, qui descendait d'un bâtard du dauphin Humbert II, Amédée de Viennois, chevalier, fut vichâtelain de l'Oisans de 1435 à 1452. Le dauphin, par lettres du 22 janvier 1448, n. s. (acte n° 571) lui confirma ses privilèges de noblesse. Voir, à ce sujet, la notre t. p. 193.

7° Pierre Vinay, de Saint-Jean-d'Octavéon, pour ce qu'il tient dans le susdit lieu.

MENTION. Bibl. de Grenoble, mss. R 80, t. 2.

1856 (Du 25 au 28) Février 1446 (1447).

Lettres constatant les hommages prêtés au dauphin Louis par les nobles ci-après désignés :

1° Huet Barral, comme procureur de noble Aimar Barral, son père, d'Allevard, pour tout ce qu'il tenait en fief du dauphin, dans le mandement d'Allevard.

2° Raimond Osassiche, comme procureur de sa mère, Antoinette Jalat, veuve de noble Hugues Osassiche, coseigneur d'Argenson, demeurant à Mens en Trièves, pour tout ce qu'elle tenait en fief du dauphin.

3° Jacques de Theys, comme procureur de Claude et Jean de Theys, frères, fils et héritiers de feu noble Jean de Theys.

4° Jean de Ranusé, dit de Rossolot, comme procureur de Rodolphe de Theys, coseigneur de Theys et de La Pierre, et de Béatrix d'Aspres, épouse du précédent.

MENTIONS. B 2651 et B 3383.

1857 (Montélimar), 2 mars 1446 (1447).

Lettres constatant les hommages prêtés entre les mains du chancelier par les nobles désignés ci-après :

1° Jean de Vallin, écuyer, pour le mas de Châtaigner, situé en la paroisse de Saint-Victor, au mandement de Châteauvilain, et tout ce qu'il tient en fief du dauphin dans les mandements de Meyrieu, Crémieu, Quirieu et Bourgoin.

2° Le précédent, comme procureur d'Antoine de Virieu, dit le Maine[1], pour la maison forte de Bizonnes et 17 livres tournois de rente qu'il prend dans le mandement de La Tour-du-Pin.

3° Jordin Lusin, écuyer, comme procureur de Louis Mitet, de La Tour, seigneur de Vieil Armas, pour la susdite seigneurie de Vieil Armas au bailliage du Velay.

MENTIONS. Bibl. de Grenoble, mss. B 80, t. 2, n° 852, f° 167.

---

[1] Voir, sur ce personnage, la note 3, p. 232.

1858 — *Montélimar, 3 mars 1446 (1447).*

Lettres constatant les hommages prêtés par les nobles ci-après désignés :

1° Raimond du Boisson, de Saint-Fortunat, pour ce qu'il tenait dans les mandements de Durfort, Chalançon et à La Tourette.

2° Louis de Menguault, écuyer, pour ce qu'il tenait du dauphin dans les mandements de Chalançon et de Durfort.

3° Raimond Pellicier, de Durfort, pour ce qu'il tenait dans les mandements de Durfort et de Chalançon.

Même source que l'acte précédent.

1859 — *Romans, 7 mars 1446 (1447).*

Lettres constatant les hommages prêtés par les nobles désignés ci-après :

1° François Bachasson, pour une maison avec terres, rentes et servis qu'il possède dans les mandements de Saint-Nazaire, Beauvoir-en-Royans et Peyrins.

2° Jean Chabert, de Cobonne, comme procureur d'Antonie Merle, sa femme, pour les château et seigneurie de Teyssières et autres possessions dans le mandement de Gigors en Valentinois.

Même source que précédemment, f° 168.

1860 — *Romans, 14 mars 1446 (1447).*

Lettres par lesquelles le dauphin Louis, après avoir déclaré qu'il a vu les lettres antérieures, données à Espaly près Le Puy, le 20 décembre 1424, par le roi Charles VII, dauphin de Viennois, portant exemption de tous droits de gabelles, péages, truages, travers, etc., pour les vivres, provisions et victuailles destinés à la consommation des religieux du couvent de Saint-Antoine de Viennois, confirme, ratifie et approuve et de nouveau donne et octroie les mêmes exemptions aux susdits abbé, religieux et couvent, ainsi qu'à leurs successeurs[1].

---

[1] Les mêmes lettres furent depuis confirmées par le même prince, devenu le roi Louis XI, à Orléans, au mois de décembre 1466 (acte n° 2476 bis).

Copie insérée dans des lettres confirmatives du roi Charles VIII, donnée à Tours, en février 1483 (1484, n. s.). (Arch. nat., *Trésor des Chartes*, reg. 210, n° 92).
Publiées. *Ordon. des rois de France*, t. xix, p. 264.

1861 — Romans, 18 mars 1446 (1447).

Lettres constatant les hommages prêtés par les nobles ci-après désignés :

1° Claude Bologne, de Saint-Nazaire-en-Royans, pour sa personne.

2° Méry Bologne, fils et héritier de François Bologne, pour ce qu'il tient dans le mandement de Saint-Nazaire-en-Royans.

Mentions. Bibl. de Grenoble, mss. R 80, t. x, n° 852, f° 168.

1862 — Romans, 22 mars 1446 (1447).

Lettres constatant les hommages prêtés par les nobles ci-après désignés :

1° Antoine Rousseau, écuyer, seigneur de Cayres en Vellay, au ressort de Chalançon, pour les susdits château, terre et seigneurie de Cayrière.

2° Jean de La Balme, comme procureur de Gonnet de La Balme, de Saint-Hilaire, son oncle, pour la maison forte du Bouchet et tout ce qu'il tenait tant dans le mandement de La Côte-Saint-André qu'ailleurs.

3° Mayne de Monteil, seigneur de Ouides, pour deux muids de vin, rente qu'il avait dans le mandement de Durfort et dans la ville de Saint-Portunat.

Mentions. Bibl. de Grenoble, mss. R 80, t. x, n° 852, f° 168.

1863 — Romans, 25 mars 1446 (1447).

Lettres constatant les hommages prêtés par les nobles ci-après :

1° Gonnet Rolland, comme procureur de Béatrix de Montrevel, dame de Saint-Mexant, pour la susdite seigneurie.

2° Humbert d'Ameysin, le jeune, tant en son nom personnel que comme procureur d'Humbert d'Ameysin, son père, pour la maison forte de Conillieu, et tout ce qu'ils tenaient au mandement de Quirieu.

3° Jean et Valentin Bacquelier, tant en leurs noms personnels que comme procureurs d'Humbert Bacquelier, leur frère, fils et héritiers de feu Antoine Bacquelier et de Guigonne Jarse, sa femme, pour tout ce qu'ils tenaient au mandement de La Buissière.

4° François Barral, fils, comme procureur de Pierre Barral, de Barraux, pour ce qu'il tient au mandement de La Buissière.

Marrions, Bibl. de Grenoble, mss. R! 80, t. V, n° 832, f° 18g.

1864   Mars 1446 (1447).

Lettres du dauphin Louis constatant les hommages que lui avaient prêtés les nobles ci-après désignés :

1° Giraud Adhémar, seigneur de Grignan, pour ce qu'il possédait à Châteauneuf-du-Rhône et à Montpensier, avec toute juridiction.

2° Jean de Mornay, de Charpey, pour ce qu'il possédait à Charpey, Châteaudouble, Pisançon, Montclar, Beaufort, Eygluy et Omblèze, au comté de Valentinois.

3° Jarenton et Boutoux Richaud, tant en leurs noms personnels, qu'en celui de Claude Richaud, leur frère, pour ce qu'ils possédaient dans la vallée de Quint.

Marrions, Invent. des titres de la Chambre des comptes, Valentinois, t. II, p. IX.

1865   (Montélimar, 18 juin 1447).

Instructions remises par le dauphin Louis aux commissaires qu'il envoyait à Gap pour y ouvrir une information contre les agissements de l'évêque de Gap et ses officiers. Les commissaires devront, au nom du dauphin, requérir et sommer l'évêque : 1° De faire réparer « avec effet » les abus et excès commis par les officiers épiscopaux qui s'étaient emparés, sur le territoire delphinal, de noble Antoine Richier, coseigneur de Montgardin, vassal du dauphin, et l'avaient conduit dans les prisons de Gap, sans même en informer les officiers delphinaux ; 2° de révoquer les hommages et serments de fidélité

Ces commissaires étaient Aimar de Clermont, lieutenant du gouverneur du Dauphiné, Catherin d'Oncieu, seigneur de Diémoz, bailli du Graisivaudan et châtelain du Champsaur, et Mathieu Thomassine, conseiller delphinal. Voir sur leur commission l'acte n° 577.

qu'il avait pris de plusieurs sujets du dauphin, sans réserver ceux qu'ils devaient à ce prince ; 3° de laisser les officiers delphinaux de Gap porter « leurs dagues et autres bastons, » comme ils avaient coutume de les porter dans l'exercice de leur fonction, et, en conséquence de révoquer toutes les défenses que le prélat avait faites, à ce sujet ; 4° de laisser le dauphin jouir et user d'une montagne qui lui appartenait, mais dont l'évêque ou ses officiers s'étaient emparés par force et obtenir de ce chef une légitime réparation [1] ; 5° de laisser librement circuler les monnaies delphinales et d'obtenir réparation pour les entraves qui avaient été apportées au libre cours de ces monnaies, alors que cependant la majeure partie de la ville de Gap était un fief du dauphin ; 6° de supprimer « le treheu » dont avait été frappé arbitrairement « à cause des attaches » les sujets du dauphin qui se rendaient à Gap, et de payer, à raison de ce fait, des dommages et intérêts aux parties lésées. Les commissaires, enfin, devaient obtenir « une réparation honorable et profitable, telle que en tel cas appartient » pour les excès et injures que les habitants de Gap avaient commis en enlevant furtivement et de nuit les armes delphinales apposées sur une maison qui relevait du fief du dauphin et en les remplaçant par les armes de la ville de Gap. Ces instructions [2], signées par le dauphin lui-même, se terminaient ainsi :

[1] Les difficultés existantes entre le dauphin et l'évêque au sujet de la possession de la montagne de Bayard n'étaient pas encore terminées en 1450, car par lettres du 21 novembre de cette année, données à Saint-Bonnet, Aimar de Clermont, Hugues de Bournazel et Justet Nicolazi, commissaires du dauphin, mandèrent au châtelain de Champsaur ou de Montorquier de citer les syndics de Gap pour comparaître devant eux à l'effet de prêter hommage et de fournir reconnaissance au dauphin, relativement à cette montagne. Le 24 du même mois, les commissaires mandèrent également au précédent châtelain de citer l'évêque ou ses officiers à comparaître devant eux, à Saint-Bonnet, le 27 novembre, pour assister à l'enquête qu'ils feraient sur les limites des droits de pacagerage et de pâturage entre les habitants des mandements de Faulon, dépendant du Dauphiné, et ceux des hommes épiscopaux de La Bâtie-Neuve (B 3754).

[2] Dès l'année 1444, le dauphin Louis avait fait sommation à Gaucher de Forcalquier, évêque de Gap, de lui prêter hommage et serment de fidélité pour la temporalité de son siége, mais ce prélat s'y était refusé en se fondant sur ce qu'aucun de ses prédécesseurs n'avait jamais prêté hommage qu'au roi de Sicile, qui comme comte de Forcalquier, était leur unique souverain. D'autre part au commencement de l'année 1445, le Conseil delphinal avait fait ouvrir une information

« Item, et suz les choses dessus dites et autres lors, abus et entre-
« prinses faiz par ledit evèsque, officiers et gens de ladite ville à

contre les agissements et les propos injurieux tenus à l'égard du dauphin par Jacques de Forcalquier, seigneur de Céreste, frère de l'évêque de Gap, et son vicaire général, pour le temporel de son évêché. (Voir les actes n°ˢ 130 et 131). Depuis lors, les rapports des officiers et des sujets delphinaux, soit de la ville de Gap, soit des régions voisines, avec ceux de l'évêque étant devenus intolérables, le dauphin Louis, aussitôt après son arrivée en Dauphiné, voulant mettre un terme à cette situation, chargea des commissaires spéciaux d'obtenir, soit de l'évêque, soit des habitants de Gap, une juste et légitime réparation pour tous les griefs relevés contre eux.

Outre les instructions que leur remit personnellement le dauphin, les commissaires emportaient également un long *factum* rédigé par le Conseil delphinal sur « les entreprinses, usurpations, crimes et abus faiz par l'évêque de Gap, ses offi-
« ciers et subgés contre la majesté de très-hault et très-puissant prince nostre très-
« redobté et souveroyn seigneur monseigneur le Daulphin, conte de Gapponcoys ». Ce *factum*, qui était en majeure partie l'œuvre de Jean Girard, archevêque d'Embrun et conseiller du dauphin, et de Mathieu Thomassin, ne comptait pas moins de 54 récriminations formulées à l'encontre de l'évêque de Gap et de 34 contre les syndics et habitants de la même ville (B 3752, f°ˢ 8-44). On y relève notamment les plaintes suivantes : Quo quoique les nobles devaient prêter hommage debout, l'évêque cependant astreignait les vassaux du dauphin à lui prêter hommage à genoux « comme font les rurals laboureurs, qui est ou deshonneur de mondit
« seigneur et de ses vassaulx ». Quo contrairement à un accord conclu, en 1406, sur l'établissement à Gap d'un juge et d'autres d'officiers communs, entre le dauphin et l'évêque, ce dernier voulait seul connaître de toutes les contestations, nommer seul les banniers ou champiers et retirer seul tous les profits. Qu'à la suite de l'enlèvement, par les officiers épiscopaux, d'une borne qui servait de limite entre le territoire de La Bâtie-Neuve et le mandement delphinal du Champsaur, les officiers de ce dernier mandement ayant emprisonné quelques sujets de l'évêque qui faisaient paître leurs bestiaux sur le territoire du Dauphiné, l'official de Gap avait sommé, en termes injurieux, les officiers delphinaux, qu'il appelait « enfans d'iniquité » de relâcher ces prisonniers, faute de quoi il les excommunierait et mettrait en interdit tous les lieux où habiteraient les officiers delphinaux ; qu'à cette nouvelle, le Conseil delphinal écrivit « gracieusement », le 10 juin, à l'évêque pour le prier de révoquer cette excommunication et de lever l'interdit, mais qu'il s'y refusa. Le châtelain du Champsaur ayant, sur l'ordre du Conseil delphinal, rétabli la borne qui servait de limite, l'évêque fit arrêter dans une taverne de Gap quelques sujets delphinaux ; les fit maltraiter et injurier, et durant leur interrogatoire « en especial
« disoit le procureur (épiscopal) orgueilleusement : ce n'estoit pour le poyson, je
« cuyderoye trouver cent hommes qui destruyroient tout Champsor ». Le lieutenant du courrier épiscopal, accompagné de gens armés, étant venu à La Rochette,

« l'encontre de mondit seigneur ses auctorité, prééminences et
« prérogative, en quelque manière et façon que ce soit, poursuivront

---

s'y était emp..té d'Eustache Auriac, baile delphinal dudit lieu, et l'avait conduit à
l'évêque qui l'interrogea sur le rétablissement de la pierre jusqu'à ce qu'il eut
« plus ou long depousé, en disant : Vous et aucuns autres me voulés gouverner,
« mais je vous gouverneray. Et pleust à Dieu, que celluy qui a faict la dicte exé-
« cution fut ycy ». Que le seigneur de Céreste, frère de l'évêque, son vicaire et
gouverneur, avait dit publiquement et en diverses fois « qu'il ne debtoit seigneur
« du monde que le Roy de Cicile » ; que, quand on parlait du dauphin et de ses
vassaux, il ajoutait « qu'il ameroyt mieux estre juif que daulphinoi et qu'il ne
« debtoit les nobles du Daulphiné, mais ameroit plus chier ung gros en sa bource
« que l'amour de tous les nobles du Daulphiné ». Que le même de Céreste avait
fait venir des hommes d'armes de Provence et les avait logé, avec le consentement de l'évêque, dans le château de La Bâtie, « pour fère la guerre à aucuns
« gentilshommes du Daulphiné ». Que l'évêque avait fait visiter les paroisses de
son diocèse, comprises dans les limites du Dauphiné « par ung évêque portatif »
qui avait rendu un grand nombre d'ordonnances nouvelles et inutiles sur les réparations des églises, leur approvisionnement en joyaux, livres, ornements, et avait
de plus « extorqué du pouvre peuple grans summes de deniers ». Que malgré les
défenses faites par le dauphin de sortir en armes, le seigneur de Céreste avait, accompagné de ses gens de guerre, franchi les limites du Dauphiné, sur le sol duquel il avait
arrêté plusieurs dauphinois qu'il détenait prisonniers dans le château de La Bâtie-
Neuve. Que l'évêque avait fait emprisonner Arnoux Châtelain, procureur delphinal
du Briançonnais et de l'Embrunais, ainsi que Jean de Blairville, procureur delphinal
du Gapençais. Que, sous le prétexte de construire de nouveaux remparts, il avait fait
démolir dans la ville de Gap un certain nombre de maisons qui relevaient du fief delphinal, alors qu'il eût été plus utile de construire ces remparts sur un autre point de
la ville; qu'il s'oppose à la perception des redevances delphinales dans Gap, et déclare
que le dauphin n'y doit rien percevoir; que bien qu'il ne possède rien dans le duché
de Champsaur, il a fait construire à Poligny, lieu limitrophe, une haute tour;
qu'il a excommunié sans raison Jean de Toncin, châtelain du Champsaur, et de
Montalquier. Que les habitants de Gap, de leur côté, refusaient de reconnaître les
droits attachés au Consulat de cette ville; que le dauphin, cependant, avait légale-
ment acquis; qu'ils avaient expulsés violemment de sa maison un sujet du dauphin;
que, bien que les foires de Gap soient franches, les syndics faisaient arrêter, pour
dettes les marchands du Dauphiné qui s'y rendaient ; qu'ils avaient interdit aux
sujets delphinaux de Jarjaye, Montalquier et autres lieux voisins de porter leurs
denrées aux marchés de Gap ; que les habitants, enfin, de cette ville, rognaient les
monnaies delphinales, vendaient les rognures comme billon et payaient, ensuite,
avec ces monnaies altérées, les denrées qu'ils achetaient aux pauvres sujets du
dauphin.

Partis de Grenoble, le 27 juin 1447, les commissaires délégués par le dauphin

« et requerront les dessus dites réparations, en manière que l'au-
« torité et honneur de mondit seigneur y soit gardée et que pour le
« temps advenir telles choses ne ce facent ».

Copie. B 3752, n° 6.

---

commencèrent leurs informations à Saint-Bonnet, dès le lendemain, la continuèrent les jours suivants à Veynes, Ancelle, etc. Le 7 juillet, ils se rendirent à Gap, et le 8 ils demandèrent une audience à l'évêque auquel ils remirent une lettre close que le dauphin lui adressait.

Au réquisitoire, formulé par les commissaires, l'évêque répondit : Qu'en ce qui concernait l'arrestation d'Antoine Richier, ce dernier sur l'ordre de l'official de Gap, pour un crime d'ordre ecclésiastique commis dans l'étendue du diocèse de Gap, avait été arrêté à Châteauvieux, territoire de l'église de Gap, et n'avait fait que traverser le territoire delphinal de Montalquier pour être conduit à Gap « et « pour ce ledit official, selon droit et aussi coustume pouvoit prendre le dit Richier « et en spécial passer quant estoit prins par la jurisdiction de mondit seigneur, « actendu que estoit crime appartenent à l'Esglise; que la ville de Gap et toute la « temporalité de l'église de Gap relèvent du roi de Sicile, comte de Forcalquier; or, « comme ce dernier exige les hommages des nobles agenolhons », l'évêque a adopté cette coutume pour les hommages dus à son église. Que tout ce que le dauphin possède en Gaponçais relève du fief de l'église de Gap, comme en témoignent les hommages prêtés par les anciens dauphins avant que le Dauphiné fut « translaté à l'Ostel de France ». Que la monnaie du Dauphiné avait été refusée de tout temps, parce qu'elle était faible et qu'on la refusait en Provence, ce qui ne l'avait point empêché, depuis son avènement, de faire tous ses efforts pour qu'on ne la refusa jamais. Que la défense de porter des armes était générale et n'était point dirigée exclusivement contre les officiers delphinaux de Gap, qui, du reste, ne l'avaient jamais observée. Que les griefs reprochés au seigneur de Céreste étaient faux ; qu'à la suite de quelques troubles survenus dans la ville de Gap, pendant que l'évêque, dont il était le vicaire, était en Cour de Rome, il avait dû se retirer dans le château de La Bâtie, où pour sa sûreté personnelle il avait cru devoir faire venir deux hommes d'armes des gens du roi de la garnison du Lyonnais, qui avec une douzaine d'autres gens de guerre demeurèrent à La Bâtie l'espace de deux mois seulement « sans faire vil- « lanie à homme du monde »; que du reste il ne s'y trouvait aucun provençal. L'évêque reconnaît, qu'étant à Rome et ne pouvant lui-même faire la visite de son diocèse, qui n'avait point été visité depuis dix ans, il avait chargé l'évêque d'Aix en Provence (Robert Damien) « lequel notoirement est ung très veray bon pro-« domme, homme de Dieu et de bonne conscience et justice », et qu'il s'était acquitté de cette mission sans soulever aucunes protestations, ailleurs que dans le Champsaur où les officiers du dauphin lui avaient créé maintes difficultés.

Quant aux griefs articulés particulièrement contre les syndics et habitants de Gap, ceux-ci, après avoir affirmé leur volonté de respecter toutes les conventions passées avec le dauphin, discutèrent successivement chacun des articles du réqui-

1866   Juin (après le 25) 1447.

Lettres constatant l'hommage prêté au dauphin par François Garcin, dit de La Roche, comme procureur de Jean Garcin, dit de La Roche, son père¹.

— Mention. B 2651.

1867   (Grenoble), 14 août 1447.

Lettres constatant les hommages prêtés par les nobles désignés ci-après :

1° Odinet Bruart, écuyer, tant en son nom que comme procureur de Pierre Bruart, son frère, pour leurs personnes et tout ce qu'ils tiennent au mandement de Bellecombe.

2° Antoine Beton, comme procureur de Jean Beton, son père, pour sa personne.

3° Jean Taillefer, d'Avalon, pour sa personne ainsi que pour le revenu du sceau de la cour d'Avalon, et toutes autres choses qu'il tient noblement audit mandement.

Mentions. Bibl. de Grenoble, mss. R 80, t. x, n° 852, f°° 169 et 169, v°.

...itoire des commissaires, qui en fin de compte demandaient que ceux qui avaient procédé à l'arrestation d'Antoine Richier, soient remis entre leurs mains « pour en fère fère, au nom de mondit seigneur, la justice qu'il appartiendra » et que les syndics prêteraient serment de fidélité et paieraient une amende de 6,000 écus d'or.

« N'ayant pu obtenir aucune satisfaction, tant de l'évêque que des habitants, les commissaires quittèrent Gap le 24 juillet et procédèrent le même jour à la saisie des châteaux épiscopaux de Poligny et du Noyer (B 3752, f° 97). A la suite de cette saisie, l'évêque se rendit personnellement à Grenoble, pour obtenir du dauphin et du Conseil delphinal une réparation pour l'outrage qu'il prétendait lui avoir été fait, mais tandis que le dauphin refusa de le recevoir, le Conseil lui déclara ne pouvoir connaître de son cas. Après un séjour de vingt-deux jours à Grenoble, il regagna son diocèse, et les choses en étaient là, lorsqu'un événement, dont il fut en partie l'instigateur, lui attira de nouveau toute l'animosité du dauphin. (Voir l'acte n° 1873).

Noble Jean Garcin, dit de La Roche, avait passé procuration à ses fils François et Amédée Garcin, à cet effet, le 25 juin 1447, dans sa maison de La Roche, près de Voiron, en présence d'André Baroil, dit de Péronsy et de Pierre Revôtre de Saint-Étienne-de-Crossey (B 2651). Sur François et Amédée Garcin voir les actes n°° 1851, 1852, 1854.

1868 — Grenoble, 21 août 1447.

Lettres constatant les hommages prêtés par les nobles désignés ci-après :

1° Jacques Dedin, tant en son nom que comme procureur de Jean Dedin, son frère, pour leurs personnes et tout ce qu'ils tiennent aux mandements de La Buissière et d'Allevard.

2° Myonnet Domaine, écuyer, d'Allevard, pour ce qu'il tient au mandement d'Allevard.

3° Antoine Peloux, écuyer, pour la mistralie de Saint-Pierre-d'Allevard, la bannerie générale du mandement d'Allevard, et tout ce qu'il tient aux mandements d'Allevard et d'Avalon.

Mentions. Bibl. de Grenoble, mss. R 80, t. x, n° 852, f° 169.

1869 — Toulouse, 23 août 1447.

Lettres rendues à la relation du Grand Conseil siégeant à Toulouse, par lesquelles le roi Charles VII, — à la sollicitation d'un certain nombre de marchands et habitants du Dauphiné qui se plaignaient qu'en exécution de ses lettres données à Montpellier, le 7 octobre 1444, on levait, sur toutes les marchandises allant du Dauphiné dans le royaume d'Aragon et *vice versa*, le droit de douane de 5 deniers par livre établi précédemment en remplacement des marques et représailles dont étaient frappées les marchandises passant du Languedoc en Aragon ou d'Aragon en Languedoc, — déclare formellement que son intention n'a jamais été de frapper du susdit droit les choses et marchandises transportées du Dauphiné en Aragon ou en venant, sans traverser le royaume, et mande, en conséquence, de restituer les consignations qui avaient été faites, à cet égard, par quelques marchands du Dauphiné [1].

Copie. B 3276.

---

[1] Cette question d'impôt de 5 deniers par livres dont furent frappées les marchandises transportées du Dauphiné en Aragon, en les assimilant à des marchandises d'origine française, préoccupa vivement le dauphin Louis, aussi nous permettra-t-on d'en rappeler les phases principales.

Pour mettre un terme aux marque, représailles et contre-marque dont avait à souffrir le commerce qui se faisait entre la France et les royaumes de Catalogne et d'Aragon, les rois de France et d'Aragon décidèrent d'imposer à la frontière de

1870 Grenoble, 26 août 1447.

Lettres du dauphin Louis, constatant les hommages prêtés entre les mains de son chancelier, par les nobles ci-après désignés :

1° Antoine de Veynes, écuyer, coseigneur de Veynes, pour sa part de seigneurie et de juridiction dudit lieu de Veynes.

---

leurs états d'un droit fixe de 5 deniers par livre toutes les marchandises qui y passeraient. Bientôt après les commissaires internationaux chargés d'assurer l'exécution de cet accord, s'étant aperçus que pour éluder le paiement du droit établi les marchands, de l'une ou l'autre nation, prenaient un chemin détourné et notamment celui de la Provence et du Dauphiné, firent décréter, le 7 octobre 1444, par le roi Charles VII que les marchandises venant du Dauphiné seraient assimilées à celles du royaume de France. Or, en 1446, divers marchands dauphinois, ayant refusé de se soumettre au paiement du droit imposé, furent contraints, pour éviter la confiscation des marchandises qu'ils transportaient, de consigner une somme importante. Ayant imploré la protection des autorités delphinales, à la demande du procureur général des Trois-Etats du Dauphiné, le gouverneur de cette province s'empressa d'adresser des remontrances à la reine Marie d'Aragon, le 7 janvier 1447 ; mais celle-ci n'ayant point voulu les accueillir favorablement, le dauphin, qui avait la prétention d'administrer une province indépendante du royaume de France, en fut vivement affecté et prit personnellement fait et cause pour les marchands dauphinois.

Les nombreuses lettres qu'il écrivit, non seulement à la reine d'Aragon, mais encore aux commissaires et conservateurs établis sur le fait de l'impôt qui nous occupe, à l'évêque de Carcassonne et au receveur général des droits de douane du Languedoc, n'ayant produit aucun résultat favorable, il se décida à envoyer auprès de la reine d'Aragon, en ambassade, son secrétaire Pierre George, porteur d'une nouvelle lettre, dont nous reproduisons la teneur, d'après la minute même qu'en rédigea le prince :

« A très haulte et puissante princesse et nostre très chière et très amée cousigne
« la Royne d'Aragon.

« Loys aisné du Roy de France, Daulphin de Viennois, salut et entière dilec-
« tion. Très haulte et puissante princesse plusieurs fois vous avons escript touchant
« les marques de Cathelongne qui se lièvent à Barcellonne, au fait desquelles on a con-
« traint et contraint on les marchans de nostredit pais et aultres passans par icelle
« menans et conduisans leurs denrés à contribuer et déposer pour le fait des dites
« marques, soubz umbre de certaines lectres données à Montpellier par aucuns du
« conseil de monseigneur. Laquelle chose est en nostre très grant doumaige et de noz
« subgectz, marchans et passans par icelui pais et plus seroit se provision n'y estoit
« brievement donnée; actendu que nostre dit pais n'est point adjoint au royaume
« de mondit seigneur, ne ne contribue en riens ès aides, tailles et subsides d'icelui ;
« pour ce ne doit aussi contribuer aux dites marques. Et si vous prions de rechief

2° Jacques de La Villette[1], écuyer, comme procureur de Guillaume de Veynes, mineur, fils et cohéritier de feu Ainard de Veynes, pour sa part des terre, seigneurie et juridiction de Chichillianne et toutes autres choses qu'il tient dans le susdit mandement.

3° Louis Reynard[2], de Die, comme procureur de sa mère, Béatrix d'Urre, dame du Chaylard, pour sa maison forte de Montclard et la parerie qu'elle possède dans la ville de Pilate.

4° Jean Portier, de Grenoble, comme héritier de Catherine Lambert, pour ce que cette dernière possédait tant dans le mandement de La Motte qu'ailleurs.

5° Jean de Mollena, tant en son nom personnel que comme époux de Marie d'Ambel, pour la maison forte, située sur la roche du

---

« et très affectueusement que y veuilliez fere donner provision pour temps avenir
« et faire rendre et restituer ce que a esté levé et exigé indeuement et sans cause
« le temps passé. Aussi croies nostre amé et féal secrétaire maistre Pierre George,
« à ce qu'il vous en dira de nostre part. En ce faisant nous ferez ung très singu-
« lier plaisir. Très haulte et puissante princesse nous prions le benoist fils de Dieu
« qu'il vous ait en sa saincte garde. Escript......»

Sur ces entrefaites, d'autre part, le dauphin avait obtenu que son père le roi Charles VII rendit les lettres patentes, que nous analysons ci-dessus, et que de plus il adressa à la reine Marie une longue lettre missive dans laquelle il lui exposait que le Dauphiné administré par son fils le dauphin Louis n'était en aucune façon soumis à sa domination et n'était pas compris dans les limites du royaume de France; qu'il avait été cédé au fils aîné du roi de France sous la condition expresse qu'il ne pourrait jamais être uni au royaume à moins que l'Empire tout entier ne le fut ; que, donc, il formait un état séparé et bien distinct de la France, ayant ses libertés et ses franchises particulières, ainsi que le constatait formellement l'acte de la cession faite, le 31 juillet 1343, par le dernier dauphin de Viennois, Humbert, au fils aîné du roi de France.

Aucune des nombreuses démarches amiables entreprises par le dauphin n'ayant pu aboutir, ce conflit ne prit fin que durant les premiers mois de l'année suivante, 1448, à la suite de représailles exercées contre plusieurs marchands aragonais qui furent arrêtés en Dauphiné et auxquels l'on confisca toutes leurs marchandises. (B 3275 ; voir aussi sur le même sujet l'acte n° 520).

[1] Jacques de La Villette, qui était châtelain d'Embrun, avait déjà lui-même personnellement prêté hommage au dauphin le 10 mai précédent (acte n° 450).

[2] Louis Reynard, devait être le frère d'Ainard Reynard, seigneur de Saint-Didier, qui lui-même fut père de Guillaume Reynard, écuyer, seigneur du Cheylard, dont il a été parlé longuement note 4, p. 181 du t. 1er, et de Félize Reynard, maîtresse du dauphin Louis ; voir, sur cette dernière, la note 3, p. 360 du t. 1er.

château de Vizille, et cent sétiers de froment ou 100 livres petite monnaie qu'ils possédaient dans le mandement de Vizille.

6° Messire Antoine Vallier, docteur en lois, et Michalet Vallier, frères, pour leur portion du greffe de la Cour des Appellations du Dauphiné[1].

7° Le précédent Michalet Vallier, pour tout ce qu'il tenait en fief noble en Dauphiné.

Mentions. Bibl. de Grenoble, mss. R 80, t. x, n° 852, f° 169 v° et 170.

1871 *La Mure, 6 septembre 1447.*

Lettres du dauphin commettant Philippot de Brestel[2], son panetier, capitaine des archers de sa garde, et Justet Méhenze[3], lieutenant du bailli du Bas-Pays du Dauphiné au siège du Graisivaudan, pour se transporter à Saint-Bonnet, à l'effet de se faire remettre, par le châtelain du Champsaur ou son lieutenant, la personne de Pierre Gruel[4], juge de Gap, ainsi que celles de tous autres qui avaient été arrêtés par Jean Le Brun[5], son écuyer d'écurie, commis à la conduite des gens de guerre que le roi envoyait en Lombardie.

Mention dans les procédures faites contre l'évêque de Gap (B 3145).

1872 *La Mure, 10 septembre 1447.*

Lettres du dauphin commettant ses conseillers Aimar de Clermont[6], lieutenant du gouverneur du Dauphiné, et maître Justet Mé-

---

[1] Le greffe de la Cour des appellations et nullités du Dauphiné était possédé en fief, à cette époque, par Antoine et Jacques de Mollena, frères, et les frères Antoine et Michel Vallier. (Voir les actes n°° 290 et 1174).

[2] Philippe ou Phelippot de Brestel ou Broteau, écuyer d'écurie du dauphin, son panetier et capitaine des archers de sa garde, était venu en Dauphiné à la suite du dauphin, qui lui donna dans la suite la capitainerie de Rochefort. Ayant abandonné le parti de ce prince lorsqu'il s'enfuit du Dauphiné, il conserva sa place de capitaine châtelain, mais dut être destitué lors de l'avènement de Louis XI au trône.

[3] Voir, sur Justet Méhenze, la note 1, p. 157 du t. 1er.

[4] Voir, sur Pierre Gruel, qui devint président du Parlement de Grenoble, les notes 1, p. 86 et 2 p. 463 du t. 1er.

[5] Voir, sur Jean Le Brun, la note 2, p. 157 du t. 1er.

[6] Voir, sur Aimar de Clermont, la note 4, p. 44 du t. 1er.

henze, lieutenant du bailli du Bas-Pays du Dauphiné au siège du Graisivaudan, pour se transporter dans le Gapençais, à l'effet de réduire sous sa main la ville de Gap et les divers châteaux que possédait l'évêque de cette ville.

Même source que l'acte précédent (B 3145, f° 192).

1873   *La Mure, 10 septembre 1447.*

Lettres par lesquelles le dauphin charge son conseiller et chambellan, Guillaume bâtard de Poitiers[1], damoiseau, sénéchal du Va-

---

[1] Voir, sur Guillaume bâtard de Poitiers, les notes 1, p. 16 du t. 1er, et 3, p. 3 de ce volume.

En 1447, le roi Charles VII envoya en Italie, pour défendre le comté d'Asti, un petit corps de troupes, fort d'environ 2,000 hommes, sous le commandement du bailli de Sens. Trois des compagnies de Bretons qui le composaient, placées sous les ordres respectifs des capitaines Olivier Le Brun, Denizot et Geoffroy de Conuran, traversèrent donc le Dauphiné, durant le mois de septembre 1447, pour se rendre à leur destination, mais tandis que les deux premières se dirigèrent sur Gap par Veynes, la troisième s'y rendit par Grenoble et La Mure. Le lundi 5 septembre la compagnie du capitaine de Conuran, conduite par le commissaire Jean Le Brun, écuyer d'écurie du dauphin, arrivait à Saint-Bonnet lorsqu'elle rencontra Jean Gras et un autre habitant de Gap qui avaient été envoyés à sa rencontre par les syndics de cette ville pour dissuader son chef de venir jusqu'à Gap. Ces délégués exposèrent que la compagnie du bailli de Sens, forte d'environ 400 chevaux et commandée par le capitaine Denisot venait de passer à Gap où elle avait été fort bien reçue, tant par la population que par l'évêque qui avait même offert à dîner au capitaine et à dix ou douze nobles ; que le capitaine Olivier, qui avec ses hommes suivait la même route, y était également attendu ; qu'à raison de cette concentration de troupes les ressources de la ville étaient complètement épuisées et que l'on n'y trouverait plus d'avoine ; que par conséquent il serait beaucoup plus avantageux au capitaine Geoffroy de conduire directement ses hommes de Saint-Bonnet à Chorges ou à la Bâtie-Neuve, sans venir à Gap, ce qui, du reste, allongerait considérablement sa route.

Geoffroy de Conuran et Jean Le Brun, munis d'ordres formels du dauphin, ne tinrent aucun compte des sollicitations des envoyés et le 6 septembre se présentaient, dans la matinée, devant la porte Jassaude à Gap, qu'ils trouvèrent fermée.

Pendant ce temps, Catherin d'Oncieu, châtelain du Champsaur, qui avait pris les devants, s'était rendu auprès de l'évêque de Gap, pour lui signifier les ordres du dauphin ; tout ce qu'il en put obtenir fut qu'il consentait à ce que 200 chevaux seulement entreraient dans la ville pour y loger, avec leur capitaine, tandis que les 400 autres se dirigeraient sur Romette. Mais le capitaine Conuran, prétextant la

lentinois et Diois, de se transporter dans le Gapençais pour y ré-

fatigue de ses hommes, déclara qu'il entrerait à Gap et donna les ordres nécessaires pour faire escalader les murs de la ville ; ce que voyant, trois cents habitants environ, archers ou arbalétriers armés, craignant que ces bretons, *gentes male*, ne détruisent toute leur ville et ne violent leurs femmes, excités par les conseils de Georges Augier, seigneur d'Oze, de Raimond Saurel, seigneur d'Aspremont et d'Etienne Isnard, bourgeois de Gap, se mirent à lancer une grêle de flèches et de pierres sur les gens d'armes du roi et tirèrent même quelques coups de canons et de couleuvrines. Les hommes d'armes ripostèrent, mais malheureusement, dès les premiers traits lancés, un archer Jean Calyon fut tué et le capitaine Geoffroy fut blessé, d'un coup de virolet, ainsi que plusieurs autres gentilshommes avec quatre ou cinq chevaux. Dans la mêlée qui suivit, Pierre Gruel, juge épiscopal de Gap et noble Guillaume Giraud, qui cherchaient en vain à calmer les esprits et à rétablir l'ordre, furent arrêtés par Jean Le Brun, tandis que la compagnie de gens d'armes, conduite par son chef blessé, se dirigea sur Romette, sans avoir pu pénétrer dans Gap.

Informé de suite de ces événements, le dauphin qui se trouvait à La Mure, où il s'était rendu pour y voir les désastres occasionnés par un incendie qui, le 2 septembre précédent, avait en partie détruit ce bourg, chargea Philippot de Brestel, son panetier et capitaine des archers de sa garde, ainsi que Justet Mébenze, vibailli du Graisivaudan, de se rendre en toute hâte à Saint-Bonnet pour s'y faire remettre par le châtelain, Catherin d'Oncieu, les deux habitants de Gap arrêtés par Jean Le Brun. Les délégués du dauphin, outre leur commission étaient porteurs de la lettre suivante que nous reproduisons (B 3145) :

« A nos chiers et bien amés le chastellan de Sant-Bonnet o son lieutenant et
« autres nos officiers audit lieu et à chascun d'euls.

« De par le daulphin de Viennoys.

« Chiers et bien amez, nos envoions n stre bien amé pannetier Phelipot de
« Brestel et le lieutenant du bailly du Bas Pays du Dalphiné à Sant Bonet pour
« illec prendre et amener par devers nos le juge de Gap et ung homme d'armes
« que vos a bailliez en garde de par nos nostre bien amé serviteur Johan Le Brun
« et por ce, incontinent ces lettres veues, délivrez ausdis Phelipot et lieutenant les
« dis juge et homme d'armes et autres se aucuns vos en ont esté bailliés et gardés
« qu'en ce n'oit faulte, et en ce fesant vos en serez deschargiés. Chiers et bien amez
« messeigneur soit garde de vos. Escript à la Mure le VI jour de septembre. »

« Loys »   « Héron »

Dès le 7 septembre, à leur arrivée à Romette, les commissaires se firent remettre les prisonniers, Pierre Gruel et Guillaume Giraud, auxquels ils firent subir un premier interrogatoire. Ils recueillirent également les dépositions de Jean Le Brun, de Catherin d'Oncieu, d'Etienne Isnard, de Bertrand de Bressières, serviteur de Pierre de Bonne le vieux vichâtelain du Champsaur, de Pierre de Montorsier, et de Jean Isnard, d'Ancelle. (B 3145, f°s 168-191).

Le 10 septembre, le dauphin, qui était resté à la Mure, donna de nouveau commission à Aimar de Clermont, lieutenant du gouverneur du Dauphiné, et à Justet

primer les attentats commis contre les gens de guerre que le roi

Méhenze, pour se rendre dans le Gapençais et y réduire sous sa main la ville de Gap et les châteaux épiscopaux (voir l'acte n° 1872). Les commissaires s'étant mis en route le 11 septembre arrivèrent le même jour à Saint-Bonnet, où leur premier soin fut de faire publier par le sergent delphinal de ce lieu « que tot homo noble « o ho non noble s'armesset per aler buter lo siège devant la dicta villa et per fere « tos esples de guerre contra los dis de la dicta villa et firent escrire la dicta cria « en los actes de la cort dudit luc, justa la tenor de lor commission ». Le lendemain, mardi 12, ils se rendirent à Romette où ils firent la même proclamation : « là, ils firent crier que tot homo dalphinal se armesset et oussi que nul vivres ne « homo de quel condicion que fust entresset dedans la dicta cité et sur la peyna de « confiscacion de cors et de biens » et mandèrent par écrits à tous les châtelains delphinaux de la région de faire les mêmes proclamations (B 3145, f° 192).

A l'annonce, cependant, des préparatifs de guerre dirigés contre eux, les syndics de Gap, ainsi qu'un grand nombre d'habitants de la même ville, saisis de frayeur, se rendirent à Romette le 13 septembre, auprès des commissaires et leur offrirent d'ouvrir leur ville au dauphin et de lui faire leur soumission complète. Catherin d'Oncieu, seigneur de Diémoz, fut chargé de se rendre auprès du prince pour prendre ses ordres. Ce dernier fit immédiatement partir son secrétaire Tiran, porteur d'une lettre pour les commissaires. De son côté, le chancelier du Dauphiné fit parvenir aux mêmes, par le nommé Balthazard, docteur en droit, de la ville de Gap, une note en les invitant à ne point procéder plus avant, car le dauphin était content de la soumission des habitants de Gap. Les commissaires se contentèrent donc de procéder à la saisie des châteaux épiscopaux de La Bâtie-Neuve, de La Bâtie-Vieille et de Rambaud.

Le 15 du même mois de septembre, arriva de son côté à Romette Guillaume bâtard de Poitiers, sénéchal du Valentinois, auquel le dauphin avait aussi confié la mission de se rendre dans le Gapençais pour y faire respecter son autorité, et auquel il avait conféré les pouvoirs les plus étendus en le nommant, à cet effet, son lieutenant général. Le premier acte de ce nouveau commissaire fut de sommer les habitants de Gap « qu'ils voulsissent réparer lo déffaut et l'injuyre que il « avoyent fet, tant lu roy como a mon dit seignur, autrement que il prossoyerait « à la meilor maniera et forma que il perriont » (B 3145, f° 193). Il adressa, ensuite, à tous les châtelains delphinaux du Gapençais et de l'Embrunais, un mandement dont nous croyons devoir reproduire la teneur (B 3145, pièce détachée) :

« Guillelmus de Pictavia, domicellus, locumtenens generalis domini nostri dal-
« phini, et Eymarus de Claromonte, locumtenens domini gubernatoris totius Dal-
« phinatus, comissarius per dictum dominum nostrum dalphinum deputatus, dilecto
« nostro castellano... dalphinali, aut ejus locumtenento, salutem. Tenorem litte-
« rarum dicti domini nostri insequentes, vobis et cuilibet vestrum precipimus,
« comictimus et mandamus, et sub omni indignatione, quam erga dictum dominum
« nostrum incurrere possetis, quathenus voce preconis publice divulgari faciatis
« ut omnes tam nobiles quam innobiles et alii cujuscumque condicionis existant
« tam mediate quam immediate subditi dalphinales, cum arbalistis, arcubus, lanceis,

envoyait en Lombardie, et le nomme en conséquence son lieutenant général, avec les pouvoirs les plus étendus.

Même source que les actes précédents.

« achiis, securibus et aliis generibus armorum, veniant ad faciendum vastum et
« obsidionem ponendum ante civitatem Vapinci et etiam nobis compareant in loco
« Romete, sub pena mortis et confiscatione omnium bonorum, vosque cum ipsis
« veniatis et quo in predictis egeritis die et hora predictis nos certifficare curetis
« in dicto loco Romete. Datum Romete die xvi mensis septembris anno domini
« m° iiii° xlvii.

« Concessa per dictos dominos commissarios ».

A peine cet ordre était-il expédié qu'arrivèrent à Romette les syndics et les habitants de Gap qui, en présence de Guillaume de Poitiers, d'Aimar de Clermont, de Justet Méhenzo et de Catherin d'Onciou, sire de Diémoz, firent amendo honorable au dauphin, dans les termes suivants :

« Por obtenir grace et misericorda devers nostre très redoté et sovereyn segnur,
« monsegnur lo Dauphin, por le cas naguères avenu, fet, perpétré par les gens de
« la villa de Gap et espécialement de la résistansa qu'il ont fet aux gens du Roy et
« de nostre dit segnur alant à Lumbardia ; et oussi de la mort d'un archier qui
« estoyet en la compania des dictes gens d'armes perpetrée por lesdis habitans, les
« sendis et habitans de la dicta villa, yci desos només et yci venus spécialement
« du consentement, bon plesir et comandement de lur évesque, auci como il ly
« apart por lettre de sa propra mayn fayte et subsegnide, por tosiort estre en la
« bono grace de nostre dit sognur, en laquella volunt tostemps mays estre, como
« vray subgiez et obeyssans à vous messegnurs Guillaume, basterd de Poytiers, sé-
« neschal du conta de Valentinoys et de Dyoys, luetenent général en selui cas, Emar
« de Clermont, luetenent du governour du Dauphiné, Justo Méhenzo, doctor en
« loys, lieutenant du bally du Bas Pays du Dauphiné, et à vous segnur de Dyemo, comis
« de part nostre dit segnur, estans en cela villa de Romete, vous offrent très hum-
« blement, du comandament du susdit évesquo, le governement et capitanage de la dicta
« cité de Gap et tos les habitans dicelle à régir et governer lu nom de nostre
« dit seignur ; por en fere à son bon plesir et bono volunté. Item plus vous notif-
« fient qu'il hont abatu les portez de la dicta cité, dont est avenu le cas, por vous
« fere tota uverturo et vrayo obeyssansa et por y metre dedans la cité tel nombre
« de gens qu'il vous pleyra. Item vous bayleront et deliveront, tantes foys quant
« vous pleyra de entrer dedans la dicta villa, les clez de totes les portez en vous
« mayne. Et otra plus, vous délivreront et bayleront à vous dis messeignurs com-
« missayros lurs cors et tos lurs byens qu'il hont, por en foyre lu bon plesir et bono
« volunté de nostre dit segnur. Item les dis sendis vous promotent et jurent que ces
« choses desusdites il obtendront et feront obtenir et ratiffier par tos les habitans de la
« villa de Gap, tantes foys qu'il vous pleyra. Item hostra plus, ils se offrent de aler
« devers nostre dit seignur lo nombro de gens qu'il vous semblera por notifflor ces
« choses et de estre lu bon pleysir et bono volunté de nostre dit segnur. Et de ces
« choses il vos offrent fere instrumens publiques, en vous suppliant qu'il vous

1874. *Grenoble, 26 septembre 1447.*

Lettres constatant . ommage prêté par Pierre Terrail[1], pour la

---

« playse de lurs entretenir en la bone grace de nostre dit seignur. » (B 3145, f° 196; B 3751).

Quant à la lettre de l'évêque, visée dans la précédente soumission, et qui était datée de Sisteron, localité où le prélat avait cru prudent de se réfugier, en voici le contenu (B 3751) :

« Audivimus non sine displicentia quo a vobis potuntur per commissarios illus-
« trissimi principis domini Dalphini, considerantes animo dilectationem et fideli-
« tatem, quam semper habuistis ad statum ecclesie, non volentes pati ipsius civitatis
« desolationem adque destructionem, vobis licentiam damus per presentem nostram
« licteram ea omnia agendi que vobis videbuntur pro ipsius civitatis incolumitate
« et preservatione, absque eo quod per ecclesiam aut me aliquid infidelitatis im-
« putari possit aut valeat ; sperantes in dei adjudictorio, quia tam nos quam civitas
« ab omni re propter quam pati debeamus sumus innocentes et quod tandem Deus
« erit propitius negociis nostris. Et valete et Xristus vos dirigat. Ex Cistario xvi°
« septembris.

« G. episcopus Vapincensis, manu propria ».

De Romette, les Commissaires delphinaux, accompagnés des syndics et des habitants de Gap se rendirent dans cette dernière ville. Devant la porte Jassaude, grande ouverte, on leur remit les clefs des quatre portes en signe d'obéissance ; puis, ils entrèrent dans la ville, aux cris répétés de « Vive monseigneur lo Daulphin », et la traversèrent jusqu'à la porte de la Colombe, qu'ils ouvrirent et formèrent, en signe de prise de possession. Puis, revenant sur leurs pas jusqu'à la place Saint-Arnoult, ils se firent remettre quatre otages pris parmi les habitants les plus notables, firent apposer les armes delphinales sur les quatres portes de la ville et firent publier par un sergent de la Cour temporelle de Gap la proclamation suivante :

« Mendement est de par monseigneur lo Dauphin et de ses commissaires que
« tot home que s'en fusset aler dehors la ville y pust retorner avecques ses byens
« sals et seurs ; et que tot home y puisset mener vivres, nonostant les crias que
« furent faytes au contra. Item, que nul sans licence de mondit seigneur et ob
« de ses officiers ne se ausent congregier au samba ny fere manipoli contro nostro
« dit segneur sus poyne de mort et confiscation de tos leurs byens » (B 3145, f°
197, v°).

Enfin, le 8 octobre suivant, en présence de Justet Méhenze, conseiller et maître des requêtes du dauphin, vibailli du Graisivaudan, commissaire et juge de Gap pour le dauphin, assisté de noble François de Bonne le Vieux, vichâtelain du Champsaur et de Montalquior, le Conseil général de la commune de Gap, composé notamment de Claude Chaillol, André Basiler, Jacques Dorche, syndics, Antoine Vougesse, trésorier, etc., se réunit en la forme accoutumée et ratifia solennellement tout ce qui avait été conclu avec les commissaires delphinaux, tant à Romette qu'à Gap (B 3145, f° 212).

[1] Pierre Terrail, seigneur de Bayart, tué à la bataille de Montlhéry, en 1465.

maison forte de Bayart et toutes les cens, rentes et choses qu'il possédait dans les mandements d'Avalon, de La Buissière et ailleurs en Dauphiné.

Marrios. Bibl. de Grenoble, mss R 80, t. 2, n° 852, f° 170. — *Invent. des titres de la Chambre des comptes, Graisivaudan*, t. 1, f° 169.

1875 — Grenoble, 27 septembre 1447.

Lettres constatant l'hommage prêté par Hugues et Claude Marc, frères, pour les hommes, cens, rentes qu'ils ont dans le mandement de La Mure et qui avaient appartenus précédemment à la famille de Puy Boson, ainsi que pour tout ce qu'ils avaient acquis du seigneur de La Motte.

Marrios. Bibl. de Grenoble, mss. R 80, t. 2, n° 852, f° 170.

➢ 1876 — Grenoble, 17 novembre 1447.

Ordonnance par laquelle le dauphin, de l'avis des gens de son Conseil, — attendu que le Dauphiné était un pays sûr et sans guerre, mais que plusieurs inconvénients, discussions et autres mauvais cas « se sont esmeuz puis peu de temps en ça », parce que plusieurs étrangers et gens de diverses conditions et nations passent et allant à pied par ledit pays, portent des javellines, arbalètes et autres armes défendues, pour obvier à l'avenir à ces inconvénients, — fait défense à toutes personnes de voyager à pied, en Dauphiné, avec des armes, sans en avoir une autorisation expresse délivrée par les officiers de justice ; et ne permet à ceux qui voyagent à cheval que le port d'une

---

laissa de son mariage avec Marie de Bocsozel, entre autres enfants Aimon Terrail, qui épousa Hélène Alleman, fille d'Henri Alleman, seigneur de Laval, et eut pour fils le célèbre Pierre Terrail, plus connu dans l'histoire sous le nom de chevalier Bayart.

Une ordonnance de Geoffroy Le Meingre dit Boucicault, seigneur de Bourbon, gouverneur du Dauphiné, donnée à La Côte-Saint-André, le 4 mars 1404, avait autorisé noble Pierre Terrail à faire construire une tour, *loco dicto en Boyardo*, au-dessous du château delphinal d'Avalon, à condition de la tenir en fief du dauphin, ainsi que tout ce qu'il possédait. (B 2960, f° 2). Aimar Terrail, petit-fils du précédent Pierre Terrail, prêta depuis hommage pour la même tour ou maison forte de Bayart, le 31 mars 1485 *(Inv. des titres de la Chambre des comptes, Graisivaudan*, t. 1er, f° 175).

épée; et ce sous peine de confiscation des armes dont ils seraient porteurs et d'amendes arbitraires.

Copie. Archives municipales de Grenoble.

1877   *Grenoble, 22 novembre 1447.*

Lettres constatant l'hommage prêté par Richard Blanc, d'Allevard, pour ce qu'il tient audit lieu d'Allevard.

Mention. Bibl. de Grenoble, mss. R 80, t. 1, n° 852, f° 172.

1878   *Le Touvet, 10 décembre 1447.*

Procuration passée par Antoine de Saint-Jean, du Touvet, à Jean Manent dit Peyron[1], de la paroisse de Saint-Pierre-d'Allevard, pour prêter hommage au dauphin, en son nom. Acte passé en présence de Jean Hudrut dit Bérart, Laurent Serren, Antoine de Saint-Jean dit Brunet, et Jean Murgier.

Original. B 2651.

1879   *Voiron, 15 janvier 1448.*

Procuration passée par noble Sibuet Veyer, du mandement de Voiron, à noble Amédée Veyer, son fils, pour prêter hommage au dauphin, en son nom. Acte passé dans la maison forte du constituant, en présence de noble Claude de Dorgeoise dit Roux.

Original. B 2651.

1880   *Chamoussel, 5 mars 1448.*

Procuration passée par noble Antoine Jordan, de la paroisse de Bettonet en Savoie, fils de feu noble Jean Jordan, de Saint-Maximin au mandement d'Avalon, à Michel Vaète, de ladite paroisse de Saint-Maximin en Dauphiné, et habitant à Chamousset en Savoie, pour prêter hommage au dauphin, en son nom. Acte passé en présence d'Antoine Magnin, curé de *Montis Heudrici*, de nobles Jean de Tigne,

---

[1] Jean Manent, dit Peyron, écuyer, avait été nommé châtelain de Morêtel et Goncelin, par lettres du dauphin, le 6 novembre 1446 (acte n° 200), et fut remplacé le 11 novembre 1447 (n° 539).

Thomas Jacob, Manuel et Antoine Malliet de la paroisse de Mont-Gilbert.

Original. B 2651.

1881 — *Moulins les Tours, 20 mars 1447 (1448).*

Lettres du roi Charles VII, adressées aux gens des Comptes et trésorier, sénéchaux de Rouergue et de Quercy, bailli des Montagnes d'Auvergne, ainsi qu'aux procureurs, trésorier ou receveurs ordinaires des dites sénéchaussées et baillage, par lesquelles il confirme la donation qu'il avait faite à son fils, le dauphin Louis, des châteaux de La Guyolle, de La Roque Valsergue, de Saint-Geniez de Ribedoc et de Cassagnes de Bégonhès, situés en Rouergue, et lui accorde le droit de recevoir les hommages des vassaux des susdites seigneuries[1].

Original. B 3765.

1882 — *Valence, 14 juin 1448.*

Lettres du dauphin Louis constatant les foi et hommage lige que venait de lui prêter Louis de Châlon, prince d'Orange, seigneur d'Arlay[2], pour les châteaux, terres et seigneuries qu'il possédait en Dauphiné, et mandant de lui donner main-levée de ceux de ses biens qui auraient été mis sous la main delphinale et notamment du péage d'Auberives.

Enregistrées le 17 juillet 1448.

Analyses. — *Invent. des titres de la Chambre des Comptes. Viennois*, t. 1er, f° 41, v°, et *Baronnies*, t. 1er, f° 281.

1883 — *(La Côte-Saint-André), 21 septembre 1448.*

Lettres par lesquelles le dauphin Louis, à la demande de Nicolas de Pracomtal, originaire du Comtat-Venaissin, qui sollicitait la concession du droit de juridiction pour une maison forte qu'il possédait en franc alleu, près de Montélimar, appelée Château des Sablières[3],

---

[1] Voir, à ce sujet, les lettres du roi Charles VII, données en mai 1446 (acte n° 1847).
[2] Voir, sur Louis de Châlon, prince d'Orange, la note 2, p. 149 du t. 1er.
[3] Les Sablières, auj. quart. commune de Châteauneuf-du-Rhône.

ordonne au lieutenant du sénéchal de Valentinois au siège de Montélimar d'ouvrir une information pour savoir si réellement la susdite maison forte était possédée en franc alleu et si la concession demandée lui serait avantageuse ou préjudiciable[1].

ANALYSE. Invent. des titres de la Chambre des comptes, Valentinois, t. III, f° 263.

1884 — Montferrant en Auvergne, 24 octobre 1448.

Acte par lequel Robert Dauphin[2], évêque d'Alby, danphin d'Auvergne, comte de Clermont et de Sancerre, fait donation à Louis, dauphin de Viennois, représenté par Louis de Laval[3], seigneur de Châtillon et de Frenadoul, gouverneur du Dauphiné, du Dauphiné d'Auvergne, des comtés de Clermont et de Sancerre, et des châteaux et châtellenies de Lastic, dépendant de la baronnie de Mercœur, et de Sagonne en Berry. Le dauphin de Viennois devra joindre à ses titres ceux de dauphin d'Auvergne et de comte de Clermont et de Sancerre.

ORIGINAL. B 3785.

1885 — Janvier 1448 (1449).

Lettres par lesquelles le dauphin Louis commet noble Arnaud Odoard, visénéchal des comtés de Valentinois et Diois, au siège de Montélimar, pour s'informer si la terre de Puygiron, située dans le ressort de La Valdaine, était une terre domaniale du comté de Valentinois[4].

---

[1] De l'information faite par le bailli de Montélimar il résulte que la concession demandée par Nicolas de Precomtal était avantageuse au dauphin, parce que ce dernier acquérait ainsi un nouveau vassal.

[2] Robert Dauphin, fils de Béraud II, comte de Clermont, seigneur de Mercœur, et de Marguerite, fille et héritière de Jean III, comte de Sancerre, sa troisième épouse. D'abord religieux de l'ordre de Saint-Benoît, il fut pourvu de l'évêché de Chartres en 1432, et transféré ensuite à celui d'Alby en 1435. Mort en 1462. La donation qu'il fit au Dauphin, de ses terres, ne reçut aucun effet.

[3] Sur Louis de Laval, gouverneur du Dauphiné, voir les notes 1, p. 201, et 2, p. 512 du t. I°'.

[4] De l'information faite le 6 février 1449, par le visénéchal de Montélimar, il résulte que la terre de Puygiron, qui était une dépendance du comté de Valentinois, avait été inféodée par le comte Louis de Poitiers à un certain bâtard, noble,

Mention insérée dans l'information faite par le commissaire délégué (B 3249, f° 108).

1886 *Spolète, 10 juin 1449.*

Bulle du pape Nicolas V[1] par laquelle, à la demande de Louis fils aîné du roi de France, dauphin de Viennois et gonfalonier de la Sainte Eglise Romaine, il érige en collégiale l'église paroissiale de Sainte-Croix de Montélimar, au diocèse de Valence. La nouvelle collégiale devra se composer d'un doyen, d'un sacristain, de huit chanoines, huit choriers et six clercs.

Copie. *Cartul. mss. de Saint-Paul-Trois-Châteaux,* f° CLXIII.
Publiée. U. Chevalier, *Cartul. municipal de la ville de Montélimar,* p. 287.

---

nommé Bourg de Auroce, originaire du Limousin, qui était entré à son service comme homme d'armes ; que ce personnage avait commis dans le pays de nombreux méfaits et crimes ; qu'il avait notamment assassiné un écuyer du nom de Gautier, parent du seigneur de La Bâtie-Rolland, dont le château était situé non loin de celui de Puygiron ; qu'il avait également tué sa femme dans des circonstances dramatiques et empoisonné un prêtre de Valréas qu'il accusait d'en être l'amant. *(Item alterius dixit quod idem Burgo agens in humanis eius uxorem existentem in lecto in puerperio cum quadam torchia cere, de sero hora tarda, ardente et cum flamis ponendo illam torchiam ardentem infra naturam seu vulvam ipsius suffocavit et interfecit, et deinde quemdam cappellanum de Valreato, quem repputabat suspectum de adhulterio cum sua uxore, impoysonavit sed ea remedio evasit mortem et non sine periculo magno, et premissa fuerunt in patria presenti notoria et manifesta).*

Enfin, ledit de Auroca avait été lui-même assassiné, pendant son sommeil, dans le château de Puygiron, par un jeune bâtard de la maison de Baux, pour se venger de ce que durant les guerres de Raimond de Turenne, ledit de Auroca avait tué un de ses parents, au siège de La Fare, près de Carpentras.

A la suite de ces événements le château de Puygiron avait fait retour au comte de Valentinois, qui en avait nommé châtelain le notaire Pierre Perrot. Ensuite, après la mort de Louis de Poitiers, le même château fut, pendant quelques années, occupé par Lancelot bâtard de Poitiers ; mais Humbert de Beaumont, seigneur de La Bâtie, et le seigneur de Grignan étant entré en guerre avec ce bâtard, s'emparèrent par la force de Puygiron qu'ils remirent entre les mains du duc de Savoie. Finalement, Louis de Lantenay, gouverneur du comté de Valentinois, pour le duc de Savoie, avait donné la terre de Puygiron à Michel de Valpergue qui la possédait encore lors de l'enquête.

[1] Nicolas V (Thomas Parentucelli), né à Pise en 1398, élu pape le 6 mars 1447, couronné le 19 à Rome, mort à Rome le 24 mars 1455.

1887 (Juin) 1449.

Instructions données par le dauphin Louis aux orateurs et ambassadeurs qu'il envoyait à la Cour de Rome pour se plaindre des offenses que lui avait faites l'évêque de Gap, Gaucher de Forcalquier, et solliciter du pape la déposition ou tout au moins la translation de ce prélat. Après avoir exposé au Souverain Pontife les différents droits que le dauphin possédait, depuis plusieurs siècles, dans la ville de Gap, et les circonstances dans lesquelles, à l'instigation de leur évêque, les habitants de cette dernière ville s'étaient portés à des actes de violence contre les troupes que le roi de France envoyait en Lombardie pour la défense du comté d'Asti, les ambassadeurs feront connaître qu'à la suite de l'amende honorable faite au dauphin par les habitants, cette difficulté paraissait terminée, lorsque l'évêque, « usant tousiours de sa perverse et mauvaise voulenté, « depuis Pasques en ça, subrepticement et par son faulx donné à « entendre et tue la verité, a obtenu certaines lectres de nostre « Saint Père pour mectre les sces en la dite ville de Gap » à la suite desquelles il avait lancé un monitoire contre les officiers delphinaux, sous le prétexte inique que ces derniers détenaient par force la ville et toute la temporalité du diocèse de Gap, ce dont « mondit seigneur « ne se puet trop esmerveiller comment nostre dit Saint Père a donné « les dictes lectres ». En conséquence, les ambassadeurs du prince solliciteront du pape « que ledit évesque soit desgradé et inhabilité et « perpetuellement privé et débouté de la dignité épiscopal et de tous « autres dignitez, offices et bénéfices »; et, qu'en outre, il soit condamné à fonder une chapelle, pour le repos de l'âme de l'homme d'armes tué par les habitants de Gap, et dans laquelle « soit figuré et « paint le personnaige du dict mort et mis ung tableau ou quel soit « paint, escript et figuré à perpetuelle memoyre le cas de l'insult et « invasion dessus dict ». Au cas où les ambassadeurs ne pourraient obtenir du pape la déposition de l'évêque, ils devront, tout au moins, demander « que le dit évesque soit privé de l'évesché de Gap, et que « jamais il ne puisse tenir office ne bénéfice en Daulphiné ne es pays « voisins, et que la dicte fondation se face, et que ledict tableau et « figure se mecte à perpetuelle mémoire », et finalement que le même prélat « soit condampné de faire à mondit seigneur amende honno-

« rable et prouffitable jusques à la somme de quarante mille escus ou
« autre telle somme qu'il sera advisée par nostre dit Saint Père »¹.
Corres. B 3145, f° 113.

———

¹ Si, à la suite des évènements relatés précédemment (voir les notes 1, pp. 365 et 374), les habitants de Gap se soumirent à l'autorité du dauphin, il n'en fut point de même de leur évêque, Gaucher de Forcalquier, qui, après s'être volontairement exilé de son diocèse, implora tour à tour la protection du roi de Sicile, comte de Provence et de Forcalquier, de la Cour d'Avignon et du Souverain Pontife. Ayant finalement obtenu de ce dernier un rescrit, il s'empressa de fulminer contre les prétentions et les envahissements du dauphin et de ses officiers un long mémoire daté de Sisteron, le 30 mai 1449 (B 3145, f° 163, v°), adressé à tous les ecclésiastiques et laïques de son diocèse, à la suite duquel il prononça une sentence d'excommunication contre trente-deux officiers ou sujets delphinaux qu'il accusait de s'être emparés de force de la ville de Gap et de détenir arbitrairement tous les biens temporels de ce diocèse.

Le dauphin, justement irrité, envoya à Rome plusieurs ambassadeurs pour solliciter du pape la déposition ou tout au moins l'éloignement de l'évêque, tandis que les sujets delphinaux excommuniés, au nombre desquels se trouvaient Guillaume bâtard de Poitiers, Aimar de Clermont, Justet Méhenzo, Mathieu Thomassin, François de La Roche, Catherin d'Oncieu, en appelèrent aussi au pape, par acte du 27 juin 1449, de la sentence prononcée contre eux (B 3752, f° 105).

L'année suivante, l'évêque de Gap se rendit personnellement à Rome pour essayer d'émouvoir le Saint Père au récit de ses malheurs. Ce dernier finit par interposer son autorité et obtint que le dauphin autoriserait l'évêque à rentrer dans son diocèse et lui restituerait les biens temporels de son église ; le dauphin toutefois n'y consentit qu'en imposant à l'évêque les conditions les plus humiliantes, ainsi qu'en témoignent les lettres qu'il rédigea à ce sujet le 7 juin 1450 (acte n° 766). A son retour de Rome, et avant même d'entrer dans son diocèse, l'évêque, conformément à l'obligation qui lui en avait été faite, vint à Grenoble pour y demander humblement pardon au dauphin. Là, ainsi qu'il le rapporte lui-même, il s'entretint longuement avec Louis de Poitiers, évêque de Valence, et Antoine Bolomier, général des finances, qui le sollicitèrent vivement de reconnaître le dauphin pour son seul souverain et de lui prêter hommage, ainsi que du reste l'avaient déjà fait tous les autres prélats du Dauphiné ; ajoutant que, s'il y consentait volontairement, le dauphin le comblerait de prévenances, lui restituerait les 4,000 écus qu'il avait dû lui payer et donnerait à son frère, le seigneur de Céreste, un bon château d'au moins 200 florins de revenus. Gaucher de Forcalquier resta inébranlable dans ses résolutions, aussi, à peine rentré dans son diocèse, surgirent de nouvelles difficultés o il fut de nouveau contraint de se retirer à Sisteron, d'où il chargea Jacques Reboul, chanoine de la cathédrale d'Aix, d'aller à Rome implorer une fois de plus, en son nom, la protection du pape. Cet envoyé devait exposer que si l'évêque avait consen-

1888
Embrun, 14 juillet 1449.

Lettres constatant l'hommage prêté au dauphin Louis par Antoine Richier, comme procureur de Tonnine Roustan, sa femme, et de Françoise Roustan, sa belle-sœur, pour les cens, rentes, juridiction et biens qu'elles ont dans les mandements de Savines et d'Ancelle.

Mention. Bibl. de Grenoble, mss. R 80, t. x, n° 852, f° 172.

1889
Embrun, 15 juillet 1449.

Lettres constatant l'hommage prêté par Antoine de La Font, tant en son nom personnel que comme procureur de ses frères.

Mention. Bibl. de Grenoble, mss. R 80, t. x, n° 852, f° 172.

1890
Etoile, 27 octobre 1449

Acte par lequel nobles Raimond de Panouse dit de Lupiac, bachelier en décrets, prieur de Gaillac au diocèse de Riez, et Philippe de Panouse dit de Lupiac, cousins et procureurs [1] de Sobeyrane de Soulatges, fille de Guillaume de Souiatges, chevalier, seigneur de Teulet (*de Teoleto*), et veuve d'Amalric de Sévérac [2], chevalier, maréchal de France, font donation, au nom de la susdite dame et de ses successeurs, au dauphin Louis, fils aîné du roi de France, présent et acceptant, des baronnie, châteaux et mandements de Beaucaire, Espeyrac et Golinhac [3], situés au diocèse de Riez, ainsi que de toutes les actions

---

tamment refusé de prêter hommage au dauphin, ce n'était que pour sauvegarder les intérêts du Saint-Siège, auquel on en appelait des causes profanes ; que ce refus lui avait valu de nombreuses persécutions ; que depuis trois ans il était en exil et avait perdu tous les revenus de son église ; que pour soutenir la défense de ses droits il avait été obligé de faire des dépenses telles, qu'il était, ainsi que tous les membres de sa famille, complètement ruiné, et que finalement il n'espérait plus qu'en la protection du Saint-Siège, attendu qu'il ne pouvait résister plus longtemps, ni supporter des charges aussi lourdes (B 3754).

[1] La procuration avait été passée le 16 août 1449, au château de *Valsagie*, au diocèse de Mende ; Guy de Panouse dit de Lupiac étant évêque de Mende.

[2] Amaury, baron de Sévérac, fils d'Alzias de Sévérac, seigneur de Beaucaire, et de Marguerite de Campendu, sa seconde femme ; sénéchal de Rouergue et Quercy en 1410 ; maréchal de France en 1424 ; lieutenant général du roi Charles VII en Mâconnais, Lyonnais et Charollais, en 1426 ; mort assassiné en 1427.

[3] Beaucaire, Espeyrac et Golinhac, localités situées actuellement dans le départ. de l'Aveyron.

et droits qui pouvaient lui compéter sur ces mêmes terres, à raison de la somme de 3,000 francs d'or qui lui avait été constituée en dot par son père lors de son mariage, de celle de 1,000 francs d'or que lui avait donnée son mari en augment de dot, et enfin de celle de 300 francs, valeur de chevaux que lui avait livré son père. La donatrice se réserve l'usufruit des revenus des terres cédées, pour en jouir une année à partir de la fête de Saint-Michel-Archange passée, et ensuite une pension viagère annuelle de 200 fr. d'or payable chaque année en deux termes. A cet acte reçu à Etoile par maîtres Guillaume de Beaumont, Monteyson et Ponce du Pré, d'Etoile, clercs notaires publics, impériaux et delphinaux, dans la chambre à coucher de l'hôtel comtal du dauphin, furent présents : Yves de Scépeaux, seigneur de Landeny, chancelier ; Louis de Laval, chevalier, seigneur de Châtillon, gouverneur du Dauphiné ; Jean de Lescun, bâtard d'Armagnac ; Gabriel de Bernes, écuyer, seigneur de Targe, maître d'hôtel ; Reynier de Bouligny ; Jean de Ciserin, docteur en lois, conseiller delphinal.

Original. B 3275.

1891 *Alixan, 10 août 1450.*

Lettres par lesquelles le dauphin Louis nomme son conseiller et chambellan, Jean bâtard d'Armagnac[1], à l'office de sénéchal de Valentinois et Diois, « en considération de ses services et de ce que « dans sa grande nécessité il l'avait servi bien et loyaument sans « rien épargner, ayant laissé et abandonné tous ses parents, amis, « biens et héritages qu'il avait en Gascogne pour le suivre et l'ac- « compagner ».

Analyse. Anselme de Sainte-Marie, *Hist. généal. et chronol. de la maison de France, des pairs et grands officiers*, t. vii, p. 94.

1892 *28 août 1450.*

Lettres constatant l'hommage prêté au dauphin Louis par Pierre

---

[1] Voir, sur Jean bâtard d'Armagnac, devenu comte de Comminges et gouverneur du Dauphiné, les notes 1, pp. 515 et 512 du t. 1er.

Copier¹, pour la maison forte de Poisieu, située au mandement de Crémieu, ainsi que pour la paroisse de Chozeau avec toute juridiction.

Marmor. B 2832, f° 18.

1893
Valence, 15 septembre 1450.

Acte par lequel le gouverneur du Dauphiné, le sénéchal du Valentinois et Diois, les général et contrôleur des finances, commissaires et députés à ce par le dauphin Louis, reçoivent l'hommage et le serment de fidélité de Damien Seytre, licencié en lois, prévôt, de Guillaume Arnoux, sacristain, et des autres chanoines composant le chapitre de l'église cathédrale de Valence, qui en outre approuvèrent et ratifièrent les transactions et accords faits entre le dauphin et l'évêque de Valence². Étaient présents, l'évêque de Valence, Guy Pape, docteur en lois, conseiller delphinal, Antoine d'Alauson, Ozias Joannin, Barthélemy Charles, etc.

Corps. B 2984, f° 381, v°.

1894
Valence, 15 septembre 1450.

Actes constatant les serments de fidélité et hommages liges prêtés au dauphin Louis, en présence des précédents, ses commissaires et délégués, par les nobles du diocèse de Die, dont les noms suivent :

1° Jean Artaud, écuyer, seigneur d'Aix ;
2° Jean Artaud, frère du précédent, seigneur de Beaumont ;
3° Ainard Reynard, seigneur de Saint-Didier³ ;
4° Ozias Johanin, seigneur de Pennes⁴ ;
5° Reynard de Rosans, seigneur de Bonneval ;

---

¹ Pierre Copier devait être le père de Jean Copier, écuyer d'écurie du dauphin, devenu lieutenant du gouverneur du Dauphiné (voir la note 4, p. 14 du t. 1er).
² Cet hommage ainsi que ceux des actes suivants étaient prêtés en conséquence du traité passé entre le dauphin et l'évêque de Valence et Die, Louis de Poitiers, le 10 septembre précédent (voir l'acte n° 780).
³ Voir, sur Ainard Reynard, père de Félice Reynard, l'une des maîtresses du dauphin, la note 4, p. 181 du t. 1er.
⁴ Voir, sur Ozias Johanin, les notes 2, p. 7, et 3, p. 280 du t. 1er.

6° Guigues Faure de Vercors, seigneur en partie du Vercors [1] ;
7° Guillaume Faure, docteur en lois ;
8° Hugues Faure, de Die ;
9° Adhémar Brotin, écuyer, seigneur de Paris au Désert.

Mention. B 2984, f° 382.

1895 *Valence, 15 septembre 1450.*

Actes constatant les serments de fidélité prêtés au dauphin, en présence des précédents commissaires et délégués, par :
1° Les syndics et procureurs des habitants d'Alixan ;
2° Les syndics et procureurs des habitants de Saillans ;
3° Les syndics et procureurs des habitants de la ville de Die, qui tous promirent et jurèrent « estre bons et loiaulx envers mondit « seigneur et lo recognoistre et tenir doresnavant luy et ses succes- « seurs souverain seigneur dudit évesque (de Die) et d'oulx ».

Copies. B 2984, f°s 381, v°, et 382.

1896 *Valence, 16 septembre 1450.*

Acte par lequel, en présence des gouverneur, sénéchal du Valentinois et Diois, maître Antoine Dolomier, général, et maître Jean Bochetel, contrôleur des finances du dauphin, ses commissaires à ce délégués, les syndics et procureurs des habitants de la ville de Valence jurent, entre les mains de l'évêque de cette ville, d'être à l'avenir bons et loyaux sujets du dauphin, de le tenir pour leur souverain seigneur à perpétuité, et s'engagent à faire ratifier le présent acte par l'universalité des habitants, en bonne et due forme, et à remettre cette ratification au prince dans le délai de dix jours. Furent témoins, Jean Artaud, seigneur d'Aix, Antoine d'Alauson, Aînard Reynard, et autres.

Copie. B 2984, f° 377.

---

[1] Guigues Faure appartenait à la même famille que Jourdain Faure ou Favre, de Vercors, abbé de Saint-Jean d'Angely, qui fut accusé, en 1472, d'être l'un des auteurs de l'empoisonnement du duc de Guyenne, frère du roi Louis XI (voir la note 2, p. 463 du t. IV).

1897 *Valence, 16 sepeembre 1450.*

Actes par lesquels, en présence des précédents commissaires délégués par le dauphin, les syndics des habitants de Châteauneuf-d'Isère, de Montvendre, de Livron, de Loriol et de Mirmande, jurent et promettent d'être à l'avenir les bons et loyaux sujets du dauphin et de le tenir pour leur souverain seigneur à perpétuité.

Mentions. B 2984, f° 377, v°.

1898 *Valence, 18 septembre 1450.*

Acte par lequel, en présence du sénéchal du Valentinois et Diois, de maître Antoine Bolomier, général, et de maître Jean Bochêtel, contrôleur des finances du dauphin, commissaires à ce délégués par le dauphin, Bertrand d'Urre, doyen, et les autres chanoines du chapitre de l'église cathédrale de Die, prêtent serment de fidélité et hommage au dauphin.

Copie. B 2984, f° 377, v°.

1899 *Vienne, 23 septembre 1450.*

Acte par lequel, en conséquence du traité conclu entre le dauphin Louis et Jean de Poitiers, archevêque de Vienne, le 21 du même mois, Guillaume Blanc, Geoffroy Chapuis, Anselme de La Tour, Guichard de La Maladière, Pierre Chivallet, Jacques de La Monnaie, Guigues de Fayès, tous consuls ou syndics de la ville de Vienne, et Guillaume Durot, procureur général des habitants de la même ville, reconnaissent le dauphin pour leur seigneur supérieur et lui prêtent hommage et serment de fidélité entre les mains de Jean de Villaines, bailli des Montagnes du Dauphiné, chambellan, d'Aimar de Poisieu dit Capdorat, maître d'hôtel, et de Jean Bochêtel, contrôleur de toutes les finances du dauphin, commissaires à ce spécialement délégués. Furent témoins à cet acte, passé dans l'*Hôtel du Glaive*, où étaient logés les susdits commissaires, nobles Jean de Croset, docteur en lois, juge de la Cour comtale de Vienne, Guigues Costaing, Jean Meissonnier et Jacques Combet, notaires, tous citoyens de Vienne [1].

Original. B 2651.

---

[1] A la suite de cet acte se trouve transcrit le procès-verbal de l'élection des con-

1900
8 juin 1451.

Lettres constatant l'hommage prêté par Antoine d'Alauson[1], seigneur de Sorbiers, comme procureur de Georges Flotte, chevalier de l'ordre de Saint-Jean de Jérusalem, commandeur de Gap et d'Embrun, pour toutes les maisons, biens, cens et rentes qu'il tenait.

MENTION. Bibl. de Grenoble, mss. R 80, t. x, n° 852, f° 172.

1901
La Tour-du-Pin, 4 octobre 1451.

Lettres de provisions de la charge de maréchal du Dauphiné pour Jean bâtard d'Armagnac[2].

MENTION. Anselme de Sainte-Marie, *Hist. généal. et chronol. de la maison de France, des pairs et grands officiers,* t. VII, p. 91.

1902
Beaucaire, 9 mai 1452.

Lettres par lesquelles René, roi de Jérusalem et de Sicile, duc d'Anjou, de Bar et de Lorraine, comte de Provence, de Forcalquier et de Piémont, cède et abandonne au dauphin Louis, la souveraineté des châteaux de Manteyer et de Montmaur, et consent en conséquence à ce que l'évêque de Gap prête, à l'avenir, hommage et serment de fidélité au dauphin, à raison des susdits châteaux.

ORIGINAL. B 3181.
COPIE. B 3013, f° 375.

1903
Esterre en Béarn, 3 juillet 1452.

Lettres par lesquelles le roi Charles VII dépouille son fils, le dauphin Louis, des quatre châtellenies situées en Rouergue, qu'il lui avait données au mois de mai 1446, et les restitue à Jean d'Armagnac[3].

MENTION. Bibl. nat., mss. Legrand. — Legeay, *Hist. de Louis XI,* t. 1, p. 184.

---

suls de Vienne, daté du 5 janvier 1449, et par lequel avaient été nommés consuls nobles Louis Blanc, Guillaume Blanc, Pierre Chivallet, Jacques de La Monnaie, Geoffroy Chapuis, Ansermo de La Tour, Guichard de La Maladière et Guigues de Foyès.

[1] Voir, sur Antoine d'Alauson, la note 2, p. 291.
[2] Voir, sur Jean bâtard d'Armagnac, les notes 1, pp. 315 et 512 du t. 1er.
[3] Voir, à ce sujet, l'acte n° 1847 et la note 3, p. 381 du t. 1er.

1904 *Valence, 18 mars 1452 (1453).*

Lettres du dauphin Louis portant don en faveur d'Antoine d'Alauson[1], coseigneur de Rosans, des lods qu'il devait à raison de l'acquisition qu'il avait faite, par acte du 8 mai 1452, de noble Albertin de Pierre, des château, seigneurie et mandement de Montferrand.

Enregistrées le 26 novembre 1453.

ANALYSE. *Invent. des titres de la Chambre des Comptes, Baronnies*, t. 11, n° 1322.

1905 *Romans, 19 mars 1453 a Nativitate.*

Ordonnance par laquelle le gouverneur du Dauphiné, en suite d'une délibération des gens du Grand Conseil du dauphin, enjoint de faire procéder à une révision générale de tous les feux du Dauphiné et comtés de Valentinois et Diois.

MENTION. B 2764.

1906 *Valence, 4 juin 1453.*

Lettres par lesquelles le dauphin Louis, — après avoir relaté que les prieur et religieux du prieuré de Saint-Maurice de Die, dépendance de l'abbaye de Saint-Michel de La Cluse en Piémont, de l'ordre de Saint Benoît, lui avaient exposé que quoique le prieur de ce prieuré eut été canoniquement institué par collation de l'abbé dont il dépendait, cependant l'évêque et les chanoines de Die avaient obtenu des lettres portant union de ce prieuré au chapitre de Notre-Dame de Die, sans raison plausible et à l'insu de l'abbé de La Cluse, ce qui était contraire aux prescriptions de la Pragmatique Sanction ; et que, de plus, les chanoines, après s'être mis en possession de ce prieuré par la force, s'étaient emparés de tout ce qu'ils y avaient trouvés, meubles, reliques, ornements, vêtements, titres, et s'étaient aussi appropriés tous ses revenus, — mande au premier huissier ou sergent d'armes sur ce requis, de maintenir, en son nom, les plaignants en possession et saisine de leur prieuré et de leurs biens et de les en faire jouir paisiblement en y contraignant l'évêque et les chanoines de Die ou tous autres par toutes voies de droit.

COPIE. *Archives de Mr de Félines, à Die.*

---

[1] Voir, sur Antoine d'Alauson, la note 2, p. 291 du t. II.

PUBLIÉES. Chan. J. Chevalier, *Essai historique sur l'église et la ville de Die*, t. II,
p. 408.

1907 *Valence, 30 mars 1454.*

Vente passée au dauphin, représenté par noble Jean Bourré, son
secrétaire et son procureur à ce spécialement délégué, en présence
de Laurent Dozoli, official et vicaire général du diocèse de Valence,
et du consentement de Guiot Tivornelli, procureur des œuvres pies,
par Guillaume de Montmeyran, agissant au nom de l'Hôpital de
Saint-Étienne, récemment réuni à l'Hôpital neuf de Saint-Jean, d'une
maison et d'un verger, joints ensemble, situés à Valence, entre l'eau
de la fontaine des Frères-Prêcheurs et la citerne et les fontaines de
François de Genas, pour le prix de 250 florins, qui fut payé comptant.

ANALYSE. B 2984, f° 796.

1908 *Avignon, 5 juin 1455.*

Lettres de Pierre, évêque d'Albano, vulgairement appelé cardinal
de Foix[1], vicaire général du pape et de l'église romaine dans la
ville d'Avignon et le Comtat Venaissin, et légat du Saint-Siège dans
les provinces d'Arles, Aix et autres voisines, constatant l'hommage
prêté entre ses mains, par Charles de Groléo, seigneur de Châteauvilain[2], chevalier, au nom du dauphin, pour le château de Montélimar au diocèse de Valence, que ce prince reconnaît tenir en fief
du souverain pontife et de l'église romaine[3].

COPIE. B 2983, f° 178.
PUBLIÉES. U. Chevalier, *Cartulaire municipal de la ville de Montélimar*, p. 295.

1909 *Grenoble, 16 juillet 1455.*

Notification faite, au nom du dauphin, par l'évêque de Valence,

---

[1] Voir, sur ce personnage, les notes 3, p. 162 et 2, p. 384 du t. 1ᵉʳ.
[2] Voir, sur Charles de Groléo, seigneur de Châteauvilain, la note 3, p. 175 du
t. 1ᵉʳ. Le dauphin l'avait chargé de prêter hommage au pape par lettres du 2 juin
1455 (acte n° 1869).
[3] Le dauphin avait acquis la part que le pape possédait de Montélimar, par acte
du 13 mai 1447 (acte n° 461).

vichancelier du Dauphiné, assisté de maître Antoine Bolomier, général des finances, aux gens du Parlement de Grenoble, assemblés, pour que l'ordre et le mode ci-devant suivis par les dits seigneurs du Parlement et de la Chambre des comptes, relativement aux amortissements des fiefs delphinaux, soient strictement observés à l'avenir, nonobstant toutes ordonnances contraires.

Copie. B 3232, f° 60, v°.

1910   Grenoble, 17 juillet 1455.

État arrêté par le dauphin Louis des sommes payées par Pierre de Comprémy, son trésorier, sur le montant de la dot de la dauphine Charlotte. Au nombre des dépenses qui atteignent le total de 24,513 l., 8 s., 9 d. t. figurent : 6,000 l. t. à la dauphine pour sa dépense; 1,827 l., 13 s., 9 d. à comptes payés à divers marchands; 3,000 écus valant 4,125 l. t. à l'évêque de Valence[1]; 1,000 écus à Guyotin de Noies[2], sur un don de 2,000 écus que lui avait fait le dauphin; 300 écus au prévôt de Lausanne[3]; 1,500 au seigneur de Miolans[4], sur un don du double qu'il lui avait fait; 328 l., 7 s., 6 d. t. à maître Jean Jacques, sur une récompense de 678 l., 7 s., 6 d. t. qui lui avait été promise; 1,375 l. t. au maréchal et au général du Dauphiné[5], comme récompense des négociations qu'ils avaient faites pour le mariage du dauphin; 100 écus à Gaston[6]; 100 l. t. au seigneur de Saint-Muris[7]; 1,080 l. t. à monseigneur de Targe[8] pour sa pen-

---

[1] Louis de Poitiers, évêque de Valence, auquel le dauphin avait promis 14,000 écus, par lettres du 14 septembre 1450, pour la cession qu'il venait de lui faire de la souveraineté du temporel de son église (voir les actes 780, 781 et les notes 1, p. 283 et 7 p. 286 du t. 1er).

[2] Guy des Noyers.

[3] Antoine Plochet, prévôt de Lausanne et chantre de Genève; voir, sur ce personnage, la note 3, p. 481 du t. 1er.

[4] Anselme, seigneur de Miolans et d'Anjou; voir la note 1, p. 518 du t. 1er.

[5] Jean bâtard d'Armagnac, maréchal, et Antoine Bolomier, général des finances du Dauphiné; voir, sur ces personnages, les notes 1, p. 315, et 4, p. 280 du t. 1er.

[6] Gaston du Lyon, alors écuyer d'écurie du dauphin; voir la note 1, p. 218, du t. 1er.

[7] Jean Raimond, seigneur de Saint-Muris; voir, sur ce personnage, la note 3, p. 43 de ce vol.

[8] Gabriel de Bernes, seigneur de Targe, lieutenant général du gouverneur du Dauphiné; voir la note 4, p. 2 du t. 1er.

sion, outre les 500 l. t. qu'il prenait sur la terre de Grane ; 300 écus à messire Guillaume de Coursillon[1] pour don, etc.

Copie. Bibl. de Grenoble, mss. R 80, t. vii, f° 21.

1911   *Grenoble, 20 décembre 1455.*

Lettres de Louis de Laval, seigneur de Châtillon, gouverneur du Dauphiné, par lesquelles il commet maître Thibaud Girard, maçon, citoyen de Grenoble, pour surveiller l'achèvement des réparations entreprises, ensuite des ordres du dauphin, à la maison de la Trésorerie delphinale, située à côté de l'église de Saint-André de Grenoble, et dans laquelle le dauphin avait établi sa résidence personnelle ; et mande, en outre, à Nicolas Erland, trésorier général du Dauphiné, de délivrer au susdit maître Thibaud Girard les sommes nécessaires au paiement de ces travaux, jusqu'à concurrence de 200 l. t.

Copie. B 3384.

1912   *Grenoble, 6 février (1456).*

Ordre donné par le dauphin Louis à maître Jean d'Origny de remettre au porteur du présent, le double de la donation que lui avait faite le roi son père, des quatre châtellenies du Rouergue[2].

Original. B 3785.

1913   *Grenoble, 26 février 1455 (1456).*

État arrêté par le dauphin Louis des recettes et des dépenses que devait faire Raimond Achart[3], son trésorier, tant pour le terme de Pâques que pour le terme de la Toussaint prochains. Sur le montant de sa recette qui devait atteindre 15,000 écus, il payera 1,200 écus à chacune des églises de Notre-Dame-de-Cléry, Saint-Pierre-de-Rome, Saint-Michel, Saint-Jacques, Saint-Claude, ainsi qu'à l'œuvre du pont Saint-Esprit, soit au total 7,200 écus ; — à monseigneur le

---

[1] Guillaume de Coursillon, chambellan du dauphin, bailli du Bas-Pays du Dauphiné ; voir la note 1, p. 358 du t. 1er.

[2] Voir à ce sujet les actes n°s 1847, 1903 et la note 3, p. 881 du t. 1er.

[3] Voir, sur Raimond Achart, la note 4, p. 473 du t. 1er.

maréchal[1], en remboursement d'un prêt, 400 écus; — « pour le fait de la pacification de Vienne », 1,200 écus vieux qui valent 1,309 écus neufs et 2 gros; — pour les dépenses de la dauphine, suivant l'état qui en a été dressé par le maître de sa chambre aux deniers, jusqu'au 1ᵉʳ juillet prochain, 727 écus, 6 gros; — pour l'argenterie de la même dauphine, autres 727 écus, 6 gros; — pour les dépenses de la même, sur l'année qui commencera le 1ᵉʳ juillet, 3,262 écus; — pour les verrières de Notre-Dame-du-Bourg[2], 500

---

[1] Jean bâtard d'Armagnac, maréchal du Dauphiné; voir les notes 1, pp. 315 et 512 du t. 1ᵉʳ.

[2] Le dauphin venait de commander à deux peintres verriers, Hermand Soudrigues et Claude Violès (probablement de Genève), des verrières pour l'église du prieuré de Saint-Pierre du Bourg-lès-Valence. Nous croyons devoir reproduire ici deux lettres qui ont rapport à cette commande : la première est adressée par le dauphin à Étienne Achart pour le prier de lui envoyer à Valence un bon ouvrier verrier; la seconde, datée de Grenoble, le 18 février 1456, est adressée au même Achart par Antoine Bolomier, général des finances, et Jean de Montespedon, dit Houaste, premier valet de chambre du dauphin :

« Estyenne, je vous prye, envoyés moy un bon ouvryer de faire voyrines car j'en veux fayre fayre et les luy veux devyser et m'anvoyés en ceste ville, mes que se soyt incontynant et qu'y n'y et poynt de faulto. Escryt de ma mayn.
« Loys ».

« Tres chier frere, nous nous recommandons bien à vous. Les verriers que vous avés envoyé à monseigneur sont estés à Valence, et ont prins les mesures des fenestres et verrières que mon dict seigneur veult faire faire et donner à Nostre Dame de Bourg et montent les dictes verrières la somme de cinq cens escus. Et a esté content mondict seigneur que les dicts verriers les facent plus tost que nuls autres de par deça et les dicts verriers sont aussi content de les venir fere à Valence pour la dicte somme, ainsi que leur a esté devisé. Mondict seigneur s'en est escript et nous a chargé vous escripre, que vous leur délivrés de l'argent pour avoir du voyrre et ce que leur est neccessaire, en manière que par déffault d'argent les dictes verrières ne soient aucunement retardées, car mondict seigneur n'en seroit pas content. Et sans aucune faulte en vostre estat de Pasques les dicts Vᶜ escus vous seront les premiers passés et allouyés, et leur en pourrés bailler temps par temps, ainsi que verrés estre à faire; et tellement que ledict ouvrage soit fait le plus tost que fere se pourra, ainsi que mondict seigneur le désire. Et se riens voulés que puissons nous le ferons voulentiers, priant Dieu qu'il vous ait en sa garde.
« Escript à Grenoble le xviiiᵉ jour de février.
« Les biens vostres : Le général. Houaste ».

Hermand Soudrigues et Claude Violès, peintres verriers, ne donnèrent quittance définitive, à Étienne Achart, de la somme de 500 écus d'or de Savoie, qui leur était due pour prix de leur travail, que le 4 février 1458 (B 3181, f° 220).

écus; — à messire Louis[1] pour ses gages, 200 écus; — à maître Ambroix, l'armurier, 100 écus; — pour achat d'une chaînette d'or, 38 écus; — à Liardi de Bar[2], 100 écus; — enfin, pour les gages de deux années dudit Raimond Achart, 436 écus, 8 gros.

ORIGINAL. Bibl. de Grenoble, mss. R 80, t. VII, f° 1.

1914   Le Châtelard, 11 septembre (1456).

Lettre close du roi Charles VII par laquelle, — après avoir rapporté que son fils le dauphin lui avait successivement envoyé en ambassade Guillaume de Coursillon[3], chevalier, puis le même Coursillon et le prieur des Célestins d'Avignon, et finalement Gabriel de Bernes[4] et le même prieur des Célestins, auxquels il avait déclaré que si son fils voulait venir vers lui comme un bon fils devait le faire, il serait content et prêt à l'accueillir avec bienveillance, lui pardonner « toutes les desplaisances du temps passé », et de le recevoir « comme bon et naturel père doit recevoir son bon et obéissant « fils », mais que jusqu'ici il ne l'avait voulu faire, qu'il a été, au contraire, « si très mal conduit et conseillé que tousjours il a per- « sévéré à dire qu'il ne vouloit venir devers nous, ne se trouver en « nostre présence, qui est chose bien estrange »; que, plus est, il avait appris que dès que son fils avait su la réponse qu'il lui avait faite « de laquelle raisonnablement il se devoit moult esjoir », il avait subitement quitté le Dauphiné, abandonnant les sujets de ce pays sans garde, ordonnance ni conduite, ce « dont avons esté moult esmerveilliez », — en conséquence, afin de ne point laisser les habitants du Dauphiné ainsi abandonnés, il annonce qu'il vient d'envoyer à Lyon le sire de Lohéac[5], maréchal de France, et le sire de Bueil[6], comte de Sancerre, amiral, « pour obvier aux inconvéniens « qui pourroient avenir et aux entreprises que on vouldroit ou pour-

[1] Louis de Crussol; voir la note 2, p. 436 du t. 1er.

[2] Voir, sur Liardi de Bar, la note 2, p. 248 du t. 1er.

[3] Voir, sur Guillaume de Coursillon, alors bailli du Bas-pays du Dauphiné, la note 1, p. 339 du t. 1er.

[4] Voir, sur Gabriel de Bernes, seigneur de Targe, la note 4, p. 2 du t. 1er.

[5] Voir, sur André de Laval, seigneur de Lohéac et de Retz, maréchal de France, la note 4, p. 282.

[6] Voir, sur Jean de Bueil, amiral de France, la note 1, p. 282.

« roit faire ou préjudice dudit païs » ; et que, de plus, il avait l'intention de se rendre lui-même prochainement en Dauphiné, pour y rétablir la tranquillité publique[1].

Originaux. B 3274 et 3275.

1918 Grenoble, 13 septembre 1456.

Lettres de Louis de Laval, seigneur de Châtillon, gouverneur du Dauphiné, portant mandement à maître Nicolas Erland, trésorier général du Dauphiné, de payer à maître Thibaud Girard, maçon, la somme de 150 l. t., pour l'achèvement des réparations qu'il reste à faire à l'hôtel de la Trésorerie delphinale, que le dauphin a habité jusqu'à son départ et où la dauphine va bientôt également fixer sa résidence[2].

Copie. B 3384.

---

[1] Une lettre semblable fut adressée à tous les prélats du Dauphiné ainsi qu'aux principaux seigneurs de la même province.

[2] Thibaud Girard avait été chargé de régler les travaux exécutés, sur l'ordre du dauphin, à l'hôtel de la Trésorerie générale, situé près de l'église Saint-André de Grenoble, et dans lequel ce prince faisait sa résidence, par lettres de Louis de Laval, gouverneur du Dauphiné, données à Grenoble le 20 décembre 1455 (voir l'acte n° 1911). Au nombre des paiements faits par Thibaud Girard, nous relevons les suivants :

A Jean de Vertembo, peintre-verrier, pour avoir lavé et soudé les verrières de la fenêtre à croisillons de la chambre à coucher du dauphin, 10 gros. — A Jean Robert, charpentier-menuisier, pour avoir réparé la chaire du dauphin et en avoir fait une neuve à la requête du barbier et du valet de chambre du prince, 1 florin, 7 gros. — Pour la construction d'une estrade de bois, élevée sur le mur de la maison de Jean Baile, pour que le dauphin, sa famille et sa suite puissent assister aux tournois et joutes qui eurent lieu, durant le mois de juillet 1455, entre les nobles de la maison du dauphin et divers chevaliers dauphinois, 9 florins, 8 gros. — Pour la confection, par ordre du dauphin, de nattes en paille de seigle, pour sa chambre à coucher, 14 florins, 6 gros et demi. — Pour avoir fait apposer, sur l'ordre du dauphin, une tête de cerf, en bois noir, ornée de grandes cornes, au-dessus de la porte principale du palais delphinal de Grenoble, où logeait le gouverneur, 5 florins, 2 gros. — Pour avoir établi un fourneau ou cheminée, durant les mois de novembre et décembre 1456, dans la maison de Pierre Bérard, chanoine de Saint-André de Grenoble, contiguë à l'hôtel de la Trésorerie, pour y faire la cuisine de la dauphine, 27 florins, 11 gros. (B 3384).

Le compte total des réparations faites montait à 657 florins, 6 gros, 2 d. tournois, sur lesquels restaient encore dûs à Thibaud Girard 190 fl., 10 gr., 2 d.

1916   *La Palisse, 2 octobre (1456).*

Lettre close du roi Charles VII, adressée aux gens des Trois Etats du Dauphiné, par laquelle après s'être plaint que son fils le dauphin avait abandonné le Dauphiné « en bien estrange manière dont avons « esté bien esmerveillez » leur annonce qu'il a résolu de se rendre à Vienne, et d'y faire assembler les gens des Trois Etats le 15 du présent mois, et en conséquence le leur fait savoir pour qu'ils aient à se trouver à cette assemblée.

Original. Titres de la Chambre des comptes.

1917   *Saint-Priest, 8 avril 1456 (1457).*

Lettres par lesquelles le roi Charles VII, — après avoir rappelé qu'il avait donné le Dauphiné à son fils le dauphin « pour aidier « à l'entretenement de son estat et despense et pour lui donner « commancement et introduction de gouvernement de seigneurie, « non pas en espérance qu'il se esloignast et se tenist hors de nostre « royaume, ainsi qu'il a ja fait par l'espace de dix ans et plus, « nonobstant que par plusieurs fois lui avons fait remonstrer qu'il « venist par devers nous », que, depuis peu, sans son autorisation, sans même le lui faire savoir, son fils avait subitement abandonné le Dauphiné et ses serviteurs « sans ordre ne conduicte », et que plus est, durant le temps qu'il y était resté, il en avait aliéné presque toutes les possessions domaniales, — fait connaître que de l'avis des princes du sang et des gens de son Conseil, il a décidé et ordonné de faire régir et gouverner à l'avenir le Dauphiné sous sa main.

Original. B 3181.
Analyse. U. Chevalier, n° 438.

1918   *Saint-Priest, 8 avril 1456 (1457).*

Lettres du roi Charles VII, adressées aux gouverneur ou son lieutenant, gens du Parlement, des Comptes et trésorier du Dauphiné, par lesquelles il casse et révoque tous les dons, aliénations, gages et pensions extraordinaires que son fils le dauphin avait faits et assignés sur les terres et revenus du domaine du Dauphiné, et mande bien expressément de faire de suite délaisser les susdites terres et revenus par ceux qui les possèdent et de les faire régir sous sa main.

Original. B 3181.

1919   *Saint-Priest, 8 avril 1456 (1457).*

Lettres du roi Charles VII révocant le don de la province du Dauphiné qu'il avait fait à son fils le dauphin Louis, et nommant Louis de Laval, seigneur de Châtillon, gouverneur de cette province.

Original. B 3181.

1920   *Saint-Priest, 8 avril 1456 (1457).*

Lettres par lesquelles le roi Charles VII, faisant gouverner le Dauphiné sous sa main, commet le président et les gens de la Chambre des comptes du Dauphiné pour exercer leurs fonctions, en son nom, jusqu'à ce qu'il sache « plus à plain de la volonté et inten-« tion que nostre fils a de soy réduire envers nous et que par nous « en soit autrement ordonné ».

Original. B 3181.
Analyse. U. Chevalier, *Ordon.*, n° 459.

1921   *Saint-Priest, 8 avril 1456 (1457).*

Lettres par lesquelles le roi Charles VII, faisant gouverner le Dauphiné sous sa main, confirme à Nicolas Erland la charge de trésorier et receveur général du Dauphiné.

Original. B 3181.

1922   *Saint-Priest, 6 mai 1457.*

Lettres par lesquelles le roi Charles VII, à la demande de Jean, bâtard d'Orléans, comte de Dunois, grand chambellan de France, et en considération des services qu'il lui avait rendus, l'autorise à jouir, sous sa main, des châteaux et châtellenies de Theys, La Pierre, Domène et Falavier, jusqu'à ce qu'il en soit autrement ordonné.

Enregistrées le 2 septembre 1457.
Copie. B 3048, f° 804.

1923 *Grenoble, 1ᵉʳ août 1457.*

"Ordonnance de Louis de Laval, seigneur de Châtillon, gouverneur du Dauphiné, statuant que le siège de la juridiction delphinale du comté de Valentinois et de la baronnie de Chalançon, à la part du royaume, qui se trouvait à Chalançon, serait transféré à Baix, attendu que le dauphin venait de céder la place de Chalançon au seigneur de Saint-Vallier".

Coch. B 2983, f° 539.

1924 *Tours, 21 mars 1457 (1458).*

Lettres patentes du roi Charles VII adressées au sire de Châtillon[2].

---

[1] La transaction en vertu de laquelle le dauphin cédait à Charles de Poitiers, seigneur de Saint-Vallier, la baronnie de Chalançon, porte la date du 17 décembre 1454 (acte n° 1885).
Les fiefs qui dépendaient alors de la baronnie de Chalançon étaient : Agney, Antraigues, Beauchastel, Brion, Chabrillanoux, Chambonas, Châteauneuf-de-Boutières, Châteauneuf-de-Vernoux, Le Cheylard, La Chiesa, Dops, Fonsréal, Girauzon, Gluiras, Gueyne, Lamastre, Mazan, Mézilhac, Montaigu, Ozon, Roche, Rochemaure, Saint-Agrève, Saint-Alban, Saint-Barthélemy-le-Pin, Toulaud, La Tourrette, Trésus, Valpmes et Vesseaux.
[2] Louis de Laval, seigneur de Châtillon, gouverneur du Dauphiné ; voir les notes 1, p. 301, et 2, p. 529, du t. I. — Aussitôt après la confirmation que le roi Charles VII lui donna du gouvernement du Dauphiné (acte n° 1919), Louis de Laval s'empressa de remplacer la plupart des châtelains delphinaux qu'avait précédemment nommés le dauphin ; quelques-uns cependant de ces derniers, qui avaient fait leur soumission au roi, furent maintenus en fonctions, notamment : Charles Adhémar, seigneur de La Garde, châtel. de Montélimar ; Claude d'Arces, châtel. d'Eulles ; Hugues de Château-Verdun, seig. de Sainte-Cornille, châtel. de Mens en Trièves ; Gabriel de Bernes, châtel. de Châteauneuf-de-Mazenc ; Jean Bachelier dit le Roussillot, châtel. de Pariset ; Jean Blaise, châtel. de Beaumont ; Colin Bordin dit la Barbe, châtel. de Beauvoir-en-Royans ; Philippe de Breteau, châtel. de Rochefort ; Jean Chopart dit Grisille, châtel. de Voiron ; Jean de Hérauümont, châtel. de Beaurepaire et de Mores ; Guillaume de Lamarre, châtel. d'Upaix ; Louis de Lépine, châtel. de Nyons ; Matelin de Lescouet, châtel. de Doloihieu ; Louis Louvet, châtel. de Mérindol ; Gaubert des Massues, châtel. de Châteaudouble et de Charpoy ; Giraud, bâtard de Montfaucon, châtel. de Serres ; Gilles de La Porte, châtel. de La Mure ; Jean de Rochechouart, châtel. de Saint-Georges-d'Espéranche ; Sauche de Serrato, châtel. de Vaulx-en-Velin ; Martin de

gouverneur du Dauphiné, par lesquelles, après avoir exposé que les Anglais, ses mortels ennemis, avaient réuni une grosse armée dans l'intention de commettre de grands dégâts dans le royaume, il lui mande de faire connaître aux nobles du Dauphiné qu'ils aient à se tenir prêts pour venir le servir à la première réquisition, et de l'informer au plus tôt du nombre des nobles et vassaux du Dauphiné sur lequel il peut compter. Le roi fait encore défense à tous nobles et vassaux du Dauphiné, sous peine de confiscation de leurs fiefs, de quitter la province, pour entrer au service de qui que ce soit, sans un ordre exprès de sa part, et ordonne, s'il s'en trouvait faisant le contraire, de les arrêter et de les poursuivre en justice.

Coms. B 2961, f° 337, v°.

1928 — Tours, 24 mars 1457 (1458).

Lettres patentes du roi Charles VII, faisant gouverner le Dauphiné sous sa main, adressées au sire de Châtillon, gouverneur du Dauphiné, par lesquelles, — après avoir exposé qu'il avait été averti que récemment son fils, le dauphin de Viennois, avait mandé à plusieurs nobles et sujets du Dauphiné de venir le rejoindre pour le servir en armes, et que quoiqu'il ne soit point permis auxdits nobles et vassaux de quitter la province sans une autorisation de sa part, cependant plusieurs desdits nobles avaient déjà rejoint le dauphin et un certain nombre d'autres se préparaient à partir, violant ainsi le

---

Salines, châtel. du Pont-de-Beauvoisin ; Jacques, seig. de Taix, châtel. d'Etoile ; Pierre de La Tourière, châtel. de Château-Dauphin.

Le même gouverneur enjoignit à d'autres gentilshommes qui avaient fait partie de la maison du dauphin de sortir du Dauphiné et leur fit payer, à cet effet, une indemnité individuelle de 40 l. t. Ces gentilshommes étaient : Georges Bévenger du Gua ; Olivier de Bigny ; Jacques de La Barde ; Jean du Boys ; le gros Breton ; Robinet de Carné ; Mathieu de Condé ; Robert Dusel ; Guillaume de La Vère ; Gracien de Grammont ; Hunoys ; Lespinasse ; le bâtard de Maubec ; Guillaume Reynard ; Etienne Pommier dit Bonaire ; Guillaume de Presles ; Jacques Robe ; Jacques de Saussac ; Louis de Tiercent et le bâtard de Ville. Une indemnité de 20 l. t. fut également payée à Perrot de Chais, Guillaume Aubierre, Vidal de Saint-Pol et Antoine Pellegrin, hommes d'armes, ainsi qu'à 7 arbalétriers et à 27 archers de la garde du dauphin, qui avait été licenciée. (Bibl. de la ville de Grenoble, mss. R. 80, t. xv, n° 1070).

serment qu'ils lui avaient fait personnellement lorsque dernièrement il se trouvait en Dauphiné ; craignant, en outre, que son fils ne veuille entreprendre quelque agression contre ses alliés, soit des pays d'Allemagne ou autres, ce qu'il ne saurait souffrir ou tolérer, avec d'autant plus de raison que son intention était de lever tous les nobles du royaume et du Dauphiné pour résister aux Anglais, — il lui mande expressément de faire défense, en son nom, à tous nobles, vassaux et sujets du Dauphiné, de s'absenter de ce pays, pour aller servir le dauphin ou tout autre, sans une autorisation expresse de sa part, et ce sous peine de confiscation de corps et de biens, enjoignant de saisir et arrêter tous ceux qui contreviendraient à ses ordres et de faire telle punition que ce soit exemple à tous autres.

Copie. B 2961, f° 340.

1926 28 septembre 1458.

Lettres de Louis de Laval, seigneur de Châtillon, gouverneur du Dauphiné, enlevant, sur l'ordre exprès du roi Charles VII, la lieutenance générale du Dauphiné à Raimond Ainard, seigneur de Monteynard, et la donnant à Jean Copier [1].

Analyse. Bibl. nat. *Cartulaire de Fontenieu*.

---

[1] Aux renseignements que nous avons déjà donné sur Jean Copier (note 4, p. 14 du t. 1er) nous ajouterons quelques détails touchant les poursuites dirigées contre lui, en 1462, par les commissaires du roi Louis XI. Jean Copier après avoir été arrêté et renfermé dans le château de Crémieu, fut transféré à Grenoble dans la Tour de l'Ile, d'où Soffrey Alleman le fit ensuite conduire publiquement, un jour de marché, dans les prisons de la Porte-Traîne, « dont le dit Copier se serrat le cuer et où il tomba malade ». Porté dans le plus proche hôtel, il ne tarda pas à y mourir misérablement. Quoique décédé, un arrêt du parlement de Grenoble le condamna, comme criminel de lèse-majesté, à la confiscation de ses biens et à la restitution des gages qu'il avait touchés comme lieutenant général.

Après la mort de Louis XI, Antoine Copier, fils et héritier de Jean Copier, implora la protection du roi Charles VIII pour être réintégré dans la possession des biens de son père, et ce roi adressa, à ce sujet, deux lettres aux gens du Parlement de Grenoble, datées de Tours, les 8 et 29 mars 1484, n. s.; mais, comme Louis XI avait fait don des biens confisqués sur Jean Copier, à Thomas Ecuyer, et que le fils de ce dernier, Hector Ecuyer, seigneur de Maubranche, les avait vendus à Etienne de Poisieu, seigneur d'Hauterives, il en résulta un long procès dont nous ignorons la solution. (Bibl. de la Ville de Grenoble, mss. R. 80, t. VII, n° 542).

1927 — *Chinon, 9 novembre 1459.*

Lettres par lesquelles le roi Charles VII mande à maître Henri de Dédannes, clerc en la Chambre des comptes de Paris, de se transporter en Dauphiné pour y dresser, avec le concours de ses conseillers, l'évêque de Valence¹, Guillaume de Coursillon², chevalier, et Jacques de Taix³, écuyer, un état exact et détaillé des recettes du domaine delphinal, ainsi que des charges ordinaires qu'il avait eu à supporter, depuis le départ du dauphin, pour ensuite le lui apporter le plus promptement possible dans le lieu où il se trouverait⁴.

Copie. B 2904, f° 199.
Analyse. U. Chevalier, *Ordon.*, n° 466.

1928 — *Grenoble, 19 février 1460.*

Lettres de Louis de Laval, gouverneur du Dauphiné, adressées aux vibailli et procureur fiscal du Valentinois-et-Diois au siège de Montélimar, par lesquelles, — après avoir relaté qu'il venait d'apprendre que, le 4 du mois courant, Etienne⁵, évêque de Saint-Paul-Trois-Châteaux, dans une assemblée où se trouvaient les chanoines de l'église cathédrale, le bailli et autres officiers delphinaux, ainsi que les syndics et habitants de la ville, les avait engagés à révoquer le traité de pariage conclu jadis entre le roi dauphin et l'évêque Déodat⁶, l'un de ses prédécesseurs, leur affirmant même qu'il avait déjà personnellement fait cette révocation devant le parlement de Grenoble et que le secrétaire delphinal, de Bollieu, en avait rédigé un acte; mais que les chanoines, syndics et habitants avaient déclaré ne

---

¹ Louis de Poitiers, évêque de Valence et de Die ; voir, sur ce prélat, les notes 1, p. 283, et 5, p. 464 du t. 1ᵉʳ.
² Voir, sur Guillaume de Coursillon, la note 1, p. 359 du t. 1ᵉʳ.
³ Voir, sur Jacques de Taix, les notes 2, p. 126, et 1, p. 479 du t. 1ᵉʳ.
⁴ Le roi Charles VII avait déjà demandé les mêmes renseignements aux gouverneur, gens du Parlement et des Comptes du Dauphiné, par une lettre missive datée de Rasilly, le 27 février 1459, n. s.
⁵ Etienne Genevez ; voir, sur ce prélat, la note 4, p. 302 du t. 1ᵉʳ.
⁶ Déodat d'Estaing, élu le 25 janvier 1389, mort en 1409. — Sur le traité de pariage, conclu le 25 septembre 1408, voir la note 1, p. 303 du t. 1ᵉʳ.

vouloir rien faire à l'encontre dudit pariage, — il leur mande de contraindre l'évêque à démentir par acte public sa déclaration et ensuite d'assembler les chanoines, syndics et habitants de Saint-Paul-Trois-Châteaux pour qu'ils aient à observer le pariage et d'enjoindre aux officiers de la juridiction commune de continuer l'exercice de leurs charges comme par le passé [1].

ORIGINAL. B 3508.

1929 — Romans, 29 août 1460.

Requêtes présentées par les gens des Trois-Etats du Dauphiné, assemblés à Romans, aux commissaires envoyés dans cette province par le roi [2], et aux seigneurs de la Cour du parlement du même pays. — Les gens des Etats demandent : 1° que l'on prolonge de nouveau les délais pour fournir les dénombrements ; — 2° que l'on réduise le nombre des sergents ; — 3° que le Parlement et les juges des bailliages n'évoquent point directement devant eux les causes dont la connaissance appartient en premier ressort aux juges des seigneurs ; — 4° que l'on réprime les exactions et les usures dont les juifs se rendent coupables ; — 5° qu'aucune sentence de justice ne soit exécutée, à l'avenir, que sur un état de frais taxé par les juges ; — 6° que, conformément aux libertés de la province, les juges et procureurs des bailliages soient changés tous les deux ans ; — 7° que l'on prenne des mesures pour abréger la durée des procès ; — 8° qu'Antoine d'Arces, ancien châtelain de Goncelin, impliqué dans

---

[1] En exécution de ces lettres, Ferrand Diez, vibailli, et Jean Jordan, procureur fiscal, se transportèrent à Saint-Paul-Trois-Châteaux, où ils signifièrent, le 4 mars, à l'évêque, les ordres du gouverneur ; mais ce prélat, après avoir affirmé qu'il était le seul seigneur de sa ville épiscopale, leur remit une cédule dans laquelle il demandait une copie des lettres du gouverneur et un délai pour réfléchir. Le lendemain, ils assemblèrent noble Claude Audiger, bailli de Saint-Paul-Trois-Châteaux, les syndics et autres habitants de la ville, qui déclarèrent, à l'unanimité, vouloir observer le pariage ; mais P. Veilhou, archidiacre, et Gonon Genoves, prêtre, au nom du Chapitre de l'église cathédrale, firent quelques réserves (B 3508).

[2] Ces commissaires royaux avaient été envoyés en Dauphiné par le roi Charles VII, pour y rétablir l'ordre un moment troublé à la suite du départ du dauphin.

l'affaire de Raoul de Commiers contre Jacques Bompar¹, soit réintégré dans sa charge et que la condamnation en 100 l. d'amende, prononcée contre lui, soit annulée; — 9° que l'on fasse également remise de leurs condamnations à tous ceux qui en ont encouru à raison de la même affaire; — 10° que les seigneurs d'Etappes et de Saint-Jean-le-Vieux² et tous autres qui sont détenus, à raison de la précédente affaire, soient relachés le plus tôt possible, sous caution; — 11° que l'on supprime le grenier à sel établi depuis peu à Tain; — 12° que l'on annule l'enregistrement des lettres patentes du roi contraignant les habitants de diverses communautés du Dauphiné à aller travailler au pont de Vienne sur le Rhône; — 13° que l'on rapporte la défense qui a été faite de pouvoir exporter les grains hors de la province, et qu'à l'avenir chacun soit libre de commercer à son bon plaisir; — 14° que l'on réglemente la valeur des monnaies et que la faible monnaie n'ait plus cours à l'avenir.

Les commissaires royaux répondent que chacune des demandes des Etats sera examinée avec soin et que l'on y pourvoira « ainsi qu'il appartiendra ».

Copis. B 2904, f° 261.

1930   *Bourges, 10 janvier 1460 (1461).*

Réponse donnée par le roi Charles VII à Houaste³, ambassadeur que lui avait envoyé son fils le dauphin Louis. Il résulte des lettres du dauphin, ainsi que des instructions remises à Houaste, que le dauphin s'obstine dans sa résolution de ne point vouloir venir auprès de son père, pour le servir et s'employer aux affaires du royaume « qui seroit la chose de ce monde dont je seroye plus « joyeux. Il doit considérer les grans honneurs et renommez qu'il « eust acquis au recouvrement de ce royaume s'il se fust trouvé « auprès de moy. Il est ja en aage pour devoir estre saige et pour

---

¹ Voir sur les démêlés de Raoul de Commiers et de Jacques Bompar les notes 1, pp. 239 et 449 du t. 1ᵉʳ.

² Hugues de Commiers, seigneur d'Etappes, et Guigues de Commiers, seigneur de Saint-Jean-le-Vieux.

³ Jean de Montespedon dit Heuaste, premier valet de chambre du dauphin; voir, sur ce personnage, les notes 2, p. 254, et 1, p. 348, du t. 1ᵉʳ.

« avoir entendement et cougnoissance de bien et de mal, pourquoy
« il puet penser que à tenir les termes qu'il tient et aussy soy
« estranger des faiz de ce royaume et de mes bons subgets et vas-
« saulx, qui ont aidé à mectre ceste signeurie sus et de chasser
« les ennemis, sans soy vouloir trouver avecques moy ne avecques
« eux, ils n'en peuvent pas fort estre contens ne joyeux et ne peu-
« vent pas avoir honneur et espérance en luy, telle qu'ils auroient
« s'il estoit avecques moy et avecques eulx comme il doit estre ».
En présence de l'obstination du dauphin, le roi a aymé beaucoup
« mieulx que les termes qu'il tient soient sans son consentement
« que de les luy consentir et accorder ». Du reste, comme cette
matière ne peut être traitée par message, il l'engage vivement à se
rendre auprès de lui : « J'ay entention de luy dire chose pour
« son bien et de la chose publicque du royaulme, que je ne voul-
« droye luy escripre ne dire à aultre ; et me semble que, quant il
« aura parlé à moy, il cougnoistra bien qu'il ne doit point avoir
« les doubtes et craintes qu'il dit avoir ». Finalement, le roi donne
à son fils l'assurance la plus formelle qu'il peut venir à lui en
toute sécurité « et quant il aura cougnu mon couraige et que je
« luy auroy declaré mon entencion, s'il s'en veult retourner là où
« il est ou ailleurs là où bon luy semblera, il le pourra faire seu-
« rement luy et ceulx de sa compaignie, ou demourer si c'est sa
« voulenté ; mais j'ay bien espérance que quant il cougnoistra mon
« voulloir il sera plus joieux et content de demourer que d'aller
« ailleurs ».

Copie. B 2910, f° 137[1].

---

[1] A la suite de la transcription de la réponse du roi Charles VII à l'envoyé de son fils, le dauphin Louis, se trouve également transcrite une lettre missive du même roi, que nous croyons devoir reproduire :

« A nostre très chier et très amé fils et cousin le duc de Bourbonnois et d'Au-
« vergne.

« De par le Roy.

« Très chier et très amé fils et cousin puis naguères Houaste, premier vallet de
« chambre de beau filz le daulphin, est venu par devers nous, lequel nous a apporté
« lectres de par luy et dit et exposé sa créance bien au long ; sur quoy luy avons
« fait responce de bouche, et depuis fait baillier par escript en la manière que par
« le double dicelle que vous envoions enclos en ces présentes pourrez voir plus-

1931
Méhun-sur-Yèvre, 15 mai 1461.

Lettres par lesquelles le roi Charles VII, faisant administrer le Dauphiné sous sa main, mande, aux gouverneur ou son lieutenant et gens du Parlement du Dauphiné, de faire exprès commandement, de par lui, aux nobles du Dauphiné ou à tous autres qui s'adonnent au métier des armes de se tenir prêts pour aller reconquérir la seigneurie de Gênes [1].

Copie. B 2961, f° 346.

1932
Paris, 15 septembre 1461.

Lettres par lesquelles le roi Louis XI charge le gouverneur du Dauphiné de faire donner satisfaction à divers habitants de la ville de Gap qui avaient été molestés par les officiers du roi de Sicile, comte de Provence, et de faire mettre en liberté Antoine Fougasso, l'un d'eux, qui avait été incarcéré [2].

Analyses. Arch. des Hautes-Alpes, G 1508. — *Inv. som. des Arch. des Hautes-Alpes*, t. IV, p. 351.

« plain et de laquelle nostre dit fils devra bien estre joieux et content. Et pour ce
« que de grans matières qui fort nous touchent voullons que soiez adverty nous
« sous escriprons ces choses et de ce qui nous survendra tousiours vous adverti-
« rons. Donné à Bourges le 11e jour de février ».
« Charles ».   « Regis ».

[1] Pour la seconde fois les Génois s'étaient donnés à la France, en 1459; mais, deux ans après, le peuple de cette ville, s'étant révolté, on chassa les Français, en 1461. Les troupes levées en Dauphiné, qui se rendirent à Gênes, furent placées sous le commandement de Louis de Laval, gouverneur de la province. C'est dans cette expédition que périt Guillaume, bâtard de Poitiers, l'un des plus vaillants capitaines du Dauphiné.

[2] A la suite de difficultés survenues entre Amédée Burdin, et Bernard Codur, marchands de Loyne en Provence, et nobles Henri et Antoine Fougasso, Jean Chalvin-Chamois, marchands de Gap, Bertrand Arnaud, notaire, et divers autres citoyens de la même ville, les officiers du roi de Sicile, comte de Provence, avaient exercé des poursuites contre ces derniers et avaient même arrêté et mis en prison Antoine Fougasso. Instruit de ces faits, Louis XI adressa au gouverneur du Dauphiné la commission que nous analysons ci-dessus, sur le vu de laquelle le gouverneur chargea Antoine de Mollena, secrétaire delphinal, d'aller signifier aux officiers du comte de Provence les ordres du roi. Après un échange de correspondance entre les gens du Parlement d'Aix et ceux du Parlement de Grenoble, les premiers pro-

1933 *Amboise, 29 octobre 1461.*

Lettres par lesquelles le roi Louis XI donne commission aux auditeurs des Comptes du Dauphiné pour recevoir, examiner, arrêter

---

posèrent, à la date du 10 novembre 1461, pour régler la difficulté, une entrevue à Sisteron ou à Nîmes. Nous ne savons ce qu'il advint, mais toujours est-il que le 15 janvier 1462, les marchands provençaux firent signifier à ceux de Gap d'avoir à leur payer la somme de 500 florins à laquelle ils avaient été condamnés par la cour d'Aix. Ne s'étant point exécutés, les officiers provençaux firent opérer la saisie de divers biens leur appartenant, à la suite de quoi les marchands de Gap adressèrent une protestation en forme de requête au gouverneur du Dauphiné. Le Parlement de Grenoble, le 27 janvier 1462, lança des lettres de marque et de représailles contre les sujets et marchands de Provence, ce qui amena une réclamation de la part des magistrats de la cour d'Aix, qui offrirent, le 3 mars, de terminer à l'amiable la contestation. Aucune entente ne fut possible et une nouvelle ordonnance du Parlement de Grenoble, du 24 du même mois de mars, enjoignit de publier, dans toute la province, les lettres de marque lancées contre les sujets du comté de Provence.

Un an plus tard, par d'autres lettres, du 11 juin 1463, Louis XI chargea Guillaume de Vennac, bailli des Montagnes du Dauphiné, de réclamer l'élargissement d'Antoine Fougasse, qui était toujours détenu prisonnier, ainsi que la restitution des biens saisis à l'encontre de ses sujets (acte n° 1370). Le 20 août, Guillaume de Vennac fit signifier sa commission aux officiers de Provence, avec avis que, si dans quinze jours les Gapençais n'avaient pas reçu satisfaction, il userait de représailles. Le 27 août, le lieutenant du gouverneur de Provence fit savoir qu'il était prêt à entrer en conférence, à la suite de quoi, nouvelle sommation de Guillaume de Vennac, délivrée à Gap, le 31 août ; puis, réplique du lieutenant du gouverneur, qui offrit de se rendre à Tallard ou à Sisteron pour examiner l'affaire (5 septembre) ; enfin, ordre du bailli de mettre à exécution les lettres de représailles (23 sept.), avec signification de cet ordre aux officiers provençaux, faite le 3 octobre 1463, par Antoine Eustache, juge des Baronnies.

La difficulté continua à traîner en longueur; car, en 1464, les consuls de Gap, qui avaient pris fait et cause pour leurs concitoyens, furent assignés pour se rencontrer à Nîmes, le 18 mai, avec les officiers du comté de Provence, et, quelques mois plus tard, le 24 octobre, Pierre Gruel, président du Parlement de Grenoble, qui avait également eu une entrevue à Carpentras avec les officiers provençaux, déclara au Parlement que sa démarche avait été infructueuse.

Enfin, à la date du 11 mars 1466 (n. s.), le roi Louis XI, chargeait encore Soffrey Alleman, lieutenant du gouverneur du Dauphiné, et Jean Heybert, d'obtenir la restitution des biens confisqués sur les marchands de Gap, bien qu'Antoine Fougasse, l'un d'eux, eût été cependant remis en liberté. (B 3143, f° 212 et *Inv. somm. des Arch. des Hautes-Alpes*, t. IV, p. 351). — Voir pour la suite de cette affaire, les actes n°ˢ 1936 et 1940, et la note 3, p. 415.

et clore définitivement le compte de Raimond Achart, qui avait reçu, durant les années 1455 et 1456, la somme de 41,250 l. t. que lui devait le duc de Savoie, sur partie de la somme de 200,000 écus d'or, montant de la dot de la reine, fille de ce duc[1].

Mention insérée dans une ordonnance des auditeurs des Comptes du Dauphiné, en date du 24 février 1462 (Bibl. de Grenoble, mss. R 80, t. vii, f° 23).

1934 — Tours, 7 janvier 1461 (1462).

Lettres par lesquelles le roi Louis XI donne procuration à Jean Jouffroy, évêque d'Arras[2], son conseiller, pour faire la cession officielle, au Pape et à l'Église Romaine, de toutes les terres qui avaient appartenu au dernier comte de Valentinois et de Diois, à l'exception, toutefois, de celles de ces terres qui se trouvaient situées sur la rive droite du Rhône, dans le royaume[3].

---

[1] Le 8 février 1462, en exécution des précédentes lettres, Etienne Achart, bourgeois de la ville de Genève, se présenta au nom de son neveu, Raimond Achart, devant la Chambre des comptes et demanda un délai pour produire les pièces justificatives de son compte. Cette chambre, par ordonnance du 24 février, lui accorda jusqu'à la fête de saint Jean-Baptiste prochaine et, par une autre décision du 19 juin, prolongea encore le terme jusqu'à la fête de saint André. Raimond Achart prétendit n'avoir touché que 20,278 l., 14 s., 6 d. t. (Bibl. de Grenoble, mss. R 80, t. vii, f° 23). Voir, sur Etienne et Raimond Achart, la note 4, p. 474 du t. 1er.

[2] En exécution de cette procuration, Jean Jouffroy, évêque d'Arras, cardinal du titre de Saint-Martin-aux-Monts, se rendit à Rome, où dans un consistoire secret il abandonna au pape et à l'Église Romaine la possession des susdits comtés. — Sur Jean Jouffroy, voir la note 5, p. 24 ; voir également sur sa mission à Rome, les Lettres de Louis XI, publiées par M. Vaësen, t. 1er, pp. 41 et 86.

[3] Le pape Pie II, par bulle du 30 juillet 1462, s'empressa de témoigner au roi sa reconnaissance pour un acte qui faisait le plus grand honneur à son zèle et à sa probité ; il annulait en même temps toutes les transactions passées entre le roi de France, dauphin de Viennois, et les Poitiers, seigneurs de Saint-Vallier (B 3509). Le 7 août suivant, par une autre bulle, donnée à Pise, il délégua Antoine de Noxeto, son secrétaire, ambassadeur et écuyer, pour prendre possession des comtés de Valentinois et de Diois ; le 30 novembre, de son côté, le roi Louis XI donna commission à Pierre Gruel, président de la Chambre des comptes, d'en faire la délivrance au délégué du pape (B 2988, f° 269). Le pape Pie II a fait mention de ces événements dans ses mémoires : Pii secundi pontificis maximi Commentarii.... Francofurti, 1614, in-f°, p. 210. — Voir sur le même sujet les actes n°° 1814, 1814 bis, 1818, et la note 3, p. 328.

Mention. *Invent. des titres de la Chambre des comptes, Valentinois,* t. v, f° 2746, v°. — Raynaldi, *Annales,* t. 1ᵉʳ, p. 337.

1935 — *Tours, 14 octobre 1462.*

Lettres de provision de la charge de juge mage de la Cour des appellations et des nullités du Dauphiné pour Claude Lattier[1], docteur en lois.

Mention. Notes laissées par J.-J.-A. Pilot de Thorey.

1936 — *Toulouse, 11 juin 1463.*

Lettres par lesquelles le roi Louis XI donne commission à Guillaume de Yennac, bailli des Montagnes du Dauphiné, pour réclamer aux officiers du roi de Sicile, comte de Provence, l'élargissement d'Antoine Fougasso, marchand de Gap, détenu prisonnier, ainsi que la restitution des biens de divers habitants du Gapençais, qui avaient été saisis, en payement d'une amende de 500 florins prononcée contre eux par la cour d'Aix[2].

Analyses. Arch. des Hautes-Alpes, G 1508. — *Inv. somm. des Arch. des Hautes-Alpes,* t. iv, p. 351.

1937 — *Valence, 2 juillet 1463.*

Transaction passée entre Guillaume de Sabouroys, procureur fiscal général du Dauphiné, Pierre Gruel, président du Parlement de Grenoble, Humbert de Bathernay, seigneur du Bouchage, écuyer d'écurie du roi, et Jean Favrot, receveur, agissant pour et au nom du roi dauphin, d'une part, et Mathassiès d'Avisan, Azariel de Bâle, Manasseris Arnendani, Manasseris de Vienne, Pères Bonnefoy, Bonnefoy Abroye, Raphaël Bonnefoy, Gabriel Lévy, Vandi de Monteilh, Saryssanis de Grâno, Vivandus de Bruyères, Acquinet de Lones, Berlionne, veuve d'Habrayce Bonnefoy, Michel du Port, juifs, habitants de la ville de Valence, et Bonnefoy Astruc, habitant de Montélimar, agissant tous, tant en leur nom personnel que comme procureurs des

---

[1] Voir, sur ce personnage, la note 2, p. 295.
[2] Voir, sur le même sujet, les actes n°ˢ 1932 et 1940, et les notes 2, p. 408, et 3, p. 415.

autres juifs du Dauphiné, d'autre part, par laquelle ces derniers s'engagent à payer à noble Jean Favrot, châtelain d'Ornacieux, commissaire et receveur à ce spécialement désigné, une somme de 1,500 écus d'or, pour avoir commis des usures excessives, mal parlé de Sa Majesté pendant qu'elle était en Flandre et en Brabant, et fréquenté ses ennemis.

MINUTE. Arch. de la Drôme, E 2511 (Protocole de Desvigne, notaire à Valence).
ANALYSE. Inv. somm. des Arch. de la Drôme, t. II, p. 375.

1938   *Abbeville, 1ᵉʳ décembre 1463.*

Lettres par lesquelles le roi Louis XI, de l'avis de son Grand conseil, révoque et annule les arrêtés pris par Guillaume de Vennac [1], bailli des Montagnes du Dauphiné, qu'il avait précédemment commis pour informer sur les désordres survenus à Gap, pendant la lutte qui existait entre l'évêque et les habitants de cette ville [2].

COPIE. Arch. des Hautes-Alpes, G 1201.
ANALYSE. Invent. somm. des Arch. des Hautes-Alpes, t. IV, p. 79.

---

[1] Voir, sur Guillaume de Vennac, la note 4, p. 521 du t. 1ᵉʳ.
[2] A la suite de l'arrestation et de la détention arbitraire d'André Coste, honorable bourgeois de Gap, par Pierre Grael, juge de la Cour temporelle de l'évêque de Gap, les habitants de cette ville, qui, depuis 1445, n'avaient cessé d'être en lutte contre leur évêque, Gaucher de Forcalquier, finirent par se révolter contre son autorité, durant le mois de mai 1462, et le contraignirent ainsi que ses officiers et serviteurs à s'enfuir de Gap pour se retirer dans le château de la Bâtie-Neuve, où ils séjournèrent pendant environ huit mois.
Tandis que l'évêque implora l'intervention soit du cardinal de Foix, légat du pape à Avignon, qui délégua à sa place Jean Payer, évêque d'Orange, soit du pape Pie II, qui renvoya la réclamation à Jean Carvajal, évêque de Porto, dit le cardinal de Saint-Ange, soit, enfin, du roi de Sicile, comte de Provence, son suzerain; les consuls et habitants de Gap, de leur côté, sollicitèrent la protection de Louis XI, qui, comme dauphin, était le protecteur et le « salvagarderius » de leur ville. Peu après, le gouverneur du Dauphiné, Jean, bâtard d'Armagnac, informé que les officiers du comte de Provence se préparaient à intervenir à main armée pour faire rentrer les habitants de Gap dans le devoir, ordonna par lettres données à Grenoble, le 23 décembre 1462, de faire publier dans le Gapençais et dans les localités voisines, que les habitants de Gap étaient placés sous la sauvegarde delphinale. Du 27 décembre au 7 janvier suivant, cette formalité fut accomplie à Gap, Saint-Bonnet, Upaix, Sigoyer, Ventavon, Le Poët, Serres, Veynes, Jarjayes, etc.
Cependant, l'ordre ayant été rétabli, une minime partie des habitants de Gap

1939 . *Paris, 14 octobre 1465.*

Mandement du roi Louis XI à son conseiller Claude Coct, trésorier général de ses finances en Dauphiné, pour qu'il ait à payer à

élurent, le 23 janvier 1463, de nouveaux syndics, savoir : Georges Meynier, Antoine Fougasse et François Farel, notaire épiscopal, auxquels ils confièrent le soin de transiger avec l'évêque sur leurs difficultés. Le 30 du même mois, ces syndics s'entendirent avec l'évêque pour que les difficultés ainsi que les procès pendants en Cour de Rome ou à Avignon fussent réglés par voie d'arbitrage. En conséquence, Aimon Alleman, lieutenant du gouverneur du Dauphiné, et Jean du Plessis, seigneur de Parnay, lieutenant du sénéchal de Provence, que les rois de France et de Sicile avaient envoyés sur les lieux, pour sauvegarder leurs droits et prétentions respectives sur Gap, ayant offert leur médiation, qui fut acceptée, rendirent, le 1er février 1463, avec l'assistance de Rolland Guillot, conseiller delphinal, et de Jean Barthélemy, juge mage des appellations du comté de Provence, une sentence arbitrale qui reconnaissait les habitants coupables de révolte contre leur seigneur légitime, d'attentats contre les personnes et les propriétés, et les condamnait à payer à l'évêque une indemnité de 12,000 florins. La même sentence statuait aussi que les habitants ne pouvaient s'assembler sans l'assentiment et la présence du vicaire temporel, du juge ou du courrier de l'évêque ; que la garde des portes de la ville appartenait aux seuls officiers épiscopaux ; que les syndics et habitants, y compris les femmes mêmes, demanderaient pardon à genoux de leur faute à l'évêque ; qu'enfin, les habitants les plus compromis, tels que Jean, seigneur de Montorcier, Jean Abon, Aluard d'Aspres, Antoine Geneveys, anciens consuls, Jean Fougasse, fils d'Henri, François Chaillol, etc., seraient exclus de toute indulgence et poursuivis par les officiers épiscopaux pour les crimes et délits qu'ils avaient commis.

Cette sentence qui condamnait impitoyablement les syndics et habitants, fut loin de calmer les esprits ; aussi, dès le 16 février suivant, 183 habitants des plus notables de Gap, s'étant assemblés, donnèrent pouvoir à 31 personnages de Gap, d'Avignon ou de Grenoble pour poursuivre, tant auprès des rois de France et de Sicile, qu'auprès des cours de Rome et d'Avignon, l'annulation de la sentence qui venait d'être prononcée irrégulièrement contre eux. Quelques jours après, les mêmes habitants, le 21 février, révoquèrent les prétendus syndics nommés au mois de janvier précédent, et, le 1er mai, dans une assemblée générale, en élurent de nouveaux, qui furent : noble Jean d'Abon, noble Jean Lombard, François Chaillol, Gabriel Olphi, notaires, et Pierre Régis, marchand. La même assemblée confia la charge d'assesseur à noble Jean de Montorcier, chevalier, docteur en lois.

Le roi Louis XI, qui avait reçu les protestations des habitants condamnés, intervint dans le débat et par lettres données à Toulouse, le 11 juin 1463 (acte n° 1370), chargea Guillaume de Vennac, bailli des Montagnes du Dauphiné, de se rendre à Gap, pour y sauvegarder ses droits et faire une enquête sur les événements survenus. Dès le 23 août, le commissaire royal avait commencé son enquête, assisté

Gaston, comte de Foix[1], sur les deniers de sa recette provenant de

de Jean Joffrey, secrétaire delphinal, et d'Alleman Baudet, clerc du greffe du Parlement. Tout d'abord, Bertrand Chayssii, procureur de l'évêque Gaucher de Forcalquier, déposa une protestation contre la mission dont était chargé le commissaire, comme attentatoire au droit de juridiction du prélat sur les habitants de sa ville épiscopale.

Ensuite, le 2 septembre, arrivèrent à Gap Jean Barthélemy, juge mage, et maître Coyret, procureur fiscal des comtés de Forcalquier et de Provence, envoyés par le Conseil du roi de Sicile, comte de Provence, suzerain de l'évêque de Gap. A raison des liens de parenté qui unissaient leur souverain au roi de France, ils prièrent, puis requirent le commissaire de suspendre son enquête. Ce dernier n'en persista pas moins dans sa mission et, jusqu'au 21 septembre, reçut les dépositions de nombreux témoins et notamment celles de Jean de Montorcier, seigneur de Sigoyer, Jean Richier, coseigneur de Montgardin, Claude de Laire, seigneur de Savournon, Claude de Rame, seigneur du Poët, Georges de Saint-Marcel, seigneur d'Avançon, Claude Flotte, seigneur de La Roche-des-Arnauds.

Enfin, le 24 septembre, le commissaire royal, assisté de Claude Letier, juge mage des appellations du Dauphiné, et d'Antoine Eustache, juge des Baronnies, rendit une sentence, par laquelle il reconnut tout d'abord que la cause principale du débat n'était point de sa compétence et devait être portée devant une autorité plus élevée; mais, néanmoins, comme il n'y avait plus de motifs pour que les portes de la ville restassent fermées et que les clefs ne fussent point restituées aux syndics, ce qui causait un grave préjudice aux habitants et portait atteinte à la juridiction du roi dauphin, protecteur de Gap, que, d'autre part, des potences avaient été dressées, sans juste cause, tant à l'intérieur qu'aux portes de la ville, il ordonna, en conséquence, que les portes seraient ouvertes, que les clefs seraient rendues aux syndics et que les potences seraient détruites. La même sentence intimait encore à l'évêque de ne point inquiéter, à l'avenir, les habitants à raison des actes de sa commission et de ne plus molester les sujets que le dauphin avait à Gap; défense était également faite aux habitants, sous peine d'être privés de la sauvegarde delphinale, de commettre aucun attentat contre les personnes ou les biens de l'évêque, de ses officiers, serviteurs ou domestiques. (B 3734 et 3750. — *Inv. somm. des Arch. des Hautes-Alpes*, t. IV, pp. 8, 350 et 352).

De son côté, Jean de Montorcier en avait appelé personnellement de la sentence rendue le 1er février 1463, au Parlement de Grenoble, qui cita l'évêque de Gap à comparaître devant lui et envoya aussi à Gap un commissaire, Jean Marc, pour faire une enquête. (B 3755, f° 185).

[1] Gaston IV, comte de Foix, fils de Jean, comte de Foix, et de sa seconde épouse, Jeanne d'Albret. Il eut, entre autres enfants, de son mariage avec Éléonore, reine de Navarre, une fille, Marie, qui épousa, par contrat du 8 janvier 1465, Guillaume VI, marquis de Montferrat. Gaston de Foix donna quittance de la somme que lui paya Claude Coet, le 18 septembre 1466.

l'aide que lui avaient accordée, pour la présente année, les Trois-
États du Dauphiné, la somme de 10,000 écus d'or, pour partie du
don qu'il avait fait au susdit comte en considération du mariage de
sa fille avec le marquis de Montferrat[1].

ANALYSE. *Invent. des titres du marquisat de Saluces, rédigé en 1760.*

1840 *Orléans, 11 mars 1465 (1466).*

Lettres par lesquelles le roi Louis XI donne commission à Soffrey Alleman, lieutenant du gouverneur du Dauphiné, et à maître
Jean Herbert[2], à l'effet de contraindre les officiers du roi de Sicile,
comte de Provence, à restituer à divers habitants du Gapençais les
biens qui leur avaient été saisis, et ce nonobstant qu'Antoine Fougasse, l'un d'eux, eût été relâché[3].

ANALYSES. Arch. des Hautes-Alpes, G 1508. — *Inv. somm. des Arch. des Hautes-
Alpes*, t. IV, p. 352.

---

[1] Guillaume VI, marquis de Montferrat, second fils du marquis Jean-Jacques
Paléologue et de Jeanne de Savoie. Nommé capitaine général du duché de Milan
par Galéas-Marie Sforza, en 1475, il mourut à Casal, le 28 février 1483. Il avait
successivement épousé : 1° Marie de Foix, dont il eut une fille, Jeanne, qui fut
mariée en 1479 à Louis II, marquis de Saluces, son cousin germain ; 2° Élisabeth,
fille de François Sforza, duc de Milan, d'où une fille, Blanche, devenue, le 1ᵉʳ avril
1485, l'épouse de Charles Iᵉʳ, duc de Savoie ; enfin 3° Bernardine, fille de Jean
de Brosse, dont il n'eut pas d'enfants. *(Art de vérifier les dates).*

[2] Soffrey Alleman et Jean Herbert étaient les deux commissaires extraordinaires
que le roi avait chargés de rétablir l'ordre en Dauphiné après la guerre du *Bien
Public*. Leur commission porte la date du 6 mars 1466, n. s. (acte n° 1453).

[3] Voir, sur le commencement de cette difficulté, les actes n°⁸ 1932, 1936, et la
note 2, p. 408. — En exécution des lettres royales, Jean Herbert, assisté de
Jean de Ventes, de Rolland Guillot, de Guy Pape, conseillers au Parlement, et de
Jean Mottet, sbailli du Graisivaudan, s'étant rendu à Vienne, le 18 juillet 1466,
y rencontra Jean Fougasse, Jacques Gollin et Pierre Bompar, procureurs des
habitants de Gap, qui lui exposèrent leurs griefs contre les Provençaux, qui, cités
à comparaître, n'avaient pas daigné paraître. Suivant les explications que fournirent les Gapençais, Antoine Fougasse n'avait été relâché qu'en fournissant caution ; les biens qui leur avaient été saisis étaient estimés 4,000 florins ; les frais
faits pour obtenir la marque atteignaient 10,000 florins et les dommages qu'ils
avaient soufferts 2,000 écus d'or ; enfin, Antoine Fougasse estimait personnellement ses pertes, pour avoir été détenu pendant 4 ans en prison, à 10,000 écus.

En conséquence, Jean Herbert, lança à Lyon, le 15 août 1466, de nouvelles

1941 *Niort, 5 septembre 1469.*

Lettres par lesquelles le roi Louis XI remet aux officiers delphinaux le 10° denier qu'on leur retenait précédemment sur leurs traitements.

MENTION. Legeay, *Hist. de Louis XI*, t. II, p. 6.

1942 *(Janvier?) 1470.*

Instructions données par le roi Louis XI à l'évêque de Valence[1], qu'il envoyait en ambassade auprès de la duchesse de Savoie[2], pour solliciter le renouvellement d'une alliance offensive et défensive entre les maisons de France et de Savoie. L'ambassadeur demandera le renouvellement et la confirmation des traités faits à Cleppé en Forez, en 1452[3], entre le roi Charles VII et le duc de Savoie, dernièrement décédé. Dans cette nouvelle alliance, sera également renouvelée celle qui avait été signée, en 1354, entre le roi Jean, son fils le dauphin Charles et leurs successeurs et les comtes de Savoie[4]; le duc et la duchesse de Savoie devront s'engager « par la foy et serment de
« leurs corps et en parolle de prince et de princesse et sur l'obli-
« gation et hypothèque de tous leurs biens présens et advenir de
« servir, ayder et secourir le roy de tous leur povoir et possibilité
« envers tous et contre tous, sans nul excepter, fors seulement
« ceulx qui auxdites alliances fetes audit lieu de Clépieu furent

---

lettres de marque et de représailles, ensuite desquelles, divers marchands de Gap firent opérer la saisie de nombreuses marchandises appartenant à des sujets provençaux, notamment le 23 août 1466, dans le mandement de Beaumont, pour une valeur de 819 florins, et le 4 mars 1467, à Vif, pour une valeur de 1,000 florins. *(Inv. somm. des Arch. des Hautes-Alpes*, t. IV, p. 331).

[1] Géraud de Crussol, évêque de Valence et de Die; voir, sur ce prélat, la note 4, p. 183.

[2] Yolande de France, sœur du roi Louis XI, et épouse d'Amédée IX, duc de Savoie; voir, sur cette princesse, la note 1, p. 332 du t. 1ᵉʳ.

[3] Voir, sur le traité signé vers la fin de l'année 1452, à Cleppé près Feurs en Forez, entre le roi Charles VII et le duc Louis de Savoie, la note 1, p. 3•3 du t. 1ᵉʳ.

[4] Il s'agit du traité d'échange et de rectification de frontières conclu à Paris, le 5 janvier 1355, n. s., entre le roi Jean, Charles son fils aîné, dauphin de Viennois, et Amédée V, comte de Savoie.

« d'ung costé et d'aultre exceptés et reservés ». Enfin, le duc et la duchesse de Savoie renonceront à toutes alliances qui pourraient avoir été conclues, soit par eux, soit par leurs prédécesseurs, « au « contraire des anciennes et nouvelles alliances dessus dites [1] ».

Copie. B 3275.

1943 — Chambéry, 17 février 1470.

Traité d'alliance conclu entre le duc Amédée de Savoie et le roi Louis XI. Après avoir relaté que le roi lui avait envoyé en ambassade son conseiller, l'évêque de Valence, pour solliciter le renouvellement des alliances et confédérations, conclues jadis entre la Maison de France et ses prédécesseurs, le duc, désirant de tout son cœur « s'entretenir en la bonne grâce de mon dit seigneur le Roy », et aussi en considération des liens de parenté qui l'unissaient présentement à lui, renouvelle et confirme les alliances et confédérations conclues antérieurement entre les Maisons de France et de Savoie, et s'engage, pour l'avenir, à servir, aider, secourir et défendre le Roi et ses états envers et contre tous ceux « qui les vouldroyent « invader et offendre, exceptez seulement et réservez ceulx contre « lesquelx nous ne povons estre ne faire guerre sans nous des- « loyaulter et meffaire », et ce à condition que le roi de son côté « nous baillera son scelle et lectres patentes par lesquelles mu- « tuellement il promectra nous, noz pays et seigneuries, ayder, con- « forter, secourir et défendre en la manière que dessus ».

Copie. B 3275.

---

[1] Aux propositions de Louis XI, la duchesse de Savoie répondit que le roi Charles VII et le duc Louis avaient conclu à Cleppé plusieurs conventions ; que les unes avaient depuis été abolies, modifiées ou restreintes et que les autres étaient demeurées intactes ; qu'en conséquence, il plaise au roi de vouloir bien spécifier celles dont il demande le renouvellement ; que, de son côté, elle est très contente de pouvoir renouveler une alliance avec la Maison de France ; qu'elle est toute disposée à servir, aider et secourir le roi envers et contre tous ceux qui voudraient envahir son royaume, mais qu'elle le prie de vouloir bien lui faire connaître les assurances qu'il entend accorder comme compensation à la Maison de Savoie ; qu'enfin elle donne son assurance au roi que jamais elle n'a eu l'intention de conclure avec qui que ce soit une alliance préjudiciable à la couronne et Maison de France, dont elle s'honore elle-même de faire partie (B 3275).

1044   *Tours, 26 février 1471 (1472).*

Lettres par lesquelles le roi Louis XI confirme en faveur de Robert de Grammont [1] les capitaineries de Gigors, Montmeyran, Crest et Charpey, ainsi que tous les autres dons, qu'il lui avait faits précédemment.

Mention insérée dans un fragment des comptes de feu Claude Coct, trésorier général du Dauphiné, rendus par Hugues Coct, son fils [2]. (Titres de la Chambre des comptes du Dauphiné).

1045   *Tours, 23 septembre 1470.*

Lettres du roi Louis XI, adressées à son conseiller et trésorier général du Dauphiné, Claude Coct, par lesquelles il lui fait connaître, — qu'en considération des grandes pertes que Jean Chevalier, dit de Quaix, habitant de Grenoble, avait eu à supporter durant les six années de son bail de la ferme du péage de Grenoble, et notamment durant les années 1466 et 1467, « tant à cause de la « mortalité qui a eu cours au dit pays que des guerres et gens « d'armes qui ont été ou pays de Piémont, tellement que les mar- « chans d'oultre les monts ne soient bonnement allez ne venus en « la dite ville, ne passés par le dit pays », — il entend que le susdit Jean Chevalier tienne encore le même péage, pour une nouvelle période de six ans, à commencer au jour de la fête de Saint-Michel 1470, et ce, moyennant le prix de sa précédente ferme [3].

Copie. B 2855, f° 12.

1046   *(Octobre?) 1472.*

Lettres, adressées aux gouverneur ou son lieutenant, gens du Parlement et des Comptes du Dauphiné, par lesquelles le roi Louis XI mande de faire publier et notifier qu'à l'avenir tous les contrats

---

[1] Voir, sur ce personnage, la note 2, p. 1.

[2] De ce fragment de comptes, il résulte qu'après le décès de Claude Coct, qui eut lieu le 15 août 1473, son fils Hugues, qui était auditeur extraordinaire de la Chambre des comptes de Grenoble, fut commis pour gérer la charge de trésorier et receveur général en Dauphiné et qu'il exerça cette commission, du 17 août 1473 au 21 février de l'année suivante. (Voir sur Hugues Coct, la note 1, p. 283).

[3] Voir, sur le même sujet, les actes n°s 1669 *bis* et 1680.

d'albergements, d'investitures, rétentions, rachats et autres qui pouvaient concerner le domaine delphinal soient transcrits sur les registres des cours de justice des bailliages et sénéchaussée du Dauphiné.

Mention insérée dans les lettres du gouverneur adressées, sur le même sujet, au procureur fiscal et au clavaire de Montélimar, le 10 novembre 1472. (B 3232, f° 1^{rr}, v°).

1947   *Arras, 22 juillet 1477.*

Lettres du roi portant don, en faveur de François Palmier[1], de la somme de 6,757 livres, en considération de ses services et de ceux de Louis, son père.

Copie. Arch. de la Drôme, E 2521.
Analyse. *Inv. somm. des Arch. de la Drôme*, t. III, p. 371.

1948   *Montargis, 9 mai (1479).*

Lettre missive du roi adressée aux habitants et bourgeois de la ville de Grenoble et aux auditeurs des comptes du Dauphiné, par lesquelles, — après avoir exposé que, pour aviser au moyen d'empêcher que les monnaies françaises ne sortent du royaume, il avait résolu d'assembler deux des plus notables habitants et experts en la matière de chacune des bonnes villes du royaume, — il leur mande, en conséquence, de choisir de suite deux des plus notables habitants de la ville de Grenoble « cougnaissans et expers touchant la dicte « matière des monnoies » et qu'ils les envoient à Paris pour délibérer, le 25 juin prochain, avec les généraux maîtres des monnaies, sur les mesures à prendre pour empêcher les monnaies étrangères d'avoir cours dans le royaume, et celles du royaume de passer à l'étranger[2].

Original. B 2826.

---

[1] François Palmier, fils de Louis Palmier, bourgeois de Valence, appartenait à la même famille que Jean Palmier qui fut pourvu de la présidence du Parlement de Grenoble par lettres du 23 mars 1484.

[2] Les bourgeois et habitants de Grenoble ayant été assemblés élurent, pour se conformer aux ordres du roi, nobles François Motet et Pierre Vallier, qui partirent aussitôt après pour Paris. (B 2826).

1949 *Saint-Pierre-de-Rome, 10 des calendes de février (23 janvier 1483).*

Bulle du pape Sixte IV[1] conférant au roi Louis XI, ainsi qu'à ses successeurs, le titre de chanoine de Notre-Dame d'Embrun, avec autorisation de revêtir le surplis, l'aumuse et les autres insignes et vêtements canonicaux, et de siéger dans la première stalle du chœur de la susdite église, immédiatement après l'archevêque et avant le prévôt du Chapitre.

PUBLIÉS A. Fabro, *Recherches hist. sur les pèlerinages des rois de France à N.-D. d'Embrun*, p. 296. — Sauret, *Essai hist. sur Embrun*, p. 529. — P. Guillaume, *Histoire générale des Alpes-Maritimes ou Cottiènes, par le R. P. Marcellin Fornier*, t. III, p. 392.

---

[1] Sisto IV (François de la Rovère), élu pape le 9 août 1471, sacré le 25, mort à Rome le 13 août 1484.

2ᴹᴱ SUPPLÉMENT

1980   *(Grenoble), 5 avril 1441.*

Lettres de Raoul, seigneur de Gaucourt, gouverneur du Dauphiné, confirmant les libertés et franchises concédées aux habitants du Buis¹.

MANTIOS. *Invent. de la Chambre des comptes, Baronnies*, t. 1ᵉʳ, f° 183, v°.

1981   *Montauban, 29 janvier 1442 (1443).*

Lettres du dauphin, aux gouverneur ou son lieutenant, gens de son Conseil et des Comptes et trésorier du Dauphiné, par lesquelles, — après avoir relaté que Jean et Humbert Odoard, frères, lui avaient exposé que le 30 mai 1439 ils avaient obtenu des lettres du roi qui leur concédaient pour paiement de la somme de 559 marcs d'argent, due au dit Jean Odoard comme reliquat de ses comptes de la monnaie de Crémieu, qu'il avait tenue pendant longtemps, la moitié du profit qui proviendrait du seigneuriage des monnaies de Crémieu, de Romans et de Montélimar, et en outre, pour sûreté de ce paiement, les autorisaient à assister à toutes les délivrances qui se feraient dans les dites monnaies ; mais que Jacques Lyonet, maître particulier de la monnaie de Montélimar, s'était opposé à l'exécution de ces lettres en prétextant qu'il lui était aussi dû pour fin de ses comptes rendus, une

---

¹ Des franchises avaient été accordées aux habitants du Buis, dès le 9 juin 1237, par leur seigneur Raimond de Mévouillon, et ensuite confirmées et augmentées, le 7 mai 1288, par autre Raimond de Mévouillon, fils du précédent seigneur. Le dauphin Humbert II, les confirma à son tour, par lettres données à Beauvoir-en-Royans, le 27 octobre 1335. Depuis lors, elles furent encore confirmées par lettres du roi Louis XIII, données à Lyon en 1622.

somme d'argent qu'il prétendait recouvrer avant celle des suppliants, d'où était né un procès pendant devant le parlement de Grenoble; que les mêmes suppliants lui avaient aussi exposé que Jean Odoard avait avancé au roi de bonne foi une partie de son avoir et que leur créance devait précéder celle de Lyonet, sur quoi ils le suppliaient de vouloir bien pourvoir sur cette difficulté; — en récompense des services que le dit Jean Odoard lui avait rendus ainsi qu'au roi en maintes circonstances et notamment en ayant servi durant l'espace de huit mois avec plusieurs hommes d'armes et de traits équipés à ses frais, après que le roi eut quitté Paris « alors de la division » il mande que, pour le paiement de la susdite somme de 559 marcs d'argent, on laisse les suppliants prélever la moitié de tout le profit qui était issu depuis l'octroi des lettres du roi et qui proviendrait à l'avenir du seigneuriage des monnaies de Crémieu, Romans et Montélimar, à la forme contenue aux dites lettres, et ce jusqu'à ce qu'ils soient entièrement payés de leur créance [1].

Enregistrées, le 24 décembre 1444, sans que cet enregistrement puisse, toutefois, porter préjudice à la créance de Jacques Lyonet, ancien maître particulier de la monnaie de Montélimar, qui se montait à 2,000 livres tournois.

Cories. B 2829, f°ˢ 75 et 82.

---

[1] Antérieurement aux lettres du roi Charles VII, visées dans celles du dauphin que nous analysons, le même roi avait déjà, par des lettres données à Romans le 27 janvier 1436 (1437 n. s.), concédé aux frères Jean et Humbert Odoard, en paiement de leur créance, la maîtrise particulière de la monnaie de Crémieu, avec stipulation qu'ils prélèveraient la moitié du profit du seigneuriage de cette monnaie. A la suite de ces lettres qui furent enregistrées le 4 mai 1437, Jean Odoard avait été installé comme maître particulier le 24 juillet suivant; mais, comme cette monnaie resta la plupart du temps en chômage et qu'au bout de deux ans le profit du seigneuriage n'avait été que de 100 l. t., les frères Odoard réclamèrent au roi le montant de leur créance. C'est alors que le roi Charles VII, par de nouvelles lettres, données à Lyon le 30 mai 1439, enregistrées le 2 juillet suivant, leur accorda la moitié du seigneuriage, non seulement de la monnaie de Crémieu mais encore de celles de Romans et de Montélimar.

Comme suite aux lettres du dauphin du 29 janvier 1443 n. s., le gouverneur du Dauphiné, Raoul de Gaucourt, chargea, le 12 mars 1445, le bailli de Montélimar et les châtelains de Pisançon, de Peyrins et de Chabeuil d'en poursuivre l'exécution. Le 5 mai, Jacques de Priam dit de La Garde, châtelain de Pisançon, se trans-

1982 *Grenoble, 22 juin 1443.*

Lettres par lesquelles Raoul, seigneur de Gaucourt, conseiller et premier chambellan du roi, gouverneur du Dauphiné, — sur le vu de la requête que lui avaient adressée les habitants du mandement de Quirieu, et de l'enquête faite, sur le même sujet, par Jean du Plâtre, secrétaire delphinal, en exécution de ses autres lettres données à Lyon, le 24 avril précédent, — concède aux susdits habitants la faculté de s'assembler tous les deux ans, en présence du châtelain delphinal, pour élire des consuls, procureurs et conseillers pour l'administration des affaires de leur communauté, et leur accorde l'autorisation de lever un droit de *trezein* ou commun sur le vin vendu au détail, dont le produit devait être appliqué aux réparations des fortifications et aux autres charges communales.

Copie. B 2969, f° 691.

---

porta à Montélimar et y signifia à François Effréal, maître particulier de la monnaie, d'avoir à payer aux frères Odoard la moitié du seigneuriage de sa monnaie, sous peine d'une amende de 25 marcs d'argent.

Depuis lors et malgré de nombreuses sommations qui lui furent faites, le maître de la monnaie de Montélimar ne voulut rien payer et les frères Odoard moururent sans avoir pu recouvrer le montant de leur créance. Leurs héritiers, Pierre et Jean Odoard, fils de Jean, se pourvurent auprès du roi Charles VIII qui, par lettre missive datée de Laval, le 26 mai 1487, et adressée à Guillaume Briçonnet, général des finances en Dauphiné et en Languedoc, et ensuite par lettres patentes données à Amboise, le 28 mai 1489, ordonna de nouveau que les suppliants prélèveraient la moitié du profit du seigneuriage de toutes les monnaies du Dauphiné, jusqu'au payement intégral de ce qui pouvait leur être encore dû. A la suite de ces lettres les intéressés purent toucher, de 1491 à 1496, quelques acomptes se montant à environ 177 marcs d'argent seulement.

Plus tard, Humbert et Ponson Odoard frères, fils et héritiers de Pierre et de Jean Odoard, héritiers eux-mêmes de Jean et d'Humbert Odoard, obtinrent encore des lettres du roi Louis XII, données à Blois, le 10 décembre 1508, enjoignant aux officiers delphinaux de faire jouir les frères Odoard de la moitié du seigneuriage, qui leur avait déjà été concédé par plusieurs lettres précédentes. En 1524, la créance des frères Odoard n'était point encore liquidée, car, en vertu d'un arrêt du parlement de Grenoble du 31 mars 1524, il leur fut encore alloué, le 14 novembre suivant, 70 l. t. sur la monnaie de Crémieu et 50 l. t. sur celle de Grenoble. (B 2829, f°² 56-80.)

1953 *Grenoble, 30 mars 1444.*

Lettres par lesquelles Raoul, seigneur de Gaucourt, gouverneur du Dauphiné, à la relation du Conseil delphinal, — après avoir relaté que dans les châtellenies delphinales de Champsaur et de Montalquier, les divers châtelains qui s'y étaient succédé étaient dans la coutume de se faire payer, pour droit d'investiture, par les acquéreurs de biens, relevant de la directe delphinale, une redevance nommée « coyffes », ce qui pourrait entraîner à l'avenir de nombreux abus s'il n'y était remédié, — ordonne, en conséquence, que le châtelain des susdits lieux ne pourra réclamer aux acquéreurs qu'un gros et demi pour les biens vendus 5 florins ou moins ; 3 gros pour ceux vendus de 5 à 10 florins ; 4 gros pour ceux vendus de 10 à 20 fl.; 6 gros, de 20 à 30 ; 8 gros, de 30 à 40 ; 1 florin, de 40 à 100 ; enfin, 18 gros pour tous les biens vendus plus de 100 florins.

Original. B 3004, f° 350.

1954 *Nancy en Lorraine, 12 février 1444 (1445).*

Lettres du dauphin Louis, adressées aux gouverneur ou son lieutenant et gens de son Conseil du Dauphiné, par lesquelles, — après avoir relaté que sa cousine Simonnette de Poitiers[1], veuve de Louis de Périlleux, vicomte de Rodès et de Périlleux, lui avait exposé qu'après le décès de son mari, tant à raison de son douaire que des autres droits et actions qu'elle avait à l'encontre de François de Périlleux, fils et héritier du susdit Louis, elle avait soutenu un long procès devant la cour aragonaise de Perpignan, à la suite duquel, finalement, eut lieu une sentence arbitrale qui condamna François de Périlleux à lui payer une somme de 25,000 sous de monnaie de Perpignan ; que le paiement de cette somme n'ayant pas été effectué dans

---

[1] Simonnette de Poitiers, que Du Chesne ne mentionne point dans son *Histoire généalogique des seigneurs de Saint-Vallier, de la maison de Poitiers*, devait être fille de Charles de Poitiers, seigneur de Saint-Vallier, et de Simonne de Méry. Elle avait épousé Louis de Périllos, vicomte de Rodès et de Périllos dans le comté de Roussillon, qui appartenait à la même famille que François de Périllos, qui avait été nommé amiral de France, en 1368.

les délais déterminés, elle avait eu recours à la reine d'Aragon[1], qui avait bien ordonné de lui faire rendre justice ; mais que, nonobstant ce, le dit François n'avait soldé qu'une minime partie de sa dette, et que finalement elle implorait la protection du dauphin, — il les charge d'obtenir du roi d'Aragon le paiement réclamé, même par « voie et concession de marque et représailles ».

Copie. Arch. de la Drôme, E 2176, f° 133 (protocole de Jean Julien, notaire à Valence).

Analyse. *Inv. somm. des Arch. de la Drôme,* t. II, p. 360.

1985 — Grenoble, 4 novembre 1445.

Lettres de Raoul, seigneur de Gaucourt, conseiller et premier chambellan du roi, gouverneur du Dauphiné, par lesquelles, en exécution des lettres du dauphin Louis, données à Tours le 18 octobre précédent[2], il commet noble Jean Rastasse[3], vichâtelain de Vizille, pour se transporter dans les lieux de Saint-Georges-d'Espéranche, Vaulx, Nyons, Saint-Etienne-de-Saint-Geoirs, La Roche-de-Glun, Montélimar, à l'effet d'y réunir au Domaine les terres et châteaux des susdites localités, qui en avaient été distraits par dons du dauphin faits à plusieurs de ses officiers et serviteurs[4].

Copie. B 3053.

1986 — Grenoble, 1ᵉʳ mars 1447.

Lettres par lesquelles Raoul, seigneur de Gaucourt, gouverneur du Dauphiné, à la relation du Conseil delphinal, concède, au nom du

---

[1] Marie, fille aînée d'Henri III, roi de Castille, qui avait épousé, le 12 juin 1415, Alphonse V, roi d'Aragon, et qui mourut, sans enfants, le 4 septembre 1458.

[2] Voir l'acte n° 183.

[3] Sur Jean Rastasso, voir la note 2, p. 72 du t. 1ᵉʳ.

[4] Du 18 novembre au 2 décembre 1445, le commissaire procéda à sa mission et réunit au Domaine delphinal les seigneuries et châteaux de Voreppe, Moirans, Saint-Etienne-de-Saint-Geoirs, Saint-Georges-d'Espéranche, Revel, Les Avenières, Dolomieu, Falavier, Aslou, Vaulx-en-Velin, La Roche-de-Glun, Avalon, Charpey, Châteaudouble, Montélimar, Le Sauzet, Nyons, Mirabel, Le Buis. A l'exception, toutefois, de noble Claude Veilheu, châtelain de Rochefort, et d'Etienne Durand, conseiller delphinal, châtelain de Voreppe, qui probablement durent mourir peu après, tous les autres châtelains des susdites terres furent maintenus par le dauphin en possession des dons qu'il avait pu leur faire.

dauphin, à Rostaing Blanchard, marchand de la ville du Buis, ainsi qu'à ses héritiers et successeurs, l'autorisation de rechercher et d'exploiter, tant dans la montagne de l'Argentière que dans toute l'étendue du mandement du Buis, les mines de *vernis*[1], ainsi que celle d'y construire une fabrique pour le préparer et l'affiner ; le tout à charge d'indemniser des dommages qu'occasionnerait aux propriétés la dite exploitation, à dire d'experts, et de payer au dauphin la dixième partie des produits exploités, plus 3 deniers de servis annuel pour la faculté de prendre et de détourner l'eau nécessaire à son usine.

Copie. B 3010, f° 505.

1957 *Grenoble, 24 avril 1448.*

Lettres par lesquelles Louis de Laval, gouverneur du Dauphiné, à la demande du Procureur général fiscal, enjoint aux auditeurs de la Chambre des comptes de Grenoble de rechercher avec soin, dans les archives de cette Chambre, tous les documents relatifs à la possession du dauphin sur la ville de Gap et le Gapençais.

Mention. B 3141, f° 16.

1958 *Valence, 30 mai 1448.*

Lettres de Louis de Laval, seigneur de Châtillon, gouverneur du Dauphiné, portant commission à Justet Méhenzo[2], docteur en lois, conseiller delphinal, pour procéder à de nouvelles révisions des feux, dans toutes les localités de l'Embrunais, du Gapençais, des Baronnies et du Graisivaudan, qui en feraient la demande.

Copie. B. 2742, f° 395, v°.

1959 *Grenoble, 9 juillet 1448.*

Lettres, adressées aux divers baillis du Dauphiné, par lesquelles Louis de Laval, seigneur de Châtillon, gouverneur du Dauphiné, leur enjoint de faire publier et de mettre à exécution l'ordonnance de

---

[1] Le mot vernis, *vernicium*, doit probablement signifier du sulfure de plomb, dont l'emploi était indispensable aux nombreux fabricants de poteries de terre qui existaient alors à Dieulefit et dans les environs.

[2] Voir, sur Justet Méhenzo, la note 1, p. 157 du t. 1er.

Charles de Bouville, gouverneur du Dauphiné, donnée à Grenoble, le 15 janvier 1379, limitant la juridiction des châtelains à 60 sous [1].
Copie. B 3220.
Analyse. U. Chevalier, Ordonn., n° 412.

1960 *La Côte-Saint-André, 12 décembre 1451.*

Lettres par lesquelles Louis de Laval, gouverneur du Dauphiné, — après avoir exposé que le dauphin se disposait à envoyer son armée au siège de Calais [2], seule ville de France que détenaient encore les Anglais et que le roi voulait assiéger sous peu, ce que toutefois il ne pouvait faire sans de grands frais et l'aide de ses sujets ; et, attendu, d'autre part, que le dauphin n'avait pu faire assembler les gens des Trois-Etats, à cause de la peste qui ravageait actuellement tout le Dauphiné [3], mais que confiant en ses sujets, qui dans toutes ses affaires difficiles lui avaient toujours prêté aide et secours, il avait ordonné d'imposer et de lever, sans vouloir porter atteinte toutefois aux libertés de la province, la même somme que celle qui lui avait été accordée par les gens des Trois-Etats, l'année précédente, — mande, en conséquence, de faire péréquer dans chaque communauté les mêmes sommes que celles qui avaient été imposées l'année précédente.
Original. B 3508.

1961 *Gap, 5 avril 1452.*

Accord conclu entre le dauphin Louis, représenté par ses délégués, Aimar de Clermont, lieutenant du gouverneur du Dauphiné, et Antoine d'Alauzon [4], d'une part, et le roi René, comte de Provence, représenté par ses délégués, Louis de Bornasco, son chambellan, et Antoine Agossii, procureur général fiscal de Provence [5], et aussi l'évê-

---

[1] Un autre arrêt du Conseil delphinal, sur le même sujet, fut encore pris le 15 janvier 1439 (U. Chevalier, Ordonn., n° 417).
[2] Il ne fut donné aucune suite à cette expédition.
[3] Voir, sur la peste qui désolait alors le Dauphiné, la note 2, p. 335 du t. 1er.
[4] Voir, sur la commission donnée à Valence, le 13 mars 1452 n. s., à Aimar de Clermont et à Antoine d'Alauzon, l'acte n° 921.
[5] La commission, donnée par le roi René à ces délégués, est datée de Tarascon, le 30 mars 1452.

que de Gap, d'autre part. Par cet accord, le dauphin, après avoir reconnu que tous les actes et exploits faits par lui, ses officiers, commissaires ou députés, à raison de la souveraineté de Gap, n'avaient pu porter aucune atteinte aux droits que le roi de Sicile, comte de Provence, pouvait avoir sur cette ville, ni à ceux de l'évêque, révoque et annule tous les actes et exploits qui avaient été faits à ce sujet[1].

ANALYSES. B 3014, fos 109 vo et 365 vo. — Arch. des Hautes-Alpes, C 1131. — Inv. somm. des Arch. des Hautes-Alpes, t. IV, p. 15.

---

[1] Cet accord mettait fin au dissentiment qui s'était élevé entre le dauphin et le roi de Sicile, comte de Provence, au sujet de la souveraineté de la ville de Gap et du Gapençais, dissentiment qui avait pris naissance à la suite des violents démêlés que le dauphin avait eus avec l'évêque de Gap, Gaucher de Forcalquier, et dont il a été longuement parlé dans les notes 1 et 2 de la page 365.

A la suite, en effet, de l'humiliante soumission qu'il avait imposée à l'évêque de Gap, le 7 juin 1450 (acte n° 766), le dauphin avait cru le moment favorable pour faire valoir ses droits et ses prétentions sur le Gapençais, droits et prétentions au sujet desquels ses prédécesseurs avaient souvent fait de vaines démarches, et avait envoyé à Gap divers commissaires pour contraindre l'évêque et ses vassaux à lui prêter hommage et à reconnaître sa suzeraineté (acte n° 817). L'évêque implora la protection du roi de Sicile, comte de Forcalquier et de Provence, qu'il prétendait être son seul seigneur suzerain, et qui, de son côté, s'empressa d'intervenir pour sauvegarder les droits et prétentions qu'il avait également sur la ville de Gap et le Gapençais.

Durant les derniers jours du mois de novembre 1450, Claude Suau, capitaine de Forcalquier, avait même essayé, sur l'ordre du roi René, d'arborer, par surprise, l'étendard provençal sur les portes de Gap. — A cet effet, étant arrivé à Gap, durant la nuit du 28 au 29 novembre, il y convoqua de suite les officiers épiscopaux et les consuls de la ville, auxquels il donna lecture de lettres du sénéchal de Provence leur prescrivant, sous peine de 1,000 marcs d'or d'amende et de crime de félonie, de lui obéir et de lui prêter leur concours pour accomplir la mission dont il était chargé. Malgré la protestation des consuls, qui craignaient les représailles du dauphin, le commissaire provençal n'en persista pas moins dans sa mission et alla, séance tenante, apposer les armes du roi de Sicile sur les principales portes de la ville, qu'il ordonna, en outre, de tenir fermées. Le lendemain matin, accompagné d'Ainaude La Motte, juge, d'Antoine de Domo, procureur fiscal, de Guillaume Benestand et de Jacques Martin, vice couriers de l'évêque de Gap, ainsi que de Jean Rous dit Bastellon et de son maître d'hôtel et secrétaire, le commissaire Claude Suau quitta l'évêché pour aller planter l'étendard du roi René sur le sommet de la tour de la porte Lignolle; mais en route, il rencontra Hugues de Bournazel et Almar de Clermont, commissaires délégués par le dauphin, qui, de leur côté, étaient accourus à Gap en toute hâte. Une rixe s'engagea aussitôt, au cours de laquelle Hugues de Bournazel reçut plusieurs coups de poings, en cherchant à arracher l'étendard du

1962 . *Romans, 11 novembre 1452.*

Lettres par lesquelles le dauphin Louis réglemente la manière de procéder et la forme dans laquelle devront être faites, à l'avenir, les enquêtes dans les demandes en révision de feux.

Mention. Titres non classés de la Chambre des comptes.

1963 *Beaurepaire, 25 mars 1452 (1453).*

Lettres par lesquelles le dauphin Louis fait savoir, aux maîtres de son hôtel et au maître et contrôleur de sa Chambre aux deniers, qu'il retient, par les présentes, son bien aimé, Robin Amiray, en l'office de son premier fourrier, en remplacement de Perrin du Ferme, décédé.

Copie. Arch. de la Drôme, E 2477, f° 135.
Analyse. *Inv. somm. des Arch. de la Drôme*, t. II, p. 360.

---

roi René, des mains de celui qui le portait. Les délégués du dauphin purent, cependant, s'emparer de Claude Suau et de ceux qui l'accompagnaient; ils les enchaînèrent et les conduisirent à Saint-Bonnet-en-Champsaur, où ils les enfermèrent dans les cachots du château de ce lieu. Ensuite, le 3 décembre, après une enquête sommaire faite par noble Antoine Hugues, vichâtelain du Champsaur, Hugues de Bournazel rédigea un procès-verbal de cet événement. (B 3754.)

Dans la suite, plusieurs entrevues eurent lieu, relativement à la souveraineté de Gap, entre les délégués du dauphin et ceux du roi de Sicile ou du pape, notamment à Chalemont-en-Bresse, le 4 décembre 1451, et à Montélimar, le 13 février 1452 (voir, à ce sujet, les actes n° 898 bis, 913 bis, et les notes 1, p. 343, et 2, p. 349), à la suite desquelles furent arrêtées les bases de l'accord que nous analysons.

Aussitôt après l'accord conclu, Louis de Bornasco alla prendre l'étendard du roi de Sicile, comte de Provence, à l'église cathédrale de Gap, où il était dressé sur le maître-autel, et le fit planter par Claude Suau au sommet de la tour située à l'entrée du palais épiscopal, en signe de reconnaissance de la souveraineté du comte de Provence sur Gap; en même temps, les armes delphinales furent enlevées de l'évêché et des portes de la ville.

Le lendemain, l'évêque demanda à être mis en possession du temporel de son évêché; les commissaires royaux lui répondirent : « Nous avons faict nostre devoyr, « fictes ce que bon vous semblera et vous plaira de faire », puis ils l'accompagnèrent à la porte Lignolle, que l'évêque ouvrit et ferma en signe de réintégration du temporel de son église et de juridiction sur sa ville épiscopale, de tout quoi fut rédigé un acte notarié, le 6 avril 1452. (B 3014, f° 109, v°, et 345, v°. — Arch. des Hautes-Alpes, G 1131. — *Inv. somm. des Arch. des Hautes-Alpes*, t. IV, p. 15.)

1964 *Grenoble, 21 août 1454.*

Lettres de Louis de Laval, seigneur de Châtillon, gouverneur du Dauphiné, par lesquelles, — sur le vu : 1° des lettres patentes du roi Charles, données à Vienne le 8 avril 1434 (1435, n. s.), déclarant que les président et conseillers ordinaires du Conseil delphinal, les auditeurs des Comptes, les avocat et procureur généraux fiscaux, le trésorier général, le juge des appellations, ainsi que deux secrétaires ordinaires du Conseil et deux clercs des Comptes, l'audiencier et contrôleur du trésorier, et les deux huissiers, l'un du Conseil, l'autre des Comptes sont exempts de tous subsides, tailles et autres impôts ; 2° d'autres lettres du même roi dauphin, données à Chinon, le 29 janvier 1435 (1436, n. s.), nommant Jean Audry[1], secrétaire delphinal, à une charge de troisième clerc des Comptes, — déclare que, contrairement aux prétentions des consuls et habitants de la ville de Grenoble, le susdit Jean Audry, doit bénéficier de tous les privilèges et prérogatives dont jouissent les deux autres clercs de la Chambre des comptes et, en conséquence, doit être exempt de tous impôts.

Copie. B 2904, f° 112.

1965 *Valence, 6 mai 1455.*

Acte, reçu maître Claude de Jante, notaire à Valence, par lequel le dauphin Louis, représenté par ses mandataires : Jean, seigneur de Montauban, son chambellan, Antoine de Bolomier, général de ses finances en Dauphiné, et maître Jean Bourré, son secrétaire, acquiert, de noble Jean Portier, de Grenoble, une maison et un jardin contigus, situés à Grenoble[2], dans la rue des Bournolens, *in carreria Bornolenchiorum*[3], au prix de 1,300 florins.

Original. Arch. de la Drôme, E 2487, f° 67.
Analyse. *Inv. somm. des Arch. de la Drôme*, t. II, p. 363.

---

[1] Voir, sur Jean Audry, la note 2, p. 129.
[2] Le dauphin faisait acheter cet immeuble pour en faire don à sa maîtresse, Félize Reynard, car elle y resta et mourut en 1474; voir, à ce sujet, la note 3, p. 360 du t. 1er.
[3] L'ancienne rue des Bournolens, appelée ensuite rue des Vieux-Jésuites, porte actuellement le nom de rue J.-J.-Rousseau.

1966   *Grenoble, 20 mars 1456.*

Lettres de Louis de Laval, gouverneur du Dauphiné, prises à la relation du Parlement de Grenoble, et adressées au juge de la ville de Vienne, par lesquelles il décide que le gardien dolphinal, qui était le représentant du dauphin à Vienne, ou son lieutenant, siégerait à la droite du juge et précéderait le procureur fiscal delphinal, et que, quant aux officiers de l'archevêque de Vienne, ils siégeraient à gauche du même juge.

Copie. B 2967, f° 23.

1967   *La Côte-Saint-André, octobre 1456.*

Lettres par lesquelles le dauphin confirme les privilèges et franchises concédés par ses prédécesseurs aux habitants de Saint-Etienne-de-Saint-Geoirs [1].

Mention. Titres non classés du Parlement de Grenoble.

1968   *Grenoble, 21 juin 1457.*

Ordonnance rendue, avec l'assistance des gens de la Chambre des comptes du Dauphiné, par Jubes Lechat, commissaire spécial du roi Charles VII, taxant la quantité et le poids des vivres à fournir aux gens d'armes du roi, logés à Saint-Symphorien-d'Ozon et dans les environs [2]. Les fournitures à faire à chaque lance, accompagnée de deux archers et de huit chevaux, sont : 12 bichets de froment, 3 anées de vin, la chair de 8 moutons, 72 bennes d'avoine et 60 quintaux de foin. Le prix de ces denrées est ainsi fixé, à la mesure du lieu de Saint-Symphorien : le bichet de froment, 4 gros; la sommée de vin, 14 gros; la chair d'un mouton, 5 gros; la benne d'avoine, 2 gros, et le quintal de foin, 1 gros.

Copie. B 2973, f° 17.

---

[1] Des franchises avaient été accordées aux habitants de Saint-Etienne-de-Saint-Geoirs, par lettres des dauphins : Jean II, données à Crémieu, le 5 décembre 1314; Charles Ier, données à Romans le 16 septembre 1349, et le même prince, devenu le roi Charles V, à Paris le 17 septembre 1366. Les mêmes franchises furent depuis confirmées par lettres de Jean, comte de Comminges, gouverneur du Dauphiné, données à Grenoble le 23 juillet 1464, et du roi Charles VIII, données à Lyon, au mois de mars 1490, n. s.

[2] Il s'agit des gens d'armes de l'ordonnance du roi, qui accompagnaient ce prince lorsqu'il vint en Dauphiné, après la fuite du dauphin.

1969 (Genappe), 20 août 1457.

Mandement du dauphin à Etienne et à Raimond Achart[1] de remettre à Perrot Faulquier, son conseiller et son maître d'hôtel, la somme de 4,000 écus.

MENTION. Bibl. nat., mss français, 20490, f° 63.

1970 Grenoble, août 1457.

Ordonnance de Louis de Laval, seigneur de Châtillon, gouverneur du Dauphiné, prise en Parlement, à la requête des gens des Trois-Etats du Dauphiné, par laquelle il réglemente, en 20 articles, la juridiction des châtelains, et l'ordre et la manière de procéder dans l'exécution de leurs jugements.

COPIES. B 2904, f° 387, et B 2905, f° 399, v°.
ANALYSE. U. Chevalier, Ordonn., n° 462.

1971 Grenoble, 8 novembre 1457.

Lettres du gouverneur du Dauphiné, nommant garde de la Monnaie de Crémieu, noble Jean Martin[2], précédemment contre-garde.

COPIE. B 2826, f° 70.

1972 Grenoble, 2 juin 1458.

Lettres de Louis de Laval, seigneur de Châtillon, gouverneur du Dauphiné, adressées aux châtelains delphinaux ou à leurs lieutenants et aux seigneurs intéressés, par lesquelles, à la demande du Procureur général fiscal, il réglemente le droit de pulvérage ainsi que les dommages causés, le long des chemins, par les troupeaux de bêtes à laine qui se rendaient de Provence, Languedoc et Comtat-Venaissin, sur les montagnes du Dauphiné, pour y pâturer. On ne pourra exiger plus de 8 gros pour chaque troupeau, *mutata* ou *balia* qui, ordinairement, comprend 3,000 têtes de bétail ou cent *trentenarii*, et cela pour chaque lieue de route parcourue. Si plusieurs troupeaux suivent les mêmes chemins, le premier seul paiera à raison de 8 gros la lieue; les autres ne paieront que 6 gros. Les dégâts que pourront commettre les troupeaux aux propriétés seront réglés de suite, à

---

[1] Voir, sur Etienne et Raimond Achart, la note 4, p. 474 du t. 1er.
[2] Jean Martin était seigneur de Disimieu.

dire d'experts, sans pour cela que l'on arrête la marche du troupeau, mais l'un des conducteurs ou baïle devra rester sur les lieux jusqu'au règlement des dommages. Le conducteur qui aura fait une fausse déclaration sur le nombre des bêtes de son troupeau, encourra une amende de 100 sous, applicable au seigneur du lieu; etc.

Copie. B 2907, f° 452.
Analyse. U. Chevalier, *Ordonn*., n° 464.

1973 *Montbazon, 14 mars 1458 (1459).*

Lettres du roi Charles (VII) adressées à maître Jean Herbert, général, sur le fait de ses finances, tant en Languedoil qu'en Languedoc, par lesquelles, — après avoir exposé : que depuis la création de ses gabelles à sel de Languedoc, le sel de la Compagnie qu'il avait instituée avec son cousin, le roi de Sicile, comte de Provence, pouvait être vendu en Provence, Comtat-Venaissin, Dauphiné, Savoie, Bresse et autres pays voisins, sans que les salignons de Bourgogne puissent y pénétrer; que, d'autre part, suivant les stipulations du traité de la même Compagnie et aussi des accords passés entre son dit cousin et les marchands qui faisaient le tirage du sel à la part de l'Empire, le sel de Berre et d'Hyères, en Provence, ne devait être mené ni vendu dans le Comtat-Venaissin, la principauté d'Orange, le Valentinois, le Dauphiné, la Savoie et autres lieux limitrophes où le sel de ladite Compagnie avait coutume d'être transporté; que, nonobstant ce, certains marchands, depuis quelque temps, faisaient journellement descendre, par la rivière de la Saône, une grande quantité de sel de Bourgogne, qu'ils vendaient en Bresse et en Dauphiné; enfin, que le sel de Berre et d'Hyères remontait également jusqu'en Savoie et en Dauphiné, ce qui causait un grave préjudice aux fermiers de la Compagnie, — dans le but de donner un écoulement plus facile au sel de la Compagnie et de refouler les salignons de Bourgogne et le sel de Berre et d'Hyères, il lui enjoint et mande de faire faire inhibitions et défense à toutes personnes de faire venir ou de consommer en Dauphiné, Viennois, Valentinois et autres régions voisines, du sel de Bourgogne, de Berre ou d'Hyères, sous peine de confiscation des marchandises, bateaux, chevaux ou voitures et d'amendes arbitraires; et, en outre, lui mande de placer des gardes sur la rivière de la Saône et dans les passages, là où il le jugerait nécessaire, pour empêcher que le sel prohibé pénètre dans les susdites contrées[1].

Copie. B. 2904, f° 123.

1974 — *Grenoble, 21 avril 1459.*

Ordonnance du Parlement du Dauphiné, par laquelle, — à l'effet de remédier aux abus commis par certains châtelains ou mistraux qui, prétendant que les biens vendus valaient souvent plus que ne le comportait le prix de vente déclaré dans les actes, faisaient estimer les biens et prélevaient ensuite les droits de lods et ventes sur le prix de l'estimation, — il est enjoint, qu'à l'avenir, la liquidation des droits de lods et ventes ne pourra être réglée que sur le prix porté dans les contrats, et que l'on ne pourra avoir recours à une estimation que s'il apparaît clairement qu'il y a eu fraude ou dol, et dans ce cas, si le dauphin voulait user de son droit de prélation, il ne serait tenu de rembourser à l'acquéreur que le prix auquel le fief ou l'arrière fief aurait été vendu.

Copie. B 2904, f° 81.
Analyse. U. Chevalier, Ordonn., n° 465.

1974 bis — *Grenoble, 3 novembre 1459.*

Lettres de Louis de Laval, seigneur de Châtillon, gouverneur du Dauphiné, nommant forestier et garde des forêts delphinales de Velin et de Brignes, près Saint-Symphorien-d'Ozon, Claude Lombert, damoiseau.

Original. B 3221.

1975 — *31 mars 1459 (1460).*

Lettres de Guillaume Juvénal des Ursins[2], chevalier, seigneur de

---

[1] Jean Herbert, par lettres du 2 août 1459, délégua ses pouvoirs à Aubert Fournier, garde du sel à Condrieu, et à maître Raimond Boisson, garde du sel à Tournon, pour se transporter à Mâcon, Tournus et autres villes situées sur la Saône et partout ailleurs, soit en Bresse, Dauphiné, Viennois et Valentinois, à l'effet d'y faire exécuter les lettres du roi (B 2904). — Sur le tirage du sel de Provence, à la part de l'Empire, voir les notes 1, pp. 28 et 115.

[2] Voir, sur Guillaume Juvénal des Ursins, qui avait été lieutenant général en Dauphiné, la note 2, p. 11 du t. 1er.

Traynel, chancelier de France, par lesquelles, — après avoir relaté qu'en sa qualité de chancelier, il lui appartient exclusivement de connaître de tous les abus et crimes qui concernent les lettres royales de la Chancellerie de France, et avoir longuement exposé les crimes et délits imputés à deux licenciés en médecine, maître Claude Thibault, alors détenu dans les prisons de Grenoble, et maître Pierre de Faynes, — en considération de ce que le susdit Thibault est marié et père de trois enfants, « qu'on le dit estre notable clerc, et bon « praticien en médecine, et que en toutes autres choses il est bien « famé et renommé », et aussi eu égard aux sollicitations de plusieurs nobles du Dauphiné, condamne simplement ledit Thibault en une amende de 200 livres *parisis*, qu'il modère encore à 40 écus courants, et mande au sénéchal de Beaucaire et aux baillis du Vivarais et du Velay de procéder aux formalités voulues pour faire mettre en liberté le susdit et le faire tenir quitte et exempt du crime qui lui était imputé[1].

Copie. E 2948, f° 156.

---

[1] Claude Thibault, habitant de Grenoble, et Pierre de Faynes, non contents d'avoir été pourvus de lettres de retenue de l'office de médecins du roi Charles VII, essayèrent, durant le mois d'octobre 1458, de se faire délivrer du roi une commission « pour reformer, voir et visiter tous les ladres et suspects de ladrerie, tous « médecins, appothicaires, drogueries, épiceries et poudres, aussi pour reformer et « punir tous devins, devineresses, sorciers et sorcières, cirurgiens, barbiers et « toutes manières de gens qui se meloient de médecine et cirurgie, et qu'ils puis- « sent recouvrer de chaque ladre un marc d'argent ou autre salaire, et au cas que « les ladres ne pourraient payer que les villes ou proches deussent payer le dit « marc ». S'étant donc rendus à Vendôme, où se trouvait alors la Cour, l'un d'eux, Pierre de Faynes, alla à la chancellerie pour y faire sceller ses lettres, mais cette formalité lui ayant été refusée, il y apposa lui-même un sceau royal qu'il détacha d'autres lettres, après quoi nos deux médecins partirent. Thibault qui ignorait la fraude commise par son compagnon, en passant en Auvergne, se fit délivrer un vidimus des lettres en question par le chancelier de cette province, qui n'y mit aucune difficulté, et se sépara alors de Faynes. Il se rendit successivement au Puy et à Viviers, où les baillis de ces lieux apposèrent volontiers leur visa sur le vidimus dont il était porteur ; mais, arrivé à Nîmes, il y fut arrêté. Comme il était clerc, on le remit entre les mains des officiers de l'officialité, qui se contentèrent de lui rendre la liberté sous caution. Il vint ensuite à Grenoble où il fut de nouveau arrêté et emprisonné jusqu'au jour où le chancelier de France lui accorda la grâce qui fait l'objet des lettres que nous avons analysées ci-dessus.

1976 *Grenoble, 14 juin 1460.*

Lettres par lesquelles Louis de Laval, seigneur de Châtillon, gouverneur du Dauphiné, à la relation du Parlement, statue que le trésorier général du Dauphiné ne comptera à la Chambre des comptes de Paris, de la recette des tailles, aides et subsides levés en Dauphiné, que de la part destinée au don gratuit fait au roi et nullement de celle qui devait être employée aux charges particulières de la province.

Copie. B 2904, f° 511.
Analyse. U. Chevalier, *Ordonn.*, n° 467.

1977 *La Côte-Saint-André, 8 octobre 1462.*

Règlement fait par Jean, comte de Comminges, maréchal de France, gouverneur du Dauphiné, à la relation du Parlement, sur les abus et exactions que lui avaient signalés les gens des Trois-États du Dauphiné, contre les gabeliers du sel de Provence, le capitaine des francs archers, les commissaires chargés d'établir le logement des gens de guerre, le maître des eaux et forêts, les commis du trésorier général, les sergents, les châtelains et mistraux, le gardien de Montrigaud, les greffiers des cours delphinales, les commissaires chargés de renouveler les reconnaissances de l'Embrunais, les juifs, les notaires, etc. Le même règlement traite également de la révision générale des feux, du nombre des sergents [1], des prisons, du dénombrement des fiefs, de la chasse, de la justice, des excommuniés pour dettes, de la prescription des frais dus aux notaires et greffiers [2], etc., etc.

Copie. B 2905, f° 427.
Analyse. U. Chevalier, *Ordonn.*, n° 427.

---

[1] D'après ce règlement, le nombre des sergents du Dauphiné, non compris ceux de la trésorerie générale, ne devait pas excéder 108, répartis de la manière suivante : 20 dans le Viennois-et-Terre-de-La-Tour, 15 dans le Viennois-Valentinois, 24 dans le Valentinois-et-Diois, 24 dans les Montagnes et les Baronnies, enfin, 25 dans le Graisivaudan.

[2] Cette prescription est fixée à 40 ans.

1978 *Grenoble, 31 octobre 1462.*

Lettres du gouverneur nommant maître particulier de la Monnaie de Montélimar, Jacques Lyonet[1].

Copie. B 2826, f° 68.

1979 *Anse, 1er juin 1465.*

Lettres par lesquelles le roi Louis XI restitue à Claude de Clermont[2], seigneur de Montoison, les terres et châteaux de Montoison et de Montmeyran, ainsi que tous les autres biens dont il avait été dépossédé par arrêt de confiscation et de bannissement prononcé contre lui par le Parlement de Grenoble, et révoque, en outre, la donation d'une partie des biens du même de Clermont qu'il avait faite à Guyot Duzié; et ce, en considération de ce que le susdit Claude de Clermont était venu le servir en armes avec les autres nobles du Dauphiné, dès qu'il avait eu connaissance de la rébellion de quelques princes du sang et de leurs adhérents.

Copie. Arch. de la Drôme, E 462.

1980 *Grenoble, 14 juin 1465.*

Lettres par lesquelles Jean, comte de Comminges, maréchal de France, gouverneur du Dauphiné, concède à Jean Allemand et à Nicolas d'Urbin, de Rochelle, l'autorisation de rechercher les mines d'or, d'argent, de cuivre, d'étain et autres métaux, dans toute l'étendue du Dauphiné, et de les exploiter pendant une durée de deux ans, sans payer aucune redevance.

Copie. B 2904, f° 231.

---

[1] Jacques Lyonet ou Lyonel avait déjà été, à plusieurs reprises, maître particulier ou essayeur de la même monnaie; voir la note 3, p. 215 du t. 1er.

[2] Claude de Clermont, seigneur de Montoison, fils de Geoffroy III, vicomte et baron de Clermont, et d'Isabeau de Montoison, avait été compris dans les poursuites ordonnées par Louis XI, en 1462, contre ceux qui l'avaient abandonné lors de son départ du Dauphiné, et condamné par arrêt du Parlement de Grenoble, du 30 juin 1463. Dès le 7 juin 1465, Jean Maître, écuyer de la Côte-Saint-André, au nom du roi, remit à Louis de Grolée, fils de Charles de Grolée, mandataire de Claude de Clermont, les terres et châteaux de Montoison et de Montmeyran (Arch. de la Drôme, E 462).

1981
Grenoble, 16 août 1465.

Lettres par lesquelles Jean, comte Comminges, maréchal de France, gouverneur du Dauphiné, concède à maître Giraud Motuel, orfèvre allemand, natif de Cologne et demeurant à Pignerol, le droit de rechercher les mines de métaux, dans l'étendue des comtés de Briançon et d'Embrun.

Copie. B 2826, f° 93.

1982
Orléans, 22 novembre 1465.

Lettres de Jean, comte de Comminges, maréchal de France, conseiller et premier chambellan du roi, gouverneur du Dauphiné, adressées au seigneur de Champ[1], son lieutenant audit pays du Dauphiné, par lesquelles, — après avoir relaté qu'il était informé que les juges delphinaux des divers bailliages exerçaient en même temps les fonctions de juges pour plusieurs barons, bannerets ou autres nobles, ce qui occasionnait de nombreux abus et les empêchait, le plus souvent, d'accomplir leurs fonctions avec tout le zèle désirable, — il lui mande de faire défense, au nom du roi dauphin, à tous les juges des bailliages de pouvoir exercer aucunes autres justices subalternes et « ains vacquent et entendent seulement au fait de dites juge-
« ries diceulx bailliages, sur peine d'estre pugniz et débouctez dicelles
« et autres peines ».

Copie. B 2904, f° 243.
Analyse. U. Chevalier, *Ordonn.*, n° 482.

1983
Grenoble, 24 mars 1467.

Lettres par lesquelles Jean de Comminges, maréchal de France, gouverneur du Dauphiné, à la requête du Procureur général, déclare que, conformément aux anciennes ordonnances rédigées à ce sujet, les investitures et retentions des fiefs nobles ne pourront être faites que par lui ou la Cour du parlement et des auditeurs des Comptes delphinaux, et non par les châtelains ; et qu'en outre la recette des exploits et condamnations prononcées par les juges delphinaux, soit ordinaires, soit d'appel, ne pourra être effectuée que par le trésorier

---
[1] Aimon Alleman, seigneur de Champ ; voir, sur ce personnage, la note 2, p. 89 du t. 1er.

général du Dauphiné ou ses délégués communément appelés « exactores expletorum » receveurs des exploits[1].

Copie. B 2904, f° 261, v°.
Analyse. U Chevalier, Ordonn., n° 487.

1984 — Grenoble, 25 mai 1467.

Lettres de Jean, comte de Comminges, maréchal de France, gouverneur du Dauphiné, adressées au vibailli mage du Briançonnais, par lesquelles, — après avoir exposé que l'on donnait à la plupart des monnaies étrangères qui circulaient en Dauphiné, et particulièrement dans le Briançonnais, un cours supérieur à leur valeur réelle, ce qui occasionnait aux habitants un préjudice considérable, avoir fait procéder à une enquête minutieuse par les monétaires, marchands et autres personnes experts en la matière[2], et avoir pris l'avis de plusieurs prélats et nobles du Dauphiné, — il ordonne que les monnaies étrangères, circulant en Dauphiné, n'auront cours que pour la valeur spécifiée ci-dessous : les *ducats*, de bon or et bon poids, pour 26 gros; les *florins d'Allemagne*, pour 21 gros; les *écus neufs du roi*, pour 25 gros; les *florins d'Aragon*, pour 18 gros; les *florins de chat*, pour 13 gros et demi; les *écus de Savoie*, pour 2 florins; les *grands blancs de Berne*, pour deux tiers de gros; les *quarts vieux ou neufs de Berne*, qui ont un ours, et les *quarts de Chastel*, pour un liard ou quint de gros, petite monnaie; les *patars neufs de Savoie*, pour 2 deniers ou un tiers de quint, petite monnaie; les *targes*, qui ont la croix bien faite, les *targes*, avec fleurs entre la croix, les *marmousins d'Asti*, qui d'un côté ont une tête, et de l'autre deux fleurs de lys et deux serpents entre la croix, les *marmousins*, qui ont d'un côté la croix, et de l'autre un serpent, pour un patar seulement; les *patars au grand L*, pour un liard les deux. Les *demi-gros de Savoie*, les *quarts neufs de*

---

[1] La même ordonnance fut, depuis, confirmée par le Parlement de Grenoble, le 18 janvier 1476 (B 2904, f° 399).
[2] Cette enquête, réclamée par les gens des Trois-Etats réunis à Grenoble, au mois de février précédent, fut faite, à Romans, par Jean Plovier avec l'assistance de Gillet Guerre, maître particulier de la monnaie de Romans, Pierre Sadot, garde de la même monnaie, Artaud de Banquéron, Jean Luc, Rigaud Tardivon, bourgeois et marchands de Romans, Nicolas Gendron et Jaime Dorier, essayeurs (B 2904, f° 295).

Savoie, qui ont d'une part une croix, et de l'autre le mot *fert*, les *quarts de Lausanne*, qui ont une Notre-Dame, les *petits blancs de Milan*, qui ont des écussons où se trouvent des serpents, les *marmousins*, non spécifiés précédemment, pourront être pris pour leur valeur courante. Quant aux *quarts neufs d'Asti*, qui ont la croix de Saint-Maurice d'un côté, et de l'autre les armes d'Asti, ils devront être refusés et décriés.

Copie. B 2904, f° 298, v°.

1985 — Grenoble, 5 juin 1469.

Ordonnance rendue par le Parlement de Grenoble, à la demande des gens de la Chambre des comptes, sur divers objets concernant les droits du roi dauphin. Il y est notamment statué : que les roturiers qui avaient acquis, de gens nobles, des cens mouvants de la directe delphinale, les reconnaîtraient à l'avenir comme fief noble ; que les ecclésiastiques et gens de main morte qui avaient acquis des fiefs nobles devraient, dans le délai d'un an et un jour, les remettre entre des mains capables, suivant les dispositions du droit commun ; que les nobles devraient fournir le dénombrement de leurs biens, dans le même délai d'un an et un jour.

Copie. B 2904, f° 277.

1986 — Grenoble, 6 juin 1469.

Ordonnance par laquelle le Parlement de Grenoble, — à la suite d'une requête que lui avaient adressée les gens de la Chambre des comptes, dans laquelle ils se plaignaient de ne savoir exactement sur quel pied devaient être perçus les droits de lods et ventes, attendu que dans certaines localités ces droits étaient exigés à raison du troisième denier, et dans d'autres, à raison des sixième, douzième et vingtième deniers, — décide qu'à l'avenir, les acquéreurs de fiefs paieront uniformément, pour droit de lods et vente, la 20° partie ; mais ce, toutefois, sous l'approbation du roi.

Analyse. B 2904, f° 278.

1987 — Grenoble, 21 août 1470.

Lettres de Jean, comte de Comminges, maréchal de France, gouverneur du Dauphiné, prises à la relation du Parlement, portant concession en faveur de maître Amédée Janin, natif d'Aiguebelle en

Savoie, du droit de rechercher et exploiter dans toute l'étendue du Dauphiné, les mines d'or, argent, cuivre, sinople ou azur, plomb et pierres précieuses, à l'exception toutefois des mines de fer et d'acier. Les principales clauses de cette concession sont les suivantes : indemniser les particuliers des dommages causés à leurs propriétés ; autorisation d'édifier des hauts fourneaux, usines et autres constructions et de prendre dans les forêts delphinales tout le bois nécessaire, tant aux hauts fourneaux et bâtiments, qu'aux travaux de défense contre les avalanches, neiges et inondations ; notifier aux officiers delphinaux les diverses découvertes faites ; sauvegarde accordée à tous ceux qui seront employés à l'exploitation ; défense à tous autres de pouvoir rechercher les mêmes mines ; l'or et l'argent découverts devront être livrés aux ateliers monétaires du Dauphiné ; à l'exception de l'or, de l'argent, de l'azur et des pierres précieuses, tous les autres métaux pourront être transportés et vendus même à l'étranger ; le concessionnaire, à l'exception des deux premières années, durant lesquelles il sera exempt de toutes redevances, paiera au roi dauphin la dixième partie de tous les produits extraits et ne sera justiciable que du Parlement de Grenoble, pour tous les cas relatifs à son exploitation et à son commerce ; etc., etc.

Corn. B 2826, f° 101.

1988 *Grenoble, 5 janvier 1471.*

Déclaration du comte de Comminges, maréchal de France, gouverneur du Dauphiné, faite à la relation du Parlement, portant règlement sur les fonctions et la juridiction de Berton de Bocsozel, maître des eaux et forêts du Dauphiné[1]. Le maître des eaux et forêts ne pourra faire aucune composition avec les délinquants pour délits de pêche, chasse et bois, mais devra renvoyer les coupables devant la justice. Dans chacun des sièges de justice des bailliages et sénéchaussée, il nommera un juge, probe et capable, qui connaîtra exclusivement des crimes et délits relatifs à la chasse, à la pêche et aux forêts. Les procédures seront instruites et les accusations soutenues par les procureurs fiscaux de chaque bailliage. Le montant des

---

[1] Voir, sur Berton de Bocsozel, la note 3, p. 141.

exploits et condamnations sera perçu par les receveurs ordinaires des exploits, qui en rendront compte à la Chambre des comptes.

Copie. B 2904, f° 289.
Analyse. U. Chevalier, *Ordonn.*, n° 496.

1989 — Grenoble, 17 juillet 1471.

Ordonnance rendue par Jean, comte de Comminges, maréchal de France, gouverneur du Dauphiné, à la relation du Parlement, sur l'administration de la justice, la procédure, les fonctions des officiers et secrétaires du Parlement, les notaires, châtelains, etc. Il y est notamment statué : que les arrêts et décisions rendus par le Parlement ne seront valablement pris qu'avec l'assistance d'un président et de trois conseillers ordinaires au moins ; que les membres du Parlement entreront en séance à six heures du matin, en été, et à sept heures, en hiver ; qu'il ne peut être taxé aux procureurs plus de trois vacations pour le même procès ; que les notaires ne doivent délivrer qu'une seule grosse des actes qu'ils reçoivent ; que les fonctions de lieutenants des châtelains ne peuvent être affermées ; qu'on observera strictement les articles de la Pragmatique Sanction ainsi que les édits du roi sur les bénéfices et matières ecclésiastiques ; que, pour réprimer les nombreux vols commis avec effraction, tous les coupables convaincus de ce délit seront pendus, alors que, cependant, d'après le droit écrit, la peine de mort pour vol ne peut être appliquée qu'en cas de récidive.

Copie. B 2904, f° 428.
Analyse. U. Chevalier, *Ordonn.*, n° 498.

1990 — Grenoble, 18 juillet 1472.

Lettres par lesquelles Jean, comte de Comminges, gouverneur du Dauphiné, à la relation du Parlement, concède à Claude Lambert dit Guillon, et à ses associés, l'autorisation de rechercher et exploiter, dans les châtellenies d'Allevard et de Theys, toutes les mines d'or, argent, cuivre, sinople ou azur, étain, plomb et autres métaux, à l'exception toutefois des mines de fer et d'acier. Les principales clauses de la présente concession sont les suivantes : les concessionnaires seront tenus d'indemniser, à dire d'experts, les propriétaires, de tous les dommages causés à leurs propriétés ; ils seront placés sous la sauvegarde delphinale ; nul autre ne pourra rechercher les mêmes mines dans l'étendue de leur concession ; l'or et l'argent découverts devront être livrés aux ateliers monétaires du Dauphiné ; quant aux autres métaux, ils pourront être transportés et vendus à l'étranger ; durant les cinq premières années, le dauphin percevra la 20° partie du minerai extrait, et ensuite la 10° partie ; les concessionnaires pourront construire tous les hauts fourneaux et édifices nécessaires et prendre le bois dont ils auront besoin dans les forêts delphinales, mais devront informer les officiers delphinaux de toutes les fontes qu'ils opèreront, etc.

Copie. B 2918, f° 254, v°.

1991 *Grenoble, 17 novembre 1472.*

Ordonnance par laquelle le Parlement de Grenoble, — à la suite d'une requête dans laquelle maître André Dent, secrétaire du gouverneur du Dauphiné[1], se plaignait qu'ayant voulu acheter à Grenoble, pour le gouverneur, une paire de grosses perdrix[2], les revendeurs lui en avaient demandé 6 gros, ce qui lui paraissait être excessif, — taxe le prix auquel seront, à l'avenir, vendues les perdrix, savoir : la paire de grosses perdrix, 4 gros ; la paire de petites perdrix, 3 gros ; le conil (lapin), un gros et demi[3].

Copie. B 2904, f° 399.

---

[1] Jean, bâtard d'Armagnac, comte de Comminges.
[2] Les perdrix, bartavelles et gélinottes du Dauphiné furent de tout temps un gibier fort recherché, aussi le prix en fut-il toujours assez élevé à Grenoble. Une ordonnance de police de cette ville, du 16 janvier 1378, taxait la grosse perdrix à 20 deniers et la petite à 15 deniers ; plus tard, un édit de François Iᵉʳ, rendu à Lyon, le 6 octobre 1537, fixant le prix des denrées à fournir aux troupes envoyées en Piémont, pendant leur passage en Dauphiné, taxait la perdrix rouge à 10 sous et la perdrix grise à 8 sous. A la fin du xvIIᵉ siècle, une paire de perdrix coûtait seulement 18 sous, alors qu'en 1753, les gélinottes valaient de 8 à 10 livres pièce et les bartavelles, 6 livres. Les dons de perdrix que la Ville de Grenoble fit, durant le siècle dernier, au duc d'Orléans, gouverneur du Dauphiné, et qui lui coûtaient annuellement de 500 à 600 livres, étaient fort goûtés de ce prince, ainsi qu'en témoigne le passage suivant d'une lettre de remerciments adressée, le 30 décembre 1757, aux consuls de Grenoble, par le secrétaire des commandements du duc : « le prince a trouvé les perdrix excellentes et c'est assurément le présent le plus « agréable que l'on puisse lui faire ». (Arch. de la ville de Grenoble, *passim.*)

1992 — Grenoble, 25 août 1473.

Lettres de Louis, seigneur de Crussol et de Florensac, chevalier, conseiller et chambellan du roi, gouverneur du Dauphiné, confirmant la nomination de monnayeur, faite par Gui de Poisieu, archevêque de Vienne, le 15 août précédent, en faveur de Pierre Liaczo, fils d'Etienne, jadis bourgeois de La Tour-du-Pin.

Copie. B 2826.

1993 — Grenoble, 17 février 1476.

Lettres du gouverneur nommant Jean Girard, changeur de Lyon, maître particulier de la Monnaie de Crémieu, pour une durée de dix années, attendu que cette monnaie ne travaillait point depuis longtemps, faute de monnayeurs [1].

Copie. B 2826.

1994 — Grenoble, 25 mai 1476.

Ordonnance rendue par Jean de Daillon, chevalier, seigneur du Lude, gouverneur du Dauphiné, sur les plaintes formulées par les gens des Trois-Etats. Il y est traité : des exécutions faites par les sergents en matière d'impôts ; de la manière de lever les subsides votés par les Trois-Etats ; des salaires des geôliers de prisons ; de la levée et de l'habillement des francs archers [2] ; de la forme de procéder dans les ventes faites par autorité de justice ; des honoraires dus aux sergents ; de la taxe des frais de procès ; des excommunications et du mode d'exécuter les lettres obtenues des officialités dans les causes temporelles ; des exemptions de droits de péages ; de l'entretien des routes et chemins ; de la taxe des vacations, dues aux châtelains et notaires, pour la péréquation des tailles, etc., etc.

Copie. B 2904, f° 400.
Analyse. U. Chevalier, Ordonn., n° 612.

---

[1] Dès le 26 mai 1475, le gouverneur du Dauphiné avait chargé Jean Martin, seigneur de Disimieu, Antoine de Moulesin et Gabriel Trollieur, prévôt des ouvriers de la Monnaie de Crémieu, de chercher un maître particulier pour cet atelier.

[2] Voir, en ce qui concerne le contenu de cette ordonnance sur les francs archers, la note 1, p. 228.

1995 *Grenoble, 6 juillet 1478.*

Arrêt du Parlement de Grenoble qui condamne Jean Jobert, fermier des grands gabelles de Romans, à payer, annuellement, à chacun des président, auditeurs et clercs de la Chambre des comptes du Dauphiné deux bonnets de loutre et deux calottes rouges *(duos pileos de bièvre et duos barretas de grana)*, ou une somme de six livres, ainsi que les arrérages de cette redevance depuis le commencement de sa ferme¹.

Copie. B 2904, f° 448.
Analyse. U. Chevalier, *Ordonn.*, n° 520.

1996 *Grenoble, 15 décembre 1478.*

Lettres du gouverneur du Dauphiné, nommant maître particulier de la Monnaie de Montélimar, Jean Jouasse, en remplacement de Guiot de La Colombière, décédé, et attendu qu'Hugues Noir, nommé le 19 juillet précédent, n'avait pas fourni caution dans le délai voulu.

Copie. B 2826.

1997 *Grenoble, 1ᵉʳ décembre 1479.*

Lettres par lesquelles Jean de Daillon, chevalier, seigneur du Lude, gouverneur du Dauphiné, — après avoir vu : 1° les lettres du roi du 24 novembre 1478²; 2° la péréquation des gages des juges mages faite, en exécution des précédentes lettres, par les auditeurs des Comptes, selon le nombre des feux de la province; 3° l'avis par lequel le Trésorier général déclare ne pouvoir effectuer facilement la recette des sommes affectées aux susdits gages, attendu que la majeure partie des terres du Domaine avait été aliénée, — mande aux châtelains delphinaux de payer, à l'avenir, les gages des vibaillis et d'en prélever le montant sur le produit des condamnations prononcées dans les assises que ces juges tiennent annuellement dans chaque châtellenie, et au prorata pour chacune de ces dernières de l'état dressé précédemment par les auditeurs des Comptes.

Copie. B 2904, f° 476.

---

¹ Un arrêt semblable avait déjà été rendu par le Conseil delphinal, le 22 avril 1399 (B 2904).
² Voir l'acte n° 1733.

1998 *Grenoble, 14 janvier 1480.*

Lettres par lesquelles Jean de Daillon, chevalier, seigneur du Lude, gouverneur du Dauphiné, mande, au châtelain d'Embrun, de payer annuellement sur le produit des exploits et condamnations, à Jean d'Aymonet[1], docteur en lois, juge du palais delphinal d'Embrun, le montant de ses gages, qui étaient de 40 l. t., et en outre de lui solder la somme de 14 l., 8 s., 10 d. t., due pour arrérages de gages, du 14 janvier 1479, jour où avaient été enregistrées les lettres du roi[2], jusqu'au jour de la fête de saint Jean-Baptiste passée.

Copie. B 2905, f° 469.

1999 *Grenoble, 2 décembre 1480.*

Lettres de Jean de Daillon, chevalier, seigneur du Lude, gouverneur du Dauphiné, concédant à Claude Avril, habitant de Grenoble, la faculté de rechercher et de fondre, pendant une durée de vingt ans, toutes les mines d'or, argent, cuivre, étain, plomb, sinople ou azur et pierres précieuses, dans toute l'étendue du Dauphiné et des comtés de Valentinois et de Diois.

Copie. Titres, non classés, de la Chambre des comptes.

2000 *Plessis-du-Parc-lès-Tours, 24 mars 1480 (1481).*

Lettres de Jean de Daillon, chevalier, seigneur du Lude, gouverneur du Dauphiné, concédant divers privilèges aux habitants de Mens-en-Trièves. Ils sont autorisés à faire publier : que, d'après les libertés dont ils jouissent, leur localité possède un marché le samedi de chaque semaine et deux foires franches par an, d'une durée de deux jours chacune[3] ; que les marchands de la châtellenie du Trièves sont tenus de porter toutes leurs marchandises à ces foires et marchés, avant de pouvoir les débiter ailleurs ; que, pendant la durée des mêmes

---

[1] Voir, sur Jean d'Aymonet, la note 1, p. 416 du t. 1ᵉʳ. Le même juge, le 4 février 1466, avait fait un règlement sur les émoluments des gens de justice d'Embrun (J. Roman, *Tabl. hist. des Hautes-Alpes*, p. 339).

[2] Les lettres du roi dont il est ici question sont celles qui réglaient les gages des vibaillis du Dauphiné ; voir l'acte n° 1733.

[3] Ces foires se tenaient l'une le jour de la fête des saints Jacques et Philippe, au mois de mai, l'autre le jour de la fête de saint François, au mois d'octobre.

foires, aucune poursuite ou exécution judiciaire ne pourra être faite contre les marchands qui les fréquenteront. Leurs mesures seront celles de la ville de Grenoble. Pour l'entretien des fontaines, ponts, fortifications et autres charges communales, ils sont autorisés à lever, sur chaque sommée de vin étranger vendue au détail dans leur bourg, un droit d'un gros, en plus du tréhu ou commun accoutumé [1].

Enregistrées le 28 août 1481.

Copie. B 2948, f° 527.

2001 *Plessis-du-Parc-lès-Tours, 27 mars 1480 (1481).*

Lettres de Jean de Daillon, seigneur du Lude, conseiller et chambellan du roi, gouverneur du Dauphiné, adressées aux gens de la Chambre des comptes du Dauphiné, exemptant, pour une durée de dix ans, les habitants de Vizille de tous subsides, tailles et aides, afin de leur permettre de pouvoir réédifier et rebâtir les maisons de leur bourg, qui, en l'espace de dix ans, avait été, à deux reprises différentes, complètement détruit par des incendies; et en considération, en outre, de ce qu'ils avaient de grandes dépenses à faire pour se garantir des inondations de la rivière de la Romanche.

Copie. B 2725, f° 64.

2002 *Grenoble, 31 octobre 1481.*

Lettres par lesquelles le gouverneur du Dauphiné, sur la présentation de Louis Vaure, contre-garde, et de Pierre Martin, essayeur de la Monnaie de Crémieu, nomme maître particulier de la même monnaie Antoine *Vidalis*, habitant de Lyon, en remplacement du dernier maître nommé, qui n'y résidait jamais [2].

Copie. B 2826.

2003 *Grenoble, 30 avril 1482.*

Lettres de Palamède de Forbin [3], chevalier, seigneur de Soliers,

---

[1] Les mêmes privilèges, furent, depuis, confirmés par lettres de François, comte de Dunois et de Longueville, gouverneur du Dauphiné, données à Grenoble le 18 avril 1485.

[2] Le dernier maître nommé devait être Jean Girard, changeur de Lyon; voir l'acte n° 1993.

[3] Voir, sur Palamède de Forbin, la note 3, p. 311.

vicomte de Martigues, conseiller et chambellan du roi, gouverneur du Dauphiné, adressées aux châtelains delphinaux de Bourgoin, Crémieu, La Balme, Saint-Georges-d'Espéranche, Châbons, Le Pont-de-Beauvoisin, par lesquelles, — après avoir vu : les lettres du roi [1]; la péréquation des gages du juge mage du Viennois et Terre-de-la-Tour, au siège de Vienne; les lettres d'Antoine de Montchenu, bailli du Bas-Pays du Dauphiné [2], en date du 25 juillet 1481, nommant Henri Gauteron docteur en les deux droits, son lieutenant, au siège de Vienne, — il leur enjoint de payer à ce juge le montant de ses gages, qui étaient de 40 l. t. par an, sur le produit des assises tenues dans leurs châtellenies respectives.

Copie. B 2904, f° 475.

---

[1] Voir les lettres du 24 novembre 1478, acte n° 1733.
[2] Antoine de Montchenu, chevalier, conseiller et chambellan du roi, avait été nommé bailli du Viennois ou du Bas-Pays au mois de janvier 1478, en remplacement d'Aimar de Poisieu, dit Capdorat, et avait pris possession de sa charge le 11 février suivant (B 2967, f° 253). Il avait épousé Louise de Clermont, fille d'Antoine, vicomte de Clermont, et de Françoise de Sassenage. Il exerça les fonctions de bailli jusqu'en 1484, année où il fut remplacé par Pierre de Chissé.

ITINÉRAIRE

DU

DAUPHIN LOUIS II

1435-1461

1435

Octobre : 18, Amboise.

1436

Juin : 24, 25, Tours.
Août : 15, Tours.
Octobre : 10, Clermont.
Décembre : 22, Lyon.

1437

Janvier : Lyon ; Romans en Dauphiné.
Février : 4, Montélimar ; 27, Montpellier.
Mai : 7, Pézenas.
Juillet : Château-Landon ; fin, Gien.
Septembre : 21, « en l'ost » devant Montereau.
Octobre : 10, Montereau.
Novembre : 12, Paris.

1438

Février : Poitiers.
Mai : 4, Tours.
Juin : 5, Orléans ; 21, Bourges ; 25, Toulouse.
Juillet : 7, Bourges.
Août : 17, Tours.

Septembre : 19, Blois.
Décembre : 25, Selles (-sur-Cher), en Berry.

1439

Janvier : Bourges.
Mars : 2, Limoges.
Avril : Le Puy.
Mai : 8, Toulouse.
Juin : 8, Lavaur ; 13, Toulouse.
Juillet : 8, Lavaur ; 18, Toulouse ? ; 28, Lavaur.
Août : 10, Lavaur.
Septembre : 8, Albi ; 20, Toulouse ; 29, Lautrec.
Octobre : 9, Castres ; 13, 16, Albi.
Novembre : 8, Angers.
Décembre : 13, 15, Angers ; 17, Cholet.

1440

Janvier : 8, Fontenay-le-Comte ; 19, Pouzanges ; (25), 29, 31, Fontenay-le-Comte.
Février : 14, Niort.
Avril : 30, Moulins.
Mai : 7, 15, Saint-Pourçain.
Juillet : 15, Cusset.
Août : 2, 3, 8, Charlieu.
Septembre : 5, Tours.
Octobre : 4, Orléans ; 8, 21, 26, Chartres.
Novembre : 5, Chartres.
Décembre : 30, Chartres.

1441

Janvier : 6, Montargis ; 16, Troyes.
Février : 6, Bar-sur-Aube.
Mars : 6, Saint-Michel ; 16, Chalons (-sur-Marne).
Avril : 17, Laon.
Mai : 7, 8, Soissons ; 14, Compiègne.
Juin : 6, 7, Saint-Denis en France ; 11, Paris ; 21 « en l'ost » devant Pontoise.

Juillet : 2, 5, « en l'ost » devant Pontoise ; 25, Poissy.
Août : 3, 4, 6, 8, 9, 14, Saint-Denis en France ; 23, 28, 31, Conflans-Sainte-Honorine.
Septembre : Conflans-lès-Pontoise ; 19, 22, Pontoise.
Octobre : 4, Château-Thierry ; 15, Paris ; 25, Amboise.
Novembre : 8, Amboise.
Décembre : 4, Chinon ; 6, Crissay ; 12, 16, Saumur.

1442

Janvier : 2, Saumur.
Février : 4, La Rochelle ; 27, Lusignan.
Mars : 1, 2, 5, Lusignan ; 30, Ruffec.
Avril : 4, 22, 25, Ruffec.
Mai : (2), 20, Limoges.
Juin : 11, Toulouse ; 24, au siège de Tartas ; 30, Saint-Sever en Gascogne.
Juillet : 2, Saint-Sever ; 10, Toulouse.
Août : 4, au siège devant Ax.
Septembre : 20, Marmande.

1443

Janvier : 2, Arles ; 8, 15, 16, 19, 29, 30, 31, Montauban.
Février : 3, 4, Montauban ; 6, Montpezat ; 26, Toulouse.
Mars : 18, « Cheusses » ; 21, Esnandes.
Avril : 8, Notre-Dame-de-Celle (Celles-sur-Belle) ; 15, Melle (-sur-Béronne) ; 30, Poitiers.
Mai : 7, Poitiers.
Juin : 12, 19, 27, Poitiers.
Juillet : 1, Poitiers.
Août : 12, 13, 14, près Dieppe.
Septembre : 6, 7, Meaux ; 15, Compiègne.
Octobre : 5, Senlis ; 7, Paris ; 8, Saint-Denis en France ; 14, 17, Paris.
Novembre : 7, La Châtre en Berry.
Décembre : 6, Muret ; 29, Albi.

1444

Janvier : 2, 5, 6, Albi ; 14, 18, L'Isle-Jourdain.

Février : Toulouse.
Mars : 13, faubourg de Séverac.
Avril : 1, Gages-lès-Rodez ; 2, Rodez ; 14, Clermont ; 15, Riom ; 17, Ganac.
Mai : 1, 4, 14, 20, 21, 30, Montils-lès-Tours.
Juin : 15, 18, 22, Saint-Pourçain.
Juillet : 6, 8, La Charité-sur-Loire ; 11, Bar ; 30, 31, Langres.
Août : 17, Dampierre sur le Doubs ; 26, 28, 29, 30, Altkirch près Bâle.
Septembre : 6, 16, 18, Ensisheim en Allemagne.
Octobre : 3, Ensisheim ; 7, « Cingfrin en Alamagnie » ; Dambach ; Châtenois ; 17, 18, 19, 21, 27, 28, Ensisheim.
Novembre : 7, 23, Ensisheim.
Décembre : 8, 9, 13, 21, Montbéliard.

1445

Janvier : 3, 4, 8, Montbéliard.
Février : 4, 12, 14, (28), Nancy en Lorraine.
Mars : 6, 14, 16, Nancy.
Avril : (3), 8, 11, 19, 20, Nancy.
Mai : 10, 20, Châlons en Champagne.
Juin : 12, 15, Châlons ; 15, 24, Sarry près Châlons.
Juillet : 12, 17, Sarry-lès-Châlons ; 17, 29, Châlons-sur-Marne.
Août : 4, 11, 12, (16), Châlons ; 31, Sens.
Septembre : 18, Sens ; 28, Tours.
Octobre : 1, Tours ; 5, Montils-lès-Tours ; 12, 18, Tours.
Novembre : 5, Tours.

1446

Janvier : 26, Chinon.
Février : 15, 17, 19, 24, Chinon.
Avril : 3, 5, 19, 20, 23, Chinon.
Juin : 4, 8, 16, 18, 20, 22, 23, (24), 26, Chinon.
Juillet : 4, 15, 27, Chinon.
Août : 26, 31, Chinon.
Septembre : 10, Chinon.
Octobre : Noyers près Châtillon ; 5, Châtillon-sur-Cher (Loir-et-Cher) ; 26, 30, Tours.

Novembre : 2, 5, 17, 23, 24, Tours.
Décembre : 21, Tours.

1447

Janvier : 7, Lyon ; 13, 14, 15, 16, Saint-Symphorien-d'Ozon, en Dauphiné ; 23, Vienne ; 28, Romans.
Février : 1, Peyrins ; 4, 5, 8 à 14, Romans ; 14 au 20, Valence ; 21, Valence et Montélimar ; 22 au 28, Montélimar.
Mars : 1, 2, 3, Montélimar ; 4, Valence ; 6, 7, Romans ; 8, Romans et Valence ; 9 au 18, 20 au 24, Romans ; 25, Romans et Valence ; 27, Valence ; 28, Valence et Romans ; 31, Romans.
Avril : 1, 5, 11, 17, Romans ; 20 au 23, 26, Valence ; 27, Valence et Viviers.
Mai : La Sainte-Baume ; 7, Marseille ; 13, Carpentras ; 16, 17, 18, 24, 25, 27, 30, Montélimar.
Juin : 3, 5, 6, 10, 11, 12, 14, 15, 18, 19, 22, 29, Montélimar.
Juillet : 3, 4, 6, 10, 15, 17, 18, 27, 29, Valence.
Août : 1, Saint-Antoine ; 2, Clérieu ; 5, 7, Saint-Antoine ; 12, Clérieu et Grenoble ; 14, 17, 18, 21, 22, 25, 26, 27, 29, Grenoble ; 31, Vizille.
Septembre : 1, Grenoble ; 6, 7, 10, 11, 12, La Mure ; 18, 19, 22 à 27, Grenoble ; 30, La Côte-Saint-André.
Octobre : 2, 7, 8, 11, La Côte-Saint-André ; 15, 17, La Tour-du-Pin ; 18, Bourgoin ; 21, La Côte-Saint-André ; 23, 25, 26, 30, 31, Grenoble.
Novembre : 1, 4, 6, 7, 10 au 15, 17, 22, 27, 28, 30, Grenoble.
Décembre : 5, 6, 7, 9, 10, 11, 12, 14, 18, 22, 23, 26, Grenoble.

1448

Janvier : 1, 3, 12, 13, 20, 22, 23, Grenoble.
Février : 5, Romans ; 7, 11 au 16, 21, 23, 24, 25, 28, Grenoble.
Mars : 1, 2, 8, 12, 13, 14, 16, 23, 28, Grenoble.
Avril : 3, 4, 9, 13, 23, Grenoble ; 28, château de Peyrins.
Mai : 5, Peyrins ; 16, 27, 28, 29, 30, Valence.
Juin : 1, 4, 8, 10, 13, 14, 21, 27, Valence.
Juillet : 15, 16, 20, 31, Valence.
Août : 4, Valence ; 8, Saint-Donat ; 17, 22, 25, 28, La Tour-du-Pin ; 31, Crémieu.

Septembre : 6, Crémieu ; 14, 16, abbaye de Bonnevaux ; 17, Châtonnay ; 21, Moras, La Côte-Saint-André.

Octobre : 3, 9, 15, La Bâtie-de-Gillonnay ; 16, Saint-Marcellin ; 31, Chabeuil.

Novembre : 4, 9, Étoile ; 24, Alixan ; 28, Izeron ; 30, La Sône, Saint-Antoine.

Décembre : 21, 24, La Côte-Saint-André.

1449

Janvier : 3, 5, La Tour-du-Pin ; 12, 14, 18, 29, Bourgoin ; 31, Bourgoin et La Tour-du-Pin.

Février : 3, 4, 6, 12, 18, 22, 25, 26, Bourgoin.

Mars : 8, Peyrins ; 13, Romans ; 26, 29, 30, 31, Montélimar.

Avril : 16, Voiron ; 24, 25, Le Sauzet ; 29, Montélimar.

Mai : 2, 7, Le Sauzet ; 7, 13, Montélimar ; 17, Le Sauzet ; 19, Montélimar ; 21, Le Sauzet et Montélimar ; 22, 27, 30, Montélimar ; 31, Le Sauzet.

Juin : 6, Voiron ; 9, Le Sauzet ; 13, Montélimar ; 23, 26, Le Buis.

Juillet : 7, Gap ; 12, 14, 15, 17, 20, Embrun ; 23, 24, 26, 27, 29, Briançon.

Août : 2, 3, 4, 5, 6, Briançon ; 10, 15, 31, Embrun.

Septembre : 2, 7, 11, Embrun.

Octobre : 4, 7, 9, 11, Étoile ; 13, Alixan ; 22 à 28, Étoile.

Novembre : 6, 7, Romans ; 12, Moras et Crémieu ; 18, Saint-Chef ; 21, Crémieu ; 22, 23, Saint-Chef.

Décembre : 3, 4, 6, 10, 15, 20, 23, 24, La Tour-du-Pin.

1450

Janvier : 3, La Côte-Saint-André ; 9, Saint-Marcellin ; 10, Grenoble ; 20, Peyrins ; 23, Romans ; 24, 26, Peyrins.

Février : 1, 3, Peyrins ; 6, Romans ; 10, 11, Pisançon ; 13, Romans ; 15, Peyrins ; 18, 21, Romans ; 24, 26, 27, Peyrins.

Mars : 4, 6, 12, 16, 18, 28, Étoile.

Avril : 6, Romans ; 12, 13, 14, Étoile ; 16, Le Sauzet ; 23, Montélimar.

Mai : 6, Alixan ; 10, Étoile ; 12, Valence ; 21, Grenoble ; 22, 23, 24, Étoile ; 28, Morestel.

Juin : 7, 8, 9, 18, Saint-Donat ; 23, Romans ; 28, Romans et Saint-Donat ; 30, Romans.

Juillet : 2, Saint-Donat ; 10, Thodure ; 12, Saint-Donat ; 18, La Côte-Saint-André ; 26, Valence.

Août : 2, 6, Romans ; 10, Romans et Alixan ; 13, Romans ; 19, Romans et Saint-Donat ; 20, Romans ; 25, Upie ; 26, Romans.

Septembre : 1, 3, Romans ; 7, Chabeuil ; 10, Die ; 13, 14, Chabeuil ; 15, 16, Valence ; 21, Moras ; 24, Romans.

Octobre : 1 à 4, 6, La Tour-du-Pin ; 8, Bourgoin et Morestel ; 10, Saint-Chef ; 14, château de La Tour-du-Pin et Vienne ; 17, 19, 20, La Tour-du-Pin ; 29, Morestel et Crémieu.

Novembre : 3, 7 à 10, La Tour-du-Pin ; 11, Chalaire ; 13, 19, 20, Romans ; 22, Peyrins ; 23, 24, Peyrins et Chalaire ; 26, Romans.

Décembre : 4, 5, 7, 9, château de Moras ; 15, Romans ; 16, 18, 21, 22, 23, 27, 28, Moras ; 29, Beaurepaire.

1451

Janvier : 2, 5, 9, 10, 13, Beaurepaire ; 21, Bourgoin ; 22, La Tour-du-Pin ; 24, Peyrins ; 26, Romans et Valence ; 27, Chalaire ; 28, 29, Alixan.

Février : 4, Romans ; 10, 11, 12, 14, Chalaire ; 15 à 18, Romans ; 20, Peyrins ; 24, Romans, Chalaire et Peyrins ; 27, Chalaire.

Mars : 1, 2, Chalaire ; 5, Saint-Genis-d'Aoste ; 8, 10, Chambéry ; 17, La Buissière ; 18, 20, Grenoble.

Avril : 2, 7, Grenoble.

Mai : 10, 11, La Côte-Saint-André ; 13, Vienne ; 15, Romans ; 17, Chalaire ; 19, 20, 23, 24, Vienne.

Juin : 13, Chalaire ; 16, Curson ; 23, 28, 29, Romans.

Juillet : 6 Chalemont en Bresse ; 12, 13, Vienne ; 23, 24, La Côte-Saint-André ; 26, Grenoble.

Août : 13, 19, Bourg en Bresse ; 23, Bourgoin.

Septembre : 9, 10, Morestel ; 27, Châtillon en Dombes.

Octobre : 25, Chalemont en Bresse.

Novembre : 21, 23, Pont-d'Ain.

Décembre : 2, Crémieu ; 4, Chalemont en Bresse ; 7, Morestel ; 10, 11, La Tour-du-Pin ; 23, Bourgoin.

1452

Janvier : 4, 15, 16, La Côte-Saint-André ; 21, La Tour-du-Pin ; 24, 27, La Côte-Saint-André.

Février : 1, 2, La Côte-Saint-André ; 14, 15, Chalaire ; 29, Étoile.

Mars : 1, La Tour-du-Pin ; 8, Étoile ; 10, La Côte-Saint-André ; 11, 13, 14, 15, Valence ; 17, Chalaire ; 31, Saint-Genis-d'Aoste.

Avril : 2 à 5, Saint-Genis-d'Aoste ; 8, Le Vernay ; 12, château de Brangues ; 13, Bourgoin et Le Vernay ; 17, 21, Le Vernay ; 28, La Côte-Saint-André.

Mai : 7, 9, Chalaire ; 22, 24, 27, Saint-Genis-d'Aoste.

Juin : 2, 5, La Côte-Saint-André ; 6, Chalaire ; 18, La Côte-Saint-André ; 20, Chalaire ; 21, La Côte-Saint-André ; 26, 29, Valence.

Juillet : 2, Étoile ; 3, Grane ; 6, Romans ; 7, 8, Loriol ; 18, Romans ; 20, 26, Valence.

Août : 1 au 5, 11, 12, 14, 22, 27, Valence.

Septembre : 8, 11, 12, Romans ; 20, Vienne.

Octobre : 1, 3, 5, 6, 12, 13, 14, 25, 26, 28, Vienne.

Novembre : 8, 10, Vienne ; 15, Valence et Romans ; 17, 22, Romans.

Décembre : 6, Valence ; 8, Montélimar ; 10, 18, 19, 21, 22, 31, Valence.

1453

Janvier : 2, Romans ; 4, Valence ; 11, 13, Romans ; 17, Grenoble ; 21, Romans ; 25, Grenoble.

Février : 6, Valence ; 18, Romans ; 19, Montdragon.

Mars : 6, 9, 18, 19, Valence ; 23, Beaurepaire ; 28, Romans.

Avril : 4, Valence ; 11, Valence et Morestel ; 17, Hières ; 18, 19, 22, Le Vernay.

Mai : 16, 26, 28, Valence.

Juin : 1, Montélimar ; 4, Valence ; 27, Saint-Antoine ; 30, Romans.

Juillet : 3, Vienne ; 6, Romans et Valence ; 18, 20, Valence ; 22, Romans ; 29, 30, Grenoble.

Août : 1, Valence ; 3, Grenoble ; 24, Quiers (Chieri) ; 29, Montcalieri.

Septembre : 20, 21, Valence ; 24, 27, Grenoble.

Octobre : 1, 13, Valence.
Novembre : 10, Romans ; 19, 21, 22, Valence.
Décembre : 10. 15, 19, 20, Valence ; 26, Montélimar.

1454

Janvier : 1, Montélimar ; 12, Valence ; 14, Moirans ; 15, Grenoble et Saint-Marcellin ; 19, Moirans ; 25, 26, Grenoble ; 27, Romans ; 30, 31, Valence.
Février : 6, Étoile ; 16, Étoile et Valence.
Mars : 8, 19, 20, 28, 31, Valence.
Avril : 2, 4, Valence ; 5, Romans et Valence ; 11, 17, Valence.
Mai : 4, Alixan et Valence ; 11, 12, 14, 15, 18, Valence.
Juin : 7, 26, Valence ; 28, Romans.
Juillet : 4, 5, 8, 10, 15, 18, 19, 20, Romans ; 27, La Tour-du-Pin.
Août : 11, Pont-de-Chéruy ; 28, La Tour-du-Pin.
Septembre : 8, La Tour-du-Pin ; 18, 19, La Côte-Saint-André ; 21, Voiron.
Octobre : 1, Romans ; 3, Vienne ; 9, 12, 14, 18, Valence.
Novembre : 12, Romans ; 22, 23, Valence.
Décembre : 1, 3, 4, 6, 7, 10, Valence ; 19, Peyrins ; 24, 31, Valence.

1455

Janvier : 14, Saint-Paul-Trois-Châteaux ; 28, 31, Valence.
Février : 22, 23, Valence ; 24, 25, 27, Romans.
Mars : 4, Valence ; 8, La Côte-Saint-André ; 15, Pusignan ; 20, 24, Grenoble.
Avril : 1, Valence ; 2, Valence et Chalaire ; 3, Chalaire ; 5, Romans et Valence ; 10, 11, 17, 18, 20, Valence.
Mai : 1, Romans ; 17, Romans et Valence ; 18, 21, 23, 29, Valence.
Juin : 2, Valence ; 15, Saint-Étienne-de-Saint-Geoirs ; 21, 23, 24, La Côte-Saint-André.
Juillet : 1, Saint-Paul-d'Izeaux ; 5, Moirans ; 8, 15, 17, 22, 25, 28, 29, Grenoble.
Août : 4, 5, Grenoble ; 14, 24, 28, Peyrins ; 29, La Jayère près de Saint-Antoine.

Septembre : 2, Peyrins ; 15, Romans ; 21, Peyrins ; 22, Romans ; 28, 29, Peyrins.

Octobre : 15, Chatte ; 16, Saint-Marcellin ; 26, Grenoble ; 30, Romans.

Novembre : 14, 21, Grenoble.

Décembre : 12, 18, 26, Grenoble.

1456

Janvier : 8, 9, 12, 14, 17, 19, 24, 29, Grenoble.

Février : 2, 3, 6, 15, 17, Grenoble ; 20, Valence ; 22, 24, 25, 26, 27, Grenoble.

Mars : 7, Moirans ; 9, Valence ; 17, Romans et Grenoble ; 19, 23, 24, 30, 31, Grenoble.

Avril : 2, 3, Grenoble ; 17, 22, 24, 25, 28, Romans.

Mai : 2, Saint-Antoine ; 14, Peyrins ; 15, 18, 19, 20, 24, 28, Romans.

Juin : 1, Saint-Antoine ; 2, 14, 19, 24, Romans.

Juillet : 3, 6, 14, Grenoble ; 18, La Côte-Saint-André ; 20, 21, 25, 31, Grenoble.

Août : 3, 4, 5, 6, 13, 14, 17, 19, 20, Grenoble ; 31, Saint Claude.

Septembre : 3, Granval ; 7, château de Vers ; Nozeroy ; 10, Besançon ; Louvain.

Octobre : Saint-Hubert ; 15, Bruxelles ; 22, Genappe ; 26, Bruxelles.

Décembre : 13, 22, Genappe.

1457

Février : 5, 6, Bruxelles en Brabant ; 13, Genappe ; 18, Bruxelles.

Mars : 7, 19, Bruxelles.

Avril : 20, 28, Bruxelles en Flandre ; Oudenarde ; Courtray ; Bruges.

Juin : 3, Bruxelles.

Juillet : 10, Namur ; 27, Notre-Dame-de-Hal.

Août : 20, Genappe en Brabant.

Septembre : Bruxelles.

Décembre : 13, Bruxelles.

1458

Janvier : 13, 24, Bruges en Flandre.
Mai : 7, 22, Genappe en Brabant.
Juin : 2, Bruxelles ; 14, Genappe.
Juillet : 18, Genappe.
Août : 14, Genappe.
Novembre : 2, 13, Genappe.

1459

Juillet : 26, 27, Notre-Dame-de-Hal.
Août : 5, Genappe.
Octobre : 31, Genappe en Brabant.
Novembre : 1, 2, Genappe en Brabant ; 2, Oudembourg en Flandre ; 19, Nieuport en Flandre ; 29, Hal ; 30, Saint-Omer.
Décembre : 13, Genappe ; 16, 17, 18, Bruxelles en Brabant.

1460

Janvier : 28, 29, Bruxelles.
Mai : 13, Genappe en Brabant.
Juin : 3, 4, 5, 23, 24, Genappe en Brabant.
Juillet : 2, Genappe.
Août : 8, 20, 30, Genappe en Brabant.
Octobre : 6, 7, 18, Genappe en Brabant.
Décembre : 12, Bruxelles ; 13, 18, 31, Genappe.

1461

Janvier : 19, Genappe en Brabant.
Mars : 10, 12, 13, Genappe.
Mai : 14, 15, Genappe.
Juin : 1, 2, 8, 23, Genappe.
Juillet : 23, Genappe.
Août : 3, Avesnes.

ADDITIONS ET CORRECTIONS

A la page 11, ligne 4 des notes, au lieu de : *Oriol*, lisez : *Oriolle*.

A la page 16, dernière ligne des notes, au lieu de : *23 juillet*, lisez : *26 juillet*.

A la page 25, note 1re, lignes 8 et 9, au lieu de : *15 janvier 1450*, lisez : *23 janvier 1449, n. s.*

A la page 31, lignes 4 et 5 des notes, au lieu de : *23 novembre 1474 (acte n° 1617)*, lisez : *23 novembre 1473 (acte n° 1596 bis).*

A la page 79, note 2, ligne 1re, au lieu de : *Jean-Galéas-Marie*, lisez : *Galéas-Marie*.

A la page 81, acte n° 1420, ajoutez au mot : *Analyses*, la mention : B 3014, f° 90.

A la page 94, dans l'analyse de l'acte n° 1443, au lieu de : *La Poëpe*, lisez : *La Poype*.

A la page 115, première ligne du dernier paragraphe des notes, au lieu de *Bouchetet*, lisez : *Bochétel*.

A la page 133, note 1, ligne 5, au lieu de : *La Voute*, lisez : *La Voulte*.

A la page 136, note 1, ligne 18, au lieu de : *Palon*, lisez : *Pallon*.

A la page 138, acte n° 1507, lignes 5 et 6, au lieu de : *Montpezat, Châteauneuf-du-Rhône, Rae*, lisez : *Montpencier, Châteauneuf-de-Rae*. — Montpencier, était le nom d'un ancien château, aujourd'hui détruit, qui s'élevait sur le territoire de la commune actuelle de Châteauneuf-du-Rhône (Drôme).

A la page 139, lignes 3 et 4 des notes, supprimez : *confond Montpensier avec Montpezat*.

A la page 148, dans l'analyse de l'acte n° 1521 bis, faut-il peut-être lire : *Barthélemy Vuaschi*, au lieu de : *Barthélemy Marquis*. Il résulte, en effet, d'une procuration passée par Gabriel de Bornos, seigneur de Targe, vers 1450, que ce dernier avait un neveu du nom de Guillaume Vuaschi, seigneur d'Altessan, en Piémont (*Inv. somm. des Arch. de la Drôme*, t. II, p. 831).

A la page 154, note 1, ligne 9, au lieu de : *Charles VIII*, lisez : *Louis XI (acte n° 1826).*

A la page 165, avant-dernière ligne des notes, au lieu de : *Guichemin*, lisez : *Guichenon*.

A la page 188, complétez ainsi la date de l'acte n° 1581 *bis* : *26 juin 1472*.

A la page 190, note 2, ligne 1ʳᵉ, au lieu de : *Marjays*, lisez : *Margès*.

A la page 224, note 1, ligne 3, au lieu de : *31 novembre*, lisez : *30 novembre*.

A la page 267, note 2, ligne 2, au lieu de : *Botin*, lisez : *Boterin*.

A la page 274, note 3, dernier paragraphe, au lieu de : *Marjays*, lisez : *Margès*.

A la page 303, ligne 3 de l'analyse de l'acte n° 1774, au lieu de : *Pouet*, lisez : *Poët*.

A la page 311, ligne 2 de l'analyse de l'acte n° 1789, au lieu de : *Miribel Vinyers*, lisez : *Michel Vinyers*.

A la page 323, ligne 3 des notes, au lieu de : *Charles VII*, lisez : *Charles VIII*.

A la page 345, ligne 8 de l'analyse de l'acte n° 1838, au lieu de : *14 mars 1449*, lisez : *14 mars 1349*.

A la page 356, à l'article 11°, au lieu de : *Val*, lisez : *Vals*.

A la page 359, à l'article 48°, au lieu de : *La Chaux*, lisez : *Lachau*.

A la page 360, ligne 2, au lieu de : *Eygallières*, lisez : *Eygaliers*.

A la page 363, acte n° 1863, n° 2°, au lieu de : *Conillieu*, lisez : *Cunilieu*.

TABLE SOMMAIRE

Des principaux événements, institutions et personnages mentionnés dans ce volume[1].

Les chiffres qui suivent les lettres n. et p. renvoient aux notes et pages.
Tous les autres chiffres renvoient aux numéros du catalogue.

Administration générale du Dauphiné, 1453, 1508 *bis*, 1523, 1830, 1836, 1876, 1905, 1909, 1918, 1924, 1925, 1941, 1946, 1955, 1958, 1962, 1977, 1983, 1985, 1989, 1994.
Agout (Falque d'), chevalier, n. 1, p. 122.
Aidie (Odet d'), c^{te} de Comminges, n. 6, p. 235.
Alain (Guion), cap. des francs archers du Dauph., 1642, 1642 *bis*.
Albon (Guichard d'), seig. de Saint-André, n. 4, p. 265.
Alleman (Soffrey), seig. de Châteauneuf, n. 2, p. 46.
Aloys (Jean), écuyer, n. 1, p. 6.
Ambassades envoyées par le dauphin à la duchesse de Savoie, 1942; — au roi Charles VII, 1930.
Amboise (Charles d'), seig. de Chaumont, n. 1, p. 102; — (Pierre d'), seig. de Chaumont, n. 4, p. 101.
Anjou (Jean d'), duc de Calabre, n. 3, p. 161; — (René d'), roi de Sicile, c^{te} de Provence, voir : *Conflits, Traités*.
Anoblissements ou confirmations de noblesse, pour ; Arzac (Ant. d'), 1707; Carrières (Guill.), 1704; Gruel (Guill.), 1617; Marcel (Jean),

---

[1] La table générale des événements, institutions et des noms de localités et de personnes, mentionnés dans les deux volumes du catalogue, sera publiée en un fascicule séparé.

1612; Méjat (Ant.), 1666; Menon (Pierre), 1726 *bis;* Mons (Pierre de), 1684; Richer (Jean), 1582 *ter;* Voize (Franç. de), 1383 *bis.*

Archelles (Grâce d'), écuyer, n. 4, p. 298.

Armée et gens de guerre, 1367, 1395, 1412, 1412 *bis*, 1440, 1460, 1464, 1465, 1466, 1483, 1534 *bis*, 1549, 1581, 1591, 1638, 1643, 1716, 1924, 1931 et n. 1, p. 73; voir, aussi, *Francs archers.*

Armuet (Ant.), conseiller delph., n. 1, p. 152.

Avignon, 1665, 1747, 1748, 1749; voir, aussi, *Privilèges.*

Avocats généraux fiscaux du Dauph., 1302, 1383, 1570.

Baile (Jean), arch. d'Embrun, n. 1, p. 132; — (Jean), président du Parlement, n. 1, p. 136.

Balme (Philibert de La), seig. de Perrex, n. 1, p. 304.

Balsac (Robert de), écuyer, n. 2, p. 234.

Bathernay (Ant. de), écuyer, n. 1, p. 8; — (Imbert de), seig. du Bouchage, nn. 2, p. 4 et 1, p. 41.

Beaumont (Louis de), seigneur de La Forest, n. 6, p. 232.

Beauvoisin (Jean de), écuyer, n. 2, p. 152.

Bellay (Jean seig. du), chevalier, n. 2, p. 235.

Bigny (Charles de), écuyer, n. 1, p. 240; — (Jean de), écuyer, n. 3, p. 35; — (Jeanne de), dame d'honneur de la reine, n. 2, p. 27.

Blosset (Jean), seig. de Saint-Pierre, n. 3, p. 234; — (Pierre), dit le Moine, n. 2, p. 182.

Bocsozel (Berton de), maître des Eaux et Forêts, 1512.

Bourbon (Jean duc de), n. 2, p. 89, — (Louis bâtard de), amiral de France, n. 3, p. 9; — (Pierre de), seig. de Busset, n. 1, p. 236.

Bourré (Jean), secrét. du roi, n. 1, p. 11.

Brosse (Jean seig. de), chevalier, n. 4, p. 234.

Bueil (Jean seig. du), c^{te} de Sancerre, n. 1, p. 232.

Buissière (Pierre seig. de La), chambellan, n. 1, p. 181.

Canlers (Jacques de), nn. 1, p. 100 et 2, p. 177.

Chabannes (Ant. de), c^{te} de Dammartin, n. 1, p. 201.

Chalançon (fiefs de la baronnie de), n. 1, p. 401.

Châlon (Guill. de), prince d'Orange, 1622, 1625 et n. 1, p. 209; — (Hugues de), seig. de Châtelguyon, n. 2, p. 285; — (Jean de), prince d'Orange, 1633 *ter*, 1637, 1637 *bis* et *ter*, 1691, 1692, 1693 et n. 3, p. 219.

Chambre des comptes du Dauph., 1508 *bis*, 1920 ; — (auditeurs de la), 1303, 1303 *bis*, 1386, 1403, 1524, 1602, 1706, 1995 ; — (clercs de la), 1298, 1496, 1566, 1575, 1681.

Chasse et pêche, 1369, 1988.

Châteauneuf-de-Mazenc (terre de), 1414, 1558 et n. 1, p. 75.

Châtelains, 1696 *bis*, 1745, 1953, 1959, 1970, 1974 ; — maintenus en fonctions après le départ du dauphin, n. 2, p. 401.

Châtelet (Renaud du), chevalier, 1513.

Clergé, 1639, 1640, 1831 ; voir aussi les mots : *Légats* et *Pragmatique sanction*.

Coct (Hugues), auditeur des Comptes, n. 1, p. 283.

Commerce, 1539, 1567 *bis*, 1665, 1747, 1748, 1794, 1810, 1841, 1869, 1968, 1991.

Confiscations de terres, sur : Baile (Jean), 1370 *bis*; Bernes (Gabriel de), 1341 ; Bolomier (Ant.), 1366, 1409, 1563 ; Chalant (Boniface de), 1448 ; Châlon (Guill. et Jean de), princes d'Orange, voir ces noms ; Copier (Jean), 1380 ; Poitiers (Guill., bâtard de), 1289, 1337, 1353, 1354, 1399, 1596 *bis*; Poitiers (Jean de), 1363 ; Portier (Franç.), 1355 ; Saluces (Louis II, m^{is} de), 1773.

Conflits entre le dauphin et : la reine d'Aragon, 1869 et n. 1, p. 371 ; — le c^{te} de Provence, 1961 et n. 1, p. 428 ; — l'év. de Gap, 1370, 1786, 1828, 1865, 1871, 1872, 1873, 1887 et nn. 1 et 2, p. 365 ; — entre les habitants de Gap et leur évêque, 1938 et n. 2, p. 412 ; — entre les officiers du Dauphiné et ceux de Provence, 1932, 1936, 1940 et nn. 2, p. 408 et 3, p. 415.

Copier (Jean), écuyer, n. 1, p. 403.

Corbie (Guill. de), présid. du Parlement, n. 1, p. 9.

Costaing (Jacques de), gardier de Vienne, n. 3, p. 271.

Cour des appellations du Dauphiné, 1753, 1935.

Daillon (Jean de), gouvern. du Dauphiné, n. 1, p. 200.

Dons faits au dauphin, par : Béatrix de Bressieux, dame de Beauvoir-en-Royans, 1833; le roi Charles VII, 1847, 1881, 1903, 1912 ; Robert Dauphin, év. d'Albi, dauph. d'Auvergne, 1884 ; René, roi de Sicile, c^{te} de Provence, 1902 ; Sobeyrane de Soulatges, v^e d'Amalric de Sévérac, maréchal de France, 1890.

Dons faits par le roi Louis XI, aux abbayes : de N.-D. de Cléry, 1913; de Saint-Antoine de Viennois, 1620, 1677, 1800, 1801, 1805,

1808, 1809, 1823, 1825, 1827 et n. 1, p. 208; de Saint-Claude, 1795, 1796, 1802, 1803, 1913; de Saint-Pierre de Vienne, 1663; de Saint-Sauveur de Redon, 1317; — aux églises cathédrales : d'Embrun, 1793, 1807, 1813, 1824; de Gap, 1516, 1799; — au monastère de Saint-Maximin, en Provence, 1819, 1820; — au pape, des comtés de Valentinois et de Diois, 1814, 1814 *bis*, 1818, 1934 et nn. 3, p. 328 et 2 et 3, p. 410; — au prieuré du Bourg-lès-Valence, de verrières, n. 2, p. 396.

Drac (endiguement de la rivière du), 1701, 1752.

Dusié (Guiot), écuyer, n. 2, p. 107.

Eaux et Forêts, 1974 *bis*, 1988.

Embrun (ville d'), voir les mots : *Dons, Foires, Privilèges*.

Erections : en baronnie de la terre du Bouchage, 1721; — en comté de la terre de Roussillon, 1450.

Estouteville (Jean d'), seig. de Bricquebec, n. 1, p. 232.

Etats du Dauph. (doléances des), 1584, 1929, 1977, 1994.

Finances et impôts, 1344, 1381, 1389, 1390, 1417 *bis*, 1439, 1440, 1453, 1469 *bis*, 1481, 1499, 1508 *bis*, 1523, 1533, 1544, 1582, 1582 *bis*, 1614, 1658, 1696 *bis*, 1725 *bis*, 1745, 1797, 1822, 1831, 1839, 1910, 1913, 1927, 1933, 1953, 1960, 1964, 1974, 1976, 1983, 1986, 1994.

Foires et marchés à : Baratier, 1656; Bourg-lès-Valence, 1647 *bis*; Briançon, 1343 et n. 2, p. 34; Châteauneuf-de-Mazenc, 1529 *bis*; Embrun, 1576, 1603, 1659, 1683 et n. 1, p. 185; Genève, 1348, 1360, 1567 *bis*; Lyon, 1359, 1359 *bis*; Mens, 2000.

Foix (Gaston IV, c^{te} de), n. 1, p. 414; — (Jean, c^{te} de), n. 2, p. 55.

Fou (Yvon du), chevalier, n. 7, p. 235.

France (Jeanne et Marie de), filles naturelles de Louis XI, nn. 2, p. 88 et 1, p. 123.

Francs archers du Dauph., 1716, 1728, 1759 et n. 1, p. 228.

Gap (ville de), voir les mots : *Dons, Foires, Privilèges*.

Garin (Etienne), écuyer, n. 2, p. 241.

Gotefroy (Jean), valet de chambre du roi, n. 2, p. 103; — (Pierre) dit Bourdat, panetier de la reine, n. 1, p. 128.

Gouffier (Guill.), chevalier, n. 2, p. 168.

Gouverneurs du Dauph., 1342, 1586, 1607, 1788, 1806, 1919.

Grâce et remission (lettres de) accordées à : Alleman (Guigues), 1626, 1787; Baile (Jean), arch. d'Embrun, 1500; Baile (Jean), prés. du Parlement, 1504; Beauvoir (Franc. de), 1473; Bérenger (Humbert), seig. de Morges, 1426, 1462; Bernes (Gabriel de), 1521 *bis*; Chabot (Jacques), 1740; Châlon (Jean de), prince d'Orange, 1633 *ter*, 1637; Clermont (Claude de), 1979; Commiers (Hugues de), 1842; Commiers (Raoul de), 1336; Faure (Fabien), 1476; Grolée (Charles de), seig. de Châteauvilain, 1416, 1462; Grolée (Philibert de), seig. d'Illins, 1417; Guillon (Jean), 1358, 1497, 1510; Mareuil (Jean et Louis de), 1396, 1424; Pape (Gui), 1374; Poitiers (Guill. de), seig. de Clérieu, 1569; Rame (Jean de), écuyer, 1474; Thibault (Claude), médecin, 1975.

Grammont (Gracien de), n. 2, p. 240; — (Robert de), n. 2, p. 1.

Grenoble (ville de), 1388 *bis*, 1701; voir aussi les mots : *Dons, Privilèges, Réparations.*

Groing (Guérin le), chevalier, n. 8, p. 233.

Grolée (Ant. de), de Mévouillon, n. 2, p. 244; — (Philibert de), seig. d'Illins, n. 1, p. 78.

Gruel (Guill.), n. 1, p. 206; — (Pierre), présid. du Parlement, n. 4, p. 91.

Guerres : contre les Anglais, 1924, 1960; — de Gênes, 1931; — de *La Praguerie*, 1834, 1835, 1836; — de Nice, 1822; — du *Bien public*, 1412 *bis*, 1439 et nn. 1, p. 73, 2, p. 79 et 3, p. 193; — en Bourgogne, 1539, 1578 et nn. 3, p. 44 et 2, p. 186; — en Savoie, 1549, et n. 2, p. 164.

Guet (droit de), 1745, 1745 *bis*.

Guigou (Guill.), châtelain, n. 3, p. 217.

Herbert (Jean), conseiller du roi, n. 4, p. 99.

Hochberg (Philippe de), maréchal de Bourgogne, n. 2, p. 259.

Hommages, 1730, 1730 *bis*, 1849; — prêtés au dauphin, par : l'abbé de Saint-Antoine, 1350, 1568; l'arch. de Vienne, 1770; les év. de Grenoble, de Saint-Paul-Trois-Châteaux, 1697, 1773; le m⁰ˢ de Saluces, 1848; le prince d'Orange, 1623, 1623 *bis*, 1637 *bis* et *ter*; Imbert de Bathernay, 1405, 1585, 1738, 1739; Louis, bâtard de Bourbon, 1471; Franc. et Jean d'Orléans, cᵗᵉˢ de Dunois, 1302 *bis*, 1520, 1522, 1570 *bis*; — prêté au pape par le dauphin, 1908.

Impôts (exemptions d'), pour les habitants de : Montélimar, 1314, 1478, 1503; de Ristolas, 1621; de Vizille, 2001; — pour : Jean Audry, 1964; Ant. et Eurard Bernier, 1679; Matheline Botonier, de Romans, 1542, 1667; Jean et Pierre Gabet, 1675; Franç. et Maurice Mottet, dit de Leymare, 1535; Jean Poitiers, secrét. du roi, 1413; — voir, aussi : *Finances*.

Interdits pour dettes, 1830.

Jean (Raimond), écuyer, n. 3, p. 43.

Juifs du Dauphiné, 1646, 1937.

Juridiction (concessions de droit de), 1382, 1443, 1450, 1451, 1534 *ter*, 1592, 1742, 1883. — Juridiction spirituelle de : l'arch. de Vienne, 1309, 1362; de l'év. de Grenoble, 1320 et n. 1, p. 21.

Justice, 1299, 1308, 1313, 1368, 1453, 1541, 1541 *bis*, 1614, 1709, 1729, 1733, 1837, 1923, 1959, 1966, 1970, 1982, 1988, 1989, 1997, 1998, 2003.

Lachau et Ballons (terres de), 1844 et n. 2, p. 350.

Laval (André de), seig. de Lohéac, n. 4, p. 231.

Légats du pape, 1365, 1641, 1664 *bis*, 1667 *bis*, 1673.

Légitimation (lettres de) pour : Marie d'Agoult, 1485; Lancelot de Commiers, 1645 *bis*; Jeanne de France, fille naturelle de Louis XI, 1452; Jean de Lescun, dit le bâtard d'Armagnac, 1363 *bis*.

Lettres missives de Louis XI, pp. 38, 55, 177, 181, 224, 268, 308, 315, 317, 371, 375, 396 et numéro 1948.

Lieutenants généraux des gouverneurs du Dauph., 1418, 1456, 1577, 1594, 1705, 1776, 1926.

Louis XI : le roi Charles VII lui retire l'administration du Dauph., 1836, 1914, 1916, 1917; — son avènement au trône et le serment qu'il prête à cette occasion, n. 1, p. 1 et numéro 1799 *bis*; — accorde un secours à Louis de Savoie, roi de Chypre, 1417 *bis*; — prête hommage au pape, 1908; — ses recommandations à son fils le dauph. Charles, 1811, 1812; — est nommé chanoine de l'église cathédrale d'Embrun, 1949; — fonde les collégiales de Montélimar et de Pierrelatte, voir ces noms; — voir aussi les mots : *Conflits, Dons, Lettres missives, Guerres, Mariages, Traités*, etc.

Lèse-majesté (poursuites pour crimes de) : contre divers officiers et personnages du Dauph. qui avaient abandonné le dauphin, 1338, 1344 et n. 1, p. 32; divers personnages qui avaient pris part à la ligue du *Bien public*, 1453 et n. 2, p. 37; Jean Guillon, 1358 et n. 2 p. 39; Guill. et Jean de Châlon, prince d'Orange, voir ces noms; voir, aussi, *Grâce (lettres de)*.

Mariages contractés par la volonté de Louis XI, entre : Charles des Astars et Isabeau Gassiès, 1341; Charlotte Alleman et Renaud du Châtelet, 1513; Imbert de Bathernay et Georgette de Montchenu, 1361; Marie de Foix et Guill. m^{is} de Montferrat, 1939; Jeanne de France et Louis bâtard de Bourbon, 1437, 1438, 1461; Marie de France et Aimar de Poitiers, 1486, 1487 *bis*, 1488; une fille naturelle du roi et Franç. Ailloud, 1829; Catherine Ourand et Claude de Bermond, 1655; Guyette Ourand et Charles de Scillons, puis Grâce d'Archelles, 1668, 1761, 1765; Louis Richard, seig. de Saint-Priest et Jeanne de Bigny, 1326; Agnès de Savoie et Franç. d'Orléans, 1470; Louise de Savoie et Hugues de Châlon, nn. 2 et 3, p. 285.

Martel (Louis de), n. 2, p. 304.

Meurin (Baude), secrét. du roi, n. 1, p. 13.

Mines (exploitation des), 1388, 1558, 1735, 1956, 1980, 1981, 1987, 1990, 1999.

Miolans (Jacques de), seig. d'Anjou, n. 4, p. 322.

Monnaies (ordonn. sur les), 1375, 1489, 1490, 1544 *bis*, 1548, 1583 *bis*, 1599, 1634, 1635, 1636, 1845, 1948, 1984; — (officiers des), 1430, 1562, 1652, 1755, 1764, 1971, 1978, 1993, 1996, 2002.

Monnayeurs, 1304, 1531, 1560, 1572, 1589, 1615, 1832, 1992.

Mons (Jean de), écuyer, n. 4, p. 2; — (Nourry de), portier de l'hôtel du roi, n. 4, p. 182; — (Pierre de), écuyer, n. 3, p. 7.

Montélimar (ville de), voir : *Privilèges*; — (création de la collégiale de Sainte-Croix de), 1886.

Montferrand (Benoît de), abbé de Saint-Antoine, n. 2, p. 37.

Montferrat (Guill. VI, m^{is} de), n. 1, p. 415.

Mont Viso (tunnel du), n. 1, p. 315.

Notaires, 1376, 1404, 1498.

Olms (Bernard d'), écuyer, n. 2, p. 7.

Orange (prince d'), voir : Châlon (Guill. et Jean de).

Orléans (Franç. d'), cᵗᵉ de Longueville, n. 1, p. 112.

Pape, 1828, 1887; — (bulles émanées du), 1830, 1831, 1843, 1846, 1886, 1949; — voir, aussi, les mots : *Dons, Hommages, Légats, Pragmatique sanction.*

Pape (Gui), conseiller au parl., n. 1, p. 51.

Parlement de Grenoble, 1475, 1508 *bis*, 1555, 1614, 1730, 1743; — (présidents du), 1295, 1296; — (conseillers au), 1301, 1333, 1357, 1364, 1371, 1391, 1392, 1472, 1487, 1527, 1550, 1551, 1552, 1711; — (secrétaires au), 1475, 1614, 1840; — (huissiers au), 1303 *ter*, 1525 *bis*, 1630; — voir, aussi, les mots : *Avocats* et *Procureurs généraux fiscaux.*

Péages, 1324, 1501, 1522, 1762.

Philippe (Jean), présid. de la Chambre des comptes, n. 1, p. 105.

Pierrelatte (création de la collégiale de Saint-Michel-Archange de), 1631.

Poisieu (Etienne de), chevalier, n. 1, p. 83; — (Georges de), écuyer, n. 1, p. 127.

Poitiers (Aimar de), seig. de Saint-Vallier, n. 2, p. 122; — (Guill. de), seig. de Clérieu, n. 3, p. 178; — (Guill., bâtard de), cheval., n. 3, p. 3; — (Lancelot, bâtard de), n. 2, p. 74.

Pot (Guiot), chevalier, n. 1, p. 147.

Postes (établissement des), 1397.

Pragmatique sanction et rapport de l'Eglise de France avec la Cour de Rome, 1323, 1330, 1398, 1400, 1575 *bis*, 1664 *bis*, 1723, 1989 et n. 1, p. 25.

Procureurs généraux fiscaux du Dauph., 1315, 1482.

Privilèges et libertés concédés ou confirmés : à l'abbaye de Saint-Antoine, 1474 *bis*, 1860; — au chapitre de l'église collégiale de Saint-André de Grenoble, 1515, 1545; — aux chapitres des églises cathédrales de Gap, 1515; de Grenoble, 1546; — aux habitants d'Avignon, 1754 *bis*; de Baratier, 1656; de Bourg-lès-Valence, 1647 *bis*; du Buis, 1950; de La Buissière, 1771; de Crémieu, 1581 *bis*; de Die, 1501, 1501 *bis*, 1522 *bis* et n. 3, p. 134; du Dauphiné, 1838; d'Embrun, 1483 *bis*, 1576; de Gap, 1454, 1716, 1728; de Grenoble, 1752; de Mens, 2000; de Montélimar, 1314, 1478, 1503 et n. 3, p. 134; de Quirieu, 1952; de La Roche-de-Glun, 1784; de Saint-Etienne-de-Saint-Geoirs, 1967; de Saint-Paul-Trois-Châteaux,

1601 ; de Valence, 1307, 1308, 1373 ; de Vienne, 1449 *bis* ; — de Voreppe, 1428 ; — aux Juifs du Dauphiné, 1646 ; — aux monastères de la Grande-Chartreuse, 1327, 1436, 1616, 1792, 1792 *bis* ; de Chalais, 1791 *bis* ; — aux monnayeurs, 1304, 1615, 1832 ; — au prieuré de Saint-Maurice de Die, 1906 ; — aux Secrétaires du roi, 1817 ; — à l'Université de Valence, voir ce mot ; — aux seig. de Montgardin, 1534, 1564 ; — à Bertrand de La Baume, seig. de Suze-la-Rousse, 1324 ; à Jacques de Beaumont, seig. de Saint-Quentin, 1433, 1484 ; à Ant. Méjat, 1387 ; à Jean Pilat, 1319, 1741.

Provence (comté de), voir : *Conflits, Dons, Traités*.
Pulvérage (droit de), 1972.
Puygiron (terre de), 1885 et n. 4, p. 382.

Rabot (Jean), conseiller au parl., n. 1, p. 165.
Reillac (Jean de), secrét. du roi, n. 1, p. 92.
Réparations : à la Chambre des comptes de Grenoble, n. 2, p. 282 ; à l'hôtel de la Trésorerie à Grenoble, 1911, 1915 et n. 2, p. 398 ; aux châteaux delphinaux, 1537, 1540, 1734, 1750, 1605 et n. 1, p. 158.
Ricard de Genouillac (Jacques), dit Galliot, cheval., n. 2, p. 297.
Richard de Saint-Priest (Ant.), écuyer, n. 1, p. 170.
Robertet (Jacques), conseiller au parl., n. 2, p. 113.
Rohan (Pierre de), seig. de Gié, maréchal de France, n. 1, p. 234.
Roquebertin (Pierre de), gouvern., du Roussillon, n. 3, p. 202.
Rouhault (Joachim), maréchal de France, n. 2, p. 232.
Rovère (Julien de La), cardinal, n. 2, p. 227.

Saint-Antoine en Viennois (abbaye de), voir les mots : *Dons, Privilèges*.
Saint-Paul-Trois-Châteaux, 1601 ; voir, aussi : *Traités*.
Salazart (Jean de), seig. de Saint-Just, n. 1, p. 231.
Saluces (Louis II, m{is} de), n. 1, p. 315.
Sauvegarde (lettres de), pour : l'Eglise d'Orange, 1761 *ter* ; le prieuré de Saint-Robert, 1494.
Savoie (duché de), 1841 ; voir, aussi, les mots : *Mariages, Traités*.
Sforza (Galéas-Marie), n. 2, p. 79.
Silinon (Josse de), év. de Grenoble, n. 1, p. 261.
Sorbiers (Louis de), écuyer, n. 2, p. 53.

Theys, La Pierre et Domène (terres de), 1325, 1492, 1520, 1521, 1570 bis, 1625, 1779 bis, 1821, 1922 et n. 2, p. 306.

Tour-sans-venin, n. 2, p. 331.

Trémoille (Georges de La), seig. de Craon, n. 1, p. 231.

Trésoriers et receveurs généraux du Dauph., 1300, 1590 bis, 1633 bis, 1777, 1820 bis, 1921.

Traités conclus entre le dauph. et : René d'Anjou, roi de Sicile, c^te de Provence, 1372, 1393, 1420, 1961 et nn. 5, p. 49 et 1, p. 248 ; — Guill. de Châlon, prince d'Orange, 1619, 1622, 1622 bis et ter, 1623, 1624 ; — Hugues de Châlon, seig. de Châtelguyon, 1739 bis, 1746, 1749 ter ; — le c^te de Provence pour le tirage du sel, 1328, 1402, 1415, 1472 bis, 1561, 1758, 1973 et nn. 1, pp. 28, 76 et 115 ; — l'év. de Saint-Paul-Trois-Châteaux, 1928 et n. 1, p. 405 ; — le duc de Savoie, 1843 bis, 1942, 1943 et n. 1, p. 417.

Tristan (Louis), dit l'Hermite, n. 2, p. 236.

Université de Valence (privilèges pour l'), 1308 bis, 1508, 1645, 1648.

Urre (Franç. d'), écuyer, nn. 3, p. 30 et 2, p. 65.

Valbonnais (baronnie de), 1302 bis, 1432, 1492, 1520, 1521.
Valence (ville de), voir : *Privilèges, Université*.
Valentinois et Diois (comtés de), cédés au pape, voir : *Dons*.
Vaudois du Dauphiné, 1712, 1744, 1744 bis et n. 1, p. 270.
Ventes (Jean de), conseiller au parl., nn. 3, pp. 44 et 100.
Vienne (ville de), voir : *Dons, Privilèges*.

www.ingramcontent.com/pod-product-compliance
Lightning Source LLC
Chambersburg PA
CBHW051622230426
43669CB00013B/2145